LE DIABLE A PARIS

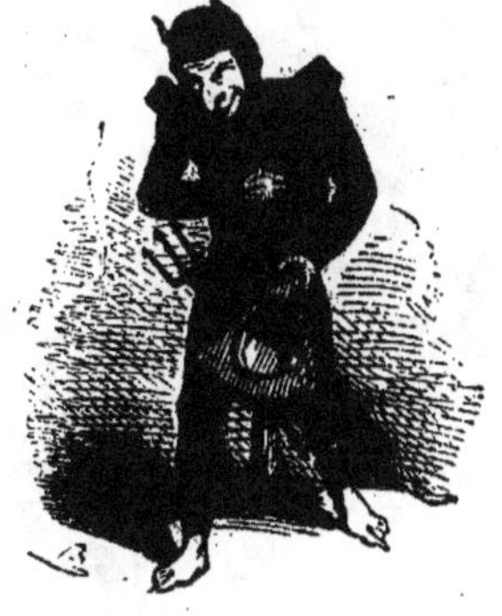

— QUATRIÈME PARTIE —

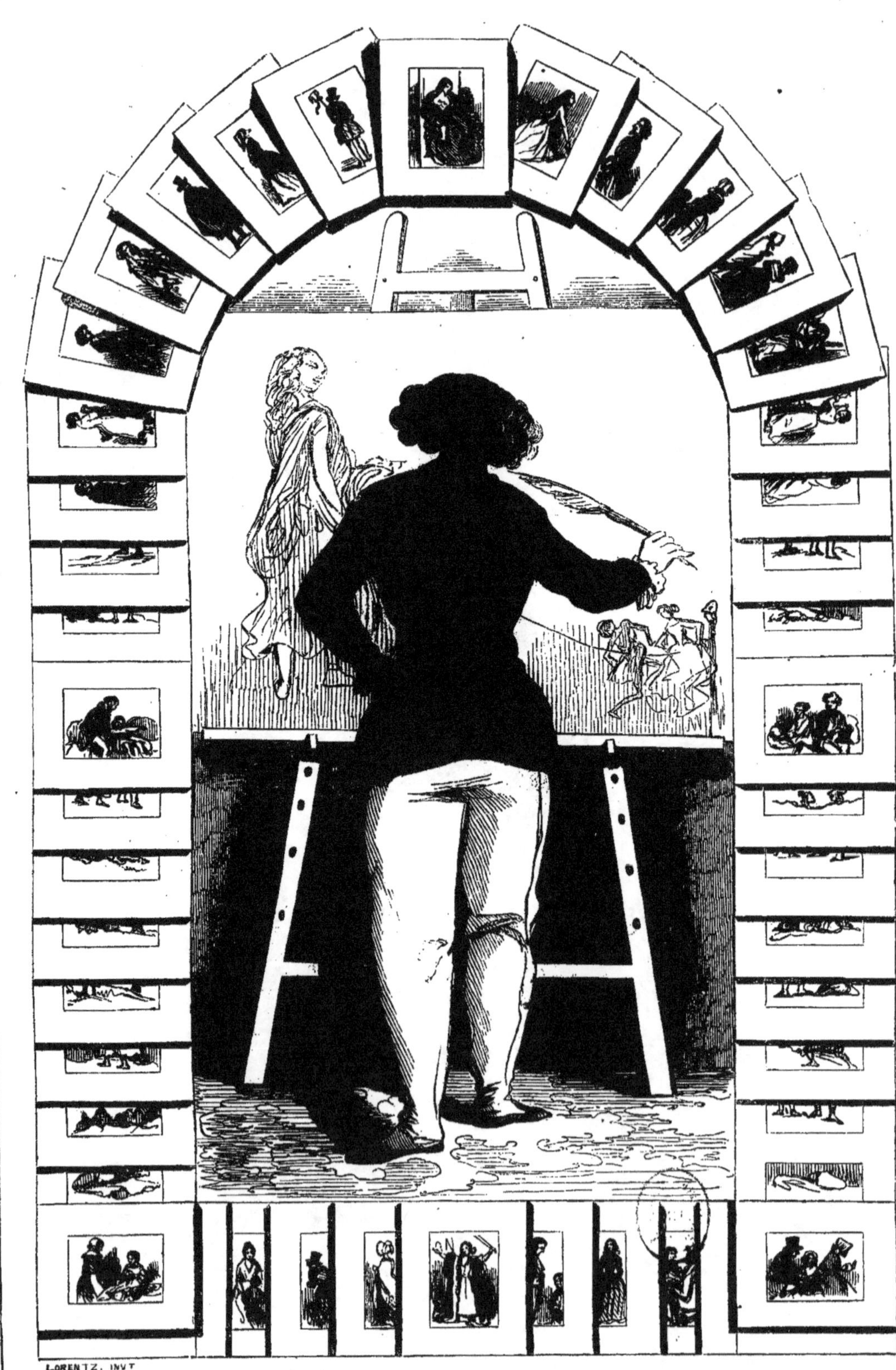
LORENTZ. INVT

LE

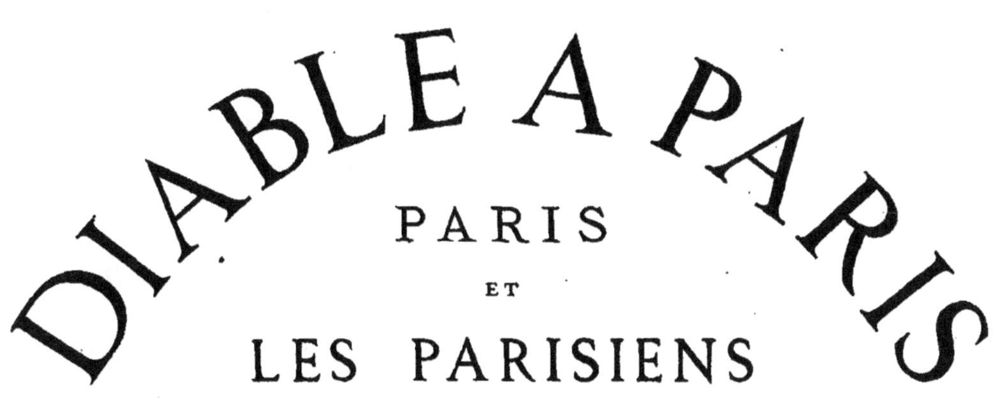

DIABLE A PARIS

PARIS
ET
LES PARISIENS

A LA PLUME ET AU CRAYON

PAR

GAVARNI — GRANDVILLE

BERTALL — CHAM — DANTAN — CLERGET
VICTOR HUGO — EUGÈNE SUE
JULES VERNE — OCTAVE FEUILLET — MÉRY — FRÉDÉRIC SOULIÉ — P.-J. STAHL
ALPHONSE KARR — EDMOND TEXIER ET ALBERT KAEMPFEN
GEORGE SAND — ALEXANDRE DUMAS FILS — ADRIEN DE COURCELLES
HECTOR MALOT — EUGÈNE GUINOT, ETC.

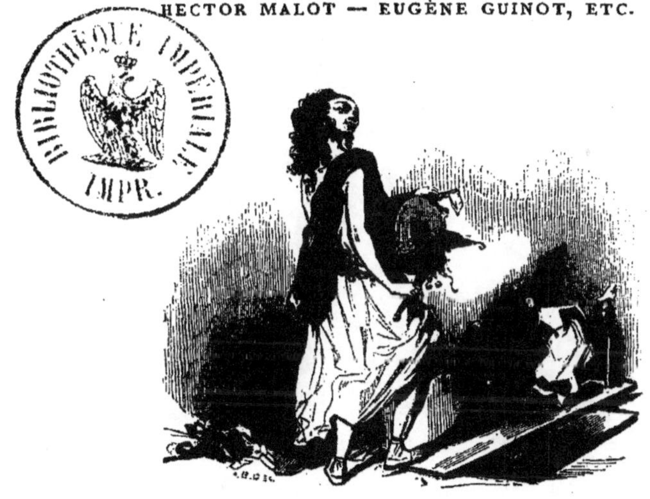

PARIS
J. HETZEL, LIBRAIRE-ÉDITEUR
18, RUE JACOB, 18

1869

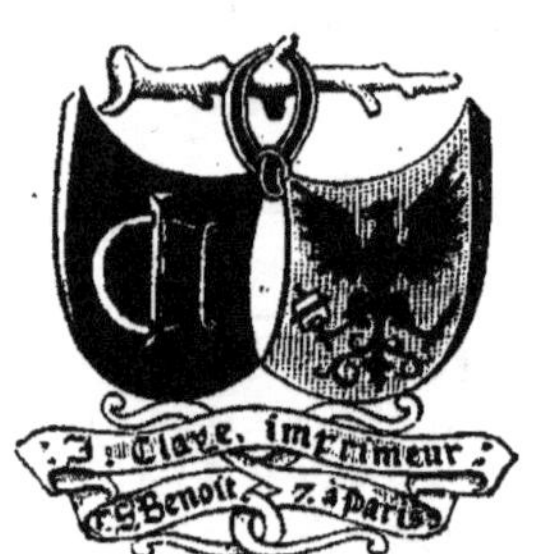
J. Claye, imprimeur
r. S. Benoit 7. à Paris

LE DIABLE A PARIS

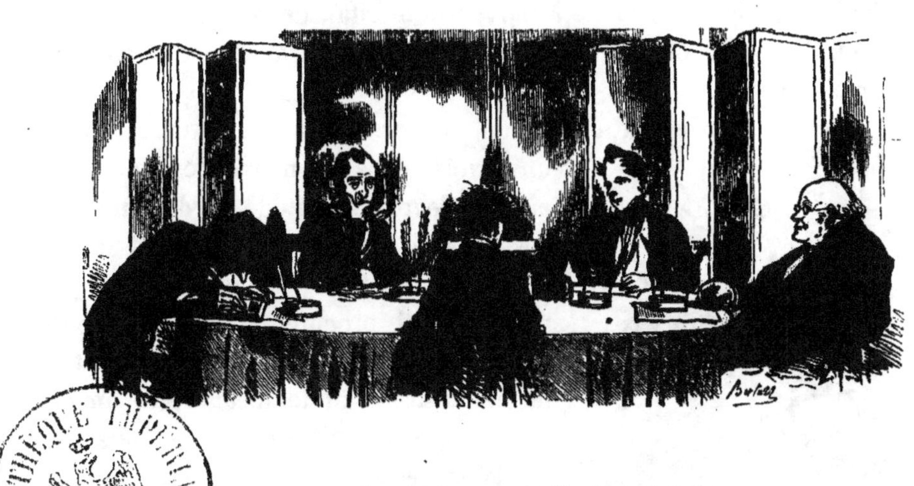

LE CLIMAT DE PARIS

POUR SERVIR A L'HISTOIRE DE FRANCE

Les histoires sont des livres assez ennuyeux, qu'on est obligé de lire au collége pour prendre son grade de bachelier. En général, on écrit ces livres en copiant les autres; c'est un travail grave, fait par des hommes sérieux, qui se garderaient bien de hasarder le moindre mot plaisant, de peur de compromettre leur solennelle profession d'historien. Ces écrivains ne savent pas que les acteurs de tous ces livres sont des hommes, et qu'il n'y a jamais eu un seul héros perpétuellement sérieux, depuis David, l'inventeur de la chorégraphie publique, jusqu'à Napoléon, qui a naturalisé l'opéra-bouffe à Paris. L'histoire serait une chose charmante comme la fable, dont elle est la froide et grave copie, si elle savait descendre à tant de ces petits détails qui ont souvent produit les grandes choses. Mais l'histoire ne veut pas descendre; elle a des hauteurs qu'elle garde, et d'où elle juge les hommes et les événements avec tant de gravité profonde, qu'à moins d'être candidat bachelier, le livre, à sa seconde page, vous tombe des mains.

J'ai vainement cherché dans les histoires de France une seule réflexion sur l'influence que le climat de Paris a fait subir à la coiffure des rois, aux mœurs, à la littérature et même à la religion. Cette influence a été prodigieuse, paradoxe à part; elle méritait un chapitre dans Mézeray ou Anquetil, deux historiens détestables. On aurait lu ce chapitre, au moins :

Lorsque Pharamond eut commis l'énorme faute de se faire élire sur un pavois, dans les marécages de Lutèce, au 49e degré de latitude nord, il ne tarda pas à s'en repentir : l'humidité de son palais royal et les plages de son petit royaume lui procurèrent de nombreuses maladies, dont Mézeray ne parle pas, et qui le conduisirent au tombeau après un modeste règne de huit ans. On est saisi d'un véritable sentiment d'historique pitié en songeant que le fondateur de notre monarchie parisienne n'a fait que passer à travers les marécages de son royaume, et que son corps vigoureux s'est subitement éteint de consomption entre le double rhumatisme des pieds et du cerveau.

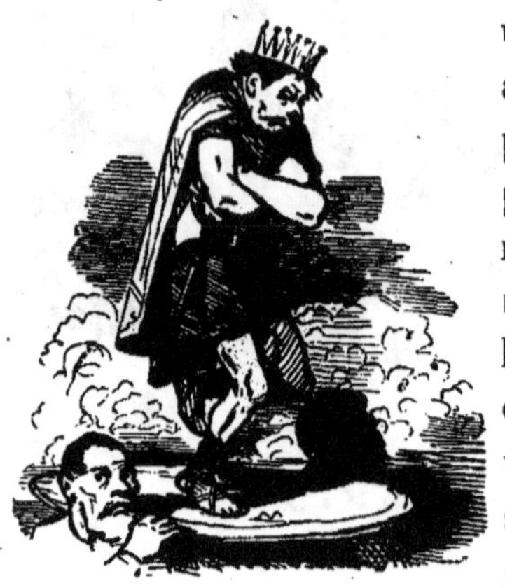

Son successeur comprit mieux que personne cette immense faute. Clodion avait entendu les longues doléances rhumatismales du fondateur de notre monarchie, et, pour prolonger son règne au delà de huit ans, il inventa la race des rois chevelus, et donna l'exemple à ses successeurs de ce préservatif capital. Rien n'égalait, dans les crinières fauves, l'ampleur opulente de la chevelure de Clodion; et pourtant il ne se crut pas suffisamment garanti contre le climat de Lutèce, et il jeta un regard de convoitise vers la tiède Italie, où les rois avaient la faculté de se coiffer impunément à la Titus. La monarchie française, à peine fondée, était donc sur le point de s'écrouler, à cause des rhumes de cerveau. Clodion abandonna Lutèce et déclara la guerre aux Romains. Aétius commandait les têtes chauves de l'Italie, Clodion les têtes chevelues du département de la Seine. On se battit avec acharnement. Clodion, vaincu, prit la fuite, et en traversant, échevelé, les plaines de l'Artois, il n'échappa que par un miracle au destin d'Absa-

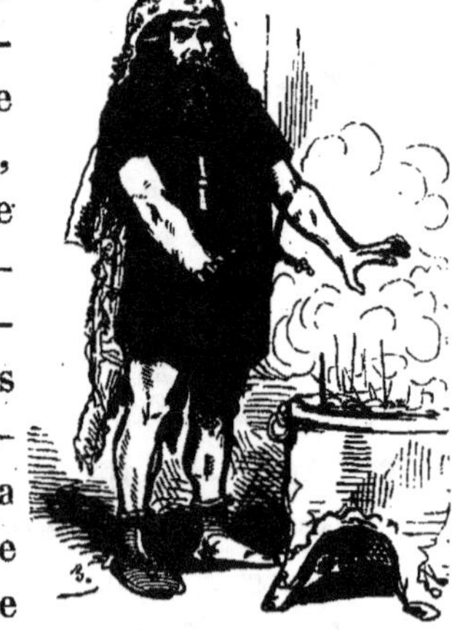

lon. Toutefois il ne voulut pas rentrer à Lutèce, et il fixa sa résidence royale à Amiens, ce qui lui permit de vivre vingt ans.

Sous la race des rois chevelus, on infligeait aux coupables la plus terrible des punitions, la mort lente, causée par une série non interrompue de rhumes de cerveau : on leur rasait la tête. Childéric II commit cet acte de cruauté envers le maire du palais, Ébroïm. On ne décapitait pas; ce supplice était trop doux pour des crimes de lèse-majesté : on laissait la tête sur le corps, on ne coupait que les cheveux. C'en était fait du criminel.

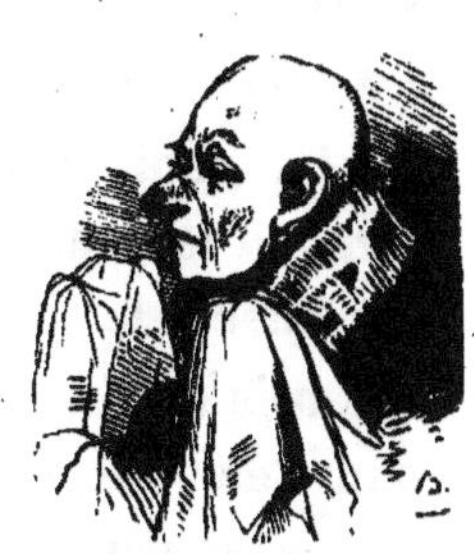

Les rois fainéants craignaient de s'exposer à l'air, même sous le dôme épais de leur chevelure. Ils gardaient la chambre pendant dix mois et ne sortaient en litière à bœufs qu'au solstice d'été. Nous aurions eu soixante-six rois de ce genre, si le quatrième fainéant n'eût été mis au tombeau par une maladie de langueur. Le cinquième se disposait à vivre paresseusement comme son père, lorsqu'il reçut de son médecin Prisca l'ordre de changer de régime et de déclarer la guerre aux Allemands pour s'échauffer le cerveau. A cette époque de candeur patriarcale, dès qu'un roi dépérissait d'ennui et de froid, on lui conseillait une guerre contre les Allemands. La campagne durait quelques années; on tuait beaucoup d'Allemands; et le roi, guéri, venait se faire inhumer à Saint-Germain-des-Prés.

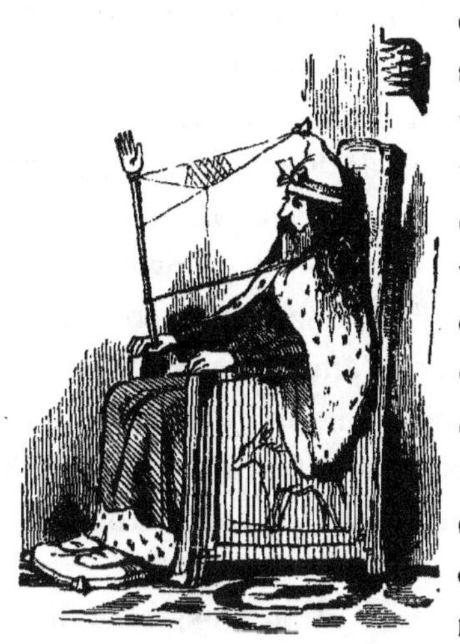

Les premières hérésies datent de l'époque suivante, et elles se rattachent encore à une épidémie de rhumes de cerveau qui désola notre belle France à l'apparition des églises gothiques. Ces superbes édifices, représentant les forêts du Nord, dans la pensée des architectes, en conservèrent aussi l'humidité homicide. Les ravages du fléau pétrifié furent immenses. Une hérésie rhumatismale éclata à Sens, à Auxerre. Un jeune clerc, nommé Sidonius, se mit en campagne, et, coiffé en sphinx, il prêcha contre les églises gothiques et appela les néophytes à sa chapelle étroite et tiède, construite en bois de sapin. On assembla un concile à Lyon. Sidonius fut excommunié, rasé et renfermé dans le couvent de

Notre-Dame-du-Brou. L'étincelle devait produire plus tard l'incendie des guerres de religion. La Saint-Barthélemi, les dragonnades, les Cévennes, ont pour origine la victoire d'Aétius contre Clodion, et les rhumes de cerveau de Sidonius l'Auxerrois. Que nous sommes loin de Mézeray, d'Anquetil et de Bossuet !

La manie de guerroyer au delà des monts, comme dit Brantôme, cet écrivain toujours enrhumé, d'après son propre aveu, doit encore être attribuée à la faute originelle commise par Pharamond sur son pavois. Les rois de France et la noblesse, privés de la pâte de Regnault, et gardant leurs têtes éternellement découvertes sous les lambris du Louvre humectés par la Seine voisine, renoncèrent aux guerres de Flandre et d'Allemagne, et adoptèrent la mode hygiénique de passer les monts et de tuer beaucoup d'Italiens pour se délivrer des toux opiniâtres de l'hiver. Ce fut le célèbre médecin Ambroise Paré, l'inventeur des hermaphrodites, qui prescrivit ce régime aux princes et aux grands vassaux. Le connétable de Bourbon, en février 1524, prit un horrible catarrhe en se promenant avec la reine mère devant le bassin de Fontainebleau. Il pria François Ier de lui accorder une petite guerre hygiénique au delà des monts. A cette heure, le roi, satisfait des lauriers de Cérisoles et de Marignan, qui l'avaient radicalement guéri d'un refroidissement du cerveau gagné dans un *Te Deum* à Notre-Dame, s'amusait à écrire sur des vitres des quatrains à sa maîtresse; il refusa donc la guerre au connétable. Celui-ci se révolta contre son maître et se mit à ravager des villes pour son compte. Le connétable arriva, toujours avec son rhume, de Fontainebleau jusqu'aux portes de Rome. Là il dressa ses batteries et acheva l'ouvrage d'Attila et de Théodoric. Il détruisit les thermes de Titus et d'Antonin, le Colisée, le portique d'Octavie et la tour de Cécilia Metella. Il était à la veille de sa guérison, lorsqu'une balle romaine lui coupa le crâne en deux. On l'enterra guéri.

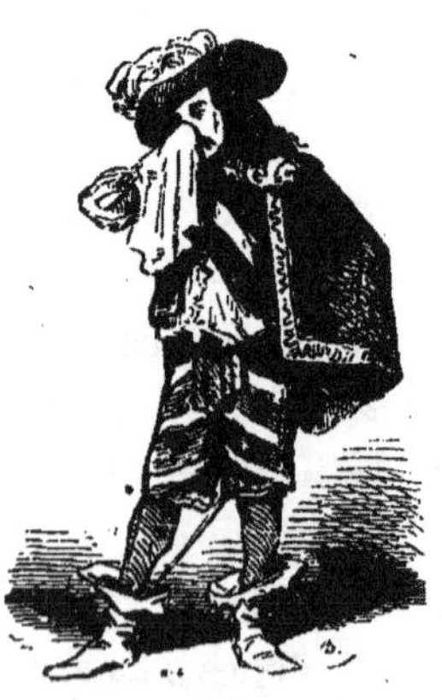

Sous Louis XIII, les lamentations furent grandes, parmi la noblesse, au Marais et à Fontainebleau. Les arceaux de la place Royale retentissaient d'une tempête de toux. Le roi fit un édit pour obliger les gentilshommes à laisser croître à l'infini leur chevelure, et il donna lui-même l'exemple en adoptant la mode inventée par Clodion. Ce palliatif fit quelque bien;

mais le roi et la noblesse ayant conquis un trésor inépuisable de rhumatismes au siége de La Rochelle, en octobre et novembre 1628, Richelieu conseilla une petite guerre curative au delà des monts. Ce fut le duc de Savoie qui paya les frais du traitement. On ravagea tout chez lui, et on revint à Paris, en parfaite santé, aux premiers jours de printemps.

Les papes, qui ont toujours eu plus d'esprit que les rois, s'indignèrent enfin contre cette manie des princes et des nobles de France qui choisissaient ainsi, en hiver, l'Italie pour leur maison de santé. Ils se gardèrent bien d'exhaler hautement leur juste colère, mais ils eurent recours à des machinations sourdes en usage au Vatican. Par l'effet de ces trames italiennes, le cardinal Mazarini, né à Rome, se créa roi de France sous Louis XIV, et son premier soin fut d'éteindre la manie des guerres au delà des monts. Pour suppléer à cette puissante guérison traditionnelle, Mazarini inventa les incommensurables perruques du grand siècle. Le règne de Clodion fut effacé. On se figure aisément l'hilarité intérieure du railleur et perfide Italien, lorsqu'il vit pour la première fois son idée se développer, avec une ampleur extravagante, sur les cerveaux du roi et des courtisans. Un livre à peu près inconnu, comme tous les livres de bon sens, m'affirme que la chambre de Mazarini, à Vincennes, retentissait nuit et jour d'un éclat de rire puissant et ultramontain, et que les gens de cour ne savaient à quoi attribuer cette explosion de gaieté solitaire, entretenue à huis clos par le cardinal. Certes, nous la comprenons aisément aujourd'hui cette joyeuse humeur, et il faut convenir qu'elle est dans l'esprit du caractère italien. Les perruques supprimèrent les rhumes de soixante-cinq rois, et les guerres d'Italie permirent à Louis XIV de passer le Rhin et d'assiéger Namur sans la moindre toux.

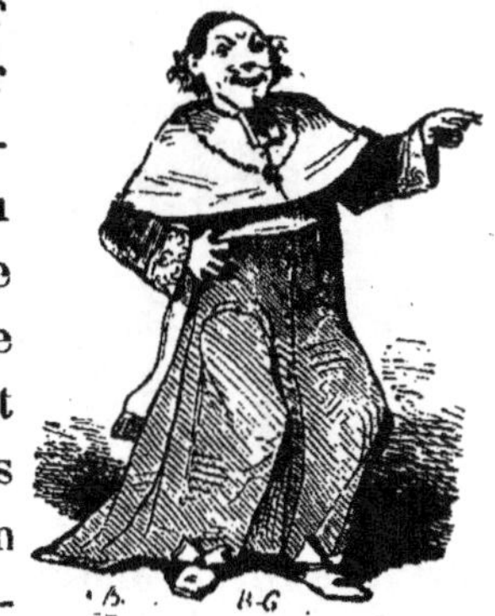

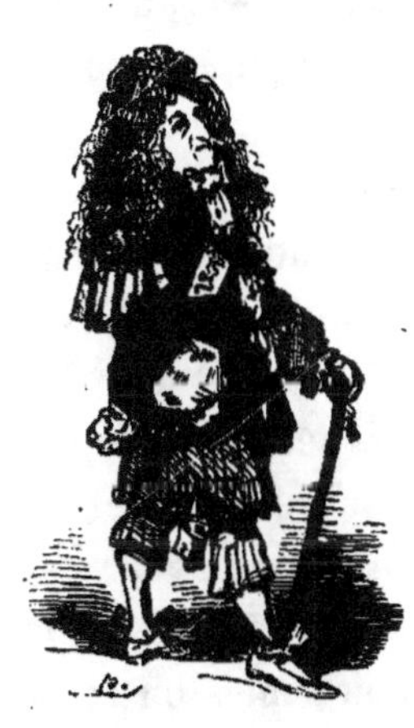

Sous Louis XV, le cardinal de Fleury usa de sa puissante influence pour éloigner le roi des guerres ultramontaines. On s'était un peu relâché des coiffures hygiéniques du grand siècle, et la noblesse avait été obligée de se guérir en masse, en tuant onze mille pauvres Italiens aux batailles de Parme et de Guastalla, batailles taxées d'inutiles par d'aveugles historiens. Le pape fit de sévères remontrances au cardinal de Fleury et le menaça de lui enlever son chapeau s'il n'inventait pas quelque nouvelle coiffure, puisque l'ancienne déplaisait au roi et à la cour. Fleury, poussé à bout, voulut renchérir sur Mazarini : il inventa la poudre. Un matin, il parut devant Louis XV avec des cheveux pétris dans un ciment d'amidon. Le cardinal avait un extérieur grave, et, bien qu'il commît quelques triches en jouant au piquet, on le regardait généralement comme un homme vertueux. Sa nouvelle coiffure fut jugée comme une inspiration du ciel ; et Louis XV, qui déjà s'ennuyait beaucoup à Versailles, voulut bien reconnaître les hauts services à lui rendus par le cardinal, en faisant bâtir le royal édifice de sa chevelure avec du ciment d'amidon. La contagion gagna toutes les têtes, car le roi était adoré. Les dames, ennuyées aussi de se voir classer en brunes et blondes, adoptèrent avec enthousiasme une mode qui les faisait toutes blanches et les dispensait d'avoir des cheveux. L'Italie rentra dans un doux repos, et le pape promit au cardinal de le canoniser au bout de cent ans.

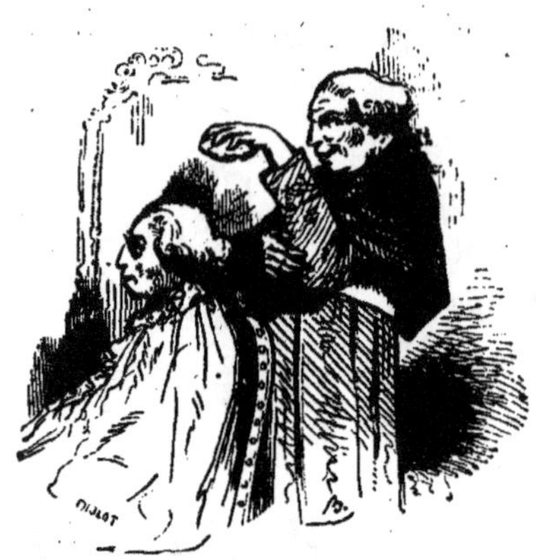

La mode des coiffures romaines devait nécessairement rentrer en France avec la République ; mais l'armée garda la poudre et les cadenettes, ce qui nous avait déjà donné les victoires de Jemmapes, de Valmy et de Fleurus. Les soldats d'Arcole, de Lodi, de Marengo, des Pyramides, d'Héliopolis, auraient pu aisément raser leurs têtes et remporter les victoires de ces noms, sans cadenettes et sans poudre blanche ; mais ils avaient à cœur de conserver cette mode de leur jeune âge, malgré ses désagréments dans les pays chauds. L'amidon des cadenettes se fondait au *simoun* de Thèbes, de Ptolémaïs et du Thabor ; mais on se poudrait encore au bivouac du lendemain, en présence de ces graves sphinx éternellement blanchis, sur leurs longues bandelettes, par la poudre du désert. Au camp de Boulogne, Junot s'insurgea le premier contre la coiffure du cardinal Fleury, et un décret impérial ne tarda pas à la modifier. En Russie on la regretta beaucoup. M. de Narbonne, sous les sapins de la Bérésina, se poudrait encore, malgré le décret impérial et les cosaques de Tchitchakoff; aussi on l'a vu rentrer à Paris, malgré son grand âge, en parfaite santé. Aujourd'hui, avec notre confortable de rues et de maisons, notre Paris perfectionné, notre pâte Regnault, nos passagès couverts, nos vingt théâtres, nos bals, nos amusements infinis, on peut se coiffer à sa guise et laisser vivre les Italiens au delà des monts; mais n'oublions point qu'il a fallu attendre quatorze siècles pour obtenir ce beau résultat.

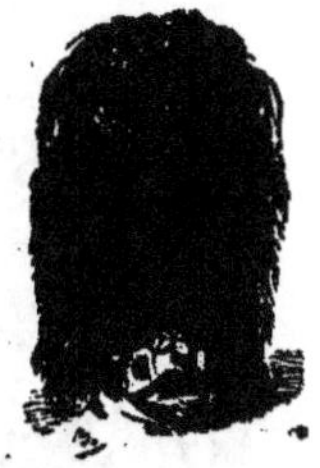

La faute originelle de Pharamond a exercé aussi une singulière influence sur notre littérature. Aucun Rollin, aucun Le Batteux, aucun Romairon, n'ont envisagé cette question à son point de vue le plus important. Pharamond nous a procuré longtemps une poésie qui avait exilé de son sein tout ce qu'il y a de beau et de charmant au monde, le soleil, l'Océan, les étoiles, la lune, les fleurs. On frémit de douleur en songeant que Corneille et Racine, logés dans une mansarde des rues de la Huchette et de Saint-Pierre-aux-Bœufs, n'ont connu les astres du ciel et les grâces de la nature que de réputation et sur la foi des auteurs grecs-latins. Ces infortunés poëtes avaient appris, dans leur enfance, que Phœbus conduisait le char du Soleil; que Diane s'habillait en lune pour regarder dormir Endymion; que Jupiter lançait des carreaux sur les vitres en été; que le tendre Zéphyre jouait avec les brillantes filles de Flore sur les rives du Sperchius. Aussi Corneille n'a parlé qu'une seule fois des étoiles dans le *Cid;* et encore le vers est traduit de *Romancero*. Racine n'a cité qu'une seule fois le soleil dans son mot propre, mais il a traduit l'*Hélios* du poëte grec. Les astres du ciel et les fleurs de la terre ont été découverts en Amérique par M. de Chateaubriand, qui parvint à les naturaliser à Paris, malgré la vive et longue opposition de Morellet, de l'abbé Féletz et d'Hoffman, morts dans le sein de Diane et d'Apollon.

Et le public du grand siècle, ô *Pharamond!* ne pourra jamais être pardonné. C'est lui qui a fait siffler le *Cid, Athalie* et le *Misanthrope.* Aurait-on pensé cela de *Pharamond?* C'est pourtant la vérité pure. Nous, public de 1844, public libre et bien vêtu, marchant sur des trottoirs d'onyx, assis, au théâtre, sur des coussins de velours embaumé par les fleurs des loges, éclairés par un firmament de gaz, nous ne pouvons imaginer les misères du public du grand siècle et refaire pour cette époque la carte de Paris. Figurez-vous donc, avec un violent effort d'imagination, cette ville inhabitable, *moins sûre,* disait Boileau, *que le bois le moins fréquenté;* figurez-vous des rues pavées de monceaux de boues, éclairées, la nuit, par les coups de pistolet des voleurs, toujours au dire de Boileau; et ce malheureux public gagnant à travers mille embuscades, et à tâtons, le théâtre de Corneille, au risque de se voir couper la bourse qui devait payer la représentation. Figurez-vous l'étrangeté primitive de la salle, de la scène, des acteurs; les murs suintants, lépreux, enfumés; un lustre et une rampe obscurcis par quatre chandelles de suif; des coulisses de paravents humides; des Horaces et des Curiaces portant le costume inventé par Mazarini pour éviter la guerre ultramontaine. Voyez arriver ce public *crotté jusqu'à l'échine,* toujours d'après Boileau, trempé de pluie, transi de froid, déchiré par la toux, et venant assister aux doléances d'un misanthrope chaudement vêtu et coiffé. Pauvre peuple du grand siècle! Lui qui vendait ses cheveux, lorsqu'il en avait, pour subvenir aux prodigalités capillaires de Versailles, subissait avec une aigreur poignante la présence de ces Cléantes, de ces Valères, de ces Bajazets, de ces Augustes, ensevelis prudemment sous une coupole ardente de cheveux roux. Il se vengeait en sifflant, et il se consolait. Au récit de *Phèdre,* il s'attendrissait sur le sort du pauvre monstre dont le front n'était *orné* que de simples *cornes,* et il demeurait sec devant Hippolyte dont la perruque avait six étages blonds!

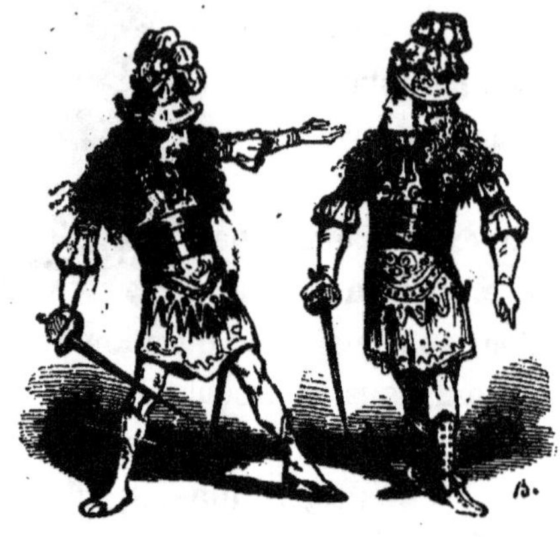

C'est encore à la faute de *Pharamond* que nous devons une terrible épidémie qui a désolé Paris pendant dix ans, l'épidémie des poëmes épiques sous le règne de Napoléon. Les poëtes, race frileuse, emprisonnés chez eux par un climat geôlier, charmaient les ennuis de leur reclusion en embouchant la trompette héroïque. On fait une idylle, une ode, un sonnet en se promenant; mais il faut au moins trois ans de travaux forcés pour accomplir dignement un poëme épique; et l'on trompe la perfidie de trois hivers. Ces travaux eussent été pourtant circonscrits dans le domaine étroit de quelques écrivains, et l'épidémie n'eût pas dévoré Paris. Mais Napoléon, trop indulgent pour son siècle, abolit la conscription en faveur des poëtes épiques! Faute comparable à celle de *Pharamond!* Oh! dès ce moment, Clio et les filles de Mémoire furent assaillies de pétitions en vers. Consultez le *Journal de l'Empire*, et vous serez étonnés de cette avalanche de poëmes épiques du siècle décennal de Napoléon. En ce temps-là, tout bon citoyen qui savait que le vers alexandrin a douze syllabes, et qui craignait la conscription, faisait un poëme épique sur le premier sujet venu. Un poëme de vingt-quatre chants exemptait l'auteur de la conscription, comme un vice naturel et caché. Les jeunes gens doués d'une humeur pacifique prenaient la trompette guerrière et chantaient les combats anciens pour se dispenser d'assister aux batailles modernes. Sous le prétexte que Voltaire avait fait sa *Henriade* à dix-huit ans, tout conscrit de dix-huit ans, aligneur d'alexandrins, exhumait un tyran ou un bon prince des tombes de Rome, de Constantinople, de Saint-Denis, et faisait sa *Henriade* avec son invocation aux Muses, son récit, son ascension au ciel et sa descente aux enfers. Il se présentait alors au conseil de révision pour faire valoir ses droits à la réforme; on lui ordonnait, comme à tout le monde, de se déshabiller; il se réduisait, pièce à pièce, au costume primitif d'Adam et de l'Apollon du Belvédère; et lorsque les médecins l'interrogeaient sur son infirmité secrète, en examinant son corps, il répondait : J'ai fait un poëme épique. A cette déclaration, le conseil de révision s'inclinait, le conscrit reprenait ses vêtements, et il offrait un exemplaire de son poëme au colonel de gendarmerie, qui lui donnait, en échange, une dispense d'aller à Madrid ou à Moscou.

Ainsi nous pouvons affirmer que tous les malheurs politiques, religieux et littéraires de la France, depuis quatorze siècles, doivent être attribués à la faute fondamentale de *Pharamond*. Ce roi, il est vrai, a chèrement expié son erreur, et c'est, au moins, une raison pour respecter sa cendre; mais on ne saurait croire à quel degré de splendeur la France se fût élevée au sortir du berceau gaulois, si Pharamond eût fondé Paris dans quelque tiède plaine du département du Var. L'Italie eût été province française sous un Clodion chauve; nous aurions gardé Dijon et Bordeaux, à cause des vins; Gênes nous eût approvisionnés de ses fleurs pour nos festins et nos bals; nous serions tous catholiques, avec de bonnes et chaudes églises en lambris de bois de cèdre, comme Saint-Paul de Rome; nous n'aurions pas fait les croisades, guerres entreprises par des seigneurs trop enrhumés dans leurs froids castels du Nord; Chateaubriand et Victor Hugo se seraient levés à l'horizon du Midi, au plus tard sous Clovis; l'*Encyclopédie* restait ensevelie dans le néant; nos guerres civiles, produites par les ennuis des brouillards, n'auraient pas désolé ce pays; Toulon, placé sous les yeux de la capitale, et fréquenté par les députés et les pairs, nous montrerait sur rade cent vaisseaux de haut bord; *le Fontenoy,* qui pourrit depuis vingt-cinq ans sous la cale couverte de l'arsenal, serait achevé en 1844, aux yeux de cinquante mille marins. Quatorze siècles d'âge d'or, enlevés à la France par l'étourderie de Pharamond!

MÉRY.

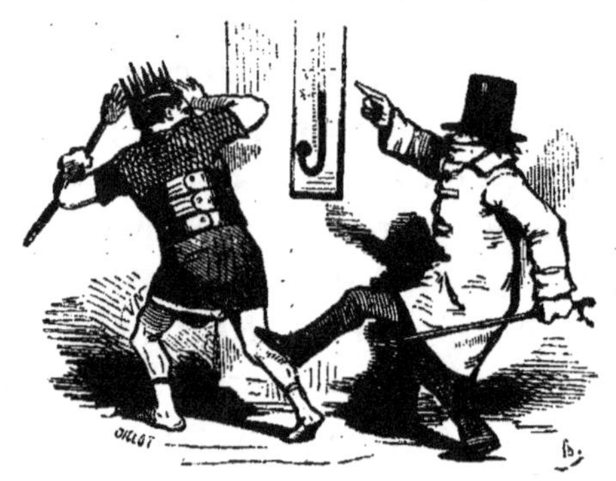

LES BILLES D'AGATE

FRAGMENTS DU JOURNAL D'UN INCONNU

17 juin 1844.

... Cette enfant a encore passé tantôt devant la clôture de mon petit jardin, pendant que j'émondais les *gourmands* (pousses parasites) de mes rosiers.

Quoique misérablement vêtue, cette toute jeune fille était charmante. Quel âge peut-elle avoir? quatorze ans à peine; de ma vie, je crois, je n'ai vu un profil plus pur, des joues plus roses, des cheveux d'un blond plus doux; son mauvais petit bonnet de crêpe noir contenait à peine la natte épaisse que formait sa chevelure derrière sa tête; sa robe de deuil, tout usée, dessinait une taille élégante mais un peu grêle, car cette jeune fille touche encore à l'enfance.

Elle est en deuil...

De qui est-elle en deuil? Déjà orpheline, sans doute... orpheline et pauvre... et si belle... et si jeune... cela est triste...

Elle marchait lentement d'un air pensif, s'arrêtant de temps à autre pour regarder, tantôt du côté du grand terrain désert qui longe mon jardin, tantôt vers la rue du Faubourg-du-Temple. Ses traits paraissaient impatients et inquiets, comme si elle eût en vain attendu quelqu'un. J'étais abrité derrière la charmille, cette enfant ne pouvait m'apercevoir, il m'a semblé qu'une larme coulait sur sa joue... mais quatre heures ayant sonné au loin, la jeune fille a précipitamment disparu.

La physionomie de cette enfant m'avait déjà frappé, il y a deux ou trois jours, lorsque je l'avais vue passer devant mon jardin, car j'ai écrit dans ce journal quelques mots sur cette rencontre.

Après tout, de quoi remplirai-je ce *memento*, sinon des mille petits incidents d'une vie maintenant si calme et si solitaire? Les temps ne sont plus où le récit hâté de tant d'événements, de tant de souvenirs de toute sorte, venait chaque jour encombrer les pages de ce *livre de loch*, comme nous disions à bord du vaisseau *le Foudroyant*.

Hélas! la vieillesse approche, et un mélancolique repos succède à la tourmente des passions.

18 juin 1844.

La vue de cet homme m'a révolté et attristé.

Peut-être me trompé-je, mais il me semble qu'il existe je ne sais quel lien ou quel rapport entre cet homme et cette jolie et blonde enfant; comme elle, il est aussi venu vers les trois heures; comme elle, il a paru aussi attendre quelqu'un avec impatience (elle sans doute), car, lorsque quatre heures ont sonné, comme elle encore il s'en est allé, mais les traits contractés par une expression de colère brutale; il a même prononcé quelques paroles de dépit ignoble et cynique, que j'ai parfaitement entendues; car, assez curieux de voir si la jeune fille aux cheveux blonds reviendrait, je m'étais caché derrière ma charmille; les quelques

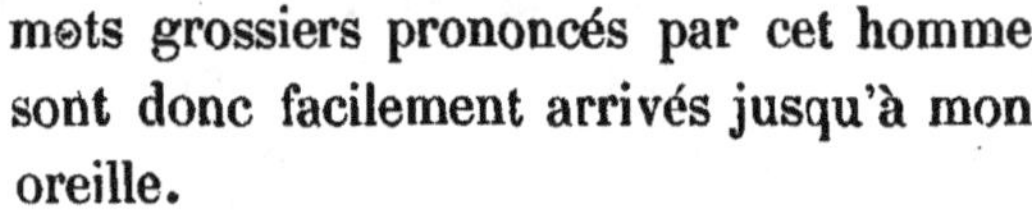

mots grossiers prononcés par cet homme sont donc facilement arrivés jusqu'à mon oreille.

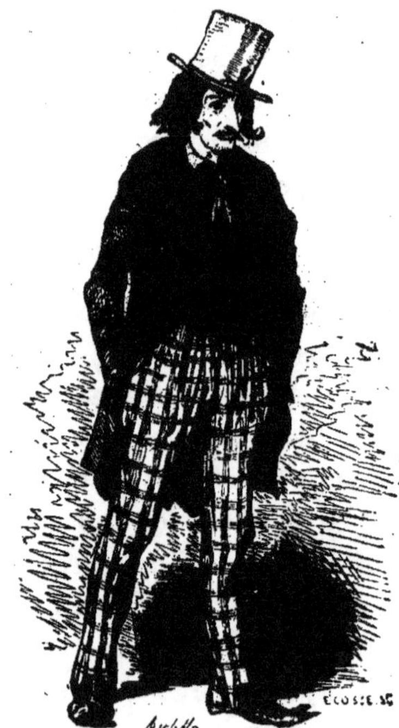

C'était un homme de trente ans environ; ses traits, assez beaux, paraissaient flétris par les excès, son teint était hâve, plombé; ses joues creuses, son regard audacieux; sa physionomie effrontée respirait à la fois la bassesse et la dépravation.

Il était vêtu avec un mélange de faux luxe et de misère significatif : il portait crânement un chapeau gris râpé, posé de côté sur sa longue chevelure noire frisée; un col de chemise, d'une blancheur douteuse, se rabattait sur une mince cravate rouge, nouée en corde, tandis qu'une longue et grosse chaîne de cuivre doré serpentait sur son gilet de velours bleuâtre à boutons de cuivre; enfin il tenait ses mains plongées dans les poches d'un pantalon écossais bridant sur des bottes éculées dont le bout se recourbait en patin.

Ce personnage hasardeux me parut le type ignoble de certains vendeurs de chaînes de sûreté ou acheteurs de contre-marques, qui pullulent aux abords des théâtres.

Il y avait un tel contraste entre la physionomie cynique et basse de cet homme, et les traits candides de la toute jeune fille, qu'il me fut d'abord impossible de m'arrêter à cette révoltante pensée qu'il existait quelque lien d'affection ou de sympathie entre ces deux êtres si dissemblables; mais bientôt je songeai avec amertume, presque avec effroi, à l'attrait étrange, presque fatal, que la corruption et l'audace exercent souvent sur ce qui est pur, innocent et timide. Hélas! tous les dons Juans n'ont pas la voix enchanteresse, la grâce patricienne, le pourpoint brodé d'or et une maison princière. Il est des dons Juans de tout état, de toute classe; il est des dons Juans en haillons; mais leur séduction est également insolente et féroce... Mais tous, et chacun dans sa sphère, ont également l'art d'amuser, de plaire ou de convaincre par de menteuses paroles tour à tour gaies, langoureuses ou passionnées; mais tous savent, par des mots hardis prononcés tout bas, par des regards ardents et lascifs, troubler l'âme et les rêves de l'innocence; tous enfin, au moment donné, employant la prière, la force, l'ardeur contagieuse du désir, savent enfin triompher d'une victime naïve, crédule, aimante et éperdue...

. . . .

Demain je parlerai à cette pauvre enfant, il le faut : tout me dit qu'un danger la menace.

---

19 juin 1844.

Je n'ai revu ni la jeune fille, ni l'homme à figure ignoble. . . .

. . . .

---

13 décembre 1844.

Je rentre profondément attristé, ce récit m'a brisé le cœur; quel douloureux enseignement!

Ah!... il est quelque chose de plus effrayant que la fatalité antique qui poussait forcément certaines races à des crimes monstrueux... C'EST LA MISÈRE!

La misère... cette épouvantable FATALITÉ des temps modernes.

. . . .

Voici ce qui s'est passé aujourd'hui; on vient de me le raconter dans l'un des groupes animés dont je m'étais approché en revenant chez moi, tout étonné de l'espèce de trouble qui régnait dans ce quartier, ordinairement paisible.

Non loin de ma demeure habite une brave femme, veuve et mère de famille ; elle est, de son état, blanchisseuse au bateau; partant dès le matin pour la rivière, elle ne revient que le soir, après sa tâche. Elle a trois enfants : deux petits garçons, l'un de cinq ans, l'autre de sept, et une fille de quatorze ou quinze ans. Cette pauvre veuve, occupée toute la journée à son bateau afin de gagner le pain de sa famille, ne peut surveiller ses enfants. Les deux plus jeunes sont à la salle d'asile; mais comme, par un regrettable usage, ces salles d'asile ne s'ouvrent que deux ou trois heures après que la journée de travail de l'artisan a commencé, et se ferment deux heures avant qu'elle soit terminée, les parents sont obligés, ou de renoncer à envoyer dans ces refuges leurs enfants trop petits pour s'y rendre seuls, ou de payer quelqu'un pour les conduire et pour les ramener : dépense minime sans doute, mais toujours bien lourde pour le pauvre.

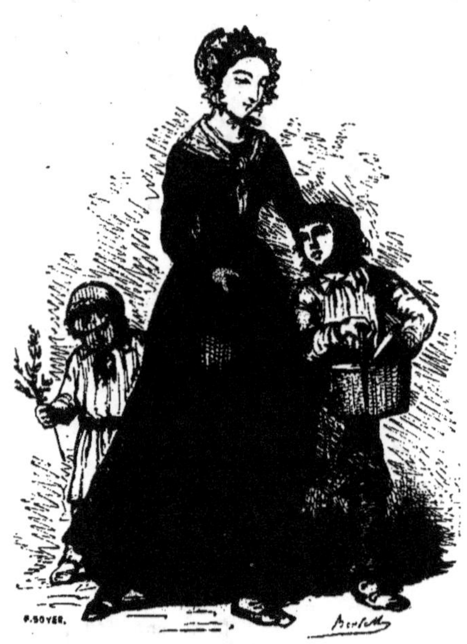

Cette veuve, chargée de famille, afin de s'épargner ces frais (c'était à peu près ce que lui coûtait la nourriture de l'un de ses enfants), avait chargé sa fille aînée de conduire ses deux petits frères à la salle d'asile le matin, et de les ramener à l'heure de la fermeture. Cette jeune fille était en apprentissage chez un cordonnier comme bordeuse de souliers. Comme il lui fallait quitter son travail dans la matinée pour aller chercher ses frères chez sa mère, afin de les conduire à la salle d'asile, fort éloignée de son atelier, puis interrompre encore son labeur dans l'après-dînée, afin d'aller rechercher les enfants, elle passait, pour ainsi dire, autant de temps dans la rue que chez son maître, qui s'en courrouçait et la traitait avec une grande dureté, car, disait-il, ces absences, depuis deux ou trois mois, étaient devenues de plus en plus prolongées.

Tantôt, à l'heure où la jeune fille rentrait chez sa mère avec les deux enfants qu'elle venait d'aller querir, deux agents de police qui l'avaient suivie l'ont arrêtée à la porte de sa maison, l'accusant d'avoir, pour la quatrième fois, volé des billes d'agate chez un épicier, devant la boutique duquel elle passait journellement. L'épicier, survenant, avait soutenu l'accusation, poussé à bout, disait-il, par la récidive.

La malheureuse enfant fut fouillée, et l'on trouva en effet sur elle trois petites billes d'agate. Comme on la traitait de voleuse, elle se mit à fondre en larmes, disant qu'elle n'avait pas pris ces billes pour les voler, ou plutôt pour les vendre, et que les autres étaient cachées dans le lit qu'elle partageait avec ses deux petits frères.

On monte dans la misérable mansarde qui servait en effet de demeure à cette pauvre famille, et l'on trouve environ une douzaine de billes d'agate cachées dans une paillasse.

« Mais pourquoi, lui dit-on, avez-vous dérobé ces objets qui ne vous étaient d'aucune utilité, et qui n'avaient d'ailleurs presque aucune valeur ? »

Elle hésite à répondre, ses sanglots redoublent; enfin, pressée de questions, la malheureuse enfant avoue que l'aspect brillant, poli, bigarré de ces billes l'avait toujours vivement frappée lorsqu'elle passait devant cette boutique, qu'enfin elle n'avait pu résister à l'insurmontable tentation de s'emparer de ces jouets... *parce qu'elle est enceinte...*

Et elle a quinze ans à peine...

... Mais j'y songe... le souvenir de cette enfant aux cheveux blonds et à la figure candide me revient à l'esprit... Elle demeurait dans ce quartier... Je vais savoir...

. . . .

---

14 décembre.

C'était bien elle...

A la façon dont les voisins qui avaient assisté à son arrestation me l'ont dépeinte, il n'y a pas à en douter... c'était bien elle...

Elle s'appelle *Arsène Remi* et n'a pas quinze ans.

On signale pour son *amant* un coryphée d'estaminet, qui s'était attaché à ses pas depuis quelques mois... On m'a aussi dépeint ce misérable : c'était l'homme à figure ignoble que j'avais remarqué.

Ce n'est pas tout.

Lorsque Arsène Remi a été emmenée comme voleuse, ses deux petits frères ont été confiés à une voisine; et lorsque le soir, la pauvre veuve rentrant chez elle, brisée de fatigue après sa journée de labeur, a demandé sa fille aînée... elle a si brusquement appris l'arrestation et le déshonneur de sa malheureuse enfant, qu'elle est tombée comme foudroyée... Elle a été transportée à l'hospice... On désespère de ses jours...

Les voisins étaient trop pauvres pour recueillir les deux petits orphelins, le magistrat les a fait conduire dans la maison des Jeunes-Détenus... *En prison !* L'un a cinq ans, l'autre sept ans; la loi les considère comme vagabonds.

Sans doute, à cette heure, leur mère est morte...

Leur sœur aînée n'a que quinze ans. Elle est mère et jetée au milieu de la corruption contagieuse des prisons !

Pour ces orphelins... quel avenir !...

Pour cette infortunée déjà mère... quel avenir !...

Et pour cet enfant qui doit naître sous les verrous... quel avenir !...

. . . .

Au moment où je sortais de cette maison, un homme à la démarche chancelante et avinée a paru à la porte de la sombre allée demandant d'une voix enrouée :

« Arsène Remi ?... »

J'ai reconnu l'homme à la face ignoble, le don Juan de ruisseau... le *séducteur* de cette malheureuse !

La colère a fait bouillir mon sang. Je suis sorti brusquement, et, profitant de ce que le misérable m'avait légèrement heurté, le saisissant au collet, je l'ai jeté sur le pavé; sa tête rebondit sur une borne. Je m'éloignais lentement, je l'ai entendu m'adresser quelques injures empreintes d'un lâche courroux.

Et le crime de cet homme restera impuni; au-dessus de onze ans, lorsqu'il n'y a ni violence, ni enlèvement, ni détournement, *la jeune fille est réputée librement consentante.*

. . . .

Malheureuse créature, à jamais perdue sans doute, est-ce donc à la précocité du vice qu'il faut attribuer sa chute ?... Non... mais à la position que la misère lui a faite; privée de la surveillance tutélaire de sa mère, forcément jetée dans les rues de Paris, en proie à toutes les obsessions, elle a succombé, comme tant d'autres, à l'une des mille influences de la misère,

La misère, répétons-le, *cette* FATALITÉ *des temps modernes !*

EUGÈNE SUE.

DANS LE JARDIN DU PALAIS-ROYAL

SCÈNE PREMIÈRE.

DEUX ÉTRANGERS.

PREMIER ÉTRANGER. — C'est lui. Le voilà !

SECOND ÉTRANGER. — Pourvu qu'il parte !

PREMIER ÉTRANGER. — Soyez tranquille. La journée est magnifique. Il partira.

SECOND ÉTRANGER. — Il me semble qu'il est en retard. Ma montre dit midi cinq.

PREMIER ÉTRANGER. — Comment voulez-vous qu'il soit en retard, puisque c'est le soleil qui le fait partir.

SECOND ÉTRANGER. — C'est juste. Il faut donc que ce soit ma montre. C'est très-désagréable.

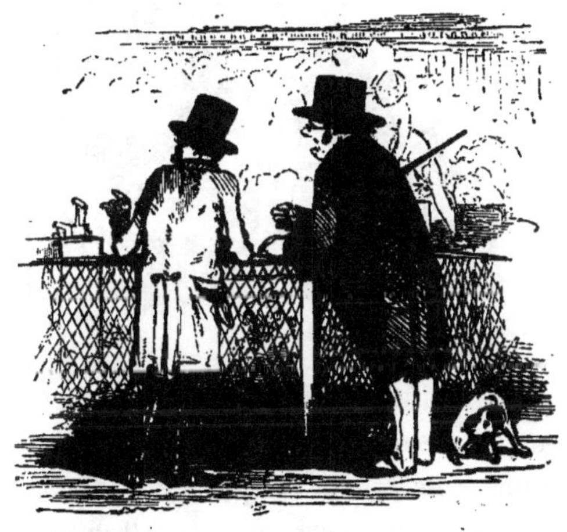

PREMIER ÉTRANGER. — Il me semble qu'il fume.

SECOND ÉTRANGER. — Attention, — c'est qu'il va partir. (Moment de silence.)

PREMIER ÉTRANGER. — C'est incompréhensible. Il ne part point.

SECOND ÉTRANGER, à un gardien. — Pourquoi votre canon ne part-il pas aujourd'hui, mon brave? Il est plus de midi.

LE GARDIEN. — C'est qu'il est parti, messieurs.

SECOND ÉTRANGER. — Voyez-vous? J'en étais sûr. Ma montre va bien.

PREMIER ÉTRANGER. — Allons! demain je serai plus exact. (Ils s'éloignent.)

SCÈNE II.

DEUX BOURGEOIS, lisant le journal.

PREMIER BOURGEOIS, à part. — « Le pape est mort. » Diable!

SECOND BOURGEOIS, à part. — « Sa Sainteté est mieux. » J'en suis ravi.

PREMIER BOURGEOIS. — « L'auteur de l'assassinat qui a jeté la con-« sternation dans Pézénas tout entier vient de payer sa dette à la « société..... »

Tiens! comment cela? Tant mieux!

SECOND BOURGEOIS. — « *Crime commis à Pézénas.* — L'assassin « vient de mettre le comble à ses forfaits..... »

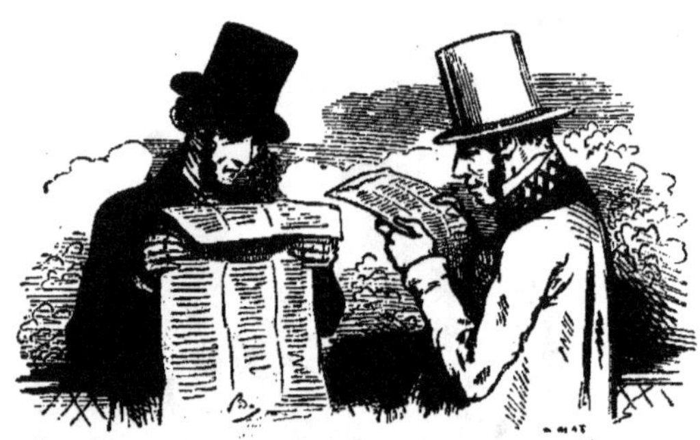

Que peut-il avoir fait de mieux que de tuer un père de famille qui faisait honnêtement le commerce des laines?

PREMIER BOURGEOIS. — « Traqué dans le marécage où il avait cher-« ché un refuge, il a été, après une courte lutte, percé de part en part « par le brigadier de la gendarmerie... »

Voilà un beau coup de sabre!

SECOND BOURGEOIS. — « Traqué dans les marécages qui avoisinent « Pézénas, le misérable, après une courte lutte, a percé d'outre en outre « le brigadier de la gendarmerie. Ce malheureux laisse une femme et « cinq enfants sans ressource... »

Triste événement ! — Monsieur, après vous votre journal, s'il vous plaît.

PREMIER BOURGEOIS. — Volontiers; le voici. Je vais lire le vôtre. (Ils échangent les journaux.)

SECOND BOURGEOIS. — Il paraît que c'est le gendarme qui a tué l'assassin de Pézénas. Tant mieux !

PREMIER BOURGEOIS. — Grand Dieu ! c'est l'assassin qui a tué le gendarme de Pézénas ! Ah ! tant pis.

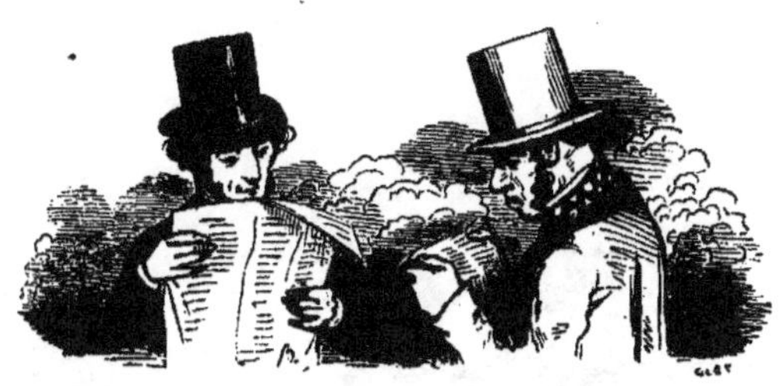

SECOND BOURGEOIS. — Baste ! Sa Sainteté est morte.

PREMIER BOURGEOIS. — Allons ! le pape va mieux. (Ils s'éloignent.)

SCÈNE III.

UNE FAMILLE, se promenant lentement.

LE PÈRE. — Ce qui me frappe et m'enchante le plus à Paris, c'est la complète assimilation que je vois s'être opérée entre le costume et l'extérieur de tous les Français. Il n'y a pas de Parisiens, — pas plus qu'il n'y a de Normands, de Bretons, d'Angevins, de Beaucerons. Montrez-moi dans ce jardin ceux qui sont Parisiens et ceux qui ne le sont pas : impossible ! et pourquoi ?

LA MÈRE. — C'est bien simple, tout le monde se fait habiller à Paris.

LE PÈRE. — Justement. Et puis la facilité des communications. — Qu'on me bande les yeux, et qu'on m'amène ici, je ne saurai pas dire si je suis à Paris, plutôt qu'à Rouen, à Caen ou à Chartres.

LE FILS. — Il y a d'aussi beau monde sur la place de la Préfecture qu'ici, mon père, le dimanche.

LE PÈRE. — Nous avons même plus de luxe. Mais comment diable veux-tu qu'il y ait de la différence, puisque nous avons les mêmes tailleurs, et que nos femmes ont les mêmes faiseuses que les gens de Paris.

LE FILS. — Sans doute. (Deux jeunes gens traversent rapidement.)

PREMIER JEUNE HOMME, à haute voix. — Tiens ! voilà une famille de provinciaux qui passe.

SECOND JEUNE HOMME, riant. — Et même — le père est superbe. (La famille s'éloigne en silence.)

OCTAVE FEUILLET.

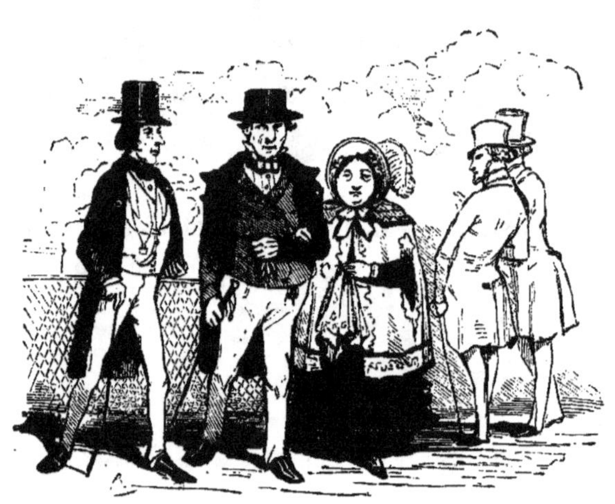

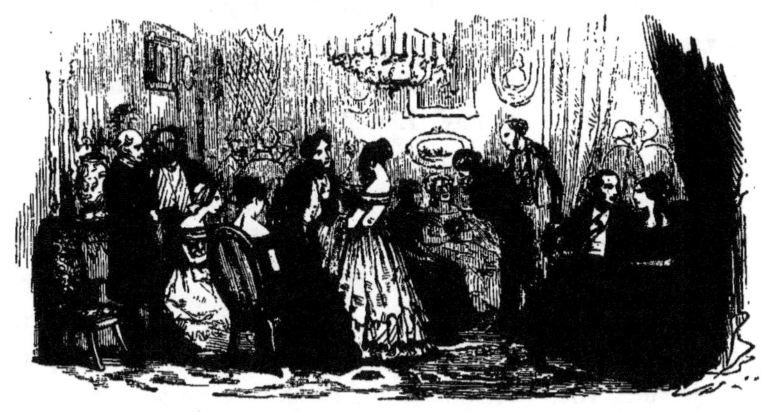

QUELQUES MÈRES

DANS LE BEAU MONDE

« Quelle est donc cette grosse femme qui danse? demandai-je au Parisien qui me pilotait pour la première fois à travers le bal.

— C'est ma tante, me dit-il, une personne très-gaie, très-jeune et, comme vous le voyez à ses diamants, très-riche. »

Très-riche, très-gaie, cela se peut, pensai-je; mais très-jeune, cela ne se peut pas. Je la regardais tout ébahi, et, ne pouvant découvrir nulle trace de sa jeunesse, je me hasardai à demander le compte de ses années.

« Voilà une sotte question, répondit Arthur, riant de ma balourdise. J'hérite de ma tante, mon cher, je ne dis point son âge. » Et voyant que je ne comprenais pas, il ajouta : « Je n'ai pas envie d'être déshérité. Mais venez, que je vous présente à ma mère. Elle a été très-liée autrefois avec la vôtre, et elle aura du plaisir à vous voir. »

Je suivis Arthur, et auprès d'un buisson de camélias nous trouvâmes deux jeunes personnes assises au milieu d'un groupe de papillons mâles plus ou moins légers. Arthur me présenta à la plus jeune, du moins à celle qui me parut telle au premier coup d'œil; car elle était la mieux mise, la plus pimpante, la plus avenante et la plus courtisée des deux. J'étais encore étourdi par les lumières et la musique, par mon début dans le monde de la capitale, par la crainte d'y paraître gauche et provincial; et précisément je l'étais à faire plaisir, car je n'entendis pas le compliment de présentation qu'Arthur débita en me poussant par les épaules vers cette dame éblouissante, et il me fallut bien cinq minutes pour me remettre du regard à la fois provoquant et railleur que ses beaux yeux noirs attachèrent sur moi. Elle me parlait, elle me questionnait, et je répondais à tort et à travers, ne pouvant surmonter mon trouble. Enfin je parvins à comprendre qu'elle me demandait si je ne dansais point; et comme je m'en défendais : « Il danse tout comme un autre, dit Arthur, mais il n'ose pas encore se lancer.

— Bah ! il n'est que le premier pas qui coûte, riposta la dame; il faut vaincre cette timidité. Je gage que vous n'osez engager personne ? Eh bien, je veux vous tirer de cet embarras et vous jeter dans la mêlée. Venez valser avec moi. Donnez-moi le bras... pas comme cela... passez votre bras ainsi autour de moi... sans roideur, ne chiffonnez pas mes dentelles, c'est bien ! Vous vous formerez... Attendez la ritournelle, suivez mes mouvements... voici... partons ! »

Et elle m'emporta dans le tourbillon, légère comme une sylphide, hardie comme un fantassin, solide au milieu des heurts de la danse, comme une citadelle sous le canon.

Je sautillais et tournais d'abord comme dans un rêve. Toute ma préoccupation était de ne point tomber avec ma danseuse, de ne pas la chiffonner, de ne pas manquer la mesure. Peu à peu, voyant que je m'en tirais aussi bien qu'un autre, c'est-à-dire que ces Parisiens valsaient tous aussi mal que moi, je me tranquillisai, je pris de l'aplomb. J'en vins à regarder celle que je tenais dans mes bras et à m'apercevoir que cette brillante poupée, un peu serrée dans son corsage, un peu essoufflée, enlaidissait à vue d'œil, à chaque tour de valse. Son début avait été brillant, mais elle ne soutenait pas la fatigue; ses yeux se creusaient, son teint se marbrait, et, puisqu'il faut le dire, elle me paraissait de moins en moins jeune et légère. J'eus quelque peine à la ramener à sa place, et quand je voulus lui adresser des paroles agréables pour la remercier de m'avoir déniaisé à la danse, je ne trouvai que des épithètes si gauches et si froidement respectueuses, qu'elle parut ne pas les entendre.

« Ah çà, dis-je à mon ami Arthur, quelle est donc cette dame que je viens de faire valser ?

— Belle demande! as-tu perdu l'esprit? je viens de te présenter à elle.

— Mais cela ne m'apprend rien.

— Eh ! distrait que vous êtes, c'est ma mère! répondit-il, impatienté.

— Ta mère !... répétai-je, consterné de ma sottise. Pardon ! j'ai cru que c'était ta sœur.

— Charmant ! Il a pris alors ma sœur pour ma mère ! Mon cher, n'allez pas, en vous trompant ainsi, débiter aux jeunes personnes le compliment de Thomas Diafoirus.

— Ta mère ! repris-je sans faire attention à ses moqueries. Elle danse bien... mais quel âge a-t-elle donc ?

— Ah ! encore ? c'en est trop, vous vous ferez chasser de partout, si vous vous obstinez ainsi à savoir l'âge des femmes.

— Mais ceci est un compliment naïf dont madame votre mère ne devrait pas me savoir mauvais gré; à sa parure, à sa taille, à son entrain, je l'ai prise pour une jeune personne, et je ne puis me persuader qu'elle soit d'âge à être votre mère.

— Allons, dit Arthur en riant, ces provinciaux si simples ont le don de se faire pardonner. Ne soyez pourtant pas trop galant avec ma mère, je vous le conseille. Elle est fort railleuse, et d'ailleurs il serait du plus mauvais goût, au fond, de venir s'émerveiller de ce qu'une mère danse encore. Tenez, voyez, est-ce que toutes les mères ne dansent pas? c'est de leur âge !

— Les femmes se marient donc bien jeunes, ici, pour avoir de si grands enfants !

— Pas plus qu'ailleurs. Mais abandonne donc cette idée fixe, mon garçon, et sache qu'après trente ans les femmes de Paris n'ont pas d'âge, par la raison qu'elles ne vieillissent plus. C'est la dernière des grossièretés que de s'enquérir, comme tu fais, du chiffre de leurs années. Si je te disais que je ne sais pas l'âge de ma mère ?

— Je ne le croirais pas.

— Et pourtant, je l'ignore. Je suis un fils trop bien né et un garçon trop bien élevé pour lui avoir jamais fait une pareille question. »

Je marchais de surprise en surprise. Je me rapprochai de la sœur d'Arthur, et je persistai à trouver qu'au premier abord elle paraissait moins jeune que sa mère. C'était une fille d'environ vingt-cinq ans qu'on avait oublié de marier, et qui en était maussade. Elle était mal mise, soit qu'elle manquât de goût, soit qu'on ne fît pas pour sa toilette les dépenses nécessaires. Dans les deux cas, sa mère avait un tort grave envers elle : celui de ne pas chercher à la faire valoir. Elle n'était pas coquette, peut-être par esprit de réaction contre l'air évaporé de sa mère. On ne s'occupait guère d'elle, on la faisait peu danser. Sa tante, la grosse tante dont Arthur prétendait hériter, et qui dansait avec une sorte de rage, venait de temps en temps lui servir de chaperon, lorsque la mère dansait, et, impatiente d'en faire autant, lui amenait quelques recrues auxquelles cette politesse était imposée. Je fus bientôt désigné pour remplir cette fonction; je m'en acquittai avec une résignation plus volontaire que les autres. Cette fille n'était point laide, elle n'était que gauche et froide. Cependant elle s'enhardit et s'anima un peu avec moi. Elle en vint à me dire que le monde l'ennuyait, que le bal était son supplice. Je compris qu'elle y venait malgré elle pour accompagner sa mère, et que le rôle de mère, c'était elle qui le remplissait auprès de l'auteur de ses jours. Elle était condamnée à servir de prétexte. Le père d'Arthur, qui avait les goûts de l'âge que le temps lui avait fait, se soumettait à courir le monde, ou à rester seul au coin du feu, lorsque madame lui avait dit : « Quand on a une fille à marier, il faut bien la conduire au bal. » En attendant, la fille ne se mariait pas. Le père bâillait, et la mère dansait.

Je fis danser plusieurs fois cette pauvre demoiselle. Dans un bal de province, cela l'aurait compromise, et ses parents m'eussent fait la leçon. Mais à Paris, bien loin de là, on m'en sut le meilleur gré, et la demoiselle ne prit pas ce joli air de prude qui commence, dans une petite ville, tout roman sentimental entre jeunes gens. Cela me donna le droit de m'asseoir ensuite à ses côtés et de causer avec elle, tandis que ses deux matrones échangeaient de folâtres propos et de charmantes minauderies avec leurs adorateurs.

Notre causerie, à nous, ne fut point légère; Mlle Emma avait du jugement, trop de jugement : cela lui donnait de la malice, bien que son caractère ne fût point gai. Ma simplicité lui inspirait de la confiance. Elle en vint donc à m'instruire de ce qui faisait le sujet de mon étonnement depuis le commencement du bal; et sans que je hasardasse beaucoup de questions, elle fut pour moi un cicerone plus complaisant que son frère.

« Vous êtes émerveillé de voir ma grosse tante se trémousser si joyeusement, me disait-elle; ce n'est rien : elle n'a que quarante-cinq ans, c'est une jeune personne. Son embonpoint la désole parce qu'il la vieillit. Ma mère est bien mieux conservée, n'est-ce pas? Pourtant j'ai une sœur aînée qui a des enfants, et maman est grand'mère depuis quelques années. Je ne sais pas son âge au juste. Mais, en la supposant mariée très-jeune, je suis assurée qu'elle a tout au moins cinquante ans.

— C'est merveilleux ! m'écriai-je. Ah ! mon Dieu ! quand je compare ma pauvre mère, avec ses grands bonnets, ses grands souliers, ses grandes aiguilles à tricoter et ses lunettes, à la quantité de dames du même âge que je vois ici en manches courtes, en souliers de satin, avec des fleurs dans les cheveux et des jeunes gens au bras, je crois faire un rêve.

— C'est peut-être un cauchemar? reprit la méchante Emma; ma mère a été si prodigieusement belle, qu'elle semble avoir conservé le droit de le paraître toujours. Mais ma tante est moins excusable de se décolleter à ce point et de livrer à tous les regards le douloureux spectacle de son obésité. »

Je me retournai involontairement et me trouvai effleurant à mon insu deux omoplates si rebondies, qu'il me fallut regarder le chignon fleuri de la tante pour me convaincre que je la voyais de dos. Ce luxe de santé me causa une épouvante réelle, et Mlle Emma s'aperçut de ma pâleur. « Ceci n'est rien, me dit-elle en souriant (et le plaisir de la moquerie donna un instant à son regard le feu que l'amour ne lui avait jamais communiqué). Regardez devant vous, comptez les jeunes filles et les jolies femmes. Comptez les femmes sur le retour, les laides, qui n'ont point d'âge, et complétez la série avec les vieilles, les bossues, ou peu s'en faut, les mères, les aïeules, les grand'tantes, et vous verrez que la majorité dans les bals, la prédominance dans le monde, appartiennent à la décrépitude et à la laideur.

— Oh ! c'est un cauchemar en effet ! m'écriai-je. Et ce qui me scandalise le plus, c'est le luxe effréné de la toilette sur ces phantasmes échevelés. Jamais la laideur ne m'avait paru si repoussante qu'aujourd'hui. Jusqu'à présent je la plaignais. J'avais même pour elle une sorte de commisération respectueuse. Une femme sans jeunesse ou sans beauté, c'est quelque chose qu'il faut chercher à estimer afin de lui pouvoir offrir un dédommagement. Mais cette vieillesse parée, cette laideur arrogante, ces rides qui grimacent pour sourire voluptueusement, ces lourdes odalisques surannées qui écrasent leurs frêles cavaliers, ces squelettes couverts de diamants, qui semblent craquer comme s'ils allaient retomber en poussière, ces faux cheveux, ces fausses dents, ces fausses tailles, tous ces faux appas et ces faux airs, c'est horrible à voir, c'est la danse macabre ! »

Un vieux ami de la famille d'Arthur s'était approché de nous, il entendit mes dernières paroles. C'était un peintre assez distingué et un homme d'esprit. « Jeune homme, me dit-il en s'asseyant auprès de moi, votre indignation me plaît, bien qu'elle ne soulage point la mienne propre. Êtes-vous poëte ? êtes-vous artiste ? Ah ! si vous êtes l'un ou l'autre, que venez-vous faire ici ? Fuyez ! car vous vous habitueriez peut-être à cet abominable renversement des lois de la nature. Et la première loi de la nature, c'est l'harmonie ; l'harmonie, c'est la beauté. Oui, la beauté est partout lorsqu'elle est à sa place et qu'elle ne cherche pas à s'écarter de ses convenances naturelles. La vieillesse est belle aussi lorsqu'elle ne veut pas simuler et grimacer la jeunesse. Quoi de plus auguste que la noble tête chauve d'un vieillard calme et digne ? Regardez ces vieux fats en perruque, et sachez bien que si on me les laissait coiffer et habiller à mon gré, et leur imposer aussi d'autres habitudes de physionomie, j'en pourrais faire de beaux modèles. Tels que vous les voyez là, ce sont de hideuses caricatures. Hélas ! où donc s'est réfugié le goût, la pure notion des règles premières, et faut-il dire même le simple bon sens ? Je ne parle pas seulement des costumes de notre époque ; celui des hommes est ce qu'il y a de plus triste, de plus ridicule, de plus disgracieux et de plus incommode au monde. Ce noir, c'est un signe de deuil qui serre le cœur.

« Le costume des femmes est heureux et pourrait être beau dans ce moment-ci. Mais peu de femmes ont le don de savoir ce qui leur sied. Voyez ici, vous en compterez à peine trois sur quarante qui soient ajustées convenablement et qui sachent tirer parti de ce que la mode leur permet. Le goût du riche remplace le goût du beau chez la plupart. C'est comme dans tous les arts, comme dans tous les systèmes d'ornementation. Ce qui prévaut aujourd'hui, c'est le *coûteux* pour les riches prodigues, le *voyant* pour les riches avares, le *simple* et le *beau* pour personne. Eh quoi ! nos femmes de Paris n'ont-elles pas sous les yeux des types monstrueux bien faits pour leur inspirer l'horreur du laid ?...

— Oh ! ces vieilles Anglaises, chargées de plumes et de diamants ? m'écriai-je, ces chevaux de l'Apocalypse si fantastiquement enharnachés ?

— Vous pouvez en parler, reprit-il, vous en voyez là quelques-unes peut-être. Pour moi, j'ai le don de ne les point apercevoir. Quand je présume qu'elles sont là, par un effort de ma volonté je me les rends invisibles.

— En vérité ? dit Mlle Emma en riant ; oh ! pourtant il est impossible que vous n'aperceviez point la colossale lady ***. La voilà qui vous marche sur les pieds, et si vous ne la voyez pas, vous pouvez sentir du moins le poids de cette gigantesque personne. Cinq pieds et demi de haut, quatre de pourtour, un panache de corbillards, des dentelles qui valent trois mille francs le mètre, et qui ont jauni sur trois générations de douairières, un corsage en forme de guérite, des dents qui descendent jusqu'au menton, un menton hérissé de barbe grise, et pour s'harmoniser avec tout cela, une jolie petite perruque blond-clair avec de mignonnes boucles à l'enfant. Regardez donc, c'est la perle des trois royaumes.

— Mon imagination s'égaye à ce portrait, repartit le peintre en détournant la tête, mais l'imagination ne peut rien créer d'aussi laid que certaines réalités; c'est pourquoi, dût cette grande dame me marcher sur le corps, je ne la regarderais pas.

— Vous disiez pourtant, repris-je, que la nature ne faisait rien de laid, ce me semble?

— La nature ne fait rien de si laid que l'art ne puisse l'embellir ou l'enlaidir encore; c'est selon l'artiste. Tout être humain est l'artiste de sa propre personne au moral et au physique. Il en tire bon ou mauvais parti, selon qu'il est dans le vrai ou dans le faux. Pourquoi tant de femmes et même d'hommes maniérés? c'est qu'il y a là une fausse notion de soi-même. J'ai dit que le beau c'était l'harmonie, et que, comme l'harmonie présidait aux lois de la nature, le beau était dans la nature. Quand nous troublons cette harmonie naturelle, nous produisons le laid, et la nature semble alors nous seconder, tant elle persiste à maintenir ce qui est sa règle et ce qui produit le contraste. Nous l'accusons alors, et c'est nous qui sommes des insensés et des coupables. Comprenez-vous, mademoiselle?

— C'est un peu abstrait pour moi, je l'avoue, répondit Emma.

— Je m'expliquerai par un exemple, dit l'artiste, par l'exemple même de ce qui donne lieu à nos réflexions sur cette matière. Je vous disais en commençant : Il n'y a rien de laid dans la nature. Prenons la nature humaine pour nous renfermer dans un seul fait. On est convenu de dire qu'il est affreux de vieillir, parce que la vieillesse est laide. En conséquence la femme fait arracher ses cheveux blancs ou elle les teint; elle se farde pour cacher ses rides, ou du moins elle cherche dans le reflet trompeur des étoffes brillantes à répandre de l'éclat sur sa face décolorée. Pour ne pas faire une longue énumération des artifices de la toilette, je me bornerai là, et je dirai qu'en s'efforçant de faire disparaître les signes de la vieillesse, on les rend plus persistants et plus implacables. La nature s'obstine, la vieillesse s'acharne, le front paraît plus ridé, et la face plus anguleuse sous cette chevelure dont le ton emprunté est en désaccord avec l'âge réel et ineffaçable. Les couleurs fraîches et vives des étoffes, les fleurs, les diamants sur la peau, tout ce qui brille et attire le regard, flétrit d'autant plus ce qui est déjà flétri. Et puis, outre l'effet physique, la pensée ne saurait être étrangère à l'impression perçue par nos yeux. Notre jugement est choqué de cette anomalie. Pourquoi, nous disons-nous instinctivement, cette lutte contre les lois divines? Pourquoi parer ce corps comme s'il pouvait inspirer la volupté? Que ne se contente-t-on de la majesté de l'âge et du respect qu'elle impose? Des fleurs sur ces têtes chauves ou blanchies! quelle ironie! quelle profanation!

— Eh bien, cette horreur que la vieillesse fardée répand autour d'elle ferait place à des sentiments plus doux et plus flatteurs, si elle n'essayait plus de transgresser les lois de la nature. Il y a une toilette, il y a une parure pour les vieillards des deux sexes. Voyez certains portraits des anciens maîtres, certains hommes à barbe blanche de Rembrandt, certaines matrones de Van Dyck, avec leur long corsage de soie ou de velours noir, leurs coiffes blanches, leurs fraises ou leurs guimpes austères, leur grand et noble front découvert et imposant, leurs longues mains vénérables, leurs lourds et riches chapelets, ces bijoux qui rehaussent la robe de cérémonie sans lui ôter son aspect rigide. Je ne prétends point qu'il faille chercher l'excentricité en copiant servilement ces modes du temps passé. Toute prétention d'originalité serait messéante à la vieillesse. Mais des mœurs sages et des habitudes de logique répandraient dans la société des usages analogues, et bientôt le bon sens public créerait un costume pour chaque âge de la vie, au lieu d'en créer pour distinguer les castes, comme on l'a fait trop longtemps. Que l'on me charge d'inventer celui des vieillards, moi qui suis de cette catégorie, et l'on verra que je rendrai beaux beaucoup de ces personnages qui ne peuvent servir aujourd'hui de type qu'à la caricature. Et moi, tout le premier, qui suis forcé, sous peine de me singulariser et de manquer aux bienséances, d'être là avec un habit étriqué, une chaussure qui me gêne, une cravate qui accuse l'angle aigu de mon menton, et un col de chemise qui ramasse mes rides, vous me verriez avec une belle robe noire, ou un manteau ample et digne, une barbe vénérable, des pantoufles ou des bottines fourrées, tout un vêtement qui répondrait à mon air naturel, à la pesanteur de ma démarche, à mon besoin d'aise et de gravité. Et alors, ma chère Emma, vous diriez peut-être : Voilà un beau vieillard; au lieu que vous êtes forcée de dire, en me voyant dans des habits pareils à ceux de mon petits-fils : Ah ! le vilain vieux !

— Je vous trouve trop sincère pour vous-même et pour les autres, dit Emma, après avoir ri de son aimable discours. Jugez donc quelle révolution, quelle fureur chez les femmes, si on les obligeait d'accuser leur âge en prenant à cinquante ans le costume qui conviendrait aux octogénaires.

— Cela les rajeunirait, je vous le jure, reprit-il. D'ailleurs on pourrait inventer un costume différent pour chaque saison de la vie. Laissez-moi vous dire en passant que les femmes font un sot calcul en cachant mystérieusement le jour de leur naissance. Quand il est bien constaté par quelque indiscrétion (toujours inévitable) que vous avez menti sur ce point, ne fût-ce que d'une année, voilà que la malignité des gens vous en donne à pleines mains : Oui-da, trente ans ! se dit-on... c'est bien plutôt quarante. Elle a l'air d'en avoir cinquante, dit un autre. Et un plaisant ajoutera : Peut-être cent ! Que sait-on d'une femme si habile à tout déguiser en elle ? Il me semble que si j'étais femme, je serais plus flattée de paraître très-bien conservée à quarante ans, que très-flétrie à trente. Je sais bien que quand j'entends dire d'une femme qu'elle n'avoue plus son âge, je la suppose tout d'abord vieille, et très-vieille.

— En cela je pense comme vous, dis-je à mon tour; mais reparlez-nous de vos costumes. Vous ne changeriez pas celui que portent aujourd'hui les jeunes personnes ?

— Je vous demande bien pardon, reprit-il, je le trouve beaucoup trop simple; en comparaison de celui de leurs mères qui est si luxueux, il est révoltant de mesquinerie. Je trouve, par exemple, que la toilette d'Emma est celle d'un enfant, et je voudrais qu'à partir de quinze ans elle eût été plus parée qu'elle ne l'est. Est-ce qu'on veut déjà la rajeunir? Elle n'en a pas besoin. C'est l'usage, dit-on, c'est de bon goût; la simplicité sied à la pudeur du jeune âge : je le veux bien, mais ne sied-elle donc pas aussi à la dignité maternelle ? Puis, l'on dit aux jeunes personnes pour les consoler : Nous avons besoin d'art, nous autres, et vous, vous êtes assez parées par vos grâces naturelles. Étrange exemple, étrange profession de pudeur et de morale ! et quel contre-sens pour les yeux de l'artiste ! Voici une matrone resplendissante d'atours, et sa fille, belle et charmante, en habit de première communion, presque en costume de nonne! Et pour qui donc les fleurs et les diamants, les riches étoffes et tous les trésors de l'art et de la nature, si ce n'est pour orner la beauté? Si vous faites l'éloge de la chasteté simple et modeste, n'est-elle donc faite que pour les vierges? Pourquoi vous dépossédez-vous si fièrement du seul charme qui pourrait vous embellir encore? Vous voulez paraître jeunes, et vous vous faites immodestes! Calcul bizarre, énigme insoluble! La femme, pensent certaines effrontées, doit être comme la fleur qui montre son sein à mesure qu'elle s'épanouit. Mais elles ne savent donc pas que la femme ne passe pas, comme la rose, de la beauté à la mort! Elle a le bonheur de conserver en elle, après la perte de son éclat, un parfum plus durable que celui des roses. »

Le bal finissait. La mère et la tante d'Emma restèrent des dernières. Elles allaient s'égayant et s'enhardissant à mesure que l'excitation et la fatigue les enlaidissaient davantage. Emma était de bonne humeur parce qu'elle avait entendu jeter l'anathème sur leur folie. Le vieux artiste parti, elle s'entretint encore avec moi, et devint si amère et si vindicative en paroles, que je m'éloignai d'elle attristé profondément. Mauvaises mères, mauvaises filles! Est-ce donc là le monde? me disais-je.

GEORGE SAND.

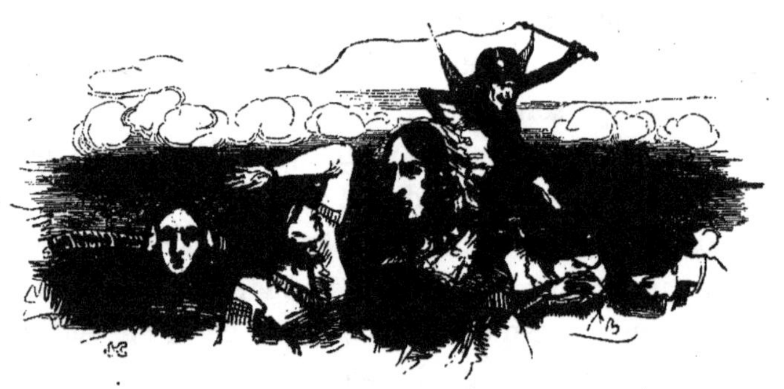

LES VEUVES DU DIABLE

En les voyant passer belles et fringantes, ne vous êtes-vous jamais demandé où elles vont et ce qu'elles deviendront un jour?

Ce sont de charmantes femmes qui ne tiennent à la société que par des liens de fleurs. Laissant à d'autres les positions régulières, la félicité domestique, les vertus paisibles et les vices cachés, elles vivent sur l'aile du hasard, sans frein, sans mesure, montrant avec une égale franchise ce qu'elles ont de bien et ce qu'elles font de mal. Leur mission est toute de joie et d'inépuisable tendresse; leur évangile enseigne l'amour du prochain, amour immodéré qu'elles pratiquent avec une dévotion sincère et ardente : — ce sont des sœurs de charité qui se consacrent à la consolation des riches et au soulagement des heureux.

Tant qu'elles restent jeunes, la vie leur est facile et riante. Elles n'ont qu'à se laisser aller au souffle de la fantaisie, au flot du plaisir, au doux murmure qui les invite et les caresse. Le souci du lendemain ne vient jamais troubler la sérénité de leur esprit. Elles marchent radieuses et légères, jetant au hasard leur regard, leur sourire, leur hameçon. Chaque jour leur amène de nouvelles fêtes et une fortune nouvelle. Chaque page de leur roman est un nouveau chapitre dominé par un personnage imprévu. Le héros d'hier disparaîtra ce soir et sera remplacé demain. Et dans ces mille révolutions, elles demeurent invariablement fidèles à l'amour, au plaisir, au luxe, à la mode, à toutes les vanités qui remplissent et gouvernent la tête et le cœur d'une femme.

Mais tout passe et tout finit en ce monde. Un beau jour, la jeunesse fait mine de s'en aller; elle annonce sa retraite par un de ces riens foudroyants qui sèment la désolation sur leur passage : — un cheveu blanc, — une ride, — la piqûre du ver sur la fleur épanouie. A peine a-t-elle dit adieu, qu'elle est déjà bien loin, emportant dans sa fuite les grâces et les attraits qui formaient son bagage.

Et alors, quand la jeunesse et la beauté sont passées, quand les amours et la fortune s'envolent, que deviennent ces femmes qui exploitaient si richement l'art de plaire, et qui dépensaient en même temps les revenus et le capital?...

Deux messieurs d'un certain âge, cinquante à soixante ans, étaient assis sous un marronnier du jardin des Tuileries par une belle matinée du printemps dernier. L'un d'eux adressait à son compagnon ces réflexions philosophiques et cette question assez embarrassante, qu'il répéta avec une remarquable opiniâtreté :

« Que deviennent-elles, je vous prie, ces souveraines détrônées par le temps, et où pourrais-je les retrouver ?

— Je n'en sais rien, répondit l'autre d'un air insouciant et calme; je n'en sais absolument rien; mais que vous importe, mon cher Palémon ?

— Il m'importe beaucoup, comme vous allez le voir, mon cher Benoît. Vous avez toujours été, vous, un homme grave, paisible, étranger aux passions, et je vous retrouve tel que je vous ai laissé il y a vingt ans. Moi, au contraire, j'ai eu une jeunesse très-active et toute remplie de charmantes aventures. Peu de temps après ma sortie du collége, l'héritage d'un oncle m'ayant rendu assez riche pour vivre selon mes goûts, je dis adieu à la province et je revins à Paris, où je retrouvai Robert, notre ancien camarade de Sainte-Barbe. Il y avait entre nous deux ce qui fait les amitiés vraies et solides : nous nous ressemblions par les sentiments et les goûts, nous différions par l'esprit et le caractère. Libres tous deux et pleins d'ardeur, nous avions la ferme résolution d'employer gaiement nos belles années et de profiter de nos avantages. Nous voilà donc lancés sur le champ de bataille parisien. Nos débuts furent signalés par de nombreux succès; et comment n'aurions-nous pas réussi avec de la bonne volonté, des loisirs, de la fortune, de la jeunesse et de la figure ? car, je puis le dire maintenant, et vous vous le rappelez peut-être, nous étions l'un et l'autre d'assez jolis garçons. Rien ne nous résistait; il est vrai que nous n'attaquions guère les citadelles où la vertu tenait garnison. Dans cette carrière de conquêtes agréables et faciles, Robert, je dois l'avouer, me surpassait de beaucoup. Je le considérai toujours comme mon maître. C'était un véritable héros, irrésistible dans l'attaque, superbe dans le triomphe. On l'avait surnommé *le Diable,* à cause de ses prouesses; le monde galant et frivole dans lequel nous vivions ne l'appelait pas autrement que Robert le Diable; et ce ne fut pas pour mon vieil ami une médiocre émotion lorsque, plus tard, il vit paraître sous le même titre le célèbre opéra de Scribe et Meyerbeer. Nous avons mené notre joyeuse vie pendant une vingtaine d'années; que ne peut-on la mener toujours ! Mais, par malheur, nous autres hommes, nous avons une fin, comme les femmes. La satiété, l'incapacité, les infirmités nous mettent à la retraite. — Ce dénoûment nous arriva plus tôt que nous ne l'aurions souhaité. Robert possédait à soixante lieues de Paris le domaine de Margaillac, charmante habitation, avec de riants jardins, un beau parc et de pittoresques environs; c'est là que nous nous retirâmes tous deux pour nous reposer de nos fatigues et terminer doucement notre carrière. Nous avions de bons livres, de bons vins, de bons souvenirs : n'est-ce pas là tout ce qui fait le bonheur au déclin de la vie? Combien de douces heures se sont écoulées dans ces entretiens abondants qui nous ressuscitaient le passé! Robert avait un préjugé : il se figurait que les femmes dont il s'était fait aimer jadis lui avaient élevé un autel dans leur cœur. Ce fut sous l'empire de cette idée flatteuse qu'il fit son testament, l'hiver dernier, lorsqu'il sentit l'atteinte mortelle de la maladie qui l'a enlevé. « Mon cher Oscar, me dit-il, c'est toi que je charge d'être l'exécuteur de mes volontés suprêmes. Je te lègue notre manoir de Margaillac. Sur le reste de mes biens, que je laisse à mes neveux, j'ai prélevé une somme de cent mille francs que je te charge de distribuer à *mes veuves*. » Il appelait ainsi les tendres objets de ses anciennes passions. — « Parmi les femmes charmantes qui ont embelli mes jours heureux, continua Robert, il en est dix qui occupent le premier rang. Voici leurs noms inscrits sur cet album : Athénaïs, Colombe, Antonia, Rosine, Suzanne, Flora, Olympe, Armide, Arthémise, Rosalba. Tu les as connues, et tu trouveras à la suite de leurs noms tous les détails que ma mémoire a pu recueillir. Je veux léguer à ces femmes d'élite un gage de ma reconnaissance, et les récompenser une dernière fois de l'amour qu'elles ont eu pour moi et du souvenir qu'elles m'auront conservé. A chacune d'elles j'ai donné jadis mon portrait; le legs doit être partagé entre celles qui ont gardé cette image et qui pourront te la présenter. Si, par hasard, quelques-unes ont disparu de la scène du monde, ou bien si quelques oublieuses ne possèdent plus le portrait, leur part reviendra aux autres. C'est une tontine. Telle est, mon cher Oscar, la mission que je confie à ton dévouement éprouvé, je suis sûr que tu la rempliras en conscience; mais, comme je ne veux pas abuser de ton zèle, je ne te demande que trois mois de recherches, après lesquels tu fermeras le concours. » Deux jours après m'avoir donné ces instructions, Robert est mort; fidèle à la promesse que je lui avais faite, et muni des cent mille francs qu'il m'avait remis, je suis venu à Paris chercher ses légataires. Voici déjà trois semaines que je suis arrivé, et jusqu'à présent toutes mes démarches ont été infructueuses. Je ne me reconnais plus dans ce Paris, où je n'avais pas mis le pied depuis vingt ans : c'est pour moi un pays nouveau; je m'y perds, et je ne sais vraiment à qui m'adresser pour apprendre où je pourrais retrouver les femmes qui vivaient jadis avec le Diable. »

Au moment où M. Oscar Palémon achevait son discours, une main sèche, rugueuse et noire se tendit vers lui : c'était la loueuse de chaises qui réclamait son salaire.

« Voulez-vous de la monnaie, mon cher Palémon ? dit M. Benoît.

— Monsieur Palémon!... répéta la loueuse de chaises... voilà un nom qui ne m'est pas inconnu.

— Vraiment, bonne femme, reprit avec un dédaigneux sourire l'exécuteur testamentaire du Diable.

— Eh ! eh! continua la vieille, il n'y aurait pas de quoi rougir pour vous, mon beau monsieur; on valait quelque chose dans son temps, et il y avait plus d'un mirliflore qui se trouvait flatté de connaître particulièrement Rosalba Delorme.

— Quoi! vous seriez ?... En voilà donc une! s'écria M. Palémon; vous êtes Rosalba Delorme, cette jolie petite blonde ?...

— Oui, monsieur, j'étais blonde, malheureusement ! car les blondes durent moins longtemps que les brunes; si j'avais été brune, je me serais conservée trois ou quatre ans de plus et je ne serais pas réduite où vous me voyez. J'allais faire fortune lorsque j'ai perdu ma fraîcheur. La raison me venait, j'étais bien décidée à économiser pour mes vieux jours, et il y avait un Russe qui m'avait promis de me combler de richesses à son retour de Saint-Pétersbourg, où il était allé recueillir un héritage; mais quand il est revenu, ce n'était plus ça : j'étais fanée, et pourtant je n'avais que vingt-neuf ans. Les brunes se maintiennent jusqu'à trente et quelques. Ah ! pourquoi n'étais-je pas brune ?

— Ainsi, reprit Palémon, vous vous rappelez mon nom ? Moi, je me souviens de vous comme si cela ne datait que d'hier. Nous nous sommes connus indirectement; vous étiez très-liée avec un de mes amis, que vous n'avez sans doute pas oublié : Robert, surnommé le Diable.

— Robert le Diable ! c'est une pièce de théâtre.

— Oui, mais ce fut aussi un beau jeune homme, qui vous adorait, et que vous avez payé de retour.

— C'est bien possible... j'en ai une idée confuse... mais il y en a eu tant, que pour se souvenir de tous il faudrait une mémoire d'ange.

— Robert vous avait donné son portrait.

— Ah !... j'en ai eu beaucoup aussi des portraits, mais je n'en ai plus un seul. Quand on se trouve dans le malheur, vous concevez, on se défait de ces colifichets. Les portraits ont filé avec les bijoux et les parures... Mais vous me faites causer, et pendant ce temps, voilà un monsieur là-bas qui s'en va sans avoir payé sa chaise. »

La loueuse courut à la poursuite du délinquant, et M. Palémon se leva en disant :

« Allons, le début n'est pas heureux : voilà déjà un nom à rayer de ma liste, et dix mille francs à répartir entre les autres légataires de Robert. »

Une heure après cette rencontre, M. Palémon, en rentrant chez lui, trouva une lettre qui contenait l'invitation suivante :

« Madame la baronne de Firbach prie M. Oscar Palémon de lui faire l'honneur de venir passer la soirée chez elle le samedi 30 avril. »

« Quelle est cette baronne? D'où me connaît-elle? A quel titre suis-je invité? Comment se fait-il qu'elle m'envoie seulement ce matin une invitation pour ce soir? Ordinairement on s'y prend plusieurs jours d'avance. Une baronne devrait mieux savoir les usages; mais n'importe, je suis venu à Paris pour remplir une mission, et je rencontrerai peut-être chez la baronne quelque élégant viveur d'autrefois qui pourra me remettre sur la trace de ce que je cherche. »

Tout en faisant ces réflexions, qui l'occupèrent pendant le reste de la journée, M. Palémon se rendit à neuf heures chez la baronne, rue de la Michodière.

La maison était de mince apparence, l'escalier peu éclairé, l'appartement assez vaste, mais enfumé, mal entretenu : des meubles qui dataient du temps de l'Empire, des draperies flétries, des dorures écaillées. Dans l'antichambre, un domestique en livrée bleu de ciel, tachée d'huile et galonnée d'argent noirci, ouvrit la porte du salon et annonça d'une voix rauque M. de Palémon.

Quatre groupes étaient réunis autour de quatre tables de jeu. — Une dame d'un âge respectable, d'une taille élevée et d'une figure qui visait à la majesté, s'approcha de M. Palémon et le remercia de ce qu'il avait bien voulu accepter son invitation; puis la baronne le prit par le bras, le conduisit dans une embrasure de fenêtre, le fit asseoir et lui dit de l'air le plus gracieux :

« Je reçois chez moi des hommes très comme il faut et de jolies femmes. J'ai pensé que mon salon vous serait agréable, si, comme je le suppose, vous avez conservé vos goûts et vos habitudes d'autrefois.

— Comment donc, madame, reprit M. Palémon étonné, j'ai donc eu jadis l'honneur d'être connu de vous?

— Certainement, et j'ai été charmée de trouver votre nom sur la liste des étrangers nouvellement arrivés à Paris.

— Ah!... j'ignorais que l'on publiât cette liste...

— On ne la publie pas; ce sont des renseignements particuliers.

— Et vous avez eu la bonté de vous souvenir de moi?

— Oui, vraiment. Vous avez un de ces noms que l'on n'oublie pas et qui vous frappent nécessairement lorsqu'on les retrouve.

— Très-flatté, madame la baronne, reprit M. Palémon, qui se crut obligé de saluer ce compliment; — mais, ajouta-t-il, je dois vous avouer que ma mémoire est moins heureuse, et j'en suis confus autant que surpris, car, sans parler des agréments de votre personne, vous avez aussi un de ces noms qui commandent le souvenir.

— C'est que peut-être je n'ai pas toujours porté ce nom, dit la baronne en souriant; ne vous rappelez-vous pas Olympe Dujardin?

— Ah! s'écria M. Palémon, voilà une heureuse journée! Votre nom est écrit sur mes tablettes, madame, et vous êtes une des personnes que je désirais le plus revoir à Paris. Je suis charmé de vous retrouver dans une position brillante et aristocratique... Un mariage, sans doute? Vous méritiez bien cela! Mais comment ne vous ai-je pas reconnue tout de suite? vous n'êtes pas changée du tout.

— Vous trouvez, reprit la baronne en minaudant... Oui, on prétend que je suis encore passable. Toutes les femmes n'ont pas ce privilége; et tenez, vous souvenez-vous de la petite Antonia, qui avait jadis quelque réputation dans le monde, et qui s'entendait si bien à ruiner les Anglais?

— Antonia!... mais elle est aussi sur mes tablettes!

— La voilà. Cette énorme dame en chapeau bleu, assise près de la cheminée. On l'appelle maintenant Mme d'Outremer. La jeune personne qui est à côté d'elle est sa nièce; une débutante. Je vais vous présenter. »

Mme d'Outremer fit à M. Palémon un accueil empressé. — J'aime les anciens, lui dit-elle, ma nièce aussi; elle est gentille et bien élevée; elle se plaît beaucoup dans la société des hommes mûrs. Nous serons enchantées de vous recevoir. Je demeure rue de Bréda; un bon quartier : j'en connais le personnel, et, si vous désiriez quelques renseignements, s'il vous faut une personne sûre, active et discrète pour quelque négociation délicate, je suis tout à votre service.

M. Palémon remercia, puis il mit la conversation sur le chapitre de Robert. On ne se le rappela pas d'abord; cependant, à force de moxas, la mémoire des deux dames finit par se réveiller; mais ni l'une ni l'autre n'avaient conservé le précieux portrait.

Sur ces entrefaites, la porte du salon s'ouvrit; un commissaire de police, revêtu de son écharpe, entra, suivi de son secrétaire et escorté de deux gardes municipaux, qui se placèrent en sentinelles pour couper la retraite à ceux qui auraient voulu s'esquiver. Les cartes et les enjeux furent saisis au nom de la loi, et chacun des assistants se vit contraint de décliner ses noms et qualités, que l'on inscrivit sur un procès-verbal détaillé. Cette scène ne se passa pas sans de vives réclamations : la baronne de Firbach était furieuse.

« Je sais d'où part le coup, dit-elle à M. Palémon consterné; j'ai été dénoncée par une femme qui était ma rivale autrefois, qui est mon ennemie aujourd'hui, et qui est venue se loger dans cette maison pour mieux m'épier. On m'avait bien dit qu'elle était attachée à la police, et j'avais la faiblesse de ne pas le croire. Oh ! je la démasquerai maintenant, et tout le monde saura qu'Arthémise Muller est une espionne, une vile moucharde !

— Arthémise Muller !... Encore une de celles que je cherche, » dit M. Palémon.

Le procès-verbal terminé, les invités de la baronne eurent la permission de se retirer, avec la perspective de comparaître comme témoins dans une séance de la police correctionnelle.

Ému de la scène qui avait terminé une journée pleine de rencontres, M. Palémon ressentit une violente migraine, et, voulant rester chez lui, il envoya chercher au cabinet de lecture un roman nouveau.

C'était un in-octavo crasseux qui avait été feuilleté par des milliers de doigts; — un de ces livres que les femmes du monde, délicates et distinguées, admettent chez elles après qu'il a passé par la mansarde, l'antichambre, la loge du portier, le corps de garde et diverses autres localités fâcheuses; — car, à Paris, on n'achète pas les livres, on les loue; toutes les classes de la société sont inscrites sur le registre du cabinet de lecture; le même volume va de la grisette à la marquise, du laquais à la merveilleuse, et ainsi de suite. M. Palémon ouvrit le livre, et il se mit à lire le roman nouveau, qui, dès les premières pages, lui parut singulièrement fade et parfaitement filandreux. Après avoir bâillé plusieurs fois, il allait fermer le volume, lorsque tout à coup son nom lui apparut, placé en vedette dans le sommaire du troisième chapitre : — « *Où le lecteur fera connaissance avec un nouveau personnage, M. Oscar Palémon.* » Était-ce le hasard qui avait fourni ces deux noms à l'auteur? Voyons! — Mais non ; c'est un véritable portrait. Le Palémon du roman est bien celui qui menait joyeuse vie à Paris il y a vingt ans ; et pour que le moindre doute ne soit pas permis, l'auteur a complaisamment décrit la figure, la tournure, le caractère, les habitudes du personnage, et il l'a placé dans une intrigue historique dont les mystérieux détails n'avaient jamais été ébruités. Quel était donc le romancier qui connaissait si bien M. Palémon et ses aventures les plus secrètes ? — Cet auteur était une femme, et se nommait Mme Bougival.

M. Palémon consulta son excellente mémoire ; il parcourut les sentiers fleuris de ses souvenirs, cultivés avec tant de soin, mais ce fut vainement qu'il chercha ce nom parmi les doux fantômes qui lui souriaient dans le paradis du passé.

« Il faut absolument que je remonte à la source de cette étrange révélation, et j'y parviendrai, dussé-je porter plainte au procureur du roi ; car il n'est pas permis d'imprimer ainsi tout vif un honnête homme et d'en faire un héros de roman sans sa permission. »

Disant cela, M. Palémon, dégagé de sa migraine, s'habilla en toute hâte, prit un cabriolet et courut chez l'éditeur du roman, qui lui donna l'adresse de la femme de lettres.

Un quart d'heure après, il grimpait au cinquième étage d'une maison du faubourg Saint-Denis, et il tirait à trois reprises un vieux ruban jaune servant de cordon de sonnette. La station dura cinq minutes, puis la porte s'ouvrit, et M. Palémon se trouva en présence d'une femme de cinquante ans, grosse et courte, au teint bourgeonné, enveloppée d'une vieille robe de chambre en mérinos écarlate, et coiffée d'un foulard mal attaché sur ses cheveux en désordre.

« Mme Bougival, s'il vous plaît ?

— C'est moi, monsieur. »

L'interrogation était de pure forme et la réponse devait être prévue. Il n'y avait pas moyen de s'y tromper. La femme de lettres avait le physique de l'emploi, le costume du rôle et ses accessoires. La main droite, qu'elle tenait appuyée sur le bouton de la porte, était tachée d'encre, et, pour répondre, elle ôta de sa bouche une plume qu'elle plaça derrière son oreille.

« Entrez, monsieur, reprit Mme Bougival, et excusez-moi si je vous ai fait attendre; mais j'avais commencé d'écrire une phrase, et j'ai voulu la finir avant de me déranger, parce que, sans cela, j'aurais perdu le fil... Et ce satané fil, quand une fois on l'a perdu, il faut se tordre la cervelle pour le retrouver... C'est comme le fil de *Marianne*, vous savez, la femme au labyrinthe, dans la mythologie... Pas par là, monsieur, vous allez à la cuisine...; par ici, je vous prie, dans mon cabinet de travail. »

Le cabinet de la femme de lettres servait en même temps de salon, de salle à manger et de chambre à coucher. Le lit était à demi caché derrière un paravent déchiré. Le principal meuble de cet appartement complet était une vaste table chargée de toutes sortes d'objets; on y voyait pêle-mêle des livres, du papier, un corset, une écritoire, une bouteille de vin, un peigne, des verres, des plumes, du linge, des assiettes.

« Donnez-vous la peine de vous asseoir, monsieur, » dit la romancière en se plongeant dans un vaste fauteuil placé devant son bureau.

M. Palémon ne demandait pas mieux que d'obtempérer à cette invitation, mais les trois chaises qui garnissaient le local étaient occupées toutes trois, l'une par un jupon, l'autre par un saladier, la troisième par un chat.

Mme Bougival remarqua l'embarras de la situation et elle s'écria :

« A bas ! Sylvio, faites place à monsieur. »

Sylvio, — c'était le chat, — se dressa sur ses pattes, prit son élan, sauta sur la table et se coucha dans le corset de sa maîtresse.

« Maintenant que vous voilà casé, monsieur, continua le bas-bleu, voulez-vous me dire ce qui me procure l'avantage de vous recevoir ?

— Madame, je viens ici à propos d'un roman.

— Monsieur est libraire ?

— Non, madame.

— Journaliste, peut-être ?

— Pas davantage. Voici le fait : j'ai lu votre roman.

— Lequel ?

— Celui qui est intitulé *Noces et Festins*.

— C'est un de mes meilleurs.

— Dans ce roman, il y a un personnage...

— Il y en a trente-deux, monsieur, et tous assez crânement posés, j'ose le dire; des caractères un peu ficelés, et une action dans le grand genre, des événements en veux-tu, en voilà, et un dénoûment qui a dû vous faire verser toutes les larmes de votre corps, si vous avez pour deux liards de sensibilité.

— Oui... oui!... je rends hommage au mérite de votre œuvre... Mais le personnage dont je veux parler est celui que vous avez nommé Oscar Palémon.

— Ah! ah!... un farceur! un coureur!... un aimable vaurien... En usez-vous? monsieur, ajouta la romancière en présentant à son interlocuteur une vaste tabatière de corne noire dans laquelle elle avait puisé une copieuse prise de tabac.

— Volontiers, madame, je vous remercie; mais revenons, s'il vous plaît, à cet Oscar Palémon.

— Le personnage vous a frappé, n'est-ce pas? c'est qu'il est d'une vérité!... Je l'ai peint d'après nature. Oui, monsieur, cet homme a existé.

— Je crois bien! et il existe encore.

— Vous le connaissez?

— Beaucoup, car c'est moi.

— Allons donc! vrai? c'est là, vous, le petit Oscar? Dieu du ciel! quel déchet! Comme ce scélérat de temps nous arrange!... Mais en y regardant bien, pourtant, on vous retrouve au milieu de tout ça. Et moi, vous ne me remettez pas?... Dans le temps que je vous ai connu, on me nommait Athénaïs Babichard.

— Quoi! Athénaïs, la reine de nos bals et de nos soupers, la fringante danseuse, l'égrillarde convive, qui avalait si lestement ses trois bouteilles de champagne dans une seule séance!

— Elle est devant vos yeux!... Mais elles sont passées ces nuits de fête! Maintenant j'ai adopté la tempérance et le pseudonyme; je suis Mme Bougival, écrivant des romans de mœurs et des livres d'éducation pour les jeunes demoiselles. »

M. Palémon n'en revenait pas : — Athénaïs Babichard femme de lettres! C'était bizarre en effet, mais nous en avons quelques-unes de la même espèce. Elles se font bas-bleus quand nul ne se soucie plus de voir la couleur de leurs jarretières.

« Mais, objecta M. Palémon, puisque vous avez daigné me conserver une place dans votre mémoire, à plus forte raison devez-vous avoir gardé le souvenir de Robert et son image.

— Robert! reprit la femme de lettres; où prenez-vous ce Robert? »

Là, comme ailleurs, le souvenir s'était effacé et le portrait était perdu.

Peu de jours après, M. Palémon fit une autre rencontre. Il était allé au spectacle; en se retirant avant la fin de la dernière pièce, il causa avec l'ouvreuse qui lui rendait son paletot. Quelle ne fut pas sa surprise lorsqu'il reconnut dans cette pauvre femme une actrice jadis célèbre par sa beauté !

C'était Suzanne, l'ancienne actrice des Variétés; Suzanne, qui avait toujours de si belles toilettes, et qui excellait dans les rôles travestis; Suzanne, l'idole des avant-scènes et la passion de l'orchestre. Aucune actrice n'avait contribué plus qu'elle à la fortune du théâtre. Ses appointements étaient de mille écus, qu'elle ne recevait pas, mais au contraire qu'elle comptait au directeur pour avoir le droit de se montrer sur la scène. Le chiffre de ses amendes s'élevait chaque mois à cinq ou six cents francs, que payaient volontiers ceux qui lui avaient fait manquer la répétition ou le spectacle. Une fois même, un prince russe paya un dédit de vingt mille francs pour rompre son engagement et l'emmener aux eaux de Bade. Deux mois après elle rentrait au théâtre, où bientôt commença pour elle une rapide décadence. Les attraits s'en allaient; les rôles travestis perdaient leur charme, le pantalon collant n'était plus avantageux : Suzanne fut reléguée au second plan, puis elle tomba parmi les figurantes, puis enfin elle obtint par protection une charge d'ouvreuse. — Ainsi finissent les comédiennes qui font du théâtre une boutique où elles se montrent chaque soir à l'étalage, devant quelques centaines de chalands.

L'ouvreuse ne se rappelait ni Robert ni son portrait. — Il en fut de même chez Arthémise Muller, où M. Palémon se rendit, malgré la répugnance bien naturelle que lui inspirait une femme au service de la police.

Six noms étaient déjà rayés des tablettes; M. Palémon, qui voulait remplir scrupuleusement sa mission, se rappela que, parmi les veuves de Robert, la plus belle, la plus aimée, la plus opulente, était Mlle Colombe, qui, dans le temps de sa splendeur, habitait un magnifique appartement rue de Provence. La retrouver au même logis n'était guère probable; mais M. Palémon, qui ne voulait rien négliger, pensa que peut-être on pourrait le mettre sur sa trace. Il alla donc rue de Provence, et il demanda résolûment et comme une chose toute simple :

« Avez-vous ici une jeune personne nommée Mlle Colombe ?... Quand je dis jeune... non; il y a vingt-cinq ans de cela; elle logeait à l'entre-sol.

— A l'entre-sol, répondit le concierge, nous avons M. Roland, le plus ancien locataire de la maison; il habite le même appartement depuis plus de vingt ans.

— Peut-être ce monsieur me donnera-t-il quelque renseignement. »

Prompt à saisir un faible espoir, M. Palémon franchit l'escalier, et deux minutes après, M. Roland, à qui il avait expliqué le motif de sa visite, lui répondait :

« Ah! monsieur, c'est un fort agréable souvenir que vous me rappelez là!... Oui, vraiment, j'ai remplacé dans ce logis une aimable personne qui avait fait beaucoup parler d'elle, mais dont la renommée commençait à décliner. Mlle Colombe était encore très-avenante à cette époque, mais elle avait cessé d'être à la mode, ses revenus baissaient de jour en jour; ses moyens ne lui permettaient plus de garder cet appartement ni le riche mobilier qui le décorait : il fallait changer de train, changer de monde et se résigner à des amours plus modestes. C'est ce qu'elle fit, monsieur, avec un courage qui me toucha. J'achetai à fort bon compte une partie de ses meubles et j'allai lui en porter le prix dans son nouveau logement : deux chambres au troisième étage, rue Montmartre. J'y retournai plusieurs fois, puis je cessai de la voir. Vous dites qu'il s'agit pour elle d'un héritage? Je souhaite vivement que vous la retrouviez, car elle doit en avoir besoin. »

M. Palémon prit le numéro de la maison et se rendit rue Montmartre. Là, par un hasard providentiel, il retrouva, — non pas Mlle Colombe, — mais son souvenir gravé dans la mémoire d'une vieille portière.

« C'était une bonne fille, monsieur; aimant à rire, quoiqu'elle n'en eût pas toujours sujet; aimant à donner, quoique sa bourse fût souvent vide. Elle est restée ici cinq ans, ni plus ni moins; puis elle est partie pour cause de débine, partie sans déménager, vu que le propriétaire a fait saisir ses meubles pour ne pas tout perdre de six termes qu'elle lui devait. »

Guidé par les renseignements de la portière, M. Palémon alla de la rue Montmartre à la rue Traversière-Saint-Honoré, dans une triste maison où Colombe s'était arrêtée dans sa chute. — Après avoir passé trois ans dans ce repaire, elle était allée se percher dans une mansarde, rue des Vieilles-Étuves, près de la halle aux blés. — M. Palémon continua de suivre l'itinéraire de la pauvre fille.

Au fond d'un sombre et fétide couloir était une misérable porte, éclairée par une brèche du toit; sur cette porte il y avait un écriteau, et sur cet écriteau :

« Madame Pigoche, nécromancienne. »

M. Palémon frappa; la porte, mal close, céda sous sa main, et il se trouva face à face avec une vieille petite femme, affublée d'oripeaux bizarres et de haillons prétentieux.

Jamais l'art de Mlle Lenormand n'avait été exercé dans un logis si sordide et par une sorcière si déguenillée.

« Monsieur veut-il que je lui fasse le grand jeu ? demanda la vieille d'un air grave.

— Non, madame, je ne viens pas consulter les cartes.

— Que voulez-vous donc alors ?

— Il s'agit d'une affaire importante dont je désire entretenir une personne qui se nommait, il y a vingt-cinq ans, Mlle Colombe.

— Colombe ! s'écria la sibylle, d'une voix profondément émue; vous demandez cette pauvre Colombe ?

— Oui, madame; est-ce qu'elle ne loge plus ici ?

— Elle loge au cimetière, monsieur.

— Morte !

— Il y a longtemps. Morte ici, dans cette chambre, à la place même où vous êtes. Cela vous étonne, n'est-ce pas, qu'une femme, après avoir été si brillante, vienne finir ses jours dans un pareil taudis ?... Oui, c'est là votre pensée; je la vois dans vos yeux... Il n'y a rien de caché pour moi : je lis dans le passé comme dans l'avenir. Vous avez connu Colombe lorsqu'elle était jeune et belle; alors elle habitait un appartement meublé comme le palais d'une reine; elle avait des diamants, des chevaux, des voitures; elle jetait l'argent par les fenêtres. Vous avez vu tout cela, et vous ne comprenez pas qu'elle soit venue finir ici ? C'est pourtant l'histoire de plus d'une. Et moi aussi, monsieur, telle que vous me voyez, j'ai mené ce train-là, j'ai été jeune, jolie, riche et brillante comme Colombe...

— Vous êtes sa sœur, peut-être ?

— Non, monsieur, j'étais son amie seulement, sa meilleure amie. Ah ! nous avons fait bien des folies ensemble ! C'était le bon temps, alors; nous avions vingt ans, comme dit la chanson. Mais, par malheur, ça ne dure pas toujours. Les mauvaises années arrivent, et alors, avec l'âge, tout change pour les pauvres femmes qui vivent de ce que la nature leur a prêté. Le commencement est toujours beau, la fin toujours amère. Au début, les amants nous poursuivent; plus tard, on les attend; puis enfin il faut les aller chercher et les arrêter au passage. Telle est son histoire à cette pauvre Colombe : quand l'abandon et la misère l'ont accablée, elle a perdu la tête; elle a voulu en finir tout de suite, et elle s'est détruite.

— Un suicide! s'écria M. Palémon, frappé d'une terreur douloureuse.

— Oui, monsieur, avec quatre sous de charbon, ses derniers quatre sous, dont trois qu'elle m'avait empruntés sans me dire ce qu'elle voulait en faire, la malheureuse! Il a fallu enfoncer sa porte en présence du commissaire. On l'a trouvée là, roide morte. Je la vois encore! Pour brûler le charbon qui l'a tuée, elle s'était servie de ce réchaud, que j'ai conservé et sur lequel je fais mon café, tous les matins, en souvenir d'elle.

— Pauvre Colombe!... Personne ne l'a donc prise en pitié dans sa détresse?

— Et qui voulez-vous qui la secourût? ses anciens amants peut-être? Ah! bien oui! Les hommes, voyez-vous, sont tous des... mais vous en êtes un, je m'arrête. Les hommes, tant qu'ils sont amoureux, sont des niais stupides qui n'ont rien à eux, des oies que l'on peut plumer à discrétion; mais dès qu'on ne leur inspire plus rien, ce sont des cancres, des cœurs de pierre; ils oublient tout ce qu'on a fait pour eux, et ils nous laisseront mourir de faim sans nous donner une pièce de trente sous. Colombe s'est plus d'une fois adressée à quelques-uns de ses anciens, qui nageaient dans l'opulence et qui lui ont refusé une aumône. Moi, j'étais aussi pauvre qu'elle et je ne pouvais pas l'aider.

— Et sa sœur, que j'ai vue aussi belle et brillante, qu'est-elle devenue?

— Flora? ne m'en parlez pas! elle a été encore plus malheureuse... Lorsque le temps lui eut enlevé ses moyens, elle se fit marchande à la toilette. Ce commerce plaît aux femmes qui ont pratiqué la galanterie : elles ne se séparent pas des vanités de ce monde; elles continuent à vivre au milieu des intrigues et des dentelles, au milieu des rubans et des attraits, qui se fanent si vite. Mais tout n'est pas roses et profits dans ce métier; on est en rapport avec une clientèle fallacieuse qui vous donne plus de belles paroles que d'argent comptant. Victime de plusieurs faillites, Flora, pour se rattraper, eut la mauvaise idée d'employer des moyens malhonnêtes. On lui avait confié un cachemire pour le vendre; elle le vendit et garda l'argent. Ce n'était peut-être qu'un abus de confiance; mais la police correctionnelle jugea que c'était un vol et condamna la pauvre femme à six mois de prison. Il n'y avait plus de commerce possible après un pareil malheur. En sortant de prison, Flora, sans ressource, perdue, flétrie, retomba plus bas qu'elle n'avait jamais été; elle vécut dans le vagabondage et finit par s'associer avec un homme qui n'avait d'autre profession que le crime. Arrêtée en flagrant délit, traduite à la cour d'assises au milieu d'une bande de malfaiteurs, elle fut condamnée à sept ans de travaux forcés et à l'exposition. Oui, j'ai vu cette malheureuse amie attachée au poteau, elle que j'avais vue si pimpante dans sa calèche et dans sa loge à l'Opéra, avec de beaux messieurs qui sont aujourd'hui des pairs de France!... Le ciel a eu pitié d'elle: au bout d'un an elle est morte dans la maison centrale où elle subissait sa peine.

— Tout cela est fort triste, objecta mélancoliquement M. Palémon... Mais vous, madame, vous qui avez été l'amie de ces deux sœurs, comment vous nommez-vous?

— Maintenant, comme vous avez pu le lire sur ma porte, je m'appelle Mme Pigoche, du nom du seul homme que j'aie aimé. Autrefois, dans mon beau temps, je me nommais Rosine de Sélicour... c'était plus poétique.

— Rosine Sélicour! Vous êtes sur ma liste! s'écria Palémon en ouvrant son portefeuille.

— C'est possible, reprit tranquillement la sibylle.

— Vous rappelez-vous?...

— Non, monsieur, je ne vous remets pas du tout, mais il n'y a pas d'affront; vous ne m'avez pas reconnue non plus, et si je suis changée, de votre côté vous n'avez pas, je pense, la prétention d'être resté tel et quel vous pouviez être dans votre printemps.

— Il ne s'agit pas de moi, mais d'un ami qui se nommait Robert.

— Je ne me remémore nullement ce nom-là, et ce n'est guère étonnant : tant de noms m'ont passé par la tête! Ah! oui; et tant de billets de banque m'ont passé par les mains, qui n'y sont pas restés non plus, hélas! Si l'on pouvait garder ce qu'on gagne, Colombe et Flora vivraient, et nous serions trois grandes dames aujourd'hui, comme nous avons été trois jolies pécheresses dans notre beau temps. Si vous nous avez connues, vous vous en souvenez peut-être, monsieur, nous étions presque tous les jours ensemble; on nous appelait les trois Grâces... Vous voyez ce qu'il en reste!

— Il y a quelque chose qui pourrait vous aider à vous rappeler Robert, reprit M. Palémon.

— Quoi donc, s'il vous plaît?

— Son portrait, dont il vous fit hommage.

— Il m'avait donné son portrait, le pauvre cher homme? Ah! bien, je n'ai pas plus gardé ça qu'autre chose; tout a filé dans la débâcle. Je ne possède plus d'autres images que les figures peintes sur ces cartes qui me font vivre tant bien que mal dans mon pauvre état... Allons, monsieur, étrennez-moi, faites-vous faire le grand jeu. Nous avons parlé du passé, causons un peu de l'avenir.

— Non, madame, non; vous m'avez dit tout ce que je voulais savoir; mais il est juste que je vous paye la séance comme si vous m'aviez fait les cartes. »

M. Palémon tira de sa bourse une pièce de vingt francs, qu'il glissa dans la main de la sibylle, puis il se hâta de sortir pour se dérober à l'expression d'un étonnement trop joyeux et d'une reconnaissance trop vive; car il y avait longtemps que la pauvre vieille n'avait été l'objet d'une pareille libéralité.

« Cette épreuve sera la dernière, dit M. Palémon en sortant de chez la sorcière; il y a bien encore de par le monde une veuve au portrait, mais j'y renonce... »

Les trois mois que lui avait demandés Robert étaient écoulés; il avait fait droit à la requête de l'amitié, son devoir était rempli; sa conscience lui permettait de retourner à Margaillac et lui commandait de restituer aux neveux de son ami les cent mille francs qui n'avaient pas trouvé leur destination.

Pendant qu'il faisait ses préparatifs de départ, un voisin de Margaillac lui écrivit pour le prier de se charger, à son retour, d'un rouleau de papiers que lui remettrait M. Rondin, rentier, demeurant aux Batignolles. M. Palémon prit l'omnibus et se rendit à l'adresse indiquée.

« Monsieur est sorti, lui dit la servante du logis; mais vous pouvez parler à madame. »

M. Palémon se fit annoncer et il entra dans le salon où se trouvaient l'épouse du rentier et sa fille, jeune personne de seize ans, fraîche et charmante. — Le vieux garçon exécuta son salut le plus gracieux; puis s'étant approché de Mme Rondin, il jeta un cri de surprise et d'émotion.

« Qu'avez-vous donc, monsieur? demanda l'épouse du rentier, très-intriguée de l'effet qu'elle produisait.

— Rien, rien, madame... je voudrais vous expliquer... mais il faudrait que nous fussions seuls.

— Laissez-nous, Caroline, » dit Mme Rondin.

Et lorsque la jeune personne fut sortie :

« Maintenant, monsieur, parlez... Quel est le sujet de votre étonnement ?

— Ce que vous avez là, madame, sur votre poitrine.

— Ce médaillon ?

— Oui, ce portrait, qui est bien celui de mon ami Robert, n'est-ce pas ? Jules-Edmond-Florestan Robert, surnommé le Diable. »

C'était en effet le portrait tant cherché. M. Palémon avait devant lui Armide, la dixième des légataires inscrites sur ses tablettes. — Lorsque Mme Rondin se fut remise de son trouble, elle raconta comment après de nombreuses aventures elle avait fait une fin honnête en épousant M. Rondin. « Mon mari ne sait rien de ma vie passée, et je compte sur votre discrétion, » dit la veuve du diable en achevant son récit.

Une heure après cette scène, M. Palémon dînait avec monsieur, madame et mademoiselle Rondin.

« C'est un ancien ami de mes frères, avait dit la femme du rentier, et Caroline a été témoin de son émotion lorsqu'il a vu ce médaillon et reconnu les traits de mon pauvre Charles, mort si jeune !

— Vous en verrez bien d'autres, reprit en riant le bon M. Rondin; ma femme a la manie des portraits; elle possède trois oncles, quatre frères et cinq cousins en bracelets et broches, et sur tabatières. »

M. Palémon n'était pas à la conversation; il ne pouvait se lasser de contempler les grâces naïves et les attraits ravissants de la jeune fille placée en face de lui. Mlle Caroline était aussi modeste que jolie; elle sortait de pension; elle avait reçu une éducation excellente. Après le dîner, elle se mit au piano; elle chanta avec un goût exquis et d'une voix adorablement perlée. Le vieux garçon était dans l'extase, et lorsqu'il prit congé de la famille Rondin, à onze heures du soir, il promit de revenir le lendemain.

Cependant l'impression produite sur son cœur ne l'empêcha pas de faire quelques réflexions philosophiques, éveillées en lui par l'événement de la journée.

« Voilà donc, se disait-il, ce que deviennent les veuves du diable ! On en trouve une, par hasard, qui finit bourgeoisement dans un honnête mariage; les autres sont loueuses de chaises, ouvreuses de loges, teneuses de brelans, entremetteuses, sorcières, bas-bleus éraillés, mouches de la police... à moins que tombées dans le crime elles meurent en prison, ou bien encore qu'elles aient recours au suicide pour se délivrer du fardeau de la vie !

« Mais n'est-il pas étrange, ajoutait le philosophe, que de toutes ces femmes, la seule qui ait conservé le souvenir et le portrait de ses anciens amants soit précisément celle qui s'est relevée dans l'estime du monde, celle qui occupe une position honorable et qui se pare du titre d'épouse et de mère ! »

M. Palémon fut fidèle à sa promesse de revenir aux Batignolles ; il y revint tous les jours, car il ne songeait plus à quitter Paris. Il avait parlé à Mme Rondin du legs de Robert. « Les cent mille francs vous reviennent de droit, disait-il.

— Oui, mais comment les prendre ? A quel titre les accepter ? Quel motif donner à mon mari ?

— Il y a un moyen de tout arranger, répondit M. Palémon. Accordez-moi la main de votre charmante fille, je l'épouse sans dot, et je lui reconnais par contrat de mariage un apport de cent mille francs. »

Mme Rondin n'avait rien à refuser à M. Palémon ; M. Rondin ne refusait rien à sa femme, et d'ailleurs le sans dot et les cent mille francs étaient d'un grand poids dans la balance du rentier.

La jeune fille fut sacrifiée ; elle unit ses seize printemps aux soixante hivers de M. Oscar Palémon.

EUGÈNE GUINOT.

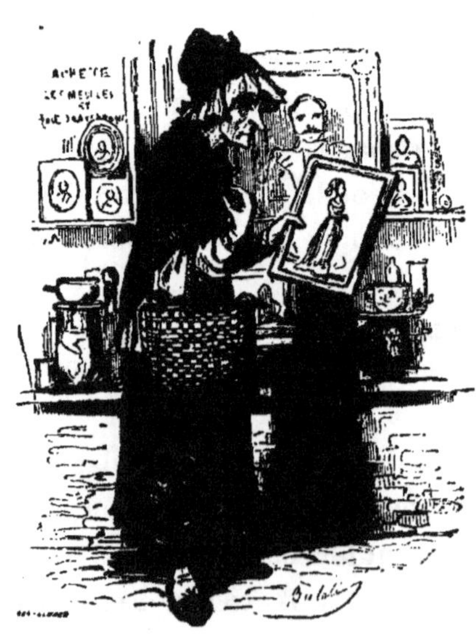

LE LION AMOUREUX

PAR FRÉDÉRIC SOULIÉ

1845

CE QUE C'EST QU'UN LION A PARIS

PRÉFACE

Le nom de *lion*, appliqué à une partie de la jeunesse française, s'est tellement vulgarisé, que je crois inutile d'entrer dans de longues explications pour le faire adopter à mes lecteurs comme signifiant autre chose que l'hôte terrible des forêts, ou l'esclave obéissant de M. Van Amburgh.

Mais quelle est cette autre chose ? On en a bien en général une idée vague et qui suffit à la conversation ; on sait que la race à laquelle le lion appartient a toujours vécu en France sous divers noms ; ainsi le lion s'est appelé autrefois raffiné, muguet, homme à bonnes fortunes, roué ; plus tard, muscadin, incroyable, merveilleux, et dernièrement enfin, dandy et fashionable ; aujourd'hui c'est lion qu'on le nomme.

Pourquoi ?

Est-ce parce qu'il est le roi de cette parcelle de la société qu'on appelle le monde ? Est-ce parce qu'il prend les quatre parts de la proie que d'autres l'ont aidé à saisir ?

Je ne puis vous le dire ; mais je vais tâcher de vous esquisser sa physionomie, et puis vous devinerez, si vous pouvez.

Le lion est en général un beau garçon qui a passé de l'état d'enfant à l'état d'homme, la prétention d'être un jeune homme étant abandonnée depuis longtemps aux hommes de quarante à cinquante ans ; car, de nos jours, l'état de jeune homme est presque aussi méprisé que celui de vieillard.

Or le lion, n'ayant jamais été jeune homme, n'a presque jamais fait aucune des sottises jeunes qui partent du cœur, quoiqu'il aime le jeu, les femmes et le vin, comme disent les refrains du temps de l'Empire, une des choses que le lion méprise le plus. Mais cet amour n'est pas de l'amour, car ce n'est pas pour eux que ces messieurs ont ces trois passions, auxquelles ils joignent, quand ils le peuvent, celle des chevaux.

La véritable passion est, de sa nature, personnelle, cachée, discrète; la leur, au contraire, est toute d'apparat et de luxe. Ils possèdent leur maîtresse au même titre que leur voiture, pour en éclabousser les passants, et ils dînent aux fenêtres du café de Paris parce que c'est l'endroit le plus apparent de la capitale; en effet, ils n'ont pas la prétention de boire, mais de vider un grand nombre de bouteilles, ce qui est bien différent.

Les lions sont donc en général fort ignorants de l'amour, de ses folies les plus passionnées, de ses bonheurs les plus délicats, de ses espérances insensées, de ses craintes frivoles, et surtout de toutes ses charmantes niaiseries. En revanche, ils ont le droit acquis (acquis est bien dit) de tutoyer la majorité des chœurs dansants ou chantants de l'Opéra.

Du reste, ils ont cela de commun avec la jeune noblesse d'il y a soixante ans, qu'ils ont un pied dans la meilleure compagnie de Paris et un pied dans la plus mauvaise; mais ils en diffèrent en ce que les grandes dames d'aujourd'hui ne les disputent plus comme autrefois aux filles entretenues, et les abandonnent aux intrigues des coulisses. Aussi, lorsqu'il s'est rencontré par hasard dans le théâtre même quelque femme qui a eu besoin d'être aimée pour se perdre, s'est-elle donnée à un pauvre garçon amoureux qu'ils avaient flétri d'avance de l'épithète de bourgeois.

Ceci dit, nous pouvons commencer notre histoire.

I

C'était il y a quelques jours, à l'heure de midi; un lion de la plus belle encolure descendit de sa voiture et entra au café de Paris. Son entrée excita un très-vif étonnement pour deux raisons majeures : la première, c'est qu'il était habillé; la seconde, c'est qu'il demanda son déjeuner comme un homme qui est pressé et qui a quelque chose à faire.

Un de ses amis le regarda attentivement de l'œil sur lequel il ne mit pas son lorgnon, et lui dit :

« Où diable allez-vous comme ça, Sterny ?

— Je vais à un mariage.

— Qui donc se marie ? » dit l'interrogateur.

Et tout aussitôt une demi-douzaine de têtes se levèrent ; on échangea des regards, on chercha au plafond, et chacun répéta en soi-même la question :

« Qui donc se marie ? »

Sterny vit cette pantomime, et se hâta d'y répondre d'un ton indifférent en disant :

« Personne, messieurs, personne ; c'est une affaire particulière.

— Et à quelle heure en serez-vous débarrassé ?

— Je n'en sais rien ; mais je m'esquiverai immédiatement après l'église, quand je ne serai plus nécessaire.

— Vous êtes donc nécessaire ?

— Je suis témoin du futur.

— Témoin du futur ? répéta-t-on de tous côtés.

— Oui, reprit Sterny qui voyait l'étonnement se peindre sur tous les visages ; oui, témoin du filleul de mon père. Il m'a écrit à ce sujet une lettre qui ne me permettait pas de refuser à ce brave garçon un plaisir qu'il considère comme un grand honneur. Voilà tout ce dont il s'agit ; et maintenant, ajouta Sterny en se levant, achevez de déjeuner en paix. A ce soir ! »

Comme il sortait, l'un de ses amis lui cria :

« Où se fait-il, ton mariage ?

— Ma foi, je n'en sais rien. Le rendez-vous est chez la future... rue Saint-Martin, à midi ; il est midi un quart... Adieu ! »

Il partit, et quoique cet événement fût d'une très-mince importance, il n'en fut pas moins le texte d'une assez grande conversation.

« Le vieux marquis de Sterny, dit un fils de potier enrichi qui professait un grand respect pour les traditions héréditaires, le vieux marquis de Sterny a gardé un peu des habitudes de patronage de l'ancienne noblesse ; donc ce qui arrive à Sterny serait une chose d'assez bon goût à faire ; mais malgré son grand nom il n'y entend rien, et au lieu d'être bon et affectueux pour ces pauvres gens, il va leur porter un air ennuyé ou moqueur, et pourtant...

— Pourtant, dit un ex-beau de quarante ans, à qui l'on contestait le titre de lion, élégant, fort gros et très-laid, espèce de pédicure opulent, qui appelait toutes les femmes *la petite...;* pourtant cela pourrait être amusant ; il y a de très-jolies femmes parmi tout ça.

— Jolies, oui, s'écria un vrai lion, existence inconnue, dont la spécialité avait un certain côté artistique qui consistait à protéger la fantaisie de l'art; jolies, oui, mais ce sont des bourgeoises.

— Ah! messieurs, reprit le fils du potier, l'ancienne noblesse faisait cas des bourgeoises.

— Pardieu! reprit le lion artiste, les bourgeoises d'autrefois, ça se conçoit. Des jeunes filles qui ne savaient rien de rien; des femmes qui n'en savaient guère plus, enfermées dans la pratique des pieux devoirs de la famille; pour qui les plaisirs du monde, les arts, la littérature étaient d'un domaine où elles ne pouvaient aspirer; qui regardaient un homme de cour comme le serpent tentateur de la Genèse. Pénétrer dans cette vie, y jeter l'amour, le désordre, jouer avec cette ignorance de toutes choses, l'étonner comme on fait à un enfant avec des contes de fées, cela pouvait être fort amusant, et je comprends parfaitement la passion du maréchal de Richelieu pour madame Michelin. Mais les bourgeoises d'aujourd'hui, douées pour la plupart d'une moitié d'éducation fausse, dont elles se servent avec une imperturbable impertinence pour ne s'étonner de rien; des virtuoses qui jouent les sonates de Steibelt et qui décident entre Rossini et Meyerbeer en faveur du *Postillon de Longjumeau*, des bas-bleus qui lisent madame Sand comme étude, et qui dévorent M. Paul de Kock avec bonheur; des artistes qui se font peindre par M. Dubuffe et qui enluminent des lithographies; des femmes enfin qui ont des opinions sur l'assiette de l'impôt et sur l'immortalité de l'âme! c'est ignoble, et je comprends tout l'ennui de Sterny. Elles vont le regarder comme une bête curieuse, et Dieu sait si elles ne le mesureront pas à l'aune de quelque beau courtaud de boutique qui aura fait douze couplets pour le mariage, qui découpera à table, qui chantera au dessert, qui dansera toute la nuit et qui sera proclamé l'homme le plus aimable de la société. »

Là-dessus le lion alluma son cigare, alla s'asseoir sur une chaise, en mit une sous chacune de ses jambes et regarda passer le boulevard. Tous les autres lions s'empressèrent de se livrer à des occupations de cette importance, et il ne fut plus question de Léonce Sterny.

II

Cependant celui-ci était arrivé à la rue Saint-Martin. Ce jour-là notre lion n'avait aucun rendez-vous; il n'y avait ni courses, ni bois, et il ne volait à aucun plaisir les deux heures qu'il allait consacrer à Prosper Gobillou, le filleul de son père. Il se serait ennuyé ailleurs, il venait s'ennuyer là; il ne mettait donc aucune importance à ce qu'il faisait, et entra chez M. Laloine, plumassier, sans parti pris d'avance d'être d'une façon ou de l'autre : c'est une commission qu'il faisait. Il arriva à point : on n'attendait plus que lui. Il s'en aperçut sans qu'on le lui montrât le moins du monde, et se crut dispensé de s'excuser. On lui présenta la mariée qui n'osa pas le regarder, puis les parents, et vit que les jeunes gens se poussaient du coude pour se le montrer lorsqu'il saluait ou parlait. Il chercha des yeux quelqu'un à qui s'accrocher, et ne vit aucun homme dans la conversation duquel il pût se mettre à l'abri de cette curiosité. Sterny se retira dans un coin, tandis que la famille se donnait mille soins pour organiser le départ, lorsque entra tout à coup une grande jeune fille qui s'écria :

« Quand je vous disais que j'aurais changé de robe avant que votre marquis ne soit arrivé !

— Lise !... » dit sévèrement M. Laloine, tandis que tout le monde demeurait dans la stupéfaction de cette incartade.

Le regard de M. Laloine dirigé vers Léonce montra à sa fille quelle grosse inconvenance elle venait de commettre, et celle-ci rougit comme le beau lion n'avait jamais vu rougir.

« Pardon, papa, je ne savais pas... dit-elle en baissant la tête, tandis que M. Laloine s'approchant de Sterny, lui dit avec un air paternel :

— C'est une enfant qui n'a pas encore seize ans et qui ne sait pas encore se tenir. »

Sterny regarda cette enfant qui était belle comme un ange.

« C'est votre fille aussi ? dit Léonce.

— Oui, monsieur le marquis, une enfant gâtée, qu'une affreuse maladie du cœur a failli nous enlever, et qu'il faut ménager encore. C'est pour cela que je ne l'ai pas grondée.

— Eh bien, veuillez me présenter à elle et m'excuser de mon inexactitude.

— Ça n'en vaut pas la peine, repartit M. Laloine, ne faites pas attention à cette morveuse. »

Mais Sterny n'était point de cet avis; jamais il n'avait vu rien de plus charmant que cette fille si belle. Pendant que sa mère la grondait doucement, et semblait lui recommander d'être bien raisonnable, elle avait jeté un regard furtif sur le lion, regard inquisiteur et peu bienveillant, et elle avait conclu le sermon de sa mère par un petit geste d'impatience voulant dire clairement :

« J'étais sûre que ce serait un trouble-fête ! »

Cependant on partit pour la mairie et l'on mit Léonce dans la voiture de la mariée avec Mme Laloine et un des témoins de cette famille. Heureusement que le trajet n'était pas long ; car ces quatre personnes étaient fort embarrassées, et le collègue de Léonce ne trouva rien de mieux que de lui dire :

« Que pensez-vous, monsieur, de la question des sucres ? »

Sterny n'en avait aucune idée, mais il répondit froidement :

« Monsieur, je suis pour les colonies.

— Je comprends, dit amèrement le témoin ; le progrès de l'industrie nationale vous fait peur. Mais enfin le gouvernement veut tout ruiner en France, c'est un parti pris. »

Et là-dessus le monsieur entama la question, qui dura jusqu'à la mairie sans qu'il fût besoin que personne prît la parole.

Léonce ne pensait déjà plus à la belle Lise, et commençait à trouver la tâche fatigante. On arriva, et comme Léonce venait de descendre de voiture, il aperçut Lise qui, le visage rayonnant, venait de sauter de la sienne. Il se passa en ce moment une espèce de petit embarras qui fut peut-être la cause première de toute cette histoire. Lise donnait le bras à un grand jeune homme décoré du nom de garçon d'honneur et qui touchait à Sterny. Lise, appelée par une autre jeune fille venant derrière elle, se retourna pour rétablir une fleur dérangée dans sa coiffure, tandis que le garçon d'honneur restait immobile tenant son bras ouvert en cerceau pour recevoir le beau bras de la jeune Lise. Mais au moment où elle achevait son office, une voix appela le jeune homme en tête du cortége. Il s'éloigna, tandis que Lise passa son bras dans celui qu'elle rencontra à sa portée, et qui se trouva être celui du beau lion : alors elle se retourna vivement en disant :

« Allons, dépêchons-nous ! »

A l'aspect du visage de Sterny, elle poussa un petit cri et voulut se retirer ; mais Léonce serra le bras, retint la main, et dit en souriant :

« Puisque le hasard me le donne, je veux en profiter.

— Pardon, monsieur, répondit Lise, mais je suis demoiselle d'honneur ; je ne peux pas, M. Tirlot se fâcherait.

— Qui ça, M. Tirlot ?

— Eh bien ! le garçon d'honneur, c'est un droit...

— C'est un droit que je lui disputerai en champ clos, » dit le jeune lion, qui s'imaginait dire la chose du monde la plus insignifiante.

Lise le regarda de tous ses yeux, et répondit d'une voix émue :

« Si c'est comme ça, monsieur, venez, je lui dirai que c'est moi qui l'ai voulu. »

Cette phrase et l'émotion avec laquelle elle fut prononcée prouvèrent à Léonce que Lise avait pris le champ clos au sérieux, et qu'elle était persuadée que le marquis eût tué le garçon d'honneur s'il s'était permis de faire une observation. Cependant tout le monde était entré dans la salle municipale, Léonce et Lise entrèrent les derniers, et la jeune fille se hâta de dire :

« C'est M. Tirlot qui m'a laissée là sur le trottoir, et sans M. le marquis, à qui j'ai été forcée de demander son bras, je n'aurais pas eu de cavalier. »

Le mot cavalier désenchanta un peu Léonce ; mais le maire n'était pas arrivé, et, faute de mieux, il s'assit à côté de mademoiselle Lise. Il ne sut d'abord que lui dire, et évidemment il la gênait beaucoup par sa présence.

Léonce voulut faire le bonhomme, et dit en souriant doucement :

« Voilà un jour qui fait battre le cœur aux jeunes filles... »

Lise ne répondit pas.

« C'est un grand jour... »

Même silence.

« Et qui arrivera sans doute bientôt pour vous ?

— Ah ! que ce maire est ennuyeux ! » dit Lise, il se fait toujours attendre.

Léonce comprit qu'il réussissait peu ; mais, assis qu'il était près de cette belle enfant, il admirait avec tant de plaisir la pureté merveilleuse de son profil, la grâce de ce cou flexible si doucement courbé ; et puis il sentait pour la première fois arriver jusqu'à lui cette fraîcheur de vie bien plus suave que l'atmosphère parfumée d'une belle dame. Il ne se découragea pas, et saisissant au vol les mots de Lise, il reprit de sa voix la plus caressante :

« Vous parlez bien légèrement d'un si grave magistrat !

— Qui ça ? dit Lise, M. le maire, est-ce que c'est un magistrat ? »

On a beau faire des constitutions très-admirables, quand le temps ne les a pas sanctionnées, elles n'entrent pas dans les sentiments de la masse. Que le maire soit le consécrateur légal et unique du mariage, la loi le veut ainsi; mais l'acte auquel il préside, quelque grave, quelque indissoluble qu'il soit, n'est aux yeux du peuple qu'un contrat qui sent le papier timbré; la vraie cérémonie du mariage, celle où il y a préoccupation, respect, prière, ne s'accomplit qu'à l'église. Sterny était un peu de cet avis; il comprit parfaitement l'exclamation de Lise, et lui répondit pour la faire parler :

« Certainement c'est un magistrat, car c'est lui qui véritablement va marier votre sœur; le mariage à l'église n'est qu'une formalité. »

A ce mot, Lise leva un regard effrayé sur Léonce et se recula doucement de lui, puis elle baissa les yeux et répondit :

« Je sais, monsieur, qu'il y a des hommes qui pensent ainsi, mais je ne serai jamais la femme d'un homme qui ne s'engagera pas à moi devant Dieu.

— Ah! se dit Léonce, la petite est dévote. Mais elle est si belle!... encore un essai.

— Et ce serment, dit-il, ne vous engage pas à grand'chose, car celui qui vous obtiendra jamais fera tout ce que vous voudrez.

— Je l'espère bien, dit Lise d'un ton mutin.

— Ah! reprit Léonce, vous êtes despote.

— Oh oui! fit-elle en reprenant toute sa jeune insouciance.

— Mais savez-vous que c'est mal? lui dit Léonce.

— Qu'est-ce que cela vous fait? répliqua-t-elle en lui riant au nez; ce n'est pas vous qui en aurez à souffrir.

— Cela ne m'empêche pas de plaindre celui que vous tyranniserez un jour, repartit Léonce en riant aussi.

— Mais je crois qu'il ne s'en plaindra pas, ça me suffit.

— Vous l'a-t-il déjà dit?

— Non, mais j'en suis sûre.

— Il vous aime donc bien?

— Qui ça? dit Lise d'un air tout étonné.

— Mais ce futur époux, ce futur esclave, qui sera si heureux de sa chaîne.

— Est-ce que je le connais?

— Mais vous disiez que vous étiez sûre...

— Ah! dit Lise, je suis sûre que je l'aimerai bien, monsieur; je suis sûre qu'il sera un honnête homme, et comme je serai une honnête femme, j'espère qu'il sera heureux. »

Ceci fut dit d'un ton si sincère et si vrai, que Léonce crut à la foi de cette jeune fille, et lui dit avec conviction :

« Vous avez raison, il le sera.

— Ah ! fit Lise en se levant, voilà votre magistrat. »

Le maire entra, et la cérémonie commença.

III

Le maire lut aux futurs conjoints les articles du code qui pourvoient à leur bonne intelligence; ils jurèrent de s'y soumettre, déclarèrent s'accepter l'un l'autre, et on passa dans le bureau particulier où se donnent les signatures.

Signer un registre semble une action bien aisée, et cependant il arriva que ce fut un petit événement où Léonce se fit remarquer par Lise, et toujours d'une façon peu avantageuse. Quand les deux époux et leurs ascendants eurent signé, ce fut le tour des témoins; Léonce fit comme les autres, et sa surprise fut grande, en passant la plume à celui qui lui succédait, de voir Lise qui secouait la tête avec une petite moue de mécontentement.

Est-ce parce qu'il avait signé le marquis de Sterny? mais l'omission de son titre lui eût paru peu obligeante pour Prosper Gobillou, qui se targuait d'avoir un marquis pour témoin. Est-ce qu'il avait signé avant son tour, ou pris plus de place qu'il ne fallait ?

Sterny restait tout intrigué, lui qui se croyait tout le savoir-vivre d'un homme du monde, d'exciter le mécontentement d'une petite fille de boutique, et il voulait savoir en quoi il avait failli à ses yeux. Cela lui semblait amusant. Pour cela il demeura debout près du bureau, en regardant tantôt Lise, tantôt ceux qui signaient après lui, et qui lui semblaient faire absolument comme il avait fait, sans que la jeune fille le trouvât mauvais; mais lorsque ce fut le tour de Lise de signer, elle lui fit comprendre combien il avait été inconvenant. En effet, lorsque le commis lui présenta la plume, elle s'arrêta, en disant d'une voix tant soit peu moqueuse :

« Pardon, que j'ôte mon gant. »

Et le gant ôté, elle signa avec la main la plus fine et la plus blanche...

Léonce comprit; il avait signé la main gantée. Signer un acte de mariage avec un gant ! est-ce qu'on prête serment devant la justice avec un gant ? Léonce y pensa et se dit :

« Ces gens-là ont de certaines délicatesses de bon goût. Que fait un gant de plus ou de moins à la sainteté d'un serment ou à la signature d'un acte ? Rien sans doute. Et cependant il semble qu'il y ait plus de sincérité dans cette main nue qui se lève devant Dieu, ou qui appose le seing d'un homme en témoignage de la vérité. C'est un de ces imperceptibles sentiments dont on ne peut se rendre un compte exact, et qui existent cependant. »

Léonce y réfléchissait encore, lorsqu'on se mit en ordre pour sortir. M. Tirlot, garçon d'honneur, et par conséquent grand maître des cérémonies, était descendu pour faire avancer les voitures ; Léonce crut donc pouvoir offrir de nouveau son bras à Lise. Elle le prit d'un air peu charmé, mais sans faire attention qu'elle avait oublié de remettre son gant ; et voilà Léonce qui marche à côté d'elle, la tête baissée, les yeux attachés sur cette main charmante doucement appuyée sur son bras.

Au premier aspect, Lise lui avait semblé une belle jeune fille ; mais tout en lui accordant de prime abord une beauté éblouissante de jeunesse et de fraîcheur, il n'avait pas pensé qu'elle possédât tous ces détails de grâce privilégiée, par lesquels les femmes du monde se vengent d'être pâles, maigres et fanées : il considérait cette main si soyeuse et si effilée, comme une rareté précieuse, égarée parmi des Auvergnats, et peu à peu ses yeux s'arrêtèrent sur un anneau passé à l'index, et portant une petite plaque en or. Sur cette plaque était gravée en caractères imperceptibles une devise que Léonce s'obstinait à vouloir déchiffrer. Il y mettait une telle attention, qu'il ne s'aperçut pas qu'ils étaient arrivés, et que l'on montait en voiture. Il sembla que Lise ne fût pas absorbée dans une si profonde contemplation ; car ces jolis petits doigts que Léonce admirait si assidûment s'agitèrent d'impatience, et finirent par battre sur le bras de Léonce un trille infiniment prolongé.

A ce moment Léonce regarda Lise ; au mouvement qu'il fit pour relever sa tête, elle le regarda, mais d'un air si moqueur, que Sterny ne voulut pas être en reste, et lui dit :

« Il paraît que mademoiselle est grande musicienne ?

— Et pourquoi ça ? fit Lise avec une petite mine de dédain.

— C'est que vous venez de jouer sur mon bras un galop ravissant. »

Lise rougit, mais cette fois, avec un embarras pénible, elle retira brusquement son bras nu du bras de Léonce, et, ne sachant plus ce qu'elle faisait ni ce qu'elle disait, elle balbutia à demi-voix :

« Oh ! pardon, monsieur, j'ai oublié de mettre mon gant.

— Comme moi, j'ai oublié de l'ôter, repartit Sterny. Vous voyez que tout le monde peut se tromper. »

Lise ne trouva rien à répondre ; le marchepied d'une voiture était baissé devant elle, elle y monta rapidement, si rapidement, que Léonce put voir le pied le plus étroit, le plus cambré, s'attachant gracieusement à la cheville la plus mignonne. Sterny eut envie de se placer près d'elle, mais il eut le bon esprit de ne pas le faire. Sans s'en apercevoir, Lise était montée dans la voiture de Léonce ; il se retira en disant vivement au valet de pied :

« Fermez et suivez les autres voitures, » et il s'élança tout aussitôt dans un remise où se trouvait Mme Laloine.

« Eh bien ! s'écria la mère, et Lise, qu'en avez-vous fait ?

— Je l'ai mise en voiture.

— Avec qui ? demanda la prudente mère.

— Hélas ! toute seule, madame.

— Comment toute seule ?...

— Oui, madame, elle a monté sans s'en apercevoir, je crois, dans ma voiture.

— Ah ! fit Mme Laloine ; je ne sais pas ce qu'elle a ; elle est tout ahurie depuis ce matin.

— C'est mon coupé, ajouta modestement Léonce ; il n'y a que deux places et je n'ai pas osé... »

Mme Laloine remercia Léonce de sa retenue par un salut silencieux et solennel, et ajouta :

« Elle va bien s'ennuyer toute seule. »

Léonce eut une idée secrète qu'elle ne s'ennuierait pas.

IV

En effet, Lise fut d'abord étonnée de se trouver seule, mais elle en profita pour se remettre de l'embarras où l'avaient jetée les paroles de Léonce ; et, répondant aux réflexions qu'elle faisait comme aux observations qu'on lui adressait, elle secoua sa jolie tête en se disant :

« Eh bah ! qu'est-ce que ça me fait ? »

Cela dit, elle se mit à examiner ce splendide carrosse tout doublé de satin, tout orné de glands de soie et dont le balancement était si sourd et si doux. Elle s'assit d'un côté et de l'autre pour sentir la molle flexibilité des coussins, leva à moitié une glace pour en admirer l'épaisseur, et se mit à sourire d'aise de se trouver là.

Alors elle se rappela qu'ainsi devaient être faites les belles voitures de ces grandes dames qu'elle voyait courir dans les Champs-Élysées; et sans penser qu'elle pouvait en occuper une aussi bien que la plus noble d'entre elles, elle se laissa aller à imiter le nonchalant abandon avec lequel elles s'accotent dans un coin de leur équipage.

La folle enfant s'y ploya comme elles, à demi couchée; pressant de sa fraîche joue et de ses blanches épaules cette soie dont la souplesse la caressait si doucement, se prêtant avec un mol affaissement aux mouvements de la voiture, clignant des yeux pour regarder d'en haut ces pauvres gens à pied qui tournaient la tête pour la voir. Puis, comme apercevant au loin quelqu'un de sa connaissance, se mordant doucement la lèvre inférieure à travers un fin sourire, et balançant imperceptiblement la tête pour adresser un salut intime au beau cavalier qui passe; et, dans cette petite fantasmagorie improvisée, il se trouva que le beau cavalier fut Léonce Sterny.

En effet, quel autre que le beau lion Lise pouvait-elle faire passer sur un beau cheval anglais, courant avec grâce à côté d'elle? ce n'était certainement pas M. Tirlot, qu'elle avait vu tomber d'âne dans une partie de Montmorency. Ce fut donc Sterny à qui elle adressa son plus doux sourire, son plus doux regard comme il passait devant elle.

Mais comprenez quelle dut être sa stupéfaction quand elle aperçut véritablement le visage de Léonce, mais immobile, mais à pied, et lui offrant la main pour descendre de voiture. Elle tressaillit d'abord de se voir ainsi surprise dans ce nonchalant abandon, comme un enfant qui a pris une place qui ne lui appartenait pas; et puis, quand Léonce lui dit, en l'aidant à descendre :

« Qui donc saluiez-vous ainsi d'un si doux regard et d'un si doux sourire? »

Elle eût voulu se cacher bien loin, honteuse et toute troublée. Aussi ce fut tristement et lentement qu'elle entra dans l'église, et Léonce put remarquer qu'elle prit peu de part à la cérémonie qui eut lieu. Lise ne regarda pas du coin de l'œil la figure de la mariée, ni la tenue embarrassée de l'époux; elle ne suivit pas curieusement l'anneau pour savoir s'il passerait la seconde phalange qui prédit la soumission; Lise pria, et pria sincèrement pour elle. On eût dit qu'il y avait un remords dans ce jeune cœur, et qu'elle demandait à Dieu un vrai pardon de sa faute.

Dieu le lui accorda; car à la fin elle se releva calme, heureuse, forte : et au moment où l'on passa dans la sacristie elle se tourna vers Sterny, qui l'observait avec une attention marquée, et sans paraître s'en apercevoir, elle marcha à lui, prit son bras, et lui dit d'un tout autre ton que celui dont elle avait parlé jusque-là :

« Tout ceci vous ennuie sans doute beaucoup, monsieur ?

— M'ennuyer ! et pourquoi ?

— C'est que cela vous dérange de vos habitudes et de vos plaisirs, mais vous allez être bientôt délivré. »

V

Jusque-là Sterny, malgré les sollicitations de Prosper Gobillou et de M. Laloine, avait gardé *in petto* la résolution de ne pas rester une minute après la signature à l'église. Toute la grâce, toute la beauté de Lise même, en l'occupant beaucoup, ne l'avaient pas décidé à braver l'ennui d'une noce bourgeoise; car il avait parfaitement compris que cela ne le mènerait à rien qu'à avoir admiré quelques heures de plus cette belle enfant.

Mais il lui sembla que la phrase de Lise était une espèce de congé qu'on lui donnait; il pensa donc, et justement, que ce n'était pas lui qui serait délivré d'un ennui, et il ne voulut pas accepter cette manière d'être évincé; aussi répondit-il à Lise :

« Je n'éprouve aucun ennui, mademoiselle, à faire une chose convenable et qui paraît avoir été désirée par Prosper et lui être agréable; si elle ne l'est pas pour tout le monde, ce n'est pas moi qui me suis trompé, c'est votre beau-frère, et c'est lui que vous devez gronder de ma présence. »

Cette fois encore Lise fut vivement contrariée de s'être attiré cette admonestation faite avec une politesse sérieuse et à laquelle elle ne put rien répondre : car Léonce salua aussitôt et se retira dans un coin de la sacristie. Lise se cacha parmi ses jeunes compagnes, n'écoutant point leurs caquetages à mi-voix : elle était tout absorbée dans ses pensées, quand une autre jeune fille lui poussa vivement le coude en lui disant :

« Regarde donc ! »

Elle regarda et vit Léonce qui signait.

« Il a ôté son gant, » ajouta la jeune fille avec un petit accent de triomphe, comme pour féliciter Lise du succès de la leçon qu'elle avait donnée au beau marquis.

Léonce, qui avait entendu l'exclamation, leva les yeux sur Lise et rencontra son regard qui avait quelque-chose d'inquiet.

Lise sentit comme par un indicible instinct qu'il se passait entre elle et ce jeune homme quelque chose qui n'eût pas dû être ainsi, et lorsque ce fut son tour de signer, ses yeux étaient pleins de larmes, sa main tremblait, et quand sa mère, qui était près d'elle, lui demanda ce qu'elle avait :

« Rien, rien, dit-elle, une idée. »

Et profitant de l'alarme qu'elle avait causée à sa mère, elle s'attacha à son bras :

« Prends-moi dans ta voiture, maman ! lui dit-elle avec l'accent d'un enfant qui a peur et qui demande protection.

— Viens ! viens ! ma pauvre Lise, » lui dit sa mère en l'embrassant et en l'entraînant dans un petit coin, tandis que les hommes graves de l'assemblée souriaient entre eux d'un air capable, que les jeunes gens regardaient sans rien comprendre et que Léonce se disait dans son coin :

« Certes, je reviendrai pour le dîner et pour le bal. »

Tout le monde descendit, et Lise regarda Sterny remonter dans sa voiture. Le cocher, humilié d'avoir été si longtemps en mauvaise compagnie de remises, se mit à faire piaffer les chevaux de façon à faire craindre qu'il n'allât tout briser, puis disparut avec rapidité. Lise poussa un gros soupir, et remontant en voiture, elle se trouva à son aise pour la première fois depuis la matinée et se mit à parler de la belle toilette qu'elle allait faire pour la soirée. Mais au milieu de cette importante discussion, elle porta tout à coup la main à son cou.

« Ah ! mon Dieu ! j'ai perdu mon médaillon ; mon Dieu ! mon Dieu ! je l'avais, j'en suis sûre !

— Il est peut-être tombé à la mairie, peut-être tombé à l'église, peut-être dans une voiture.

— Ah ! dit Lise, pourvu que ce ne soit pas dans celle de M. Sterny.

— Et pourquoi ? lui dit sa mère ; il le trouvera et nous le rapportera.

— Il revient donc ?

— Il nous l'a promis. »

Lise ne répondit pas, mais elle redevint triste, ne parla plus et pensa que sa toilette, dont elle avait d'abord été si ravie, n'était peut-être pas si charmante qu'elle l'avait pensé. Mais Lise n'était pas d'un âge et d'un caractère à ce qu'une pareille préoccupation durât bien longtemps, et à peine était-elle dans la maison qu'elle avait jeté de côté toutes ces craintes vagues, et qu'elle s'était écriée :

« Ah ! mais non ! je veux être gaie aujourd'hui. »

Et, sans qu'il fût besoin de plus longs raisonnements, elle se délivra de la pensée du beau marquis, et se promit bien de s'amuser à son nez, et comme s'il était un jeune homme tout comme un autre.

Quant à Léonce, dès qu'il fut seul, il hésita de nouveau à reparaître à la noce.

Quelque bonne opinion qu'il eût de lui-même, il comprenait bien qu'il n'y avait rien à faire en ce jour pour lui près de cette petite fille, et ce jour ne pouvait pas avoir de lendemain. Qu'irait-il faire dans cette famille de plumassiers ? et, si on n'osait le mettre à la porte, de quel air l'y recevrait-on ?

Décidément, tout cela n'avait pas le sens commun ; et ce qu'il avait de mieux à faire, c'était d'écrire, en rentrant chez lui, un billet d'excuse, et de dîner à six heures au café de Paris, au lieu d'aller au Cadran-Bleu où se faisait la noce.

Mais ce juste raisonnement n'arrivait à l'esprit de Sterny qu'à travers l'image de Lise, et cette image était si charmante !

VI

Il serait difficile de dire tous les rêves qui passèrent par la tête du lion à mesure qu'il se rappelait cette précieuse beauté ; se faire aimer de cette belle fille, l'enlever à sa famille, se battre contre quelque frère inconnu, subir même un procès scandaleux contre sa famille, faire parler de lui dans les journaux, être condamné pour séduction par les tribunaux et être absous par le monde, à qui une si merveilleuse beauté rendait un pareil crime excusable, trouver dans cette passion une renommée à désoler tous ses amis, tout cela le tentait grandement ; mais presque aussitôt il mesurait les obstacles, comptait les difficultés insurmontables, et rejetait bien loin pareille idée, non comme coupable, mais comme impossible.

Enfin il en était venu à s'arrêter au parti pris de ne pas y retourner, quand il aperçut sur le coussin de sa voiture une petite plaque d'or suspendue à un mince cordonnet de cheveux. Cette plaque était en tout pareille à celle que Lise avait à sa bague ; elle portait comme elle une devise, et cette devise était :

Ce qu'on veut, on le peut.

A ce moment, le lion se posa en face de lui-même, et se trouva tout à fait méprisable et sans portée.

Quoi ! une petite fille de la rue Saint-Martin osait se donner pour devise : *Ce qu'on veut, on le peut;* et lui, lion, ne se sentait la force ni de vouloir ni de pouvoir !

« Pardieu ! se dit-il, je voudrai et je pourrai ! »

Et pour s'encourager dans cette noble résolution, il se rappela toutes les femmes qu'il avait prises d'assaut ou enlevées à ses amis.

Cependant, toute récapitulation faite, il trouva qu'aucun des moyens avec lesquels il avait réussi jusque-là ne pouvait être de mise dans sa nouvelle entreprise, et qu'il lui fallait trouver tout autre chose.

Sur ces entrefaites il arriva chez lui, où il trouva installés quatre ou cinq de ses amis, discutant très-chaudement sur l'inconstitutionnalité de l'admission des chevaux du gouvernement dans les courses du Champ de Mars.

L'arrivée de Sterny mit fin à la discussion.

A son aspect, le gros beau Lingart, le pédicure dont nous avons parlé, s'écria en se rengorgeant dans sa cravate :

« Eh bien ?...

— Eh bien ! j'ai perdu, repartit Aymar de Rabut, le lion artistique.

— Comment diable ! ajouta Marinet, le fils du potier, comment diable aussi vas-tu parier quelque chose contre ce gros agioteur ? tu sais bien qu'il a l'instinct des bonnes affaires, et qu'il suffit qu'il touche à la plus mauvaise pour qu'elle tourne à bien dès qu'il y a quelque chose à gagner pour lui.

— Mais oui, je suis assez heureux, dit Lingart d'un air qui voulait dire je suis assez habile, et en ramassant du bout de sa langue les quelques poils de barbe qui avoisinaient le coin de sa bouche.

— De quoi s'agit-il donc ? dit Sterny.

— Il s'agit, dit Lingart, que nous dînons au Rocher de Cancale, et que c'est Aymar de Rabut qui nous traite.

— Il y a donc un pari? dit Léonce, qui pointa les oreilles comme un cheval de bataille qui entend la trompette.

— Oui, dit Aymar de Rabut, je ne sais pas comment cela s'est fait, j'ai soutenu pendant une heure que tu t'enuierais à crever à ton mariage, qu'hommes et femmes t'assommeraient, et au bout du compte il s'est trouvé que c'est moi qui ai parié que tu te laisserais empêtrer par les familles des futurs, et que tu resterais au dîner et au bal, et c'est Lingart qui a parié que tu reviendrais.

— Mais quand je te dis, s'écria Marinet, que si tu allais lui réclamer cent louis, et qu'il ne voulût pas les payer, il te prouverait clair comme deux et deux font quatre que tu lui dois dix mille francs !

— Ah bah ! dit Lingart, vous trouvez donc qu'il est très-clair que deux et deux font quatre ? »

On le regarda comme s'il disait une bêtise. Mais il ajouta avec une arrogance de sottise si prodigieuse, qu'il stupéfia l'assemblée :

« Eh bien ! faites-moi le plaisir de me prouver que deux et deux font quatre ?

— Ceci, mon cher, est de l'Odry tout pur.

— C'est si peu de l'Odry, que j'offre de parier vingt-cinq louis qu'aucun de vous ne me prouve que deux et deux font quatre.

— Pardieu ? dit Aymar de Rabut, cela n'a pas besoin d'être prouvé; cela est, parce que... »

Il s'arrêta, et Lingart reprit d'un air triomphateur :

« Eh bien ! pourquoi cela est-il ? »

Il attendit une réponse qui ne vint pas, et reprit doctoralement :

« Va commander notre dîner, et...

— Et que ce soit splendide, dit Sterny en riant ; car c'est Lingart qui paye.

— Comment ça ? fit le spéculateur.

— Parce qu'Aymar a gagné. Je retourne au dîner et je reste au bal.

— C'est pour me faire perdre, dit Lingart. »

A ce mot, la conscience de parieur de Sterny se troubla, et il réfléchit. Et puis il dit :

« J'annule le pari.

— Pourquoi donc ?

— C'est que lorsque je suis entré ici, je n'étais pas bien sûr de ce que je ferais, et je ne sais pas encore ce que j'aurais fait, si vous ne m'aviez pas parlé du pari.

— Et quelle est la raison qui t'a décidé tout à coup?

— Rien. Seulement je ne puis pas faire autrement.

— Pourquoi ça? dit Lingart.

— Ah! ceci, répliqua Sterny, ne peut pas plus se prouver que deux et deux font quatre.

— Cependant vous vous l'êtes prouvé à vous-même, puisque vous en doutiez.

— Ah çà! dit Sterny, vous devenez horriblement ennuyeux, Lingart, avec votre manie de dissertation.

— Il s'exerce pour la Chambre des députés, » dit Marinet.

Lingart, qui venait de dépenser trente mille francs pour avoir trois voix, se mordit les lèvres et fit semblant de hausser les épaules, et l'on se mit à plaindre Sterny, qui se laissa faire de la meilleure grâce du monde et sans trop écouter tant qu'il ne s'agit que de lui. Mais il arriva que la conversation se promenant au hasard sur les occupations journalières de ces messieurs, on parla d'une petite fille qui s'était montrée la veille dans les coulisses de l'Opéra, et que l'on avait proclamée délicieuse.

De là on entra dans tous les détails de cette jeune beauté que Sterny avait lui-même fort applaudie ; et, par un retour assez ordinaire sur ses souvenirs, il se trouva que cet éloge tourna tout au profit de Lise : qu'admirait-on, en effet, à côté de cette parfaite beauté ? un visage à peu près joli, des mains à peu près élégantes, une tournure faite, un pied cruellement emmaillotté pour paraître petit, tandis que chez Lise tout était vraiment parfait, sincèrement beau. La plumassière devenait à chaque instant plus charmante dans l'esprit de Léonce, et par une autre coïncidence il se prit à se repentir des idées vagues de séduction qu'il avait eues contre elle; car le lion artistique Aymar s'écria au milieu de la conversation :

« Ah çà! Lingart, j'espère que vous laisserez cette petite fille tranquille ?

— Oui, dit le gros beau, oui, jusques après ses débuts. »

Ceci prit sans doute dans la physionomie de Lingart un sens très-particulier, car Sterny en éprouva un mouvement de dégoût. Il nous serait difficile d'expliquer le mystère de cette phrase; mais Léonce réfléchit que s'il trouvait odieux qu'on remît la perte d'une fille de théâtre à un temps marqué d'avance pour qu'elle valût mieux la peine d'être perdue, il était bien autrement coupable, lui, de méditer celle d'une enfant qui au moins ne bravait pas le danger. Mais il arriva à Léonce ce qui arrive aux gens qui ont la conscience facile : il se persuada si bien qu'il ne réussirait pas, qu'il se crut permis de tenter de réussir sans trop de scrupule.

Bientôt après on le laissa; et comme six heures sonnaient, Sterny entrait au Cadran-Bleu.

VII

L'amour est une belle passion pour les conteurs comme nous; il a cet avantage excellent, qu'on peut le faire aller de l'allure qu'on veut, sans que personne ait à vous demander compte de la vraisemblance de ses actions.

C'est en amour surtout que le plus invraisemblable est le plus vrai : passions soudaines et irrésistibles qui éclatent dans le cœur, à l'aspect d'un être inconnu, comme la lumière à qui Dieu ordonna d'être et qui fut; passions lentes et fortes qui pénètrent dans l'âme par une progression imperceptible, comme la chaleur dans le métal, sans qu'il y ait une différence sensible entre la minute qui précède et la minute qui suit, jusqu'à ce que tous deux soient devenus brûlants, de glacés qu'ils étaient; et celles qui vont par sauts et par bonds, s'élançant follement en avant, puis reculant avec timidité; et celles qui louvoient obscurément, et celles qui marchent à genoux, et celles qui s'imposent, toutes vraies dans leurs plus grands écarts, dans leurs contradictions les plus manifestes.

Tout cela, entendez-vous bien, sans tenir compte des caractères, pliant les plus rudes, redressant les plus faibles, tyrannisant les plus impérieux...

Or, voilà pourquoi Léonce était retourné au Cadran-Bleu.

Lorsqu'il entra, personne n'était arrivé que le nouveau marié et M. Laloine qui venaient activer les apprêts du festin. Prosper voulut d'abord laisser Sterny dans la compagnie de M. Laloine, mais Léonce les pria si instamment l'un et l'autre de ne pas s'occuper de lui, qu'ils allèrent à leurs affaires. Il demeura donc seul dans le salon attenant à la grande salle du festin, tandis que le beau-père et le gendre allaient donner un coup d'œil à la salle de bal. Mais en vérité, nous dira-t-on, est-ce bien Léonce de Sterny dont vous nous parlez, un lion qui sait tout l'avantage d'une entrée attardée, qui arrive avant l'heure de se mettre à table, comme un courtaud de boutique ou un homme de lettres invité chez un grand seigneur? Vraiment oui, c'est Léonce de Sterny, un des plus furieux de sa bande; et savez-vous ce qu'il fait pendant que les hôtes sont absents? il tourne autour de la table en lisant chaque carte pour savoir où il sera placé; et lorsqu'il voit qu'on l'a mis entre Mme Laloine et une dame inconnue, il change la place de son nom pour voler celle de M. Tirlot et se trouver à côté de Lise.

Regardez-le bien, tremblant de peur d'être surpris au milieu de sa substitution comme un enfant qui met le doigt dans un plat de crème pour voir si elle sera bonne; voyez-le, se retournant tout à coup vers le mur lorsque entre un garçon, et paraissant très-occupé à admirer une vieille gravure d'Énée emportant son père Anchise; puis, lorsque le garçon est sorti, achevant son habile manœuvre qu'il eût trouvée de la dernière sottise s'il l'avait lue le matin dans un feuilleton.

Cependant il a réussi, et le voilà tout inquiet du succès de sa ruse.

M. Laloine entre et veut inspecter une dernière fois la distribution des cartes, et aussitôt Léonce s'approche et lui parle plumes d'autruche et marabout; Prosper paraît et veut s'assurer que tout est en règle, et Léonce l'interpelle et s'échappe jusqu'à lui faire de mauvaises plaisanteries sur le trop de fatigues qu'il se donne en un pareil jour.

Il cause, il parle, il rit! Il demande du tabac à M. Laloine, qui le trouve charmant; il se moque avec lui de l'air affairé de Prosper, il l'envoie donner la main aux dames qui descendent de la voiture qui vient de s'arrêter à la porte; Prosper y court, c'est un monsieur et une dame qui demandent un cabinet particulier. Prosper revient, et Sterny lui fait une tirade de morale sur les cabinets particuliers.

A qui en a-t-il? que veut-il? Je vous le disais bien qu'en amour rien n'est vraisemblable; car voilà notre lion qui se donne beaucoup de peine pour quelque chose, eh! pourquoi, mon Dieu! pour s'asseoir à côté d'une petite fille.

Comme le succès absout les plus mauvaises actions, et presque le ridicule, Léonce a donc eu raison, car il a réussi.

Tout le monde arrive; on se salue, on se parle, il faut faire servir; c'est l'affaire de Gobillou, tandis que M. Laloine est obligé de rester au salon pour accueillir les invités. Mais Lise doit être curieuse; elle voudra sans doute savoir où elle sera assise, et elle s'en étonnera. Voilà donc le lion qui se place entre la porte qui ouvre du salon dans la salle à manger, bien assuré que Lise n'osera pas passer devant lui; car au moment où elle est arrivée avec sa mère et sa sœur, Mme Laloine a dit très-gracieusement à Sterny :

« Eh quoi! déjà arrivé, monsieur le marquis? »

Et celui-ci lui a répondu en regardant Lise :

« C'est assez d'une faute en un jour. »

Lise, arrivée toute rayonnante et fière, sentit le reproche, et se retira avec humeur dans un coin du salon. Jamais personne ne lui avait gâté un plaisir avec tant de persévérance que M. de Sterny, et pour si peu de chose.

Léonce lui parut insupportable. Aussi se passa-t-il une petite comédie fort amusante lorsqu'il fallut s'asseoir autour de la table. Léonce, qui connaissait sa place, en prit le chemin et s'installa derrière sa chaise, tandis que Lise cherchait de l'autre côté.

« Là-bas ! » lui cria Prosper en lui désignant le côté où était Léonce, qu'il fut très-surpris de trouver au bout de son doigt.

Prosper échangea un regard avec M. Laloine, qui pinça les lèvres d'une façon qui voulait dire :

« Mon gendre est un sot. »

D'un autre côté Mme Laloine, qui comptait sur le voisinage du marquis, regardait M. Tirlot d'un air ébahi, tandis que celui-ci, fier de la place d'honneur qu'on lui avait donnée, s'y installait d'un air superbe.

Lise s'avançait timidement, ne sachant quel parti prendre, car elle avait vu tout cet imperceptible dialogue de regards ; quant à Léonce, les yeux fixés au plafond, il ne voyait rien, ne regardait rien, il était tout à fait étranger à ce qui se passait.

Cet embarras finit cependant, car il entendit M. Laloine dire à sa fille :

« Voyons, Lise, va donc t'asseoir. »

L'inflexion dont ces paroles furent prononcées annonçait une résignation forcée à la maladresse de Gobillou, et Léonce crut que tout le monde s'en prendrait à Prosper. Mais lorsqu'il dérangea sa chaise pour faire place à Lise, elle le salua d'un air si sec, qu'il vit bien qu'elle avait compris que son beau-frère était innocent de cette faute.

VIII

A la première phrase qu'il essaya, Léonce reconnut que Lise était décidée à ne lui répondre que par monosyllabes ; mais il avait deux heures devant lui, et c'était plus qu'il n'en fallait pour venir à bout de cette résolution.

D'abord, il laissa la pauvre enfant se remettre et prendre confiance, et pour cela, il ne s'occupa point d'elle. Mais il devint d'une attention extrême pour le gros monsieur qui était placé de l'autre côté de la jeune fille, et qui n'était rien moins que l'honorable mercier qui l'avait interpellé le matin sur la question des sucres.

Sterny reprit intrépidement la discussion, qui était forcée de passer devant ou derrière la jeune fille, mais de façon qu'elle n'en perdît pas un mot. Il y avait de quoi ennuyer un député lui-même. A la fin, Lise ne put s'empêcher de laisser voir toute son impatience par de petits tressaillements très-significatifs. Mais Sterny fut impitoyable; il continua en s'échauffant si bien, et en échauffant si fort son interlocuteur sur le rendement et l'exercice, que M. Laloine, qui les vit parler avec cette chaleur, s'écria :

« De quoi parlez-vous donc, messieurs?

— De canne et de betterave, repartit Lise d'un air piqué.

— Ah! » fit M. Laloine; et satisfait d'une conversation si vertueuse, il pensa à autre chose.

Mais le moment était mal pris; car tout aussitôt Sterny, espérant que c'était le moment d'engager l'attaque, s'adressa à son interlocuteur, et lui dit :

« En vérité, monsieur, je crains que nous n'ayons beaucoup ennuyé mademoiselle; nous reprendrons notre discussion plus tard.

— Très-volontiers, » fit le mercier qui s'aperçut qu'il avait laissé passer presque tout le premier service sans y toucher, et qui voulut réparer le temps perdu.

Cependant Lise ne fit aucune observation, et le gros mercier reprit entre deux bouchées :

« N'est-ce pas, mademoiselle Lise, que votre mère a raison, que les hommes ne sont plus galants? Ainsi nous voilà deux cavaliers à côté d'une jolie femme, et nous ne trouvons rien de mieux que de parler de mélasse, au lieu de lui dire de jolies choses. Mais moi, je suis excusable... un papa... j'ai oublié, au lieu que monsieur, qui est un jeune homme, doit en avoir beaucoup à débiter. »

Trouve donc de jolies choses, animal, pensa Léonce, qui, ne sachant que dire, et voyant la petite moue de dédain de la jeune fille, finit par lui offrir à boire.

Elle accepta et le remercia, et la conversation n'alla pas plus loin.

« Allons, se dit le lion, je deviens bête comme un pavé. Je parierais que M. Tirlot s'en tirerait mieux que moi. »

Alors il tenta un effort désespéré, mais des plus vulgaires. Il lui fallut parler de lui pour qu'elle s'en occupât, et lui dit :

« Vraiment, mademoiselle, je suis bien malheureux !

— En quoi donc, monsieur ?

— Voilà deux fois seulement que j'ai l'honneur de vous voir, et j'ai déjà trouvé le moyen de vous déplaire trois ou quatre fois.

— A moi, monsieur ? dit Lise d'un air fort étonné.

— A vous, d'abord ce matin, en arrivant trop tard; à la mairie, en n'ôtant pas mon gant; ici peut-être, ajouta-t-il tout bas, en arrivant trop tôt... et... »

Allons donc, noble lion, pour ne pas avoir voulu cette fois jouer au fin, vous avez réussi. Lise avait compris en effet ce qu'il voulait dire.

« Et... ? lui dit-elle en le regardant.

— Et, ajouta Léonce avec une vraie expression de jeune homme, et en volant la place de M. Tirlot. »

Lise rougit, mais en souriant.

IX

D'abord elle avait deviné juste, ce qui la flattait, et puis le marquis avait fait pour être près d'elle un tour d'écolier, et cela la flattait encore; mais cette fois il y avait de quoi avoir peur, car dans quel but ce beau marquis s'était-il approché d'elle ? Le sourire commencé disparut aussitôt pour faire place à un vif embarras.

Lise était trop innocente pour penser à des projets de séduction; mais en sa qualité de petite bourgeoise, en face d'un gant jaune, elle se dit : « Il veut se moquer de moi, » et elle prit un petit air prude et pincé.

« Vous voyez bien, dit Léonce, que je vous ai déplu.

— Ah ! mon Dieu, monsieur, dit-elle, vous ou M. Tirlot, c'était la même chose. »

Léonce fit la grimace, l'équation était cruelle; alors il ajouta assez impertinemment :

« Je ne crois pas.

— Ah ! fit Lise, qui croyait à un excès de fatuité.

— Oui, dit Léonce en tournant assez bien l'écueil, je crois que vous auriez préféré M. Tirlot. »

Lise ne répondit pas.

« C'est un de vos parents ? dit Léonce.

— Non, monsieur.

— C'est un de vos amis ?

— Non, monsieur.

— C'est donc celui de Prosper !

— Oui, monsieur.

— Tant mieux, dit Léonce, il y aura compensation, et on pardonnera à Prosper son ami Sterny en faveur de son ami Tirlot.

— Oh ! fit Lise, vous n'êtes pas l'ami de Prosper.

— Moi, et pourquoi donc ? Je l'aime beaucoup.

— Oh ! ça ne fait rien.

— Je suis tout prêt à lui rendre service.

— Je n'en doute pas, mais ce n'est pas cela que je veux dire.

— Et je crois qu'il a aussi pour moi beaucoup d'affection.

— J'en suis sûre, dit Lise, mais cependant vous savez bien que vous n'êtes pas amis.

— Mais enfin pourquoi ?

— C'est que, dit Lise, vous êtes M. le marquis de Sterny, et lui Prosper Gobillou, plumassier.

— C'est bien mal, mademoiselle Lise, ce que vous dites là, fit Léonce d'un air libéral.

— En quoi donc ?

— N'est-ce pas dire que ce titre que je porte me rend fier, orgueilleux, impertinent, peut-être ?

— Ah ! monsieur.

— C'est croire que je ne sais pas rendre justice à l'honneur, à la probité de ceux qui n'ont pas un titre pareil ; c'est presque me faire regretter d'être né dans ce qu'on appelle un rang élevé, comme si nous ne vivions pas à une époque où chacun ne vaut que par son mérite et ses œuvres. »

Ah ! lion, maître lion, qu'avez-vous fait de votre noble crinière de gentilhomme ? Comment ! vous voilà débitant sentimentalement des phrases du *Constitutionnel*, ou de mélodrame, et cela d'un ton sérieux ? Où sont donc vos amis, pour rire de vous comme vous en ririez vous-même si vous pouviez vous voir ?

Mais voilà que vous prenez la chose au sérieux, car Lise vous répond d'un ton affectueux :

« Je vous remercie pour Prosper de ce que vous venez de me dire, cela lui ferait grand plaisir.

— Oh ! Prosper me connaît depuis longtemps ; nous avons été enfants ensemble, et il n'est pas comme vous, il ne me croit pas un dandy, un lion.

— Qu'est-ce que c'est que ça, un lion ? dit Lise en riant.

— Oh ! reprit Sterny, ce sont des jeunes gens du monde qui se croient de l'esprit parce qu'ils se moquent de tout, qui font semblant de mépriser tout ce qui n'est pas de leur coterie, et qui n'ont pas d'autre occupation que de ne rien faire. »

Le lion reniait sa religion et ses frères.

« Ah ! dit Lise, je sais ce que vous voulez dire ; mais je vous prie de croire que je n'avais pas si mauvaise opinion de vous, monsieur le marquis.

— Pas tout à fait si mauvaise, mais peu favorable cependant.

— Je ne puis pas dire... je ne sais pas... dit Lise en hésitant.

— Ah ! vous me devez une réponse. Quelle opinion avez-vous de moi ? »

Lise hésita encore et finit par dire, en regardant le lion en face, avec une expression de malice enfantine :

« Eh bien ! je vous le dirai, si vous me dites, vous, pourquoi vous avez pris la place de M. Tirlot. »

Léonce fut embarrassé, la réponse pouvait être décisive, il eut le bonheur de trouver une bêtise, et répondit :

« Je n'en sais rien. »

Lise partit d'un grand éclat de rire qui fit tourner la tête à toute l'assemblée.

« Q'as-tu donc, Lise ? — Qu'avez-vous donc, mademoiselle? »

Cette question arriva de tous les points de l'assemblée.

« C'est, dit Lise toujours en riant, parce que M. le marquis...

— Oh !... dit Léonce tout bas et tremblant que Lise ne racontât son espièglerie, oh ! ne me trahissez pas !

— Qu'est-ce donc ? reprit-on encore.

— Oh ! ce n'est rien, répliqua-t-elle en se calmant... une idée.

— Voyons, Lise ! lui dit sa mère avec un froncement de sourcil portant avec lui tout un sermon.

— Eh ! laisse-la rire, dit M. Laloine, c'est de son âge. Le sérieux lui viendra assez tôt. »

Il était déjà venu. Lise sentit qu'elle avait été trop loin, lorsque Léonce lui dit tout bas :

« Je vous remercie d'avoir gardé notre secret.

— Quel secret, monsieur ?

— Celui de la ruse qui m'a rapproché de vous.

— Cela n'en valait pas la peine, dit-elle froidement.

— Et pourtant cela m'en a beaucoup donné, » ajouta Léonce.

Et tout aussitôt le voilà qui fait un tableau gai, grotesque, amusant, de sa campagne, de ses alertes, quand il entendait du bruit à la porte. Lise l'écoutait moitié riant, moitié fâchée, et finit par répondre :

« Et tout ça sans savoir pourquoi ?

— Oh ! je le sais pourtant, dit Léonce, presque ému.

— Ah !... fit Lise.

— Mais je n'ose pas vous le dire.

— Vous, à moi !

— Oui, à vous.

— Vous vous moquez de moi, monsieur le marquis.

— Si je vous le dis, m'en voudrez-vous ?

— Mais... reprit Lise, je ne sais pas. C'est selon ce que vous me direz... Ah ! non, ajouta-t-elle vivement, je ne veux pas le savoir. »

Donc elle le savait.

Mais ceci ne faisait pas le compte du lion ; il voulait parler, ne fût-ce que pour être écouté, il commença et dit tout bas :

« C'est que ce matin...

— Tenez ! tenez ! dit Lise en l'interrompant vivement, voilà M. Tirlot qui va chanter.

— Il est fort ridicule ce monsieur, dit Léonce, très-contrarié de se voir arrêter, quand il se croyait sur le point d'arriver à un commencement de déclaration.

— Ridicule ! lui dit Lise d'un air digne, et pourquoi, monsieur le marquis ? »

Léonce vit sa faute ; il était redevenu lion à son insu ; et encore une fois embarrassé, il répondit assez brusquement :

« Je n'aime pas M. Tirlot.

— Et pourquoi ?

— Je lui en veux.

— Mais la raison ? »

Léonce se mit à rire de lui-même, et, se sauvant de son mieux du mauvais pas où il s'était fourré, il répliqua :

« D'abord parce qu'il est garçon d'honneur, et qu'il avait le droit de vous donner le bras ce matin.

— Ce droit ne lui a pas beaucoup profité, ce me semble, dit Lise en souriant.

— Et puis, parce qu'on l'a placé à table à côté de vous.

— Et il a bien gardé sa place ! reprit Lise de même.

— Enfin, ajouta Léonce, parce qu'il dansera la première contredanse avec vous.

— Hélas ! il a oublié de me la demander.

— En ce cas, je la prends.

— Comment, vous la prenez ?

— Oui, dit Léonce avec une franche gaieté, je veux tout lui prendre ; et si j'étais à côté de lui, je lui soufflerais son assiette, et je lui boirais son vin.

— Ah ! ce pauvre M. Tirlot, dit Lise en riant avec une vraie confiance.

— Nous dansons la première ensemble, n'est-ce pas ?

— Puisque c'est convenu.

— Ce monsieur Tirlot, continua Sterny, emporté par le succès de sa gaieté, je voudrais lui voler jusqu'à sa chanson.

— C'est difficile, dit Lise, le voilà qui commence.

— C'est égal, lui dit Sterny tout bas ; je veux lui disputer la palme.

— Vrai !

— Vous allez voir ! »

M. Tirlot commença ; il y avait quatre couplets, auxquels ne manquaient ni la mesure, ni la rime, et qui célébraient :

1° Mme Laloine ;

2° M. Laloine ;

3° Mlle Laloine devenue Mme Gobillou ;

4° Gobillou.

Il y en avait pour tout le monde.

Ce furent des acclamations et des transports touchants. M. Tirlot triomphait ; Lise était émue, elle applaudissait, elle se repentait de la contredanse qu'elle lui volait.

Mais Sterny était en veine de bonheur, et il poussa doucement le coude à Lise, en lui disant :

« Dites que je veux chanter aussi. »

Lise se leva, étendit sa jolie main, et chacun se tut, s'attendant à quelque chanson nouvelle dite par la jeune fille. Mais quand elle réclama le silence pour M. le marquis, il y eut des cris d'étonnement et de félicitation pour son amabilité.

Sterny jouait gros jeu; il pouvait être ridicule même pour ces bourgeois; il l'était pour lui-même, et le sentit. Il se jeta tête baissée dans le danger et voulut précipiter la catastrophe :

« Pardon, messieurs, dit-il, ce n'est pas une chanson, mais un couplet qui me paraît manquer à la chanson si spirituelle de M. Tirlot. »

M. Tirlot s'inclina.

« Voyons! voyons ! » dit-on de tous côtés.

Et tout aussitôt Sterny se mit à chanter presque aussi fièrement que M. Tirlot lui-même, en s'adressant d'abord à M. et Mme Laloine :

Le droit sacré de faire des heureux
Est si beau que Dieu nous l'envie.

En montrant Prosper Gobillou et sa femme :

Ainsi que vous, quand on en a fait deux,
C'est bien assez, notre tâche est remplie;

A M. et Mme Laloine, seuls :

Et cependant, ce droit que l'on bénit
N'est pas, pour vous, épuisé sur la terre,

En se tournant vers Lise :

Car en voyant Lise chacun se dit :
Il leur reste un heureux à faire!

Oh! lion, quelle honte! un couplet improvisé à table, à une noce de patentés! Lion, que vous êtes petit garçon ! pauvre lion.

Léonce n'eut pas le temps d'y penser; car à peine le couplet fut-il achevé que toute la table craqua d'applaudissements, de trépignements, de bravos. Lise, qui ne s'attendait pas à la conclusion, cachait sa rougeur en baissant la tête; Mme Laloine, tout en larmes, se leva pour venir embrasser sa Lise, en disant à M. Tirlot :

« C'est vrai, monsieur Tirlot, vous aviez oublié ma Lise! »

M. Laloine, ému, vint se mêler à ces embrassements et tendit la main à Léonce en lui disant du fond du cœur :

« Merci, monsieur le marquis, merci ! merci ! »

Puis la mère le remercia, et on le félicita de tous côtés. Cela fit un moment de brouhaha, où tout le monde quitta sa place, tandis que Gobillou criait :

« Au salon ! au salon ! Il y a déjà du monde ! »

Léonce offrit son bras à Lise. Elle le prit; mais il sentit que sa main tremblait.

Elle était confuse, embarrassée; mais elle n'était ni triste ni contrariée.

« M'en voulez-vous aussi de mon couplet ? lui dit Léonce.

— Oh ! non, dit-elle doucement; cela a fait plaisir à mon père et à maman.

— Et à vous ?

— Moi... Je le trouve très-joli, » dit-elle en baissant les yeux.

Et elle se dégagea doucement pour aller à la rencontre de quelques-unes de ses jeunes amies qui étaient dans le salon, que M. et Mme Laloine avaient déjà accueillies, et à qui ils avaient déjà rendu compte de la raison des applaudissements furieux qui venaient d'ébranler le Cadran-Bleu.

« Est-ce vrai ? disent les jeunes filles à Lise en l'entraînant, est-ce vrai que le beau marquis a fait un couplet pour toi ? »

Si ceci eût été dit d'un ton d'affection, Lise eût peut-être nié; mais on fit sonner *le beau marquis* d'un ton si envieux, qu'elle répondit avec affectation :

« Oui, c'est vrai.

— Il paraît que tu as fait sa conquête ? dit une fort laide.

— Et sans doute il a fait la tienne ?

— Qui sait ? dit Lise qui trouvait ses bonnes amies très-impertinentes.

— Et d'abord, dit une autre, je vais me faire inviter pour toute la soirée, pour pouvoir le refuser.

— Ah ! ce n'est pas la peine, fit la laide; ces gants jaunes, ça ne danse pas.

— Ça danse, mesdemoiselles, » dit Sterny, qui s'était doucement approché en longeant un groupe d'hommes; et il offrit la main à Lise, en lui disant avec un respect profond :

« Mademoiselle n'a pas oublié qu'elle m'a fait l'honneur de me promettre la première contredanse ?

— Non, monsieur, non, » dit Lise en lui tendant la main.

Cette main tremblait encore.

X

Heureusement pour Sterny qu'il avait été tellement entraîné par le charme qui émanait de cette belle enfant, et peut-être aussi par son succès, qu'il n'avait pas eu le temps de réfléchir à tout ce qu'il venait de faire. Mais il en eût peut-être été épouvanté, s'il eût eu un moment de solitude libre, pour considérer ce qu'il avait osé d'*excentrique* à ses habitudes. Le hasard en décida autrement.

L'orchestre avait donné le signal de la danse, et Sterny y prit place avec Lise.

Lise était belle, belle comme on rêve les anges avec la sainte sérénité de l'innocence et le repos candide du bonheur. Cette beauté avait ébloui Sterny, et il l'avait longtemps contemplée avec le seul plaisir des yeux, comme une œuvre admirable qui glorifie, pour ainsi dire, la forme humaine en montrant combien elle peut être magnifique et gracieuse.

Mais à ce moment, Lise, tremblante à ses côtés, lui parut bien plus charmante qu'il ne l'avait encore vue. Il y avait sur ce visage si pur une expression indicible de bonheur, de crainte et d'étonnement. Il se passait dans le cœur de cette enfant quelque chose d'inaccoutumé qui la ravissait et lui faisait peur. Son cœur venait de tressaillir dans sa poitrine, et il lui semblait qu'il y avait en elle une partie de son être qui n'avait pas encore vécu et qui s'agitait pour vivre.

Dieu a donné deux fois cette ineffable émotion à la femme, la première fois qu'elle se sent aimer, et la première fois qu'elle se sent mère. Mais aucun pinceau, aucune plume ne peut exprimer cette extase agitée qui resplendissait sur le visage de Lise; et Sterny, qui la regardait, s'en laissait pénétrer sans se rendre compte lui-même de l'enivrement inconnu qu'il éprouvait. Il voulut lui parler, et sa voix hésita; elle voulut répondre, et sa voix hésita comme celle de Léonce.

Toute cette contredanse se passa ainsi entre eux; et ce ne fut qu'en reconduisant Lise à sa place que Sterny pensa qu'il allait être séparé d'elle; aussi lui dit-il tout bas :

« Mademoiselle Lise valse-t-elle ?

— Oh ! non, monsieur, non, répondit-elle avec un balancement de tête qui témoignait que la valse était un plaisir au delà de ses espérances de jeune fille.

— Alors, reprit Léonce, je vous demanderai une autre contredanse.

— C'est que j'en ai promis beaucoup, reprit Lise; mais... mais... maman m'a permis de galoper !

— Ce sera donc un galop ?

— Oui, dit Lise, le premier. Mais d'ici là vous danserez avec d'autres demoiselles ?

— Avec vous seule !

— Avec ma sœur, au moins; je vous en prie, dit Lise d'un ton inquiet et suppliant.

— Avec la mariée ? vous avez raison, repartit Léonce, je vous remercie de me l'avoir rappelé.

— Et je vous remercie d'y consentir, » lui dit Lise avec un doux sourire d'intelligence.

Léonce la laissa près de sa mère et s'en alla dans un autre salon. Malgré lui il était heureux ! heureux de quoi ? d'avoir troublé cette petite fille ! Pauvre triomphe pour un homme dont l'œil de lion avait fait trembler toutes les femmes les plus intrépides et les plus accoutumées à rire de tout et à tout braver, même le scandale !

XI

Ne demandez pas à Léonce pourquoi il était heureux; il n'aurait point su vous le dire, car cette émotion était aussi nouvelle pour lui que pour Lise, et il ne pensait ni à l'examiner, ni à la combattre; il se trouvait bien où il était, il voyait tout d'un œil bienveillant, et si parfois il ne reconnaissait pas une grâce complète dans la manière dont toutes les choses se passaient, il y trouvait une bonne foi qui le charmait : ces gens-là s'amusaient sincèrement.

Il essaya de rester loin du salon où était Lise; mais malgré lui il y revint et glissa son regard entre deux hommes qui barraient la porte.

Lise dansait, mais elle n'était pas à la danse; ou elle tenait les yeux baissés, ou elle faisait glisser autour du salon un coup d'œil rapide et furtif.

Qui cherchait-elle ?

Léonce eut peur que ce ne fût pas lui ; mais lorsqu'il vit que depuis qu'il était là elle ne cherchait plus, il éprouva un nouveau bonheur, un bonheur si vif qu'à son tour il en eut peur.

Cette peur ne pouvait rester une incertitude dans le cœur de Léonce, comme dans le cœur de Lise ; il se demanda ce qu'il éprouvait et rougit en lui-même.

« Ah ! çà, se dit-il, mais je fais l'enfant, je deviens fort ridicule ; leur vin frelaté m'a-monté à la tête. Je suis gris, ou le diable m'emporte ! Ça n'est pas possible ! »

Et pour s'assurer qu'il n'était pas homme à se laisser dominer par une émotion d'enfant, il se mit à regarder Lise.

Lise dansait avec un beau jeune homme, aussi beau que le lion, d'une élégance simple, et qui parlait à sa danseuse avec une aisance parfaite. lui disant sans doute des choses assez intéressantes pour qu'elle l'écoutât avec soin, assez bien dites pour qu'elle y répondît par de petits signes d'assentiment.

A cet aspect, il se passa toute une révolution dans le cœur du lion ; il se compara à quelqu'un ; il se compara à un homme qui pouvait être un marchand de cotonnade, et il trouvait que rien ne lui assurait un avantage sur cet homme.

Léonce éprouva un désappointement bien plus cruel, quand il vit le visage de Lise tranquille, heureux. La pauvre enfant n'avait d'autre bonheur que d'avoir aperçu le regard de Léonce attaché sur elle, que d'en éprouver une joie, une fierté, un ravissement qu'elle ne redoutait plus, car il n'était pas à ses côtés, et le contact de sa main, le son de sa voix ne la faisaient plus trembler.

Un singulier doute pénétra dans le cœur de Sterny :

« Est-ce que cette candide enfant serait une coquette d'arrière-boutique ? » se dit-il.

« Ah ! vraiment, c'est trop d'ambition, ma belle ; vous êtes jolie, mais vos prétentions sont trop impertinentes. »

Comme il pensait cela en regardant Lise, le visage de Léonce prit une expression de hauteur et de dédain, et la douce enfant l'ayant regardé à ce moment fut si surprise de se voir regardée ainsi, qu'elle en devint pâle et que ses yeux fixés sur Léonce semblèrent lui dire :

« Eh bien ! qu'avez-vous ? qu'est-ce que je vous ai fait, mon Dieu ? »

Et tout aussitôt elle n'écouta plus son danseur et se trompa trois fois en dansant.

Léonce vit tout cela, et voulut voir si ce n'était pas un jeu. Il ne voulut pas qu'un homme de sa sorte fût dupe d'un manége de fausse Agnès.

En conséquence, lorsque la contredanse fut finie, il prit son air le plus sûr de lui, le plus indifférent, le plus lion, et s'approchant de Lise et de sa mère, il dit à Mme Laloine, sans regarder Lise :

« J'ai bien des pardons à vous demander de mon étourderie, madame. En rentrant chez moi, j'ai trouvé dans ma voiture ce cordon de cheveux et cette petite plaque d'or; ils doivent appartenir à quelqu'un de vos invités, et j'avais oublié de vous les remettre. »

A ce mot :

« Quelqu'un de vos invités, »

Lise regarda Léonce comme pour lui dire : N'aviez-vous pas compris que c'était à moi ?

Mme Laloine remercia Léonce, et dit à Lise :

« Tu vois bien que j'avais raison de dire que M. le marquis te les rapporterait.

— Ah ! ils appartiennent à mademoiselle ? dit Léonce d'un ton froid, en lui présentant ce petit bijou d'un air dédaigneux.

— Oui, monsieur, » dit Lise en avançant la main pour le prendre, et en regardant Léonce comme si elle se disait :

« Est-ce que je suis folle ? »

Léonce le lui remit du bout des doigts.

« Donne, dit sa mère, que je le rattache à ton cou.

— Tout à l'heure, maman, » dit Lise avec une impatience qu'elle eut peine à contenir.

Et elle l'enveloppa dans son mouchoir, qu'elle serra vivement dans sa main crispée.

Lise était pâle, et ses lèvres tremblaient.

Léonce fut satisfait de l'épreuve, et reprit avec une politesse affectée :

« Mademoiselle n'a pas oublié qu'elle doit danser un galop avec moi ?

— Je ne sais, répondit Lise d'un ton douloureux, si maman veut...

— Avec M. le marquis ? sans doute, » dit Mme Laloine.

L'orchestre joua les premières mesures d'un galop.

Lise donna sa main à Léonce ; ils se levèrent et firent le tour du salon, pendant que la foule faisait place aux danseurs.

« Pourquoi, lui dit Sterny, n'avez-vous pas voulu remettre votre charmant collier ?

— Oh ! charmant, dit Lise avec effort, vous ne pensez pas à ce que vous dites; mais j'y tiens beaucoup.

— C'est un souvenir peut-être ?

— Ah oui ! répondit-elle en levant les yeux au ciel, c'est un bon souvenir.

— Et la devise écrite sur ce bijou vous le rappelle sans doute ?

— Oui, monsieur le marquis, repartit Lise avec une douce dignité.

— Ce qu'on veut, on le peut, dit cette devise.

— Oui, monsieur le marquis, ce qu'on veut on le peut, répéta Lise avec un soupir mal étouffé.

— C'est avoir une grande confiance en sa propre force, que d'adopter une pareille devise, ajouta Léonce.

— Jusqu'à présent elle ne m'a pas manqué, et j'espère qu'elle ne me manquera pas, répondit Lise avec une émotion extrême.

— En avez-vous besoin ?

— Nous ne dansons pas, monsieur ? » dit Lise.

Léonce enlaça la belle enfant dans un de ses bras, et prit dans sa main la main où elle tenait ce talisman.

Ils dansèrent ainsi, lui, la dévorant du regard ; elle, les yeux baissés, le visage sérieux.

Tout à coup une larme quitta les paupières de Lise, et descendit sur sa joue.

Léonce éprouva un saisissement douloureux, et entraînant Lise dans une petite pièce où se trouvait une table de bouillotte, il lui dit :

« Je vous ai offensée, mademoiselle ?

— Non, monsieur, non.

— Mais pourquoi pleurez-vous ?

— Mais je ne pleure pas, monsieur.

— Écoutez, mademoiselle, lui dit Léonce avec un accent plein de franchise, je ne sais ce que j'ai pu faire ou dire qui vous ait blessée ; mais si cela m'est arrivé malgré moi, je vous en demande pardon, et je vous jure qu'un tel dessein était bien loin de mon cœur. »

Lise le regarda attentivement, et répondit avec un triste sourire :

« Oh ! mon Dieu, tenez, monsieur, ne faites pas attention à ce que je dis ni à ce que je fais. Voyez-vous, c'est qu'étant enfant j'étais toujours si faible, si souffrante, qu'on m'a laissé tous mes défauts, et parmi ceux-là il faut compter une susceptibilité ridicule... sotte...

— Mais en quoi ai-je pu la blesser, cette susceptibilité ?

— Ne me le demandez pas, monsieur : dansons, je vous en prie ; je ne vous en veux pas... je vous jure que je ne vous en veux pas, » ajouta-t-elle avec un mouvement nerveux et une expression de souffrance.

XII

Ils achevèrent leur galop, et Léonce vint encore remettre Lise auprès de sa mère.

Presque aussitôt, M. Tirlot s'avança pour réclamer ses droits, mais Lise lui dit avec une douce prière :

« Pas encore, monsieur Tirlot. Je suis toute malade ; j'ai le cœur oppressé... je souffre beaucoup. J'ai froid. »

Sterny la regarda ; elle était plus pâle, et ses lèvres tremblaient d'une vibration convulsive.

Sa mère, à cet aspect, parut très-alarmée, et lui dit tout bas :

« Viens, viens, mon enfant.

— Oui, maman, oui, » lui dit-elle d'une voix entrecoupée.

Et elle se traîna hors du salon en s'appuyant sur le bras de sa mère.

« Mais qu'a-t-elle donc ? s'écria Léonce s'adressant à M. Tirlot.

— Ah ! mon Dieu ! fit celui-ci d'un air de sincère pitié, toujours la même chose, des palpitations de cœur terribles ; la moindre fatigue lui fait mal, et une émotion violente serait capable de la tuer.

— De la tuer ! se dit Léonce ; et moi... qui sait ? quand je la regardais avec cet air de dédain, quand je lui rapportais si sottement ce bijou que je savais ne pouvoir appartenir qu'à elle seule, et qu'elle ne m'avait pas redemandé, sachant que je l'avais, peut-être ai-je été blesser grossièrement cette âme délicate, qui s'abandonnait gaiement à la joie d'un succès d'enfant. Ah ! pauvre enfant ! pauvre enfant !... ah ! si je le pensais ! C'est d'une sottise, d'une brutalité indignes ! »

XIII

Léonce s'en voulait. Jouer avec la niaiserie, la vanité d'une petite prude de comptoir, ce pouvait être amusant ; mais heurter sans raison la sensibilité maladive d'une enfant si belle, et que l'amour dont on l'entourait attestait si bonne, si vraie, si naïve, c'était odieux. Léonce se trouvait coupable, bête, brutal ; il était furieux contre lui-même. Aussi fut-ce avec un véritable intérêt qu'il resta avec quelques personnes à la porte de la chambre où Lise s'était réfugiée avec sa mère.

La jeune fille en sortit bientôt pâle encore, mais calme, sereine.

Elle rencontra le regard alarmé de Léonce ; et son doigt, se posant doucement sur son sein, montra à Sterny la plaque d'or qu'elle venait de suspendre à son cou, et ce geste voulait dire :

Ce qu'on veut, on le peut.

Le sourire qui accompagna ce mouvement était si doux, si résigné, qu'il toucha Léonce.

Cette enfant avait souffert, beaucoup souffert, et pour lui, sans doute, à cause de lui.

Sterny eût voulu lui demander pardon, mais le cœur à genoux, pour lui faire bien comprendre qu'il était honteux et triste de l'avoir blessée.

Lise s'était replacée près de sa mère, et ne devait plus danser, et Léonce n'avait plus le moyen de s'approcher d'elle pour elle seule. Il était mal à son aise ; cette foule lui pesait non pas comme un assemblage de caricatures ridicules, ainsi qu'il eût pu la considérer la veille, mais comme comprimant son cœur. A ce moment, il eût voulu crier, jurer ; il eût presque voulu pleurer.

Ce sentiment le gagna si puissamment qu'il fut sur le point de partir.

Mais partir sans apporter ses excuses et son repentir à cette faible et douce créature qu'il avait fait souffrir, il ne le voulut pas ; et s'étant approché de Mme Laloine, il lui dit d'un air grave :

« Si j'avais été un simple invité à cette fête, madame, j'aurais cru pouvoir me retirer sans vous présenter mes devoirs ; mais j'ai été le témoin de Prosper, et je vous prie d'agréer mes remercîments d'avoir admis dans votre famille un honnête homme qui est presque de la mienne.

— Je vous remercie, monsieur, lui dit Mme Laloine d'un ton ému, tandis que Lise regardait Léonce avec un doux saisissement, je vous remercie ; car ce n'est que votre affection pour Prosper qui peut vous inspirer des paroles si flatteuses pour de petites gens comme nous.

— C'est ce que j'ai vu, madame, dit Léonce, et je vous conjure de croire au respect sincère et véritable que j'emporte pour vous et pour toutes les personnes de votre famille. »

En disant ces paroles il se tourna vers Lise et la salua profondément sans lever les yeux sur elle. Il ne put donc voir le regard radieux dont s'était illuminé le visage de Lise, mais il vit sa main faire un mouvement involontaire comme pour prendre la sienne et le remercier.

Puis il s'éloigna sans vouloir regarder Lise; ce ne fut qu'à l'autre extrémité du salon qu'il se retourna; elle avait la main appuyée sur son sein et le regardait; il attacha ses yeux sur elle, Lise ne détourna pas les siens; ils se regardèrent longtemps ainsi, tous deux oubliant où ils étaient, tous deux se sentant lire dans le cœur l'un de l'autre. Mme Laloine parla à sa fille : elle sembla s'éveiller d'un rêve; mais avant de se retourner vers sa mère, un doux mouvement de tête avait dit à Léonce :

« Adieu et merci. »

Le lion partit; il était fou, bouleversé, stupide; il voulait se railler et ne le pouvait pas.

Cette image de Lise apparaissait si candide, si pure, lui disant :

« Malheureux! pourquoi te traiter comme tu m'as traitée! pourquoi insulter à ce que tu as senti de bon, de saint, de délicieux, comme tu as insulté à ma joie? »

Et voilà Léonce qui s'agite dans cette voiture où s'était appuyé le corps souple de Lise, et cherchant une trace qu'elle eût pu y laisser.

Le misérable, il en avait trouvé une, et il pouvait la garder; et pour faire de l'impertinence il l'avait rendue à qui ne l'eût pas redemandée; il en était sûr maintenant.

Comme il était dans cet état de fureur contre lui-même, sa voiture s'arrêta et la portière s'ouvrit. Il descendit et regarda, il était devant le club des lions. Il hésita à entrer, puis il monta rapidement en se disant :

« Si ce butor de Lingart me dit une seule mauvaise plaisanterie, je le soufflette. » Et dans sa colère il se mit à une table de jeu, perdit cinq cents louis après avoir stupéfié tout le monde par la mauvaise humeur qu'il montrait, lui d'ordinaire si beau joueur, et rentra chez lui à la pointe du jour, ne pensant pas plus à ses cinq cents louis qu'à sa dernière maîtresse, et se disant :

« Je la verrai, je veux la voir; mais comment? »

XIV

Jamais homme ne fut plus embarrassé que Sterny pour trouver un moyen convenable de revoir Lise. Dans les paroles qu'il avait dites à

Mme Laloine, il avait pris, pour ainsi dire, un congé définitif de cette famille qui n'était pas de son monde, et avec laquelle il ne pouvait continuer d'avoir des relations sans qu'elle s'en étonnât. A la rigueur, il devait faire une visite de politesse, mais c'est tout ce qu'il avait à prétendre. Il pensa bien à rencontrer Lise à l'église, mais dans notre siècle si peu dévot il n'est pas rare de voir un homme comme Léonce répugner à une telle profanation.

Par cela seul qu'il n'entrait jamais dans une église pour y prier, il n'eût pas voulu y entrer pour y poursuivre une femme. Ce qu'eût fait un gentilhomme de Louis XIV une heure après être sorti du confessionnal, ce que ferait encore un Espagnol catholique au moment où il vient d'approcher de la sainte table, l'incrédule Léonce ne voulut pas le faire. C'était dans toute sa pureté le scrupule que l'athée Canillac exprimait d'une façon si plaisante à l'abbé Dubois en pareille occasion; il s'agissait d'un rendez-vous avec une certaine abbesse, la nuit, dans la chapelle de Versailles :

« Allez-y, si vous voulez, dit Canillac au cardinal, vous êtes un ministre de Dieu, c'est affaire entre vous; quant à moi, je ne suis pas assez lié avec lui pour prendre de pareilles libertés dans sa maison. »

Nous ne saurions dire d'où vient cette différence, mais ce qu'il y a de sûr, elle existe pour les peuples et pour les hommes; c'est dans les pays les plus fanatiques que les intrigues amoureuses se suivent d'ordinaire dans les églises; et, si, dans notre France si peu religieuse, le temple de Dieu sert encore d'abri à quelque aventure de ce genre, on peut être assuré qu'elle a lieu entre gens qui considèrent ce qu'ils font comme un péché; si bien qu'on serait tenté de croire, comme Canillac. qu'ils entrent en compte avec Dieu, et qu'ils pensent que l'assiduité de leurs hommages leur mérite bien quelque indulgence de sa part.

Quoi qu'il en puisse être, Sterny repoussa l'idée de suivre Lise à l'église, non-seulement pour lui, mais encore pour elle; il y avait dans tout ce que lui inspirait cette jeune fille une délicatesse pudique et élégante comme elle. Si d'une part il ne voulait point donner à Lise une mauvaise opinion de lui en paraissant la poursuivre effrontément au milieu de ses prières, d'autre part il eût craint de toucher par sa présence à cette virginale piété qu'elle devait apporter au pied de l'autel; il eût rougi de déflorer une seule des candides croyances de cette âme d'enfant; et peut-être eût-il moins désiré son amour si elle n'eût pas gardé toute la pureté de son innocence.

Quant à employer les ressources subalternes qui sont aux ordres de tout homme qui a de l'or et de l'audace, et dont il n'avait pas craint de se servir envers les plus grandes dames, elles lui eussent fait horreur.

Il pouvait bien rencontrer Lise chez Prosper, mais aller chez Prosper était aussi peu convenable que d'aller chez M. Laloine : il n'avait rien à y faire, et certes l'on chercherait les motifs de ses visites; et si l'on venait à les découvrir, il comprenait qu'il en serait honteux comme d'une mauvaise action.

Cependant, durant quelques jours, et sans trop se rendre compte de ses espérances, Léonce rompit toutes ses habitudes. Il alla se promener aux Tuileries.

« C'est, se disait-il, la promenade du bourgeois parisien, peut-être y pourrait-il trouver Lise. »

Il alla dans la même soirée à trois ou quatre petits théâtres qui, selon lui, devaient être le spectacle favori du marchand de la rue Saint-Denis; il en fut pour l'ennui qu'il y éprouva. C'était l'époque de l'exposition des tableaux, il y trouva tout le monde, excepté Lise.

« Vraiment, se dit-il alors, c'est une folie. Quelle est mon espérance? je n'en ai point, je n'en veux pas avoir. »

Il se répétait cela tous les jours, et tous les jours il éprouvait un plus ardent désir de revoir Lise : tout ce qui l'avait amusé et charmé autrefois ne faisait plus que l'agiter sans le satisfaire. Il était comme un homme qui, habitué aux cris de la ville, à son atmosphère lourde, à sa lumière factice, à son tumulte, à ses mille accidents, a tout à coup été transporté dans un divin paysage illuminé d'une douce clarté, où flotte une vague et céleste harmonie, dont l'air pur rafraîchit la poitrine comme un léger breuvage, où tout arrive au cœur comme une caresse invisible. Cet homme ne voudrait pas assurément vivre sans cesse dans ces idées où rien ne pourrait satisfaire la passion dont il vit; mais dans une heure de lassitude, il voudrait à tout prix aller respirer cet air, écouter ces murmures et rêver sous ces ombrages frais et embaumés où l'homme retrouve la jeunesse de ses sens, comme Léonce avait retrouvé près de lui la jeunesse de son âme.

Mais cet espoir parut sur le point d'échapper à Léonce, lorsqu'un matin (il était à peine dix heures, et il était déjà levé, habillé; car, ce jour-là, il devait assister à Marly à un déjeuner formidable, suivi de l'exécution d'un pari des plus excentriques, et terminé par un souper foudroyant et un jeu furieux), son valet de chambre lui remit une carte : c'était celle de Prosper.

« Prosper ! s'écria Sterny, qu'il entre, faites entrer...

— Mais, monsieur le marquis... je lui ai dit que vous étiez sorti.

— Sorti ! s'écria Sterny furieux; d'où vous vient cette impertinence envers mes amis? qui vous a dit de dire que j'étais sorti?...

— Mais, monsieur le marquis... j'ai cru... »

Sterny était furieux.

« Sot, animal, s'écria-t-il.

— Mais ce monsieur doit être à peine au bas de l'escalier.

— Allez donc le chercher, priez-le de remonter... allez donc... allez donc... »

A peine le domestique fut-il parti, que Sterny s'aperçut de son emportement. En effet, ses mains tremblaient, et il se sentit comme suffoqué. Il eut le temps de se remettre pendant que le valet de chambre courait après Prosper et le forçait, pour ainsi dire, à remonter, de façon que Léonce put l'aborder avec un calme parfait.

« Pardon, mon cher Prosper, lui dit Sterny, si je vous ai fait remonter; mais j'ai voulu que vous sachiez que si l'on vous a refusé ma porte, ce n'est pas d'après mes ordres.

— Ah ! monsieur le marquis, c'est moi qui suis fâché de vous avoir dérangé.

— Vous m'eussiez dérangé, Prosper, que je vous l'aurais dit sans façon; mais peut-être en vous voyant refuser ma porte vous auriez pu croire que je ne voulais pas vous recevoir, et c'est ce qui n'est pas. »

Puis il ajouta en riant :

« Nous ne sommes pas si impertinents qu'on veut bien le dire, que nous le paraissons, grâce à messieurs nos domestiques; mais asseyez-vous donc, Prosper.

— Merci, monsieur le marquis : c'est un peu ma faute, je n'ai pas beaucoup insisté, je suis avec ma femme en visites de noce, elle m'attend en voiture avec ma belle-mère et Lise, et il faut que j'aie fini à temps. Nous avons rendez-vous à une heure au chemin de fer de Saint-Germain où nous faisons une partie.

— Ah ! dit Sterny, ces dames sont en bas... elles auraient été bien aimables de me faire l'honneur de monter chez moi.

— Ah ! monsieur le marquis, » fit Prosper.

Cette exclamation voulait dire à la fois : Elles n'eussent pas osé, parce que vous êtes un grand seigneur, et ce n'eût pas été convenable, parce que vous êtes un garçon d'une réputation assez hasardée.

« Allons donc, lui dit Sterny, et veuillez leur présenter mes respects. Mais, au fait, dit-il, j'allais sortir... J'irai jusqu'à leur voiture. Venez. »

Et sans attendre la réponse de Prosper, il prit son chapeau et descendit; sa voiture était sous la voûte, et à son aspect le cocher cria au remise de Prosper, qui barrait la porte cochère, de se ranger, et fit caracoler ses chevaux. Une tête d'ange, penchée à la portière du remise, regardait cette belle voiture. En voyant Sterny qui venait de son côté suivi de Prosper, elle se retira vivement. C'était Lise. Léonce s'avança, se fit ouvrir la portière, et monté sur le marchepied il salua Mme Laloine, la femme de Prosper et Lise qui occupaient le fond de la voiture, tandis que M. Laloine et M. Tirlot, le garçon d'honneur, occupaient le devant. La présence de ce jeune homme au milieu de la famille de Prosper irrita Sterny : c'était un prétendu sans doute. Cependant il se fit aussi calme que possible, et dit à Mme Laloine :

« Je n'ai pas voulu, madame, perdre l'occasion de vous renouveler mes remercîments pour Prosper, et, si je n'avais craint de vous paraître importun, j'aurais été vous porter moi-même ceux de mon père.

— De votre père ? dit M. Laloine.

— Oui, monsieur, dit Sterny, c'est lui que je représentais au mariage de Prosper, et j'ai dû lui rendre compte de la mission dont il m'avait chargé. Je lui ai dit, monsieur, à quelle alliance honorable son filleul Prosper avait été admis; il m'a répondu en me priant de vous offrir ses remercîments. »

Il n'y avait pas un mot de vrai dans tout ce petit récit; mais il fut débité avec une telle bonne grâce, que M. et Mme Laloine en furent confus de vanité. Cependant Léonce avait à peine osé regarder Lise, et il n'eût pas eu la force de lui parler; il n'avait plus rien à dire, et il se retira en disant :

« Je sais que vous avez beaucoup de visites à faire, je vous laisse.

— Oh ! ce n'est pas nous, dit M. Laloine, c'est Prosper et sa femme, et nous l'avons accompagné, parce qu'il eût perdu trop de temps s'il lui eût fallu venir nous reprendre rue Saint-Denis.

— Et vous allez ainsi rester pendant deux heures en voiture, gênés comme vous l'êtes ? dit Sterny, frappé d'une idée lumineuse. Ah ! Prosper n'est pas galant pour ces dames. En vérité, si j'osais, je proposerais à monsieur et madame Laloine de monter chez moi : il viendrait vous y reprendre ; c'est à cinq minutes du chemin de fer. »

M. Laloine et sa femme refusèrent d'abord, mais avec un embarras qui semblait montrer qu'ils eussent volontiers accepté la proposition d'un autre que d'un marquis comme Sterny. Heureusement que Mme Laloine avait encore, malgré ses quarante-quatre ans, sa part de curiosité féminine, et ce fut elle qui accepta la première. M. Laloine descendit, mais Lise ni M. Tirlot ne bougèrent. Ce n'était pas là le compte de Sterny.

« Et mademoiselle Lise ?

— Oh ! reprit celle-ci avec un petit sourire malicieux, maintenant nous sommes à notre aise.

— Et vous, monsieur ? dit Mme Laloine en s'adressant au garçon d'honneur.

— Moi ? répondit celui-ci d'un air renfrogné, on ne m'a pas invité. »

La mauvaise humeur de celui-ci servit Sterny mieux que toute son adresse n'eût pu le faire. Mme Laloine pensa que lorsque Prosper et sa femme monteraient faire une visite, Lise et M. Tirlot se trouveraient seuls dans la voiture. Certes, elle connaissait assez sa fille et le garçon d'honneur pour être sûre qu'il n'y avait pas le moindre inconvénient ; mais elle s'imagina qu'il avait pu penser à cette circonstance ; en mère prudente, elle ne voulut pas qu'il eût l'air d'avoir pris cet avantage sans sa permission, et elle dit à Lise, d'un ton dont la sécheresse s'adressait plutôt à M. Tirlot qu'à sa fille :

« Descendez, Lise. »

Lise obéit avec une petite moue triste en apparence et un ravissement dans le cœur : car, bien plus que sa mère, elle désirait entrer dans la maison de ce beau marquis, dans la redoutable tanière du fier lion.

Comme ils montaient, M. Laloine se rappela tout à coup la voiture de Sterny.

« Mais vous alliez sortir, monsieur le marquis.

— Oh ! reprit Léonce, j'ai le temps... J'allais visiter une maison de campagne aux environs de Saint-Germain, et que j'y arrive à midi ou à deux heures, cela m'est fort indifférent.

— Ah ! dit M. Laloine, Prosper nous a dit que vous en possédiez une fort belle à Seine-Port.

— Aussi n'est-ce pas pour moi, c'est pour mon oncle, le général R..., qui aime beaucoup la campagne, mais qui, ayant affaire tous les jours au ministère de la guerre, désire acheter quelque chose à Saint-Germain, de manière à pouvoir arriver le matin et partir le soir. »

M. Laloine n'en demanda pas davantage; quant à Lise, elle jeta un regard à la dérobée sur Léonce, qui mentait assez adroitement pour tromper un père, mais trop gauchement pour ne pas être deviné par une jeune fille. Une petite circonstance vint presque aussitôt confirmer Lise dans le soupçon qu'elle avait éprouvé; Léonce avait fait entrer M. et Mme Laloine ainsi que Lise dans son salon, et, oubliant qu'une simple portière le séparait d'elle, il avait dit tout bas à son valet de chambre, avant de la suivre :

« Va dans un cabinet de lecture, et tâche de me procurer toutes les *Petites Affiches* que tu trouveras. »

Lise l'entendit, et lorsque Sterny rentra, elle le regarda d'un air si moqueur, qu'il vit qu'il avait été deviné. Mais il n'y avait pas de colère dans ce regard, et c'était presque une approbation de sa ruse.

Lise était entrée avec une curiosité d'enfant dans l'appartement de Sterny; mais, dès qu'elle y fut, ce sentiment devint plus sérieux et presque timide; il lui sembla être dans un endroit dangereux. Sous ces tentures magnifiques, parmi ces trophées d'armes damasquinées, près de ces étagères couvertes d'objets d'or et d'un goût exquis, dans cette demeure où il n'y avait rien qui fût à l'usage d'une femme, elle se sentit mal à l'aise comme si elle eût été seule dans un cercle d'hommes; il lui sembla qu'on y respirait un air moins chaste que celui de sa blanche chambre, que celui qui venait à travers les fleurs de sa fenêtre.

Quant à M. et Mme Laloine, ils étaient tout curiosité pour les belles choses étalées autour d'eux. Mme Laloine surtout examinait les étagères avec une foule d'étonnements, mais elle n'osait toucher à aucun des charmants objets qui les ornaient, et à chaque instant elle appelait Lise pour les admirer avec elle. Lise obéissait, mais elle regardait à peine; un singulier sentiment d'effroi s'était emparé d'elle, et elle répondait seulement d'une voix altérée :

« Oui, oui, cela est très-beau... »

Au moment où Mme Laloine montrait à Lise, non comme précieux, mais au moins comme singularité, une petite pantoufle placée parmi ces objets d'art et de bronze, Lise fronça le sourcil et répondit d'une voix encore plus altérée :

« Oui, c'est très-joli... »

Mme Laloine s'en aperçut et lui dit d'un ton alarmé :

« Est-ce que tu souffres ?

— Un peu, dit Lise en appuyant la main sur son cœur.

— Ah ! s'écria Sterny... on étouffe ici...

— Un verre d'eau sucrée et un peu de fleur d'oranger, s'il vous plaît, dit Mme Laloine avec inquiétude. Pardon, monsieur le marquis. »

Léonce ne sonna point, il ouvrit une porte, entra lui-même dans sa chambre, prit sur sa commode un petit plateau où se trouvait ce qu'on appelle un verre d'eau sucrée, et l'apporta lui-même dans le salon.

« Oh ! pardon... pardon, lui dit Mme Laloine, cette enfant est un véritable embarras. »

Mme Laloine arrangea le verre d'eau et Lise le prit; sa main tremblait. Elle le but, mais avant de le poser sur la table elle regarda deux lettres incrustées dans ce verre à la façon des verres de Bohême; ces lettres se retrouvaient sur toutes les pièces de cristal de ce plateau. C'était un A et un C. Il n'appartenait donc pas à Léonce. Il vit cette attention, et prenant le verre des mains de Lise, il lui dit d'un air triste et avec un accent dont l'émotion la fit tressaillir :

« C'est le chiffre de ma mère, mademoiselle. »

Elle leva les yeux sur lui; il était attendri sans doute par ce souvenir, car il posa le verre sur le plateau et se dit tout bas :

« C'est étrange.

— Quoi donc ? lui dit Mme Laloine.

— Tenez, leur dit-il, pardonnez-moi cette émotion. Il y a quatre ans, étant à Nuremberg, je fis faire ce verre pour ma mère; j'arrivai en France le cœur joyeux, car je savais que cette bien pauvre attention lui ferait plaisir. Elle était morte la veille de mon arrivée, frappée comme par la foudre. Je gardai ce verre comme un souvenir d'elle... personne ne s'en était servi jusqu'à ce jour. Je ne puis vous dire, mais cela m'a rappelé un si triste moment !... »

Mme Laloine se taisait, mais Lise regardait Sterny avec un doux saisissement de joie.

« Madame votre mère est morte bien jeune, lui dit Mme Laloine.

— Trop jeune pour moi, madame; elle était si noble, si bonne, si belle ! Je veux vous montrer son portrait, il est là, dans ma chambre. Venez, madame, venez, vous aussi, mademoiselle, je vous en prie. Je veux que vous connaissiez ma mère. »

Ils entrèrent dans cette chambre et regardèrent ce portrait. C'était un chef-d'œuvre de peinture, représentant un chef-d'œuvre de beauté.

« N'est-ce pas, dit Sterny, qu'elle était belle ?

— Ah ! oui, dit Lise avec un doux accent et les mains jointes devant ce portrait, comme si elle eût été en face de la Vierge.

— Voici le portrait de mon père, » dit Sterny à M. Laloine.

Le mari et la femme s'en approchèrent pour le regarder, mais Lise resta devant celui de Mme de Sterny; ce portrait était animé d'un sourire doux et bienveillant, et un profond soupir s'échappa de la poitrine de Lise. Il lui sembla qu'une femme d'un si céleste visage avait dû donner à son fils quelque chose de l'âme charmante et chaste qui respirait dans ses traits. Ils quittèrent cette chambre, et Lise vint dans le salon le cœur soulagé et presque heureuse.

L'inspection recommença, et Lise retrouva la pantoufle : la pantoufle l'intriguait, mais il était difficile de s'enquérir de son origine. Cependant l'occasion vint d'elle-même; arrivé à une certaine tablette, Sterny eut à expliquer la valeur des objets qui s'y trouvaient : cette clef avait été faite par Louis XVI, cette cassolette avait appartenu à la reine Anne d'Autriche, ce livre de messe à Mme de Maintenon.

« Et cette pantoufle ?

— Cette pantoufle est à moi, dit Sterny en riant.

— Comment, à vous ? dit Mme Laloine.

— Ah ! reprit Sterny, c'est une des folies de ma jeunesse.

— Ah ! » dit Mme Laloine d'un ton grave, comme si elle eût craint que cette folie ne fût d'une nature équivoque.

Mais Lise n'éprouva pas cette crainte : quelque chose l'assurait que si c'eût été un souvenir peu séant, Léonce ne lui eût pas répondu avec cet air de franchise joyeuse.

« C'est peut-être la pantoufle de Cendrillon ? dit Lise en riant.

— Ah ! c'est bien plus extraordinaire, dit Sterny, elle a fait tourner la tête à un vrai prince, et c'était moi qui la portais.

— Comment cela ? dit M. Laloine.

— Ah ! c'est assez difficile à dire; mais il y a une dizaine d'années j'avais une petite figure de femme et je ressemblais beaucoup à ma sœur; M. d'Auterres la recherchait alors en mariage, et se montrait très-jaloux de sa gaieté. Mon beau-frère, car il l'est devenu, est bien certainement un homme d'honneur, mais un rien offensait sa sévérité et sa manie de l'étiquette; et une fois il avait gravement fait observer à ma mère que ma sœur était en pantoufles un jour où se trouvaient dans le salon deux ou trois jeunes gens. Les pantoufles avaient frappé M. d'Auterres comme une inconvenance.

Un soir de carnaval qu'il nous avait quittés en nous disant qu'il allait au bal de l'Opéra, je ne sais quelle folle idée me prit de le tourmenter; je m'habillai en femme, et en souvenir de son amour de l'étiquette, je mis, au lieu de souliers, les pantoufles de ma sœur.

« Vous avez mis ces pantoufles? lui dit Lise d'un air incrédule et oubliant à qui elle parlait.

— Mais je pouvais les mettre dans ce temps-là, mademoiselle, » dit Sterny en souriant.

Malgré elle, Lise avait jeté ses regards sur les pieds de Léonce, et ces pieds étaient charmants.

« Que vous dirai je? reprit celui-ci presque aussi embarrassé qu'elle, j'arrive à l'Opéra, et m'étant fait poursuivre par quelques amis, je me précipite au bras de M. d'Auterres en lui disant :

« Protégez mon honneur!... »

« D'Auterres se retourne, et alors je lui avoue d'une voix tremblante que je suis une fille qui, poussée par une curiosité invincible, s'était échappée de l'hôtel de sa mère pour voir le bal de l'Opéra; que j'étais tremblante, égarée, perdue. En disant cela, j'avais entraîné M. d'Auterres dans un coin isolé; je m'étais laissé tomber sur un siége, et tandis qu'il me moralisait en me demandant qui j'étais et en me jurant de me protéger, j'avance le pied, il ne voit rien, je me démène si bien que quelqu'un me heurte et je m'écrie :

« Ah! on vient de m'écraser le pied. »

« Je l'avance de nouveau, il n'y avait pas moyen de ne pas regarder, M. d'Auterres voit la pantoufle, il devient pâle comme un mort et se tourne vers moi en s'écriant :

« C'est impossible. »

« Alors je feins d'éclater en sanglots, et je lui dis :

« Hélas! oui, c'est moi! reconduisez-moi chez ma mère; venez. »

« Il était si stupéfait, que ce fut moi qui le fis sortir de la salle plutôt qu'il ne me conduisit : nous montâmes dans sa voiture, et alors il sembla reprendre ses sens, pour s'écrier de nouveau : C'est impossible. A ce moment, certain que la lumière des lanternes éclairait assez mon visage pour qu'il pût apercevoir mes traits, sans pouvoir cependant les reconnaître, j'arrache mon masque, et il s'écrie :

« C'est vous... oui, c'est vous, mademoiselle. »

« Un second regard pouvait cependant me trahir; je cache ma confusion et mes larmes dans mon mouchoir, et nous arrivâmes ainsi à l'hôtel. Ma mère recevait, et il y avait encore du monde. M. d'Auterres la fait appeler mystérieusement dans sa chambre, où je m'étais jeté sans rien dire sur un divan, la tête sur un coussin, pour me cacher. Ce fut alors que M. d'Auterres, d'un air profondément lugubre et solennel, chercha à expliquer à ma mère les terribles nouvelles qu'il avait à lui apprendre.

« Ce secret, s'écria-t-il d'abord, mourra dans mon sein; mais vous comprenez que mes projets, mes espérances, sont à jamais anéantis.

— Mais, que voulez-vous dire?

— Hélas! reprit-il en me montrant, la voilà... C'est une imprudence, une grande imprudence; mais vos conseils, l'exemple de votre vertu...

— En effet, dit ma mère, quel est ce domino?

— Ah! madame, dit M. d'Auterres, ne l'accablez pas de votre colère... Je n'ose vous dire...

— Mais qui êtes-vous donc? me dit la marquise.

— C'est moi, ma mère, lui dis-je en grossissant ma voix.

— Toi, Léonce, dit ma mère en riant. Ah! reprit-elle, je ne suis pas si sévère, que d'en vouloir à mon fils d'avoir été au bal de l'Opéra...

— Léonce! s'écria M. d'Auterres, votre fils!... Mais mademoiselle votre fille?

— Elle est au salon. »

« M. d'Auterres éprouva un mouvement d'hésitation qui lui fit garder le silence. Il eut envie de se fâcher, et le premier regard qu'il jeta sur moi fut terrible; mais j'avais un air si modeste et ma mère un air si ébahi, qu'il prit le parti de rire et de raconter la mystification à ma mère.

« Elle fut sur le point de se fâcher de ce que M. d'Auterres avait pu croire ma sœur capable de cette inconséquence; mais le pauvre prétendu répétait toujours :

« Ce sont les pantoufles... cette pantoufle, disait-il, si petite...

— Mais ma fille, monsieur...

— Qui diable eût pu penser, reprenait-il, qu'un homme eût pu chausser ces maudites pantoufles? »

« Je pris un air tragique et je lui dis gravement :

« Eh bien, monsieur, la voici, cette pantoufle, prenez-la; et si jamais il vous venait un soupçon sur ma sœur, qu'elle vous rappelle vos injustes défiances.

— Je l'accepte, dit M. d'Auterres.

— Et moi je prends l'autre, lui dis-je. Je vous la rendrai le jour où ma sœur me la redemandera. »

« Voilà dix ans qu'ils sont mariés, et M. d'Auterres n'a pas encore osé raconter à sa femme ce dont il a osé la soupçonner; aussi l'ai-je gardée. Voilà l'histoire de cette pantoufle. »

Cependant le temps se passait et Lise tout à fait remise furetait partout comme un enfant curieux. A ce moment, un domestique entra et déposa un énorme paquet de *Petites Affiches* sur la table.

« Voilà ce qu'a demandé monsieur le marquis.

— Bien, » fit celui-ci en les jetant dans l'encoignure d'un meuble et en revenant à M. et Mme Laloine pour les empêcher de voir ce que ce pouvait être, et il leur dit en même temps :

« Est-ce que vous êtes curieux de ces petites choses? j'en ai une collection dans ce cabinet, veuillez y passer. »

Il entra avec M. et Mme Laloine, mais Lise ne les suivit pas.

Léonce était sur les épines; heureusement, M. Laloine ayant aperçu quelques objets soigneusement placés sous un verre, demanda ce que c'était.

« Oh ! ceci est très-précieux, dit Léonce, ceci a appartenu à l'Empereur. »

A ce nom, M. Laloine se redressa.

« A l'Empereur! répéta-t-il; ah! vous êtes bien heureux !...

— Cette tabatière lui a appartenu et il s'en est servi.

— Permettez que je la voie, » dit M. Laloine d'un ton presque ému.

Léonce la tira de dessous le globe, et une idée heureuse lui vint tout à coup.

« Vous avez été militaire, monsieur Laloine?

— Oui, monsieur, reprit Laloine avec un gros soupir, de 1808 à 1814.

— Eh bien, monsieur, un pareil objet, qui n'est qu'une curiosité pour moi, vous serait peut-être bien précieux; permettez que je vous offre cette tabatière.

— Ah! monsieur, jamais... je ne voudrais pas.

— Je vous en supplie. »

Cela dura cinq minutes, mais M. Laloine accepta.

« Lise, Lise, s'écria-t-il en allant vers le salon; viens donc voir ce que m'a donné M. de Sterny. »

Lise entra : elle était agitée et tremblante comme si elle eût fait une mauvaise action. Sterny profita de ce moment pour sortir. Le paquet de *Petites Affiches* était dispersé, et l'un des cahiers était resté ouvert sur un fauteuil... Il le prit et le regarda; à la dixième ligne de la page il y avait : MAISON DE CAMPAGNE A VENDRE A SAINT-GERMAIN..... Il resta frappé de bonheur; et comme il entendait revenir M. et Mme Laloine, il prit le cahier et le cacha sous son habit.

Quand Lise reparut, elle était triomphante; elle jeta sur Sterny un regard si gai, qu'il ne sut que penser.

Était-ce un hasard, une curiosité d'enfant qui avait poussé Lise à lire ces *Petites Affiches ?* était-ce pour se mettre d'intelligence avec lui qu'elle avait fait cela, ou plutôt n'était-ce pas une leçon qu'elle avait voulu lui donner ? Il retomba dans une cruelle incertitude.

Cependant il voulut profiter de son avantage, et s'avançant vers Mme Laloine, il lui dit d'un air gracieux :

« Mais vous, madame, ne pourrais-je pas vous prier d'emporter un petit souvenir de votre bonne visite? »

Mme Laloine hésita, mais ce que Sterny lui offrait était si peu de chose qu'elle aurait eu mauvaise grâce à le refuser.

« Et, répéta-t-il d'un ton dégagé, mademoiselle Lise voudra bien aussi... »

Lise l'interrompit vivement :

« Oh ! merci, monsieur, je ne veux rien... moi. »

Ce moi avait quelque chose de significatif, qui semblait dire qu'elle ne voulait rien accepter au titre auquel on voulait le lui offrir.

« Oh ! dit M. Laloine, c'est trop de bonté, nous avons l'air de vous dépouiller.

— Merci pour ma fille, dit Mme Laloine, ce serait abuser.

— D'ailleurs, dit Lise d'un ton dégagé, toutes ces choses sont si bien à leur place qu'il faut les y laisser.

— Il y en a, dit Sterny en la regardant avec intention et lui montrant de l'œil les *Petites Affiches*, qui prennent un prix inestimable à être déplacées.

— Oui, dit Lise avec un effort de gaieté, mais c'est comme la pantoufle, on croit y voir ce qui n'y est pas. »

La figure de Sterny laissa échapper un mouvement de dépit; il se tut : et tirant de son sein les *Petites Affiches*, il les jeta loin de lui. M. et Mme Laloine, occupés à regarder la tabatière impériale, ne virent point ce mouvement, Lise l'aperçut et en fut heureuse; mais sa gaieté s'envola et elle suivit plus attentivement les mouvements de Sterny. Léonce, redevenu maître de lui, se montra aussi empressé, aussi bienveillant qu'avant cet incident avec M. et Mme Laloine, mais avec une nuance imperceptible de grand seigneur et qui s'étudie à une exquise politesse. Lise le regardait, l'écoutait, il lui plaisait ainsi; il était si élégant, si gracieux, de cette façon il ne lui faisait plus peur; elle le trouvait naturel.

Enfin, M. Laloine parut attendre l'heure avec impatience, et dit à Sterny :

« Nous vous avons dérangé : l'heure passe et vous arriverez trop tard à Saint-Germain.

— Je n'irai pas sans doute aujourd'hui, dit Sterny.

— C'est nous qui en sommes cause.

— Non, madame, non, dit Léonce; d'ailleurs, j'ai oublié que je devais aller trouver quelqu'un à Saint-Germain, pour me donner l'adresse de cette maison, et on se sera ennuyé de m'attendre : j'irais inutilement.

— Oh! dit Lise en hésitant, je croyais qu'on trouvait toutes les adresses des maisons à louer dans les *Petites Affiches*. »

Sterny la regarda, celle-ci baissa les yeux. Il y avait dans son âme quelque chose qui l'emportait malgré sa volonté, et quelque chose qui la faisait rougir presque aussitôt. Mais Sterny l'avait comprise et il s'écria :

« Mais, c'est vrai, j'ai là précisément le numéro où se trouve cette adresse. »

Il le reprit, et on parla maison de campagne.

Cependant Prosper n'arrivait pas. M. et Mme Laloine impatientés ouvrirent une fenêtre, comme si en le regardant arriver de loin cela dût le faire venir plus tôt. Ce fut en ce moment que Sterny s'approcha de Lise et lui dit tout bas :

« Vous avez été bien cruelle, de refuser un pauvre souvenir. »

Elle se tut et parut très-émue.

« Maintenant que vous m'avez pardonné, reprit-il, acceptez quelque chose. »

Elle n'eut pas le temps de refuser, car son père se mit à crier :

« Voici Prosper! »

Il n'y avait plus à espérer... mais au moment où M. Laloine prenait son chapeau, Lise s'écria :

« Bon ! j'ai perdu l'épingle qui attachait mon châle. »

Sterny courut à sa chambre, arracha une pelote pendue à la cheminée, et revint; mais déjà le châle était épinglé.

« Pardon, dit Mme Laloine, je viens d'en donner une à cette petite étourdie. »

Sterny jeta la pelote sur la table avec chagrin. Mais Lise s'en approcha doucement, et, sans regarder, elle chercha la pelote de la main, y prit une épingle et l'attacha à son châle. Sterny la vit; il se serait mis à genoux devant elle, s'il avait osé. Il était si heureux qu'il n'eut plus peur, et dit alors :

« Mais au fait, j'y pense, si au lieu d'aller à Saint-Germain dans ma voiture, j'y allais en chemin de fer, je rattraperais le temps perdu.

— C'est vrai, dit M. Laloine.

— Eh bien ! je vous demande la permission de vous conduire jusqu'au chemin de fer; Prosper nous suivra, et nous partirons tous ensemble. »

La proposition fut acceptée, et M. et Mme Laloine montèrent avec Lise et Sterny dans la calèche qui attendait, tandis que le remise de Prosper suivait à grand'peine le fringant équipage du lion. Jamais Sterny n'avait été si heureux de sa vie.

XV

L'arrivée au chemin de fer fut moins gracieuse que Sterny ne se l'imaginait. Quand les amis, et surtout les amies de la famille Laloine, virent entrer dans la grande salle d'attente le beau Léonce avec les marchands, on chuchota et l'on se dit tout bas :

« Ah ! çà, est-ce qu'on nous amène ce grand monsieur ? — Les Laloine sont fous. — Il n'est pas invité, nous ne le connaissons pas. »

Sterny devina au premier coup d'œil la réprobation qui le frappait, et Lise s'en aperçut aussi. Elle en devint triste, car ce fut pour elle un avertissement de la distance qui la séparait du beau Léonce. A ce moment elle lui eût presque demandé pardon de lui avoir attiré cet accueil désobligeant. Mais Sterny n'était pas homme ni à s'en laisser intimider, ni à s'en fâcher. Il salua le monsieur à la question des sucres d'un air charmé de le rencontrer, et sans humeur, sans affectation, il lui raconta qu'il allait à Saint-Germain, voir une maison de campagne. Du moment qu'on sut qu'il n'était pas de la partie, on ne fit plus attention à lui, mais ce n'était pas le compte de Sterny, il voulait être de la partie, et se dit que le sucrier l'inviterait d'une façon ou d'autre.

Là-dessus il revint par un détour assez bien ménagé et entama, avec une attention extrême, une discussion d'économie politique du premier ordre. L'heure du départ arriva, Sterny descendit la rampe du débarcadère toujours discutant et argumentant contre M. Gurauflot (c'était le nom du sucrier), et la discussion tenant, il monta à côté de lui dans un wagon, sans que celui-ci s'imaginât que le marquis avait d'autre intention que d'écouter ses savantes dissertations. Cependant M. Gurauflot ne tarissait pas, et comme le voyage est rapide, Sterny, qui avait besoin de changer le sujet de l'entretien, commençait à s'impatienter, lorsque tout à coup il tira sa montre en s'écriant :

« Bon ! je manquerai mon rendez-vous.

— Hein ! fit le sucrier si brusquement interrompu.

— Pardon, dit Sterny, j'avais donné rendez-vous à un architecte pour visiter cette maison avec moi, et il ne m'aura pas attendu. »

Sterny profitait, en habile faiseur de contes, des personnages imaginaires qu'il avait déjà inventés pour M. Laloine.

« C'est donc une acquisition bien importante que vous allez faire ?

— Je ne sais ce que c'est, dit Sterny, les renseignements qu'on prend dans les *Petites Affiches* sont si vagues ; maison de campagne à vendre, cela varie de 10,000 francs à 100,000, de façon que je vais un peu à l'aventure.

— Pardon, lui dit M. Gurauflot, je connais un peu Saint-Germain : où est la maison que vous allez voir ?

— Voyez, lui dit Sterny en lui montrant les *Petites Affiches*.

— Mais c'est une charmante maison, je la connais, elle ouvre sur la forêt, c'est très-considérable, et l'on dit que l'intérieur est fort beau.

— Ah ! tant mieux !

— Vous ne la connaissez donc pas ?

— Je n'y suis jamais entré. Ce que je voudrais surtout savoir, c'est si la maison est d'une construction solide, et j'avoue que je n'y entends rien.

— Ce n'est pas une chose si difficile que vous pouvez le croire.

— Pour une personne comme vous, monsieur, qui me paraissez avoir des connaissances pratiques en toutes choses; mais moi!

— Il est vrai qu'au besoin je ne me laisserais pas tromper, reprit Gurauflot d'un air superbe.

— Vous êtes bien heureux; mais quand on est ignorant et qu'on a la maladresse de ne pas se faire accompagner par un homme de l'art, on a tort, quoiqu'à vrai dire, monsieur, je ne me fie guère à la bonne foi des architectes.

— Je le crois bien, monsieur.

— Et que je préférerais prendre les avis d'un connaisseur désintéressé, comme vous, monsieur, par exemple.

— Ah! monsieur... »

Il est inutile de pousser plus loin ce dialogue : on n'était pas arrivé à Saint-Germain qu'il était convenu que M. Gurauflot accompagnerait Sterny dans la maison. Le sucrier annonça cette importante nouvelle à sa femme et à ses filles, et il fut convenu qu'il rejoindrait la société dans la forêt. Sterny avait espéré qu'on lui demanderait ce qu'il comptait faire en sortant de la maison, et qu'il aurait occasion de répondre qu'il avait toute la journée libre; mais Mme Laloine lui fit des adieux très-formels et des remercîments empressés; et il n'y eut pas l'ombre d'invitation.

A ce moment, Sterny fut si désappointé qu'il se prit de colère contre lui-même, et fut sur le point d'abandonner le sot rôle qu'il jouait; mais il regarda Lise. Lise regardait sa mère comme si elle eût pu lui inspirer, par la puissance de ses yeux, la pensée qui la dominait. Sterny crut la deviner, il se résolut de tenter la fortune jusqu'au bout. Mais rien ne lui devait réussir de ce qu'il avait tenté, et il se sépara de la compagnie, monta à pied les rudes escaliers, gagna ladite maison qui était vendue de la veille, et se sépara de M. Gurauflot, qui crut pouvoir atteindre la société et prit une allée de la forêt qui menait aux Loges. Quant à Sterny, triste, désolé et dépité surtout, il se trouva au milieu de la compagnie riant, se disputant, et se faisant harnacher ânes et chevaux pour courir à travers bois.

« Déjà de retour, monsieur? lui dit M. Laloine.

— Et mon mari? monsieur, qu'avez-vous fait de mon mari? s'écria Mme Gurauflot.

— Mon Dieu, madame, lui dit-il, nous avons trouvé la maison vendue, et alors il a pris le plus court chemin pour aller aux Loges, croyant que vous deviez y être déjà.

— Ah ! bien oui, dit M. Laloine, voilà une heure que ces petites filles nous font enrager; elles veulent toutes des chevaux, on est allé en chercher, et nous attendons là depuis une heure.

— J'en suis fâché pour M. votre mari, dit Sterny à Mme Gurauflot, c'est ma faute, j'ai été plus qu'indiscret en acceptant son offre amicale. Veuillez, madame, lui en faire mes excuses. »

Comme il allait se retirer en voyant que personne ne l'engageait à rester, il entendit Mme Laloine s'écrier avec peur :

« Lise, Lise, ne va pas si vite !... Lise... Lise!... »

Mais Lise venait de sortir de la cour du manége sur un petit cheval et le faisait galoper tant qu'il pouvait ; elle fit ainsi une centaine de pas, et revint du même train jusqu'auprès du groupe où elle aperçut Sterny qui la salua avec un sourire courtois. Elle devint rouge comme une cérise, puis elle sembla le remercier de ce qu'il était revenu. A ce moment Sterny se prit à crier tout à coup :

« Eh ! groom ! »

Un rustre de paysan eut l'effronterie de se présenter à cet appel, et Sterny lui dit :

« Comment, butor, vous laissez monter une femme sur une selle qui n'est pas mieux sanglée que ça ! il y a de quoi la tuer... Vous ne savez donc pas votre métier, imbécile ! » Et sans attendre la réponse, il passa à la droite du cheval et serra les sangles lui-même, avec une adresse et une vigueur qui stupéfièrent le loueur de chevaux.

« Merci, lui dit Lise si bas, que ce merci n'était que pour lui et pour autre chose sans doute que ce qu'il venait de faire. »

Il allait peut-être lui parler, mais Mme Gurauflot vint pour ainsi dire le prendre au collet et lui dit :

« Ah ! monsieur, soyez donc assez bon pour voir si les selles de mes filles sont bien arrangées.

— Avec grand plaisir, dit Léonce. »

Et le voilà faisant le palefrenier pour toutes ces dames et demoiselles avec une bonne grâce, un empressement si franc, que Mme Gurauflot se mit à dire à M. Laloine :

« Je suis sûre que s'il venait avec nous il nous montrerait les beaux endroits de la forêt; vous qui le connaissez, vous devriez l'inviter ?

— Ah ! fit M. Laloine, voulez-vous que je me fasse moquer de moi? ce serait une drôle de partie de plaisir à proposer à un homme comme lui.

— Bah ! laissez donc, dit Mme Gurauflot, je vais lui demander s'il veut être du pique-nique. »

M. Laloine arrêta Mme Gurauflot avec des yeux courroucés, mais celle-ci ne se tint pas pour battue, et alla au moins lui demander le chemin le plus court à prendre pour arriver aux Loges.

« C'est assez difficile à vous expliquer, madame, lui répondit-il ; mais une fois dans la forêt je pourrai vous le montrer.

— Ah ! je vous en prie, monsieur le marquis, ne vous dérangez pas, s'écria M. Laloine... Vraiment, madame Gurauflot, vous abusez...

— Pas le moins du monde, répondit Sterny ; c'est l'affaire de vingt minutes, et je n'ai rien qui me presse. »

M. Laloine prit un air de désolation, très-contrarié de l'indiscrétion de Mme Gurauflot.

« Je lui paye la dette que j'ai contractée avec son mari, lui dit Sterny, c'est justice. »

On partit : les jeunes filles et les jeunes gens à cheval, les grands parents et Sterny à pied.

On alla d'abord doucement ; les mamans criaient sans cesse qu'on allait se blesser. Mais peu à peu, et lorsque les indications de Sterny eurent assuré le chemin, on s'éloigna, on s'emporta, allant, revenant, et riant des fichus qui s'envolaient, des chapeaux qui se détachaient. Sterny causait gravement, suivant Lise des yeux, Lise qui paraissait l'avoir oublié et qui n'était pas la moins folle de cette volée de jeunes filles.

Pauvre Sterny, que de soins pour obtenir une invitation à un mauvais dîner, que de sottises accomplies en un jour ! A quel métier était-il descendu peu à peu ! il avait sanglé l'âne de Mme Gurauflot, et encore n'était-il pas arrivé à son but. Une fois encore il trouva qu'il devenait dupe. Lise courait joyeuse et indifférente sans s'occuper de lui. Il prit donc le parti définitif de se retirer ; il était furieux contre elle.

A ce moment un cri perçant partit d'une allée détournée.

« C'est Lise,... » dit Mme Laloine.

Elle n'avait pas achevé de parler que Sterny s'était élancé vers l'allée à travers les bois.

Il arriva près de Lise, qui était très-paisiblement sur son cheval, tandis que M. Tirlot s'époussetait et redressait les bosses de son chapeau ; Lise avait eu peur : voilà tout. Sterny, rassuré sur son compte, ne la regarda même pas, et retournant vers Mme Laloine, il cria de loin :

« Ce n'est rien, madame, c'est M. Tirlot qui est tombé. »

Mme Laloine arriva presque au même instant, et tout effrayée de cet accident, elle dit à Lise :

« Voyons, ma fille, descends de cheval ; ce qui est arrivé à M. Tirlot peut t'arriver.

— Mais, maman.., dit Lise d'un air boudeur.

— Allons, sois raisonnable, lui dit son père, puisque ta mère a peur. »

Lise dit avec humeur :

« Ah ! monsieur Tirlot, vous êtes d'une gaucherie... c'est moi qu'on punit de votre maladresse.

— De ma maladresse, mademoiselle ? je voudrais bien vous voir sur cette bête enragée. Voilà deux fois qu'elle me jette par terre, car je suis déjà tombé là-bas sans rien dire.

— Alors pourquoi avez-vous crié ici ?

— Ce n'est pas moi, dit Tirlot, c'est vous.

— Mais la dernière fois aussi vous êtes tombé trois fois, et maman n'a pas eu peur pour ça.

— C'est que tu étais avec le capitaine Simon, lui dit M. Laloine, qu'il était à côté de toi, et que je me fiais à lui.

— En vérité, dit Sterny, si j'osais... et pour ne pas priver Mlle Lise de ce plaisir, je m'offre à l'accompagner et je réponds d'elle.

— Mais vous n'avez pas de cheval, monsieur Léonce, dit-elle d'un air chagrin.

— Peut-être que M. Tirlot ne voudra pas remonter sur le sien.

— Je vous demande pardon, répondit Tirlot d'un ton sec, j'en aurai raison.

— Soit, monsieur, » dit Sterny,

M. Tirlot enfourcha de nouveau son cheval, et voulant faire le brave, il s'avisa de lui donner trois ou quatre coups de cravache ; l'animal se cabra, rua, sauta, et renvoya M. Tirlot sur le chemin.

« C'est bien fait, dit Lise.

— Vrai ? dit Tirlot... Eh bien, je conseille à monsieur d'en goûter, il verra.

— Volontiers, dit Sterny.

— Je donnerais cent sous, dit Tirlot à Mme Laloine, pour que votre marquis descendit la garde. »

Le cheval était rétif, mais il ne fallait pas un cavalier si exercé que

Léonce pour le réduire, et M. Tirlot eut toute la honte de sa chute et toute la rage du succès de Léonce.

On n'avait pas félicité encore Sterny, que Lise, s'élançant dans l'allée où ils se trouvaient, se mit à galoper.

« Ah! mon Dieu, suivez-la, monsieur de Sterny, » s'écria Mme Laloine.

Léonce ne se le fit pas répéter, quoiqu'il eût contre Lise une colère qu'il se promettait bien de lui témoigner par sa froideur. Mais il semblait que cette jeune fille eût sur lui un empire dont il ne pouvait se rendre compte, ne l'ayant jamais éprouvé de la part d'une autre; d'ailleurs elle avait de ces regards, de ces mots, de ces silences qui bouleversaient Sterny. A l'instant où on pouvait la croire à mille lieues de soi, emportée par la jeunesse et la folle gaieté, un mot venait qui vous disait qu'elle était demeurée à vos côtés. Ce fut ce qui arriva à Sterny.

« Ah! mon Dieu, lui dit-elle dès qu'il fut près d'elle, nous avons eu de la peine. »

Que répondre à cela? il fallait en être heureux; mais pour en être heureux il fallait y croire, et cette enfant était si étrange : elle disait de ces mots qui eussent paru un engagement compromettant à une femme qui en eût apprécié la valeur, puis elle parlait, elle agissait comme si elle n'eût rien dit. Léonce ne comprenait rien à cette façon d'être, ne s'apercevant pas que lui-même n'était déjà plus ce qu'il avait été autrefois.

Cependant ils cheminaient l'un près de l'autre, et Léonce voulut enfin donner un sens positif à tout ce qu'il avait fait, c'est-à-dire faire comprendre à Lise que c'était par amour pour elle qu'il avait fait tout ce qu'elle avait vu. Mais il ne savait comment aborder ce sujet avec cette âme curieuse et timide comme une biche qui montre sa jolie tête au bord d'un sentier, et qui s'enfuit en bondissant dans les bois au premier bruit des pas d'un chasseur.

Ainsi ces deux jeunes gens, qui s'étaient réunis sans doute pour se dire mille choses, gardaient tous deux le silence, et tous deux devenaient pensifs et restaient silencieux. Ce fut Léonce qui remarqua le premier la tristesse de Lise; et comme il voulait toujours s'informer du secret de cette âme envers lui, il lui fit une de ces questions où l'on se met en jeu.

« Vous êtes triste, lui dit-il; est-ce moi qui vous ai déplu?

— Ah! non, lui répondit-elle avec un gros soupir, j'ai du chagrin.

— Quel chagrin?

— Voulez-vous que je vous le dise franchement?

— Oui, certes.

— Eh bien, monsieur Léonce, — c'était la seconde fois qu'elle l'appelait Léonce, — ce n'est pas convenable ce que vous faites. »

La fierté de Sterny s'irrita de ce mot, qui pour un homme comme lui était la plus cruelle injure qu'une femme pût lui faire ; il répondit d'une voix altérée :

« Je ne croyais pas avoir manqué à aucune convenance, du moins vis-à-vis de vous, mademoiselle. »

Lise tourna vers lui son doux visage, et de la voix la plus triste et la plus soumise elle reprit :

« Ah ! comme vous entendez mal les choses : je ne dis pas que vous ayez manqué de convenance vis-à-vis de moi, vis-à-vis de personne.

— Mais alors que voulez-vous dire ?

— Oh ! ne vous fâchez pas, mais c'est pour vous que ce n'est pas convenable ce que vous faites et ce que je vous ai laissé faire.

— Pour moi ? dit Sterny dont cette voix d'enfant remuait le cœur avec une violence inouïe.

— Oui, pour vous : vous ne connaissez pas les gens avec qui vous êtes, ils sentent aussi bien que vous que vous n'êtes pas ici à votre place, ils ont peur tant que vous êtes là, et ils ne diront rien. Mais demain, après-demain, voyez-vous, on en rira, on en parlera.

— Et que m'importe ?...

— Oh ! ne dites pas cela...

— Mais que fais-je donc autrement que les autres ?

— Les autres font ce qu'ils font tous les jours, reprit Lise avec un léger mouvement d'impatience ; au lieu que vous... ils voient bien que cela ne vous va pas... Vous êtes bon... ah ! oui, je le crois ; depuis ce matin vous êtes bon, vous faites tout ce que vous pouvez... mais tenez... moi... moi... je n'aime pas à vous voir comme ça.

— C'est pourtant...

— Pour moi que vous l'avez fait, dit rapidement Lise qui s'arrêta aussitôt, confuse d'avoir, pour ainsi dire, fait elle-même l'aveu de l'amour de Léonce.

— Oh ! oui, Lise, lui dit-il, c'est pour vous, je vous le jure. »

Elle ne répondit pas encore, elle était troublée, agitée et devenait pâle, car toutes les vives émotions se peignaient ainsi sur le visage de cette jeune fille. Enfin elle reprit courage et se mit à dire :

« Monsieur Léonce, il faut vous en aller.

— Ah ! je ne puis, » lui dit-il.

Elle sourit de son angélique sourire, et lui montra sa devise :

Ce qu'on veut, on le peut.

« C'est bien, lui dit-il avec passion; et si j'avais ce talisman qui porte ce prétexte de courage, je voudrais tout ce qui est possible.

— Ce n'est pas bien, ce que vous me demandez, lui dit Lise en souriant; car si je vous le donnais, il faudrait dire à maman que je l'ai perdu, il faudrait mentir. »

C'était à la fois le donner et le refuser. Léonce ne sut que répondre; elle était si simple que toute la science du cœur d'une femme lui manquait près de cette enfant.

Cependant leur pas s'était tellement ralenti qu'ils furent rejoints par M. et Mme Laloine qui dit à sa fille :

« A la bonne heure, Lise, tu vas bien sagement avec M. de Sterny. »

A ce moment, et comme on parlait de se reposer un moment, voilà un grand fracas qui se fait entendre dans la forêt, et presque au même instant une masse de cavaliers et d'amazones débouchent d'une allée latérale; c'était le fameux pari des trotteurs partis de Marly et arrivés jusque-là. Presque tous parurent comme la foudre; mais Lingart et sa lionne, qui ne suivaient que de loin, eurent le temps de reconnaître Sterny. Tous deux furent si stupéfaits, qu'ils arrêtèrent leurs chevaux et s'entre-regardèrent comme s'ils ne pouvaient le croire : Sterny sur un *cerisier*[1], Sterny en compagnie d'une grosse dame *à âne*, car Mme Gurauflot était près d'eux. Ils étaient si confondus, qu'ils n'en revenaient pas encore. Sterny vit leur surprise et pâlit à la fois de colère et de honte. Mais comme, dans leur stupéfaction, Lingart ni sa lionne ne continuaient leur chemin, il s'avançait vers eux bien décidé à couper le visage à Lingart, quand celui-ci lui dit :

« C'est bien vous, pardon, je ne vous reconnaissais pas... Vous avez gagné vos cent louis, Algibech a gagné contre Montereau... Nous vous avons attendu... vous ne viendrez pas au dîner sans doute... mille bonjours. »

Et il piqua son cheval et s'éloigna, tandis que sa lionne, un lorgnon appliqué sur l'œil, examinait Lise de loin, comme un marchand fait d'un tableau. Elle mit tant d'action à cette impertinence qu'elle ne vit pas Lingart partir, et resta quelques secondes après lui.

1. Nom qu'on donne à ces petits chevaux de louage, parce qu'ils portent ordinairement les cerises de Montmorency aux marchés de Paris.

Sterny était si furieux qu'il frappa le cheval de l'amazone qui, surprise à l'improviste, fut presque renversée. Elle devina l'action de Sterny, et tout en maîtrisant son cheval elle lui dit :

« Vous êtes un butor, Sterny, vous m'en rendrez raison. »

Et elle s'éloigna au galop.

Les Laloine n'avaient rien vu de cette scène, tout cela leur avait paru très-simple; mais lorsque Sterny retourna près de Lise, qui était partie en avant, il la trouva en larmes.

« Je vous le disais bien, monsieur, dit-elle aussitôt : comme cette femme m'a regardée !... laissez-moi, monsieur, laissez-moi... retournez vers vos amis... je vous en prie... je le veux. »

Et comme Sterny voulait répondre, elle mit son cheval au galop pour s'éloigner de lui. Sterny la suivit d'abord, mais comme à mesure qu'il s'approchait d'elle, elle le lançait plus vivement, il eut peur qu'elle ne finît par se blesser et s'arrêta.

Lise disparut à ses yeux et il resta au milieu de la route. Il était hors de vue de tout le monde, mais il entendait la voix de M. et Mme Laloine qui appelaient Lise en criant :

« Il va pleuvoir, retournons. »

Il imagina l'alarme de Mme Laloine si elle le trouvait ainsi tout seul, et voulut à tout prix rejoindre Lise; il courut à toute bride pendant cinq minutes ; enfin au coin d'une allée il vit le cheval de Lise libre, il s'élança en criant à son tour :

« Mademoiselle Lise ! mademoiselle Lise ! »

Elle sortit du bois en lui disant :

« Eh bien ! monsieur, me voilà.

— Oh ! reprit-il, que vous m'avez fait peur ! »

Il y avait tant de vérité dans son émotion que Lise en fut presque touchée, mais son parti était pris et elle répondit :

« De quel côté est ma mère ?

— Par ici, mais bien loin.

— J'y vais.

— Ne montez-vous pas à cheval ?

— Non, dit-elle d'une voix entrecoupée... non... cette course m'a brisé le cœur. »

Et Sterny remarqua seulement alors que sa poitrine haletait et qu'une pâleur effrayante couvrait son visage.

Il sauta à bas de son cheval et courut à elle.

« Oh! mon Dieu!... c'est moi qui vous ai fait ce mal, s'écria-t-il, oh! pardonnez-moi, pardonnez-moi, Lise !...

— Non, ce n'est pas vous... j'ai eu tort... j'ai... »

Et en prononçant ces paroles elle défaillit et fût tombée par terre si Léonce ne l'eût prise dans ses bras.

A ce moment l'orage éclata avec violence, et Lise tressaillit comme frappée par la foudre; mais son évanouissement n'était qu'une faiblesse passagère, elle se remit et entendit la voix de sa mère qui l'appelait.

« Allons la rejoindre.

— Mais vous pouvez à peine marcher.

— Oh ! allons, allons ! lui dit-elle tandis que ses dents claquaient... je peux marcher, je le peux, je le veux. »

Et elle prit un sentier en répondant avec une voix éclatante :

« Me voici, maman, me voici. »

Mais avant qu'ils fussent arrivés elle dit à Sterny :

« Vous nous quitterez, n'est-ce pas, je le veux...

— Je vous obéirai, » dit Sterny.

Cela dit, il n'y eut pas un mot de prononcé, et lorsqu'ils arrivèrent près des grands parents, elle était calme et remise en apparence. Mais durant leur absence la grande résolution d'inviter Sterny avait été prise, et elle lui fut solennellement adressée par M. Laloine. Il s'y refusa d'abord, mais avec un embarras triste comme celui d'un enfant qui a peur. Il chercha vainement un encouragement dans un regard de Lise, mais elle détournait la tête.

« Ah ! je comprends, dit Laloine, ces messieurs et ces dames qui viennent de passer vous attendent.

— Non... non, monsieur, dit vivement Sterny, je n'ai rien à faire avec ces gens-là. »

Ces gens-là ! sa société habituelle. Oh ! pauvre Sterny !

« Mais alors pourquoi ne pas accepter? dit Mme Gurauflot qui s'était éprise du beau Léonce.

— Ma présence ne plairait peut-être pas à tout le monde, madame, reprit Sterny en s'inclinant; permettez que je me retire.

— Mais voilà la pluie qui va tomber, dit Mme Gurauflot, vous accepterez au moins un parapluie !

— Merci, madame, merci, dit Sterny d'une voix douloureuse. Adieu, monsieur Laloine, adieu, madame; j'ai l'honneur de vous saluer, mademoiselle, » dit-il enfin en se tournant vers Lise.

Elle le laissa partir; mais il n'était pas à vingt pas, que, feignant de se retirer à l'écart, elle pleurait à chaudes larmes. Quant à Sterny, il s'éloigna avec rapidité, gagna le chemin de fer et revint à Paris; il courut s'enfermer chez lui. Il était désespéré, il était colère, il s'en voulait, et en voulait à Lise; et cependant il ne pouvait penser à elle sans se sentir pris d'un frisson d'amour qui l'enivrait.

XVI

Cependant, quand quelques heures de repos eurent calmé cette agitation inaccoutumée, Léonce réfléchit plus sérieusement qu'il ne l'avait peut-être fait de sa vie.

Il était amoureux, il le sentait; il n'en avait pas honte, mais il avait peur.

Séduire Lise ! ce serait un crime honteux et lâche.

Car, se disait-il, elle m'aimerait si je voulais; elle m'aimerait, j'en suis sûr, et elle donnerait à cet amour qui l'emporte en aveugle tout ce cœur si facile à briser; et que pourrais-je faire autre chose que de le briser ? car l'épouser, folie impossible ! Eh bien, ajouta-t-il, je me souviens que, quand j'étais enfant, un jour que j'étais bien malade, ma mère m'emporta dans l'église, et me mettant à genoux sur ses genoux, elle me tourna vers une Vierge, et me fit répéter après elle :

« Sainte Vierge Marie, qui avez vu mourir votre fils, sauvez-moi pour ma mère ! »

Cette image que j'implorai m'est restée dans le souvenir comme quelque chose de sacré et d'ineffable, et dont je n'ai dit le secret à personne, de peur qu'une plaisanterie ne vînt l'insulter. Eh bien, Lise sera pour moi un souvenir pareil, une image céleste un moment entrevue, et que je garderai dans le sanctuaire de mon âme pour l'abriter contre ma vie; car je ne mêle pas mon cœur à ma vie.

Eh ! non ! je donne à la dissipation, à la débauche, au ridicule, cette jeunesse, cette force pour laquelle notre siècle n'a plus de but qui puisse la tenter; mais si j'avais vécu en d'autres temps, je ne serais pas ainsi; car c'est honteux d'être ce que je suis. Ah ! si Lise n'était pas ce qu'elle est, si elle était une reine, je tenterais tout pour la mériter; je l'oserais en pensant à ces mots qu'elle porte sur le cœur :

Ce qu'on veut, on le peut.

Mais elle n'est rien, je ne pourrais que descendre jusqu'à elle. N'y pensons plus, n'y pensons plus !

Pour arriver à ce but, Sterny chercha à occuper à la fois ce qu'il croyait encore son esprit et son cœur.

Le lendemain, quand il reparut au club, il s'attendait à quelque allusion de la part de ses amis; mais une conspiration s'était organisée contre lui, on ne lui adressa pas une parole à ce sujet; seulement Eugène lui dit d'un air grave : « Je parie vingt sous contre vous, Sterny. »

Les dames de ces messieurs le saluèrent, en le recevant dans les coulisses de l'Opéra, avec des révérences de rosières et des yeux baissés. Sterny comprit la plaisanterie et voulut y répondre victorieusement; il joua comme un furieux et fit presque peur à Lingart dont son audace dérangea tous les calculs.

Il poursuivit cette belle fille de l'Opéra qu'on disait si parfaite et qui venait de débuter avec un succès énorme. Ni Lingart, ni Eugène, ni les autres, n'en purent approcher, tant il y mit d'ardeur désespérée.

Au bout d'une semaine, elle appartenait à Sterny, qui l'avait traitée avec l'insolence la plus cavalière.

Mais, — quinze jours après la partie de Saint-Germain, — un soir qu'il était avec sa lionne dans une loge des Français, il reconnut en face de lui deux femmes qui le regardaient avec attention.

L'une était la femme de Prosper, l'autre était Lise.

« Comme on vous regarde de cette loge! lui dit la danseuse, est-ce qu'on vous y connaît ?

— Non, dit Sterny qui rougit malgré lui de son mensonge.

— Pourquoi donc vous retirer au fond de la loge! On dirait que vous avez peur !

— Ah ! trêve de jalousies auxquelles je ne crois pas, dit Sterny.

— Mais si l'on ne vous connaît pas, il n'y a pas de jalousie à avoir. »

Sterny se pencha hors de la loge, et vit Lise écoutant deux jeunes gens qui causaient et paraissaient parler de lui.

Tout à coup Lise releva vivement la tête et regarda Sterny avec un effroi indicible, comme si on venait de lui dire :

« Cet homme est le bourreau. »

Léonce se retira sans oser la saluer, pour ne pas l'exposer aux regards insultants de sa maîtresse; mais il voulut sortir.

« Si vous quittez ma loge, lui dit celle-ci... je fais un esclandre... Vous connaissez cette femme ? »

Par un instinct particulier, Sterny avait deviné ce qui venait de se passer à quelques pas de lui.

« Avec qui est donc Mlle N...? avait dit l'un des jeunes gens.

— Eh bien, avec son amant le marquis de Sterny.

— Y a-t-il longtemps qu'il l'est?

— Il y a huit jours tout au plus. »

Sterny n'avait pas entendu un seul mot de tout cela; mais il l'avait lu dans le regard que Lise avait jeté sur lui.

Il eût voulu pouvoir aller près d'elle; mais on le tenait par une chaîne infâme. Il voulut encore sortir.

« Si vous entrez dans la loge de cette femme, lui dit sa maîtresse, je vais la souffleter devant vous. » Puis elle reprit d'un air de dédain : « Ce doit être la grisette de Saint-Germain? »

Sterny eût poignardé la danseuse en ce moment; mais il fallait céder, il ne put qu'emmener sa lionne, et dans un accès de rage insensée il brisa tout chez elle, glaces, porcelaines, meubles; comme il ne pouvait battre la femme, il lui faisait tout le mal possible en lui arrachant tout ce qu'elle tenait de lui.

Léonce rentra chez lui furieux.

Le lendemain, il alla chez M. Laloine; on lui dit qu'il était à la campagne avec toute sa famille.

« Allons, se dit Sterny, je suis un sot; il y aura eu encore une scène de palpitations, et la belle aura été se promener le lendemain, tandis que moi... En vérité, je deviens brute. »

Ceci dit, il pensa qu'il n'en avait pas assez fait pour oublier cette petite fille avec laquelle il s'était si bêtement compromis.

Quinze jours après, à force de folies plus ardentes que jamais, grâce à une course au clocher où il se blessa, et dont parlèrent les journaux, à un pari de mille louis qu'il perdit, à une suite d'orgie avec les courtisanes les plus impudiques, il était parvenu à ne plus penser à Lise, et cependant plusieurs fois cette douce et blanche figure semblait lui apparaître, mais pâle, mourante, désolée, le regardant avec désespoir, comme si elle lui reprochait de se perdre et de l'avoir perdue.

Cette image lui revint même dans son sommeil, et comme il y rêvait encore le matin, tout éveillé, on lui annonça Prosper Gobillou, qui entra d'un air triste et chagrin.

« Mais, lui dit Léonce, vous avez l'air bien triste, Prosper, pour un nouveau marié?

— Oh ! c'est qu'il y a du chagrin à la maison, lui dit Gobillou; vous savez bien, cette pauvre Lise ?

— Eh bien, Lise ?... » s'écria Léonce épouvanté.

Prosper lui montra le crêpe de son chapeau.

« Morte ! dit Léonce avec un cri terrible.

— Morte ! dit Prosper, morte comme une sainte !

— Oh ! mon Dieu ! mon Dieu ! fit Léonce avec un désespoir qui épouvanta Prosper; ce n'est pas possible... Morte ! sans que je l'aie revue ! morte...

— Hélas ! oui, dit Prosper. Je viens de son enterrement, et je viens vous apporter sa dernière volonté.

— Sa dernière volonté ! dit Léonce.

— Écoutez-moi, monsieur le marquis, il ne faut pas en vouloir à cette pauvre enfant, c'était une tête de feu et un cœur trop exalté. Mais voici ce qui s'est passé :

« La nuit où elle est morte, je veillais près d'elle avec ma femme; elle l'a appelée et lui a dit de dénouer le petit cordon de cheveux qu'elle portait au cou, puis elle m'a fait signe d'approcher :

« Prosper, m'a-t-elle dit, vous remettrez cela à M. de Sterny; dites-lui de ne pas être léger et cruel pour d'autres comme il l'a été pour moi; je lui envoie cette devise, qu'elle devienne la sienne, et ce sera un jour un homme distingué et bon, j'en suis sûre... »

« Alors elle m'a remis ce médaillon, ces cheveux et cette épingle, et, une heure après, elle a expiré, en murmurant tout bas :

« Ce qu'on veut, on le peut... excepté être aimée... Aimée ! aimée ! » a-t-elle dit encore, et puis tout a été fini.

Léonce tomba à genoux, et reçut à genoux ce gage d'un amour si pur, si inouï. Pendant deux heures, ses larmes coulèrent avec abondance; quand il fut plus calme, Prosper le quitta.

A partir de ce jour, Léonce s'enferma chez lui et ne parut plus nulle part. Tout le monde fut très-étonné de cette retraite, bien plus étonné de savoir qu'il se disposait à quitter pour longtemps la France; et peut-être ses amis l'eussent déclaré fou s'ils l'avaient vu la veille de son départ, priant à genoux près d'une tombe. Ils ne se fussent pas trompés, car huit jours après il était dans la maison du docteur Metrasipot.

FRÉDÉRIC SOULIÉ.

LE TRAVAIL DE L'ESPRIT A PARIS

Quand le travail de l'esprit n'est pas la plus noble de toutes les professions, c'est le plus vil de tous les métiers. Le désespoir, la haine, l'envie, la misère, le doute, le vice et la démence sont au bout, quelquefois au milieu de cette carrière méprisable où la concurrence remplace l'émulation, où la popularité triche la gloire, où l'argent est un but, la débauche un aiguillon et l'ivresse une muse.

Le voyez-vous, ce malheureux jeune homme, au visage contracté, aux tempes jaunies, à la bouche grimaçante, aux yeux vagabonds? Il était né pour marcher libre et joyeux derrière une charrue, en semant avec un geste fier le grain de la moisson prochaine; le soir, il eût mangé devant l'âtre le pain gagné dans le jour; chacun de ses pas, de ses mouvements eût donné la vie! Regardez-le, dans la grande ville, pressant, le jour et la nuit, sa tête dans ses deux mains, la pétrissant et lui faisant suer des récits, des aventures, des combinaisons pour une foule affamée qui le dévore et passe à un autre quand elle ne peut plus rien tirer de lui. Pendant un temps plus ou moins long, cet homme fera épouser Henriette par Arthur, surprendre l'amant par le mari, empoisonner celui-ci, guillotiner celui-là, avec intérêt habilement suspendu à la fin du chapitre ou du feuilleton. Il va vendre successivement de l'amour, de la jalousie, des larmes, de l'histoire, de la gaudriole, de l'argot, de la satire, de la morale, de l'éloge, de l'insulte, de la politique, du progrès, du sentiment, de l'obscénité, de la religion, de la copie enfin, de deux sous à cinq sous la ligne, selon le goût du lecteur, les tendances du journal, et le cours du moment. Quand il aura mangé son fonds, il vivra sur le fonds d'autrui; il rafistolera les vieilles comédies, rapiécera les vieux romans, réchauffera les anas des vieux siècles. Il mangera les bibliothèques! il avalera les quais! Il lui faut des idées, des anecdotes, des mots, du plaisir, de la notoriété, de l'argent. Dépêchons-nous, il s'agit d'être célèbre! une fois célèbre, on est coté! une fois coté, on est riche! une fois riche, on est libre! Libre! Voilà le rêve de toutes les minutes, rêve irréalisable! Mais le journal est pressé! mais le théâtre ne peut attendre ! Nous nous mettrons deux, nous nous mettrons trois ! nous passerons les nuits ! Et la force ? Nous prendrons du café. Et l'inspiration ? Nous boirons de l'absinthe. Va, cervelle humaine, rends des pages, des phrases, des lignes, retourne-toi cent fois par jour, fais des évolutions sur toi-même, gonfle-toi comme une éponge, pressure-toi comme un citron jusqu'à ce que tu te dessèches subitement, que la folie te secoue comme un arbre dans une plaine, que la paralysie survienne, que l'hébétation arrive, et que la mort termine tout. Alors on pénètre chez l'homme connu. On y trouve le désordre, l'indigence, une ancienne maîtresse dont il avait peut-être fait une épouse dans une heure de lyrisme ou d'épuisement, de malheureux enfants, déjà vêtus de noir, étonnés et pleurant à tout hasard. Cela sent encore le tabac de la veille. Il aimait tant à fumer ! Pauvre garçon ! On lui avait dit que ça lui ferait mal, mais il ne pouvait pas s'en déshabituer ! Comme on s'est amusé jadis dans ce salon-là, du temps de la petite une telle ! Quelques amis l'accompagnent au cimetière, escortés quelquefois d'une foule curieuse ou sympathique, car on l'aimait bien. Il était si gai, — par moments ! On raconte sur lui des anecdotes ; on parle sur sa tombe ; on lui met une pierre plate sur le nez ; on revient manger un morceau ; on bâcle quelques articles nécrologiques ; on le découpe, on le débite pendant deux ou trois jours, on en mange, on en vit ; on lui souscrit un monument ; on écrit au ministère, on obtient une pension pour la veuve, une bourse pour un des enfants ; et puis il faut reprendre cette existence frénétique qui l'a tué. Adieu, grand homme d'un an, d'un mois, d'un jour ! Il ne reste plus rien de toi. Dors tranquille enfin, voici l'éternelle nuit !

C'est dans cet enfer, dans ce bagne, dans cet égout que des milliers de jeunes gens se précipitent en riant, de bonne foi, trompés par la surface, croyant y rencontrer la fortune et la renommée comme on rencontre une charrette sur un grand chemin, au lieu de se cramponner au travail obscur, patient, certain, qui fait les hommes robustes, sereins, respectés, utiles et bons. J'ai traversé, moi qui vous parle, ces effroyables marais du commencement de la carrière ; j'en suis sorti frissonnant et pâli, épouvanté de ce que j'ai vu, qui m'épouvante encore quand j'y rentre par hasard, soit pour serrer la main à un ancien compagnon, soit pour aller ramasser son corps et le conduire là où il ne s'agitera plus. J'y serais mort depuis longtemps s'il m'avait fallu y rester. Béni soit le Dieu, le maître quel qu'il soit des destinées universelles, qui m'a éclairé pour que j'en sorte, et qui m'a accordé une commutation de peine. Non !

Dante, que l'on invoque toujours quand il s'agit de supplices abominables, n'a pu trouver ni rêver dans le temps où il vivait, si troublé que fût ce temps, ce damné de la production intellectuelle, roulant sa propre tête, comme Sisyphe roulait son rocher, et la frappant contre des murailles d'airain pour en faire jaillir une dernière étincelle !

ALEXANDRE DUMAS FILS

UN MONSIEUR QUI SE FAIT SUER

— LE SPORT A PARIS —

Voici comment je fus initié aux mystères du sport.

Deux jours avant mon départ de Paris pour retourner dans ma province j'étais aux Variétés, lorsque vers dix heures je vis entrer dans une loge d'avant-scène trois jeunes gens qui, par le tapage qu'ils firent, attirèrent l'attention de toute la salle. Quelle ne fut pas ma surprise de reconnaître dans l'un d'eux un de mes anciens camarades que j'avais perdu de vue depuis longtemps !

Comme j'étais tout près de l'avant-scène, la persistance de mes regards le frappa. Il me reconnut aussi et me fit de la main un signe amical.

A l'entr'acte je m'approchai de l'avant-scène. Mais avant que nous eussions pu échanger dix paroles, ses amis l'appelèrent.

« Pardonne-moi, dit-il en me serrant la main, je suis obligé de partir tout de suite ; seulement je ne pars que si tu me promets de venir déjeuner demain avec moi pour que nous renouvelions connaissance. »

Je promis, il me donna sa carte et s'éloigna.

Lorsque je m'étais lié avec ce camarade à l'école de droit, il se nommait tout simplement Chopard; sur la carte qu'il me remit je lus : *Cho'Pard du Vallon*. Je dois dire que cette façon d'écrire Cho'Pard à l'irlandaise m'eût procuré un moment de douce gaieté, si ce nom dans son entier, Cho'Pard du Vallon, n'eût été un de ceux que j'avais vus cités le plus souvent dans les journaux du sport. Hé ! quoi, mon ancien camarade Chopard était devenu un des plus célèbres gentlemen riders de France.

Vous pensez si je fus exact le lendemain au rendez-vous.

A onze heures je sonnais à la porte d'un entre-sol, rue de Ponthieu. Un domestique vint m'ouvrir.

« M. Cho'Pard du Vallon ? »

Au lieu de me répondre, le domestique secoua la tête.

« Ce n'est pas ici ? »

Il pencha la tête trois fois en avant pour dire oui.

« Alors il ne peut pas recevoir ? »

Il secoua la tête pour dire non; tout cela d'un air lugubre.

« Mais j'ai rendez-vous avec lui.

— Hélas ! monsieur, il est sous le suaire, dit-il d'une voix caverneuse.

— Ah ! mon Dieu ! » et je fis un bond comme si j'avais reçu une balle en pleine poitrine. Sous le suaire, mon pauvre Chopard que j'avais vu la veille si gai et si solide.

Quoique ce domestique ne fût guère causeur, ce que je m'expliquai très-bien, pensant à l'affliction dans laquelle un pareil coup l'avait dû jeter, je voulus l'interroger.

« Mais comment cela est-il arrivé ? Je l'ai vu hier au théâtre.

— Au dîner, monsieur, il n'y pensait pas, mais cette nuit en rentrant il me dit : « Demain je me mets sous le suaire. »

— Comment ! il se met sous le suaire ? alors c'est un suicide !

— Oui, monsieur, c'est le vrai mot, un suicide; un homme si fort, si solide, si bien bâti, c'est un suicide. Les flanelles, les couvertures, ce n'est rien, mais le suaire ! »

Je baissai la tête.

« N'est-ce pas, monsieur, que c'est un crime ? Une fois, deux fois on en revient, mais trop souvent... »

Je le regardai avec stupéfaction.

Comment trop souvent ? Ah çà ! qu'est-ce que tout cela voulait dire ? Est-ce que Chopard avait pour amusement de se faire ensevelir tous les huit jours ? Mais non, c'était la douleur qui troublait la raison de ce pauvre domestique et le rendait fou.

« Je vois bien que monsieur est un ami de M. du Vallon, dit-il, si monsieur voulait entrer et le voir. »

Je fis quelques pas en arrière; c'est peut-être une faiblesse, mais je n'ai jamais aimé à visiter les morts, cependant dans cette circonstance je n'osai refuser. Je suivis le domestique.

Dans une antichambre sombre on respirait une étrange odeur chaude et âcre à la fois, qui vous prenait à la gorge; les cierges sans doute qui brûlaient auprès du lit mortuaire. Pauvre garçon!

« Dites-lui bien, n'est-ce pas? qu'il ne recommence pas, » me murmura le domestique à l'oreille.

Avant d'avoir pu me rendre compte de ces paroles insensées, la porte de la chambre s'ouvrit.

Au milieu de la pièce j'aperçus une grande enveloppe blanche; la tête du cadavre sortait de cette enveloppe qui le serrait au cou.

Chose étrange, il ne paraissait pas couché, mais assis, et cette tête, au lieu d'être décolorée, était rouge comme un homard. Chose horrible, elle remua, les lèvres s'agitèrent, et de cette bouche de fantôme sortit une voix qui disait joyeusement :

« Tiens, c'est ce brave Jumlasse ! »

Assurément, si la porte de la chambre n'avait pas été refermée, je me sauvais comme un fou.

« Me prends-tu pour un fantôme? » continua le fantôme.

Je balbutiai quelques mots stupides.

« Je comprends ton étonnement, poursuivit du Vallon qui décidément n'était pas mort; tu vois devant toi un homme qui se fait suer sous le suaire en caoutchouc et qui avant ce soir doit avoir perdu quelques livres de son poids.

— Comment cela?

— Au moyen de trois lampes qui sont allumées sous cette enveloppe et qui font fondre ma graisse; c'est simple comme le jour, seulement ce n'est pas agréable. »

Je commençai à me remettre de mon émotion. Du Vallon ne s'était pas suicidé, le domestique n'était pas fou, seulement moi j'étais un niais; il ne fallait pas qu'on en eût trop la preuve si je ne voulais être déshonoré pour le restant de ma vie. Le hasard me faisait tomber chez une des gloires du sport, c'était une heureuse chance que je devais exploiter sans me compromettre : il fallait donc le faire causer sans causer moi-même.

« Sais-tu que c'est drôle de tomber ainsi dans les coulisses du sport?

— Et un jour de grande représentation encore, car tu penses bien que je ne me livre pas tous les jours à cette suée violente, il faut des circonstances tout à fait exceptionnelles.

— Alors tu es donc dans des circonstances de ce genre ?

— Je crois bien, je monte après-demain dans un *handicap*, et je ne dois peser que cinquante et un kilos ; pour un jockey c'est un poids ordinaire, mais pour un gentleman, cent deux livres c'est raide ; il faut donc que d'ici là j'arrive à ce poids, et le suaire en caoutchouc, aidé d'une médecine, peut seul faire ce miracle. Si j'avais été prévenu, je me serais entraîné régulièrement et progressivement, et j'y serais bien arrivé ; on peut très-facilement maigrir d'une livre par jour sans souffrir.

— Vraiment !

— Tu comprends que si tous les matins en me levant j'endosse les uns par-dessus les autres trois pantalons de flanelle, cinq gros gilets, si par là-dessus je mets mes vêtements ordinaires, si ainsi chargé je fais une dizaine de kilomètres au pas de course, si en rentrant je bois deux ou trois tasses de thé très-chaud, si j'observe une diète sévère, c'est-à-dire si je reste sur mon appétit, ne mangeant ni légumes, ni viande, ni pain, ne buvant ni alcool ni vin pur, je peux très-bien, en dix jours, perdre dix livres. C'est là le régime des jockeys qui veulent se mettre en état, et il n'a rien de mauvais, au lieu d'affaiblir il fortifie. Mais pour maigrir du jour au lendemain il faut autre chose, et voilà pourquoi je suis sous cet appareil comme un saint Laurent sur son gril.

— Et quand tu pèserais deux livres de plus ?

— Malheureux, tu ne sais donc pas ce que c'est qu'un *handicap ?*

— Parfaitement, mais...

— Voyons, écoute-moi un peu et tu vas comprendre la nécessité de cette suée. Tu sais que le handicap est basé sur cette règle : « Une once ajoutée au poids que porte un cheval se traduit par un mètre de retard sur un kilomètre. »

Je m'étais bien promis d'écouter en silence, cependant cette règle énoncée comme une vérité mathématique me fit faire un mouvement que du Vallon comprit.

« Il n'y a pas à s'étonner, fit-il, cela est certain comme deux et deux font quatre et comme l'axiome de géométrie qui nous apprend que la ligne droite est le chemin le plus court d'un point à un autre. Cela d'ailleurs a été démontré par de nombreuses expériences, c'est-à-dire que si tu prends deux chevaux de mérite exactement pareil et dans la même condition, si tu mets sur l'un cinquante-trois kilos et sur l'autre cinquante-deux kilos seulement, celui qui portera cinquante-trois kilogrammes sera de seize mètres en retard sur celui qui en portera cinquante-deux, au bout d'un kilomètre.

— Mais c'est leur donner un boulet à traîner, ou plutôt leur attacher une jambe.

— Parfaitement.

— Et alors que signifient les courses ? Je croyais qu'elles avaient pour but de signaler les meilleurs chevaux par une épreuve précise; au moins c'était l'idée que je m'en faisais.

— Ton idée est juste en théorie; c'est là en effet le but du Derby et du Grand prix de Paris où tous les chevaux luttent à poids égal. Seulement, si toutes les courses se faisaient ainsi, deux ou trois journées suffiraient par an; le choix serait bien vite fait entre les bons et les mauvais; alors, que deviendrait le spectacle, que deviendrait surtout la spéculation ? C'est pour donner satisfaction à ces deux besoins qu'on a inventé les *handicaps*, qui ont pour but d'égaliser par le poids les chances de tous les chevaux partants dans une course : les bons sont surchargés, les mauvais sont déchargés. Tu dois maintenant comprendre pourquoi je me fais maigrir et comment une livre de plus ou de moins de graisse sur mon corps est d'une grande importance.

— Et sur quelles bases calcule-t-on ces surcharges et ces décharges ?

— Sur la valeur reconnue ou supposée des chevaux.

— Hum ! hum ! supposée... cela n'est guère rassurant. Et qui impose ces surcharges ou ces décharges ? Il me semble que cela est aussi important que la livre de graisse dont tu parles, car enfin celui qui fixe le poids fixe d'avance la victoire ou la défaite.

— Exactement comme s'il conduisait à la main tous les chevaux du champ. Aussi est-il fort délicat d'être *handicaper;* il faut connaître aussi bien la qualité des chevaux que l'honnêteté des propriétaires.

— Comment l'honnêteté ?

— J'ai un cheval, n'est-ce pas; je sais que, sans être du premier ordre, il est assez bon; je le fais courir deux ou trois fois au printemps en recommandant au jockey de l'arrêter, ou bien je le montre dans un mauvais état de préparation : c'est ce qu'on appelle « courir pour se retirer du poids. » D'après ces épreuves, mon cheval, pour ceux qui ne sont pas dans le secret, est un mauvais cheval, et quand je l'engage dans les handicaps d'été ou de printemps, on lui donne un poids très-léger.

— Cela s'appelle de l'habileté.

— Dans le monde du sport, c'est comme à la Bourse, on ne s'arrête pas généralement aux mots. Maintenant suppose autre chose. Le *handicaper*, au lieu d'être un honnête homme, est une conscience facile. Je vais le trouver et lui laisse entendre que, si mon cheval obtient un bon poids, je suis disposé à n'être pas ingrat. Mon cheval a bien couru toute l'année, cependant, malgré son mérite reconnu, il obtient un poids léger et grâce à ce poids, il gagne.

— Mais c'est une volerie.

— Encore! Fais donc attention, gros naïf, que ce que je te mets là en supposition est souvent la réalité. Si tu vivais dans notre monde, les noms te viendraient sur les lèvres. Ainsi, tiens, l'année dernière, un de mes amis engage un de ses chevaux dans un des grands handicaps de l'Angleterre; avant que les poids soient fixés, il envoie son jockey chez le *handicaper*. En arrivant à la porte de celui-ci ce jockey rencontre un autre jockey qui sortait. « Si tu vas demander un poids léger, dit celui qui sortait, je te préviens qu'il est trop tard, il m'est accordé. » L'autre, sans se décourager, entre comme s'il ne savait rien. « Mon maître, dit-il, voudrait bien obtenir un bon poids pour son cheval, et si vous pouvez le lui accorder, il vous abandonnera le montant du prix et mille livres. » Le premier jockey n'avait offert que le montant du prix, le second offrait 25,000 fr. en plus, il a eu un meilleur poids; et en paris son maître a gagné plus de cinq cent mille francs. Je ne te dis pas que tous les jours et partout cela se passe ainsi, mais enfin cela arrive. »

J'étais stupéfait; je ne comprenais pas parfaitement tout ce que du Vallon m'expliquait, mais il y en avait assez pour étonner un naïf comme moi.

« Tu vois donc, poursuivit du Vallon, que le *handicaper* peut très-bien se laisser tromper par les propriétaires trop adroits, de même qu'il peut aussi être trop adroit lui-même. Ajoute encore qu'il peut céder à toutes sortes d'autres considérations : tantôt il y a un propriétaire qui est son ami et naturellement il est disposé à le favoriser; tantôt ce propriétaire a été malheureux toute l'année, et dans les meilleures intentions du monde, pour qu'il puisse se rattraper, on donne un poids léger à ses chevaux.

— Et si je n'accepte pas le poids imposé à mon cheval ?

— Tu le retires de la course, tu payes cent ou deux cents francs, selon le montant du forfait, et c'est fini.

— Sans réclamer ?

— Sans réclamer. Mais je t'ai invité à déjeuner, déjeunons. Je ne veux pas t'ennuyer de toutes ces histoires de courses.

— Je t'assure qu'elles me font le plus grand plaisir; avec toi on pénètre dans les coulisses, pour nous autres provinciaux c'est toujours le grand attrait.

— Eh bien, mon bon, après déjeuner reste avec moi, si tu n'as rien de mieux à faire. J'attends plusieurs de nos amis, des gentlemen, l'entraîneur du cheval que je monte; très-probablement aussi Maigret, le rédacteur du *Turf*, va venir me voir; si tu aimes les histoires et les choses du sport, tu seras servi à souhait. Pour le moment ouvre la bouche, tantôt tu ouvriras les oreilles. »

Je n'étais pas à bout de mes étonnements avec mon ami Chopard du Vallon.

« Veux-tu sonner? » me dit-il.

Le domestique qui m'avait introduit arriva à mon appel.

« Retirez-moi de là-dessous, dit du Vallon, et vous nous servirez le déjeuner. »

Les lampes et le suaire avaient produit de l'effet, car, lorsqu'il se leva, en moins d'une minute le parquet fut inondé de sueur; les gouttelettes coulaient, passez-moi la comparaison, comme la graisse tombe d'un gigot dans une lèchefrite.

Il se débarrassa de son enveloppe en caoutchouc, et son domestique lui apporta un grand vase plein d'eau chaude dans laquelle nageait une éponge; aussitôt il se fit des lotions sur tout le corps, et après qu'il eut été bien essuyé et bien frictionné avec des linges de laine, il endossa des vêtements de flanelle.

« Maintenant déjeunons, dit-il, je me sens faible. »

Franchement on l'eût été à moins.

Mais le déjeuner qu'il absorba n'était guère de nature à le réconforter; tandis que j'avalais, avec la voracité d'un homme dont le repas est retardé de deux heures, une sole frite, quatre rognons à la brochette et trois tranches épaisses de pâté de perdreau truffé, il se contenta d'une rôtie trempée dans une tasse de thé et de quelques feuilles de cresson.

Je ne pus m'empêcher de lâcher une exclamation de surprise.

« En te regardant, dis-je, je ne peux pas comprendre comment il se trouve d'honnêtes gens pour accepter un pareil traitement et un pareil régime.

— Et la gloire?

— Il est glorieux de ne peser que le poids d'un Aztèque?

— Non, mais d'arriver premier; tu ne sais donc pas que Saint-Cucufa a fait la conquête de la princesse de Plush en gagnant le prix des gentlemen à Bade?

— De quelle princesse veux-tu faire la conquête? Il faut qu'elle ait des goûts bien éthérés pour te réduire à cet état.

— Ce n'est pas une princesse qui me tente, mais quelques billets de mille francs.

— Le cheval que tu dois monter est donc à toi?

— Pas du tout, seulement je suis pour deux cents louis dans les paris du propriétaire; si je gagne, il me donnera deux cents louis sur ses paris, si je perds il ne me donnera rien. C'est ainsi qu'on agit avec ceux qui ne sont pas ce qu'on appelle des *professionnels*, mais qui cependant sont bien aises de tirer parti de leur talent.

— Je comprends mieux cette gloire-là.

— Crois-tu que le capitaine Crosse ait abandonné l'armée anglaise pour le seul plaisir de monter tous les huit jours en Angleterre, en France ou en Belgique le cheval de celui-ci ou de celui-là? Crois-tu que M. Steele, qui était avocat, ait renoncé à plaider devant le lord chancelier rien que pour avoir la gloire de gagner des steeple-chases et de battre Page, Holman ou Cassidy devant un public de cocottes? Non, mon petit Jumlasse; ils ont obéi, comme j'obéis moi-même, à des arguments plus pratiques; que diable! mon cher, tout le monde n'a pas le moyen de se casser le cou gratis, pour rien, pour le plaisir. »

Au moment où l'on servait le café, pour moi, bien entendu, non pour mon ami, on lui remit une carte.

« Voici Maigret, dit-il, tu vas avoir la chance de connaître un des hommes les plus étonnants de Paris; c'est lui qui rédige dans *le Turf* ces articles si réjouissants sur le grand monde parisien. »

Je vis entrer un homme bellâtre et fadasse, admirablement habillé; sa barbe noire était frisée au fer et parfumée.

« Eh bien! Quoi de nouveau? demanda du Vallon.

— Ah! mon cher, c'est une désolation, une abomination, le sport se meurt, le sport est mort. Figurez-vous que voilà encore un bourgeois, un homme de rien, qui fonde une écurie de courses. Le nom de Tournaillon est-il venu jusqu'à vous? Non, n'est-ce pas? Eh bien, M. Tournaillon a fait fortune dans le commerce des cuirs. Son fils vient d'acheter tous les chevaux de steeple-chase de ce pauvre comte de Platpied. Où allons-nous ? Je puis vous demander cela à vous, mon cher monsieur du Vallon, qui, par les Cho'Pard, tenez à la meilleure noblesse d'Irlande. Il y a quelques années les nobles exercices du sport étaient le déduit exclusif de quelques privilégiés, de quelques natures d'élite qui par ce goût exquis s'élevaient au-dessus du vulgaire; aujourd'hui voilà les gens de commerce, les gens d'affaires qui s'en mêlent, c'est une honte. Prenez un programme et voyez quels noms y sont inscrits : des maquignons, des agents de change, des marchands de moutarde. »

Pendant dix minutes M. Maigret continua sur ce ton. J'étais abasourdi. Hé quoi ! fallait-il donc avoir quatre quartiers de noblesse bien prouvés, pour avoir le droit de mettre un jockey sur le dos d'un cheval? les propriétaires devaient-ils être de pur sang comme les bêtes ? Et moi qui avais cru jusqu'à ce jour que les courses étaient une affaire.

Enfin du Vallon l'interrompit :

« Mon cher monsieur Maigret, dit-il, j'ai un service à vous demander, un service de la plus grande importance : dans votre prochain article consacrez quelques lignes à la comtesse Gablouska.

— Ah ! monsieur !

— Oui, je sais, c'est difficile.

— Difficile, dites impossible, et vous serez au-dessous de la vérité; je suis accablé, débordé; il ne me reste pas de place pour les élégances de la plus pure technicité, pour les noms auxquels on rend le plus. Bien des journaux ont voulu m'imiter, mais chez eux on se galvaude, c'est chez nous seulement qu'il est séant de paraître. Je vous le demande, est-ce qu'une chronique sur les sphères élevées et aristocratiques n'est pas déplacée dans tous les journaux politiques ? Cela blesse les convenances; ces journaux sont des clubs, des cafés; nous, nous sommes un salon. Voilà pourquoi je suis littéralement pris d'assaut. Les d'Hozier ne donnaient que la noblesse, je donne, moi, et la noblesse et la réputation.

— C'est justement pour cela que je vous demande de donner deux lignes à Mme Gablouska.

— Ces étrangères sont prodigieuses; elles viennent à Paris rien que pour voir leurs noms dans un journal, et après elles s'en retournent dans leur pays colportant partout le numéro où elles sont nommées pour faire mourir de dépit leurs rivales. Ce fameux numéro est la consolation de leur vieillesse.

— Puisque vous appréciez si bien l'importance de ce que je vous demande, vous ne me refuserez pas.

— Non assurément, car je tiens trop à compter au nombre de vos amis, mais à condition que votre comtesse se fasse habiller par Toole, — c'est un nouveau tailleur anglais que je protége, — qu'elle porte élégamment une de ses toilettes à sensation, et je lui établis une liste de *performances* à faire mourir d'envie toutes les Polonaises de la Pologne.

— Ça, je vous le promets.

— Alors c'est entendu. Maintenant adieu, il faut que je vous quitte; je dois être à une heure chez la comtesse de Hauveau qui veut me montrer le costume Louis XV orné de dentelles blanches qu'elle portera demain à la grande chasse; à deux heures il faut que je sois à l'ambassade de *** pour me faire une idée de la toilette habillée que la duchesse a inventée, une merveille; à deux heures trois quarts chez Mme Heard, une austère Américaine qui tient à faire croire qu'elle est reçue par toute l'aristocratie parisienne; à trois heures chez la baronne Rehbach pour son déguisement; et ce soir en rentrant il faudra mettre tout cela en prose à peu près propre et plaire à toutes. Ah ! mon cher, quel métier que le mien ! »

Lorsque le rédacteur du *Turf* fut parti, mon ami du Vallon se remit sous le suaire; l'enveloppe en caoutchouc fut hermétiquement close au cou, on la drapa bien, de manière que l'air frais ne pût pas pénétrer, et les lampes furent allumées.

En moins de dix minutes la tête de mon ami devint rouge comme une écrevisse, son nez fort et busqué avait l'air d'une patte de homard.

Le déjeuner m'avait mis en gaieté.

« Veux-tu que je t'arrose ? dis-je en riant.

— Oui, donne-moi une tasse de thé. »

Le liquide chaud eut pour effet d'augmenter la poussée; comme une barre de fer qui est au feu, il passait par tous les tons du rouge, seulement c'était en sens inverse : il avait commencé par le rouge blanc, il était arrivé au rouge cerise.

En le regardant je me rappelais avoir vu de pauvres diables d'ouvriers verriers qui, pour gagner leur misérable vie, enduraient le supplice de la cuisson, tandis que ce supplice du Vallon se l'imposait de gaieté de cœur pour la gloriole d'endosser une casaque rose ou grise devant vingt ou trente mille spectateurs qui se moqueraient de lui.

Ces réflexions plus ou moins philosophiques furent troublées par un bruit de voix qui s'éleva dans l'antichambre.

« C'est le marquis de Redhill et Kinghorn, son entraîneur, » dit Du Vallon.

Ceux-ci entrèrent. L'un était un homme de grande taille, bien pris, solidement campé, la tête belle, avec un air de dignité et d'indépendance, — le marquis sans aucun doute ; l'autre était un gros garçon pesant au moins cent kilos, tout jeune encore, l'air bon enfant et bon vivant d'un riche fermier, avec cela une mauvaise houppelande grise pour costume, — assurément l'entraîneur.

Quelle fut ma surprise en voyant celui que je prenais pour l'entraîneur donner une poignée de main à du Vallon, tandis que celui que j'avais reconnu pour le marquis de Redhill le saluait poliment ! Je m'étais trompé.

« Est-ce que ce gentleman parle l'anglais ? » demanda le marquis dans sa langue maternelle.

Élevé par une bonne anglaise, le hasard voulait que je parlasse cette langue presque aussi bien que le français, mais du Vallon l'ignorait. En entendant la demande du marquis, je pensai qu'il avait quelque chose de particulier à dire à mon ami et que, si je paraissais le comprendre, il ne parlerait pas devant moi. Je pris un air indifférent ; j'étais là pour m'instruire.

« Lui ? répliqua du Vallon. C'est un bon provincial de mes amis ; il n'entend rien ni aux courses ni à l'anglais.

— Alors, continua le marquis en anglais, éteignez vos lampes, mon cher, et sortez de votre suaire.

— Comment cela ? je ne monte donc plus.

— Vous ne montez plus *Crevette*, vous montez *la Gredine*.

— Pourquoi diable m'avez-vous laissé me flanquer cette suée ? s'écria mon ami en jetant au loin son enveloppe en caoutchouc. *La Gredine* porte 60 kilos, je n'avais pas besoin de me faire maigrir. »

A cette exclamation le marquis répondit par un formidable éclat de rire, tandis qu'un air narquois apparaissait sur la figure de Kinghorn.

« Il fallait, dit celui-ci, que tout le monde sût bien que M. du Vallon se faisait maigrir.

— Tout le monde le sait, Maigret sort d'ici et il m'a vu sous ce manteau ridicule.

— C'est parfait.

— Voyons, mon cher marquis, je vous en prie, expliquez-vous. »

Je m'étais mis dans un coin, où je m'étais plongé dans un numéro du *Sport*, mais je ne perdais pas un mot de cette conversation.

« Dans le commencement, continua le marquis, nous avions réellement l'intention de gagner avec *Crevette*, je ne m'en suis pas caché, et comme elle est bonne, comme elle est avantagée par le poids, tout le monde a vu en elle le vainqueur; si bien qu'elle est à 4/1 dans la cote, tandis que *la Gredine* est à 10/1. Mais voilà qu'aux essais *la Gredine* se montre meilleure, montée par un gamin, tandis que *Crevette* était montée par notre jockey; elle l'a battue avant-hier de trois longueurs, hier de cinq, ce matin de dix très-facilement. Elle est sûre de gagner. Quand j'ai vu cela, j'ai commencé à faire prendre en cachette autant de *la Gredine* qu'on a voulu m'en donner; au *betting* ils en sont toujours à *Crevette*. »

Cela était évidemment très-drôle, car tous trois se mirent à rire.

« Ma foi, je ne regrette pas ma suée, dit du Vallon.

— Vous comprenez, poursuivit le marquis, tous ils sont convaincus que nous gagnerons avec *Crevette*, tous ils parient pour *Crevette*; eh bien, *Crevette* ne partira pas; on la promènera demain bien ostensiblement dans l'enceinte du pesage; les paris continueront d'autant mieux que *la Gredine* est restée à Chantilly d'où elle arrivera demain seulement; à la dernière seconde j'annoncerai que *Crevette* ne part pas, et ils avaleront un bon bouillon. Il y a assez longtemps que j'arrose le *betting*. Je me venge et me rattrape. Donc jusqu'à demain secret absolu, et laissez toujours croire que vous vous faites maigrir.

— Seulement, maintenant, soignez vos bras, acheva Kinghorn, *la Gredine* tire en diable; vous en aurez besoin.

— Ils payeront, et ils ne pourront pas se fâcher. »

Les rires recommencèrent, et quand du Vallon rentra, après avoir reconduit ses visiteurs, il riait encore.

J'avais compris en gros la machination de ce coup d'adresse, mais dans le détail il y avait bien des choses qui m'avaient échappé; je voulus tâcher de me les faire expliquer.

« Tu ne te fais plus suer? dis-je à mon ami.

— Non.

— Est-ce que tu es arrivé à ton poids?

— Pas tout à fait encore, mais j'ai besoin de toutes mes forces, et si je continue la suée je n'aurai plus de bras demain. »

Décidément il ne me trouvait pas digne d'être initié au secret.

« Dis donc, fit-il tout à coup, est-ce que tu vas au *betting?*

— Je ne sais pas seulement ce que c'est.

— C'est un salon où se font les paris sur les courses; mais, puisque tu ne les connais pas, c'est bien. Probablement tu ne connais pas non plus Bolton ni Jacob.

— Qui sont ces messieurs ?

— Ce ne sont pas des messieurs, ce sont des courtiers.

— Je ne les connais pas.

— Alors tu vas aller chez eux : Bolton, boulevard Montmartre; Jacob, rue Le Peletier, et tu vas chez chacun d'eux parier cent louis pour *la Gredine* et cent louis contre *Crevette;* tout le monde parie pour, ils te la donneront, n'importe à quelle cote tu la prendras; tu feras les paris en ton nom, M. Jumlasse, et surtout tu ne prononceras pas le mien.

— Comment, tu paries contre ton cheval? je croyais que c'était défendu.

— C'est pour me couvrir ; j'ai beaucoup de paris pour, et si par hasard je n'arrivais pas premier, je perdrais trop. Tu comprends ?

— Très-bien. Personnellement, pour qui m'engages-tu à parier ? »

Il me regarda un moment en hésitant.

« Dame... pour le cheval que je monte. »

Il me passa un froid dans le dos. Égorgé par mon ami, c'était raide.

Je pris mon chapeau et me disposai à partir.

A la porte, du Vallon m'arrêta :

« Un conseil, mon petit Jumlasse; ne parie pas aujourd'hui; tu sais, dans une nuit il se passe bien des choses; je te dirai demain sur qui tu devras mettre ton argent. »

Ce dernier mot me toucha; mais ce fut seulement plus tard, quand l'expérience me fut venue, que je compris combien il était beau, car dans le monde des parieurs c'est généralement son ami intime qu'on trompe le premier.

J'allai chez MM. Bolton et Jacob, et en plus des paris de mon ami du Vallon j'en fis un de cinquante louis pour moi sur *la Gredine.*

Le lendemain, aux courses, les choses se passèrent telles qu'elles avaient été convenues : *Crevette* ne partit pas et *la Gredine* arriva première; je gagnai cinq cents louis.

Il y eut une clameur terrible; mais légalement on ne pouvait pas se plaindre : le *betting* fut ruiné.

HECTOR MALOT.

MONSIEUR PRUDHOMME

SYNTHÈSE DE LA SOTTISE

I

L'existence officielle de MONSIEUR PRUDHOMME date de vingt-cinq ans. Auparavant il *était*, sans nul doute, mais il n'*était* qu'à l'état de chaos. *Rudis indigestaque moles*, il attendait son créateur : le limon dont Henri Monnier forma le premier Prudhomme fut un employé de ministère qui lui tomba un jour sous la main, chez un feuilletoniste célèbre logé dans une maison entre cour et jardin ; l'employé arriva et dit gravement :

« Vous habitez un *Édenne*, monsieur, un véritable *Édenne*. »

Dans ce vagissement incertain, Henri Monnier trouva l'éloquence de son type.

MONSIEUR PRUDHOMME n'a été longtemps que l'élève de Brard et Saint-Omer, expert assermenté près les cours et tribunaux, mais ce modeste calligraphe répondait à des personnifications si complexes, que sa contagion de vérité gagna tout de suite les milieux environnants et enfin tous les corps d'état. Aujourd'hui MONSIEUR PRUDHOMME est presque partout, ce qui prouve qu'il est une large réalité, et non pas un étroit idéal de bourgeois, imaginé par un rapin mécontent. Chaque sphère sociale contient plus ou moins son Prudhomme ; les artistes ont le leur, ainsi que les gens de lettres ; il y en a dans l'industrie, dans la magistrature, dans la finance, dans les hommes d'épée ; on ne peut donc pas accuser ce nom si répandu d'excitation à la haine des citoyens les uns contre les autres ; seulement l'épanouissement entier de ce type demande surtout la petite aisance, la fortune pénible, l'éducation commune ; les hommes de travail ont trop peu de temps, les gens de haut loisir ont trop de temps pour tomber dans le *Prudhomisme*.

MONSIEUR PRUDHOMME n'est donc pas une individualité, c'est une famille, un genre, une race ; créature aussi parisienne que départementale, tout le monde l'a rencontré, la police de l'observation, même indifférente, a son signalement. On le reconnaît à la mise, au regard, à l'attitude, à la parole, à l'intonation de la voix. La définition morale de ces types sans commencement ni fin est assez difficile. Définir, c'est borner, et à mesure qu'on croit avancer sur ce terrain où l'alluvion est perpétuelle, la limite recule ; nous essayerons pourtant de donner la carte du domaine spirituel de ce Carabas roturier.

MONSIEUR PRUDHOMME, c'est toute cette incarnation collective : la nullité auguste ; la verbosité solennelle ; la critique à rebours ; l'impression triviale de toute idée noble, et *vice versâ;* la propriété dans le lieu commun ; l'imposance dans le saugrenu ; la bonhomie aigre ; la fleur de rhétorique dans l'inepte ; l'emportement dans la platitude ; l'égoïsme doucereusement brutal ; la consolation qui désespère ; la gaieté qui navre ; le scepticisme bête ; l'hilarité vulgaire ; le sérieux dans la futilité. — Il a forcément le port décisif, le geste magistral, le son de voix raisonneur et la physionomie délibérante.

MONSIEUR PRUDHOMME est le plus radical incurable de cette maladie des intellectualités médiocres que le vocabulaire dérobé de l'art a nommé le *Poncif.* Le *Poncif*, c'est la formule de style, de sentiment, d'idée ou d'image qui, fanée par l'abus, court les rues avec un faux air hardi et coquet.

Le *Poncif* est la cérémonie du banal. Exemples : *La voir, l'atteindre, la saisir, la sauver, fut pour notre héros l'affaire d'un instant. — C'est plus qu'un bon livre, c'est une bonne action. — To be or not to be, comme dit Hamlet. — On ne remplace pas une mère. — Le plus beau fleuron de sa couronne. — Un pareil fait n'a pas besoin de commentaires. — La plus franche cordialité n'a pas cessé de régner pendant le banquet. — Le courage du lion et la prudence du serpent. — L'horizon politique se rembrunit*, etc. Le *Poncif* est encore la pépinière des substantifs tout adjectivés : le *meilleur des pères*, l'*aventure la plus piquante*, la *mâle fierté*, les *intraitables convictions*, les *bons et simples habitants des champs.*

Enfin, à un point de vue plus élevé, l'élément Prudhomme, ce sont les petites misères des riches d'esprit, les défaillances courtes des intelligences les plus sûres d'elles-mêmes, et, pour les trouveurs les mieux exercés, la rencontre fatale du mot ou du sentiment qui ne sont pas ceux de la situation. L'organisation la plus épurée a peut-être dans sa composition un peu de *Prudhomisme* à l'état d'alliage : parmi les fées qui viennent vous douer au jour de votre naissance, la fée Carabosse ne se glisse-t-elle pas toujours ? Henri Monnier lui-même a parlé par la bouche de son héros, lorsqu'il s'est appelé dans la *Famille improvisée : Joyeux artiste observateur*. On prétend même, calomnie vraisemblable, qu'à force de se mettre dans la peau de MONSIEUR PRUDHOMME, Henri Monnier a fini par y rester : vengeance risible ! le créateur remanié par sa création ; le bourreau qui devient sa victime ; l'homme chassé de lui-même par son propre type !

II

Monsieur Prudhomme est donc l'étiquette d'un ordre de faits et d'idées plus saillant dans la basse classe, plus circonspect dans la classe moyenne, presque effacé dans la haute classe. C'est en effet à la petite bourgeoisie que commence et à la grande bourgeoisie que finit ce type laborieux ; nous avons dit pourquoi ni le peuple ni l'aristocratie ne comprennent guère de *Prudhommes*. — Maintenant que nous avons essayé de définir Monsieur Prudhomme, tâchons de le faire agir et parler.

Pour ne pas prendre un milieu trop criard, c'est lui qui, à propos d'un amiral mort dans son lit, s'écrie, avec le soupir rassis des gens qui philosophent :

« Voyez ce vaillant *capitaine ;* pendant vingt ans il a affronté *le courroux des éléments déchaînés* et l'horreur des batailles, et il vient de décéder comme un simple particulier ! Ce que c'est que de nous !... »

C'est encore lui qui laisse entendre que la cathédrale de son choix serait celle qui réunirait : la nef d'Amiens, le portail de Reims, le chœur de Beauvais et la flèche de Strasbourg. En attendant, il cite avec orgueil l'architecture de Saint-Sulpice. En parlant des artistes, il ne dit plus : *Ce sont des meurt-fâim*, mais il déclare poliment que *jamais sa fille n'épousera un artiste*. C'est lui qui a inventé ces grâces du langage : appeler le cocher : un *Automédon*, et les chasseurs : des *Nemrod*. Il confond, avec la frivolité de l'homme sérieux, tous les rangs de l'art contemporain : il y a des talents supérieurs dont il ne saura jamais le nom ; mais ces expressions voltigent toujours sur ses lèvres avec un sourire admiratif : le *pinceau de Zeuxis*, — le *ciseau de Praxitèle*. Il payerait bien cher un *Apelles !* Quant à la poésie, qu'il prononce *pouahsie*, quand il vous a révélé que c'est de la *viande creuse*, il ajoute : « Eh mon Dieu ! des vers ! qui n'en a pas fait !... Moi aussi, dans mon temps, je *versifiais très-joliment !...* » Expliquez maintenant pourquoi il a un baromètre en forme de lyre ? D'un autre côté, aperçoit-il un poëte qui déjeune à la fourchette, il lui dit avec un sourire de dédain : « Savez-vous que ce que vous faites là n'est pas *très-poétique !* » Il aime *les petits motifs coulants*, auxquels on peut hocher la tête, et qui se retiennent aisément. C'est lui qui dit de feu Fiévée : *C'était un maître homme;* et de feu Laharpe : *On ne fait pas mieux aujourd'hui.* En religion, lorsqu'il est entre quatre yeux, il vous dira en clignant de l'œil, et parlant des gens qui communient, qu'il *ne prise pas beaucoup ces mangeurs de pains à cacheter.* C'est encore lui qui vous riposte quand vous vous plaignez du froid : *Si vous étiez en Sibérie, qu'est-ce que vous feriez?* N'avez-vous que vingt-cinq ans, et êtes-vous fatigué d'avoir monté sept étages, il vous dit ironiquement : *Un jeune homme!* Ses idées sur le mariage consterneraient George Sand : « Après tout, décrète-t-il, une *femme est une femme, la beauté est un don éphémère.* » Quant à l'esprit, il *ne sert qu'à faire des sottises;* aussi épouse-t-il une femme qui est à la fois un zéro et un épouvantail. Quant à l'amour, il hausse les épaules en en parlant, et il ajoute : *J'aime mieux qu'un jeune homme aille voir les filles que d'avoir une maîtresse; au moins il ne se ruinera pas.* Des romans de Balzac, il prétend qu'ils *farcissent* l'imagination. D'un homme qui, en dehors du mariage, aura aimé dix ans la même femme, il dira qu'il *s'adonne à la débauche.* Ses enfants construisent un château de cartes : le château fond; il leur dit en levant les yeux au ciel : *Voilà l'image de la vie!* Il répand partout que sa *dame ne lit pas,* et un compère lui réplique · *Vous êtes bien heureux!* C'est lui enfin qui, en wagon, lorsqu'on lui demande si la fumée ne l'incommode pas, répond magistralement :

« Non, monsieur, elle me rappelle la gloire ! »

Peintre, il choisit volontiers de ces sujets de tableau : *Un Monsieur avec un chapeau de femme,* et *Une Dame avec un chapeau d'homme.* Poëte tragique, il aligne des alexandrins dans ce goût :

Loin de ces lieux, Hystaspe, il faut porter tes pas.
Que l'aurore, demain, ne t'y retrouve pas!

Auteur comique, il cède ainsi à sa verve :

« Tiens! tiens! c'est Dolinval, le meilleur des notaires!
— Oui, je viens vous parler d'importantes affaires.
— Tout à vous; comment va votre dame? — Assez bien.
— Et Paul? — Il tousse un peu. — Cela ne sera rien. »

Fabuliste, il se plaît aux ouvrages en deux volumes, divisés ainsi : Livre premier, chapitre premier, fable première. — D'autres ont fait parler les animaux, les végétaux, les minéraux; lui fait parler les choses artificielles, toujours pour *corriger doucement les ridicules des humains*, témoin son apologue suivant :

LA SONNETTE ET LA PENDULE

En regardant une pendule,
Une sonnette se disait :
« Que mon destin est ridicule!
Je réponds à chacun, dès qu'à chacun il plaît
De venir en cette demeure;
Vous, du moins, gravement, vous ne dites que l'heure. »
Or, en cet instant, par hasard,
— Il était midi moins un quart, —
La pendule commence un singulier ramage,
Sonnant dix, onze coups, et même davantage.
(On eût pu croire, à l'écouter,
Entendre un député que je pourrais citer.)
La sonnette se dit alors : « Quelle imprudence!
Ne plaignons pas mon sort, si mon sort est plus bas :
Au moins je garde le silence
Quand on ne m'interroge pas! »

Critique, ce qu'il demande au théâtre, c'est une *fable bien tissée*, de la *gaieté décente* et de la *satire sans fiel;* c'est lui qui écrit, en rendant compte d'une première représentation :

« On a nommé le *coupable* (l'auteur) au milieu des applaudissements; la pièce a été bien jouée par les *deux complices*, Samson et Régnier. Mlle Fix a de la jeunesse et de la beauté, *ce qui ne gâte rien.* »

Une actrice change de théâtre, il l'appelle *la jolie transfuge*. On annonce une pièce nouvelle, il finit par ce mot menaçant : *Nous verrons bien !* A-t-il à parler d'une extravagance en un acte, il l'analyse longuement, en prenant ce ton gaillard dès le début :

« Il faut avouer que Galoubet est un singulier drôle, etc. »

Voilà pour l'enjouement. — Pour le côté sérieux de la critique, car il sait mêler, selon le précepte d'Horace, *utile dulci*, il excelle à raconter comme quoi *le Tartufe* se nommait d'abord *l'Imposteur*. Il raconte que M. de Lamoignon ayant défendu la pièce à la deuxième représentation, Molière s'avança sur la scène, et dit :

« Monsieur le président ne veut pas qu'on le joue. »

Une de ses malices est celle-ci : une pièce s'appelle, par malheur, *la Journée des Dupes :*

« Tout bien considéré, j'ai bien peur que la journée des dupes n'ait été pour le public. »

La pièce était passable ; tant pis ! il fallait qu'il fît son mot.

Orateur, il monte à la tribune en s'écriant :

« Messieurs, le *Pou-âr* (c'est la prononciation parlementaire de *pouvoir*, comme *câeur* est la prononciation dramatique de *cœur*), le *Pou-âr* veut nous mener aux abîmes ; ne *le suivons pas sur ce terrain !* »

Économiste, il croit devoir démontrer la légitimité de la propriété, et il tire ses arguments de l'exemple des castors, ces *industrieux animaux qui possèdent réellement animo domini;* journaliste, il s'exprime ainsi à la veille des cataclysmes :

« Nous ne sommes pas de ceux qui, dans les circonstances telles que celles où nous sommes momentanément placés, croiraient devoir exercer sur l'opinion de leurs concitoyens une influence par trop décisive. C'est pour nous un droit, nous irons plus loin, c'est un devoir de nous abstenir en pareille occurrence, et nous n'apprendrons rien à personne en disant avec Marcus Tullius Cicéron qu'il est des temps incertains où une réserve prudente est plus fertile en résultats fructueux qu'une agressive témérité. »

Le mobilier de Monsieur Prudhomme varie suivant la position sociale ; quelques généralités suffiront ; il a beaucoup aimé l'acajou, il le trahit maintenant pour l'*imitation d'écaille ;* de même qu'il avait abandonné les vases de fleurs artificielles pour les produits de la potichomanie ; il a un petit jardinier en bois colorié au fond de son parterre, et dans son cabinet il entretient sous un globe de verre un Napoléon en chocolat. Il vénère le ruolz ; il met de fausses manches pour *faire aller sa chemise* un jour de plus.

Monsieur Prudhomme est de tout. Il compose studieusement sa future épitaphe, et attache à sa personne un tas de petits titres dérisoires et abstraits, comme on attache des grelots au cou d'un épagneul : *Président du comité de surveillance des intérêts locaux, secrétaire-archiviste du comité central de désinfection publique, correspondant honoraire de l'athénée du Beauvaisis, délégué cantonal, rapporteur, commissaire*, etc. Nul n'est plus heureux que lui quand il peut dire, en parlant de lui-même, à sept ou huit personnes qui bâillent : *Votre président, messieurs, ne se dissimule pas*, etc. Enfin le *signe de l'honneur* aidant, avec la cravate blanche, et la calvitie, bien entendu, il arrive à être un homme considérable; c'est alors qu'il se donne le plaisir de prononcer quelques discours sur la tombe de ses amis; dernièrement on enterrait Lefébure, un de ses pairs; MONSIEUR PRUDHOMME, qui tient à la vie, s'est écrié d'un ton pathétique :

« Puisqu'il nous est défendu de te suivre, ô Lefébure, adieu, nous nous reverrons dans un monde meilleur. »

Et il est allé déjeuner, en arrosant ses mets d'un vin généreux, toutefois sans excès; car, dit-il, *je ne suis pas partisan des libations trop copieuses; mais je vais sur mes cinquante-six ans, et, nul n'en ignore, Bacchus est le lait des personnes d'âge.*

III

MONSIEUR PRUDHOMME est passé maintenant dans les intermédiaires reçus, dans les éléments de classification, dans les termes de comparaison. On sait à qui renvoyer telle sensation, tel jugement, telle manière d'être. Le cervelet de Prudhomme est devenu le foyer sacré d'une famille d'idées; pour ces types d'une capacité inouïe, le plagiat, en effet, n'est pas à craindre; à leur insu, les contrefaçons ajouteraient à l'œuvre; depuis le Prudhomme primordial, il en a été créé cent autres, beaucoup plus complets et qui rentrent tous dans le premier. Ce que le crayon, la plume, la causerie, ont fait pour populariser et diversifier ce type, serait incalculable. Pour notre part, c'est à nous qu'a été dit, et c'est nous qui avons répandu ce mot fameux : *Napoléon Ier était un ambitieux : s'il avait voulu rester simple officier d'artillerie, il se serait marié, il aurait eu des enfants, il vivrait peut-être encore tranquille.* Prudhomme a naturellement porté à son avoir cette inspiration de sa *judiciaire*, et malgré les continuateurs, quoique l'idée première du type ait été bien remaniée, Henri Monnier n'en reste pas moins le glorieux créateur de l'immortel MONSIEUR PRUDHOMME.

Voici les armes parlantes que nous proposons pour l'auguste élève de Brard et de Saint-Omer : *Une Lutécienne à voiles sombrant dans un cratère*, avec cette devise dont le texte étourdissant est emprunté à son répertoire des fêtes carillonnées : *Le char de l'État navigue sur un volcan !*

XAVIER AUBRYET.

PANTALONS ET CORSETS

Au temps des culottes courtes, certains hommes cagneux ou rachitiques imaginèrent un jour qu'il serait très-important pour eux de trouver un moyen de cacher leurs jambes.

Mais les cacher, tandis que les hommes bien faits continueraient à montrer les leurs, cela ne les eût avancés à rien. Sous prétexte de *mode,* ils amenèrent tout le monde à quitter la culotte courte pour le pantalon.

Les premières femmes qui porterent des corsets étaient nécessairement des femmes déjetées, contrefaites ou minées par le temps. Cela remettait certaines choses à leur place, et en suppléait quelques autres.

Mais le fin fut d'amener à mettre ces cilices les femmes qui n'en avaient pas besoin, et de déclarer *inconvenantes* les tentatives de celles qui refusent de s'y soumettre, et qui, au bout de quelque temps, ne peuvent plus en réalité les quitter.

Cela était aussi difficile à amener que si l'on avait publié la chose en ces termes : « De par la mode, les femmes qui ne sont ni bossues ni contrefaites cesseront de manifester cet avantage, et s'arrangeront de manière à ressembler entièrement à celles qui le sont.

« Les hommes qui ont la jambe bien faite feront semblant d'être crochus, cagneux et bancals, pour ne pas humilier plus longtemps la majorité de la nation. »

Mais j'ai beau prêcher, le genre humain a de tout temps été mené par les sots et par les bossus; il en sera de même jusqu'à la consommation des siècles, ce qui est évident, surtout aujourd'hui que l'on a inventé le gouvernement des majorités.

ALPHONSE KARR.

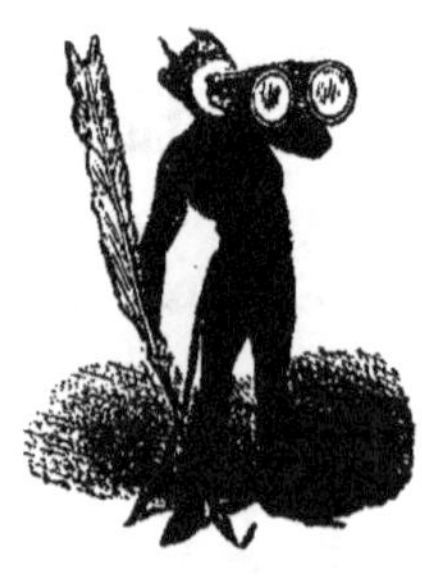

LES FORMULES

DU DOCTEUR GRÉGOIRE[1].

ACTIONNAIRES. — Des badauds qui regardent couler leur argent.

PÈRE ADOPTIF. — Un homme qui veut être bien sûr qu'il n'est pas le père de son enfant.

ARROSER. — Substituer de la boue à de la poussière.

BACHELIER. — Un jeune homme qui va pouvoir enfin commencer son éducation.

BANQUET FUNÉRAIRE. — Un repas où le défunt aurait bien tort de revenir au dessert.

COCOTTE. — Une poule qui a des dents.

MAISON DE CONFECTION. — Un bazar où les *habits* tâchent de trouver des *hommes* à leur taille.

CRITIQUE (la). — L'art de passer pour un homme de goût à force de faire le dégoûté.

CULOTTE. — Vêtement que mettent les hommes et que portent les femmes à Paris.

DÉMENTI. — Un soufflet en petite tenue.

DÉPUTÉ. — Un législateur qui s'est engagé d'avance à trouver que le pouvoir *aura* toujours tort ou toujours raison.

DOUANIER. — Un observateur qui va au fond des choses.

ÉCHAFAUD. — Sommet vertigineux où l'on finit toujours par perdre la tête.

ENNUI. — La maladie des gens qui n'ont pas de chagrin.

ENQUÊTE. — Un bain qui lave parfois un coupable, mais qui salit toujours un innocent.

ÉTOILE. — Une actrice qui commence à filer.

1. *Les Formules du Dr Grégoire*, par M. Adrien de Courcelles, publiées complètes en un joli volume à 2 francs, sont à coup sûr l'œuvre la plus parisienne de ce temps-ci. Nous empruntons une quarantaine seulement de ces formules au spirituel et très-sagace docteur; mais c'est tout le livre que devraient connaître les lecteurs du *Diable à Paris*, car il est l'essence même et la quintessence de l'esprit de Paris en 1868.

P.-J. STAHL.

FILLE. — Le contraire d'un garçon et l'opposé d'une demoiselle.

GARE. — Cri que poussent les cochers quand ils viennent de renverser quelqu'un.

GRISETTE. — Une ouvrière qui vit aussi de son aiguille.

GUILLOTINE. — Petite lucarne donnant sur l'éternité.

HABITUÉ. — Ce n'est pas qu'il s'amuse chez vous, c'est qu'il s'ennuie ailleurs.

HIRONDELLES. — Oiseaux de romance.

INDISPENSABLE. — Tout ce qu'on n'a pas.

INVITATION A DINER. — Une gracieuseté sur laquelle on peut toujours compter, tant qu'on n'en a pas besoin.

JURISPRUDENCE. — La girouette du Palais.

MAITRESSE. — Un maître.

MANANT. — Votre premier ancêtre, mon gentilhomme !

MARMAILLE. — Les petits du voisin.

OPÉRETTE. — Petite symphonie en zut.

PARIS. — La plus grande des petites villes.

PÊCHEUR A LA LIGNE. — La seule distraction des poissons.

PERDUE. — Une femme que tout le monde retrouve.

PROTECTEUR. — Un ange gardien qui pourvoit aux besoins d'une pauvre fille et qui veille sur son déshonneur.

LA RÉCLAME. — La lyre du XIXe siècle.

REPARTIE. — La réponse qu'on aurait dû faire.

RÉVÉRENCE. — L'art de plonger dans sa robe.

SALUER. — Toutes les fois que vous voyez une duchesse sortant d'un hôtel garni à sept heures du matin, son corset sous le bras, ne la saluez pas, c'est plus poli.

SOIRÉE. — On ne saurait trop y aller, c'est si bon d'en revenir !

TABAC, FUMEUR. — Le plus fumé des deux n'est pas celui qu'on pense.

TRICHEUR. — Un individu qui ne joue pas pour s'amuser.

TROTTOIR. — Ça manque peut-être un peu de mères.

VOYOU. — La fleur du pavé.

VULGAIRE (le). — Les autres.

ADRIEN DE COURCELLES.

LES DEUX LUXES

Qu'est-ce donc que votre luxe, s'il vous plaît ?

Vos maisons cachent leurs murs sous les bas-reliefs, les festons, les guirlandes, les frises et les cariatides.

L'or envahit vos appartements du haut en bas : de l'or sur vos papiers, de l'or sur vos lambris, de l'or à vos corniches que vous pouvez toucher du doigt en levant le bras.

Vous empruntez vos meubles à toutes les époques et à toutes les civilisations.

Il y a dans vos salons et dans vos chambres à coucher tant de chaises, de chauffeuses, de causeuses, de guéridons, de jardinières et d'étagères remplies de brimborions, qu'on n'y peut marcher qu'avec des précautions infinies, de peur d'accrocher, de renverser, de casser quelque chose.

Vous avez les cafés et les casinos les plus vastes et les plus brillants qu'on ait jamais vus : de la peinture du haut en bas, et presque autant d'or que dans vos maisons.

Vous avez des églises coquettes, mignonnes, de vraies bonbonnières, de l'or plus encore que dans vos cafés; guère moins de peinture, et pas plus mauvaise.

Vos femmes dépensent en robes, en coiffures, en rubans et en cheveux cinq ou six fois plus que ne dépensaient leurs grand'mères; le velours et le satin sont les deux seules étoffes qu'elles connaissent, et, à la seule pensée d'aller à deux bals avec la même toilette, elles se mettent à rire.

Vous donnez trois ou quatre dîners par hiver. La table est splendide : les cristaux, l'argenterie, les porcelaines croisent leurs mille feux sous les bougies du lustre et des candélabres, et les fleurs rares, dans les vases du Japon ou de Sèvres, mêlent leurs chaudes et riches couleurs à cet éblouissement, c'est un merveilleux coup d'œil. Potel ou Chevet a fourni le repas.

Vous donnez aussi la comédie et le bal. Deux jours à l'avance, les tapissiers s'emparent de vos appartements et les disposent pour la fête. Une fête magnifique : cinq cents personnes se pressent, se coudoient et s'étouffent dans votre salon et dans vos chambres à coucher. Les habits noirs froissent les épaules blanches, les brochettes de croix arrachent les dentelles, les bottes vernies marchent sur les traînes démesurées, et dix valets de louage fendent la foule, portant des plateaux chargés de sorbets et de fruits glacés. La nuit s'avance, l'heure du souper a sonné : c'est dans la salle à manger que l'on s'écrase maintenant, autour du buffet somptueusement servi, et cela dure jusqu'au matin.

L'hiver est passé; on ne saurait demeurer à Paris pendant l'été. Vous avez votre villa, votre château, si vous êtes riche : votre villa, ce n'est pas la maisonnette blanche aux contrevents verts, sur le penchant du coteau ou au milieu des bois, c'est un kiosque turc, un Alhambra en miniature, un diminutif du Kremlin, ou un petit castel moyen âge sur le bord d'un chemin de fer et *à proximité* d'une station; votre château, c'est un des hôtels des Champs-Élysées ou du boulevard Pereire transporté à vingt ou trente lieues de Paris, avec ses glaces, ses dorures, son mobilier disparate et son fantasque bric-à-brac.

Voilà votre luxe, ô mes contemporains, vous vous contentez de peu, en vérité.

Le luxe d'un peuple, autrefois, c'étaient les temples et les panthéons, où le marbre des frises, animé par les plus grands artistes, célébrait les dieux et les héros, c'étaient les *forums* et les *agoras* remplis de statues parées d'une immortelle beauté, c'étaient les élégants et nobles portiques sous lesquels discutaient les philosophes.

En France ce furent les cathédrales aux voûtes gigantesques, aux flèches vertigineuses, aux flamboyantes rosaces, aux immenses portails racontant de sublimes légendes, ou chantant des hymnes surhumains; les hôtels de ville et les palais de justice, merveilles de grâce, de hardiesse et de fécondité.

Toujours et partout le génie de l'homme resplendissant dans les plus puissantes créations de l'art.

Tel était le luxe public, le luxe des pauvres et des riches. Par bonheur, nous l'avons hérité du passé; car nous ne l'aurions pas inventé, je le crains bien.

Et le luxe privé, le vrai, combien je me le représente différent du vôtre ! Que c'est chose mesquine et misérable ce que vous appelez de ce nom ! Un appartement d'une richesse écrasante où l'on ne respire pas, un étalage étourdissant, quelques jours et quelques nuits de dépenses folles !... et puis rien. — C'est une pitié, je vous jure.

La vie toujours abondante et large, tous les nobles goûts, ceux du cœur et ceux de l'esprit, librement satisfaits, voilà le luxe que j'imagine, moi.

Chez mon luxueux, pas de plafonds étincelants, de dorures qui semblent crier à tout venant : million! million! mais de beaux meubles simples et commodes, et, pendus aux murs, de beaux tableaux de maîtres. Il ne réunit pas à certaines occasions trente personnes à sa table pour leur faire manger le dîner de Potel ou de Chevet, servi par les maîtres d'hôtel que lui fournissent ces messieurs; mais un ami est toujours le bienvenu à s'inviter au dîner qu'a préparé son cuisinier et que sert son domestique.

S'il donne une fête, c'est pour qu'on s'amuse chez lui et non pour qu'on s'y écrase; il ne prie que les gens qu'il connaît, et n'a pas l'air de leur jeter sa fortune à la tête sous forme de bouteilles de champagne et de pâtés de foies gras. Sa maison de campagne n'est ni une pagode, ni un donjon, ni une mosquée, ni un hôtel de banquier, c'est tout bonnement une maison de campagne; mais les chambres y sont vastes et bien aérées, les bonnes odeurs du parc y entrent en toute liberté par les larges fenêtres; les appartements sont nombreux, et l'hôte imprévu n'est pas moins bien accueilli aux champs qu'à la ville. Les fleurs de fabrication nouvelle et les feuillages à la dernière mode, qu'on paye au poids de l'or, ne remplissent pas les serres; mais dans les parterres, en plein soleil, fleurissent les plus belles roses, et l'ombre est merveilleusement fraîche et douce aux yeux dans la vallée de tilleuls et sous les quinconces de marronniers. Et quel plaisir de lire un beau livre sous ces arbres séculaires! Jouir de la nature, de l'amitié, des chefs-d'œuvre de l'esprit et de l'art, de tout ce qu'il y a de sain, de pur et de grand dans la vie, encore une fois, voilà mon luxe!

N'avez-vous pas honte du vôtre?

Le mien élève l'intelligence, fortifie l'âme et l'ennoblit, il rend l'homme meilleur, il rend les nations plus grandes. Le vôtre rapetisse l'esprit, et vide le cœur; il épuise le présent, il tue l'avenir.

« Que vous importe? » me direz-vous peut-être. Eh bien, mes chers contemporains, puisqu'il faut un gros argument pour vous toucher : votre luxe appauvrit, le mien n'appauvrit pas.

EDMOND TEXIER ET ALBERT KAEMPFEN.

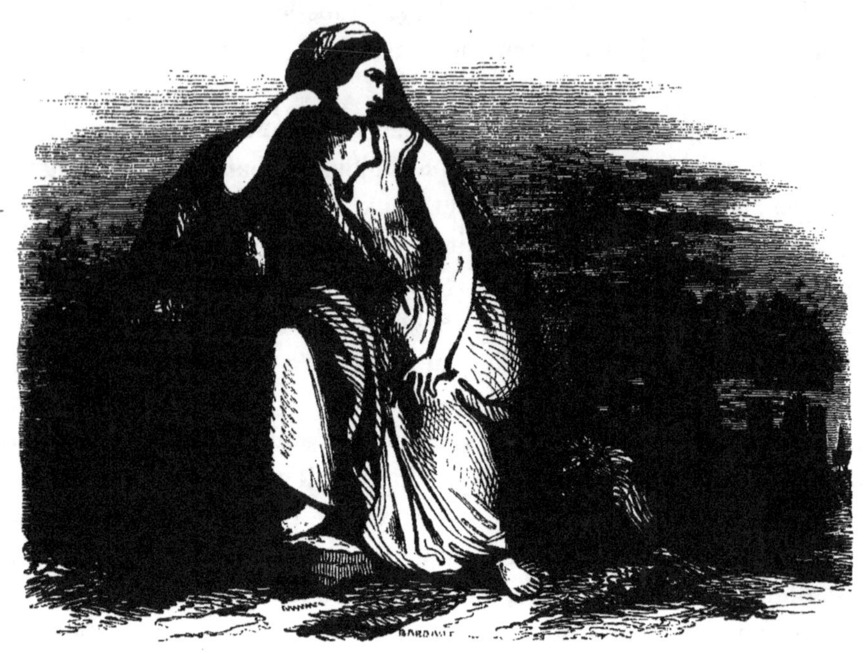

PARIS A VOL D'OISEAU

AU XIVe SIÈCLE

Les admirables pages que nous donnons ici sont tirées d'un des chapitres célèbres de *Notre-Dame de Paris*, de Victor Hugo. — Essayer de toucher à ce sujet après l'illustre poëte eût été folie. Ce n'est qu'à lui qu'on peut demander ce que fut Paris au moyen âge. C'est à ces pages immortelles, c'est à *Notre-Dame de Paris* tout entière que la France doit la résurrection, la restitution, la renaissance, la conservation de tous ses grands monuments historiques. Le grand poëte en a été l'initiateur et le prophète.

LES ÉDITEURS.

Le Paris d'il y a trois cent cinquante ans, le Paris du XVe siècle était déjà une ville géante. Nous nous trompons en général, nous autres Parisiens, sur le terrain que nous croyons avoir gagné depuis.

Paris, depuis Louis XI, ne s'est pas accru de beaucoup plus d'un tiers. Il a, certes, bien plus perdu en beauté qu'il n'a gagné en grandeur.

Paris est né, comme on sait, dans cette vieille île de la Cité qui a la forme d'un berceau. La grève de cette île fut sa première enceinte, la Seine son premier fossé. Paris demeura plusieurs siècles à l'état d'île, avec deux ponts, l'un au nord, l'autre au midi, et deux têtes de pont, qui étaient à la fois ses portes et ses forteresses : le Grand-Châtelet sur la rive droite, le Petit-Châtelet sur la rive gauche. Puis, dès les rois de la première race, trop à l'étroit dans son île, et ne pouvant plus s'y retourner, Paris passa l'eau. Alors, au delà du Grand, au delà du Petit-Châtelet, une première enceinte de murailles et de tours commença à entamer la campagne des deux côtés de la Seine. De cette ancienne clôture il restait encore au siècle dernier quelques vestiges; aujourd'hui, il n'en reste que le souvenir et çà et là une tradition, la porte Baudets ou Baudoyer, *Porta Bagauda*. Peu à peu, le flot des maisons, toujours poussé du cœur de la ville au dehors, déborde, ronge, use et efface cette enceinte. Philippe-Auguste lui fait une nouvelle digue. Il emprisonne Paris dans une chaîne circulaire de grosses tours, hautes et solides. Pendant plus d'un siècle, les maisons se pressent, s'accumulent et haussent leur niveau dans ce bassin, comme l'eau dans un réservoir. Elles commencent à devenir profondes; elles mettent étages sur étages; elles montent les unes sur les autres; elles jaillissent en hauteur comme toute séve comprimée, et c'est à qui passera la tête par-dessus ses voisines pour avoir un peu d'air. La rue de plus en plus se creuse et se rétrécit; toute place se comble et disparaît. Les maisons enfin sautent par-dessus le mur de Philippe-Auguste, et s'éparpillent joyeusement dans la plaine, sans ordre et tout de travers, comme des échappées. Là, elles se carrent, se taillent des jardins dans les champs, prennent leurs aises. Dès 1367, la ville se répand tellement dans le faubourg qu'il faut une nouvelle clôture, surtout sur la rive droite : Charles V la bâtit. Mais une ville comme Paris est dans une crue perpétuelle. Il n'y a que ces villes-là qui deviennent capitales. Ce sont des entonnoirs où viennent aboutir tous les versants géographiques, politiques, moraux, intellectuels d'un pays, toutes les pentes naturelles d'un peuple; des puits de civilisation, pour ainsi dire, et aussi des égouts, où commerce, industrie, intelligence, population, tout ce qui est séve, tout ce qui est vie, tout ce qui est âme dans une nation, filtre et s'amasse sans cesse, goutte à goutte, siècle à siècle. L'enceinte de Charles V a donc le sort de l'enceinte de Philippe-Auguste. Dès la fin du xve siècle, elle est enjambée, dépassée, et le faubourg court plus loin. Au xvie, il semble qu'elle recule à vue d'œil et s'enfonce de plus en plus dans la vieille ville, tant une ville neuve s'épaissit déjà au dehors. Ainsi, dès le xve siècle, pour nous arrêter là, Paris avait déjà usé les trois cercles concentriques de murailles qui, du temps de Julien l'Apostat, étaient, pour ainsi dire, en germe dans le Grand-Châtelet et le Petit-Châtelet. La puissante ville avait fait craquer successivement ses quatre ceintures de murs, comme un enfant qui grandit et qui crève ses vêtements de l'an passé. Sous Louis XI, on voyait, par places, percer, dans cette mer de maisons, quelques groupes de tours en ruine des anciennes enceintes, comme les pitons des collines dans une inondation, comme des archipels du vieux Paris submergé sous le nouveau.

Depuis lors, Paris s'est encore transformé, malheureusement pour nos yeux; mais il n'a franchi qu'une enceinte de plus, celle de Louis XV, ce misérable mur de boue et de crachat, digne du roi qui l'a bâti, digne du poëte qui l'a chanté :

Le mur murant Paris rend Paris murmurant.

Au xve siècle, Paris était encore divisé en trois villes tout à fait distinctes et séparées, ayant chacune leur physionomie, leur spécialité, leurs mœurs, leurs coutumes, leurs priviléges, leur histoire : la Cité, l'Université, la Ville. La Cité, qui occupait l'île, était la plus ancienne, la moindre et la mère des deux autres, resserrée entre elles (qu'on nous passe la comparaison) comme une petite vieille entre deux grandes belles filles. L'Université couvrait la rive gauche de la Seine, depuis la Tournelle jusqu'à la tour de Nesle, points qui correspondent, dans le Paris d'aujourd'hui, l'un à la halle aux vins, l'autre à la Monnaie. Son enceinte échancrait assez largement cette campagne où Julien avait bâti ses thermes. La montagne de Sainte-Geneviève y était renfermée. Le point culminant de cette courbe de murailles était la porte Papale, c'est-à-dire à peu près l'emplacement actuel du Panthéon. La Ville, qui était le plus grand des trois morceaux de Paris, avait la rive droite. Son quai, rompu toutefois ou interrompu en plusieurs endroits, courait le long de la Seine, de la tour de Billy à la tour du Bois, c'est-à-dire de l'endroit où est aujourd'hui le grenier d'abondance à l'endroit où sont aujourd'hui les Tuileries. Ces quatre points, où la Seine coupait l'enceinte de la capitale, la Tournelle et la tour de Nesles à gauche, la tour de Billy et la tour du Bois à droite, s'appelaient par excellence *les quatre tours de Paris*. La Ville entrait dans les terres plus profondément encore que l'Université. Le point culminant de la clôture de la Ville (celle de Charles V) était aux portes Saint-Denis et Saint-Martin, dont l'emplacement n'a pas changé.

Comme nous venons de le dire, chacune de ces trois grandes divisions de Paris était une ville, mais une ville trop spéciale pour être complète, une ville qui ne pouvait se passer des deux autres. Aussi trois aspects parfaitement à part. Dans la Cité abondaient les églises, dans la Ville les palais, dans l'Université les colléges. Pour négliger ici les originalités secondaires du vieux Paris et les caprices du droit de voirie, nous dirons d'un point de vue général, en ne prenant que les ensembles et les masses dans le chaos des juridictions communales, que l'île était à l'évêque, la rive droite au prévôt des marchands, la rive gauche au recteur; le prévôt de Paris, officier royal et non municipal, sur le tout. La Cité avait Notre-Dame, la Ville le Louvre et l'Hôtel de ville, l'Université la Sorbonne. La Ville avait les Halles, la Cité l'Hôtel-Dieu, l'Université le Pré-aux-Clercs. Le délit que les écoliers commettaient sur la rive gauche, on le jugeait dans l'île, au Palais de Justice, et on le punissait sur la rive droite, à Montfaucon; à moins que le recteur, sentant l'Université forte et le roi faible, n'intervînt; car c'était un privilége des écoliers d'être pendus chez eux.

(La plupart de ces priviléges, pour le noter en passant, et il y en avait de meilleurs que celui-ci, avaient été extorqués aux rois par révoltes et mutineries. C'est la marche immémoriale : le roi ne lâche que quand le peuple arrache. Il y a une vieille charte qui dit la chose naïvement, à propos de fidélité : *Civibus fidelitas in reges, quæ tamen aliquoties seditionibus interrupta, multa peperit privilegia.*)

Au XVe siècle, la Seine baignait cinq îles dans l'enceinte de Paris : l'île Louviers, où il y avait alors des arbres et où il n'y a plus que du bois; l'île aux Vaches et l'île Notre-Dame, toutes deux désertes, à une masure près, toutes deux fiefs de l'évêque (au XVIIe siècle, de ces deux îles on en a fait une, qu'on a bâtie, et que nous appelons l'île Saint-Louis); enfin la Cité, et à sa pointe l'îlot du passeur aux vaches qui s'est abîmé depuis sous le terre-plein du Pont-Neuf. La Cité alors avait cinq ponts : trois à droite, le pont Notre-Dame et le pont au Change, en pierre, le pont aux Meuniers, en bois; deux à gauche, le Petit-Pont, en pierre, le pont Saint-Michel, en bois; tous chargés de maisons. L'Université avait six portes, bâties par Philippe-Auguste; c'était, à partir de la Tournelle, la porte Saint-Victor, la porte Bordelle, la porte Papale, la porte Saint-Jacques, la porte Saint-Michel, la porte Saint-Germain. La Ville avait six portes, bâties par Charles V; c'était, à partir de la tour de Billy, la porte Saint-Antoine, la porte du Temple, la porte Saint-Martin, la porte Saint-Denis, la porte Montmartre, la porte Saint-Honoré. Toutes ces portes étaient fortes, et belles aussi, ce qui ne gâte pas la force. Un fossé, large, profond, à courant vif dans les crues d'hiver, lavait le pied des murailles tout autour de Paris; la Seine fournissait l'eau. La nuit, on fermait les portes, on barrait la rivière aux deux bouts de la ville avec de grosses chaînes de fer, et Paris dormait tranquille.

Vus à vol d'oiseau, ces trois bourgs, la Cité, l'Université, la Ville, présentaient chacun à l'œil un tricot inextricable de rues bizarrement brouillées. Cependant, au premier aspect, on reconnaissait que ces trois fragments de cité formaient un seul corps. On voyait tout de suite deux longues rues parallèles, sans rupture, sans perturbation, presque en ligne droite, qui traversaient à la fois les trois villes d'un bout à l'autre, du midi au nord, perpendiculairement à la Seine, les liaient, les mêlaient, infusaient, versaient, transvasaient sans relâche le peuple de l'une dans les murs de l'autre, et des trois n'en faisaient qu'une. La première de ces deux rues allait de la porte Saint-Jacques à la porte Saint-Martin; elle s'appelait rue Saint-Jacques dans l'Université, rue de la Juiverie dans la Cité, rue Saint-Martin dans la Ville; elle passait l'eau deux fois sous le nom de Petit-Pont et de pont Notre-Dame. La seconde, qui s'appelait rue de la Harpe sur la rive gauche, rue de la Barillerie dans l'île, rue Saint-Denis sur la rive droite, pont Saint-Michel sur un bras de la Seine, pont au Change sur l'autre, allait de la porte Saint-Michel dans l'Université à la porte Saint-Denis dans la Ville. Du reste, sous tant de noms divers, ce n'étaient toujours que deux rues, mais les deux rues mères, les deux rues génératrices, les deux artères de Paris. Toutes les autres veines de la triple ville venaient y puiser ou s'y dégorger.

Indépendamment de ces deux rues principales, diamétrales, perçant Paris de part en part dans sa largeur, communes à la capitale entière, la Ville et l'Université avaient chacune leur grande rue particulière, qui courait dans le sens de leur longueur, parallèlement à la Seine, et en passant coupait à angle droit les deux rues *artérielles*. Ainsi, dans la Ville, on descendait en droite ligne de la porte Saint-Antoine à la porte Saint-Honoré; dans l'Université, de la porte Saint-Victor à la porte Saint-Germain. Ces deux grandes voies, croisées avec les deux premières, formaient le canevas sur lequel reposait, noué et serré en tout sens, le réseau dédaléen des rues de Paris. Dans le dessin inintelligible de ce réseau, on distinguait en outre, en examinant avec attention, comme deux gerbes élargies l'une dans l'Université, l'autre dans la Ville, deux trousseaux de grosses rues qui allaient s'épanouissant des ponts aux portes.

Quelque chose de ce plan géométral subsiste encore aujourd'hui.

Maintenant sous quel aspect cet ensemble se présentait-il, vu du haut des tours de Notre-Dame, en 1482 ? C'est ce que nous allons tâcher de dire.

Pour le spectateur qui arrivait essoufflé sur ce faîte, c'était d'abord un éblouissement de toits, de cheminées, de rues, de ponts, de places, de flèches, de clochers. Tout vous prenait aux yeux à la fois, le pignon taillé, la toiture aiguë, la tourelle suspendue aux angles des murs, la pyramide de pierre du XIe siècle, l'obélisque d'ardoise du XVe, la tour ronde et nue du donjon, la tour carrée et brodée de l'église, le grand, le petit, le massif, l'aérien. Le regard se perdait longtemps à toute profondeur dans ce labyrinthe, où il n'y avait rien qui n'eût son originalité, sa raison, son génie, sa beauté, rien qui ne vînt de l'art, depuis la moindre maison à devanture peinte et sculptée, à charpente extérieure, à porte surbaissée, à étages en surplomb, jusqu'au royal Louvre, qui avait alors une colonnade de tours. Mais voici les principales masses qu'on distinguait lorsque l'œil commençait à se faire à ce tumulte d'édifices.

D'abord la Cité. L'île de la Cité, comme dit Sauval, qui, à travers son fatras, a quelquefois de ces bonnes fortunes de style, *l'île de la Cité est faite comme un grand navire enfoncé dans la vase et échoué au fil de la Seine*. Nous venons d'expliquer qu'au XVe siècle ce navire était amarré aux deux rives du fleuve par cinq ponts. Cette forme de vaisseau avait aussi frappé les scribes héraldiques; car c'est de là, et non du siége des Normands, que vient, selon Favyn et Pasquier, le navire qui blasonne le vieil écusson de Paris. Pour qui sait le déchiffrer, le blason est une algèbre, le blason est une langue. L'histoire entière de la seconde moitié du moyen âge est écrite dans le blason, comme l'histoire de la première moitié dans le symbolisme des églises romanes. Ce sont les hiéroglyphes de la féodalité après ceux de la théocratie.

La Cité donc s'offrait d'abord aux yeux avec sa poupe au levant et sa proue au couchant. Tourné vers la proue, on avait devant soi un innombrable troupeau de vieux toits, sur lesquels s'arrondissait largement le chevet plombé de la Sainte-Chapelle, pareil à une croupe d'éléphant chargée de sa tour. Seulement ici cette tour était la flèche la plus hardie, la plus ouvrée, la plus menuisée, la plus déchiquetée qui ait jamais laissé voir le ciel à travers son cône de dentelle. Devant Notre-Dame, au plus près, trois rues se dégorgeaient dans le parvis, belle place à vieilles maisons. Sur le côté sud de cette place se penchait la façade ridée et rechignée de l'Hôtel-Dieu, et son toit qui semble couvert de pustules et de verrues. Puis, à droite, à gauche, à l'orient, à l'occident, dans cette enceinte si étroite pourtant de la Cité, se dressaient les clochers de ses vingt et une églises de toute date, de toute forme, de toute grandeur, depuis la basse et vermoulue campanule romane de Saint-Denis du Pas (*carcer Glaucini*) jusqu'aux fines aiguilles de Saint-Pierre aux Bœufs et de Saint-Landry. Derrière Notre-Dame se déroulaient, au nord, le cloître avec ses galeries gothiques; au sud, le palais demi-roman de l'évêque; au levant, la pointe déserte du Terrain. Dans cet entassement de maisons, l'œil distinguait encore, à ces hautes mitres de pierre percées à jour qui couronnaient alors sur le toit même les fenêtres les plus élevées des palais, l'hôtel donné par la ville, sous Charles VI, à Juvénal des Ursins; un peu plus loin, les baraques goudronnées du marché Palus; ailleurs encore, l'abside neuve de Saint-Germain le Vieux, rallongée en 1458 avec un bout de la rue aux Febves; et puis, par places, un carrefour encombré de peuple; un pilori dressé à un coin de rue; un beau morceau du pavé de Philippe-Auguste, magnifique dallage rayé pour les pieds des chevaux au milieu de la voie, et si mal remplacé au XVIe siècle par le misérable cailloutage dit *pavé de la Ligue;* une arrière-cour déserte avec une de ces diaphanes tourelles de l'escalier comme on en faisait au XVe siècle, comme on en voit encore une rue des Bourdonnais. Enfin, à droite de la Sainte-Chapelle, vers le couchant, le Palais de Justice asseyait au bord de l'eau son groupe de tours. Les futaies des jardins du roi, qui couvraient la pointe occidentale de la Cité, masquaient l'îlot du Passeur. Quant à l'eau, du haut des tours de Notre-Dame, on ne la voyait guère des deux côtés de la Cité : la Seine disparaissait sous les ponts, les ponts sous les maisons.

Et quand le regard passait ces ponts, dont les toits verdissaient à l'œil, moisis avant l'âge par les vapeurs de l'eau, s'il se dirigeait à gauche vers l'Université, le premier édifice qui le frappait, c'était une grosse et basse gerbe de tours, le Petit-Châtelet, dont le porche béant dévorait le bout du Petit-Pont; puis, si votre vue parcourait la rive du levant au couchant, de la Tournelle à la tour de Nesle, c'était un long cordon de maisons à solives sculptées, à vitres de couleur, surplombant d'étage en étage sur le pavé, un interminable zigzag de pignons bourgeois, coupé fréquemment par la bouche d'une rue, et de temps en temps aussi par la face ou par le coude d'un grand hôtel de pierre, se carrant à son aise, cours et jardins, ailes et corps de logis, parmi cette populace de maisons serrées et étriquées, comme un grand seigneur dans un tas de manants. Il y avait cinq ou six de ces hôtels sur le quai, depuis le logis de Lorraine, qui partageait avec les Bernardins le grand enclos voisin de la Tournelle, jusqu'à l'hôtel de Nesle, dont la tour principale bornait Paris, et dont les toits pointus étaient en possession pendant trois mois de l'année d'échancrer de leurs triangles noirs le disque écarlate du soleil couchant.

Ce côté de la Seine, du reste, était le moins marchand des deux; les écoliers y faisaient plus de bruit et de foule que les artisans, et il n'y avait, à proprement parler, de quai que du pont Saint-Michel à la tour de Nesle. Le reste du bord de la Seine était tantôt une grève nue, comme au delà des Bernardins, tantôt un entassement de maisons qui avaient le pied dans l'eau, comme entre les deux ponts.

Il y avait grand vacarme de blanchisseuses; elles criaient, parlaient, chantaient du matin au soir le long du bord, et y battaient fort le linge, comme de nos jours. Ce n'est pas la moindre gaieté de Paris.

L'Université faisait un bloc à l'œil. D'un bout à l'autre c'était un tout homogène et compacte. Ces mille toits, drus, anguleux, adhérents, composés presque tous du même élément géométrique, offraient, vus de haut, l'aspect d'une cristallisation de la même substance. Le capricieux ravin des rues ne coupait pas ce pâté de maisons en tranches trop disproportionnées. Les quarante-deux colléges y étaient disséminés d'une manière assez égale, et il y en avait partout. Les faîtes variés et amusants de ces beaux édifices étaient le produit du même art que les simples toits qu'ils dépassaient, et n'étaient en définitive qu'une multiplication au carré ou au cube de la même figure géométrique. Ils compliquaient donc l'ensemble sans le troubler, le complétaient sans le charger. La géométrie est une harmonie. Quelques beaux hôtels faisaient aussi çà et là de magnifiques saillies sur les greniers pittoresques de la rive gauche; le logis de Nevers, le logis de Rome, le logis de Reims, qui ont disparu; l'hôtel de Cluny, qui subsiste encore pour la consolation de l'artiste, et dont on a si bêtement découronné la tour il y a quelques années. Près de Cluny, ce palais romain, à belles arches cintrées, c'étaient les Thermes de Julien. Il y avait aussi force abbayes d'une beauté plus dévote, d'une grandeur plus grave que les hôtels, mais non moins belles, non moins grandes. Celles qui éveillaient d'abord l'œil, c'étaient les Bernardins avec leurs trois clochers; Sainte-Geneviève, dont la tour carrée, qui existe encore, fait tant regretter le reste; la Sorbonne, moitié collége, moitié monastère, dont il survit une si admirable nef; le beau cloître quadrilatéral des Mathurins; son voisin le cloître de Saint-Benoît, dans les murs duquel on a eu le temps de bâcler un théâtre entre la septième et la huitième édition de ce livre; les Cordeliers avec leurs trois énormes pignons juxtaposés; les Augustins, dont la gracieuse aiguille faisait, après la tour de Nesle, la deuxième dentelure de ce côté de Paris, à partir de l'occident. Les colléges, qui sont en effet l'anneau intermédiaire du cloître au monde, tenaient le milieu dans la série monumentale entre les hôtels et les abbayes, avec une sévérité pleine d'élégance, une sculpture moins évaporée que les palais, une architecture moins sérieuse que les couvents. Il ne reste malheureusement presque rien de ces monuments où l'art gothique entrecoupait avec tant de précision la richesse et l'économie. Les églises (et elles étaient nombreuses et splendides dans l'Université; et elles s'échelonnaient là aussi dans tous les âges de l'architecture, depuis les pleins cintres de Saint-Julien jusqu'aux ogives de Saint-Séverin), les églises dominaient le tout; et, comme une harmonie de plus dans cette masse d'harmonies, elles perçaient à chaque instant la découpure multiple des pignons de flèches tailladées, de clochers à jour, d'aiguilles déliées dont la ligne n'était aussi qu'une magnifique exagération de l'angle aigu des toits.

Le sol de l'Université était montueux. La montagne Sainte-Geneviève y faisait au sud-est une ampoule énorme; et c'était une chose à voir du haut de Notre-Dame que cette foule de rues étroites et tortues (aujourd'hui *le pays latin*), ces grappes de maisons qui, répandues en tout sens du sommet de cette éminence, se précipitaient en désordre et presque à pic sur ses flancs jusqu'au bord de l'eau, ayant l'air, les unes de tomber, les autres de regrimper, toutes de se retenir les unes aux autres. Un flux continuel de mille points noirs qui s'entre-croisaient sur le pavé faisait tout remuer aux yeux : c'était le peuple vu ainsi de haut et de loin.

Enfin, dans les intervalles de ces toits, de ces flèches, de ces accidents d'édifices sans nombre qui pliaient, tordaient et dentelaient d'une manière si bizarre la ligne extrême de l'Université, on entrevoyait, d'espace en espace, un gros pan de mur moussu, une épaisse tour ronde, une porte de ville crénelée, figurant la forteresse : c'était la clôture de Philippe-Auguste. Au delà verdoyaient les prés, au delà s'enfuyaient les routes, le long desquelles traînaient encore quelques maisons de faubourg, d'autant plus rares qu'elles s'éloignaient plus. Quelques-uns de ces faubourgs avaient de l'importance : c'était d'abord, à partir de la Tournelle, le bourg Saint-Victor, avec son pont d'une seule arche sur la Bièvre, son abbaye, où on lisait l'épitaphe de Louis le Gros, *epitaphium Ludovici Grossi*, et son église à flèche octogone flanquée de quatre clochetons du XIe siècle (on en peut voir une pareille à Étampes; elle n'est pas encore abattue); puis le bourg Saint-Marceau, qui avait déjà trois églises et un couvent; puis, en laissant à gauche le moulin des Gobelins et ses quatre murs blancs, c'était le faubourg Saint-Jacques avec la belle croix sculptée de son carrefour; l'église de Saint-Jacques du Haut-Pas, qui était alors gothique, pointue et charmante; Saint-Magloire, belle nef du XIVe siècle, dont Napoléon fit un grenier à foin; Notre-Dame des Champs, où il y avait des mosaïques byzantines. Enfin, après avoir laissé en plein champ le monastère des Chartreux, riche édifice contemporain du Palais de Justice, avec ses petits jardins à compartiments et les ruines mal hantées de Vauvert, l'œil tombait, à l'occident, sur les trois aiguilles romanes de Saint-Germain des Prés. Le bourg Saint-Germain, déjà une grosse commune, faisait quinze ou vingt rues derrière; le clocher aigu de Saint-Sulpice marquait un des coins du bourg. Tout à côté on distinguait l'enceinte quadrilatérale de la foire Saint-Germain, où est aujourd'hui le marché; puis le pilori de l'abbé, jolie petite tour ronde, bien coiffée d'un cône de plomb; la tuilerie était plus loin, et la rue du Four, qui menait au four banal, et le moulin sur sa butte, et la maladrerie, maisonnette isolée et mal vue. Mais ce qui attirait surtout le regard et le fixait longtemps sur ce point, c'était l'abbaye elle-même. Il est certain que ce monastère, qui avait une grande mine et comme église et comme seigneurie, ce palais abbatial, où les évêques de Paris s'estimaient heureux de coucher une nuit, ce réfectoire, auquel l'architecte avait donné l'air, la beauté et la splendide rosace d'une cathédrale, cette élégante chapelle de la Vierge, ce dortoir monumental, ces vastes jardins, cette herse, ce pont-levis, cette enveloppe de créneaux qui entaillait aux yeux la verdure des prés d'alentour, ces cours où reluisaient des hommes d'armes mêlés à des chapes d'or, le tout groupé et rallié autour des trois hautes flèches à plein cintre, bien assises sur une abside gothique, faisaient une magnifique figure à l'horizon.

Quand enfin, après avoir longtemps considéré l'Université, vous vous tourniez vers la rive droite, vers la Ville, le spectacle changeait brusquement de caractère. La Ville, en effet, beaucoup plus grande que l'Université, était aussi moins une. Au premier aspect, on la voyait se diviser en plusieurs masses singulièrement distinctes. D'abord, au levant, dans cette partie de la ville qui reçoit encore aujourd'hui son nom du marais où Camulogène embourba César, c'était un entassement de palais. Le pâté venait jusqu'au bord de l'eau. Quatre hôtels presque adhérents, Jouy, Sens, Barbeau, le logis de la Reine, miraient dans la Seine leurs combles d'ardoise coupés de sveltes tourelles. Ces quatre édifices emplissaient l'espace de la rue des Nonaindières à l'abbaye des Célestins, dont l'aiguille relevait gracieusement leur ligne de pignons et de créneaux. Quelques masures verdâtres penchées sur l'eau devant ces somptueux hôtels n'empêchaient pas de voir les beaux angles de leurs façades, leurs larges fenêtres carrées à croisées de pierre, leurs porches ogives surchargés de statues, les vives arêtes de leurs murs toujours nettement coupés, et tous ces charmants hasards d'architecture qui font que l'art gothique a l'air de recommencer ses combinaisons à chaque monument. Derrière ces palais courait dans toutes les directions, tantôt refendue, palissadée et crénelée comme une citadelle, tantôt voilée de grands arbres comme une chartreuse, l'enceinte immense et multiforme de ce miraculeux hôtel de Saint-Pol, où le roi de France avait de quoi loger superbement vingt-deux princes de la qualité du Dauphin et du duc de Bourgogne, avec leurs domestiques et leurs suites, sans compter les grands seigneurs, et l'empereur quand il venait voir Paris, et les lions qui avaient leur hôtel à part dans l'hôtel royal. Disons ici qu'un appartement de prince ne se composait pas alors de moins de onze salles, depuis la chambre de parade jusqu'au priez-Dieu, sans parler des galeries, des bains, des étuves et autres « lieux superflus » dont chaque appartement était pourvu; sans parler des jardins particuliers de chaque hôte du roi; sans parler des cuisines, des celliers, des offices, des réfectoires généraux de la maison, des basses-cours, où il y avait vingt-deux laboratoires généraux, depuis la fourille jusqu'à l'échansonnerie; des jeux de mille sortes, le mail, la paume, la bague; des volières, des poissonneries, des ménageries, des écuries, des étables, des bibliothèques, des arsenaux et des fonderies. Voilà ce que c'était alors qu'un palais de roi, un Louvre, un hôtel Saint-Pol. Une cité dans la cité.

De la tour où nous sommes placés, l'hôtel Saint-Pol, presque à demi caché par les quatre grands logis dont nous venons de parler, était encore fort considérable et fort merveilleux à voir. On y distinguait très-bien, quoique habilement soudés au bâtiment principal par de longues galeries à vitraux et à colonnettes, les trois hôtels que Charles V avait amalgamés à son palais : l'hôtel du Petit-Muce, avec la balustrade en dentelle qui ourlait gracieusement son toit; l'hôtel de l'abbé de Saint-Maur, ayant le relief d'un château fort, une grosse tour, des mâchicoulis, des meurtrières, des moineaux de fer, et sur la large porte saxonne l'écusson de l'abbé entre les deux entailles du pont-levis; l'hôtel du comte d'Étampes, dont le donjon, ruiné à son sommet, s'arrondissait aux yeux, ébréché comme une crête de coq; çà et là, trois ou quatre vieux chênes faisant touffe ensemble comme d'énormes choux-fleurs; des ébats de cignes dans les claires eaux des viviers, toutes plissées d'ombre et de lumière; force cours dont on voyait des bouts pittoresques; l'hôtel des Lions avec ses ogives basses sur de courts piliers saxons, ses herses de fer et son rugissement perpétuel; tout à travers cet ensemble la flèche écaillée de l'Ave-Maria; à gauche, le logis du prévôt de Paris, flanqué de quatre tourelles finement évidées; au milieu, au fond, l'hôtel Saint-Pol proprement dit, avec ses façades multipliées, ses enrichissements successifs depuis Charles V, les excroissances hybrides dont la fantaisie des architectes l'avait chargé depuis deux siècles, avec toutes les absides de ses chapelles, tous les pignons de ses galeries, mille girouettes aux quatre vents, et ses deux hautes tours contiguës dont le toit conique, entouré de créneaux à sa base, avait l'air de ces chapeaux pointus dont le bord est relevé.

En continuant de monter les étages de cet amphithéâtre de palais développé au loin sur le sol, après avoir franchi un ravin profond creusé dans les toits de la Ville, lequel marquait le passage de la rue Saint-Antoine, l'œil arrivait au logis d'Angoulême, vaste construction de plusieurs époques, où il y avait des parties toutes neuves et très-blanches, qui ne se fondaient guère mieux dans l'ensemble qu'une pièce rouge à un pourpoint bleu. Cependant le toit singulièrement aigu et élevé du palais moderne, hérissé de gouttières ciselées, couvert de lames de plomb où se roulaient en mille arabesques fantasques d'étincelantes incrustations de cuivre doré, ce toit si curieusement damasquiné, s'élançait avec grâce du milieu des brunes ruines de l'ancien édifice, dont les vieilles grosses tours, bombées par l'âge comme des futailles, s'affaissant sur elles-mêmes de vétusté et se déchirant du haut en bas, ressemblaient à de gros ventres déboutonnés. Derrière, s'élevait la forêt d'aiguilles du palais des Tournelles. Pas de coup d'œil au monde, ni à Chambord, ni à l'Alhambra, plus magique, plus aérien, plus prestigieux que cette futaie de flèches, de clochetons, de cheminées, de girouettes, de spirales de vis, de lanternes trouées par le jour qui semblaient frappées à l'emporte-pièce, de pavillons, de tourelles en fuseaux, ou, comme on disait alors, de tournelles, toutes diverses de formes, de hauteur et d'attitude. On eût dit un gigantesque échiquier de pierre.

A droite des Tournelles, cette botte d'énormes tours d'un noir d'encre, entrant les unes dans les autres, et ficelées pour ainsi dire par un fossé circulaire; ce donjon beaucoup plus percé de meurtrières que de fenêtres, ce pont-levis toujours dressé, cette herse toujours tombée, c'est la Bastille. Ces espèces de becs noirs qui sortent d'entre les créneaux, et que vous prenez de loin pour des gouttières, ce sont des canons.

Sous leur boulet, au pied du formidable édifice, voici la porte Saint-Antoine, enfouie entre ses deux tours.

Au delà des Tournelles, jusqu'à la muraille de Charles V, se déroulait, avec de riches compartiments de verdure et de fleurs, un tapis velouté de cultures et de parcs royaux, au milieu desquels on reconnaissait, à son labyrinthe d'arbres et d'allées, le fameux jardin Dédalus que Louis XI avait donné à Coictier. L'observatoire du docteur s'élevait au-dessus du dédale comme une grosse colonne isolée ayant une maisonnette pour chapiteau. Il s'est fait dans cette officine de terribles astrologies.

Là est aujourd'hui la place Royale.

Comme nous venons de le dire, le quartier de palais dont nous avons tâché de donner quelque idée au lecteur, en n'indiquant néanmoins que les sommités, emplissait l'angle que l'enceinte de Charles V faisait avec la Seine à l'orient. Le centre de la Ville était occupé par un monceau de maisons à peuple. C'était là en effet que se dégorgeaient les trois ponts de la Cité sur la rive droite, et les ponts font des maisons avant des palais. Cet amas d'habitations bourgeoises, pressées comme les alvéoles dans la ruche, avait sa beauté. Il en est des toits d'une capitale comme des vagues d'une mer, cela est grand. D'abord les rues, croisées et brouillées, faisaient dans le bloc cent figures amusantes; autour des halles, c'était comme une étoile à mille rais. Les rues Saint-Denis et Saint-Martin, avec leurs innombrables ramifications, montaient l'une auprès de l'autre comme deux gros arbres qui mêlent leurs branches; et puis, des lignes tortues, les rues de la Plâtrerie, de la Verrerie, de la Tixeranderie, etc., serpentaient sur le tout. Il y avait aussi de beaux édifices qui perçaient l'ondulation pétrifiée de cette mer de pignons. C'était, à la tête du pont aux Changeurs, derrière lequel on voyait mousser la Seine sous les roues du pont aux Meuniers, c'était le Châtelet, non plus tour romaine comme sous Julien l'Apostat, mais tour féodale du XIIIe siècle, et d'une pierre si dure, que le pic en trois heures n'en levait pas l'épaisseur du poing; c'était le riche clocher carré de Saint-Jacques de la Boucherie, avec ses angles tout émoussés de sculptures, déjà admirable, quoiqu'il ne fût pas achevé au XVe siècle. (Il lui manquait en particulier ces quatre monstres qui, aujourd'hui encore, perchés aux encoignures de son toit, ont l'air de quatre sphinx qui donnent à deviner au nouveau Paris l'énigme de l'ancien. Rault, le sculpteur, ne les posa qu'en 1526, et il eut vingt francs pour sa peine.) C'était la Maison-aux-Piliers, ouverte sur cette place de Grève dont nous avons donné quelque idée au lecteur; c'était Saint-Gervais, qu'un portail *de bon goût* a gâté depuis; Saint-Méry, dont les vieilles ogives étaient presque encore des pleins cintres; Saint-Jean, dont la magnifique aiguille était proverbiale; c'étaient vingt autres monuments qui ne dédaignaient pas d'enfouir leurs merveilles dans ce chaos de rues noires, étroites et profondes. Ajoutez les croix de pierre sculptées, plus prodiguées encore dans les carrefours que les gibets; le cimetière des Innocents, dont on apercevait au loin, par-dessus les toits, l'enceinte architecturale; le pilori des Halles, dont on voyait le faîte entre deux cheminées de la rue de la Cossonnerie; l'échelle de la Croix-du-Trahoir dans son carrefour toujours noir de peuple; les masures circulaires de la halle au blé; les tronçons de l'ancienne clôture de Philippe-Auguste, qu'on distinguait çà et là, noyés dans les maisons, tours rongées de lierre, portes ruinées, pans de murs croulants et déformés; le quai avec ses mille boutiques et ses écorcheries saignantes; la Seine chargée de bateaux, du port au Foin au For-l'Évêque, et vous aurez une image confuse de ce qu'était en 1482 le trapèze central de la Ville.

Avec ces deux quartiers, l'un d'hôtels, l'autre de maisons, le troisième élément de l'aspect qu'offrait la Ville, c'était une longue zone d'abbayes qui la bordait dans presque tout son pourtour, du levant au couchant, et, en arrière de l'enceinte de fortifications qui fermait Paris, lui faisait une seconde enceinte intérieure de couvents et de chapelles. Ainsi, immédiatement à côté du parc des Tournelles, entre la rue Saint-Antoine et la vieille rue du Temple, il y avait Sainte-Catherine avec son immense culture, qui n'était bornée que par la muraille de Paris. Entre la vieille et la nouvelle rue du Temple, il y avait le Temple, sinistre faisceau de tours, haut, debout et isolé au milieu d'un vaste enclos crénelé. Entre la rue Neuve-du-Temple et la rue Saint-Martin, c'était l'abbaye de Saint-Martin, au milieu de ses jardins, superbe église fortifiée, dont la ceinture de tours, dont la tiare de clochers, ne le cédaient en force et en splendeur qu'à Saint-Germain des Prés. Entre les deux rues Saint-Martin et Saint-Denis se développait l'enclos de la Trinité. Enfin, entre la rue Saint-Denis et la rue Montorgueil, les Filles-Dieu. A côté, on distinguait les toits pourris et l'enceinte dépavée de la Cour des Miracles. C'était le seul anneau profane qui se mêlât à cette dévote chaîne de couvents.

Enfin, le quatrième compartiment qui se dessinait de lui-même dans l'agglomération des toits de la rive droite, et qui occupait l'angle occidental de la clôture et le bord de l'eau en aval, c'était un nouveau nœud de palais et d'hôtels serré au pied du Louvre. Le vieux Louvre de Philippe-Auguste, cet édifice démesuré dont la grosse tour ralliait vingt-trois maîtresses tours autour d'elle, sans compter les tourelles, semblait de loin enchâssé dans les combles gothiques de l'hôtel d'Alençon et du Petit-Bourbon. Cette hydre de tours, gardienne géante de Paris, avec ses vingt-quatre têtes toujours dressées, avec ses croupes monstrueuses, plombées ou écaillées d'ardoises, et toutes ruisselantes de reflets métalliques, terminait d'une manière surprenante la configuration de la Ville au couchant.

Ainsi, un immense pâté, ce que les Romains appelaient *insula*, de maisons bourgeoises, flanqué à droite et à gauche de deux blocs de palais, couronnés, l'un par le Louvre, l'autre par les Tournelles, bordé au nord d'une longue ceinture d'abbayes et d'enclos cultivés, le tout amalgamé et fondu au regard; sur ces mille édifices dont les toits de tuiles et d'ardoises découpaient les uns sur les autres tant de chaînes bizarres, les clochers tatoués, gauffrés et guillochés des quarante-quatre églises de la rive droite; des myriades de rues au travers; pour limite, d'un côté, une clôture de hautes murailles à tours carrées (celle de l'Université était à tours rondes); de l'autre, la Seine coupée de ponts et charriant force bateaux : voilà la Ville au xve siècle.

Au delà des murailles, quelques faubourgs se pressaient aux portes, mais moins nombreux et plus épars que ceux de l'Université. C'étaient, derrière la Bastille, vingt masures pelotonnées autour des curieuses sculptures de la Croix-Faubin et des arcs-boutants de l'abbaye Saint-Antoine des Champs; puis Popincourt, perdu dans les blés; puis la Courtille, joyeux village de cabarets; le bourg Saint-Laurent avec son église dont le clocher, de loin, semblait s'ajouter aux tours pointues de la porte Saint-Martin; le faubourg Saint-Denis, avec le vaste enclos de Saint-Ladre; hors de la porte Montmartre, la Grange Batelière, ceinte de murailles blanches; derrière elle, avec ses pentes de craie, Montmartre, qui avait alors presque autant d'églises que de moulins, et qui n'a gardé que les moulins, car la société ne demande plus maintenant que le pain du corps. Enfin, au delà du Louvre on voyait s'allonger dans les prés le faubourg Saint-Honoré, déjà fort considérable alors, et verdoyer la Petite-Bretagne, et se dérouler le Marché aux Pourceaux, au centre duquel s'arrondissait l'horrible fourneau à bouillir les faux monnayeurs. Entre la Courtille et Saint-Laurent, votre œil avait déjà remarqué, au couronnement d'une hauteur accroupie sur des plaines désertes, une espèce d'édifice qui ressemblait de loin à une colonnade en ruine debout sur un soubassement déchaussé. Ce n'était ni un Parthénon, ni un temple de Jupiter Olympien; c'était Montfaucon.

Maintenant, si le dénombrement de tant d'édifices, quelque sommaire que nous l'ayons voulu faire, n'a pas pulvérisé, à mesure que nous la construisions, dans l'esprit du lecteur, l'image générale du vieux Paris, nous la résumerons en quelques mots. Au centre, l'île de la Cité, ressemblant par sa forme à une énorme tortue, et faisant sortir ses ponts écaillés de tuiles, comme des pattes, de dessous sa grise carapace de toits. A gauche, le trapèze monolithe, ferme, dense, hérissé, de l'Université; à droite, le vaste demi-cercle de la Ville, beaucoup plus mêlé de jardins et de monuments. Les trois blocs, Cité, Université, Ville, marbrés de rues sans nombre. Tout au travers, la Seine, « la nourricière Seine, » comme le dit le P. Du Breul, obstruée d'îles, de ponts et de bateaux. Tout autour une plaine immense, rapiécée de mille sortes de cultures, semée de beaux villages : à gauche, Issy, Vanves, Vaugirard, Montrouge, Gentilly avec sa tour ronde et sa tour carrée, etc.; à droite, vingt autres, depuis Conflans jusqu'à la Ville-l'Évêque. A l'horizon, un ourlet de collines disposées en cercle comme le rebord du bassin. Enfin, au loin, à l'orient, Vincennes et ses sept tours quadrangulaires; au sud, Bicêtre et ses tourelles pointues; au septentrion, Saint-Denis et son aiguille; à l'occident, Saint-Cloud et son donjon. Voilà le Paris que voyaient du haut des tours de Notre-Dame les corbeaux qui vivaient en 1482.

C'est pourtant de cette ville que Voltaire a dit qu'*avant Louis XIV, elle ne possédait que quatre beaux monuments :* le dôme de la Sorbonne, le Val-de-Grâce, le Louvre moderne, et je ne sais plus le quatrième, le Luxembourg peut-être. Heureusement Voltaire n'en a pas moins fait *Candide*, et n'en est pas moins, de tous les hommes qui se sont succédé dans la longue série de l'humanité, celui qui a le mieux eu le rire diabolique. Cela prouve d'ailleurs qu'on peut être un beau génie et ne rien comprendre à un art dont on n'est pas. Molière ne croyait-il pas faire beaucoup d'honneur à Raphaël et à Michel-Ange en les appelant *ces Mignards de leur âge?*

Revenons à Paris et au xve siècle.

Ce n'était pas alors seulement une belle ville; c'était une ville homogène, un produit architectural et historique du moyen âge, une chronique de pierre. C'était une cité formée de deux couches seulement, la couche romane et la couche gothique, car la couche romaine avait disparu depuis longtemps, excepté aux Thermes de Julien, où elle perçait encore la croûte épaisse du moyen âge. Quant à la couche celtique, on n'en trouvait même plus d'échantillons en creusant des puits.

Cinquante ans plus tard, lorsque la Renaissance vint mêler à cette unité si sévère et pourtant si variée le luxe éblouissant de ses fantaisies et de ses systèmes, ses débauches de pleins cintres romains, de colonnes grecques et de surbaissements gothiques, sa sculpture si tendre et si idéale, son goût si particulier d'arabesques et d'acanthes, son paganisme architectural contemporain de Luther, Paris fut peut-être plus beau encore, quoique moins harmonieux à l'œil et à la pensée. Mais ce splendide moment dura peu, la Renaissance ne fut pas impartiale; elle ne se contenta pas d'édifier, elle voulut jeter bas : il est vrai qu'elle avait besoin de place. Aussi le Paris gothique ne fut-il complet qu'une minute. On achevait à peine Saint-Jacques de la Boucherie qu'on commençait la démolition du vieux Louvre.

Depuis, la grande ville a été se déformant de jour en jour. Le Paris gothique, sous lequel s'effaçait le Paris roman, s'est effacé à son tour : mais peut-on dire quel Paris l'a remplacé ?

Il y a le Paris de Catherine de Médicis, aux Tuileries ; le Paris de Henri II, à l'Hôtel de ville : deux édifices encore d'un grand goût ; le Paris de Henri IV, à la place Royale : façades de briques à coins de pierre et à toits d'ardoise, des maisons tricolores ; le Paris de Louis XIII, au Val-de-Grâce : une architecture écrasée et trapue, des voûtes en anse de panier, je ne sais quoi de ventru dans la colonne et de bossu dans le dôme ; le Paris de Louis XIV, aux Invalides : grand, riche, doré et froid ; le Paris de Louis XV, à Saint-Sulpice : des volutes, des nœuds de rubans, des nuages, des vermicelles et des chicorées, le tout en pierre ; le Paris de Louis XVI, au Panthéon : Saint-Pierre de Rome mal copié (l'édifice s'est tassé gauchement, ce qui n'en a pas raccommodé les lignes) ; le Paris de la République, à l'École de médecine : un pauvre goût grec et romain, qui ressemble au Colisée ou au Parthénon, comme la Constitution de l'an III aux lois de Minos ; on l'appelle en architecture *le goût messidor;* le Paris de Napoléon, à la place Vendôme : celui-là est sublime, une colonne de bronze faite avec des canons ; le Paris de la Restauration, à la Bourse : une colonnade fort blanche supportant une frise fort lisse ; le tout est carré et a coûté vingt millions.

A chacun de ces monuments caractéristiques se rattache par une similitude de goût, de façon et d'attitude, une certaine quantité de maisons éparses dans divers quartiers, que l'œil du connaisseur distingue et date aisément. Quand on sait voir, on retrouve l'esprit d'un siècle et la physionomie d'un roi jusque dans un marteau de porte.

Le Paris actuel n'a donc aucune physionomie générale. C'est une collection d'échantillons de plusieurs siècles, et les plus beaux ont disparu. La capitale ne s'accroît qu'en maisons, et quelles maisons ! Du train dont va Paris, il se renouvellera tous les cinquante ans. Aussi la signification historique de son architecture s'efface-t-elle tous les jours. Les monuments y deviennent de plus en plus rares, et il semble qu'on les voie s'engloutir peu à peu, noyés dans les maisons. Nos pères avaient un Paris de pierre ; nos fils auront un Paris de plâtre.

Quant aux monuments modernes de Paris neuf, nous nous dispenserons volontiers d'en parler. Ce n'est pas que nous ne les admirions comme il convient. La Sainte-Geneviève de M. Soufflot est certainement le plus beau gâteau de Savoie qu'on ait jamais fait en pierre. Le palais de la Légion d'honneur est aussi un morceau de pâtisserie fort distingué. Le dôme de la halle au blé est une casquette de jockey anglais sur une grande échelle. Les tours Saint-Sulpice sont deux grosses clarinettes, et c'est une forme comme une autre : le télégraphe, tortu, et grimaçant, fait un aimable accident sur leur toiture. Saint-Roch a un portail qui n'est comparable, pour la munificence, qu'à Saint-Thomas d'Aquin. Il a aussi un calvaire en ronde bosse dans une cave et un soleil de bois doré. Ce sont là des choses tout à fait merveilleuses. La lanterne du labyrinthe du Jardin des Plantes est aussi fort ingénieuse. Quant au palais de la Bourse, qui est grec par sa colonnade, romain par le plein cintre de ses portes et fenêtres, de la Renaissance par sa grande voûte surbaissée, c'est indubitablement un monument très-correct et très-pur : la preuve, c'est qu'il est couronné d'un attique comme on n'en voyait pas à Athènes, belle ligne droite gracieusement coupée çà et là par des tuyaux de poêle. Ajoutons que s'il est de règle que l'architecture d'un édifice soit adaptée à sa destination de telle façon que cette destination se dénonce d'elle-même au seul aspect de l'édifice, on ne saurait trop s'émerveiller d'un monument qui peut être indifféremment un palais de roi, une chambre des communes, un hôtel de ville, un collége, un manége, une académie, un entrepôt, un tribunal, un musée, une caserne, un sépulcre, un temple, un théâtre. En attendant, c'est une bourse. Un monument doit en outre être approprié au climat. Celui-ci est évidemment construit exprès pour notre ciel froid et pluvieux. Il a un toit presque plat comme en Orient, ce qui fait que l'hiver, quand il neige, on balaye le toit ; et il est certain qu'un toit est fait pour être balayé. Quant à cette destination dont nous parlions tout à l'heure, il la remplit à merveille ; il est bourse en France, comme il eût été temple en Grèce. Il est vrai que l'architecte a eu assez de peine à cacher le cadran de l'horloge, qui eût détruit la pureté des belles lignes de la façade ; mais en revanche, on a cette colonnade qui circule autour du monument, et sous laquelle, dans les grands jours de solennité religieuse, peut se développer majestueusement la théorie des agents de change et des courtiers de commerce.

Ce sont là sans aucun doute de très-superbes monuments. Joignons-y force belles rues, amusantes et variées, comme la rue de Rivoli, et je ne désespère pas que Paris, vu à vol de ballon, ne présente aux yeux cette richesse de lignes, cette opulence de détails, cette diversité d'aspects, ce je ne sais quoi de grandiose dans le simple et d'inattendu dans le beau, qui caractérise un damier.

Toutefois, si admirable que vous semble le Paris d'à présent, refaites le Paris du xve siècle, reconstruisez-le dans votre pensée; regardez le jour à travers cette haie surprenante d'aiguilles, de tours et de clochers; répandez au milieu de l'immense ville, déchirez à la pointe des îles, plissez aux arches des ponts la Seine avec ses larges flaques vertes et jaunes, plus changeante qu'une robe de serpent; détachez nettement sur un horizon d'azur le profil gothique de ce vieux Paris. Faites-en flotter le contour dans une brume d'hiver qui s'accroche à ses innombrables cheminées; noyez-le dans une nuit profonde, et regardez le jeu bizarre des ténèbres et des lumières dans ce sombre labyrinthe d'édifices; jetez-y un rayon de lune qui le dessine vaguement et fasse sortir du brouillard les grandes têtes des tours; ou reprenez cette noire silhouette, ravivez d'ombre les mille angles aigus des flèches et des pignons, et faites-la saillir, plus dentelée qu'une mâchoire de requin, sur le ciel de cuivre du couchant. Et puis, comparez.

Et si vous voulez recevoir de la vieille ville une impression que la moderne ne saurait plus vous donner, montez, un matin de grande fête, au soleil levant de Pâques ou de la Pentecôte, montez sur quelque point élevé d'où vous dominiez la capitale entière; et assistez à l'éveil des carillons. Voyez, à un signal parti du ciel, car c'est le soleil qui le donne, ces mille églises tressaillir à la fois. Ce sont d'abord des tintements épars, allant d'une église à l'autre, comme lorsque des musiciens s'avertissent qu'on va commencer. Puis, tout à coup, voyez, car il semble qu'en certains instants l'oreille aussi a sa vue, voyez s'élever au même moment de chaque clocher comme une colonne de bruit, comme une fumée d'harmonie. D'abord la vibration de chaque cloche monte droite, pure, et pour ainsi dire isolée des autres, dans le ciel splendide du matin, puis, peu à peu, en grossissant, elles se fondent, elles se mêlent, elles s'effacent l'une dans l'autre, elles s'amalgament dans un magnifique concert. Ce n'est plus qu'une masse de vibrations sonores qui se dégage sans cesse des innombrables clochers, qui flotte, ondule, bondit, tourbillonne sur la ville, et prolonge bien au delà de l'horizon le cercle assourdissant de ses oscillations. Cependant cette mer d'harmonie n'est point un chaos. Si grosse et si profonde qu'elle soit, elle n'a point perdu sa transparence : vous y voyez serpenter à part chaque groupe de notes qui s'échappe des sonneries. Vous y pouvez suivre le dialogue, tour à tour grave et criard, de la crecelle et du bourdon; vous y voyez sauter les octaves d'un clocher à l'autre; vous les regardez s'élancer ailées, légères et sifflantes de la cloche d'argent, tomber cassées et boiteuses de la cloche de bois; vous admirez au milieu d'elles la riche gamme qui descend et remonte sans cesse les sept cloches de Saint-Eustache; vous voyez courir tout au travers des notes claires et rapides qui font trois ou quatre zig-zags lumineux, et s'évanouissent comme des éclairs. Là bas, c'est l'abbaye Saint-Martin, chanteuse aigre et fêlée; ici, la voix sinistre et bourrue de la Bastille; à l'autre bout, la grosse tour du Louvre, avec sa basse-taille. Le royal carillon du Palais jette sans relâche de tous côtés des trilles resplendissants, sur lesquels tombent à temps égaux les lourdes coupetées du beffroi de Notre-Dame, qui les font étinceler comme l'enclume sous le marteau. Par intervalle vous voyez passer des sons de toute forme qui viennent de la triple volée de Saint-Germain des Prés, puis encore, de temps en temps, cette masse de bruits sublimes s'entr'ouvre et donne passage à la strette de l'Ave-Maria, qui éclate et pétille comme une aigrette d'étoiles. Au-dessous, au plus profond du concert, vous distinguez confusément le chant intérieur des églises qui transpire à travers les pores vibrants de leurs voûtes. — Certes, c'est là un opéra qui vaut la peine d'être écouté. D'ordinaire, la rumeur qui s'échappe de Paris le jour, c'est la ville qui parle; la nuit, c'est la ville qui respire : ici, c'est la ville qui chante. Prêtez donc l'oreille à ce tutti des clochers; répandez sur l'ensemble le murmure d'un demi-million d'hommes, la plainte éternelle du fleuve, les souffles infinis du vent, le quatuor grave et lointain des quatre forêts disposées sur les collines de l'horizon comme d'immenses buffets d'orgue; éteignez-y, ainsi que dans une demi-teinte, tout ce que le carillon central aurait de trop rauque et de trop aigu, et dites si vous connaissez au monde quelque chose de plus riche, de plus joyeux, de plus doré, de plus éblouissant que ce tumulte de cloches et de sonneries; que cette fournaise de musique; que ces dix mille voix d'airain chantant à la fois dans des flûtes de pierre hautes de trois cents pieds; que cette cité qui n'est plus qu'un orchestre; que cette symphonie qui fait le bruit d'une tempête.

VICTOR HUGO.

PARIS

GÉOGRAPHIE — STATISTIQUE — HISTOIRE

Le département de la Seine, situé dans la région septentrionale de la France, doit son nom au grand fleuve qui le traverse du sud-ouest au nord-ouest. Il est complétement enclavé dans le département de Seine-et-Oise, et n'a pas 25 kilomètres de largeur.

C'est un département à l'aspect varié. Il est formé de plaines séparées par des collines, entrecoupé de vallées peu profondes, dont les principales sont les vallées de la Seine et de la Marne, et sa pente générale s'abaisse du sud-est au nord-ouest. Paris, situé au centre du département, occupe un bassin de forme circulaire, limité par les buttes Montmartre et Chaumont, au nord, par les collines de Belleville et de Ménilmontant, à l'est, par les hauteurs d'Ivry, du Panthéon, de Bicêtre, au sud-est et au sud, et à l'ouest, par les collines plus reculées de Meudon, de Bellevue et de Saint-Cloud, qui suivent à peu près la lisière du département de Seine-et-Oise.

Le département de la Seine ne renferme aucune montagne, et son relief n'est accusé que par des collines et des coteaux, dont la hauteur moyenne est comprise entre 30 et 40 mètres au-dessus du niveau de la mer. Ses points culminants sont le *Mont-Valérien*, qui s'élève sur la rive gauche de la Seine à une hauteur de 162 mètres, la *Butte-Montmartre*, dont l'altitude est de 105 mètres, et la *Butte-Chaumont*, haute de 101 mètres.

Le département de la Seine est en entier compris dans le bassin de la Seine, et, directement ou indirectement, tous ses cours d'eau sont tributaires de ce fleuve.

Le climat de Paris est généralement doux et sain; sa température moyenne est de 11 degrés environ; les minima et maxima de température, entre lesquels oscille la colonne thermométrique, ont été 23 degrés au-dessous de zéro dans l'hiver de 1788, et 38 degrés au-dessus de zéro dans l'été de 1793. Les pluies sont fréquentes pendant l'hiver qui est long sans être très-rigoureux, et l'on a calculé que, dans la période d'un siècle, la quantité d'eau tombée dans le département s'élève annuellement en moyenne à 546 millimètres. Les vents dominants sont ceux de l'ouest et du nord-ouest, du sud et du sud-ouest, du nord et du nord-est.

Le département de la Seine et Paris sont habités par une population très-mélangée. Les provinciaux de tous les départements, les étrangers de tous pays y abondent, et prennent bien vite ce ton léger et ces allures spirituelles, si particulières au Parisien. Paris est donc réellement un lieu de concentration, on peut dire une sorte de creuset où viennent se fondre, s'amalgamer, se sublimer tous les éléments essentiels de la population française, et suivant la remarque très-vraie de P.-J. Stahl, « l'Europe même ne croit à ses gloires, que quand Paris les a signées et paraphées. »

Paris est une ville industrielle et manufacturière. Sous le rapport industriel, elle occupe en France le premier rang.

Son industrie comprend la fabrication des objets de première nécessité, alimentation, vêtement, bâtisse, ameublement, les produits de luxe, tels que bijouterie, carrosserie et articles de Paris, les manufactures et usines, c'est-à-dire la métallurgie, les filatures, le tissage, les fabriques de produits chimiques et de poterie, et l'imprimerie, la papeterie, la librairie, la gravure, etc. On peut estimer qu'aujourd'hui cette immense production industrielle s'élève à 2 milliards 500 millions.

Les principaux établissements métallurgiques de la capitale sont les divers ateliers de construction et de réparation des cinq grandes compagnies de chemins de fer, les usines Cail et Gouin pour la construction du matériel de chemins de fer et autres, les fonderies de bronze, et ces innombrables ateliers qui fonctionnent sur tous les points de Paris et fabriquent des machines pour imprimerie et reliure, des pièces d'horlogerie, de coupage, d'estampage, de scieries, de machines-outils, de machines à coudre, de presses, de chocolaterie, de bonneterie, etc. Les autres établissements industriels sont des usines à gaz, des fabriques de produits chimiques, d'allumettes, de noir animal, des ateliers pour la construction des voitures et des wagons, des imprimeries, parmi lesquelles on remarque les typographies Claye et Lahure, des ateliers d'ébénisterie et de sculpture pour meubles, des fabriques de papiers peints, des photographies, etc., et tous ces milliers d'ateliers où se confectionnent les objets de tabletterie, de bimbeloterie, les jouets, les fleurs artificielles, etc., qui composent cette spécialité complexe, dans laquelle l'art et le goût jouent un si grand rôle, et que l'on connaît dans le monde entier sous le nom d'*Articles de Paris*.

Le commerce départemental exporte tous les produits manufacturés, et il importe tout ce qui est nécessaire à l'alimentation et à l'existence de cette immense ville. Paris, en effet, dans le courant d'une année, consomme 3 millions et demi d'hectolitres de vins, alcools et liqueurs, 600 mille hectolitres d'huile, vinaigre, bière, 12 millions de kilogrammes de raisin, 144 millions de kilogrammes de comestibles, viande de bœuf, vache, veau, mouton, bouc et chèvre, fromages, du poisson pour 13 millions de francs, des huîtres pour 2 millions de francs, de la volaille et du gibier pour 25 millions, du beurre pour 29 millions et demi, des œufs pour 14 millions et demi, 12 millions de kilogrammes de sel, 11 millions de kilogrammes de glace, 3 millions et demi d'acides et de bougies stéariques, 2 millions et demi de suif et de graisse, 4 millions et demi de stères de bois, 749 millions de kilogrammes de charbon de terre et de coke, 162 millions de kilogrammes d'orge et d'avoine, 45 millions de bottes de foin et de paille, un chiffre très-considérable de matériaux, parmi lesquels on remarque 21 millions de kilogrammes de ciment, 25 millions de kilogrammes de fer, 16 millions de kilogrammes de fonte, 4 millions de stères de bois de construction, etc.

Toutes les nécessités de l'existence comme toutes ses superfluités ont créé un immense mouvement d'affaires dont Paris est le centre, et un mouvement de capitaux qui place cette grande ville immédiatement après Londres. Rien que la valeur des effets escomptés pour Paris à la Banque de France atteint à 2 milliards 300 millions, et le chiffre des négociations officiellement constatées à la Bourse, au comptant et à terme, s'élève annuellement à la somme de 80 milliards.

Avant l'invasion romaine, le territoire actuellement occupé par le département de la Seine était habité par la petite peuplade des *Parisii*, probablement d'origine belge. Leur domaine était fort restreint et il tenait tout entier dans une circonférence de douze lieues. Ils avaient pour principale ville la Cité, l'une des cinq îles de la Seine, que des raccordements successifs ont réduites à deux aujourd'hui. La Cité était alors réunie aux rives droite et gauche du fleuve par deux ponts de bois, qui sont devenus plus tard le Petit-Pont et le Pont-au-Change, et elle s'appelait *Lutetia*, c'est-à-dire la ville boueuse.

Ce fut 54 ans avant Jésus-Christ que César se mit pour la première fois en rapport avec les Parisiens; il réunit plusieurs chefs gaulois à Lutèce, et obtint d'eux un contingent de cavalerie pour l'aider dans sa conquête; mais l'année suivante, les Parisiens se soulevèrent contre l'envahisseur, et brûlèrent leur ville, que le lieutenant Labienus vint attaquer en descendant le cours de la Seine; puis ils prirent part au mouvement national soulevé par l'héroïque Vercingétorix, et durent se soumettre avec toute la Gaule. Leur histoire devient alors fort obscure, et l'on sait seulement que l'administration romaine les classa dans la Lyonnaise.

Il faut arriver aux règnes de Constantin et de Julien, au IVe siècle, pour retrouver la trace historique de ce petit peuple, destiné à jouer un rôle immense dans l'avenir. Au temps de Julien, les Parisiens étaient sobres et chastes; ils fuyaient les théâtres et leurs représentations lascives, si l'on en croit cet empereur, et ils se distinguaient déjà par cet esprit gaulois que quinze siècles n'ont pu affaiblir. L'empereur Julien résida pendant cinq hivers consécutifs, de 355 à 361, soit dans le palais de la Cité, soit dans le palais des Thermes qu'il éleva sur la rive gauche de la Seine; à cette époque, quelques villas s'étaient dispersées sur les deux rives du fleuve, et un camp romain occupait l'emplacement actuel du Luxembourg.

Le christianisme avait fait son apparition dans la contrée dès le milieu du IIIe siècle; mais son premier évêque historiquement reconnu, Victorinus, n'occupa le siége épiscopal de Paris qu'en 346. Cent ans après, un de ses successeurs, Marcellus, le patron du faubourg Saint-Marceau, détruisit les derniers vestiges du paganisme, et fonda une église sur le mont Cetardus, qui porte aujourd'hui le nom de Mouffetard.

Cependant, le vaste empire romain se désorganisait sous l'influence d'un militarisme despotique; les barbares se jetèrent sur la Gaule; Attila et les Huns s'avancèrent vers Paris, qui ne fut protégé que par la miraculeuse intercession de sainte Geneviève, que depuis lors il reconnut pour sa patronne. Lutèce devint capitale sous la première race des rois francs; Clovis y résida, et il fonda une basilique en l'honneur de saint Pierre et de saint Paul, sur le mont *Leucotitius*, connu aujourd'hui sous le nom de montagne Sainte-Geneviève; Childebert bâtit une église de Saint-Vincent qui a été remplacée par l'église romane de Saint-Germain des Prés; d'autres églises se fondèrent, sur les ruines desquelles se sont élevées plus tard Notre-Dame, Saint-Germain l'Auxerrois, Saint-Laurent, et la Cité s'entoura de fortifications.

Pendant toute l'époque carlovingienne, Paris fut très-négligé, et son importance naissante décrut sensiblement. Les rois Francs ne l'habitaient plus. Vers le milieu du IXe siècle, les pirates normands pillèrent cette capitale délaissée et en chassèrent les habitants. Ses désastres furent grands alors; la famine l'éprouva cruellement; Charles le Chauve fit plusieurs tentatives pour repousser les barbares du Nord, et deux fois il les éloigna à prix d'or, mais la ville ne retrouva quelque sécurité que lorsque les rois de la troisième race en firent leur résidence. Robert, au xe siècle, reconstruisit les églises détruites par les pirates, et se bâtit un palais dans la Cité. Louis VI défendit les têtes de pont qui reliaient l'île aux deux rives de la Seine par le grand et le petit Châtelet; peut-être même entoura-t-il d'une muraille la ville de la rive droite où s'était concentré tout le commerce de Paris, tandis que les écoles et les abbayes commençaient à se fonder sur la rive gauche, et, parmi elles, celle d'Abélard qui fut si florissante au commencement du XIIe siècle. Avec Philippe-Auguste, Paris prit une grande importance; il fut protégé par une enceinte, qui, sur la rive gauche, commençait à la Tournelle et finissait à la tour de Nesle, et qui, sur la rive droite, allait de la tour Barbeau à la tour de Nesle, espace aujourd'hui compris entre le pont de la Tournelle, l'Institut, la rue Culture-Sainte-Catherine et la colonnade du Louvre. Soixante-sept tourelles, sans compter les donjons des portes, défendaient cette muraille crénelée. Philippe-Auguste éleva également la tour du Louvre qu'une chaîne rattachait à la tour de Nesle, en barrant le cours du fleuve; il fit paver la Cité, activa les travaux de Notre-Dame, commencée en 1163, et protégea fort l'Université contre les bourgeois. Ceux-ci à cette époque nommaient leur prévôt des marchands, véritable officier municipal, assisté d'échevins, qui marchait l'égal du prévôt de Paris, l'homme du roi.

L'accroissement de la capitale progressa toujours. Pendant le XIIIe siècle, les vides de l'enceinte de Philippe-Auguste se remplirent. Saint Louis fonda les nouvelles églises de Sainte-Catherine et de Saint-Nicolas, les couvents des Jacobins, des Grands-Augustins, des Cordeliers, des Carmes et des Chartreux, l'établissement des Quinze-Vingts, l'Université, c'est-à-dire l'ensemble des écoles, les colléges d'Harcourt et de la Sorbonne, et dans son palais il érigea cette admirable Sainte-Chapelle, qui est un des chefs-d'œuvre de l'art ogival du XIIIe siècle. De cette époque date la police régulière de Paris, qui fut commandée par le chevalier du guet.

Sous Philippe le Bel, les bourgeois revendiquèrent pour la première fois leurs droits, en se révoltant contre le roi qui les accablait d'impôts excessifs; le roi dut se réfugier dans la tour du Temple, qui appartenait à l'ordre si riche des Templiers, anéanti, en 1314, par le supplice de

Jacques Molay, leur grand maître. C'est à Philippe le Bel que Paris dut la fondation de son parlement, qui s'installa au palais de justice. Sous ses successeurs, la capitale fut souvent en état d'insurrection; le prévôt des marchands, Étienne Marcel, et les bourgeois imposèrent plusieurs fois leur volonté; cet habile administrateur, assassiné par Jean Maillard, en 1358, avait commencé une nouvelle enceinte pour défendre la partie méridionale de Paris, enceinte qui fut complétée par Charles V; sur la rive droite, elle s'étendait depuis la tour de Bois, près des Tuileries actuelles, jusqu'à la tour Billy, près du boulevard Bourdon, et en dehors se dressait cette formidable et célèbre prison d'État, nommée la Bastille. Non loin, s'élevait l'hôtel Saint-Pol qu'habitait Charles V.

Après lui, Paris passa par les troubles sanglants des Maillotins, des Cabochiens, des Armagnacs, des Bourguignons et de la domination anglaise, dont le représentant résida au palais des Tournelles. En 1429, Jeanne d'Arc vint camper sur la butte Saint-Roch, assiégea la ville, mais ne put s'en emparer. Les étrangers n'en furent chassés qu'en 1436, et Charles VII en prit possession sans y établir sa résidence. Louis XI, qui l'habita peu, accrut ses priviléges, et y fonda une école de médecine.

Ce fut François Ier qui s'occupa activement de la grande ville; il protégea son enceinte par une suite d'ouvrages bas, reliés par des courtines et invulnérables aux coups de l'artillerie. La construction du nouveau palais du Louvre fut confiée à Pierre Lescot. Sous Louis XII s'élevèrent plusieurs monuments de la Renaissance, entre autres l'hôtel Cluny, et le Louvre commença à devenir un palais. Les troubles religieux ensanglantèrent la capitale sous Charles IX, et le signal de la Saint-Barthélemy y fut donné par la cloche de Saint-Germain l'Auxerrois, dans la nuit du 24 août 1572. Aux troubles religieux succédèrent les dissensions civiles; la Ligue établit ses barricades dans les rues de Paris insurgé, et Henri III dut prendre la fuite; ce roi, déclaré déchu du trône, revint assiéger « sa bonne ville, » et périt alors sous le poignard de Jacques Clément.

Pendant le règne d'Henri IV, les grands travaux de la capitale furent poussés avec ardeur; le roi résolut de réunir le Louvre de François Ier aux Tuileries de Catherine de Médicis, construites par Philibert Delorme, et il fit continuer la galerie du bord de l'eau; Androuet du Cerceau acheva l'hôtel de ville et rattacha à la Cité l'îlot où s'élève la statue du roi. Sous Louis XIII, il fallut agrandir une troisième fois l'enceinte de Paris, et embrasser dans la nouvelle les Tuileries et la butte Saint-Roch, en suivant la ligne actuelle des boulevards depuis la porte Saint-Denis; le palais de la Cité fut reconstruit; le palais du Luxembourg fut élevé par Marie de Médicis, et la Sorbonne par Richelieu; de nouveaux ponts franchirent la Seine; le Pré-aux-Clercs commença à se couvrir de maisons; la place Royale s'acheva, ainsi que l'hôtel Rambouillet, le Palais-Royal, etc. Après les troubles de la Fronde, Paris paya les frais de l'émeute en perdant ses franchises et en recevant une garnison royale.

Louis XIV rendit la capitale splendide; le jardin des Tuileries, tracé par Le Nôtre, les Tuileries, achevées par Leveau, le Louvre, orné de sa magnifique colonnade par Perrault, les Invalides, commencés en 1670 par Mansart, le Val-de-Grâce, le palais Mazarin, l'Observatoire, les portes Saint-Denis et Saint-Martin, les hôtels Carnavalet et Lamoignon, embellirent Paris, que cinq cent mille habitants occupaient alors. Pendant tout le XVIIIe siècle, les écrivains les plus célèbres, Rousseau, Voltaire, Piron, Fontenelle, Duclos, Crébillon, Lebrun, Sedaine, etc., résidèrent dans cette ville incomparable, et si, sous Louis XIV, on pouvait encore tirer des bécassines dans les marais de la Grange-Batelière, sous Louis XV, tout le nouveau quartier de la Chaussée-d'Antin s'éleva sous l'impulsion des traitants et des financiers. L'église Sainte-Geneviève fut érigée sur les dessins de Soufflot, et l'École militaire, l'École de droit, l'École de médecine, l'Odéon, la Halle au blé, l'hôtel des Monnaies, etc., apparurent dans les divers quartiers de Paris.

A cette époque succéda la période révolutionnaire, qui débuta par la prise de la Bastille, le 14 juillet 1789; la vieille forteresse de Charles V tomba sous les coups de la colère parisienne; le roi fut ramené de Versailles aux Tuileries, et la Constituante s'installa dans la salle du Manége, qui occupait l'espace aujourd'hui compris entre la rue des Pyramides et la rue Castiglione. Les grands faits de la Révolution sont connus de tous; ils comprennent l'anniversaire de la prise de la Bastille, célébré au Champ de Mars le 14 juillet 1790, la fuite du roi, le 21 juin 1791, l'envahissement des Tuileries au 10 août 1792, la déchéance de Louis XVI et son emprisonnement au Temple, les massacres de septembre, l'ouverture des séances de la Convention, le 20 septembre 1792, l'exécution du roi, le 21 janvier 1793, les menées de la commune de Paris et du club des Jacobins, la mort des Girondins, la Convention transportée dans la salle de spectacle des Tuileries, et le Comité de salut public au pavillon de Flore, l'assassinat de Marat, le 13 juillet 1793, l'exécution de Danton, le 5 avril 1794, la fête de l'Être suprême, le 9 thermidor où périt Robespierre, l'envahissement de la Convention, le 1er prairial an III, les tentatives de la réaction du 13 vendémiaire, le Directoire, le 18 brumaire, le Consulat, l'Empire, et le sacre de Napoléon à Notre-Dame, le 1er décembre 1804. Pendant toute la période de l'Empire, les travaux de Paris furent poussés activement; mais ce règne de gloire finit misérablement par l'entrée des armées alliées qui vinrent venger à Paris la prise de Vienne, de Berlin et de Moscou.

Pendant la Restauration et sous le règne de Louis-Philippe, de nouvelles églises furent construites ou achevées. Paris s'entoura d'une enceinte continue et d'une ligne de forts détachés. Pendant la deuxième république, l'ordre fut énergiquement maintenu, pendant les funestes journées de juin, par le général Cavaignac, contre les bandes socialistes et réactionnaires unies dans un même intérêt.

Enfin, pendant le règne de Napoléon III, Paris a subi une transformation complète; il s'étend surtout vers les Champs-Élysées et le quartier de Courcelles; de son ancienne physionomie, il n'a rien conservé; les boulevards, les squares, la destruction des vieux quartiers ont modifié son aspect; le dégagement des églises et des palais s'opère de tous côtés; l'enceinte de Louis XV tombe sous les efforts de la ville, qui s'accroît jusqu'à la limite de ses fortifications, et du vieux Paris de Philippe-Auguste et de Charles V il ne reste plus que quelques ruines perdues dans cette immense cité qui couvre une superficie de 47,550 hectares.

On a trop dit qu'il n'y avait pas de Parisiens dans Paris. Le département de la Seine a produit un grand nombre de personnages remarquables ou remarqués à divers titres ou à divers degrés dans la politique, la science, les lettres, les arts, l'administration ou l'armée. On peut citer :

Au XIIIe siècle, le roi Louis X, et au XVe siècle, le savant Budé.

Au XVIe siècle : le philosophe Charron, le sculpteur Jean Goujon, l'auteur dramatique Jodelle, l'avocat Etienne Pasquier, les imprimeurs Estienne, les magistrats du Harlay et Pierre Séguier, de Thou, etc.

Au XVIIe siècle : Boileau-Despréaux, Bachaumont, le maréchal de Catinat, Chapelain, le voyageur Chardin, le grand Condé, Mme Deshoulières, le maréchal d'Estrées, le prince Eugène de Savoie, les orientalistes Petit de la Croix et d'Herbot, l'historien Hesnaut, les peintres Largillière, Lebrun, Oudry, Lesueur et Coypel, Ninon de Lenclos, le Maistre de Sacy, le philosophe Malebranche, l'architecte Mansart, le président

Mathieu Molé, Molière, l'architecte Le Nôtre, l'avocat Patru, Claude et Charles Perrault, Quinault, Regnard, le cardinal de Richelieu, Santeuil, Scarron, etc.

Au XVIIIe siècle : le philosophe d'Alembert, l'historien Anquetil, l'orientaliste Duperron, le géographe d'Anville, Arnauld de *Port-Royal*, l'actrice Sophie Arnould, le maire de Paris Bailly, Beaumarchais, l'avocat Bellart, le peintre Boucher, le conventionnel Brissot, le naturaliste Cadet de Gassicourt, Camille Desmoulins, l'astronome Cassini, l'antiquaire de Caylus, le curé Cochin, le savant La Condamine, les chimistes Condorcet et Lavoisier, le sculpteur Coustou, l'auteur dramatique Crébillon, le poëte Dorat, les historiens Fréret et Mercier, le médecin Hallé, le physicien Hassenfratz, Héraut de Séchelles, le général Hervilly, la reine Hortense, l'auteur dramatique Houdard de la Motte, l'acteur Lekain, le critique La Harpe, Lebrun, Lemierre, Marivaux, le dessinateur Moreau, le peintre Pigalle, Picard, Racine fils, J.-B. Rousseau, Mme Roland, le ministre Turgot, Tallien, Voltaire, etc.

Au XIXe siècle : le maréchal Augereau, le géographe Barbié du Bocage, Béranger, le compositeur Berton, le mathématicien Biot, l'architecte Brongniart, Mme Campan, le sculpteur Cartellier, Charlet, Paul-Louis Courier, l'helléniste Darcier, le chimiste Darcet, le peintre David, l'astronome Delambre, le graveur Desnoyers, le duc de Gaete, le maréchal Grouchy, le géomètre Lacroix, l'auteur dramatique Legouvé, Mlle Mars, Mme Malibran, le roi de Rome, Talma, Carle Vernet, etc.

Parmi les contemporains, on peut citer aussi un très-grand nombre de personnages, dont les principaux sont :

Parmi les souverains et les princes : l'empereur Napoléon III, le prince Impérial, le duc de Bordeaux, le comte de Paris, le duc de Nemours, le prince de Joinville, le duc d'Aumale, le duc de Montpensier, etc.

Parmi les hommes politiques : Baroche, de Bourqueney, Jules Bastide, Daru, Duchatel, Delessert, Drouyn de Lhuys, Duruy, Forcade de la Roquette, Fould, le baron Gros, Guinard, Goudchaux, Haussmann, Ledru-Rollin, de Morny, de Mortemart, Pagnerre, de Pastoret, Pasquier, de Rémusat, Villemain, Vitet, etc.

Parmi les officiers généraux : Eugène Cavaignac, chef du pouvoir exécutif en 1848, le maréchal Baraguay d'Hilliers, le général Bourbaki, le maréchal Castellane, l'amiral Duperré, le maréchal Forey, le général Gémeau, le duc de Montebello, le maréchal Magnan, le général Oudinot, l'amiral Parseval-Deschênes, le maréchal Regnault de Saint-Jean d'Angély, etc.

Parmi les ministres du culte : le pasteur protestant Coquerel, le cardinal Mathieu, etc.

Parmi les savants : le mathématicien Joseph Bertrand, de l'Institut, les chimistes Boussaingaut et Berthelot, de l'Institut, le professeur Bouillet, le philosophe Cousin, de l'Académie française, le jurisconsulte Colmet d'Aage, Ferdinand Denis, l'helléniste Egger, de l'Institut, le physicien Foucault, de l'Institut, le naturaliste Isidore Geoffroy Saint-Hilaire, de l'Institut, le chimiste Girardin, de l'Institut, les savants Havet, Hauréau, de l'Institut, le jurisconsulte Ed. Laboulaye, de l'Institut, l'historien Th. Lavallée, le philologue Littré, de l'Institut, l'archéologue duc de Luynes, de l'Institut, l'astronome Laugier, de l'Institut, Pierre Leroux, le littérateur Monmerqué, de l'Institut, l'historien Michelet, de l'Institut, le chimiste Payen, de l'Institut, l'orientaliste de Quatremère, de l'Institut, le philologue Quicherat, de l'Institut, l'agronome Rendu, le chimiste Robinet, l'archéologue Rougé, de l'Institut, le publiciste Saint-Marc Girardin, de l'Académie française, l'historien de Ségur, de l'Institut, l'orientaliste Sédillot, le naturaliste Verneuil, de l'Institut, etc.

Parmi les voyageurs : Henri Duveyrier, le lieutenant de vaisseau Mage, Place, etc.

Parmi les littérateurs : Mme George Sand, de Banville, Auguste Barbier, de Balzac, Baudelaire, le vicomte de Cormenin, Deschanel, Maxime Ducamp, Delécluze, Gustave Droz, Alphonse Karr, Paul de Kock, Alfred de Musset, Mérimée, Murger, Jean Macé, Henri Monnier, Nadar, Patin, Gustave Planche, Prevost-Paradol, de Sacy, Paul de Saint-Victor, Saintine, etc.

Parmi les auteurs dramatiques : Bayard, Th. Barrière, Anicet-Bourgeois, Bouchardy, Decourcelle, Dumas fils, Duvert, C. Doucet, Dupeuty, Empis, Paul Foucher, Jules Lacroix, E. Labiche, E. Legouvé, Lebrun, Laya, Mélesville, A. Maquet, Masson, P. Meurice, A. Royer, Sardou, Scribe, Saint-Georges, Séjour, Uchard, Vacquerie, etc.

Parmi les peintres et dessinateurs : Édouard Bertin, Jules André, Bellangé, Barrias, Bénouville, J. Boulanger, Bonvin, Bertall, Cabat, Couder, Cham, Cogniet, Corot, Cambon, Delaroche, Decamps, Daubigny, Dedreux, E. Delacroix, Desgoffe, les frères Deveria, M. Dubufe, Ed. Dubufe, F. Dubois, Flers, Fortin, Gudin, Gavarni, E. Giraud, Gendron,

Hersent, Hesse, Hillemacher, Isabey, Jadin, les frères Ad. et Arm. Leleux, Lamy, Lepoitevin, Muller, Pinguilly, Perignon, Pils, Raffet, Ph. Rousseau, Th. Rousseau, Sechan, Signol, Timbal, Horace Vernet, etc.

Parmi les sculpteurs : Barye, Cavelier, Duret, Dantan jeune, Droz, Dumont, Étex, Klagmann, Mène, A. Millet, Nieuwerkerke, Préault, Petitot, Seurre, etc.

Parmi les graveurs : Henriquel-Dupont, Oudiné, etc.

Parmi les architectes : Baltard, Duban, Ch. Garnier, Le Bas, Lenoir, Viollet-le-Duc, etc.

Parmi les musiciens : Ad. Adam, Gounod, Halévy, Hérold, Labarre, Lefébure-Wély, etc.

Parmi les avocats : Em. Arago, Berryer, Bethmont, Picard, etc.

Parmi les journalistes : Armand Bertin, Enfantin, Labédollière, Nettement, Plée, Henri Rochefort, de Riancey, etc.

Parmi les médecins : Cloquet, Cullerier, Paul Dubois, Leroy d'Étioles, Mialhe, Michon, A. Tardieu, etc.

Parmi les industriels et fabricants : les imprimeurs Claye, Didot, Lahure et Plon, les opticiens Froment, Lerebours et Soleil, l'horloger Bréguet, le facteur de pianos Érard, etc.

Parmi les artistes dramatiques : Berton, Bouffé, Mmes Augustine et Madeleine Brohan, Delaunay, Duprez, Mme Damoreau, Deburau, Mlle Delaporte, A. Dupuis, Mlle Déjazet, Mme Falcon, Ferville, Félix, Fechter, Geoffroy, Grassot, Hyacinthe, Lesueur, Numa, Roger, Regnier, Samson, Mme Ugalde, etc.

Paris, capitale de la France, préfecture et chef-lieu du département, situé sur les deux rives de la Seine, par 0° de longitude et 45° 50′ 49″ de latitude nord, renferme 1,825,274 habitants.

Paris est le siége du gouvernement. Là résident le chef de l'État, le Sénat, le Corps législatif, le Conseil d'État, la Cour de cassation, la Cour des comptes, les ministres d'État, de la maison de l'Empereur et des Beaux-Arts, des affaires étrangères, de l'intérieur, de l'agriculture, du commerce et des travaux publics, des finances, de la guerre, de la marine et des colonies, de l'instruction publique, de la justice et des ultes, et c'est le lieu de résidence des 43 ambassadeurs, ministres ou chargés d'affaires, et des 47 consuls des différentes puissances étrangères.

Paris est une ville de guerre de première classe, renfermée dans une ceinture de fortifications d'un développement de 34 kilomètres et percée de 66 portes; elle est couverte par seize forts détachés, les forts d'Ivry, de Bicêtre, de Montrouge, de Vanves, d'Issy et du Mont-Valérien, sur la rive gauche de la Seine, les forts de la Brèche, du Nord, du Maine, de l'Est, d'Aubervilliers, de Romainville, de Noisy, de Rosny, de Nogent, sur la rive droite de la Seine, et le fort de Charenton, sur la rive droite de la Marne. C'est une ville immense, plus qu'une ville, un département entier, couvert de maisons et de palais, sillonné de boulevards, orné de 136 places, et percé de 2000 rues qui mesurent 710 kilomètres de longueur, et occupent une superficie de 6 millions de mètres carrés.

La Seine divise Paris en deux parties inégales qui prennent le nom de *rive droite* et de *rive gauche*, et elle forme les deux îles de Saint-Louis et de la Cité. Ce grand fleuve passe sous 28 ponts, depuis son entrée dans la capitale jusqu'à sa sortie; ce sont: le pont-viaduc Napoléon III, de construction moderne, qui sert aux piétons, aux voitures et au chemin de fer de ceinture, le pont moderne de Bercy, jeté entre le boulevard de la Gare et le boulevard de la Râpée, le pont d'Austerlitz, qui relie le jardin des Plantes au quai Henri IV, la passerelle de Constantine, entre le quai de la rive gauche et l'extrémité est de l'île Saint-Louis, l'estacade de bois entre cette extrémité et le quai Henri IV, le pont Marie, bâti en 1618, qui réunit l'île Saint-Louis au quatrième arrondissement sur la rive droite, le pont de la Tournelle, qui date de 1656 et relie l'île au cinquième arrondissement, sur la rive gauche, le pont de la Cité qui raccorde l'île Saint-Louis à la Cité, les ponts de la Réforme, d'Arcole, de Notre-Dame, et le Pont-au-Change, tous reconstruits nouvellement, qui établissent les communications de la Cité avec la rive droite du fleuve, et le pont de l'Archevêché, le Pont-au-Double, le pont Saint-Charles, le Petit-Pont, et le pont Saint-Michel, nouvellement refaits, qui rattachent l'île à la rive gauche, le Pont-Neuf, commencé par Androuet du Cerceau en 1578, terminé en 1640, et séparé en deux parties par un terre-plein sur lequel s'appuie l'extrémité ouest de la Cité, le pont des Arts, bâti en 1801, le pont des Saints-Pères, commencé en 1832, le Pont-Royal, construit en 1665 et qui sera bientôt abattu pour faire place à un pont plus monumental, le pont de Solferino, construit en 1859, le pont de la Concorde, construit de 1787 à 1790, le pont des Invalides et le pont de l'Alma, de construction moderne, le pont d'Iéna, bâti en 1806, le pont de Grenelle, et le viaduc du Point-du-

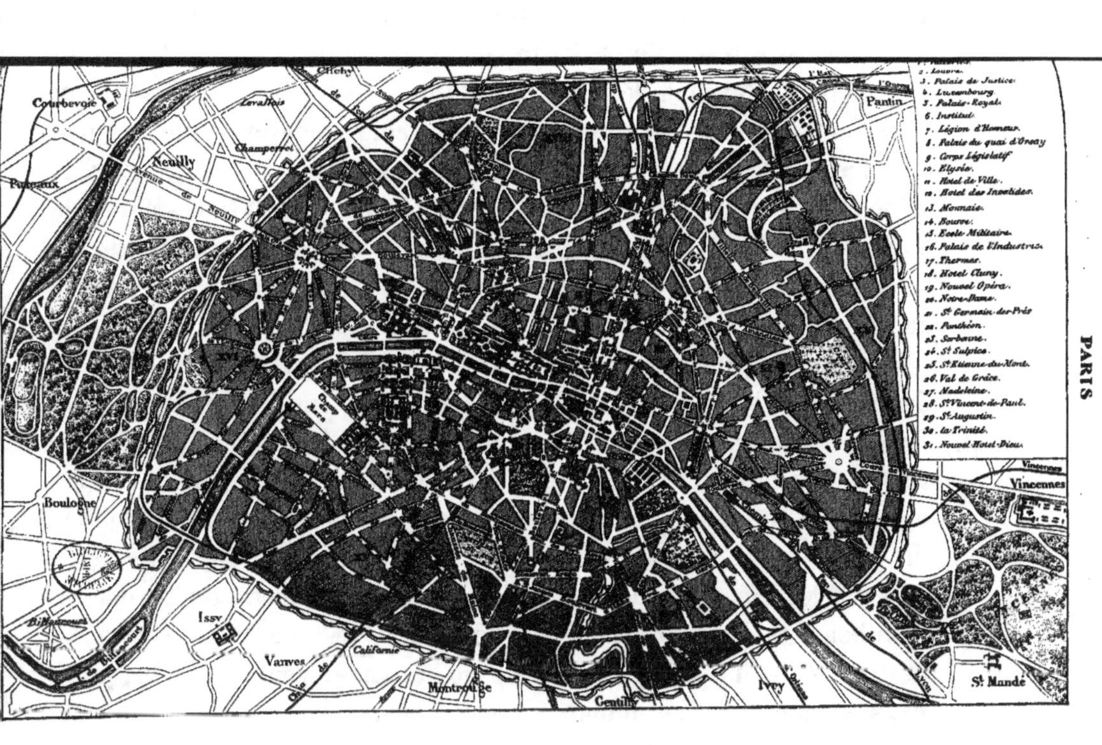
PARIS
2. Louvre.
3. Palais de Justice.
4. Luxembourg.
5. Palais-Royal.
6. Institut.
7. Légion d'Honneur.
8. Palais du quai d'Orsay
9. Corps Législatif
10. Elysée.
11. Hotel de Ville.
12. Hotel des Invalides.
13. Monnaie.
14. Bourse.
15. Ecole Militaire.
16. Palais de l'Industrie.
17. Thermes.
18. Hotel Cluny.
19. Nouvel Opéra.
20. Notre-Dame.
21. St Germain-des-Prés
22. Panthéon.
23. Sorbonne.
24. St Sulpice.
25. St Etienne-du-Mont.
26. Val de Grâce.
27. Madeleine.
28. St Vincent-de-Paul.
29. St Augustin.
30. la Trinité.
31. Nouvel Hotel-Dieu.
Courbevoie
Levallois
Clichy
Champerret
Neuilly
Avenue de Neuilly
Pantin
Vincennes
Boulogne
Issy
Vanves
Californie
Montrouge
Gentilly
Ivry
St Mandé

Jour, magnifique pont, composé de cinq arches et d'un étage de doubles arcades, qui sert au chemin de fer de ceinture et aux piétons.

Les boulevards de Paris ont pris dans ces dernières années une extension considérable. Les principaux sont le boulevard qui va de la Bastille à la Madeleine, tracé vers la fin du XVIIe siècle sur l'ancienne enceinte de Louis XIII, et dont la longueur est de 4 kilomètres et demi, les anciens boulevards extérieurs qui se développent autour de l'ancien mur d'octroi, et qui mesurent 9700 mètres, les nouveaux boulevards extérieurs qui suivent le chemin de ronde et dont le développement total est de 24 kilomètres. Parmi les autres boulevards on remarque les boulevards de Strasbourg, de Sébastopol, et de Saint-Michel, le boulevard Malesherbes, l'avenue des Champs-Élysées, les douze boulevards qui rayonnent autour de l'arc de l'Étoile, les cinq boulevards qui prennent naissance au Château-d'Eau, tels que les boulevards du Prince-Eugène et de Magenta, le boulevard Monceau, le boulevard Haussmann, le boulevard Richard-Lenoir, établi sur la voûte du canal Saint-Martin, le boulevard Saint-Germain, en construction, le boulevard d'Iéna, l'avenue du Roi-de-Rome, le boulevard de l'Empereur, etc.

Parmi les principales promenades de Paris, on peut citer le jardin des Tuileries, long de 702 mètres, large de 317, qui couvre une superficie de 30 hectares, et qui est orné de bassins, de jets d'eau et de statues, le jardin du Luxembourg, qui vient de regagner en luxe ce qu'il a perdu en superficie, les Champs-Élysées, le parc Monceau, le jardin du Palais-Royal, le jardin des Plantes qui occupe une superficie de 90 arpents, les squares du Conservatoire des arts et métiers, du Temple, de Montholon et de Saint-Jacques-la-Boucherie, les nouvelles promenades des buttes Chaumont, avec rivière, lac, cascade, pont suspendu, précipices et montagnes en miniature, etc.

Les places sont très-nombreuses à Paris; les plus importantes sont la place de la Concorde, anciennement place Louis XV, place de la Révolution et place Louis XVI, ornée d'un obélisque, de deux fontaines monumentales, de colonnes rostrales et de balustres, la place de l'Étoile, dominée au centre par l'arc de triomphe, commencé en 1806, qui mesure 43 mètres 50 au-dessus du sol, et dont les quatre pieds-droits sont décorés de magnifiques trophées, la place du Carrousel qui s'étend entre les Tuileries et le Louvre, ornée d'un arc de triomphe exécuté d'après le modèle de l'arc de Septime-Sévère à Rome, la place Royale, ouverte sur l'emplacement du palais des Tournelles et bordée de ses vieilles maisons du temps de Louis XIII, la place du Château-d'Eau que l'édilité refait sur des dimensions énormes, la place Dauphine qui sera l'une des plus curieuses de Paris quand toutes les maisons qui la bordent seront tombées pour dégager la nouvelle préfecture de police, la place de la Bastille, créée sur l'emplacement de la célèbre forteresse, détruite en 1789, et au centre de laquelle s'élève la colonne de Juillet, la place de l'Europe, jetée sur la gare de l'Ouest et qui forme le point d'intersection de six nouveaux boulevards, la place de Grève, dont la partie est est bordée par l'hôtel de ville, les places du Louvre, de Louvois, du Trocadéro, du Palais-Royal, du Panthéon, de Saint-Sulpice, du Pont-Saint-Michel, la place Vendôme avec la colonne érigée en 1810, la place du Trône, le Champ de Mars, long de 874 mètres et large de 420, et qui vient d'être si merveilleusement utilisé pour la splendide Exposition universelle de 1867, etc.

Parmi les rues de Paris on peut citer la rue de Rivoli, commencée en 1802, achevée en 1855, qui a 3 kilomètres de longueur, la rue Saint-Honoré, commencée au XIVe siècle et achevée au XVIIe, les vieilles rues Saint-Denis et Saint-Martin, la rue du Faubourg-Saint-Antoine, les rues Vivienne, Richelieu, de la Chaussée-d'Antin, Montmartre, la rue Lafayette, et parmi les passages, le passage des Panoramas, Jouffroy, Verdeau, des Princes, etc.

Paris possède un nombre considérable d'édifices dont le plus grand nombre, soit pour leur valeur artistique, soit pour les souvenirs qui s'y rattachent, sont classés parmi les monuments historiques.

Les monuments religieux occupent le premier rang dans cette admirable réunion de chefs-d'œuvre de tous les siècles et de tous les styles. Au XIe siècle appartiennent l'église de *Saint-Médard*, située dans le quartier Mouffetard, et *Saint-Germain des Prés*, église romane de la plus haute valeur que le percement de la nouvelle rue de Rennes va dégager entièrement ; — au XIIe siècle : l'admirable cathédrale de *Notre-Dame*, située dans la Cité, commencée en 1163, achevée en 1250, romane par ses premiers piliers, gothique par toute son ordonnance architecturale, et dont les tours s'élèvent à 68 mètres au-dessus du pavé de la place, admirable spécimen du gothique rayonnant et de la plus pure période ogivale ; — au XIIIe siècle : la *Sainte-Chapelle* du Palais de Justice, érigée dans la Cité par saint Louis, monument d'une délicatesse de style et d'une incomparable richesse de sculpture, et *Saint-Germain l'Auxerrois*, de style gothique, élevé devant la colonnade du Louvre, et dont le tympan est orné de peintures murales; — au XIVe siècle : *Saint-Leu*, situé entre la rue Saint-Denis et le boulevard Sébastopol, qui possède de belles verrières; — au XVe siècle : *Saint-Gervais*, derrière l'hôtel de ville, remarquable église de la belle période gothique, mais dont la façade est malheureusement décorée d'un portail grec du XVIIe siècle, *Saint-Nicolas des Champs*, bâti en 1420, dans la rue Saint-Martin, et dont le buffet d'orgue est remarquablement sculpté, *Saint-Séverin*, dans la rue de ce nom, qui possède de belles peintures murales modernes par Flandrin, Heim, Gérôme, etc., et *Saint-Laurent*, dont la façade vient d'être refaite pour la régularisation de la place de la Fidélité; — au XVIe siècle : *Saint-Étienne du Mont*, bâti sur la colline Sainte-Geneviève, et orné d'un magnifique jubé et d'une tour assez élégante, et *Saint-Merri*, dans la rue Saint-Martin, qui se rattache au gothique flamboyant, si voisin de la Renaissance; — au XVIIe siècle : l'*Assomption*, rue Saint-Honoré, construite sur le modèle du Panthéon à Rome, *Sainte-Élisabeth*, rue du Temple, dont on cite les boiseries, *Saint-Eustache*, près les Halles centrales, édifice grec, à pleins cintres, distribué comme une église gothique et orné de statues, de fresques, de beaux vitraux, *Saint-Jacques du Haut-Pas*, rue Saint-Jacques, qui est de style dorique, *Saint-Louis des Invalides*, dont le magnifique dôme, dû à Mansart, recouvre le tombeau de Napoléon Ier, entouré de douze figures colossales par Pradier, l'église des *Petits-Pères*, sur la place de ce nom, décorée d'un portail ionique et corinthien, la *Sorbonne*, sur la place de ce nom, construite par Lemercier, et dont la façade est d'ordre corinthien et composite, *Saint-Sulpice*, sur la place de ce nom, achevé en 1749 par Servandoni, dont la façade ionique et dorique est encore inachevée, *Saint-Roch*, rue Saint-Honoré, avec portail dorique et corinthien et dont la nef est entourée de 18 chapelles latérales, le *Val-de-Grâce*, rue Saint-Jacques, bâti par Mansart et Lemercier, et recouvert par un dôme assez lourd, *Saint-Paul*, bâti par les jésuites sur la rue Saint-Antoine, et dont la façade présente trois ordres corinthiens superposés, et les deux églises calvinistes de l'*Oratoire* de la rue Saint-Honoré, assez lourde construction de Lemercier, et de la *Visitation*, rue Saint-Antoine, qui fut commencée par Mansart; — au XVIIIe siècle : l'église *Sainte-Geneviève*, d'architecture gréco-romaine, commencée en 1764 par Soufflot, consacrée aux grands hommes par la Constituante, sous le nom de Panthéon, rouverte au culte catholique pendant ces dernières années, et couronnée d'un dôme haut de 83 mètres, puis la *Madeleine*, située sur le boulevard de ce nom, monument grec, entouré de 54 colonnes corinthiennes; — au XIXe siècle : *Sainte-Clotide*, bâtie dans le style ogival du XVIe siècle, *Saint-Eugène*, dont toute l'ornementation est en fer, *Saint-Jean-Baptiste*, à Belleville, dont l'ordonnance reproduit le style ogival du XIIIe siècle, *Notre-Dame de Lorette*, dont la disposition rappelle celle des basiliques de Rome, *Saint-Vincent de Paul*, dont on admire les peintures de la nef par H. Flandrin, celles de la coupole par Picot, les stalles sculptées de Millet, le calvaire en bronze de Rude, *Saint-Augustin*, lourde construction de M. Baltard, qui ferme l'horizon du boulevard Malesherbes, *la Trinité*, charmante église d'architecture italienne, nouvellement construite par M. Ballu, *l'Église russe*, de style byzantin, la *Synagogue*, rue Notre-Dame-de-Nazareth, etc.

Les principaux palais de Paris sont le Louvre, le Palais de Justice, les Tuileries, le Luxembourg et le Palais-Royal.

Le Louvre doit son origine à une forteresse que Philippe-Auguste fit construire au XIIe siècle, et dont la tour principale, reliée par une chaîne avec la tour de Nesle, située sur la rive opposée, défendait le cours du fleuve. Démolie sous le règne de François 1er, cette forteresse fit place aux façades actuelles, élevées sur les plans de Pierre Lescot, qui bordent les côtés ouest et sud de la cour. Catherine de Médicis construisit le bâtiment perpendiculaire au quai dont l'extrémité forme pavillon, et la première partie de la galerie parallèle à la Seine jusqu'au pavillon Lesdiguières; de ce point, Henri IV la fit poursuivre jusqu'aux Tuileries sous la direction d'Androuet Ducerceau. On doit à Richelieu la disposition de la cour actuelle, à Lemercier le pavillon de l'Horloge, orné des huit cariatides de Sarrazin, au médecin Claude Perrault l'admirable colonnade, composée de 52 colonnes corinthiennes, qui forme la façade orientale, à Gabriel la continuation de la façade du bord de l'eau et des trois étages des autres façades, au premier Consul la galerie élevée sur la rue de Rivoli que les architectes Fontaine et Percier poussèrent jusqu'à la rue de Rohan, à Napoléon III l'achèvement de cette façade sous la direction de MM. Visconti et Lefuel, la démolition des maisons qui occupaient l'espace compris entre le Louvre et la cour des Tuileries, les nouveaux bâtiments du Louvre qui forment avant-corps sur la place Napoléon III, avec les six pavillons Turgot, Richelieu, Colbert, Daru, Denon et Mollien, et enfin la reconstruction de toute la partie de la galerie du bord de l'eau comprise entre les Tuileries et le pavillon de Lesdiguières, qui permettra de la soumettre à une ordonnance unique, et d'en régulariser les admirables lignes architecturales.

Le Palais de Justice, élevé sur l'emplacement d'un château qui existait déjà à l'époque de la domination romaine, fut reconstruit en partie par saint Louis; de cette reconstruction il ne reste que la Sainte-Chapelle, une partie de galerie à cintres très-surbaissés, la tour de l'Horloge et les tours-poivrières de César et de Montgommery; depuis Eudes de Paris jusqu'à François Ier, les rois de France résidèrent dans ce palais, qu'ils abandonnèrent alors pour le Louvre; complété et régularisé sous le règne actuel, et réuni à la préfecture de police, il occupera toute la partie ouest de la Cité; on remarque sa façade ornée d'un escalier monumental, la salle des Pas-Perdus, construite par Desbrosses en 1622, etc.

Le palais des Tuileries, commencé par Catherine de Médicis, en 1564, sous la direction de Joseph Delorme, à qui l'on doit le pavillon central et les deux corps de bâtiments qui y attiennent, continué par Jean Bullant, par Ducerceau qui construisit l'aile du sud et le pavillon de Flore, par Levau et Dorbay qui bâtirent l'aile du nord et le pavillon de Marsan, sert, depuis Napoléon Ier, de résidence aux souverains. Les pavillons d'angle de Flore et de Marsan, ainsi que les ailes qui les rattachent au vrai palais de Catherine de Médicis, rompent l'harmonie de l'édifice par l'irrégularité de leur style, et sont destinés à disparaître. Déjà même, sous la direction de M. Lefuel, le pavillon de Flore et une partie de l'aile ont été refaits suivant l'ordonnance générale du palais. On remarque aux Tuileries la salle des Maréchaux, la salle du Conseil, le salon de la Paix, le salon de Diane, les appartements particuliers, la salle du Trône, etc.

Le Luxembourg, commencé en 1615 par Desbrosses, pour la reine Marie de Médicis, ne fut achevé qu'au commencement du XIXe siècle; il servit de prison pendant la Révolution, puis de palais du Directoire et du Consulat; et devint plus tard la chambre des Pairs; il est maintenant affecté aux séances du Sénat. On y remarque la chapelle, la chambre de Marie de Médicis, l'escalier d'honneur, la salle des gardes, la salle du Trône, toutes ornées de statues et de peintures dues aux plus grands artistes modernes.

Le Palais-Royal fut construit, en 1629, par Lemercier, et pour le cardinal de Richelieu, sur la place occupée par les hôtels Mercœur et Rambouillet; le cardinal le légua à Louis XIII; sous Louis XIV, il fut donné à Philippe d'Orléans, frère du roi, et Philippe-Égalité éleva les galeries qui entourent le jardin et le Théâtre-Français.

Parmi les autres palais de la capitale, on peut citer le palais de l'Institut, construit en 1662 sur l'emplacement de l'hôtel de Nesle, et qui ne sert à l'Institut que depuis 1795, le palais de la Légion d'honneur, construit en 1786 pour le prince de Salm, et affecté en 1803 au service de la chancellerie, le palais du quai d'Orsay, bâti de 1810 à 1835, dont le rez-de-chaussée, de style toscan, sert au Conseil d'État, et le premier étage, de style ionique, à la Cour des comptes, le palais des beaux-arts, commencé sous Louis XVIII, terminé sous Louis-Philippe, orné des chefs-d'œuvre de l'architecture française enlevés à divers palais ou châteaux, et où l'on admire l'amphithéâtre, peint par Paul Delaroche, et une copie du *Jugement dernier* de Michel-Ange par Sigalon, le palais de l'Archevêché, installé dans un magnifique hôtel construit sous le règne de Louis XIV, le palais du Corps législatif dont Napoléon a fait élever le péristyle en 1804, l'Élysée, bâti en 1718 pour le comte d'Évreux, restauré par Napoléon Ier et complété par Napoléon III, etc.

Parmi les édifices affectés à des services civils, on remarque le ministère de la marine, bel édifice à colonnade corinthienne, bâti au XVIIe siècle par Gabriel, et qui forme avec l'hôtel Crillon, d'une architecture identique, le côté nord de la place de la Concorde, l'hôtel de ville, élevé par l'architecte italien Dominique de Cortone, en 1532, sur l'emplacement de l'ancienne Maison-aux-Piliers, et dont on admire la façade surmontée d'un élégant campanile, qui est un peu gâtée par les bâtiments et les pavillons annexes dus à Louis-Philippe, l'hôtel des Invalides, bâti par Louis XIV en 1671, et destiné aux soldats infirmes, la manufacture des Gobelins, fondée sous le règne de Louis XIV, l'hôtel de la Monnaie, dont l'avant-corps est orné de six colonnes ioniques, la Banque de France, ancien hôtel de la Vrillière, bâti par Mansart en 1620, la Bourse, vaste parallélogramme entouré de 66 colonnes corinthiennes et dû à l'architecte Brongniart, l'École militaire, large bâtiment élevé par Gabriel, sous le règne de Louis XV, et récemment accru de quatre bâtiments annexes, dont l'ensemble ferme le côté sud du Champ de Mars, l'Arsenal, rebâti par Charles IX et Henri III, l'hôtel des Postes, installé dans l'ancien hôtel d'Armenonville, l'hôtel du Timbre, élevé par l'architecte Baltard, le Tribunal de commerce, de construction moderne, orné d'un magnifique escalier d'honneur, mais dont on blâme justement l'affreuse coupole, les diverses mairies, dont plusieurs ont été rebâties récemment, le palais de l'Industrie qui fut construit pour l'Exposition universelle de 1855, et dont les galeries servent maintenant aux expositions annuelles de peinture, etc.

Paris possède un grand nombre de monuments que l'histoire a revêtus d'un charme particulier, ou qui doivent à l'illustration des grands hommes les soins religieux dont on les entoure. On peut citer dans ce genre le palais des Thermes, attribué à Julien l'Apostat, et dont la piscine et le *frigidarium* sont bien conservés, l'hôtel Cluny, admirable spécimen de l'architecture mi-gothique et mi-Renaissance du XVe siècle, l'hôtel de Béthune, bâti rue Saint-Antoine par Ducerceau, l'hôtel de Bourgogne, rue du Petit-Lion, qui date du XIIIe siècle, l'hôtel Lamoignon, rue Pavie, bâti pour Diane de France, en 1550, l'hôtel de Luynes, rue Saint-Dominique-Saint-Germain, construit par la duchesse de Chevreuse, l'hôtel de Ninon de l'Enclos, rue des Tournelles, l'hôtel Carnavalet, rue Culture-Sainte-Catherine, terminé par Mansart au XVIIe siècle, et que l'on restaure en ce moment avec le goût le plus scrupuleux, l'hôtel Borghèse, rue du Faubourg-Saint-Honoré, devenu l'ambassade d'Angleterre, l'hôtel Conti, rue de Grenelle-Saint-Germain, devenu l'ambassade d'Autriche, l'hôtel Renaissance de Gabrielle d'Estrées, rue des Francs-Bourgeois, l'hôtel de Bouillon, quai Malaquais, l'hôtel Pimodan, quai d'Anjou, l'hôtel moderne de Pourtalès, rue Tronchet, l'hôtel Saint-Aignan, rue du Temple, etc., la maison de François Ier, sur le Cours-la-Reine, dont la façade est ornée de sculptures attribuées à Jean Goujon, la maison où mourut Corneille, rue d'Argenteuil, la maison de Racine, rue des Marais-Saint-Germain, la maison où naquit Molière, près des Halles, la maison où mourut Voltaire, ancien hôtel Villette, situé quai Voltaire, la maison de Lully, rue Neuve-des-Petits-Champs, la maison du quai Conti qu'habitait le jeune Bonaparte en 1795, etc.

Les théâtres sont très-nombreux à Paris, et parmi ceux qui présentent un aspect monumental, on doit citer le nouvel Opéra, dû à l'architecte Garnier, qui sera le plus complet et peut-être le plus beau des édifices de ce genre, l'Odéon qui a été reconstruit en 1818, et dont le portique est corinthien, le Théâtre-Italien, bâti en 1829 sur la place Ventadour, l'Opéra-Comique, place Boïeldieu, le Théâtre-Français, bâti en 1782 par l'architecte Louis pour le compte du duc d'Orléans, les nouveaux théâtres du Châtelet, Lyrique, de la Gaîté, du Vaudeville, élevés dans ces dernières années aux frais de la ville de Paris, etc.

Les marchés de Paris sont pour la plupart très-bien aménagés. Les Halles centrales, construites sous la direction de l'architecte Baltard, se composent de douze pavillons élégants reposant sur des soubassements de briques, et dont le fer et le verre forment les seuls matériaux; la halle au blé a été élevée, en 1763, sur l'emplacement de l'hôtel de Soissons; l'entrepôt des vins est un immense parallélogramme qui couvre une superficie de 134,000 mètres, etc.

Les principaux hôpitaux de la capitale sont l'Hôtel-Dieu, qui est en voie de reconstruction, la Pitié, bâtie par Louis XIII, la Charité, fondée par Marie de Médicis, Saint-Louis, bâti par Henri IV, l'hôpital du Midi, installé dans l'ancien couvent des Capucins, l'hôpital de Lourcine, qui occupe l'ancien couvent des Cordeliers, l'hospice des Quinze-Vingts, fondé par saint Louis, l'hôpital des Cliniques, bâti sur l'emplacement du cloître du couvent des Cordeliers, la Salpêtrière, immense cité commencée sous Louis XIII, l'hôpital Lariboisière, fondé en 1846, etc. Les prisons, au nombre de huit, sont le dépôt de la Préfecture, Mazas, le dépôt des condamnés, les Jeunes-Détenus, Sainte-Pélagie, les Madelonnettes, nouvellement refaites, Saint-Lazare, la maison d'arrêt de la garde nationale, et une prison militaire.

Au-dessous de Paris se trouve toute une vaste ville d'égouts qui, lorsqu'ils seront terminés, se développeront sur un parcours de 200,000 mètres, et au-dessous des territoires de Montrouge sont creusées d'anciennes carrières romaines qui forment d'immenses catacombes.

Non-seulement Paris est une ville extraordinaire sous le rapport industriel et commercial, non-seulement curieuse par la valeur de ses monuments, la multiplicité de ses établissements, le luxe de ses palais, l'immensité de ses boulevards et de ses places, mais c'est aussi un grand centre scientifique et artistique, et ce n'est pas sans de justes raisons qu'on a pu l'appeler la capitale du monde intellectuel.

Ses établissements d'arts, de science et d'instruction publique sont riches, nombreux, variés, et répondent à tous les besoins de l'intelligence humaine.

Les établissements où sont réunies les plus précieuses collections de l'art sous quelque forme qu'il se soit produit, depuis les temps antéhistoriques jusqu'au XIXe siècle, sont les musées du Louvre, du Luxembourg, de l'hôtel Cluny, d'artillerie et le musée gallo-romain. Le musée du Louvre comprend : le musée de peinture, qui possède environ 1,800 toiles des écoles italienne, espagnole, allemande, flamande, hollandaise, française, et dont quelques-unes sont les chefs-d'œuvre des plus grands maîtres, le musée de sculpture, qui renferme les antiques, les œuvres du moyen âge et de la Renaissance et les œuvres modernes, le musée de dessin, le musée Napoléon III, précieuse collection d'antiquités grecques, étrusques et phéniciennes, le musée de gravure, le musée des émaux et des bijoux, le musée Sauvageot, le musée de marine où sont les collections navales et ethnographiques, et les musées assyrien, étrusque, égyptien, algérien et américain. Le musée du Luxembourg possède la collection des peintures, sculptures et gravures modernes, acquise par l'État, et riche des plus belles productions de l'art contemporain. Le musée de Cluny renferme une collection extrêmement précieuse d'objets des XIVe, XVe et XVIe siècles. Le musée d'artillerie offre aux curieux toute la série des armes connues depuis que les hommes ont dû s'attaquer et se défendre. Le musée gallo-romain comprend tous les objets de l'époque gallo-romaine, qui ont été recueillis sur les divers points du département.

Les établissements scientifiques de Paris sont : 1° l'Institut de France, divisé en cinq classes, l'*académie française*, l'*académie des inscriptions et belles-lettres*, l'*académie des sciences*, divisée en quatre sections, qui comprennent dans les sciences mathématiques la géométrie, la mécanique, l'astronomie, la physique générale, la géographie et la navigation; dans les sciences physiques, la chimie, la minéralogie, la botanique, l'économie rurale, l'anatomie et zoologie, la médecine et chirurgie; l'*académie des beaux-arts*, qui comprend les sections de peinture, de sculpture, d'architecture, de gravure et de musique, et l'*académie des sciences morales et politiques*, divisée en sections de philosophie, de morale, de législation, de droit public et jurisprudence, d'économie politique et de statistique, d'histoire générale et philosophique, d'administration et de finances; 2° les archives de l'Empire; 3° les bibliothèques, parmi lesquelles on remarque la bibliothèque Impériale, qui possède 2,000,000 de volumes, 100,000 manuscrits et des collections de cartes géographiques, d'estampes, de médailles et d'antiquités, la bibliothèque Sainte-Geneviève avec 110,000 volumes, la bibliothèque Mazarine avec 150,000 volumes, la bibliothèque de l'Arsenal avec 230,000 volumes et 6,000 manuscrits, la bibliothèque de la ville avec 100,000 volumes, la bibliothèque de l'Université avec 100,000 volumes, la bibliothèque du Louvre avec 90,000 volumes, les bibliothèques des ministères, municipales, du Conservatoire des arts et métiers, des Invalides; 4° l'Observatoire, l'un des plus célèbres du monde; 5° le Muséum d'histoire naturelle, qui comprend le jardin des Plantes, l'école botanique, les galeries de zoologie, de géologie, d'anatomie comparée; 6° le Conservatoire des arts et métiers; 7° plus de 100 sociétés savantes, parmi lesquelles on peut citer l'académie de médecine, et — pour les sciences historiques et géographiques : les sociétés de géographie, d'histoire de France, des antiquaires, d'archéologie, de l'école des chartes, des bibliophiles, l'institut historique, les sociétés ethnologique, ethnographique, asiatique, orientale, etc.; — pour les sciences naturelles : les sociétés d'anthropologie, de zoologie, d'acclimatation, d'entomologie, de botanique, de géologie, de Cuvier, de météorologie, la société scientifique, etc.; — pour les sciences médicales : les sociétés de chirurgie, d'anatomie, de biologie, de médecine pratique, de médecine vétérinaire, d'hydrologie médicale, d'accouchements, de chimie médicale, etc.; — pour les sciences agricoles : les sociétés d'agriculture et d'horticulture; — pour les sciences industrielles : l'académie des arts et métiers, l'académie internationale des sciences de chimie, de physique et de minéralogie appliquée aux arts, la société des sciences industrielles; — pour les sciences économiques et morales : les sociétés internationales d'économie sociale, la société de statistique universelle, etc.; — pour les arts, les belles-lettres : les sociétés des gens de lettres, des auteurs et compositeurs dramatiques, des éditeurs et compositeurs de musique, les associations des anciens élèves de l'école polytechnique, de l'école normale, de Sainte-Barbe, de Louis-le-Grand, l'association des architectes, etc.; — enfin les sociétés philomathique, philotechnique, et bien d'autres associations de toute nature, la conférence des avocats, la conférence Molé, etc.

Le nombre des établissements destinés à l'instruction publique est considérable, et les élèves s'y pressent en foule pour entendre des professeurs du plus haut mérite. Les principaux sont le Collége de France, qui possède 29 chaires, la Sorbonne, siége de l'Académie de Paris, où sont les 7 chaires de théologie catholique, les 18 chaires des sciences, et les 12 chaires des lettres, la Faculté de droit, qui compte 18 chaires, la Faculté de médecine, avec 28 chaires, et dont le grand amphithéâtre peut contenir 1,400 personnes, l'école polytechnique, fondée sur l'emplacement du collége de Navarre, l'école normale, nouvellement reconstruite, et qui forme les professeurs de sciences et de lettres, l'école des mines, nouvellement rebâtie, l'école des ponts et chaussées, l'école d'état-major, l'école d'application des tabacs, l'école d'application du génie maritime, l'école des chartes, l'école des beaux-arts, l'école d'hydrographie, le conservatoire de musique, l'école centrale des arts et manufactures, l'école spéciale de dessin et de mathématiques, les lycées Bonaparte, Charlemagne, Louis-le-Grand, Napoléon, Saint-Louis, le collége Rollin, le collége Stanislas, plus de cent institutions privées, Sainte-Barbe, Barbet, etc., le collége Chaptal, l'école municipale Turgot, l'école supérieure du commerce, l'athénée polytechnique, les cours gratuits des associations polytechnique et philotechnique, les séminaires de Saint-Sulpice, des Missions étrangères, du Saint-Esprit, de Notre-Dame des Champs, de Saint-Nicolas du Chardonnet, de nombreux couvents pour l'éducation des jeunes filles, les Oiseaux, le Sacré-Cœur, Notre-Dame de Sion, etc.

Paris est administré par un conseil municipal de 60 membres, nommés par le chef de l'État, et qui fait fonction de conseil général du département, par un préfet de la Seine et par un préfet de police. Il est divisé en 20 arrondissements, ayant leur mairie distincte et comprenant chacun quatre quartiers où fonctionnent un commissaire de police et un officier de paix.

Ces arrondissements sont : 1° le *Louvre*, comprenant les quartiers de Saint-Germain-l'Auxerrois, des Halles, du Palais-Royal et de la place Vendôme; 2° la *Bourse*, comprenant les quartiers de Gaillon, Vivienne, le Mail et Bonne-Nouvelle; 3° le *Temple*, comprenant les quartiers des Arts-et-Métiers, des Enfants-Rouges, des Archives et de Saint-Avoie; 4° l'*Hôtel de ville*, comprenant les quartiers de Saint-Merry, de Saint-Gervais, de l'Arsenal et de Notre-Dame; 5° le *Panthéon*, comprenant les quartiers de Saint-Victor, du Jardin des Plantes, du Val-de-Grâce et de la Sorbonne; 6° le *Luxembourg*, comprenant les quartiers de la Monnaie, de l'Odéon, de Notre-Dame-des-Champs et de Saint-Germain-des-Prés; 7° le *Palais Bourbon*, comprenant les quartiers de Saint-Thomas-d'Aquin, des Invalides, de l'École militaire et du Gros-Caillou; 8° l'*Élysée*, comprenant les quartiers des Champs-Élysées, du faubourg du Roule, de la Madeleine et de la place de l'Europe; 9° l'*Opéra*, comprenant les quartiers de Saint-Georges, de la Chaussée-d'Antin, du faubourg Montmartre et Rochechouart; 10° l'*Enclos Saint-Laurent*, comprenant les quartiers de Saint-Vincent-de-Paul, de la Porte-Saint-Denis, de la Porte-Saint-Martin et de l'hôpital Saint-Louis; 11° *Popincourt*, comprenant les quartiers Folie-Méricourt, Saint-Ambroise, la Roquette et Sainte-Marguerite; 12° *Reuilly*, comprenant les quartiers de Bel-Air, de Picpus, Bercy et les Quinze-Vingts; 13° les *Gobelins*, comprenant les quartiers de la Salpêtrière, de la Gare, de la Maison-Blanche et de Croule-Barbe; 14° de l'*Observatoire*, comprenant les quartiers de Montparnasse, de la Santé, du Petit-Montrouge et de Plaisance; 15° *Vaugirard*, comprenant les quartiers de Saint-Lambert, de Necker, de Grenelle et de Javel; 16° *Passy*, comprenant les quartiers d'Auteuil, de la Muette, de la Porte-Dauphine et des Bassins; 17° *Batignolles-Monceaux*, comprenant les quartiers des Ternes, de la plaine de Monceaux, des Batignolles et des Épinettes; 18° la *Butte Montmartre*, comprenant les quartiers des Grandes-Carrières, de Clignancourt, de la Goutte-d'Or et de la Chapelle; 19° les *Buttes Chaumont*, comprenant les quartiers de la Villette, du Pont-de-Flandres, de l'Amérique et du Combat; 20° *Ménilmontant*, comprenant les quartiers de Belleville, de Saint-Fargeau, du Père-Lachaise et de Charonne.

Le budget de la ville se divise en budget ordinaire et budget extraordinaire; ce dernier varie suivant les besoins nouveaux de la reconstruction de Paris qui est un fait considérable dans son histoire. En chiffres ronds, les recettes ordinaires de la capitale peuvent s'élever à 150 millions, les recettes extraordinaires à 14 millions, les recettes supplémentaires à 20 millions, et les recettes extraordinaires, affectées à des services spéciaux, à 61 millions; les dépenses annuelles ordinaires seraient de 102 millions, et les dépenses extraordinaires de 61 millions, les dépenses supplémentaires de 20 millions, et les dépenses faites sur fonds spéciaux de 61 millions; telle est l'évaluation des recettes et des dépenses pour l'année 1868.

Les travaux du nouveau Paris auront certainement modifié la physionomie de cette cité célèbre; les quartiers insalubres, les maisons malsaines, les rues étroites et fangeuses disparaissent et font place à des boulevards, à des squares, à de vastes constructions que l'on dirait toutes sorties du même moule. Le goût n'a pas invariablement dirigé dans leur audacieuse entreprise les reconstructeurs du nouveau Paris; ils ont souvent fait riche, ne sachant pas toujours faire beau, et, comme l'a dit un très-spirituel écrivain, les sculpteurs ont été plus d'une fois employés à cacher les bévues des architectes; mais, en somme, c'est une entreprise gigantesque et qui marquera dans l'histoire de la capitale. Cependant, le grand vice de ce système, c'est l'immense agglomération des habitants qui s'accroît chaque année, et certainement Paris ne s'étend pas assez, puisqu'il est obligé de se déployer en hauteur, puisque ses maisons s'enfoncent de deux étages au-dessous des pavés et s'élèvent de six étages au-dessus. Là est le danger, et le bien-être, la salubrité de la ville souffriront toujours de cet entassement prodigieux et regrettable qui rejette la moyenne des habitants à cent pieds dans l'air, ou les repousse dans les entrailles du sol.

JULES VERNE.

CONCLUSION

LE CAPITAINE — BAPTISTE — FLAMMÈCHE

Qui ne sut se borner ne sut jamais écrire.

Quand nous n'aurions, en terminant ce livre, d'autre but que celui de donner une fois de plus raison à l'excellent axiome qui nous sert d'épigraphe, le lecteur, à coup sûr, se tiendrait pour satisfait.

Si jamais œuvre, en effet, pouvait se dispenser de finir, c'était celle-ci, qui, ainsi que beaucoup d'autres de même nature, aurait pu et dû peut-être ne commencer jamais.

Il n'est aucun de ceux qui ont apporté leur pierre à ce fragile monument d'une louable intention, qui ne sache, à l'heure qu'il est, que décrire une ville mouvante et changeante, un univers comme Paris, que le décrire tout entier, choses et hommes, est une tâche qui pourra bien demeurer toujours imparfaite.

Entasser volumes sur volumes avancerait sans doute quelque peu la besogne; mais avancer n'est point arriver; et à quoi sert un pas de plus, si ce pas ne doit jamais être le dernier?

S'il faut ménager quelque chose, cher lecteur, n'est-ce pas, avant tout, ta patience? Et, placés entre ces deux extrémités, dont l'une au moins était inévitable, celle d'être sans fin si nous voulions tout dire, ou celle d'être incomplets si nous ne voulions pas te lasser, avons-nous tort de choisir la moins fâcheuse, c'est-à-dire celle que, pressé comme tu l'es toi-même, tu pouvais le mieux pardonner?

Combien de figures manquent à ce tableau, combien de détails à cet ensemble, combien de membres à ce corps, personne ne l'ignore donc moins que nous; mais, d'une part, qu'on nous montre une œuvre complète et en même temps collective; et, de l'autre, qu'on nous dise si une œuvre multiple comme celle-ci aurait pu sortir d'une seule plume?

Nous faire voir par où nous péchons serait véritablement un soin superflu. Nous n'avons point de fatuité, et savons, comme dit Sancho, où le bât nous blesse. Si donc vous nous parlez de ce qui nous manque, après vous avoir fait remarquer qu'en somme nous avons dépassé nos devanciers, nous vous montrerons, sans morgue, mais aussi sans vergogne, ce que nous avons : nos innombrables et incomparables vignettes, par exemple, lesquelles, bien qu'elles ne disent pas tout, en disent assez pourtant pour épargner mille peines aux Champollion futurs, et leur rendre facile l'histoire intéressante de nos physionomies, de notre *esprit*, de nos gestes et de nos costumes.

Nous vous montrerons ces pages impitoyablement remplies où se trouve visiblement tout ce qu'on y pouvait mettre, du noir — beaucoup plus que du blanc; et nous vous dirons enfin que, si, à ces quatre volumes si bien bourrés, il se peut qu'il manque quelque chose, ce n'est rien peut-être qu'un cinquième, dont personne n'aurait voulu, lequel aurait dû néanmoins, à son tour, être complété par un sixième,... etc.

Cercle à jamais vicieux, et sans issue, comme tous les cercles!

Que si, en outre, on veut bien s'inquiéter de la bordure un peu légère de notre cadre, et se soucier de ce qu'ont pu devenir les quelques figures que nous y avions esquissées dans le but innocent de ne pas le laisser tout à fait vide, nous répondrons, dans la joie de notre âme, que rien ne saurait nous être plus agréable, et par conséquent plus facile, que de répondre à une sollicitude aussi flatteuse.

Et, pour commencer, par exemple, par celles qui, étant le plus près de nous, doivent être le moins oubliées, nous dirons que le capitaine est encore, à l'heure qu'il est, en prison, et que ses amis, au nombre desquels on nous permettra de nous compter, après avoir fait de vains efforts pour l'en tirer, ont bien peur d'être contraints — de l'y laisser mourir...

Que le modèle des serviteurs, que le fidèle Baptiste, n'a pas cessé d'attendre son maître, qu'il l'attend encore, et qu'il l'attendra probablement toujours...

Et que, pour ce qui est de Flammèche, puisque nous avons commis une première indiscrétion en vous disant qu'il était amoureux, nous croyons pouvoir en commettre une seconde en vous confiant qu'ainsi qu'il arrive en ces sortes de rencontres, son amour, qui avait eu un commencement, eut une fin, et s'évanouit un jour pour faire place à un autre;

que cet autre fit bientôt place à un troisième, qui ne dura pas plus que ses aînés; de sorte que le pauvre Flammèche, auquel le plus épais des bandeaux, celui de l'amour, avait d'abord caché l'enfer, se retrouva un beau jour, meurtri et désabusé, sur le pavé de cette ville sans entrailles qu'on appelle Paris.

Qu'y fit-il ?

Mais qui pourrait le dire ?

Les uns prétendent que, rendu au mal par le malheur, il se jeta au milieu de notre monde parisien en diable désespéré, portant partout le deuil et les larmes. A les en croire, on l'aurait vu successivement avocat, député, médecin, juge, sénateur, ministre et même journaliste! Il aurait exercé toutes les fonctions, retourné mille fois son habit, allant du riche au pauvre, du peuple à la cour; pesant toutes les consciences, essayant de tous les vices, s'attaquant à toutes les vertus; cherchant partout le mal, et le trouvant, hélas! partout. On vient de nous dire à l'oreille qu'il est l'âme de la Bourse, qu'on l'a vu tout récemment attisant le scandale, remuant l'or et le papier, agitant les fortunes, soufflant dans tous les cœurs cette impure passion des richesses, qu'on a si imprudemment exaltée de nos jours, et préparant, avec un sang-froid implacable, cette grande crise que chacun redoute et que personne ne conjure.

De ce voyage dans Paris il aurait composé un mémoire secret à l'usage du roi, son maître; mémoire si horrible, que Satan lui-même l'aurait lu avec épouvante et gardé pour lui tout seul, se réservant sans doute de le jeter, dans un jour de colère, sur notre globe, comme une autre boîte de Pandore, pour en faire jaillir des maux inconnus.

D'autres, et nous souhaitons que ceux-là aient raison, car nous avons un faible pour Flammèche, — d'autres, au contraire, assurent que, tirant le bien du mal lui-même, l'ambassadeur du diable aurait eu le bon esprit de renoncer en même temps aux hommes, aux femmes et même à Satan; que, soumis dès lors à toutes les conditions de l'humanité, mais aussi exempt de l'enfer, il se serait retiré dans une solitude profonde, attendant la mort, — selon le précepte du sage, sans la craindre ni la désirer, — et accomplissant ainsi cette prophétie banale : « le diable se fit ermite. »

P.-J. STAHL.

POST-FACE DE CETTE ÉDITION

On a écrit des milliers d'ouvrages sur Paris et les Parisiens, et c'est tout au plus si, dans le nombre, quelques-uns sont restés qu'on puisse encore lire avec un peu d'intérêt. De tous ceux qui ont paru et disparu depuis le *Tableau* de Mercier, un seul avait gardé sa valeur : le *Diable à Paris*, mais, ainsi que les *Animaux peints par eux-mêmes* que nous venons de remettre en lumière, des circonstances indépendantes de la volonté de l'éditeur avaient depuis vingt ans rendu impossible que ce livre célèbre fût réimprimé dans son complet.

C'est cette œuvre, devenue une vraie rareté bibliographique, que nous offrons aux Parisiens, non-seulement dans son entier, en ce qui concerne les illustrations, mais augmenté, mais enrichi et renouvelé dans des proportions si considérables, avec une telle prodigalité de textes et de dessins qui n'avaient pas fait partie des éditions primitives, que l'importance et le mérite de cette publication en sont doublés et triplés, alors cependant que son prix matériel, eu égard à tout ce qu'elle contient, est diminué de plus des trois quarts.

Paris n'a pas été bâti en un jour, a dit le proverbe; nous ajouterons qu'il ne peut être donné à personne non plus de le peindre en un jour. C'est l'affaire du temps, c'est l'œuvre de plusieurs générations que d'exprimer dans sa diversité la physionomie vraie d'un monstre pareil, de fixer sur le papier, non son attitude d'un instant, non l'accident transitoire d'une de ses transformations éphémères, mais son caractère permanent, que de montrer ce qu'il fut — depuis qu'il est.

Un bon tableau de Paris ne s'improvisera donc jamais. Nul ne saurait décrire sur commande cet être fuyant, à la fois si multiple et si concentré qu'en lui se résument les traits épars de la France tout entière. L'histoire d'une grande ville comme Paris ne peut donc être que le résultat inconscient d'une sorte d'action commune; elle ne saurait se composer qu'à la façon de ces terrains d'alluvions, résultat d'agrégations insensibles, travail des ans, qui apparaissent un beau jour comme des créations spontanées. Il faut que chacun apporte à cette création mystérieuse qui sa pierre, qui son monument. Il faut que tout entre dans la composition de cette œuvre, que toutes les formes y soient représentées, que *le crayon* y dise ce que *la plume* ne peut peindre, que *la plume* y décrive ce qui laisse *le crayon* impuissant. Types, personnages, portraits, tableaux de genre, pris à la vie intime aussi bien qu'à la vie publique, dans la rue et dans la maison; vues matérielles du Paris *ancien* et du Paris *moderne;* VOILA LA PART DU CRAYON. Histoire, anecdotes, saillies, bons mots, physiologies, pensées, maximes, réflexions, études critiques, pages descriptives, contes, nouvelles, dialogues, exprimant chacun à sa façon ce qu'on peut appeler « l'esprit de Paris; » VOILA LA TACHE DE LA PLUME. Or des choses qui passent, on peut garder l'image; mais de l'esprit, qui seul est permanent, ce qu'il faut garder c'est lui-même : c'est cet esprit qui reste, que notre livre s'est efforcé de fixer.

Cette double tâche, ce n'est certes pas trop pour la remplir que l'accumulation des matériaux laissés par le passé, que la réunion de tout ce qu'on a dit dans tous les temps et dans tous les pays sur le sujet, complété par ce que peut dire à son tour de lui-même cette portion du temps présent qui a chance de durée.

Eh bien, c'est précisément ce Paris écrit PAR TOUS et A TOUTES LES ÉPOQUES, par les esprits de tout ordre et de tout genre, que notre édition nouvelle du *Diable à Paris* a eu pour but de mettre sous les yeux de nos lecteurs, sans affecter d'autre méthode, là où toute méthode serait d'ailleurs impossible, que l'agrément, la variété et la multiplicité du contraste dans la vérité.

Nous n'avons pas voulu, réimprimant une œuvre capitale ayant qualité déjà par sa base, en conserver les parties inutiles, quand le passé et le présent avec leurs dates, avec les signatures les plus illustres et les plus imprévues, pouvaient nous fournir en abondance les éléments dignes de la parfaire et de l'achever.

Se borner à photographier l'actualité si souvent éphémère pour remplir les lacunes, c'eût été boucher des trous avec du plâtre et non combler sérieusement les vides faits par le temps dans l'œuvre primitive. Le Paris qui passe au bout de notre nez est un Paris qui demain n'intéresserait personne. Où est le nuage qui fuit? où sont les modes d'hier? où sont les crinolines dont on a tant parlé? Cependant les femmes charmantes qui semblaient s'être perdues pour toujours dans leurs bouffants contours sont encore, je le suppose, dans leur fourreau étranglé d'aujourd'hui, les mêmes aimables Parisiennes qui font la gloire de Paris et l'envie des autres nations.

Notre livre démontre, à la grande surprise des gens qui croient tout nouveau, que si l'apparence de Paris semble mobile, il n'y a évidemment rien de moins mobile au fond que ses mœurs, et qu'à bien peu de choses près, nous sommes aujourd'hui, messieurs et mesdames, ce qu'étaient autrefois nos grands-pères et nos grand'mères.

Sous ce titre : « *Ce qu'on a dit de Paris et de ses habitants, dans tous les temps et dans tous les pays,* » nous avons réuni à grands frais de recherches patientes et de lectures attentives, comme annexe naturelle, comme complément au texte des éditions primitives du *Diable à Paris,* ce qui a été dit de plus vrai et de plus piquant *à toutes les époques,* sur Paris, par les écrivains illustres et aussi par les grands personnages français et étrangers qui se sont occupés de Paris, qui ont laissé leur mot ou écrit leur page, soit en prose, soit en vers, pour ou contre le Parisien et la Parisienne qui ont vécu sous leurs yeux.

Dans ces fragments repris au passé éclate la vérité de ce que nous avons dit plus haut, c'est que Paris est loin d'être aussi varié et aussi léger qu'il se targue de l'être, puisque, à des siècles de distance, depuis le Paris gaulois et romain, depuis le Paris latin de César et de Julien jusqu'au Paris d'hier matin, les mêmes jugements ont pu justement lui être appliqués soit pour l'éloge, soit pour le blâme, puisque, pour tout dire, entre la vérité du passé et celle du présent il n'y a peut-être pas de différence appréciable sinon dans la manière dont, suivant les temps, elle est dite.

Si le *Diable à Paris* nous a paru devoir former le fond, la pierre d'assise du tableau de Paris plus complet que s'est proposé d'être notre *Diable à Paris* nouveau, c'est, d'une part, parce que aucun autre cadre n'eût eu l'élasticité qu'il nous offrait, parce que les écrivains illustres de la génération de 1840 y avaient laissé des pages qui comptent à bon droit parmi leurs meilleures; c'est, d'autre part, parce que le plus profond, le plus subtil, le plus parisien des peintres de nos mœurs parisiennes, parce que Gavarni avait doté ce livre d'une œuvre impérissable, qui constituait à elle seule un tableau de Paris, impossible à tenter par tout ce qui n'est pas Gavarni.

L'admirable série de 260 dessins, avec légendes, que ce grand philosophe du crayon avait dessinée expressément pour le *Diable à Paris* sous cette rubrique : *Les Gens de Paris,* se trouve donc tout entière cette fois, comme dans les grandes éditions de luxe, dans notre édition nouvelle. Mais ce n'est pas tout. Une circonstance heureuse ayant remis en notre possession toute l'*œuvre choisie* de Gavarni, c'est-à-dire les 320 beaux dessins accompagnés de leurs précieuses légendes, qui, avec *les Gens de Paris,* constituaient ce que Gavarni eût été en droit d'appeler *le Paris Gavarni,* nous avons ajouté aux 260 dessins des *Gens de Paris* des grandes éditions primitives les — 320 — dessins comprenant les célèbres séries des lorettes, ces cocottes d'hier, des enfants terribles, etc., etc., et 50 *compositions inédites.*

CES SIX CENTS DESSINS DE GAVARNI constituent ainsi au *Diable à Paris* nouveau un trésor d'illustrations d'une inappréciable richesse.

Si chaque peuple avait eu dans le passé l'équivalent d'un Gavarni, un observateur assez doué pour laisser, comme ce grand esprit l'a fait, son siècle, représenté dans son caractère le plus intime et le plus philosophique, en une galerie, en un musée pareil à celui que nous offrons aujourd'hui au public français, de combien de clartés cette histoire au crayon n'illuminerait-elle pas la vie des siècles passés et des nations disparues! Nos savants n'en seraient pas réduits à interroger à la sueur de leurs fronts les rébus sous forme de perroquets que leur offrent quelques rares obélisques.

Le joyau de notre livre, au point de vue de l'illustration, ce sont donc ces 600 dessins de Gavarni. Mais nous n'avons pas borné là notre effort. Aux dessins de Gavarni nous avons ajouté 112 dessins de Grandville, satires ingénieuses de la vie de Paris, choisies parmi celles des compositions de ce maître dont Paris est le sujet. Ces dessins, presque inconnus de la génération qui n'a pas vu 1840, sont de véritables nouveautés pour un grand nombre de nos lecteurs de 1869, et, pour la première fois, se trouvent réunies dans la même œuvre les productions de deux génies si différents, pour ne pas dire si contraires.

Nous n'avons eu garde d'oublier les aimables et si gais croquis que Bertall, au début de son talent, avait semés avec profusion, sous le titre Paris comique, dans le *Diable à Paris,* et qui avaient commencé la réputation du jeune et spirituel dessinateur; c'est 538 petits croquis charmants à ajouter à l'avoir de l'illustration du *Diable à Paris* complété. Henri Monnier enfin nous a fourni son contingent, 38 dessins inédits. Dantan nous a donné le portrait d'un ami — celui de Cham. C'est-à-dire moins que nous n'eussions souhaité et espéré; mais c'est toujours quelque chose qu'une jolie chose inédite de Dantan.

Le Paris matériel ne pouvait être négligé par nous. Champin avait dessiné pour le *Diable à Paris* primitif et pour l'*Histoire de Paris* 160 vues de Paris à tous ses âges; nous avons donné toutes ces vues, qui sont de l'histoire monumentale conservée. Mais si Paris change peu au moral, au matériel il a subi des transformations capitales. MM. Clerget et Grandjacquet, dans une série de dessins faits pour l'édition nouvelle, ont dessiné du *Paris d'aujourd'hui* 25 grands aspects, de façon que sur aucun point notre livre ne reste en arrière. Avec 44 dessins d'Andrieux et de divers autres artistes de mérite, ces quatre volumes contiennent donc plus de 1,500 gravures.

Aux noms des anciens collaborateurs du *Diable à Paris,* nous devons ajouter ceux de MM. Victor Hugo, Erckmann-Chatrian, Jules Verne, Jean Macé, Dumas fils, Victor Malot, Gustave Droz, Mme de Girardin, Adrien Decourcelles, A. Morel, Nestor Roqueplan, Henri Rochefort, Auguste Villemot, Xavier Aubryet, Edmond Texier, Kaempfen. Chaque chapitre porte en lui la date de son origine et fait de notre tableau de Paris comme une histoire comparée de Paris moral depuis quarante ans.

J. HETZEL.

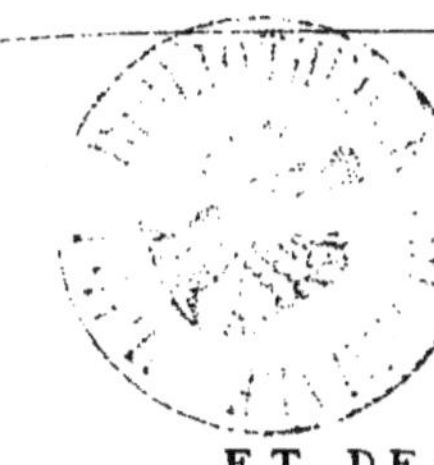

TABLE DES TEXTES

ET DES VIGNETTES DANS LE TEXTE

DU QUATRIÈME ET DERNIER VOLUME

TABLE DES VIGNETTES HORS TEXTE

GAVARNI. — LES PARISIENS.

GRANDVILLE.

BERTALL.

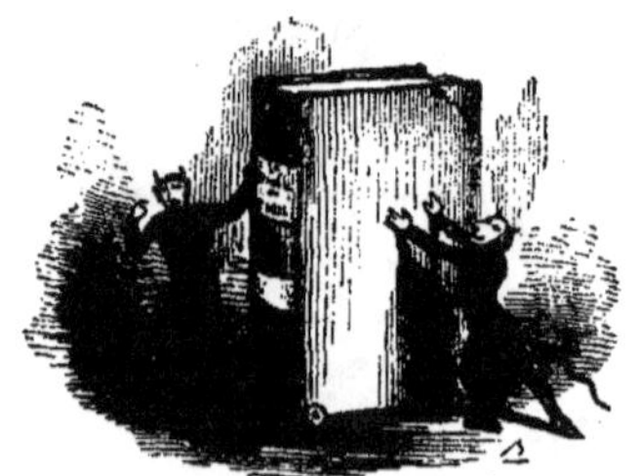

TABLE GÉNÉRALE DES TEXTES

ET DES DESSINS

CONTENUS DANS LES QUATRE VOLUMES

TEXTES

DESSINS

GAVARNI. . . . — 580 dessins hors texte.
—— 20 dessins dans le texte.
GRANDVILLE. . . — 70 dessins hors texte.
—— 42 dessins dans le texte.
BERTALL. . . . — 54 pages hors texte comprenant 378 dessins.
—— 150 dessins dans le texte.
HENRI MONNIER. — 34 dessins hors texte.
—— 2 dessins dans le texte.
CLERGET. . . . . — 17 dessins hors texte.
—— 4 dessins dans le texte.
GRANDJACQUET. — 3 dessins hors texte.
CHAMPIN. . . . . — 23 pages hors texte comprenant 152 dessins.
—— 12 dessins dans le texte.

FABRITZIUS. . . . — 5 dessins hors texte
DANTAN JEUNE. — 1 — —
LAMPSONIER. . . — 1 — —
LORSAY. . . . . . — 1 — —
ÉMY.. . . . . . . — 1 — —
ANDRIEUX. . . . — 7 — —
DIVERS . . . . . . — 28 dessins dans le texte.

600 dessins de Gavarni, 112 de Grandville, 528 de Bertall, 308 par Henri Monnier, Champin, Clerget, Fabritzius, Dantan jeune, Andrieux, Froment, Benett, Lorsay, Émy, Lampsonier, Grandjacquet, etc.

TOTAL : 1,508.

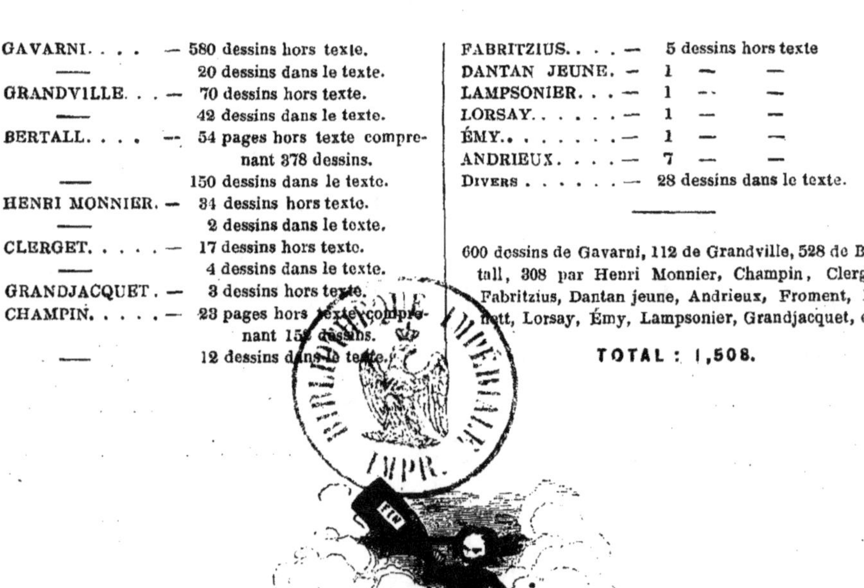

PARIS. — J. CLAYE, IMPRIMEUR, RUE SAINT-BENOIT, 7.

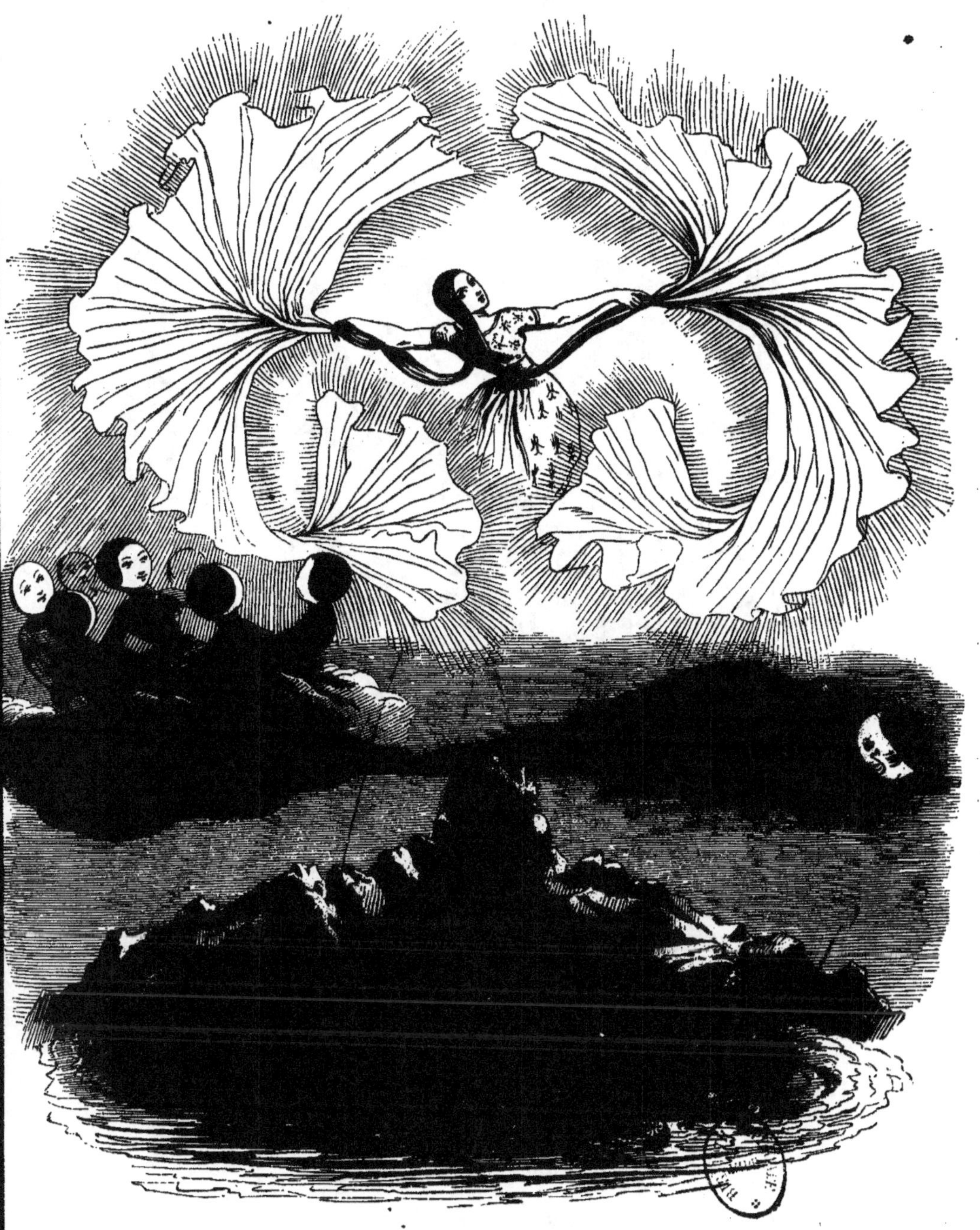

UNE AURORE BORÉALE

On parlera de sa gloire
Chez les savants bien longtemps.

GRANDVILLE

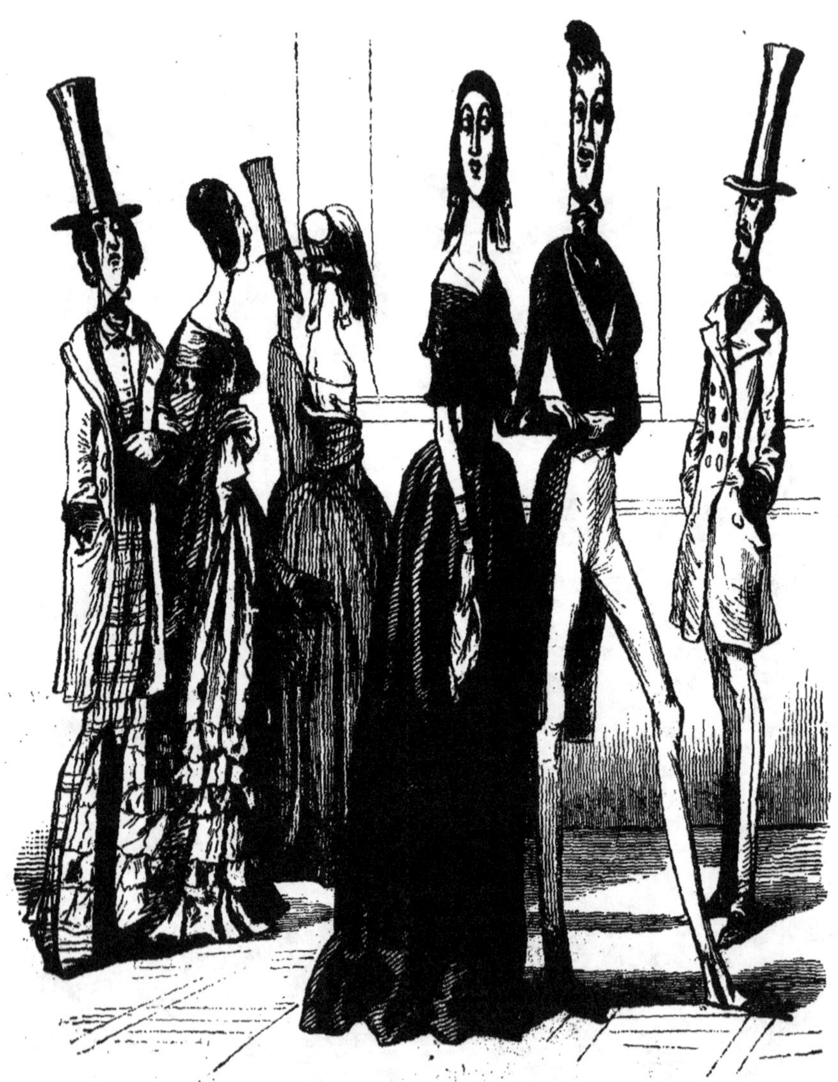

ARISTOCRATIE DE LA TAILLE

Ne pas confondre avec « La taille de l'aristocratie, » mais bien souvent l'une et l'autre se valent.

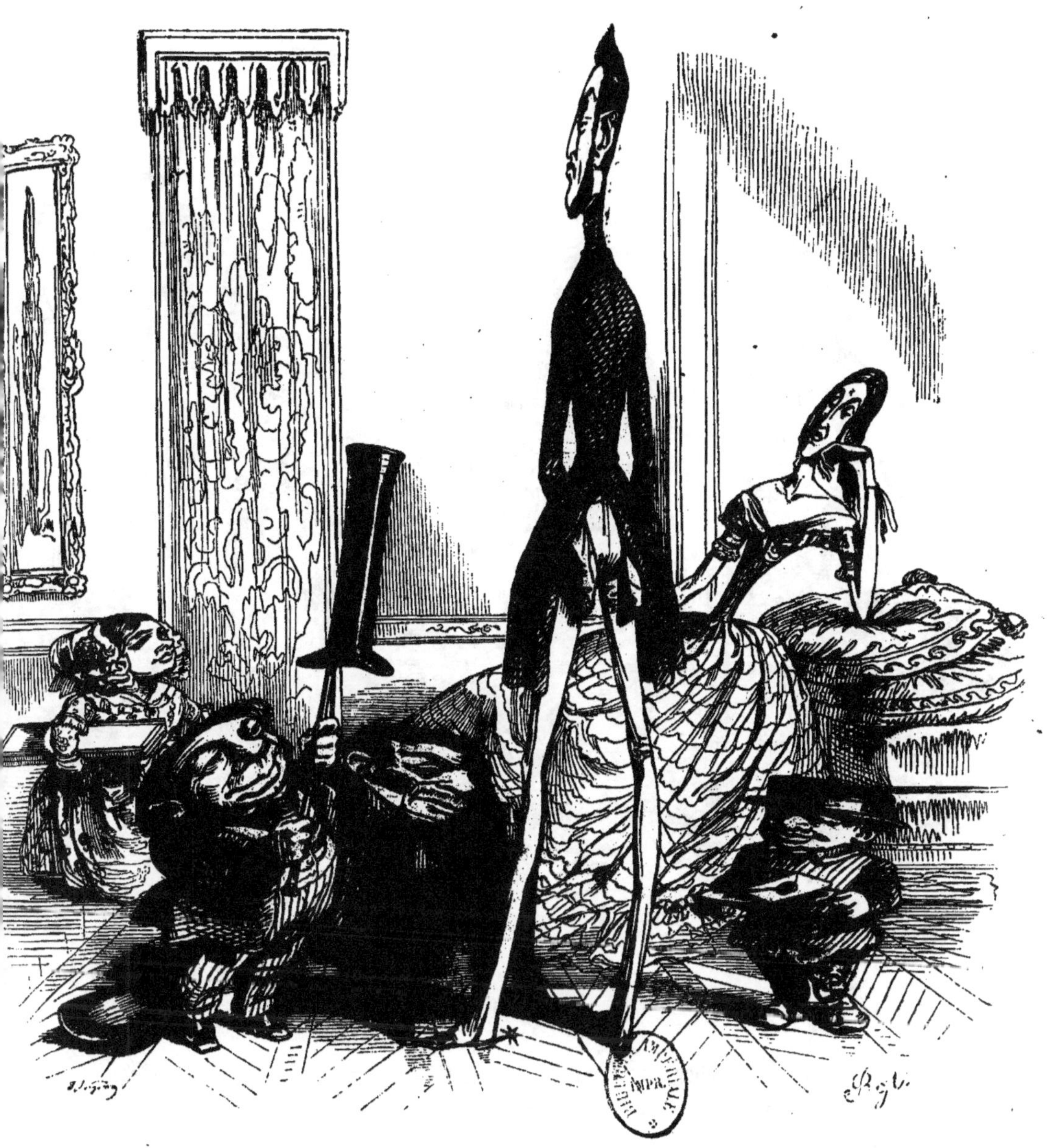

LE SYSTÈME DES COMPENSATIONS

Chacun y mettant du sien, les relations entre eux sont aussi commodes et aussi agréables pour les uns que pour les autres.

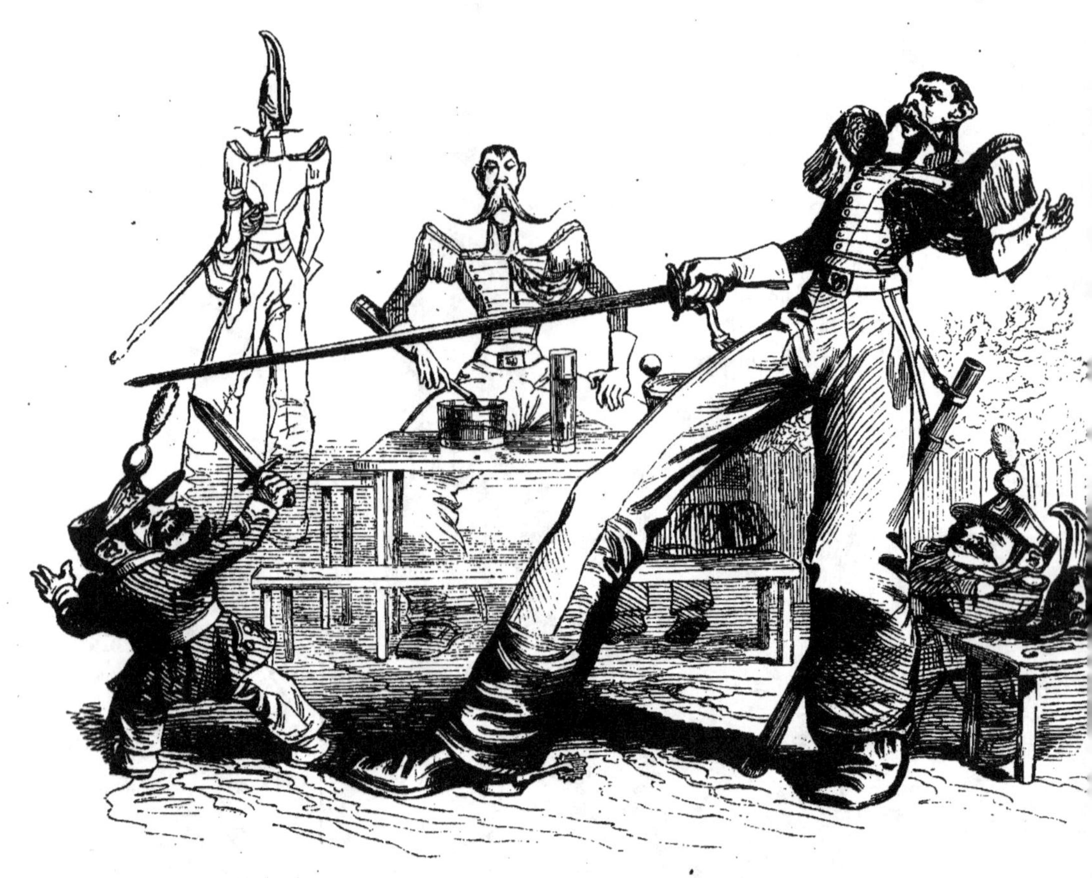

UN COMBAT SINGULIER

Le grand cavalier, avec sa grande latte, compte sur les coups de tête, mais le petit fantassin est connu pour être prompt à la riposte et pour tirer admirablement aux jambes.

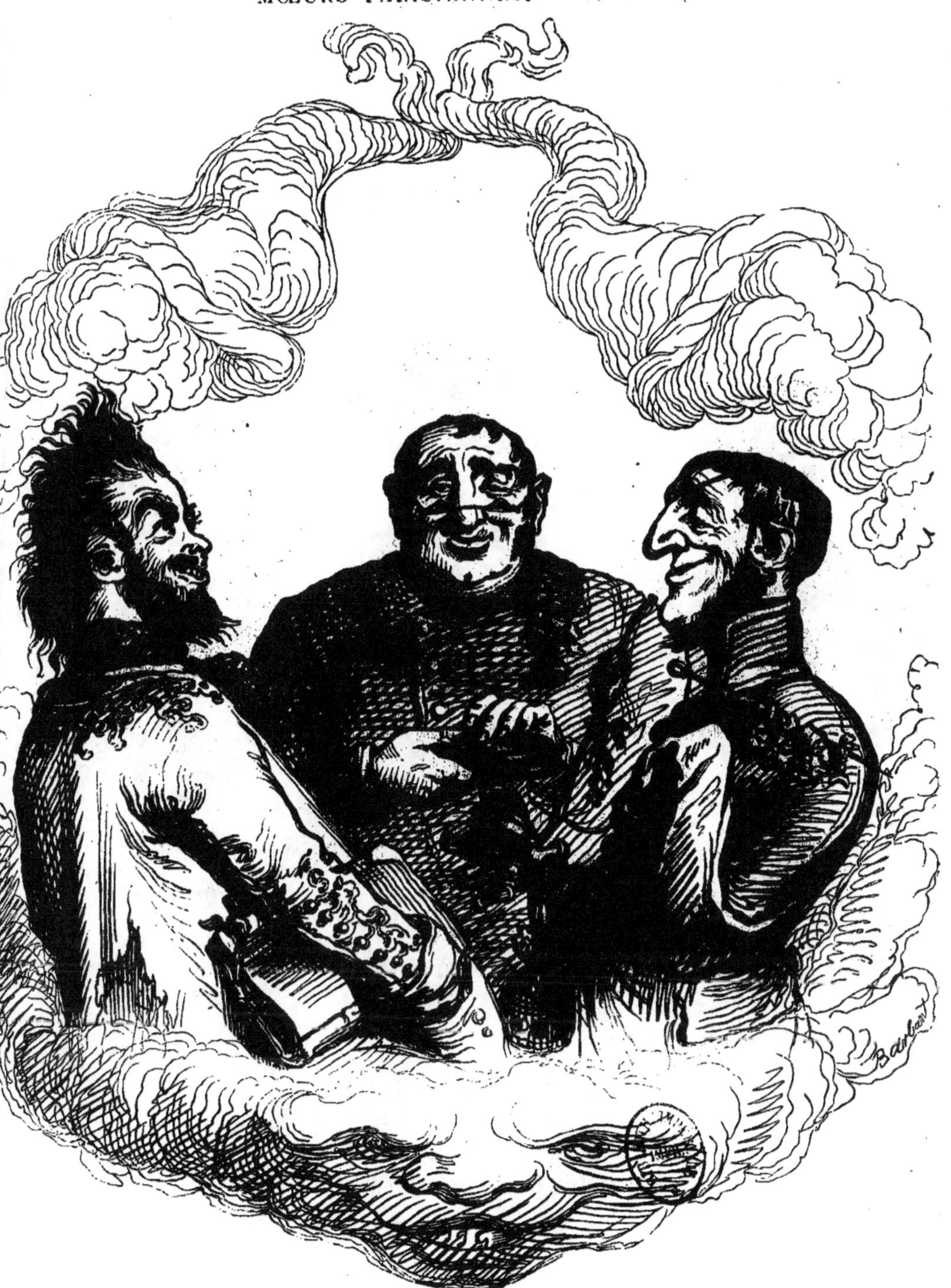

FONDATION D'UN JOURNAL

Le capital y servant de trait d'union entre l'avenir et le passé, une égale satisfaction y sera donnée aux aspirations de l'intelligence et aux appréhensions de l'expérience.

COSTUMES DE JOUR

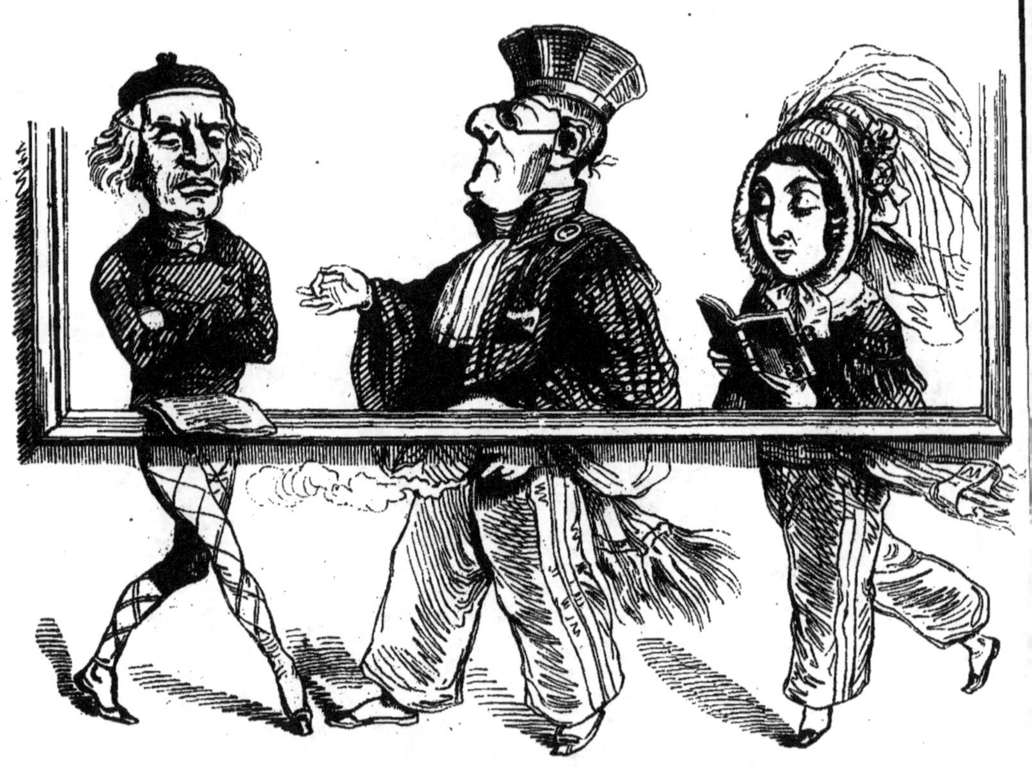

COSTUMES DE NUIT

Chenilles le matin et papillons le soir,
Ils ont fait du plaisir le soutien du devoir.

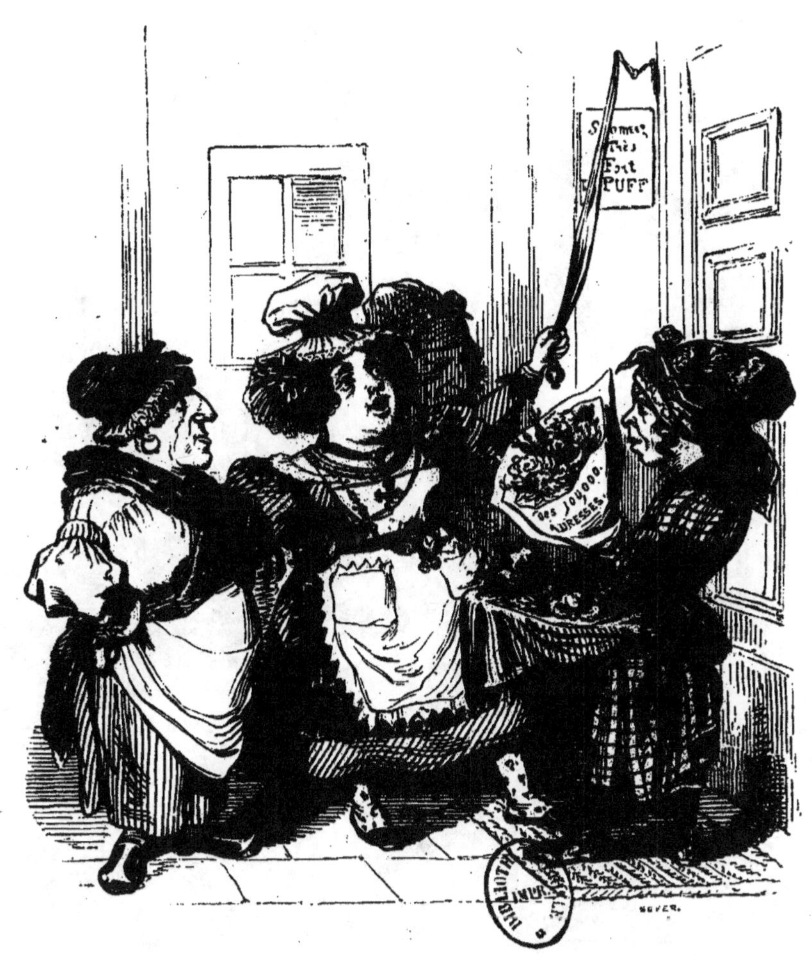

CES DAMES DE LA HALLE.

Heureux époux, votre hyménée
De joie a rempli notre cœur.
Recevez en cette journée
Tous nos vœux pour votre bonheur.

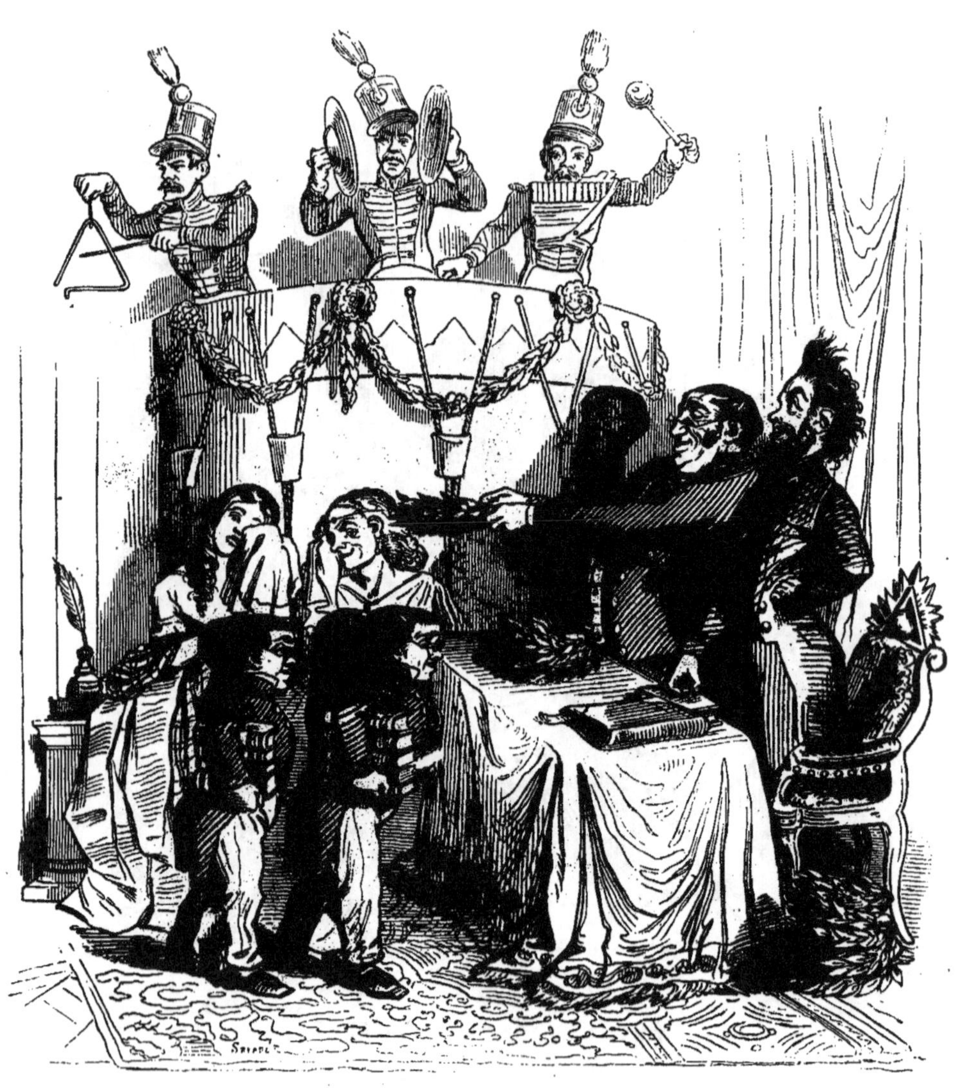

DISTRIBUTION DE PRIX.

« Chers enfants, du sein de ces couronnes, tous les siècles présents, passés et futurs vous contemplent ; nous sommes contents de vous ... Allez, musique! »

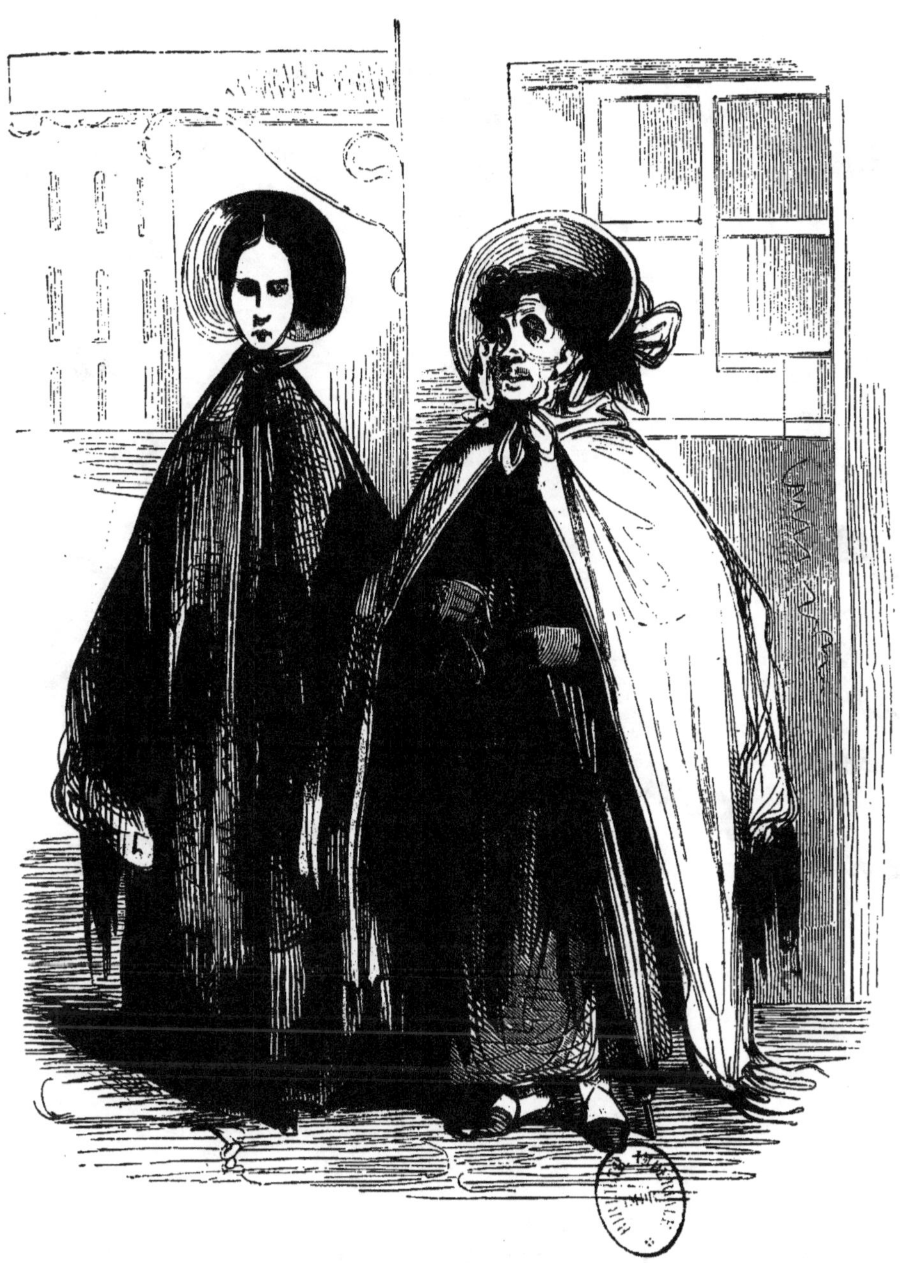

Chemin du théâtre.

GAVARNI. LE DIABLE A PARIS.

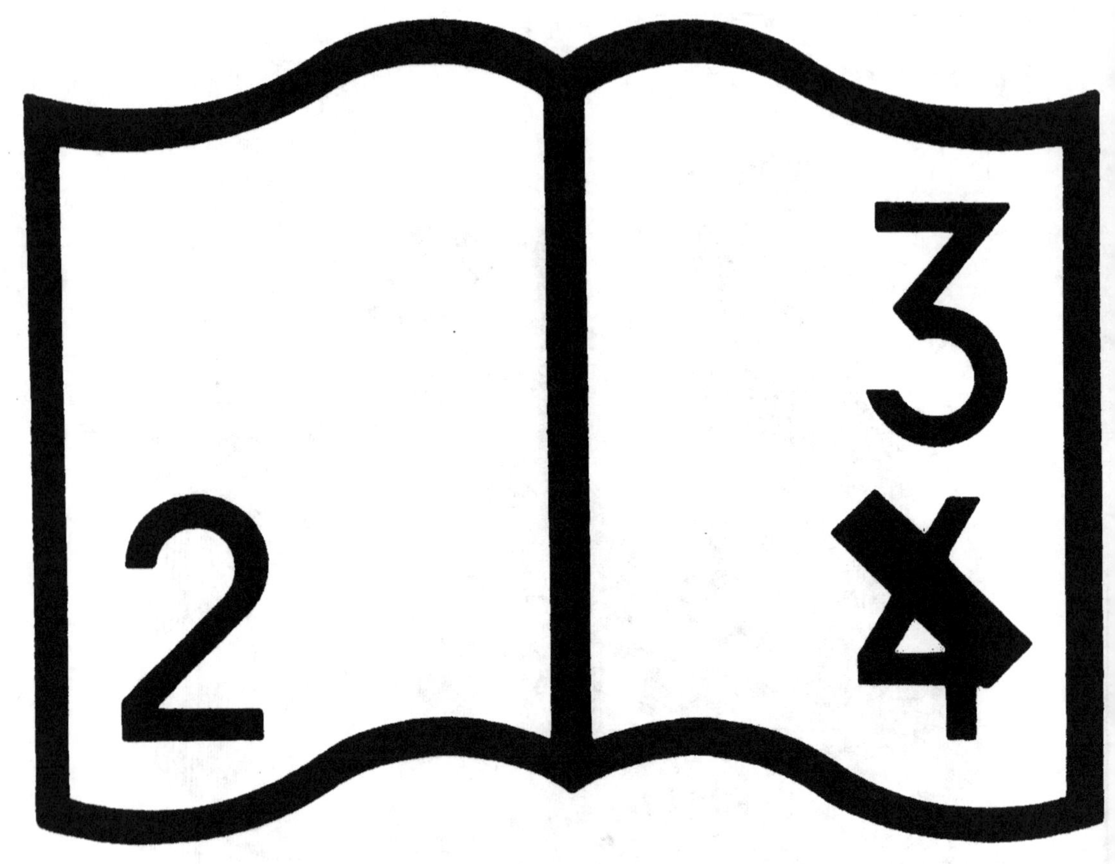

Pagination incorrecte — date incorrecte

NF Z 43-120-12

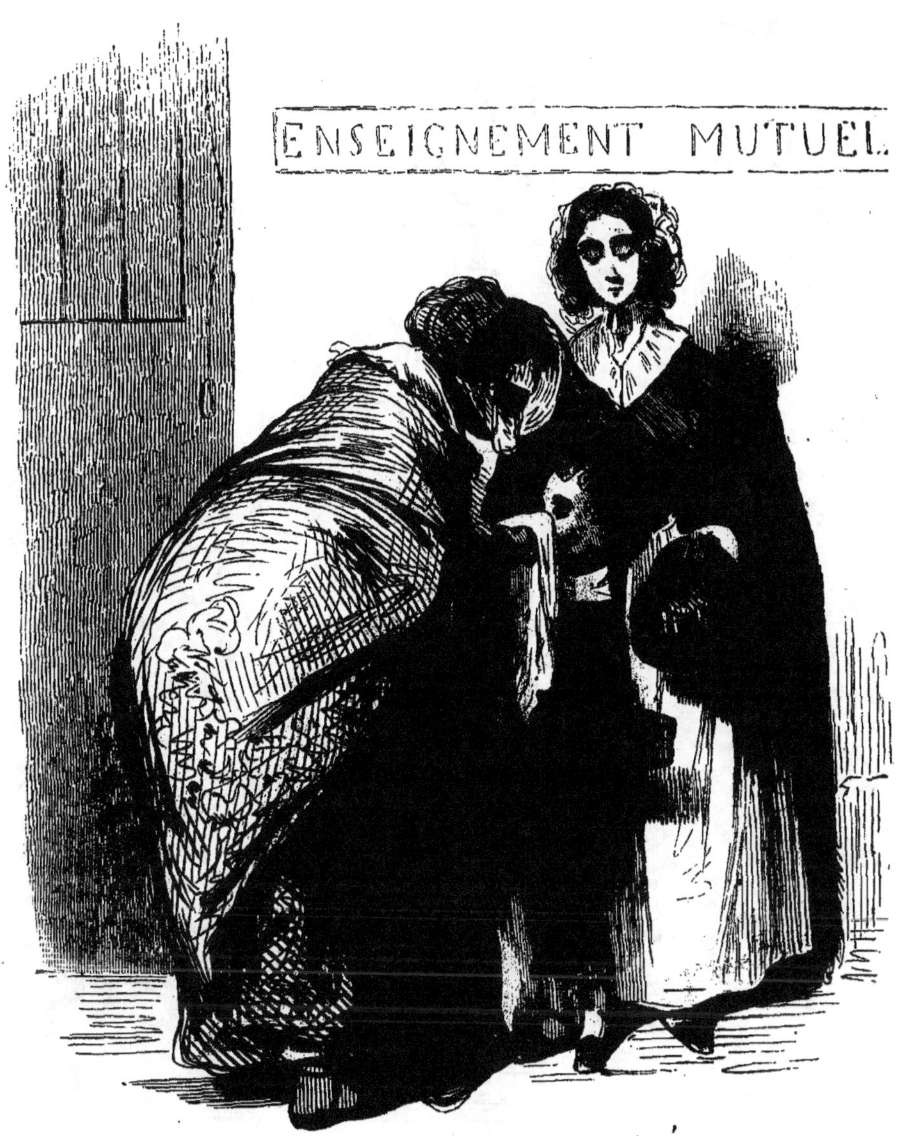

Souffle !

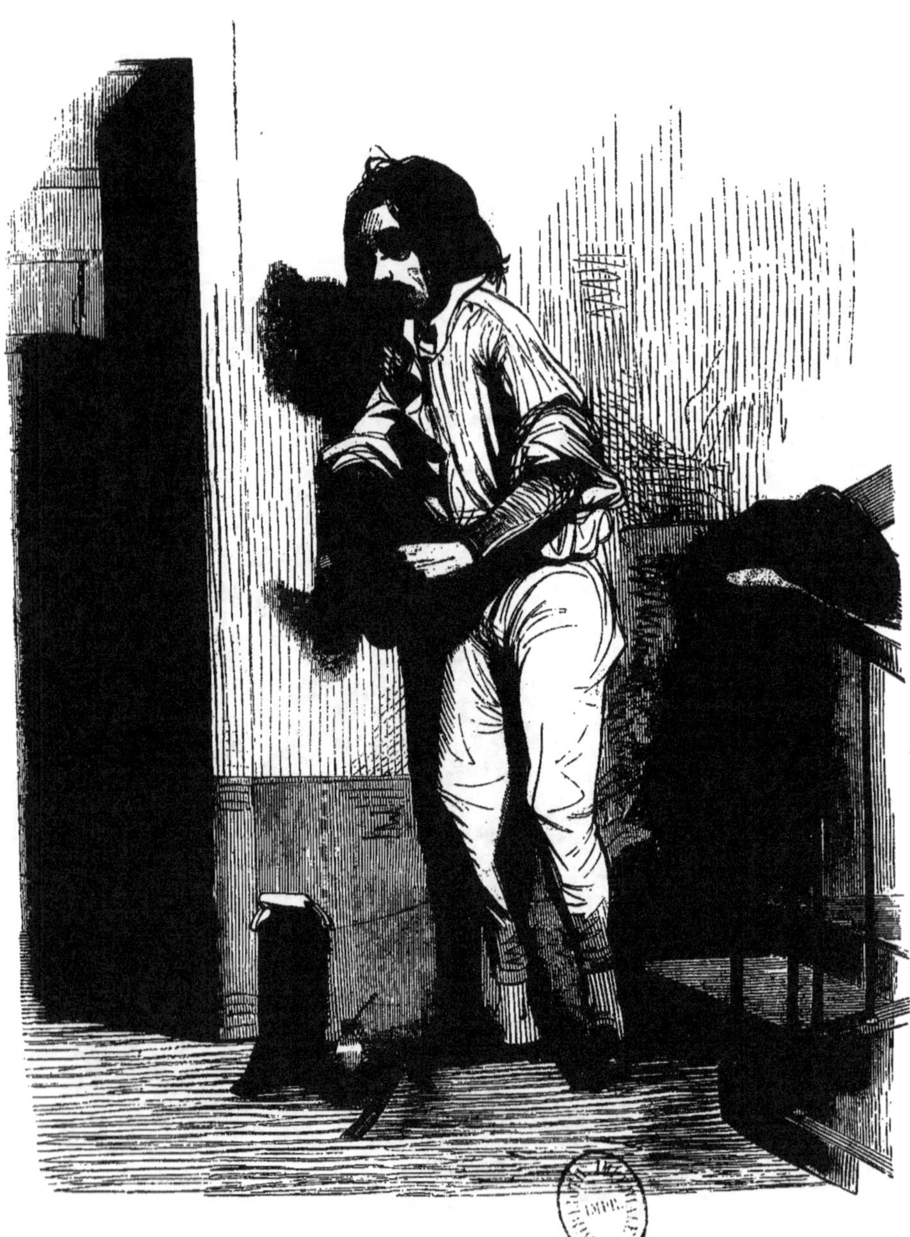

Pourquoi se priver du superflu, quand on peut se dispenser du nécessaire?
Avec ce que coûte une femme de ménage, on a deux stalles à l'Opéra.

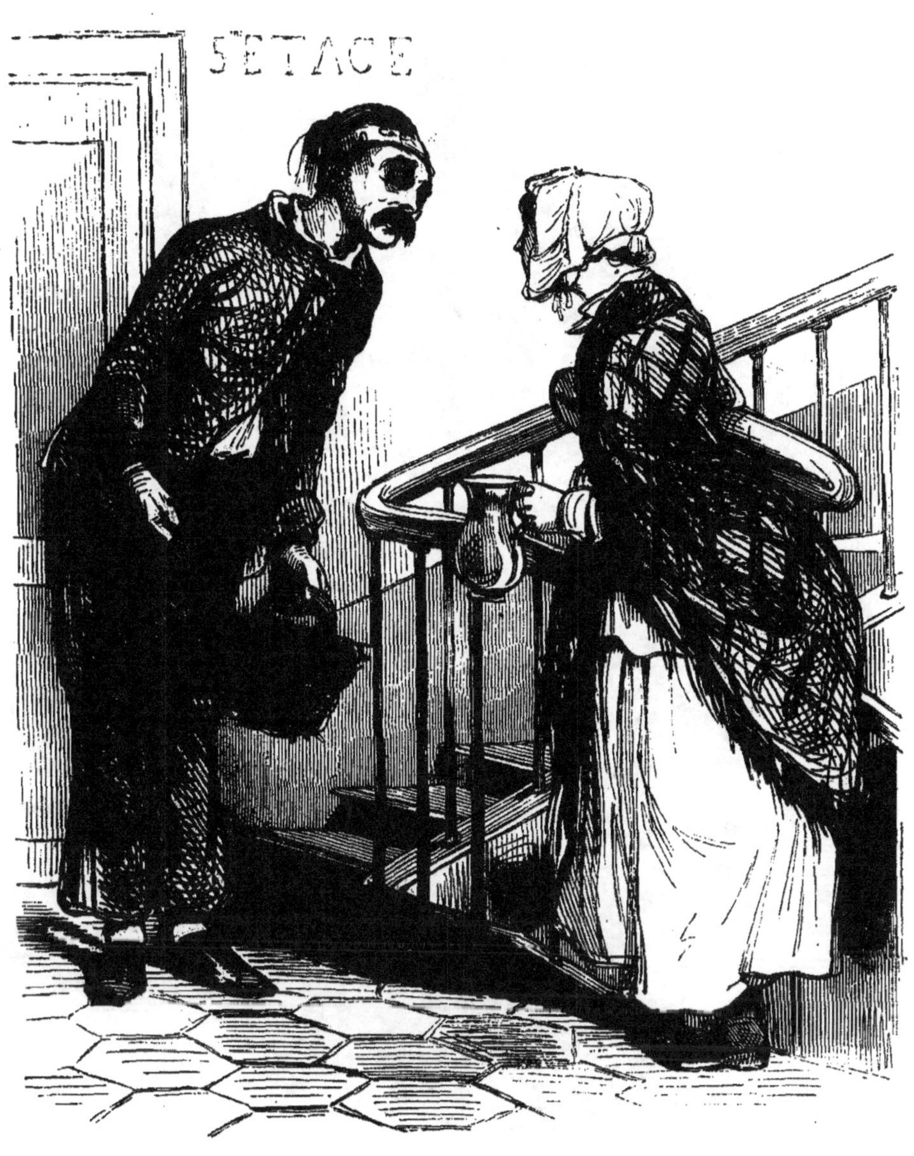

N'est-ce pas vous, madame, que j'ai eu l'avantage de voir au balcon des Italiens ?

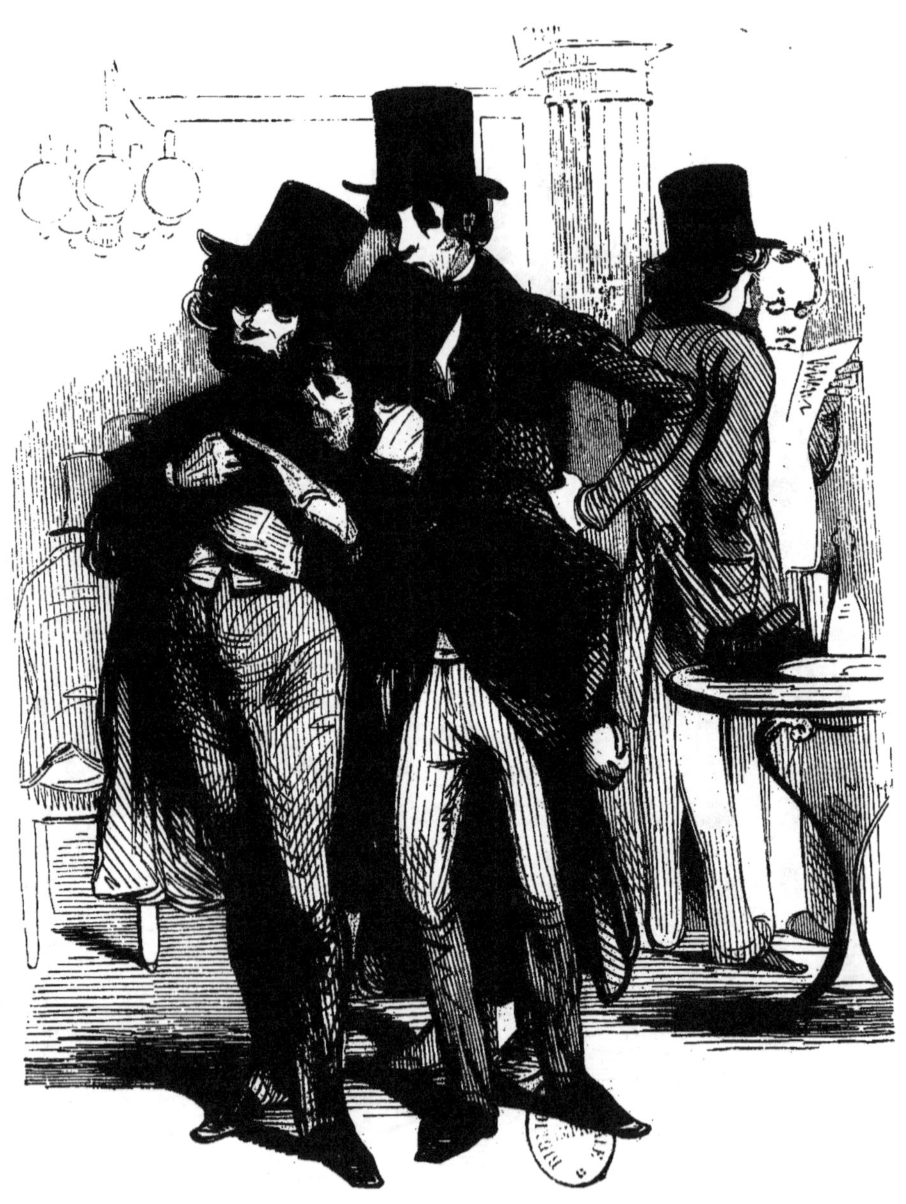

— Vous étiez nommé hier soir? — Sans doute... — C'est moi qui le suis ce matin.

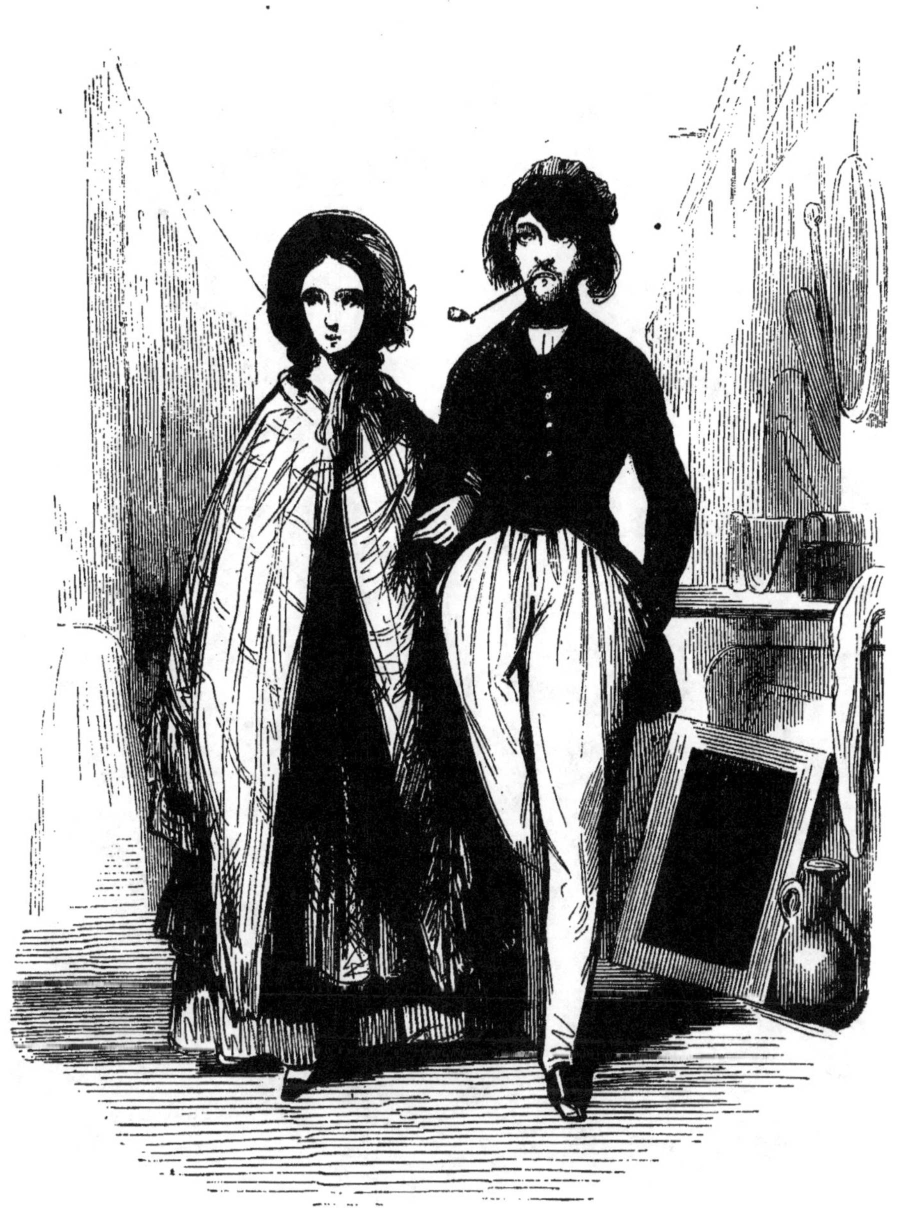

Mosieu et M'ame Ernest.

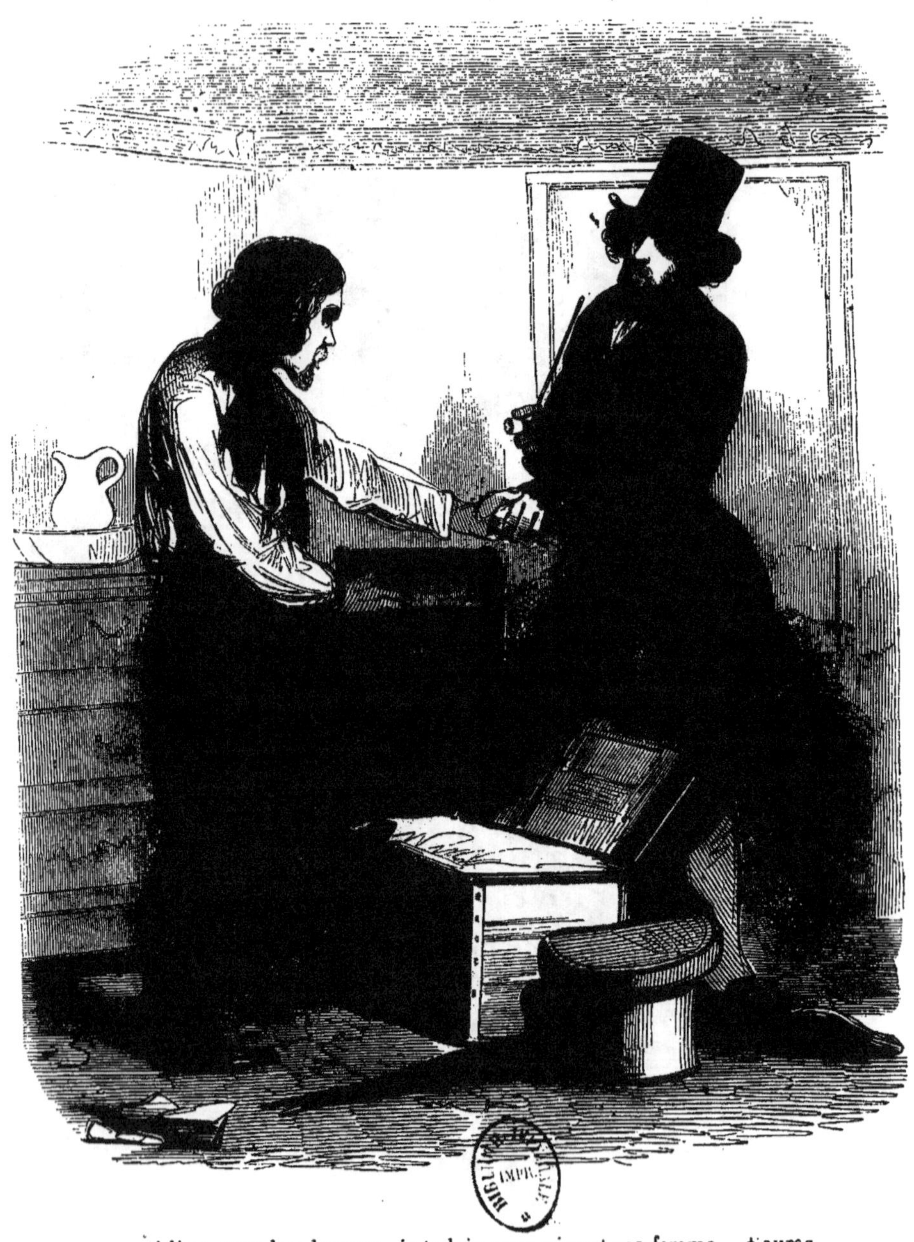

Adieu, mon bon homme, je te laisse ma pipe et ma femme... t'auras bien soin de ma pipe !...

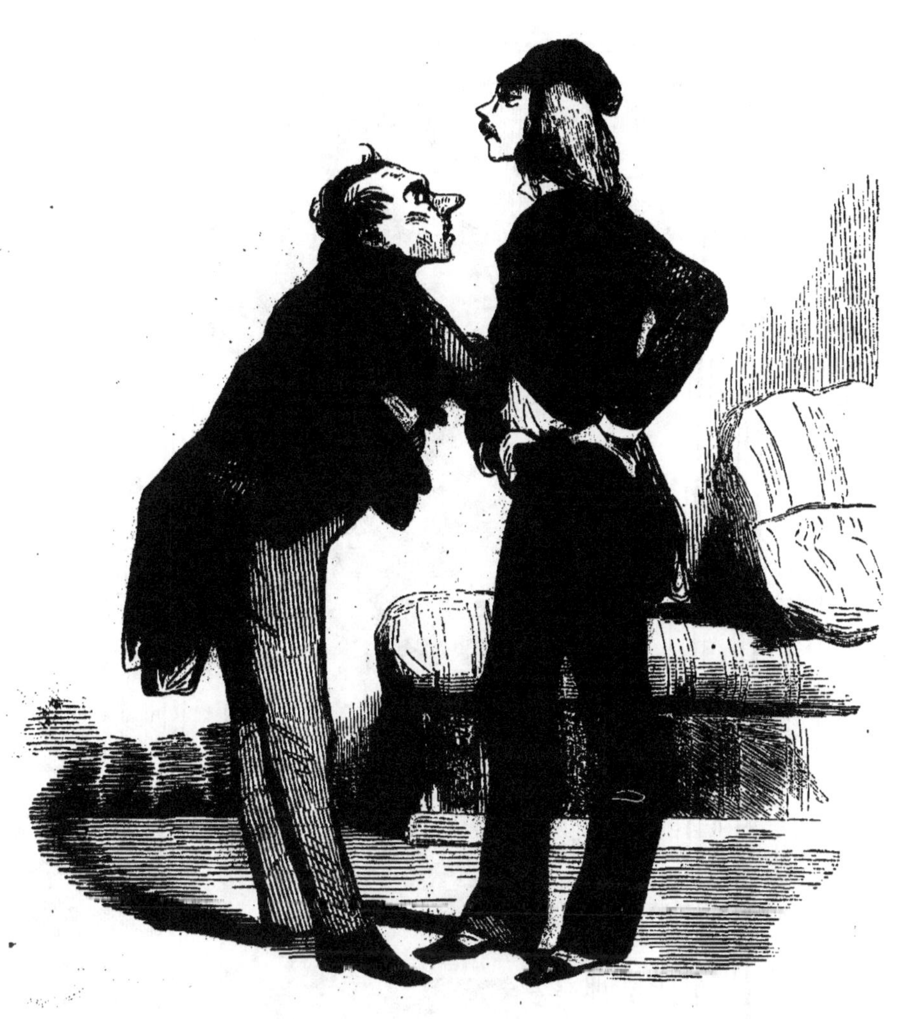

— Mosieu, j' suis Cocardeau! — Eh bien? — Eh bien!... eh bien! j' suis le malheureux époux de la malheureuse que vous... qui vous... enfin, j' suis Cocardeau! — Eh bien?

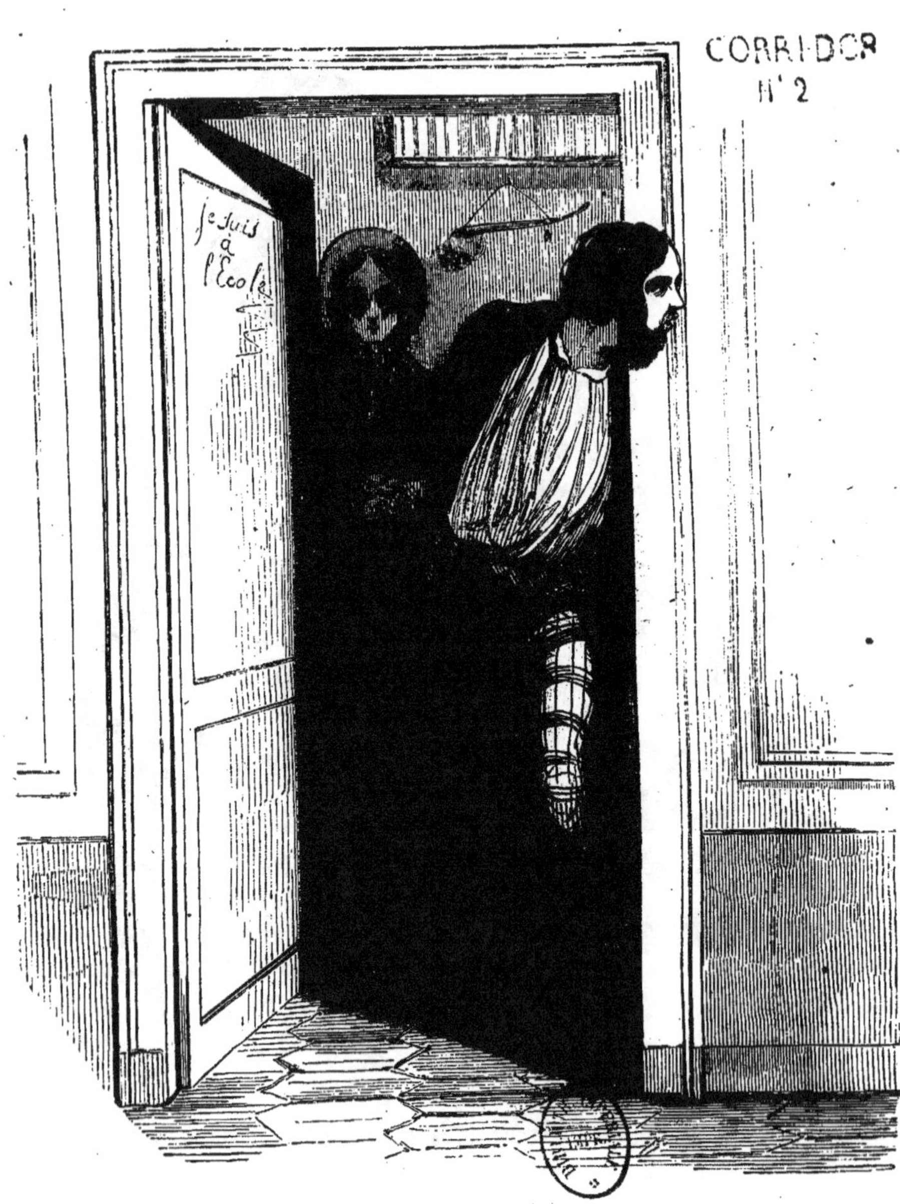

A présent, tu peux filer!

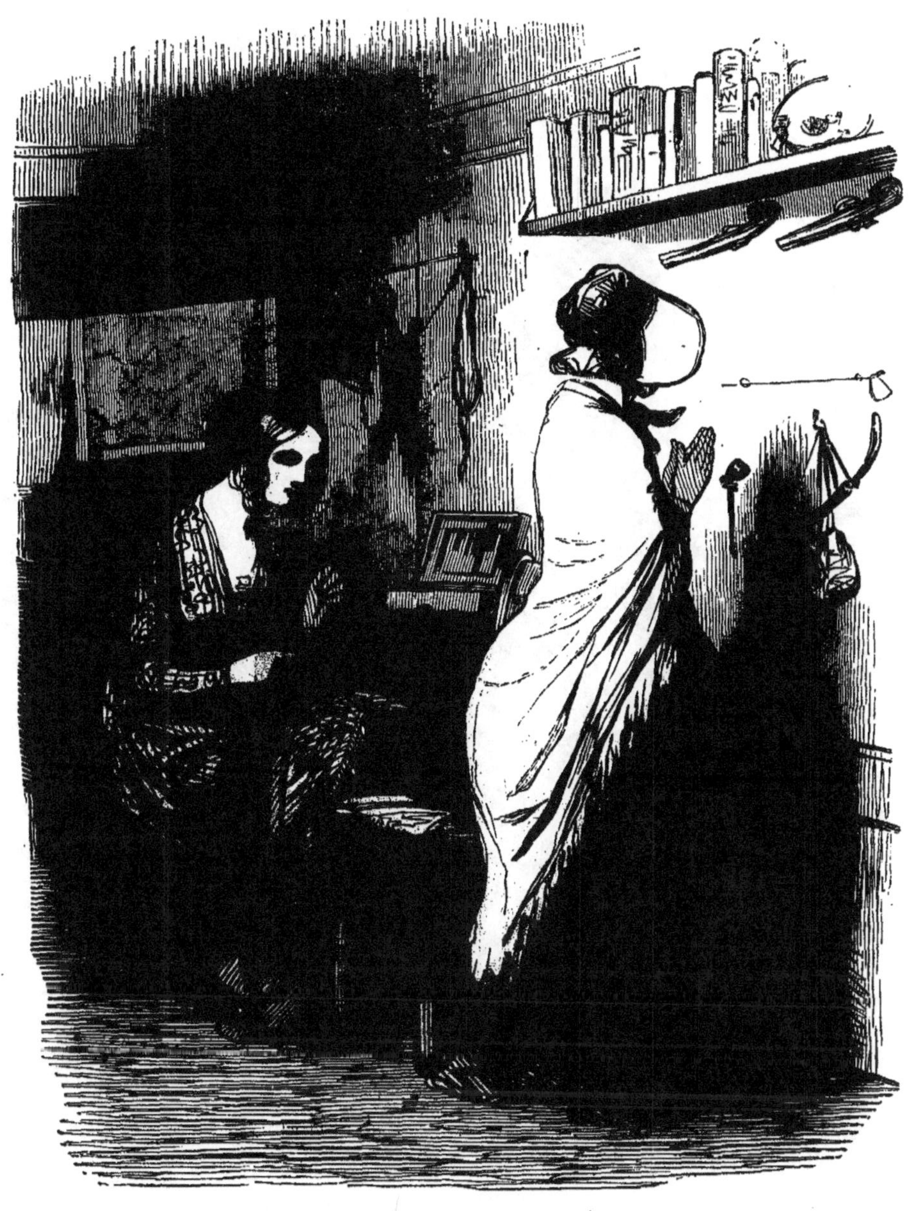

— Ma chère, comment peux-tu supporter un homme qui pipe toute la journée dans des horreurs de machines comme ça ?

— Prends garde ! ça va te manger... Eh bien ! ma petite, j'étais comme toi, avant : rien qu'un cigare .. ça me mettait dans tous mes états ; mais depuis que je connais Henri, ah ! bien... à présent je suis culottée, vois-tu !

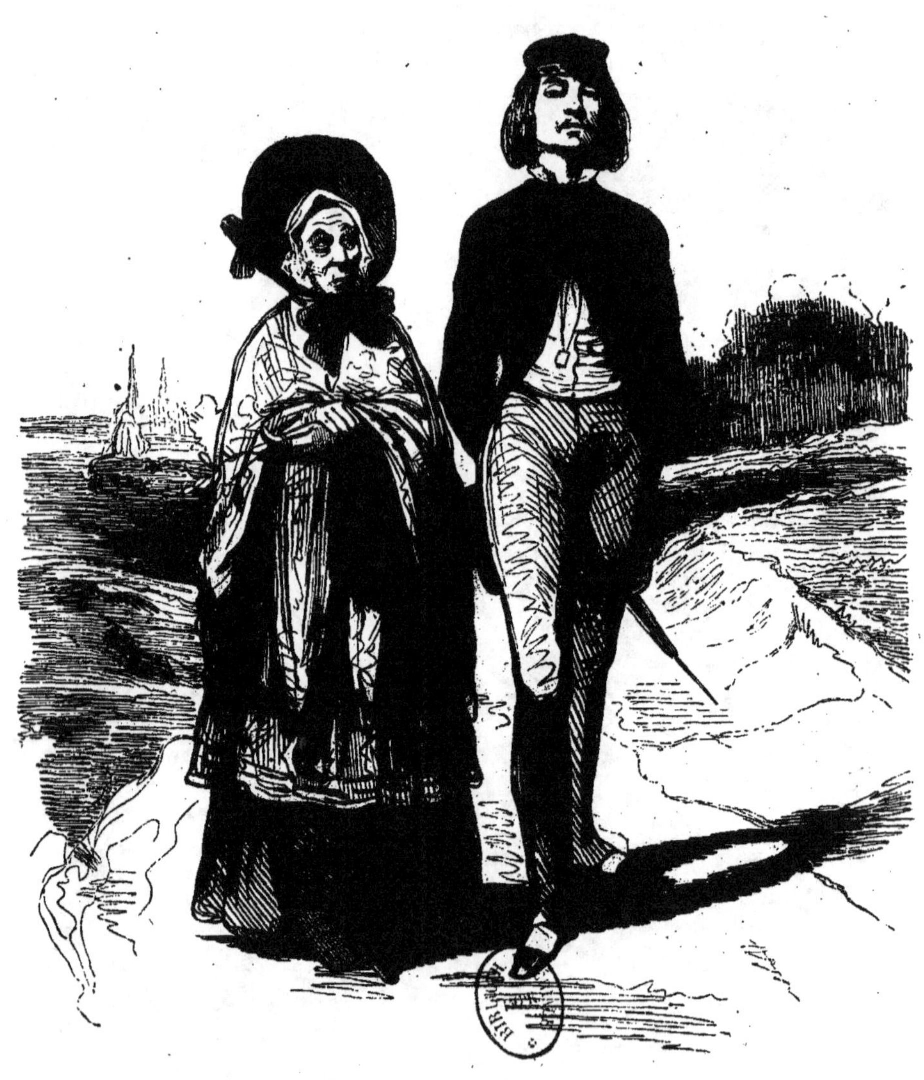

— Et le dimanche, que fais-tu, mon garçon? — Ma cousine, le dimanche, nous allons dans un jardin qu'on appelle la Grande-Chaumière, où nous entendons de la musique religieuse. — Après vêpres? — Après vêpres, ma cousine.

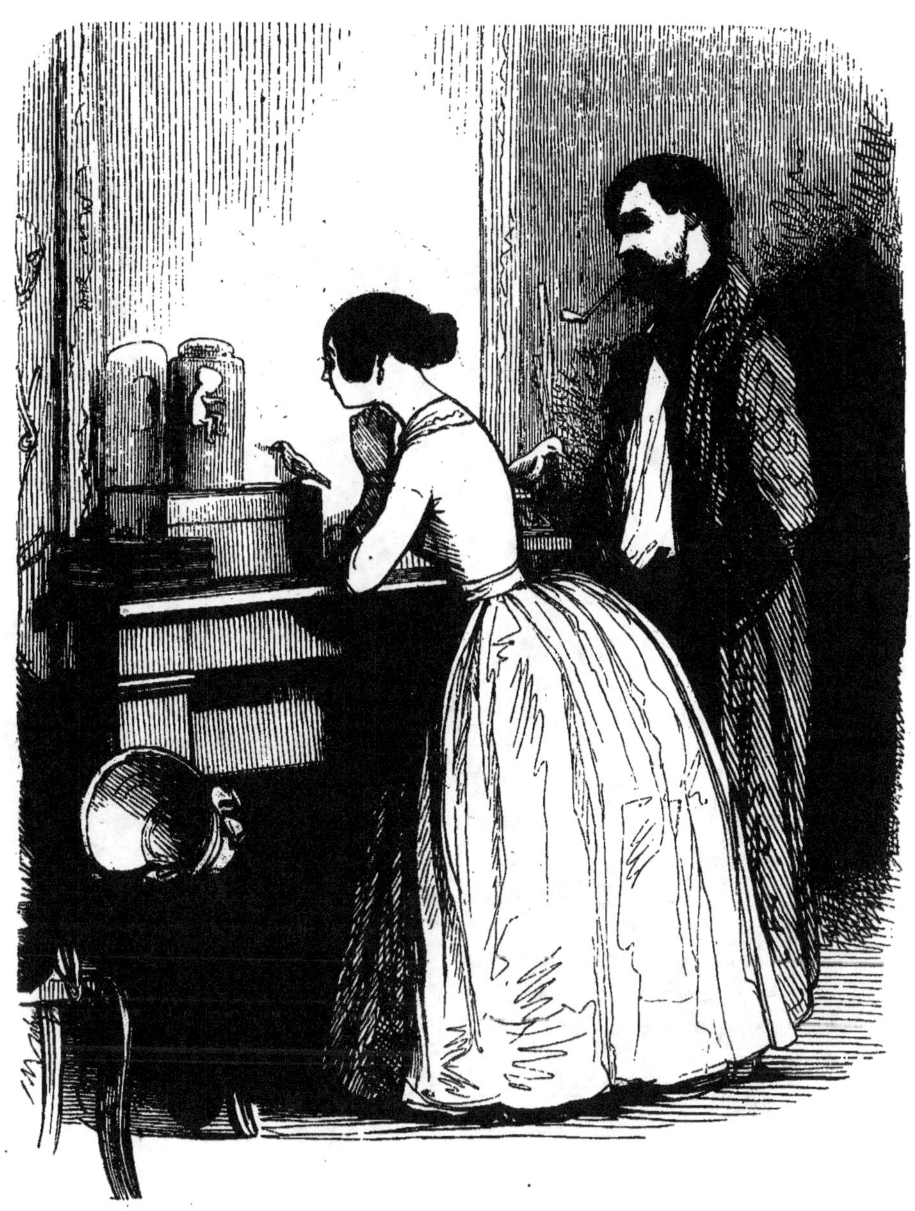

— Qu'est-ce que c'est que cette infamie de petite bête-là ?

— C'est un cousin à moi, Nini, que je te présente.

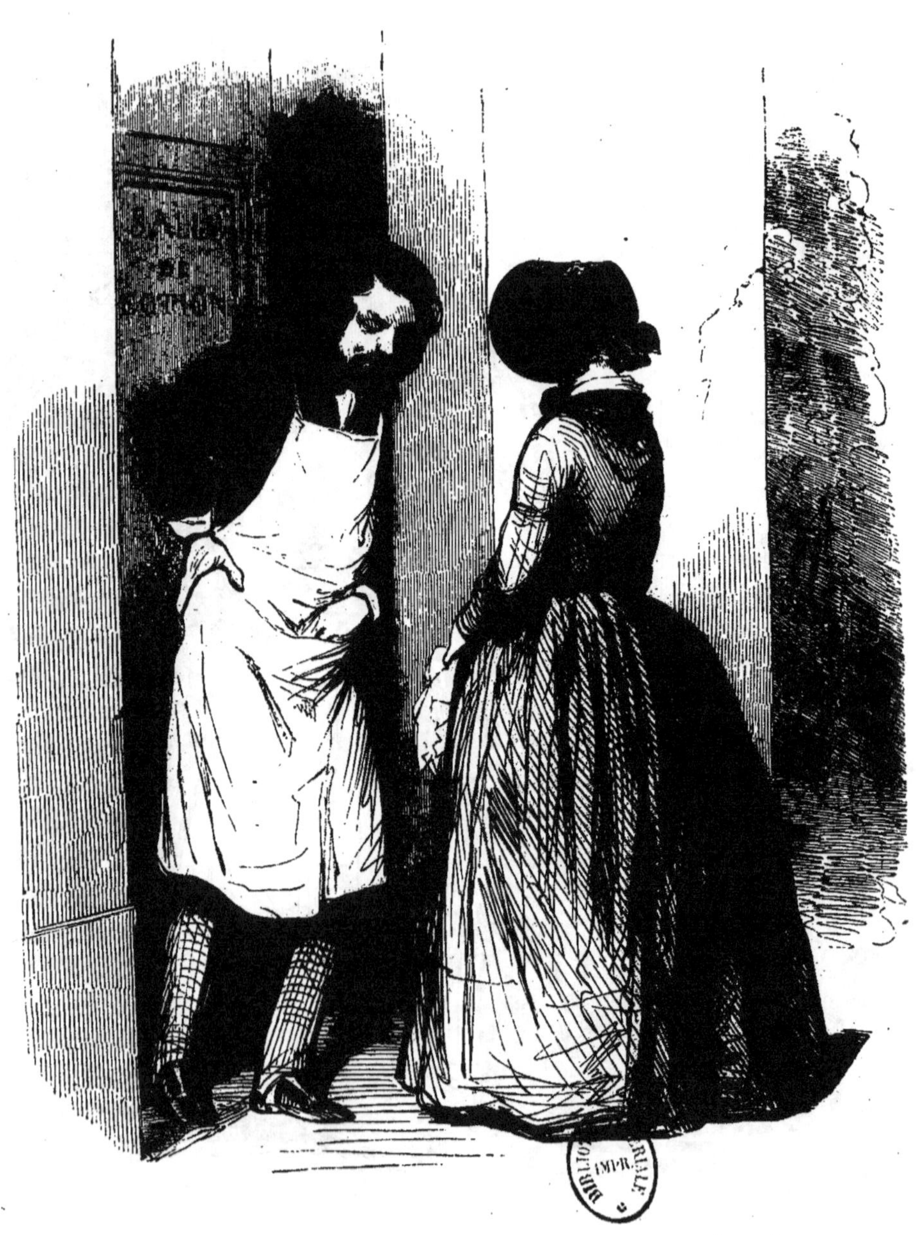

Voilà huit mois, Auguste, que vous me promettez un mantelet ; c'est pas gentil ! tu n'as pas le sou ! tu n'as pas le sou ! tu avais bien besoin d'acheter encore un cadavre, n'est-ce pas ?... Égoïste, va !

GAVARNI. LE DIABLE A PARIS.

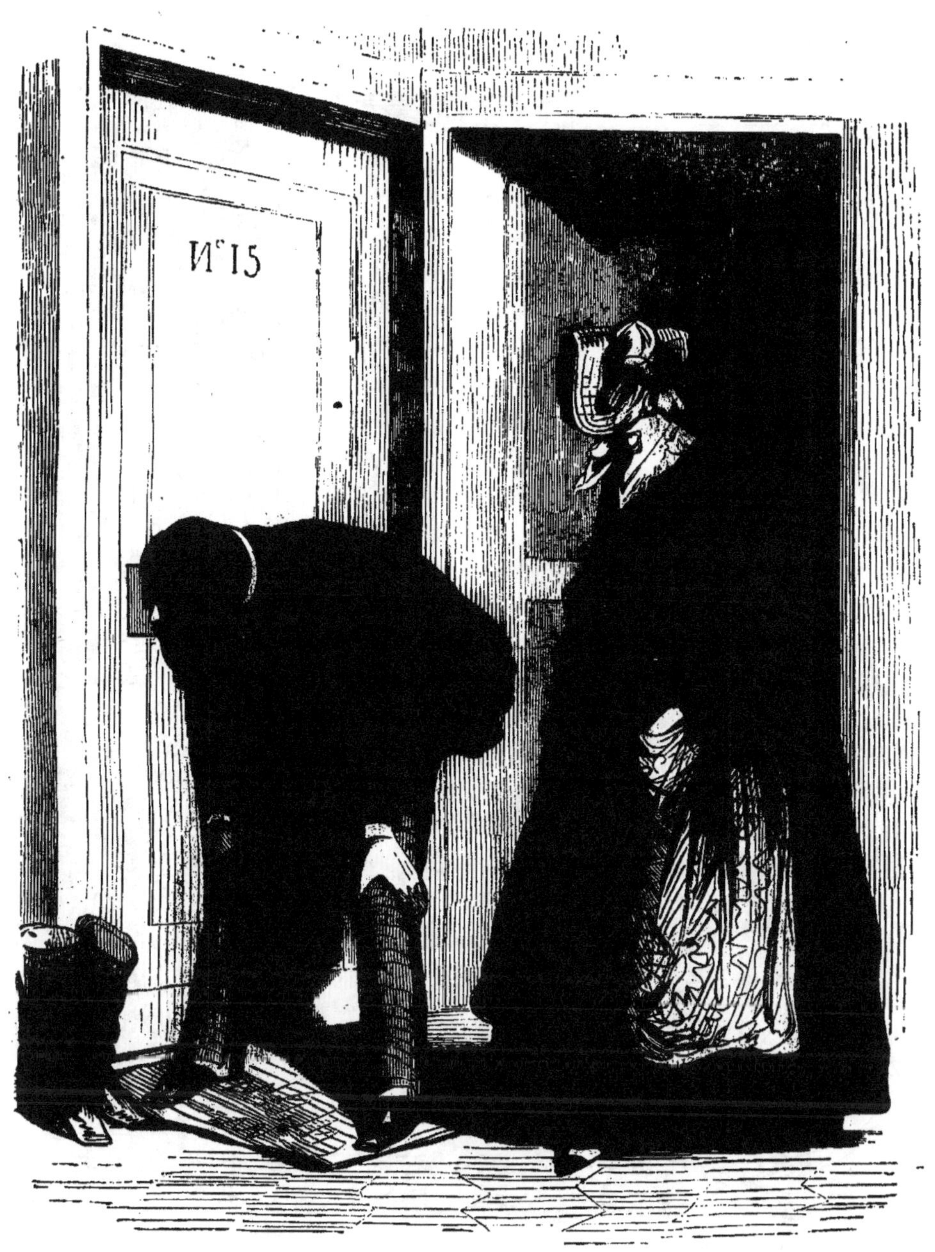

— Comment vont nos petits époux, ce matin?

— Félix dort comme un sabot, la mariée fume un bout de cigare.

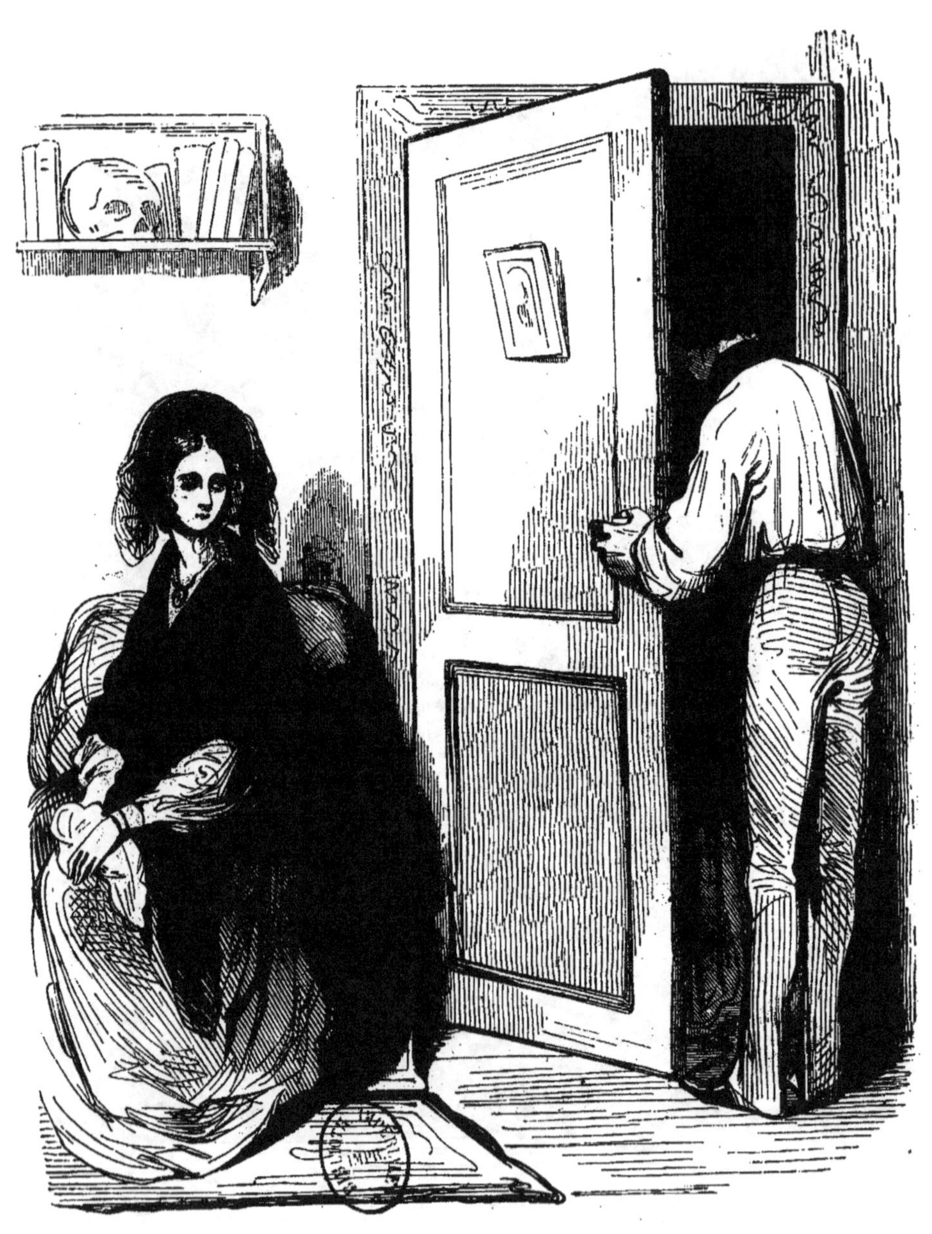

Mon cher ami, je suis en affaire avec mon oncle..

GAVARN..

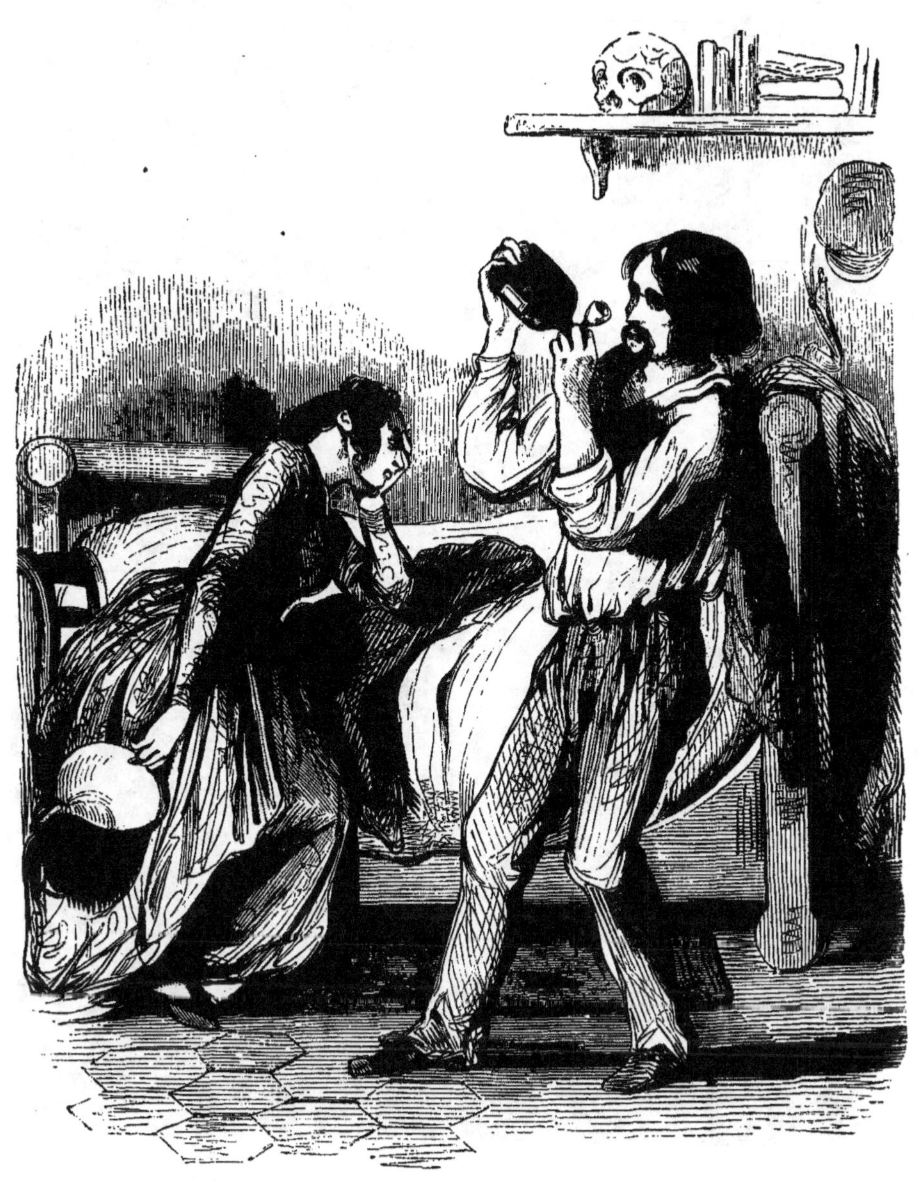

La première cure.

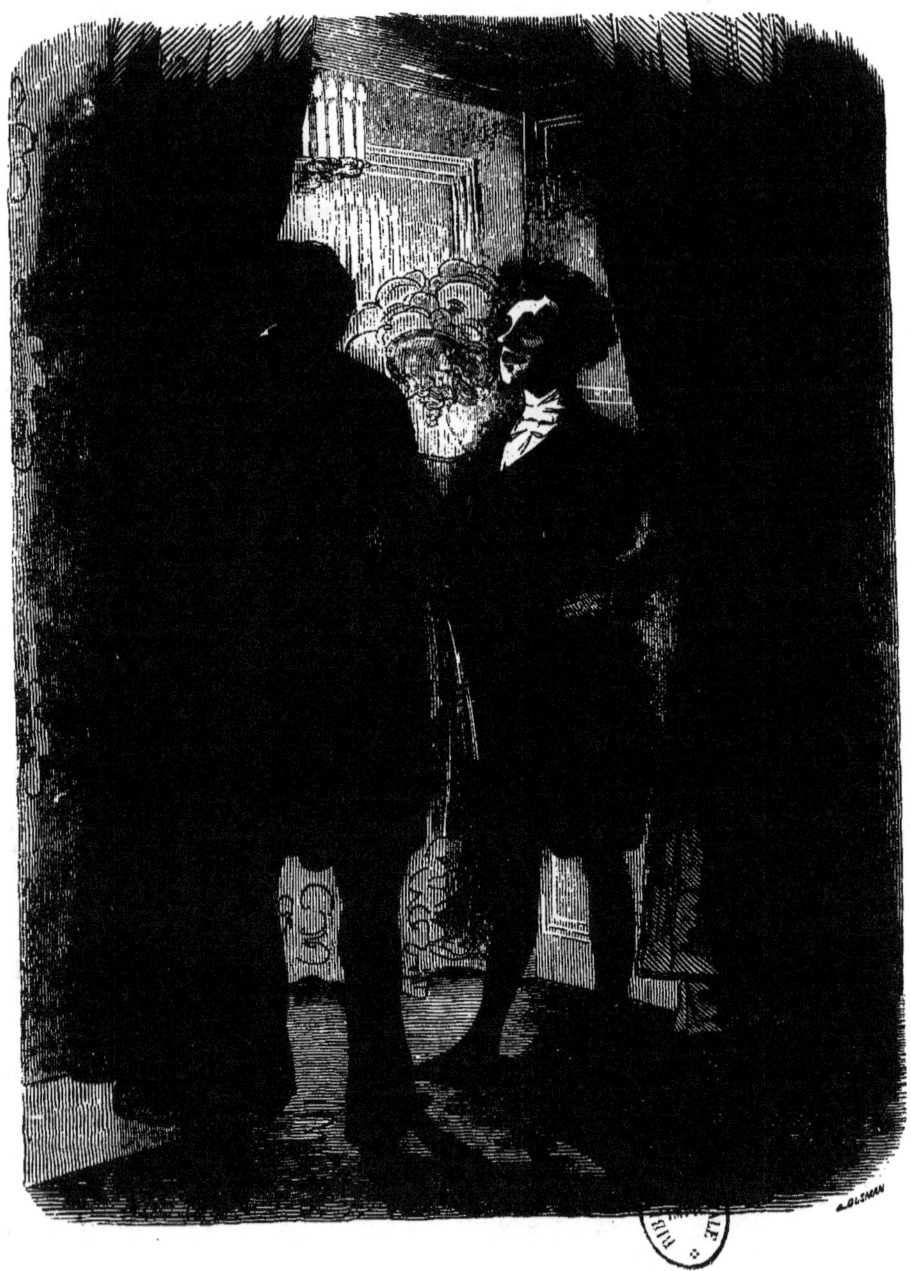

— Voyons, mauvais sujet ! trouvez-vous que nos bals vaillent bien vos bastringues de la Chaumière ? Est-ce que nos femmes ne valent pas vos grisettes ?

— C'est un autre genre, mon cher oncle, mais c'est moins amusant !

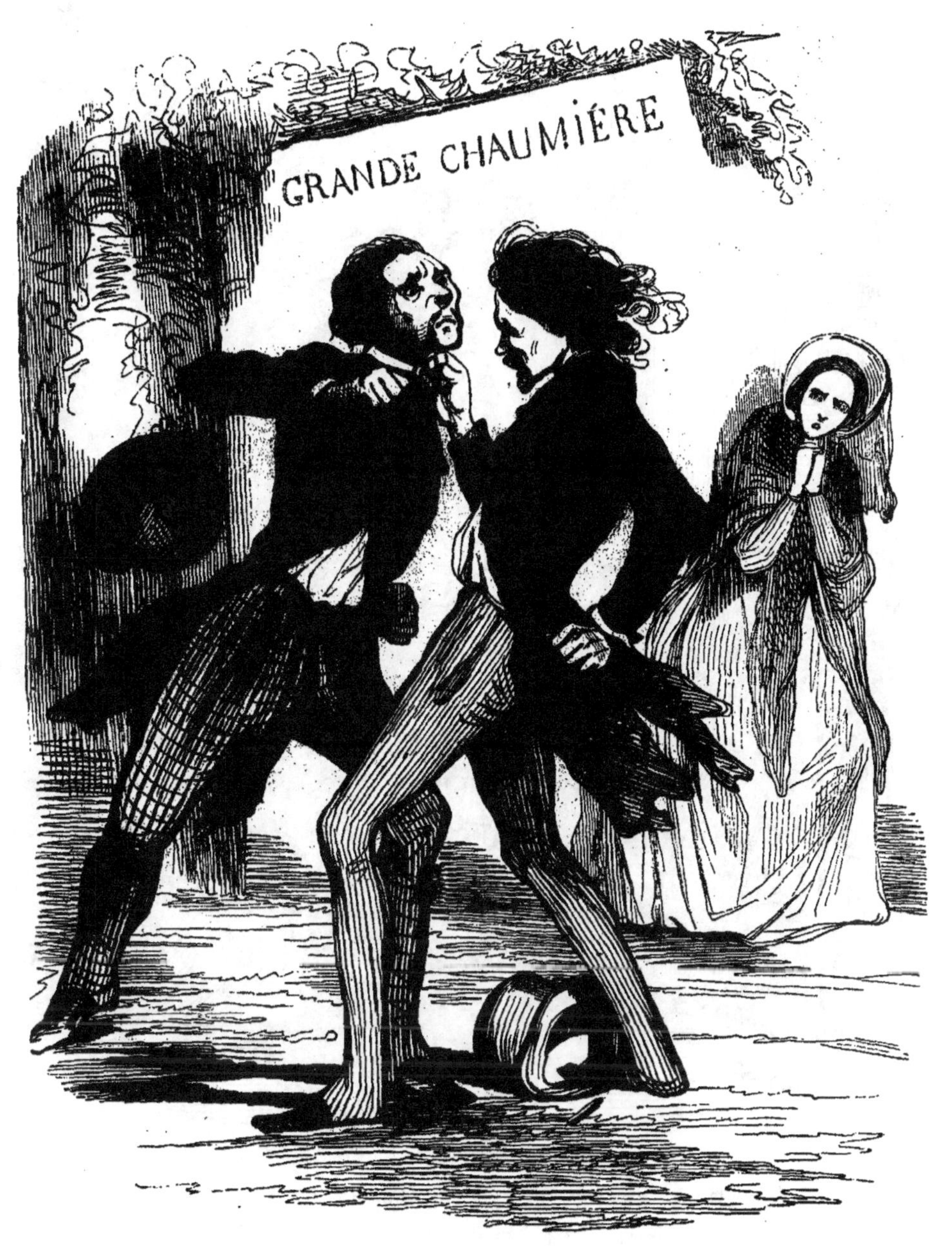

DONATION ENTRE VIFS.

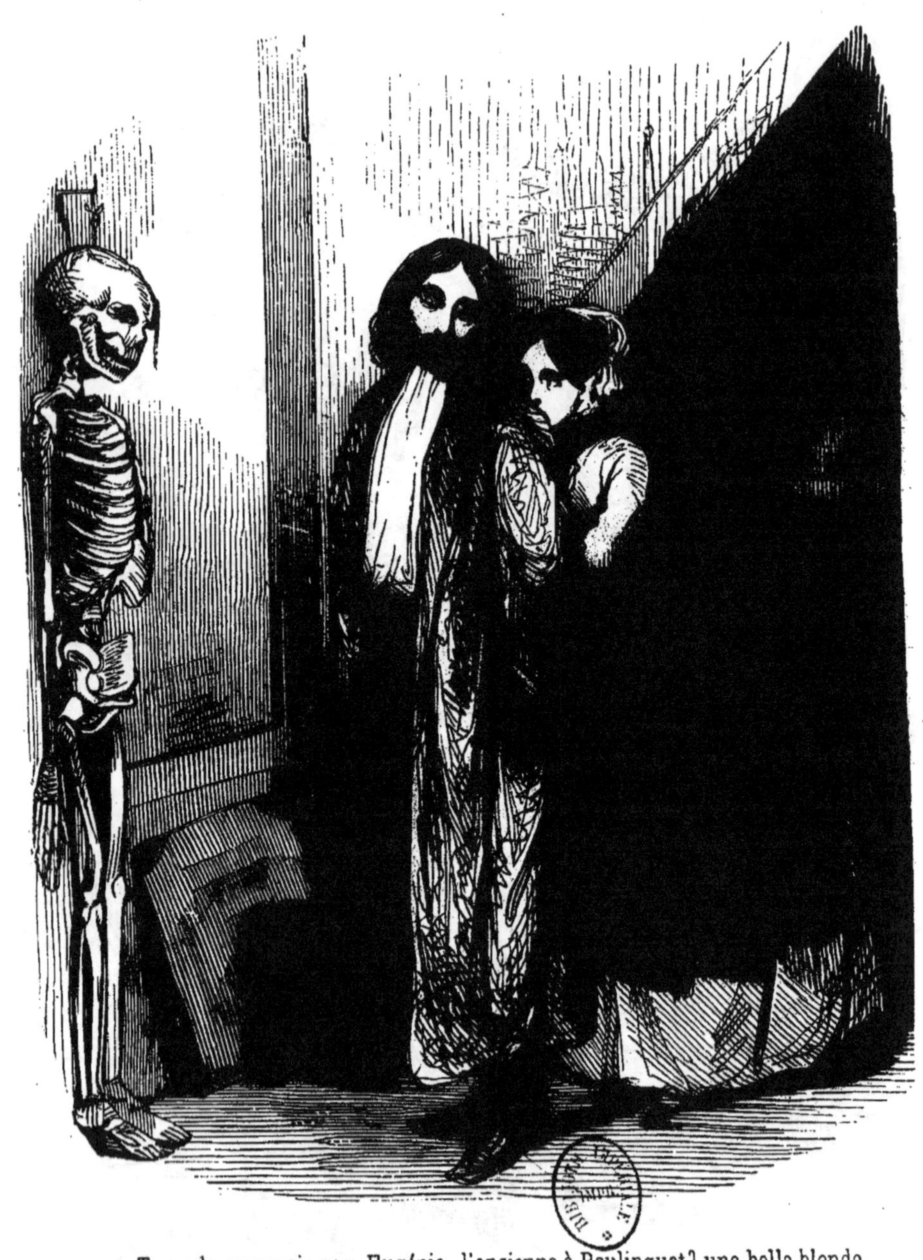

— Tu ne la reconnais pas, Eugénie, l'ancienne à Boulinguet? une belle blonde... qui aimait tant les meringues et qui faisait tant sa tête... Oui, Boulinguet l'a fait monter pour 36 francs... — Si c'est vrai! — Non, va! c'est un tambour de la garde nationale... Bête! tu ne vois donc pas que c'est un homme?

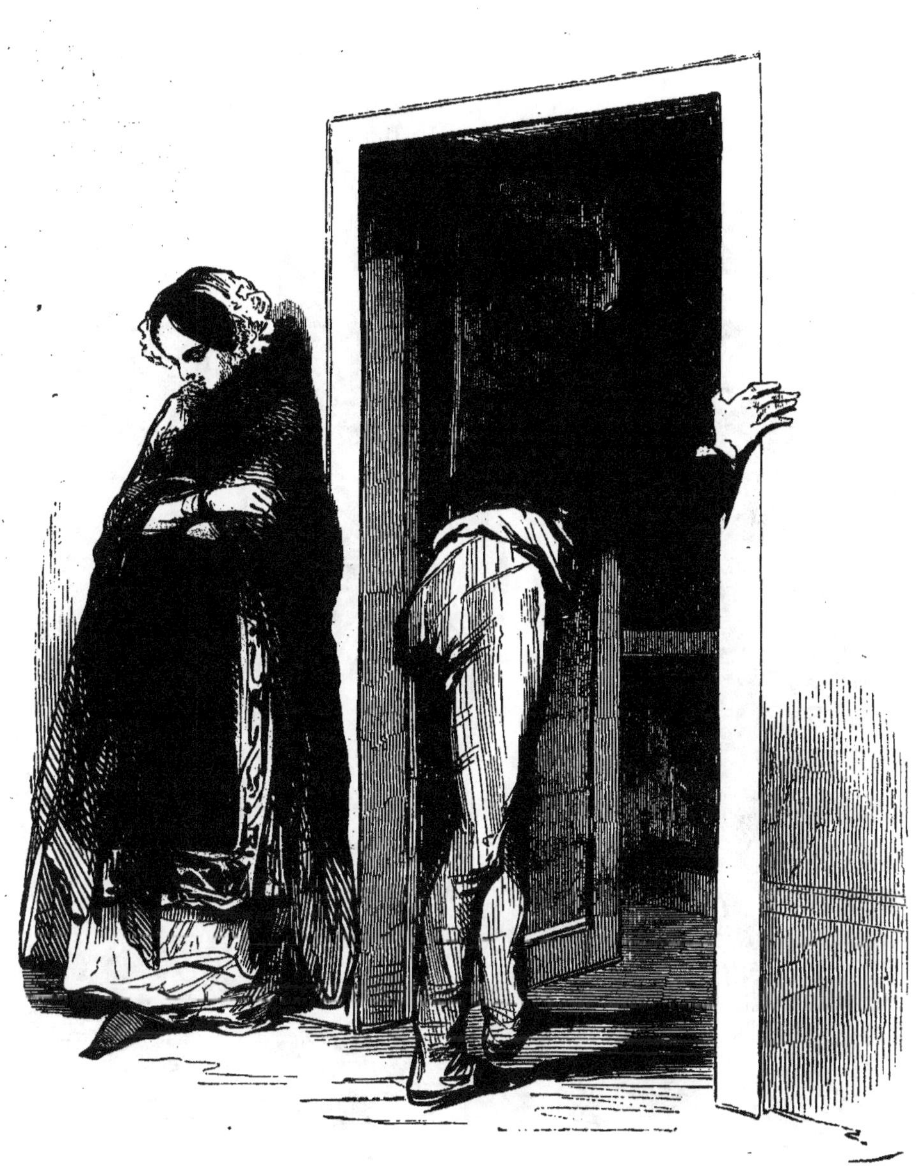

On demande « la barbe rouge du numéro sept »

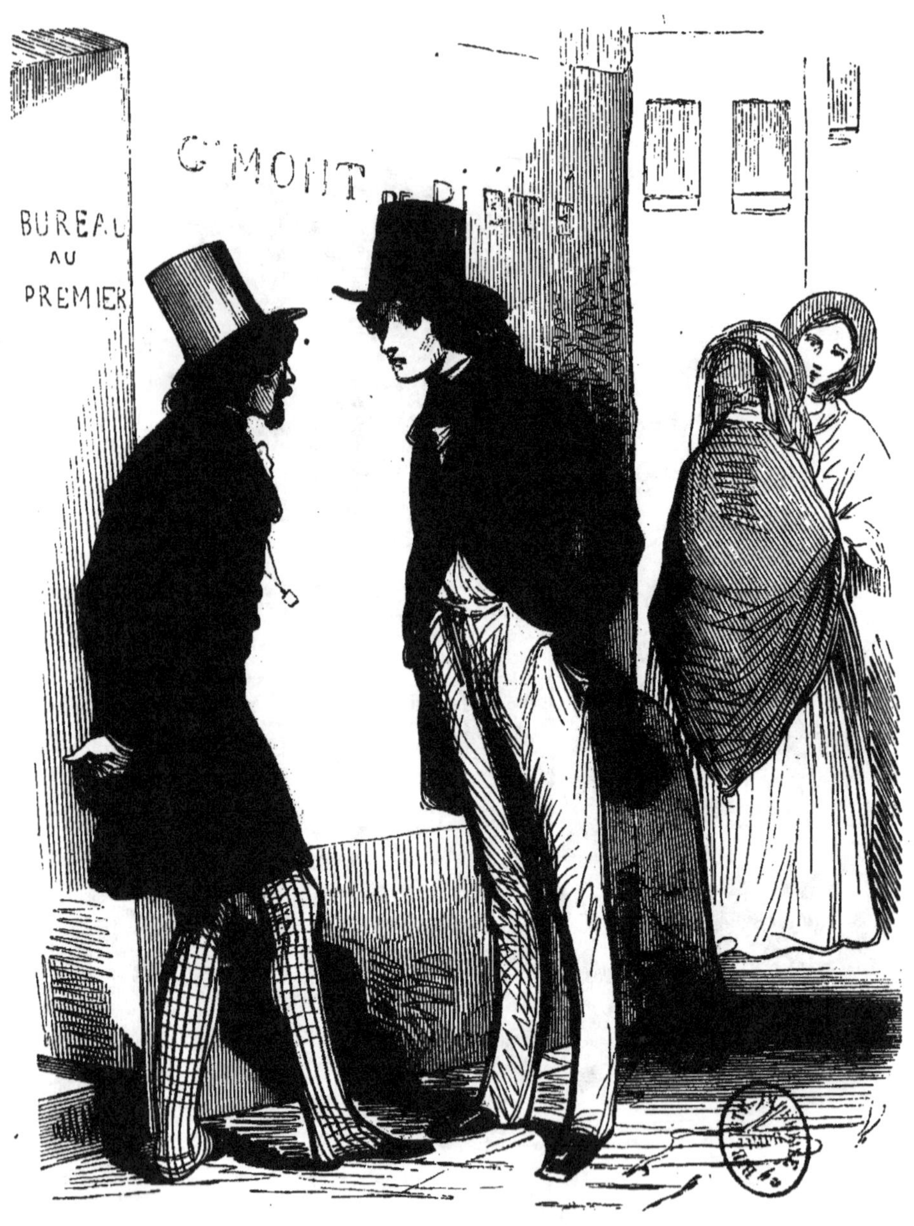

— Combien? — Devine... — Trente francs? — Quatre francs!

— Cré nom!

GAVARNI. LE DIABLE A PARIS.

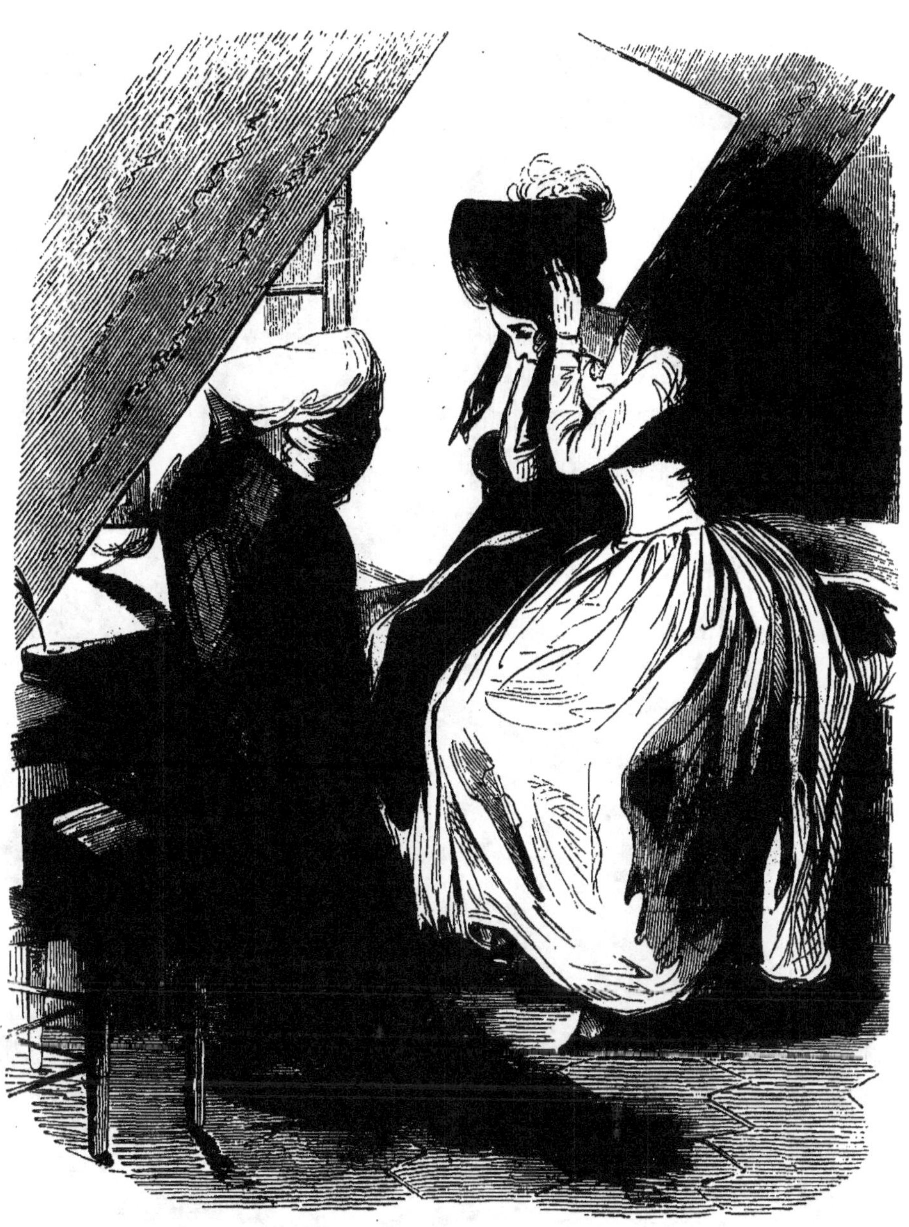

M'ame Perpignan !... M'ame Perpignan !... deux douzaines, une bouteille, deux pains, un filet champignons, une pomme sautée, et deux cigares... des quatre sous ! Rondement !

GAVARNI.

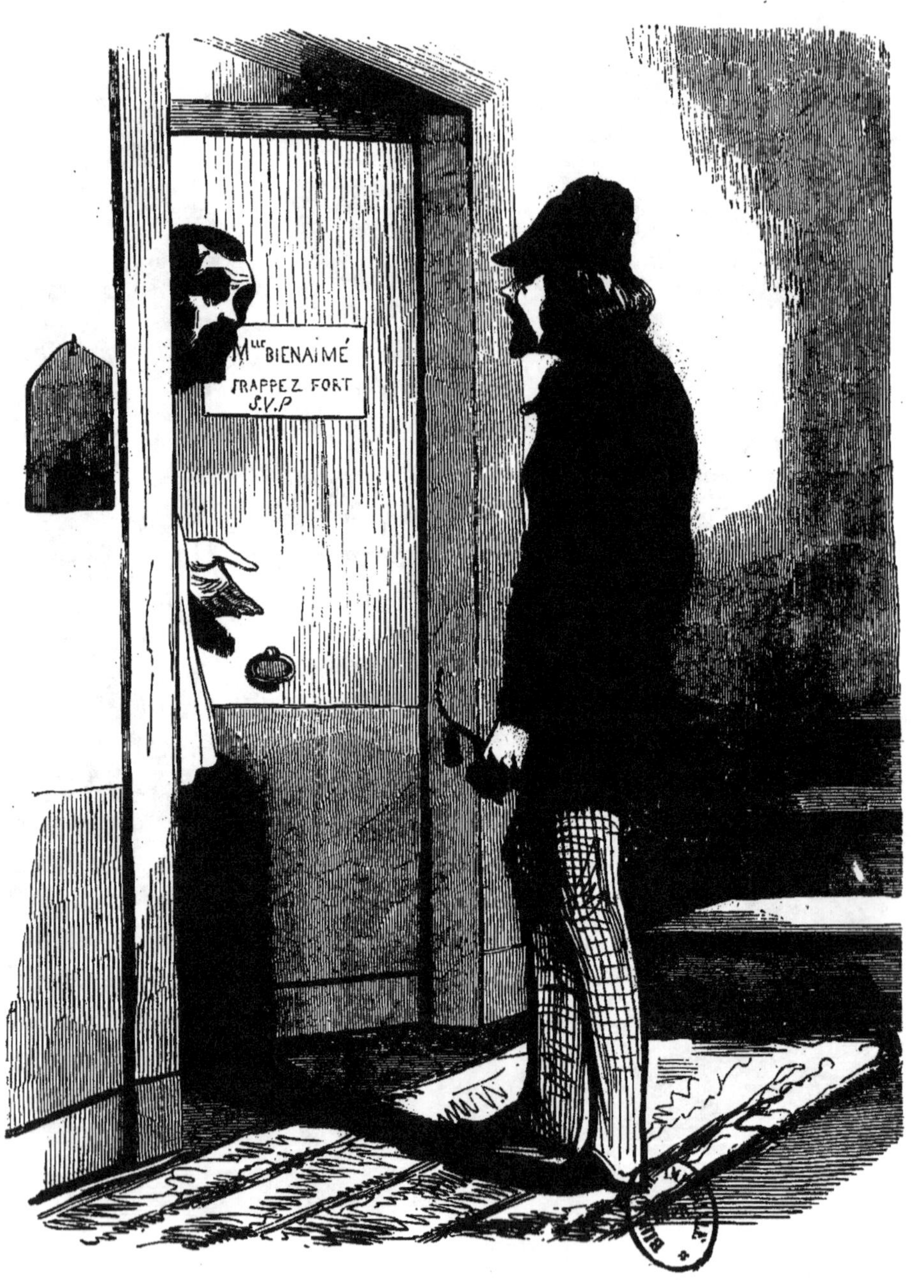

NON BIS IN IDEM!

(Axiome de droit.)

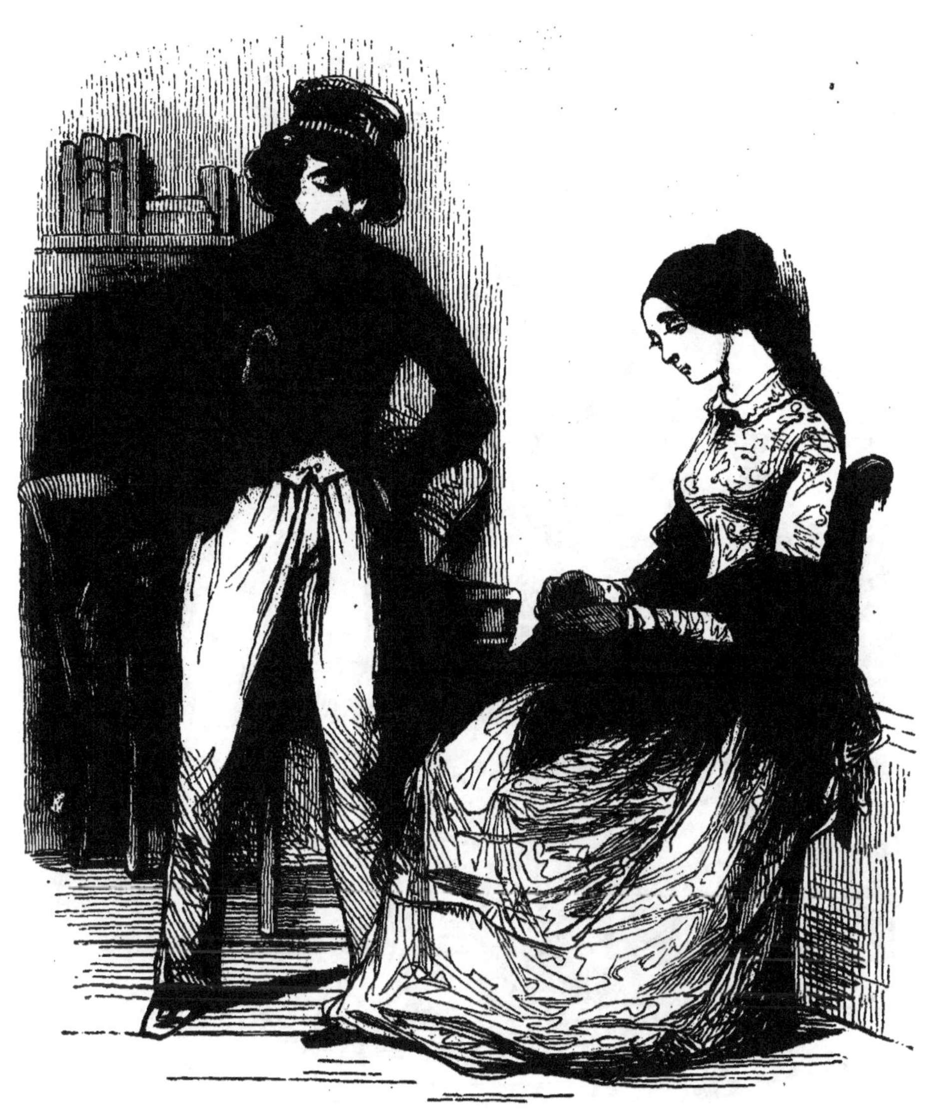

Pas le sou, un jour de Chaumière!...

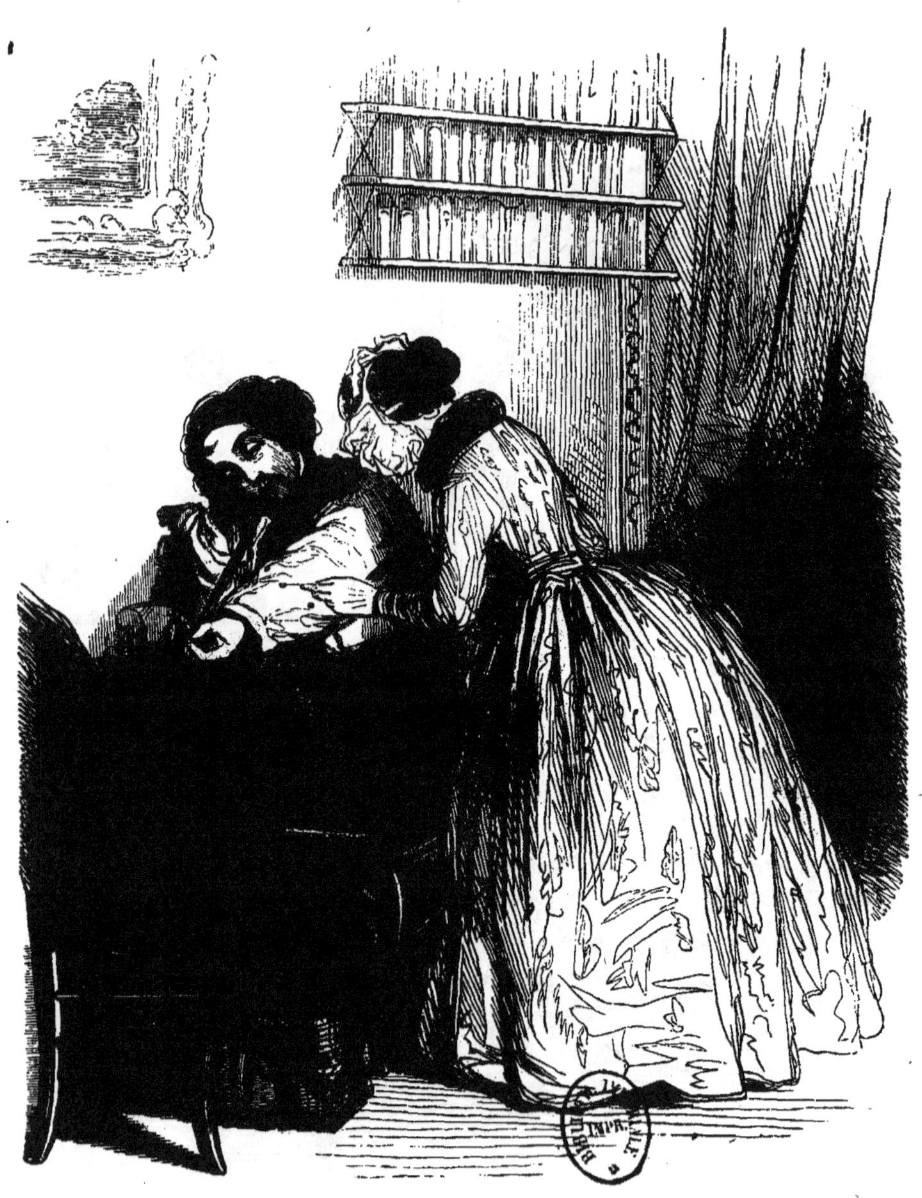

Est-ce aussi votre tuteur qui laisse des épingles noires sur votre oreiller ?. .

GAVARNI. LE DIABLE A PARIS.

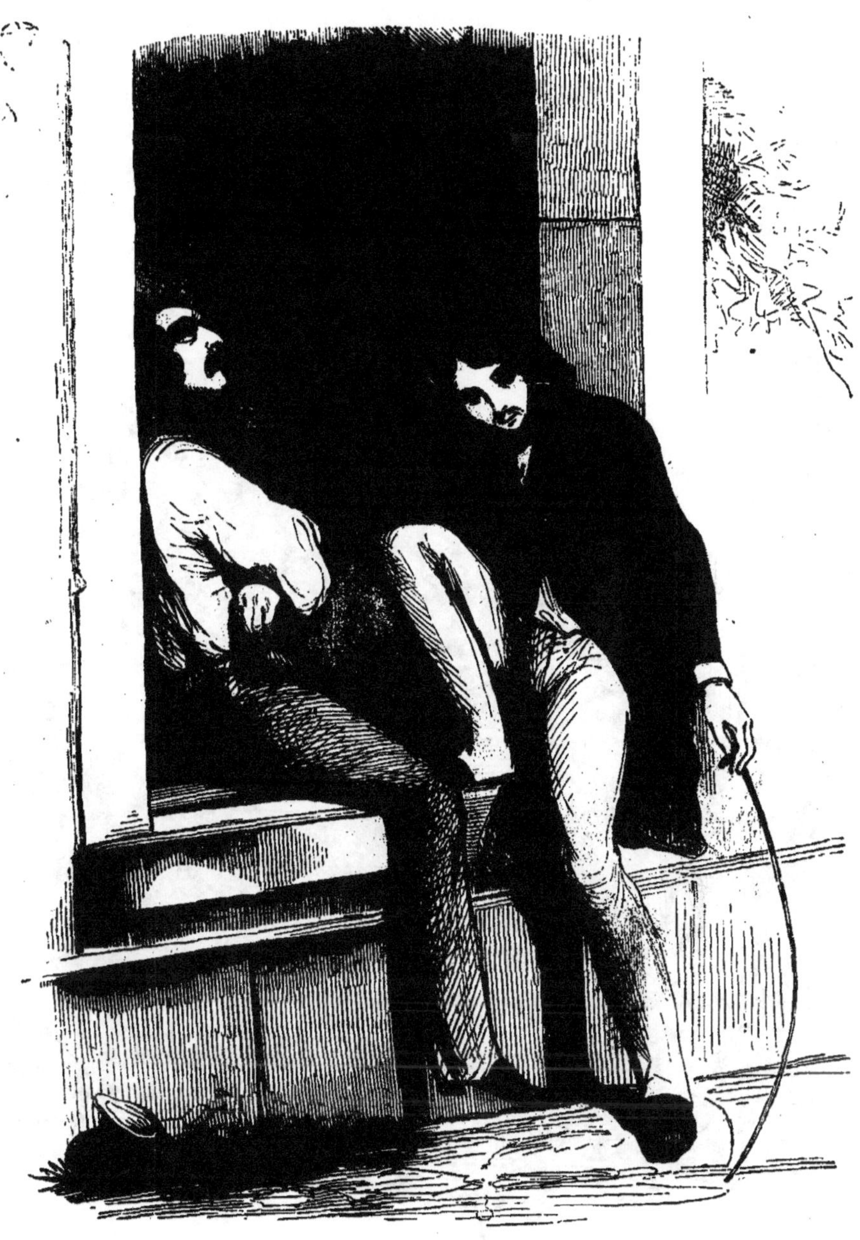

— C'est moi ! — C'est moi ! — Elle me fait l'œil. — Elle gingine à mon endroit — Tu t'abuses, mon petit. — Tu erres, mon vieux. — (A la fois.) Tiens, tiens, tiens ! nous avons raison tous deux... elle louche !

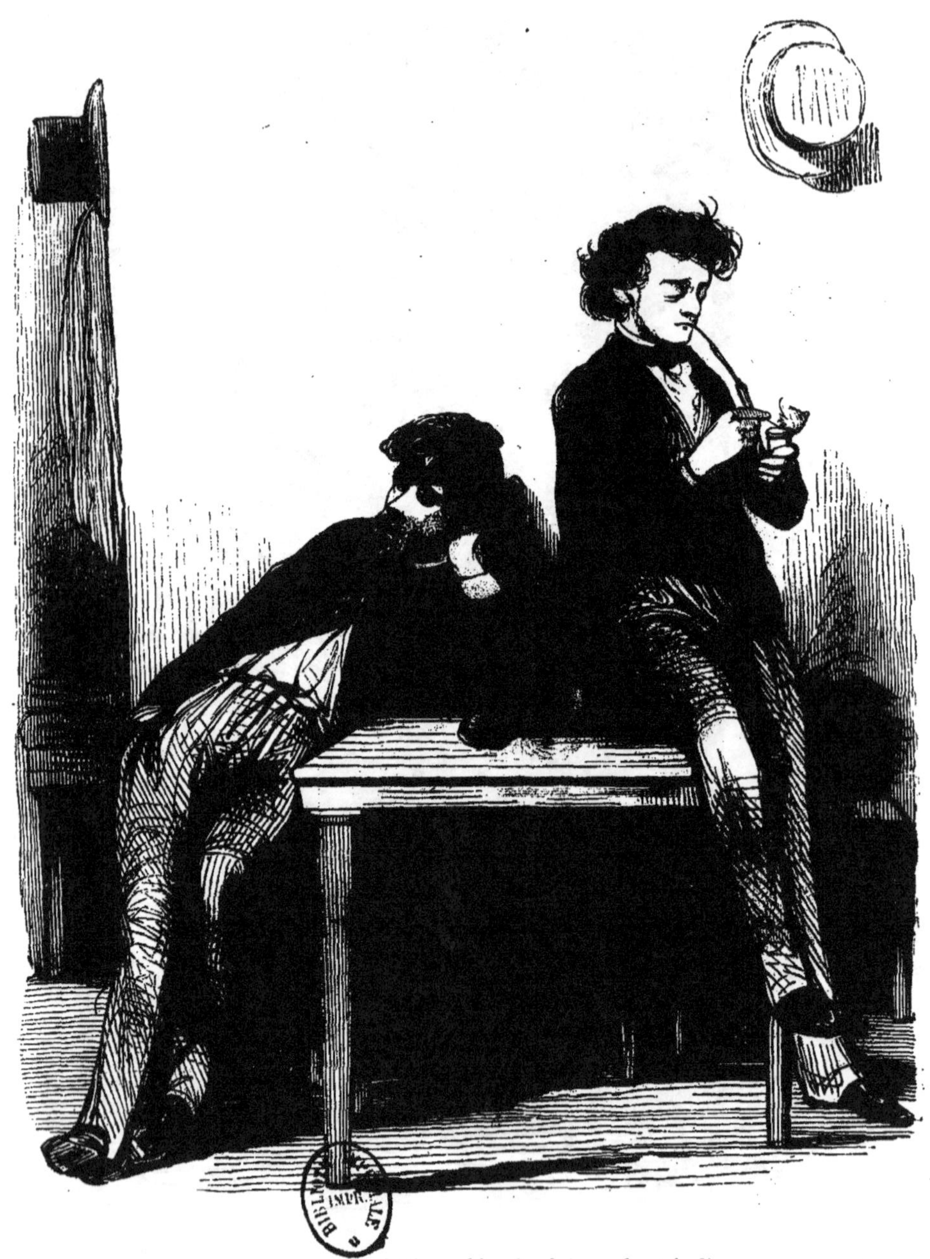

— Qu'est-ce que t'as qui te chiffonne? les Anglais veulent de l'argent... promets-leur-en. Ton père n'en veut plus donner... tire-lui une carotte...

Ce n'est pas ça... c'est ma femme qui se marie, et ça m'embête!

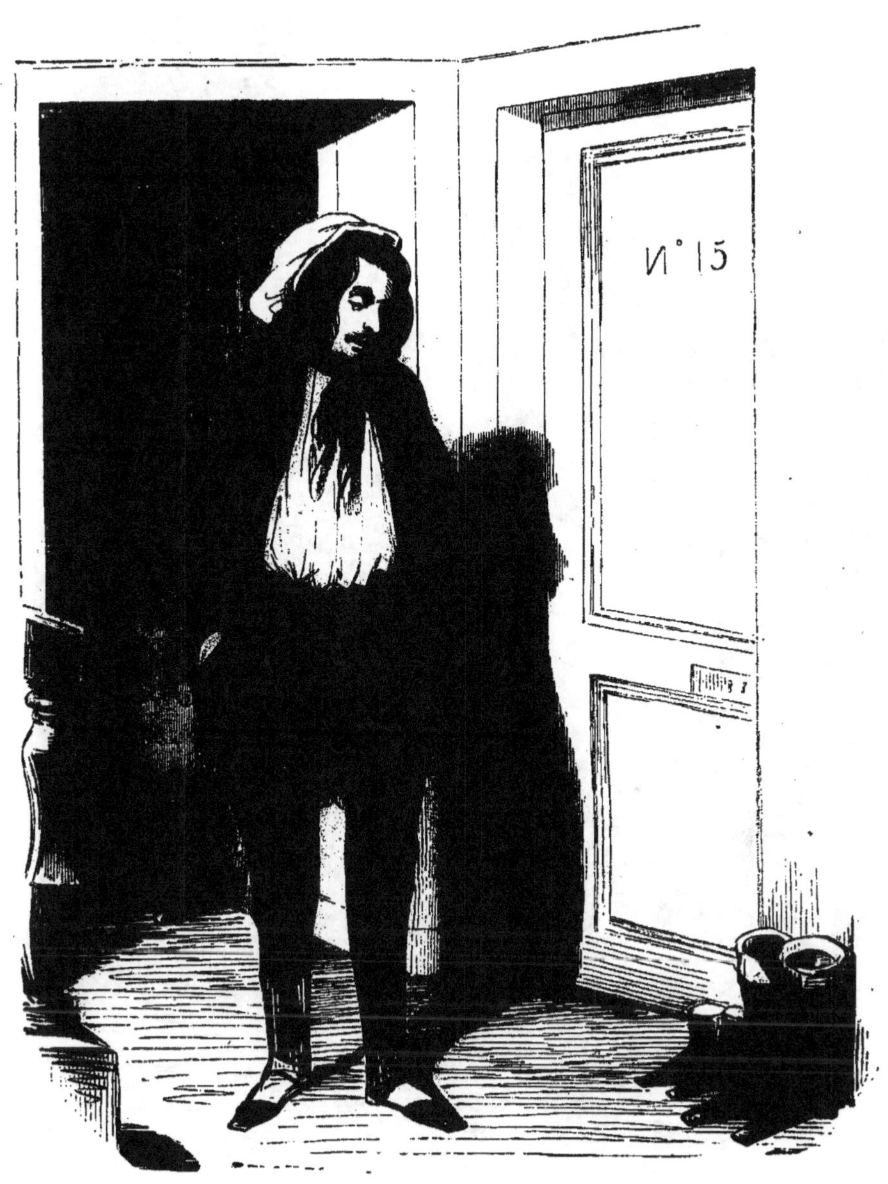

Excusez !

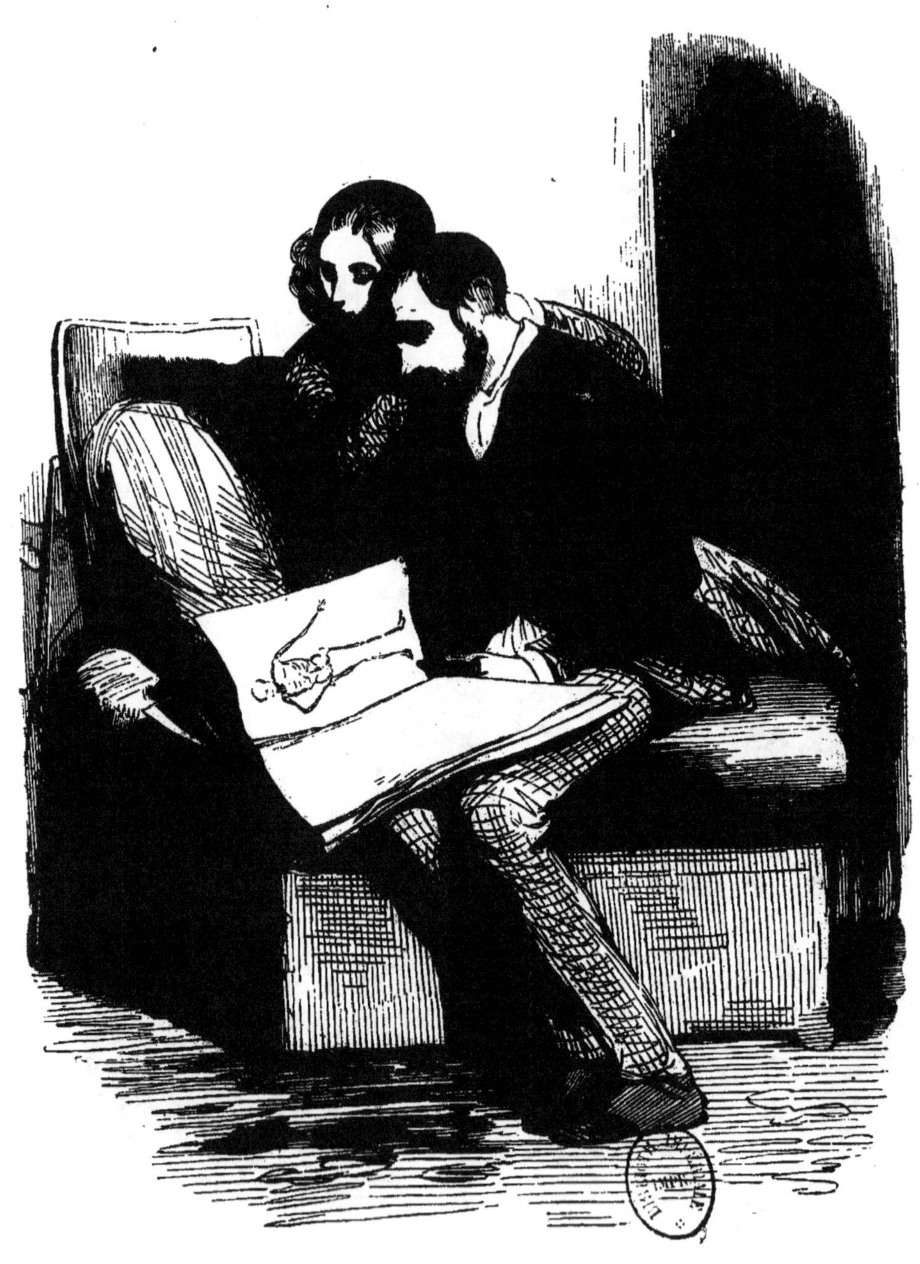

Quand on pense que voilà ce que c'est qu'un homme.. et que les femmes aiment ça !

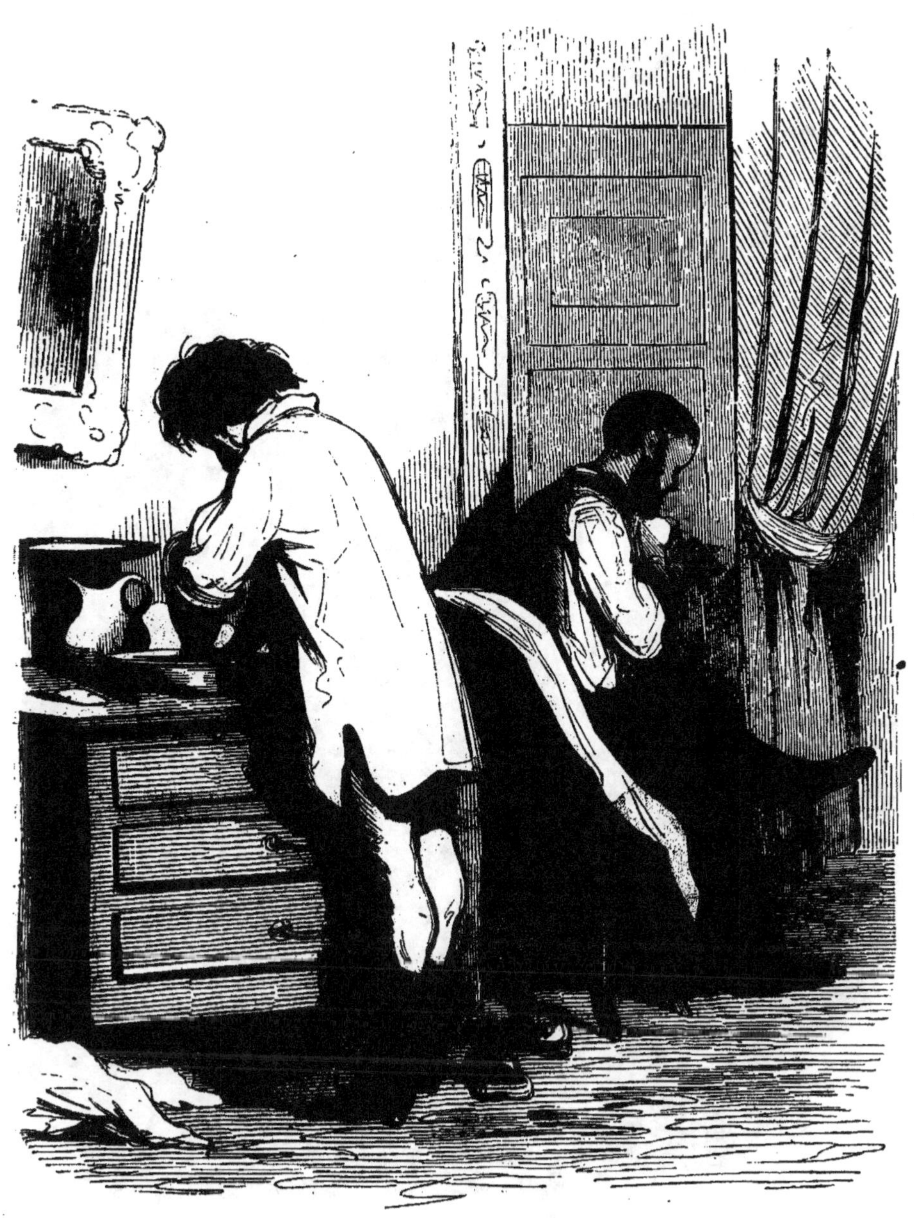

Oreste et Pylade seraient volontiers morts l'un pour l'autre ; mais ils se seraient brouillés, s'ils n'avaient eu qu'une cuvette et qu'un pot à eau.

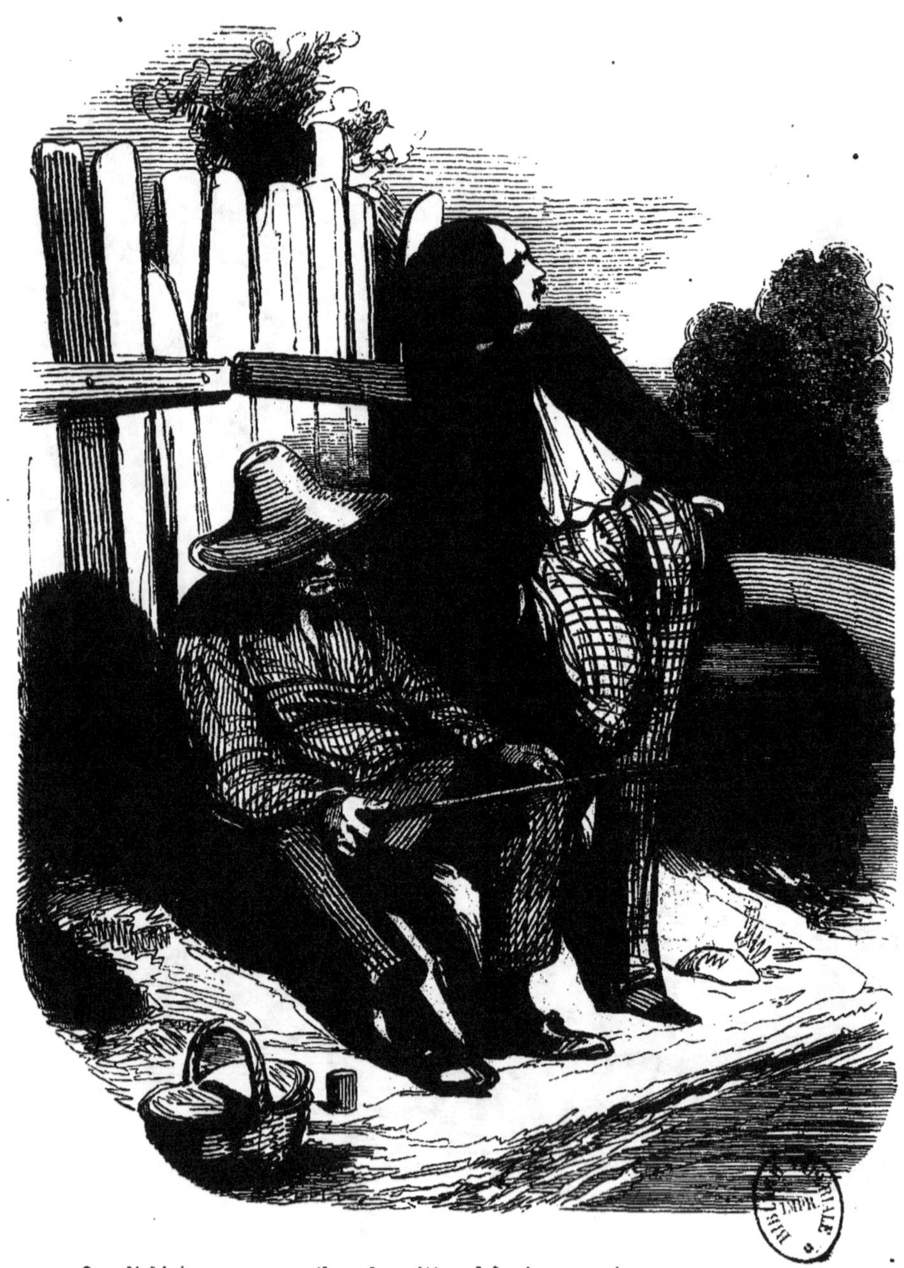

Que diable! mon neveu, il est bon d'être laborieux, mais on ne peut pas toujours travailler! Aussi, à la campagne, on s'amuse : fais comme moi.

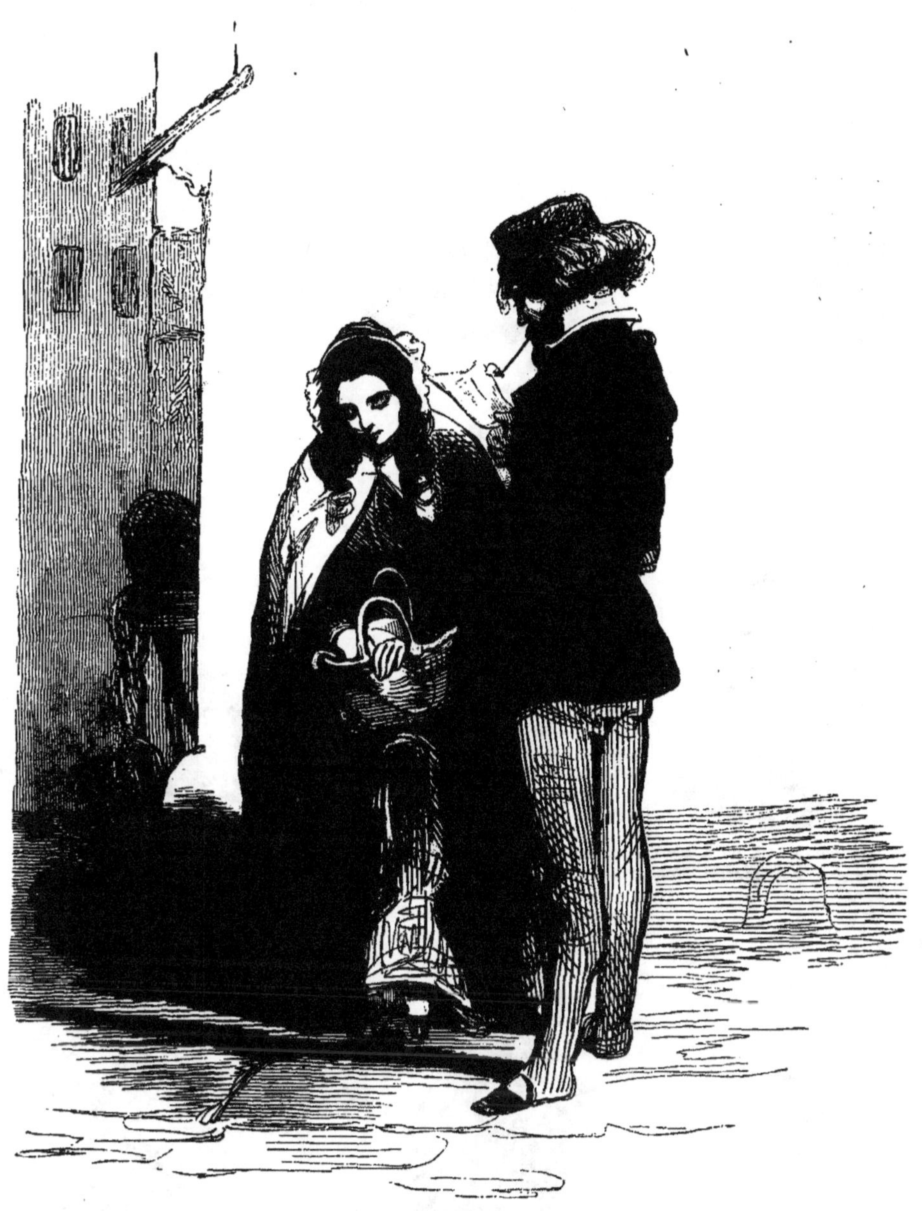

— Il y a que cet animal de Margouty ne veut pas me payer mes sept livres dix sous que sa femme me doit. . Vous, Benjamin, qui êtes avocat, qu'est-ce qu'il faut faire ? — Faut citer Margouty devant le juge de paix du treizième arrondissement.

LES ENFANTS A PARIS.

AVANT-PROPOS.

Le nouveau-né parisien
est généralement mis à la diligence
ou

Le fiche
de vochtre porteur d'eau.

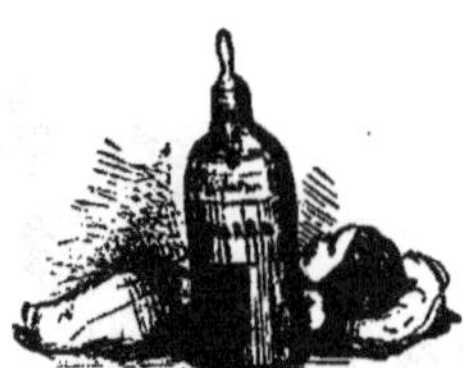

Confié aux soins maternels
de cet instrument.

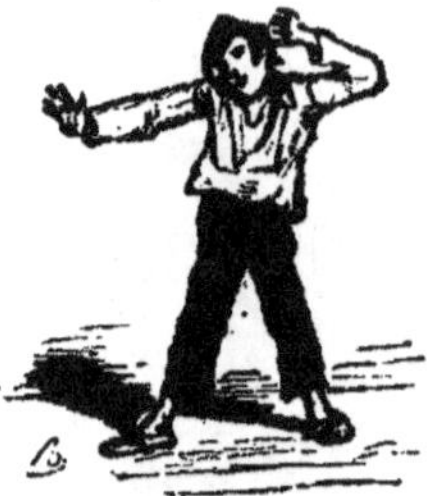

..... *Bonjour, madame.*
(Air connu.)

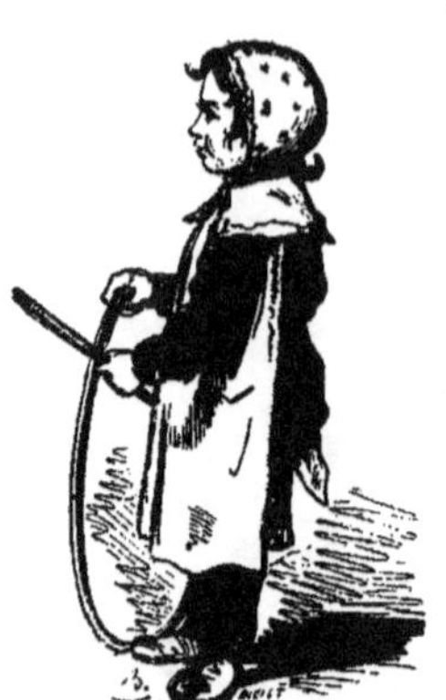

Fils d'un teneur de livres
en partie double. (LUXEMBOURG.)

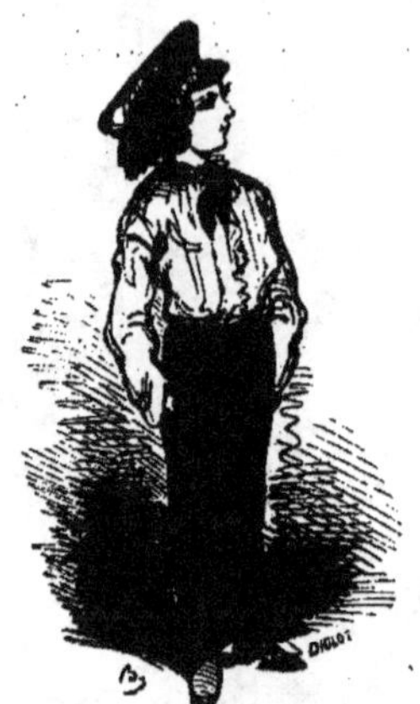

Fils de pair de France,
d'agent de change,
ou
de Robert-Macaire. (TUILERIES.)

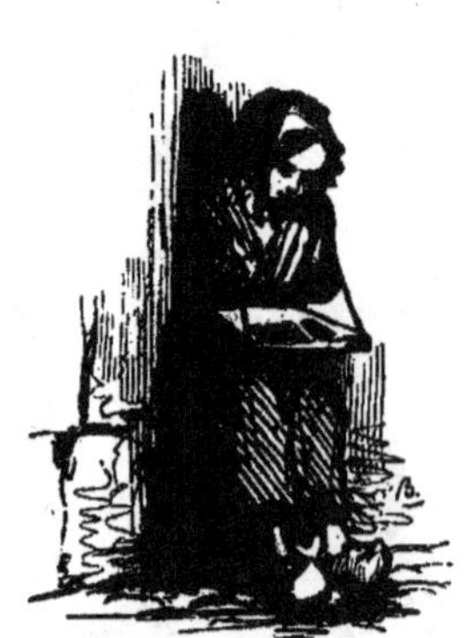

La demoiselle d'un actionnaire
dans les bitumes.

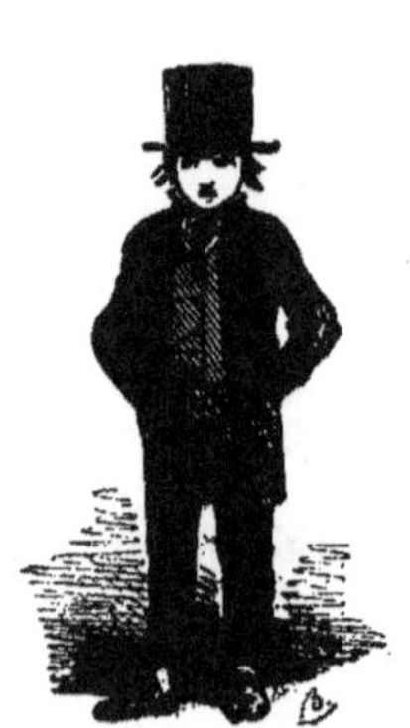

Fort en thème.

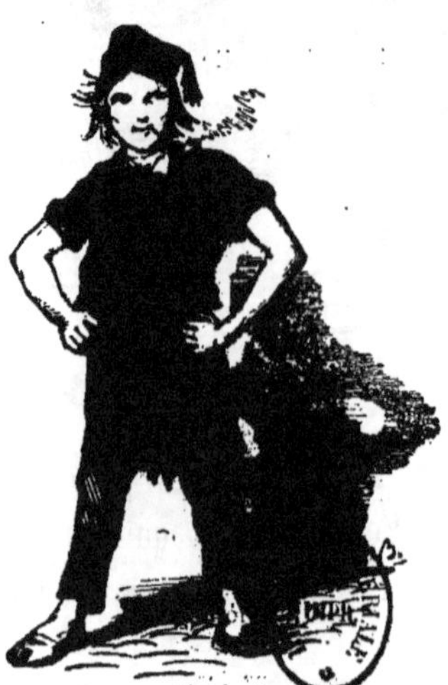

Ce que c'est qu'un voyou.

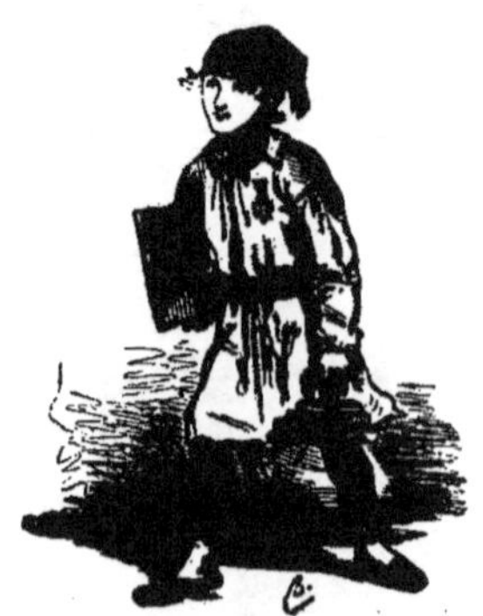

Prix d'orthographe.

LE DIMANCHE A PARIS.

LES PLAISIRS DU DIMANCHE.

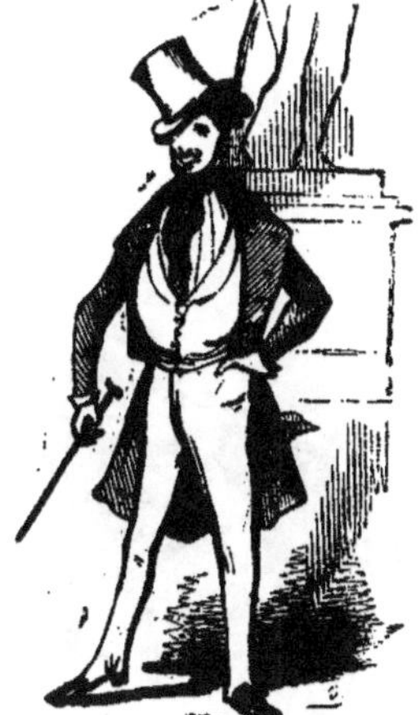

Préposé aux mousselines-laines.

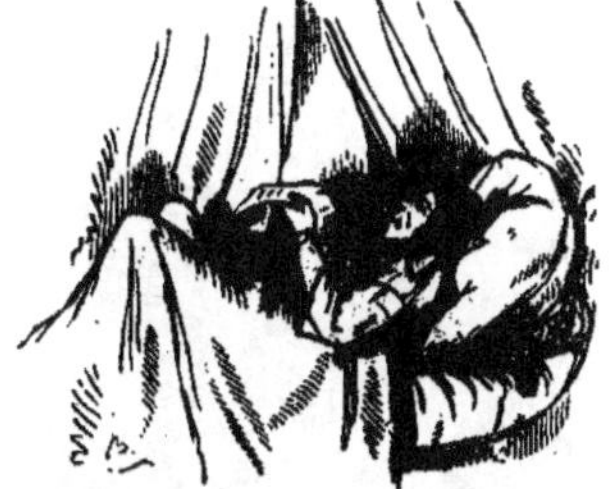

Vue prise à midi vingt-cinq
chez un employé qui se lève tous les jours
à 6 heures dans la semaine.

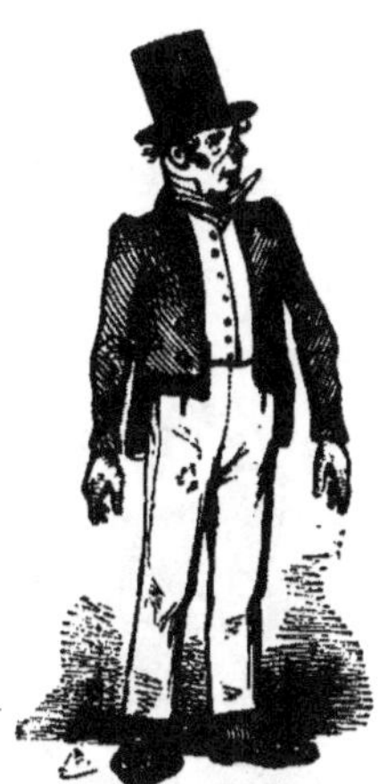

Endimanché !

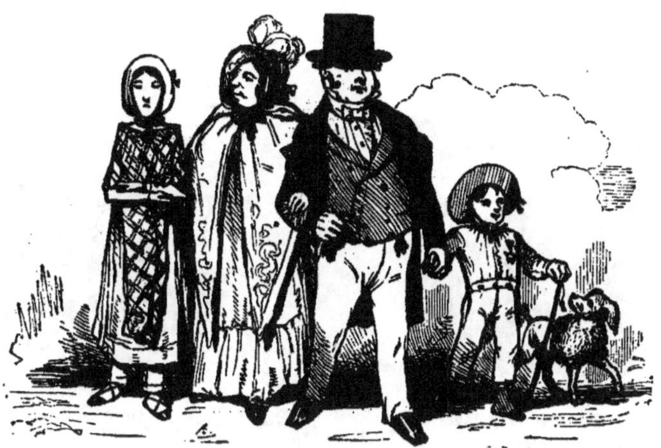

M. Dimanche et la famille de M. Dimanche.

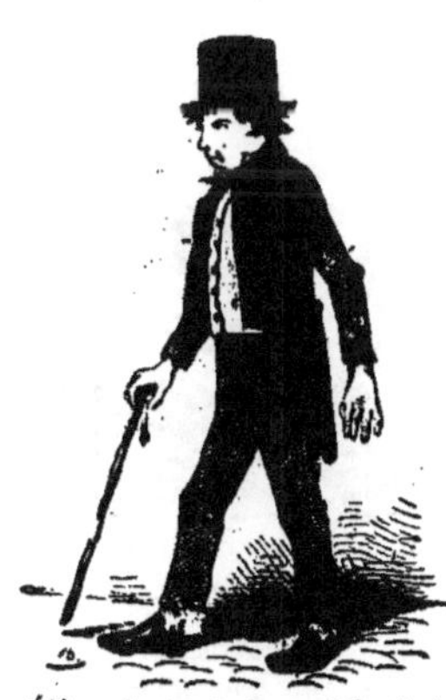

Élève de quatrième, très-fort,
sorti par faveur.

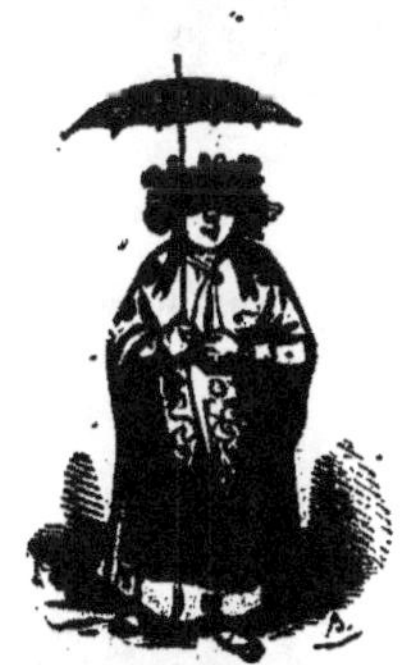

Cuisinière
de bonne maison. — Sortie
de quinzaine.

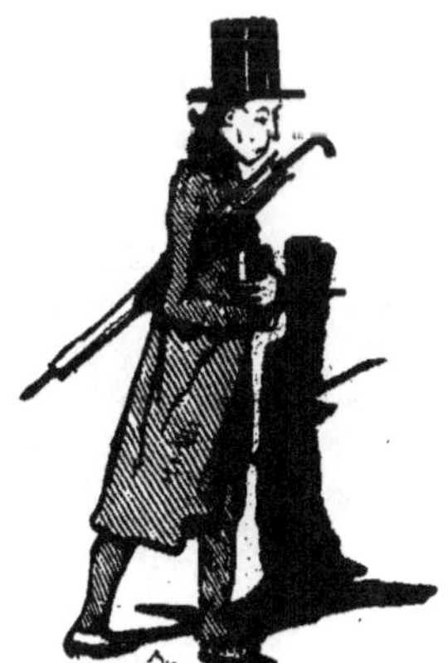

Un séminariste
qui va voir sa tante.

LE DIMANCHE A PARIS.

A LA VILLE.

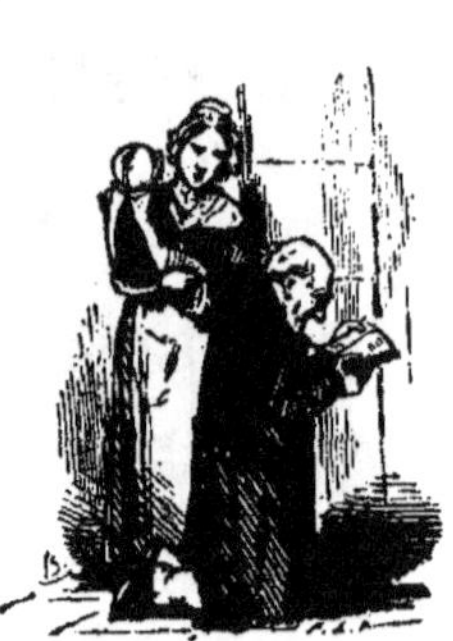

Messe de 8 heures.

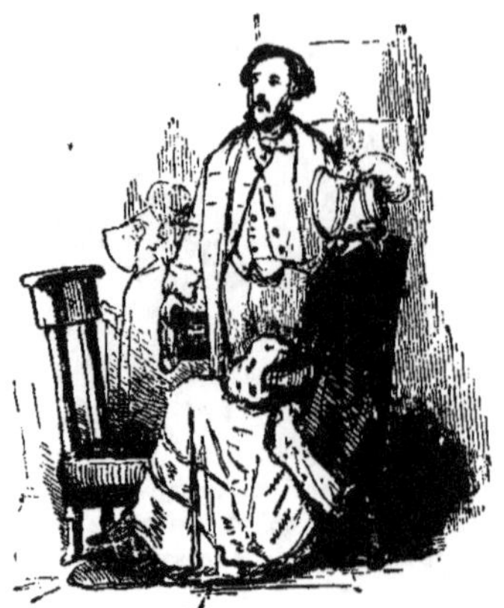

Messe de 1 heure. Le monde élégant.
Places numérotées

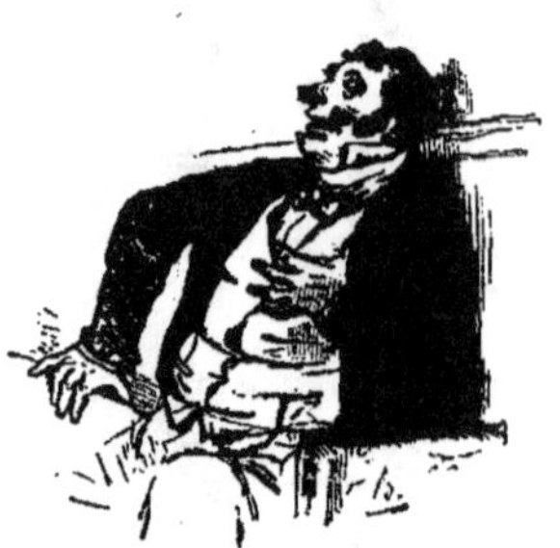

Un marguillier
dans son banc à Saint-Roch.

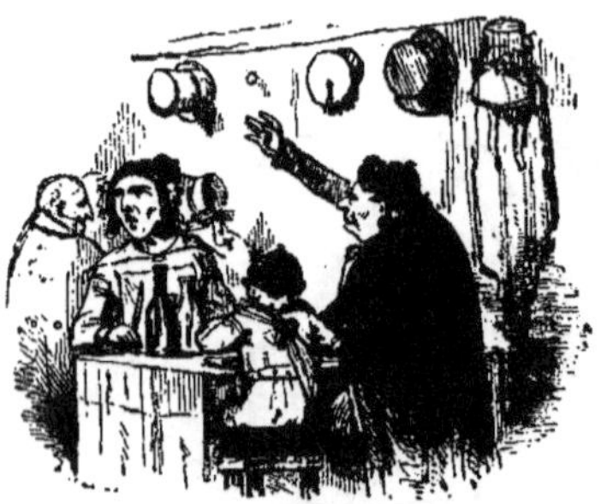

Festins à 32 sous,
six plats y compris le potage
et le dessert,
pain et patience à discrétion.

Festins aux barrières.
On ne sait pas trop ce qu'on
mange, mais on voit
des arbres.

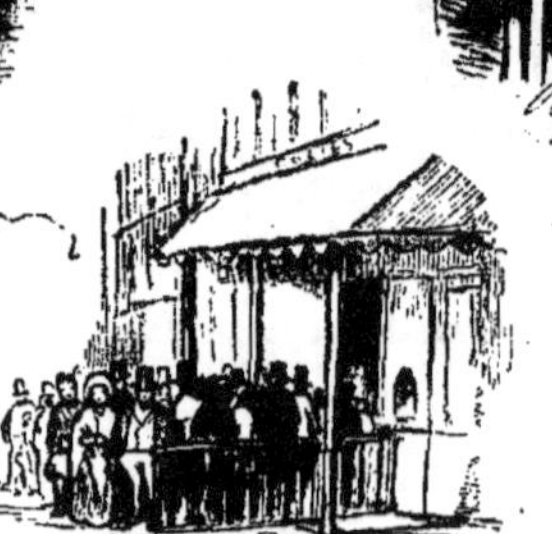

1 HEURE 3/4.
Les bureaux ouvriront à 5 heures.
20 actes! 40 tableaux!!!

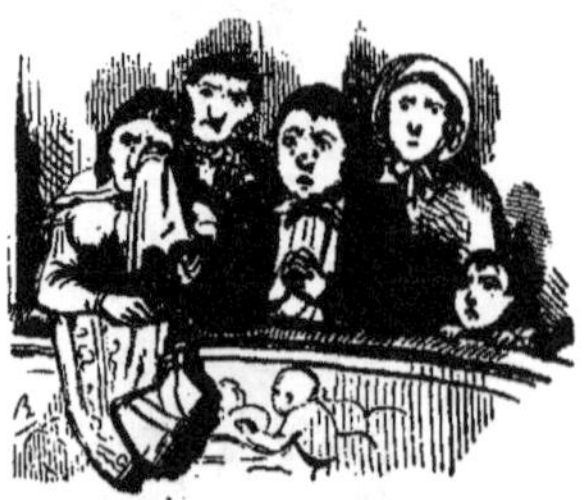

Une loge...
— à la Gaîté —

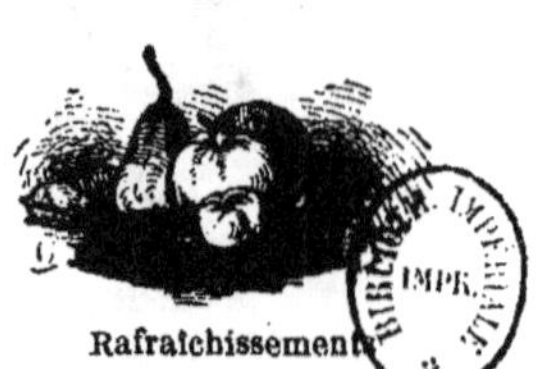

Rafraîchissements
et passe-temps.
— Entr'actes. —

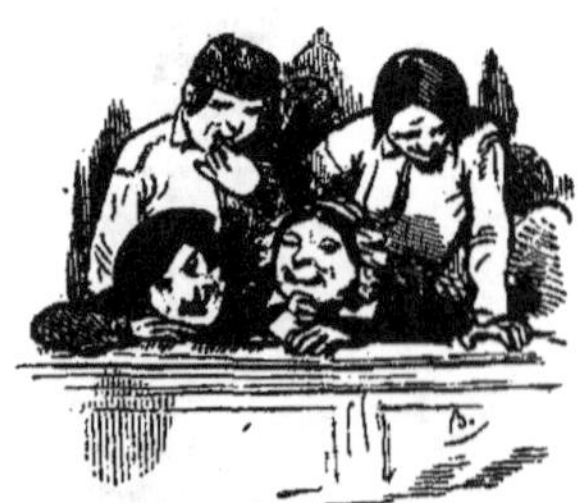

Les joies du paradis...
— aux Funambules. —

LE DIMANCHE A PARIS.

A LA CAMPAGNE.

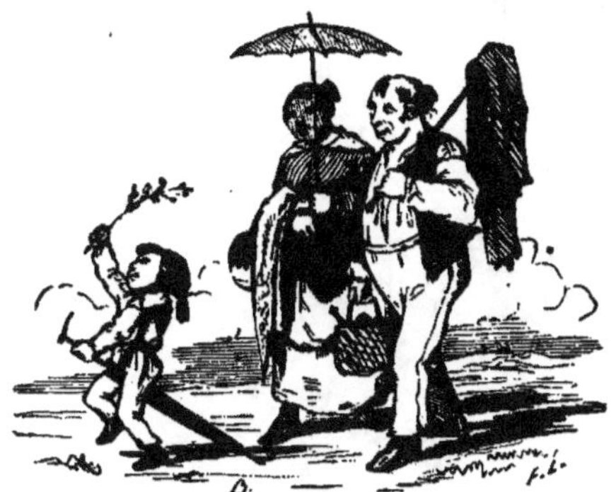

Épisode de la vie bourgeoise.
Voyage où il vous plaira.

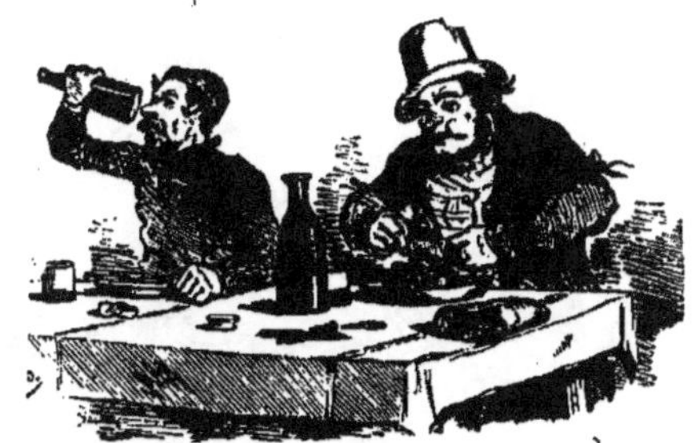

Des gastronomes sérieux,
et qui ne laissent rien perdre.

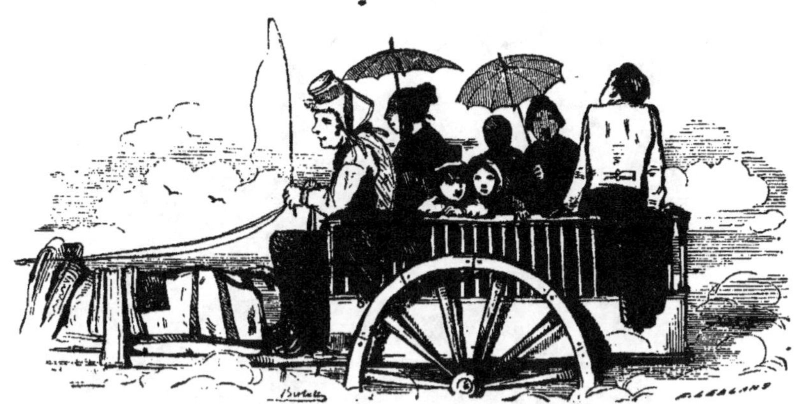

Voyage au long cours. — De Paris à Saint-Cloud.

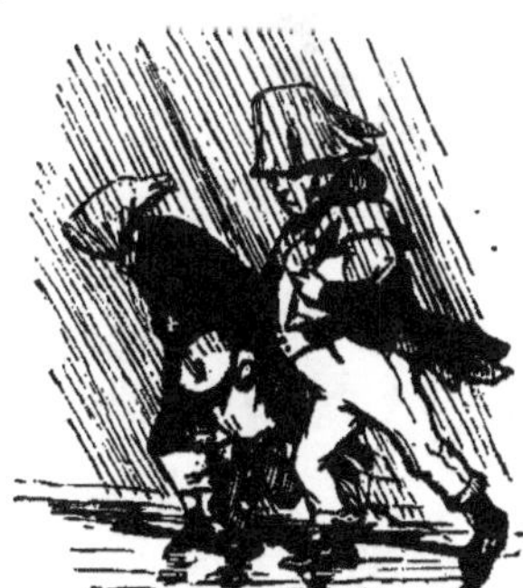

Au milieu du Champ de Mars.
— Course au clocher. —

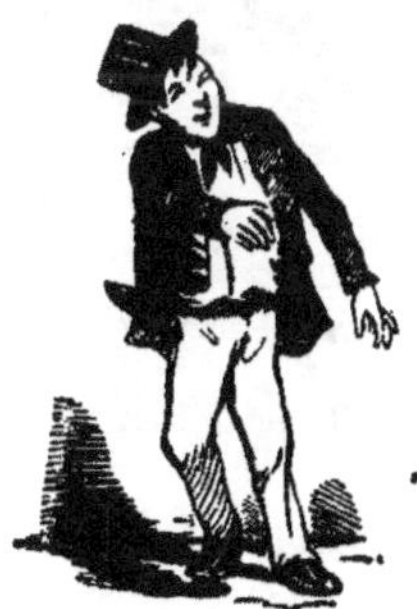

CONCLUSION
trop usitée.

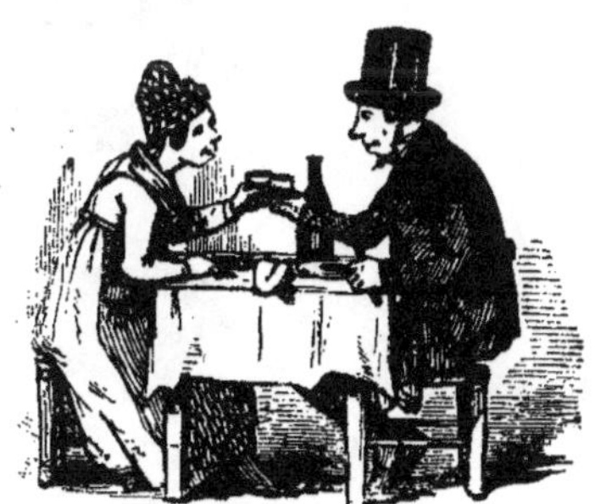

Petit blanc à douze,
ou cachet vert à quinze.

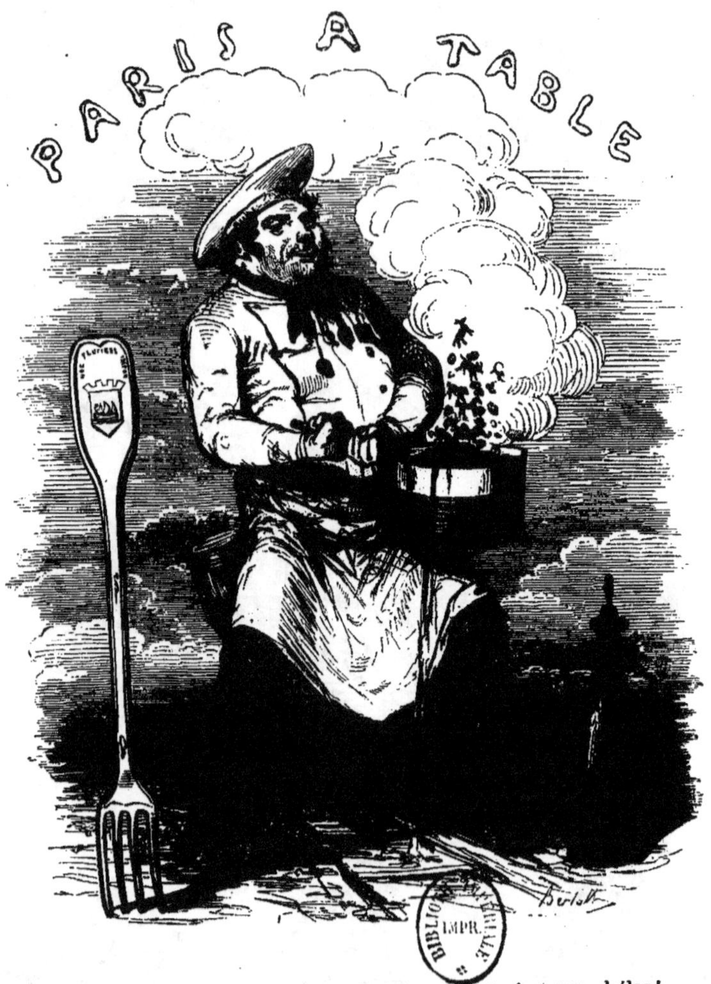

Il faut dîner tous les jours; — cet axiome n'est n'est pas, hélas! une vérité pour tout le monde.

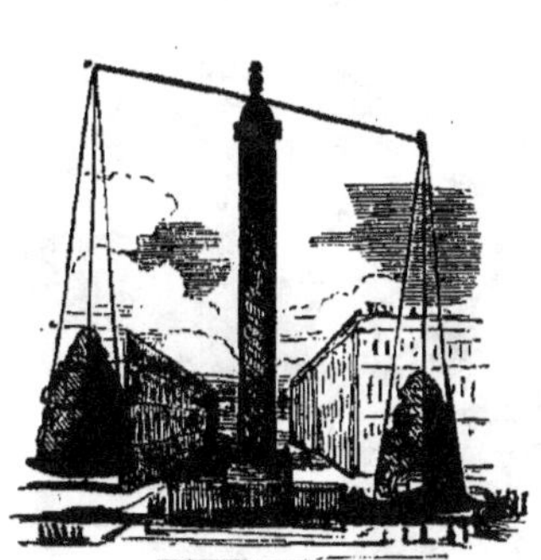

La pesée de la viande.

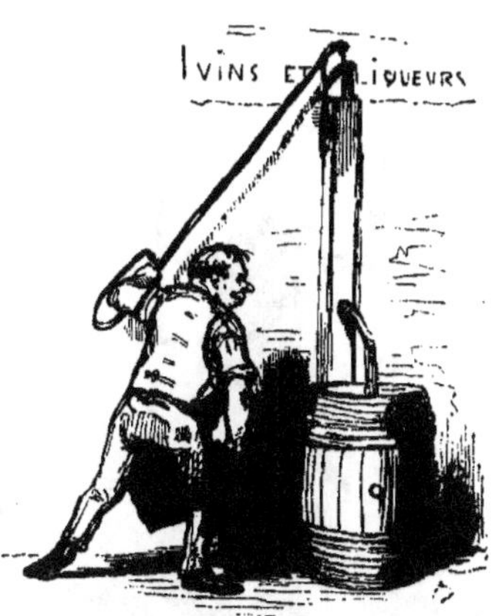

L'eau changée en vin.

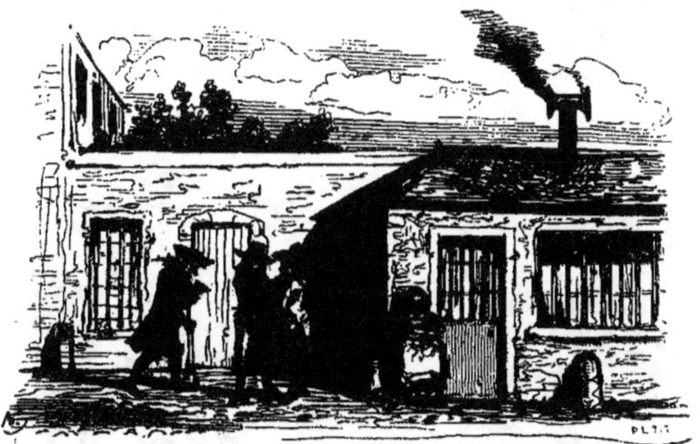

La patrie en danger fait refroidir le dîner.

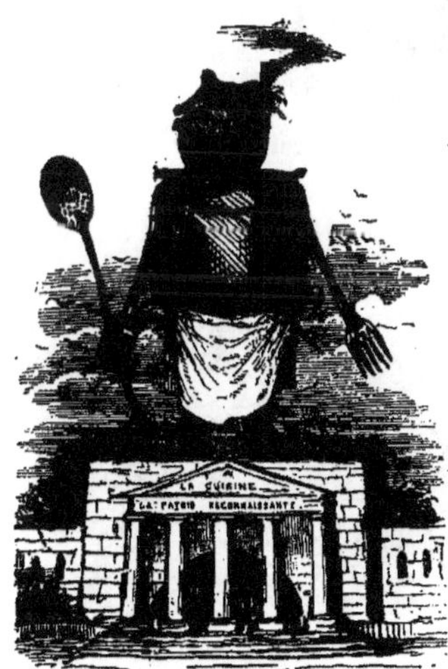

Projet de monument aux gloires culinaires de la France.

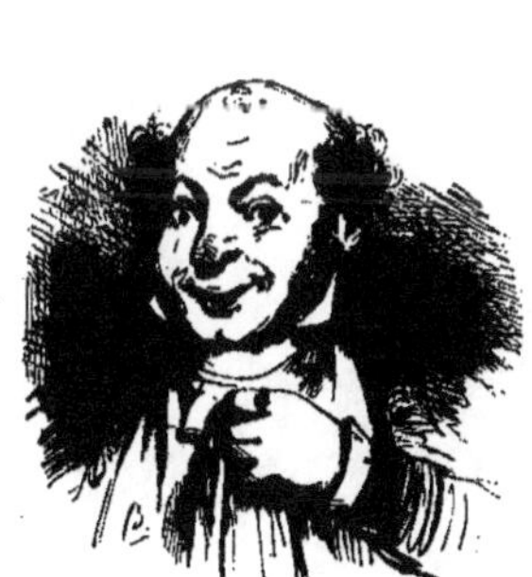

Bien disposé.

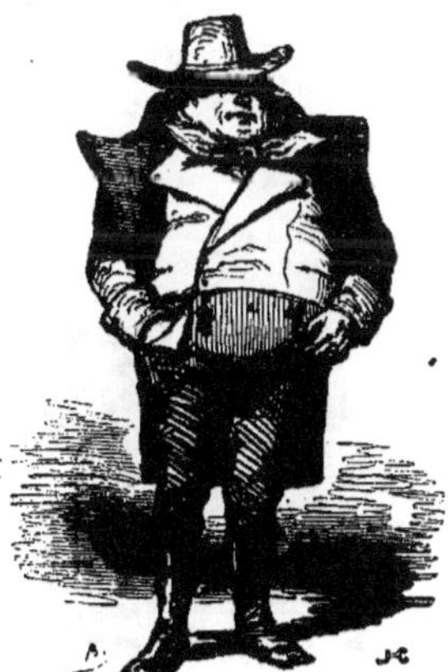

Un aïeul de MM. les petits crevés.

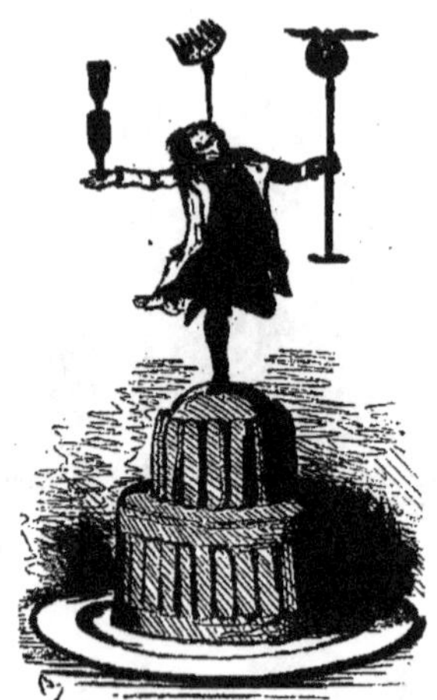

Gastronomie diplomatique.

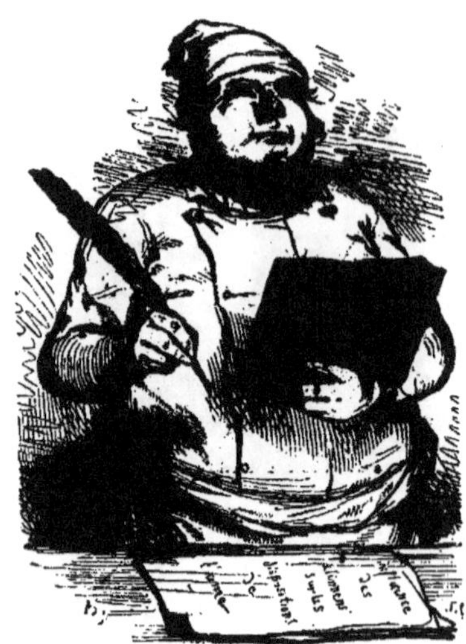

M. le chef médite.

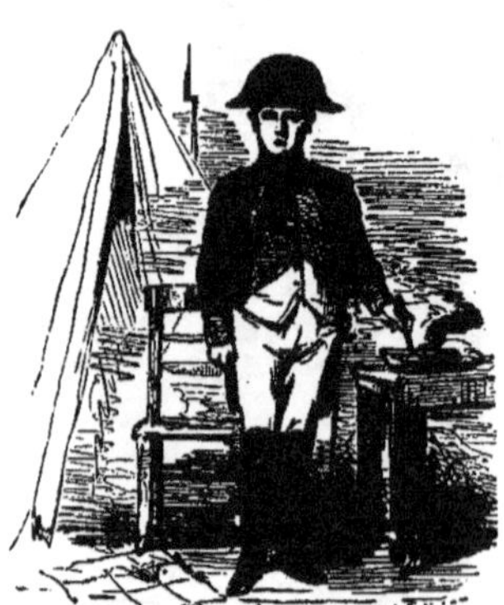

Gastronomie militaire.

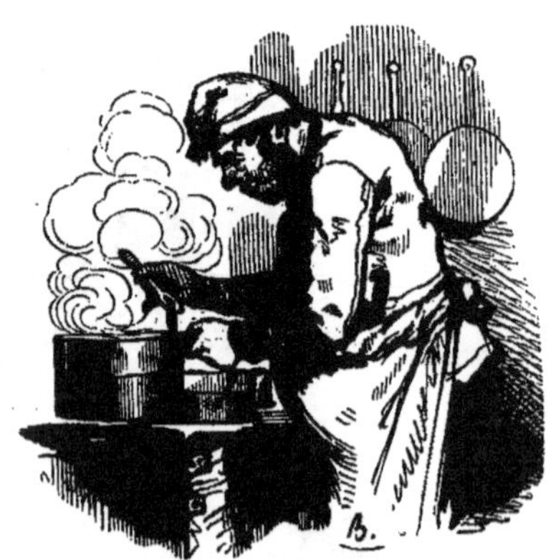

M. le chef opère.

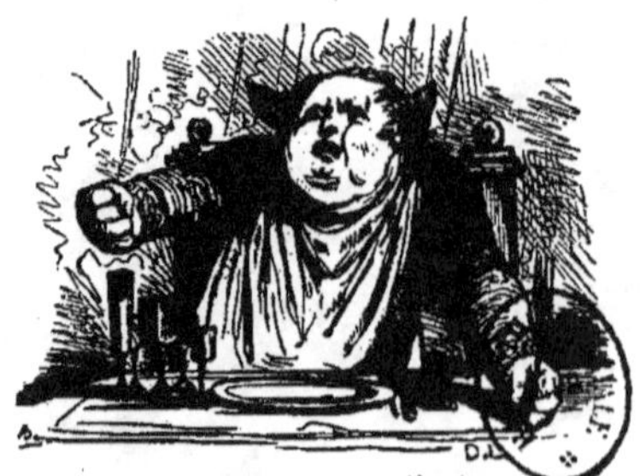

Un estomac impatient.

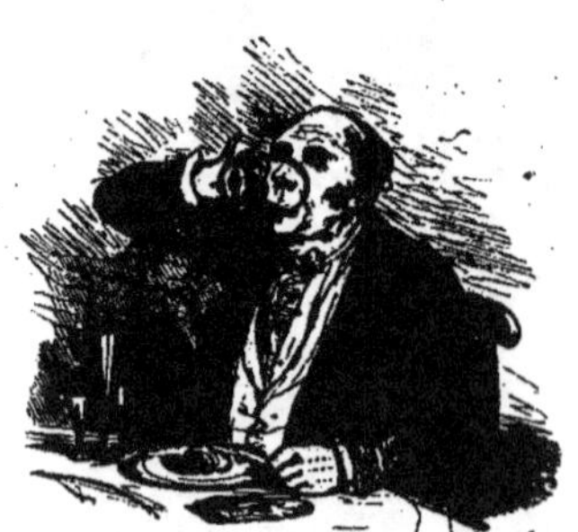

Un solide estomac.

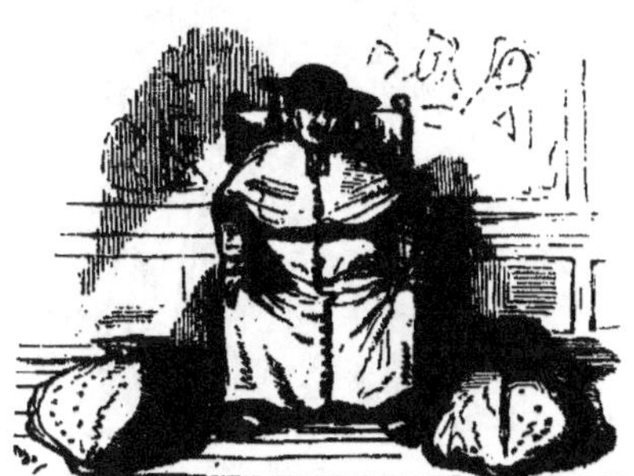
Une Éminence dans l'embarras.

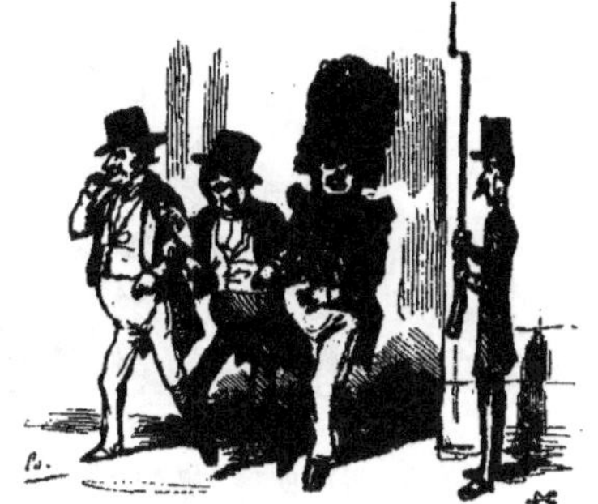
Des amis de l'ordre.

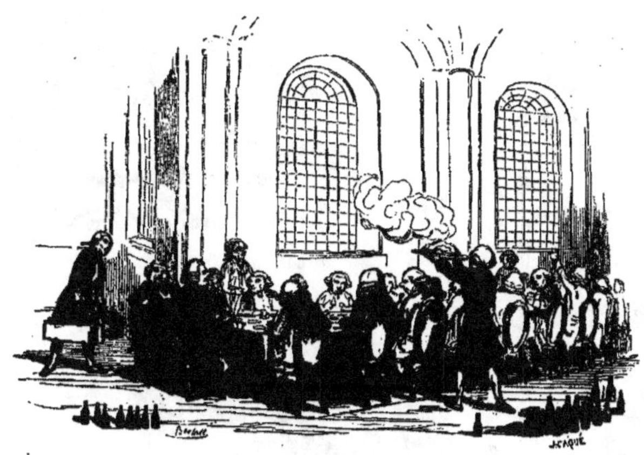
Un dîner maigre.

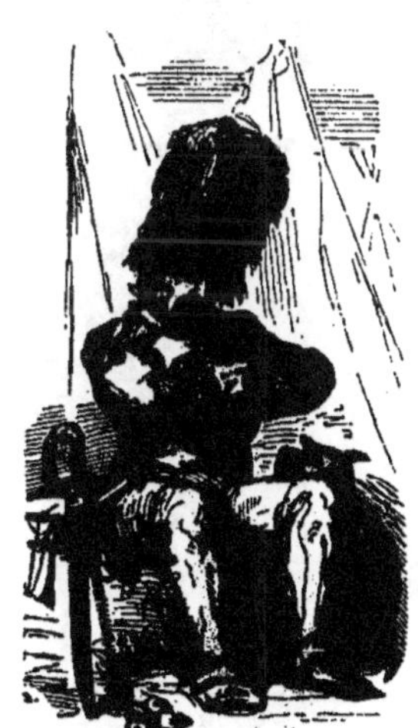
Un maigre dîner.

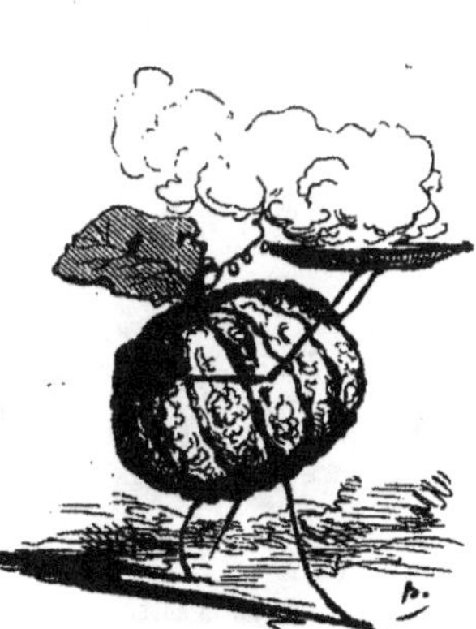
Le plat de la saison.

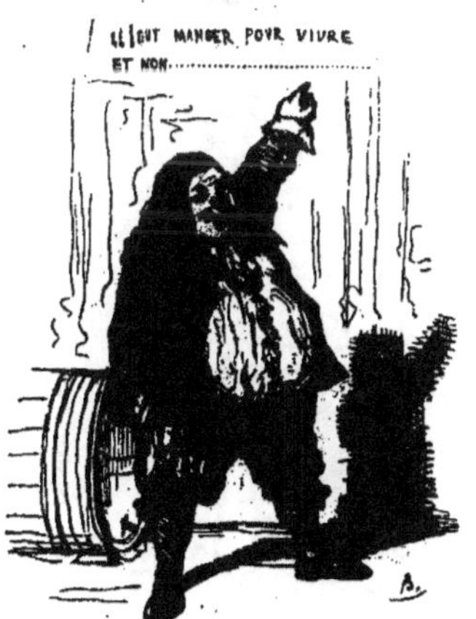

Quelle pitié !

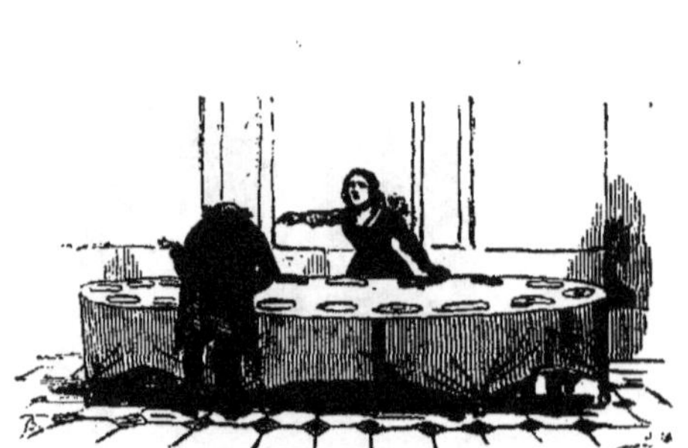

Le placement des convives.

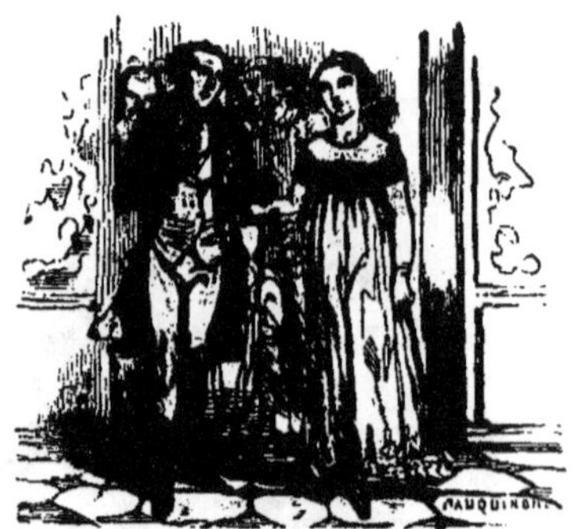

La main aux dames.

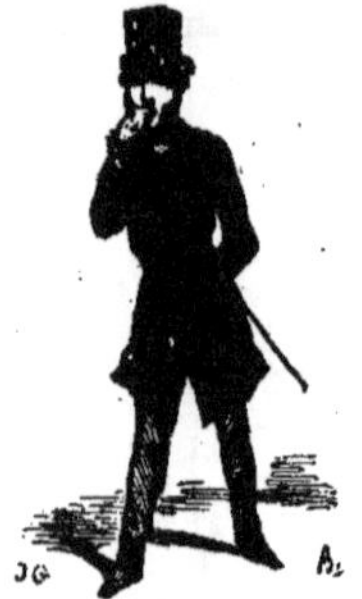

Dîner de poche.

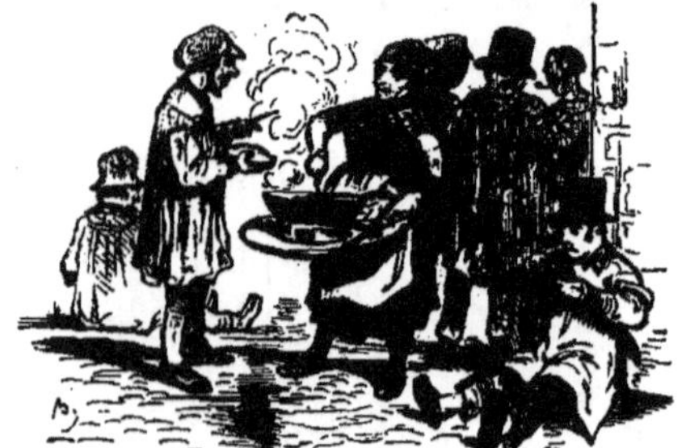

Dîner en plein air. Hasard de la fourchette.

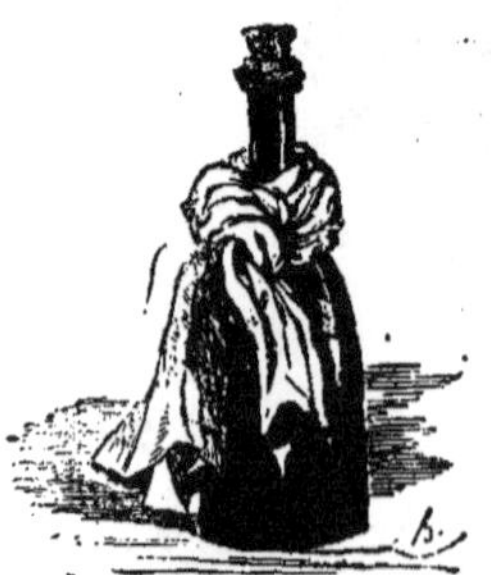

Pauvre bouteille.

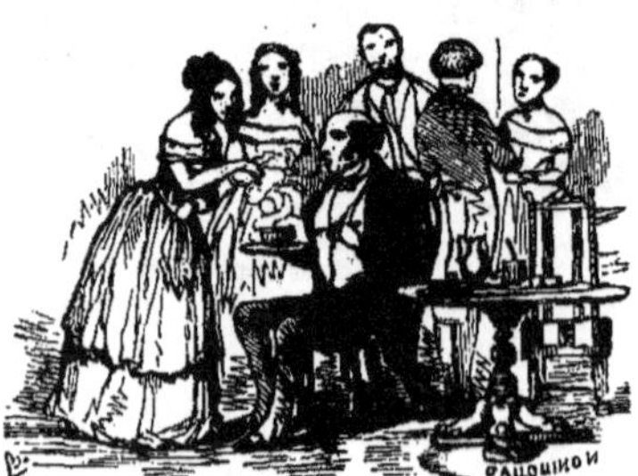

Un canard, s. v. p.

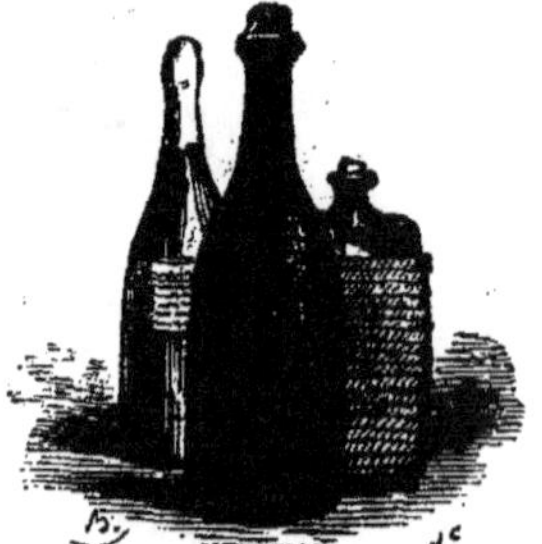

Riches bouteilles.

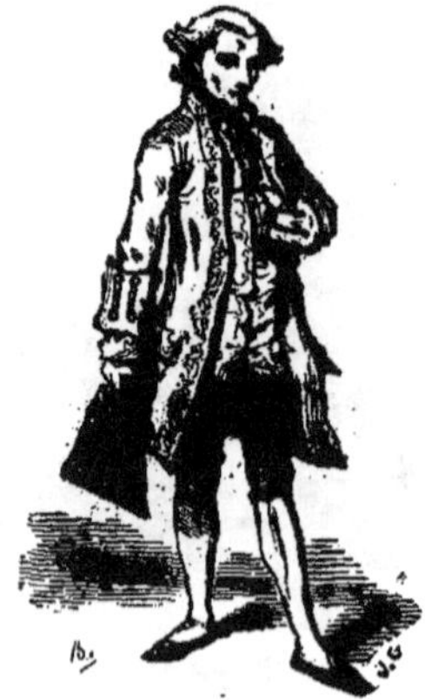

Jadis.

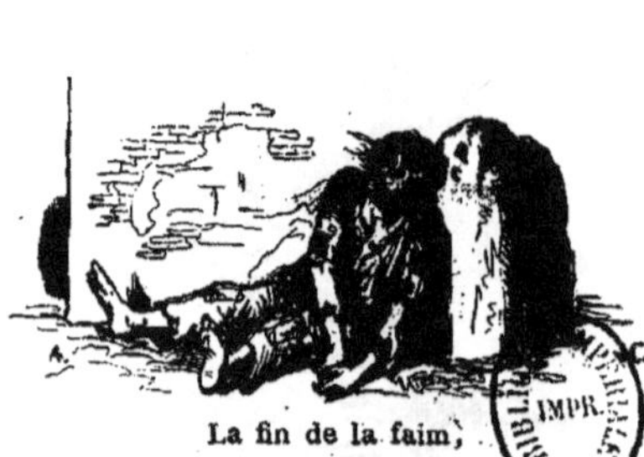

La fin de la faim, ou de la soif.

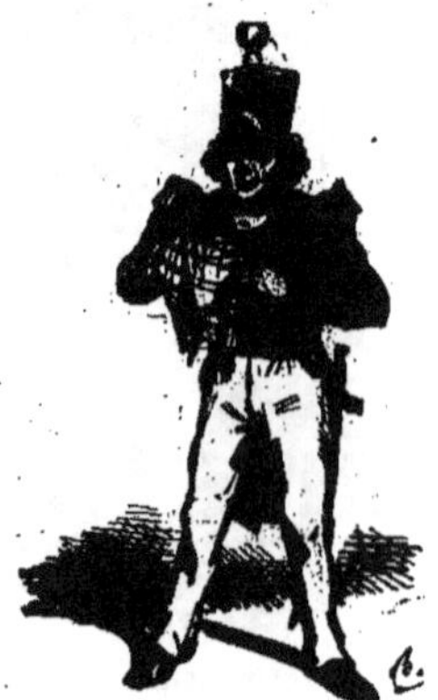

Naguère.

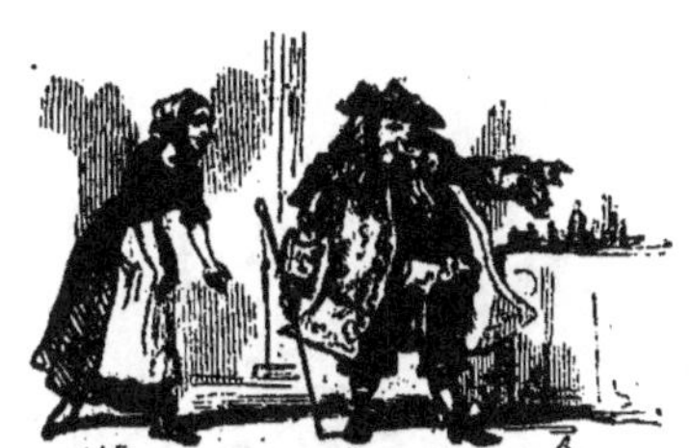

Nicole n'est pas contente.

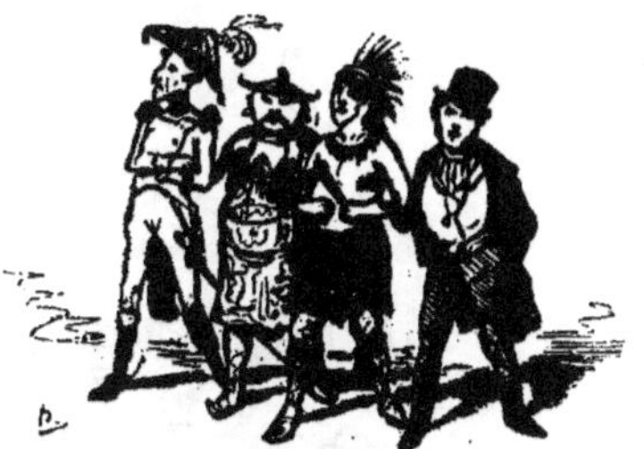

Miracle de la cuisine.

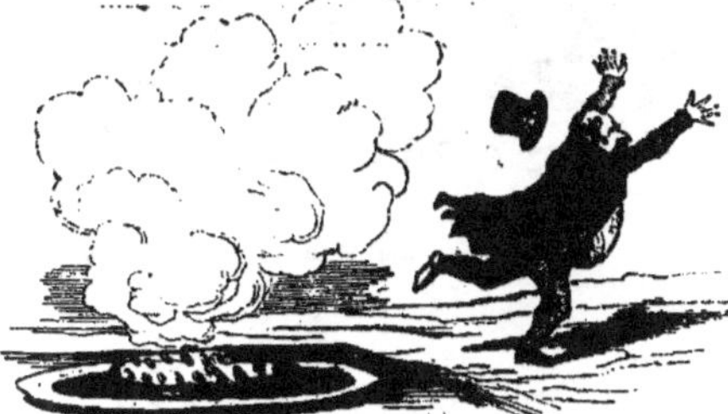

Effets du fricandeau.

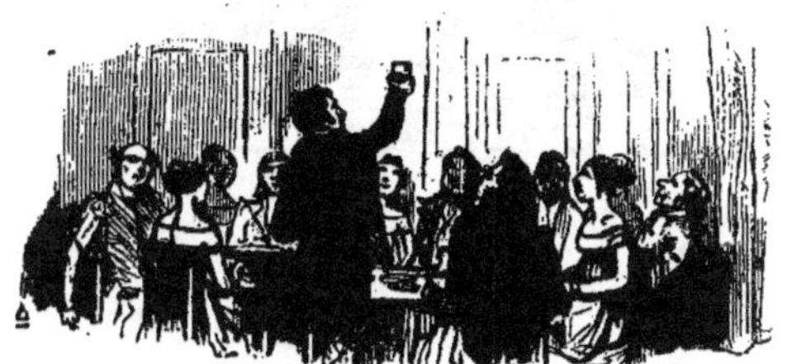

A la santé des dames.

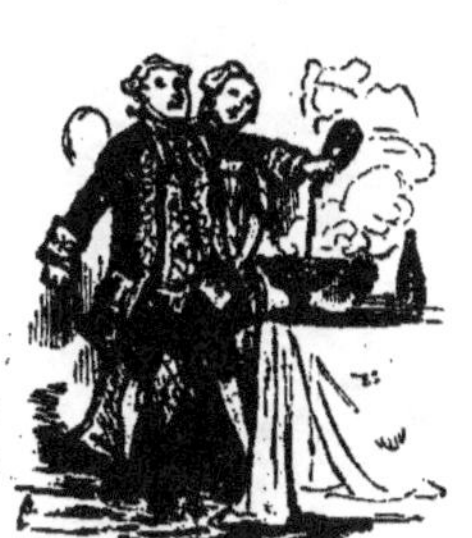

Une inspiration.

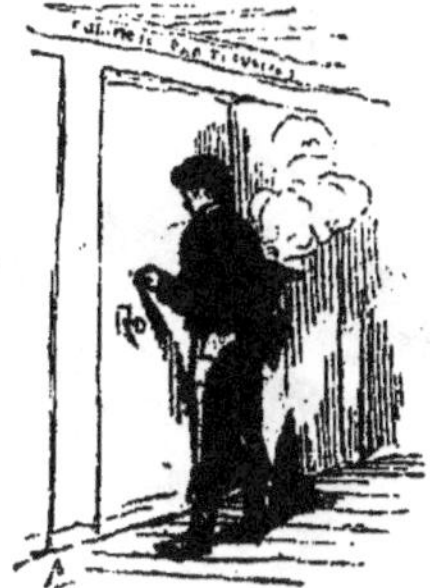

Frappons avant d'entrer.

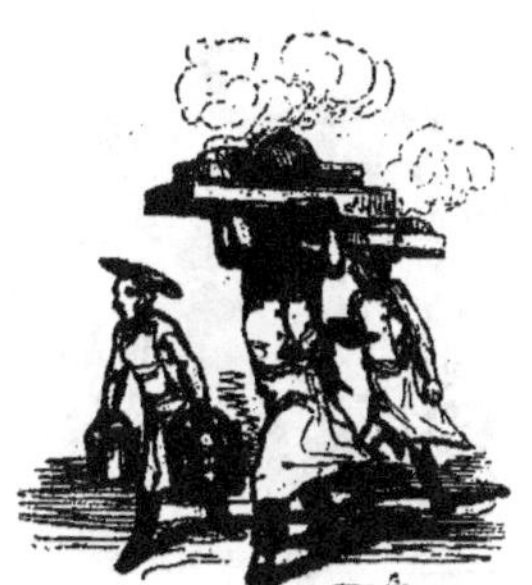

Toujours en retard.

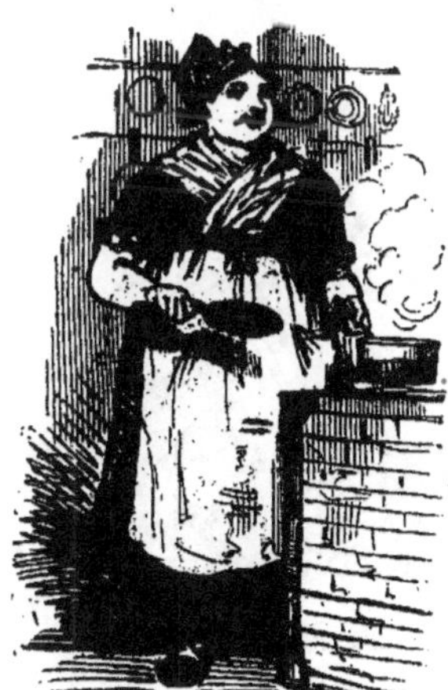

Cuisinière bourgeoise.

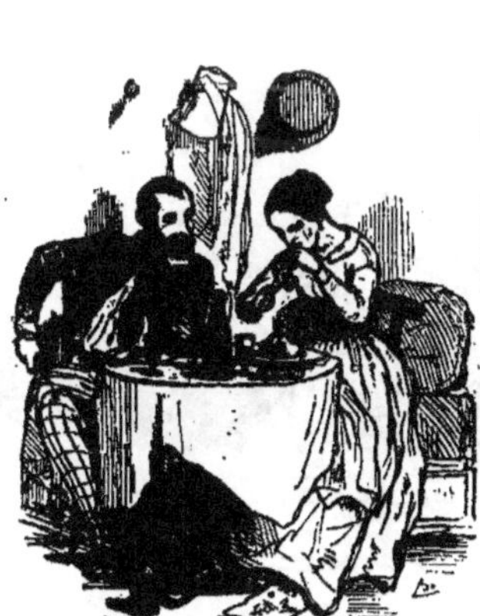

L'appétit du bel âge,

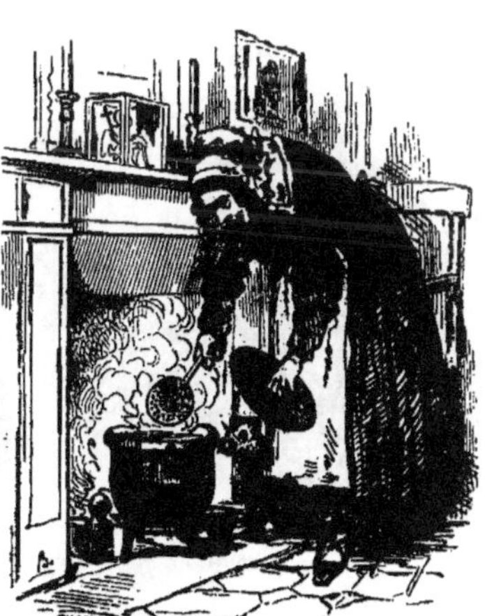

Bourgeoise cuisinière.

PARIS A TABLE.

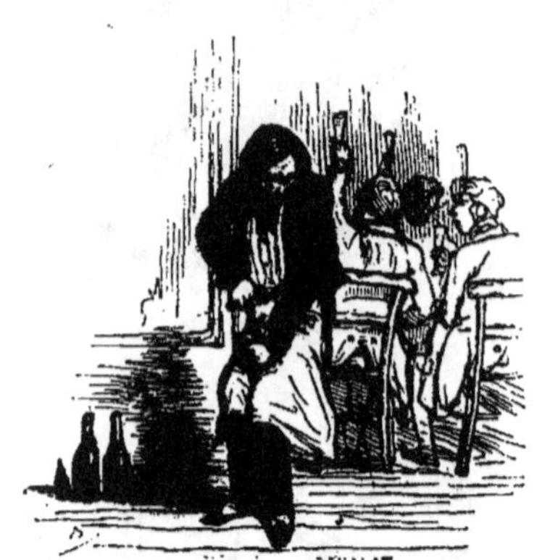

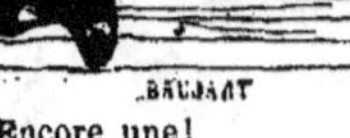

Encore une!

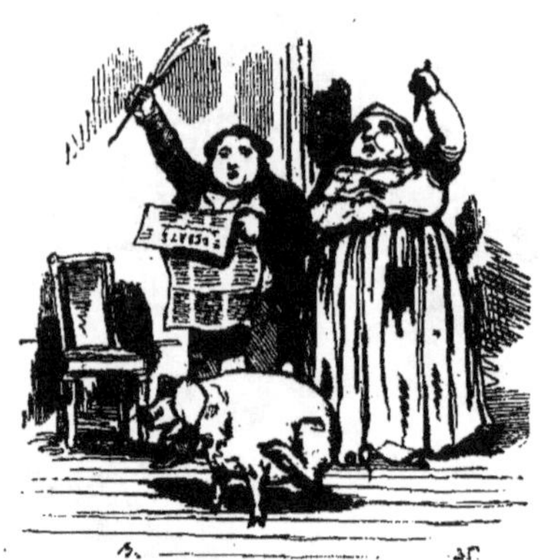

Deux contre un.

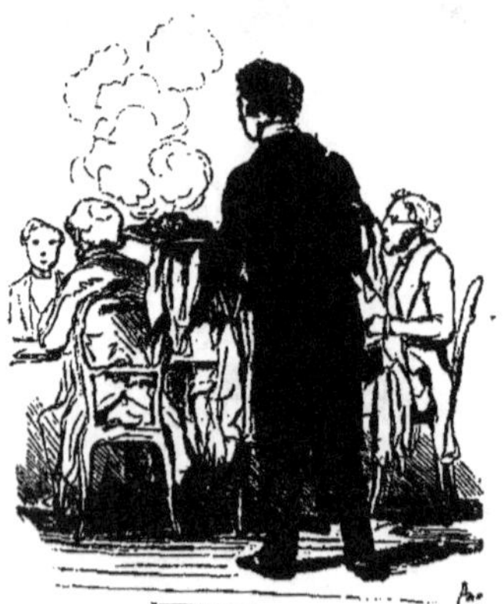

Ils dînent.

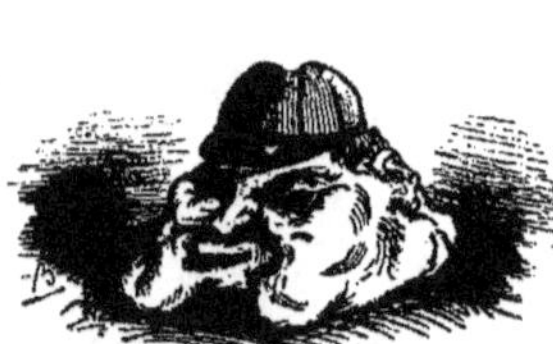

Bon estomac, belle vieillesse.

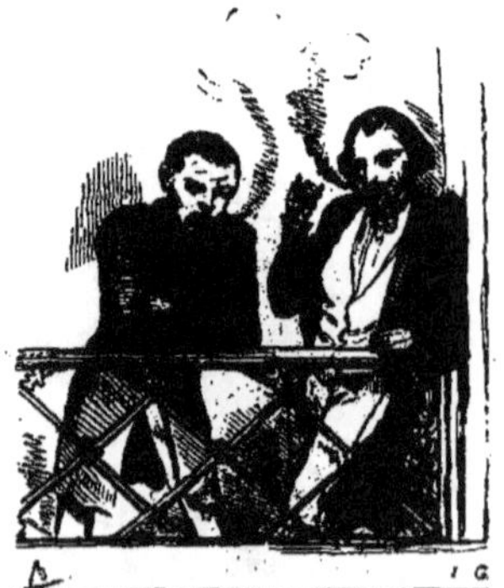

Ils ont dîné.

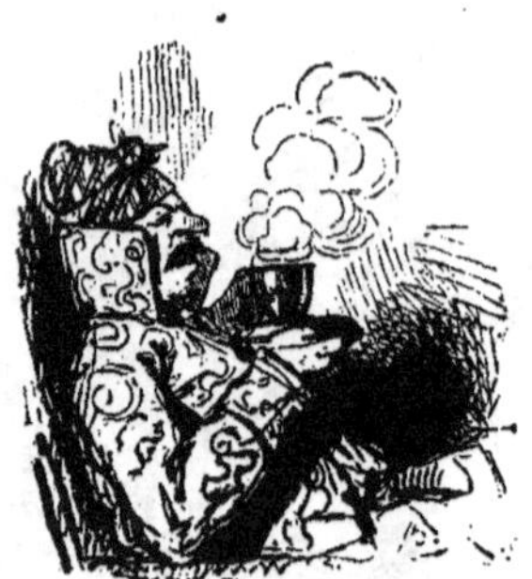

Simple bouillon.

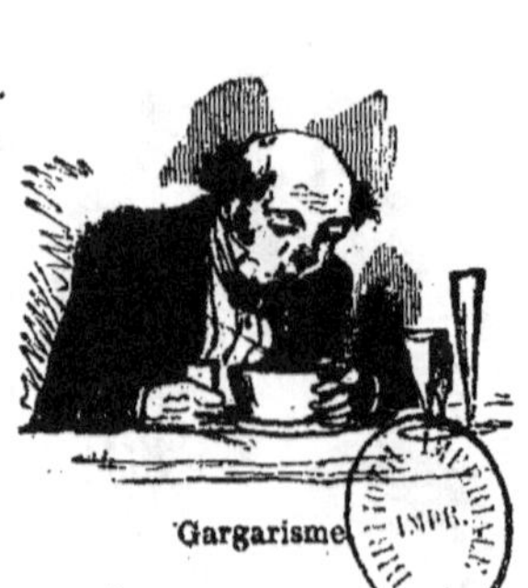

Gargarisme.

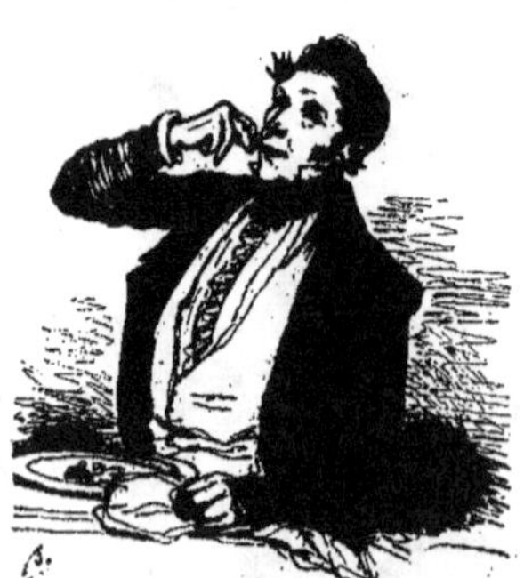

Toilette de bouche.

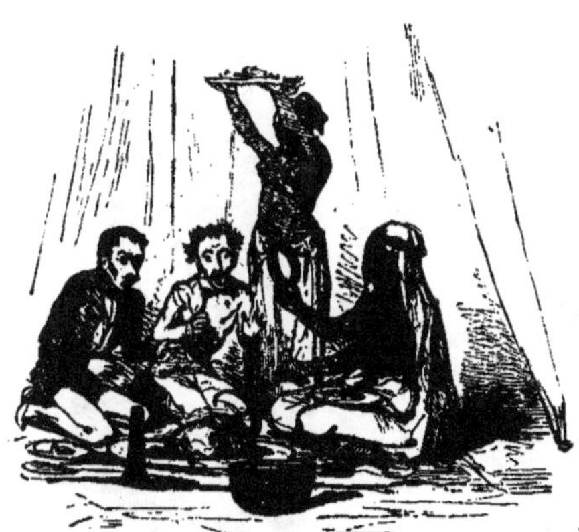

Sauvagerie.

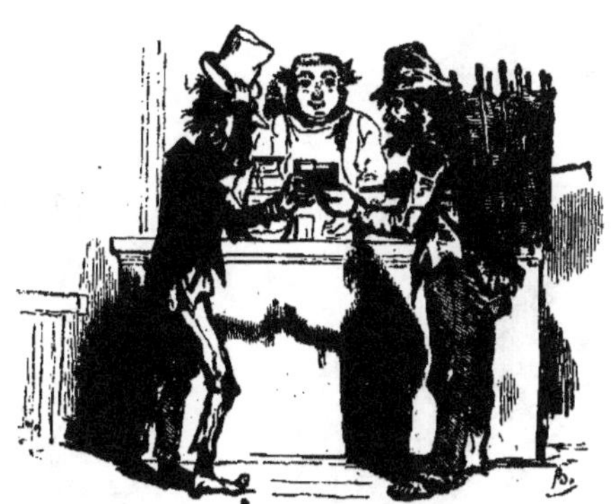

Civilisation.

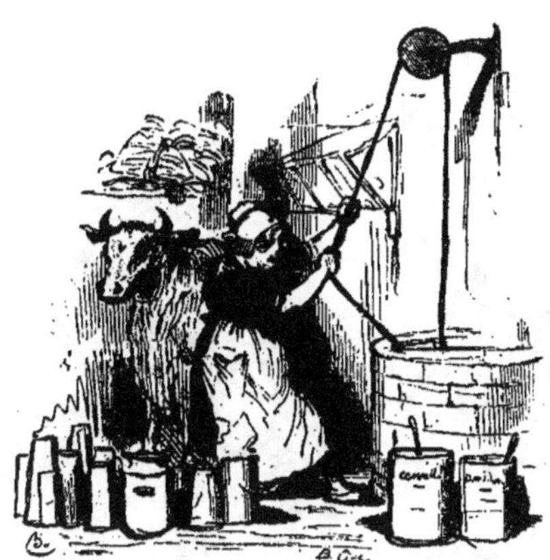

L'eau changée en lait.

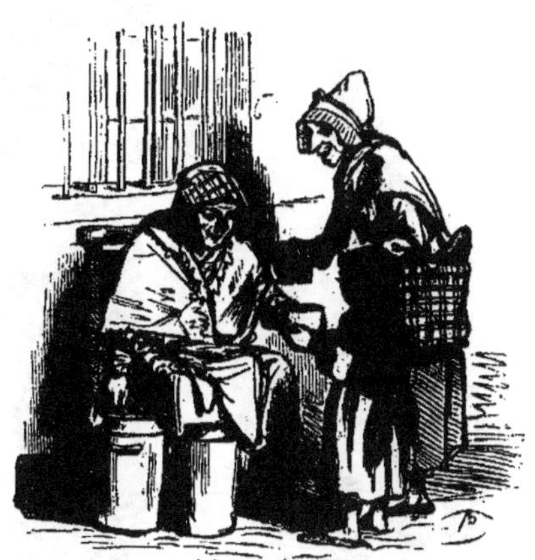

Le lait changé en crême.

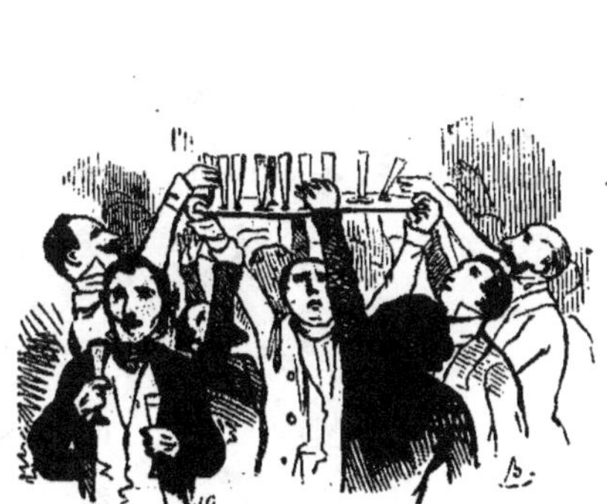

Pour les dames... s'il en reste.

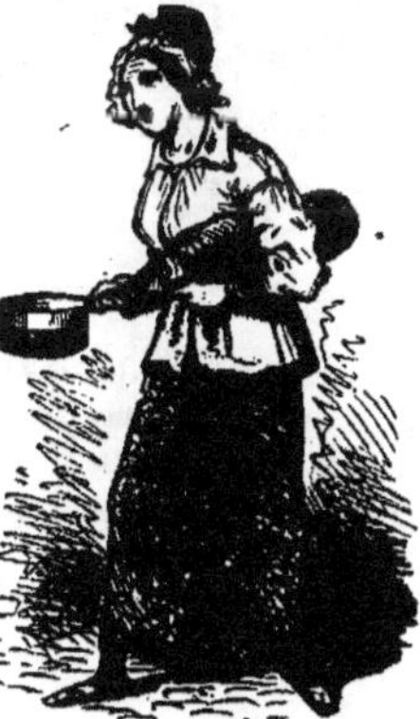

Provision matinale.

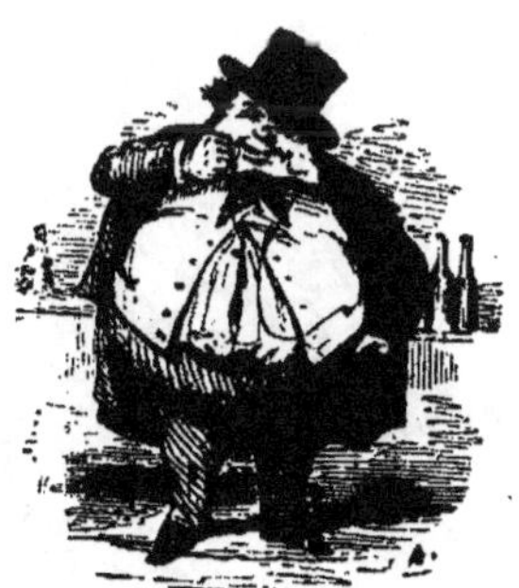

Son abdomen suffit à son bonheur, il se l'est fait.

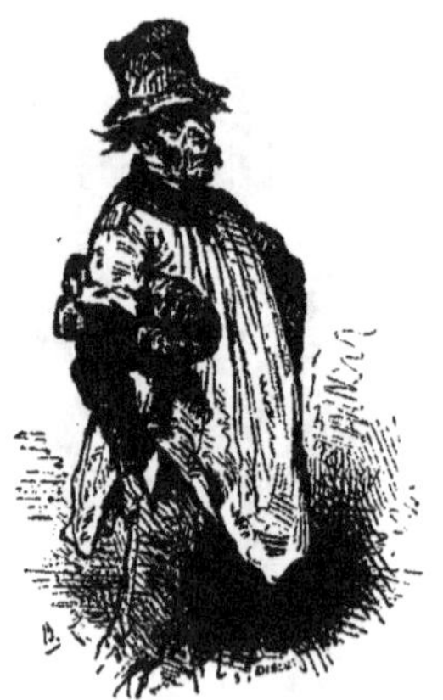

Il a du pain blanc.

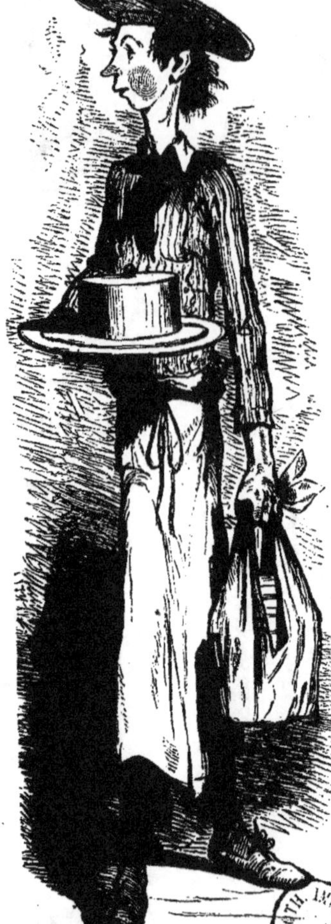

M. Gâte-Sauce,
toujours attendu avec impatience,
porte en ville les vol-au-vent
et les petits pâtés.

Aura-t-il le diner des autres?

Il dînera une autre fois.

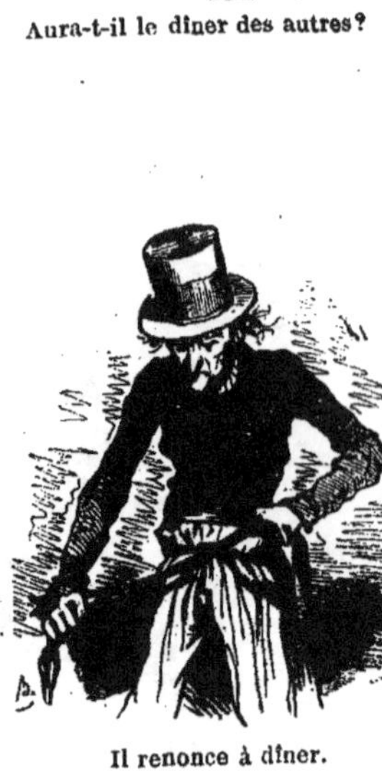

Il renonce à dîner.

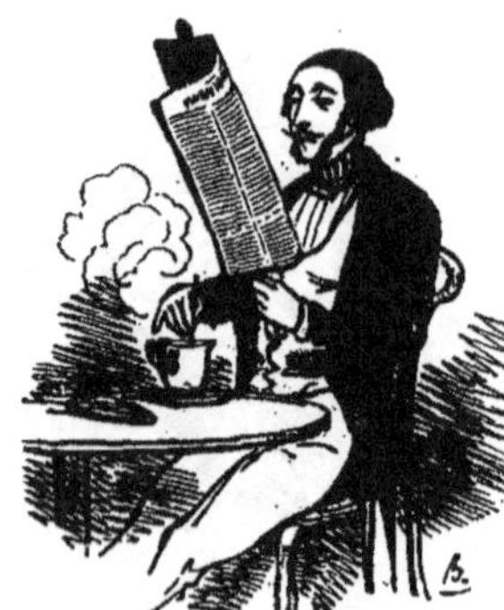

Le déjeuner diminue,

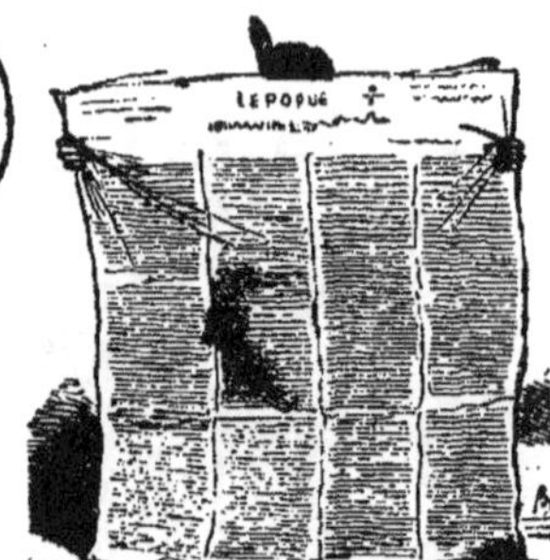

Et le journal grandit.

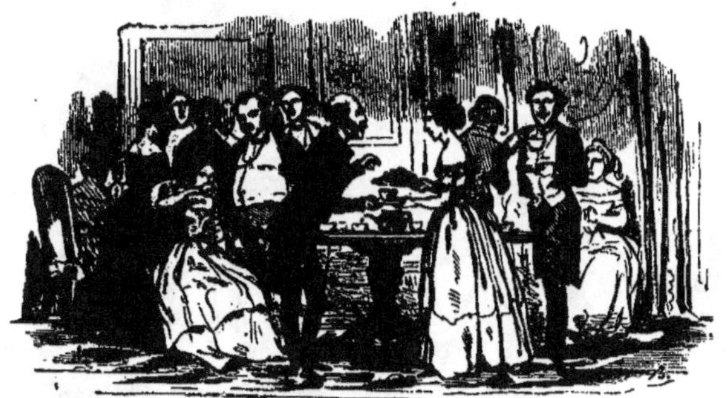

Importation anglaise.

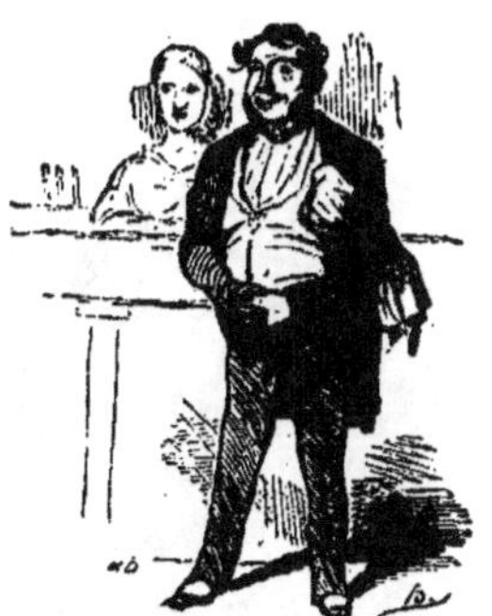

Un maître de maison.

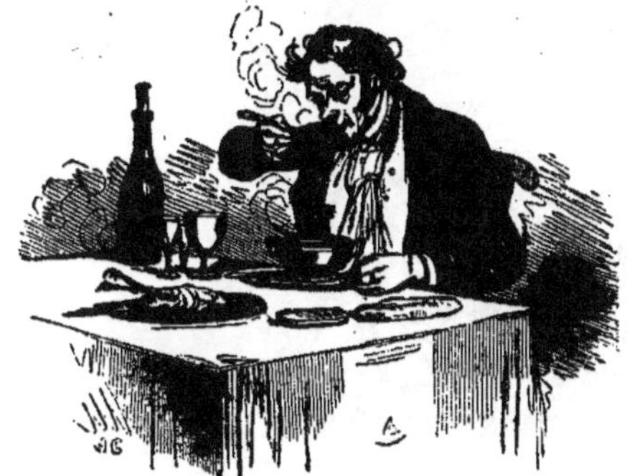

Dîner d'égoïste.

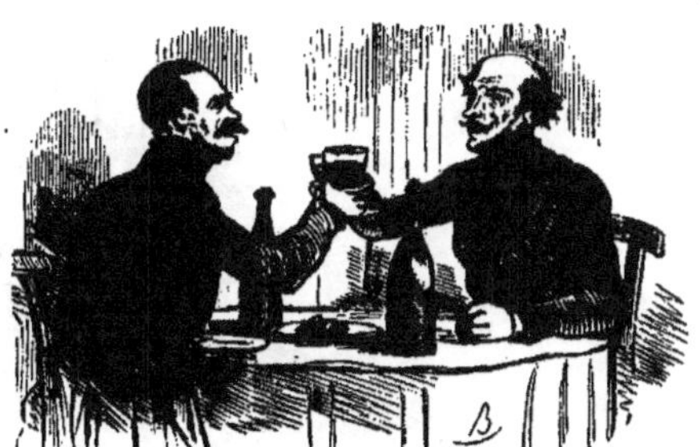

Dîner de vieux amis.

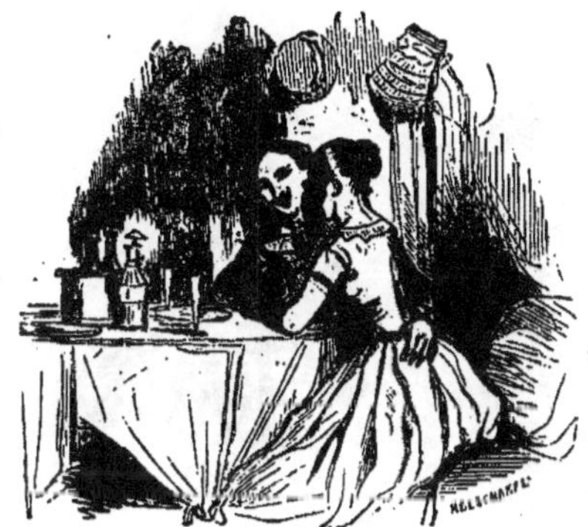

Dîner d'amoureux.

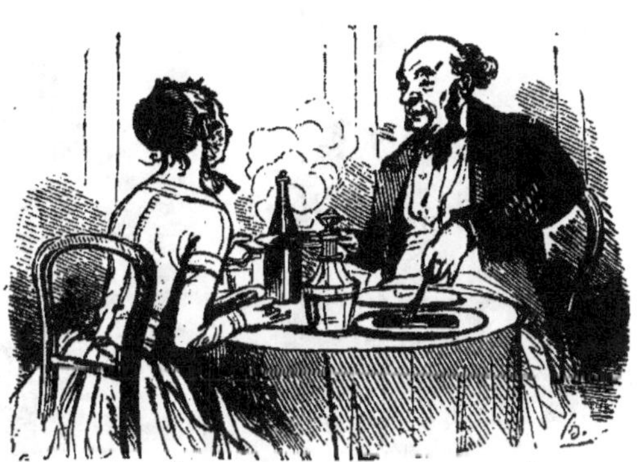

Dîner conjugal.

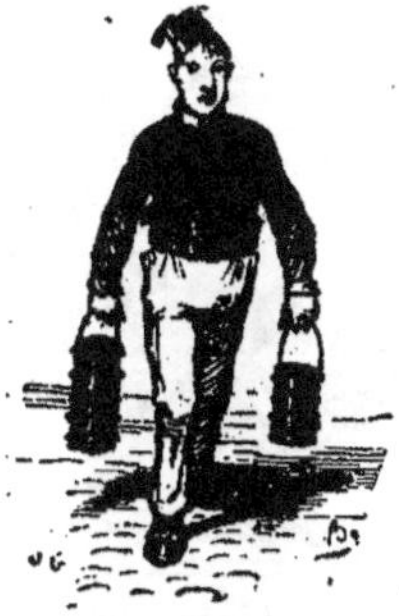

Dîner d'ordinaire.

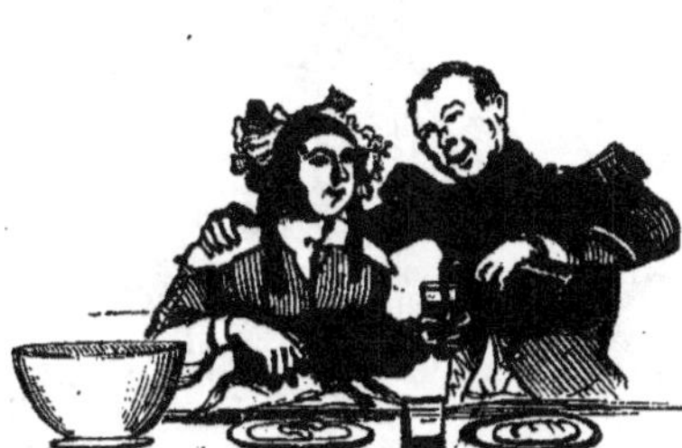

Allons, payse!

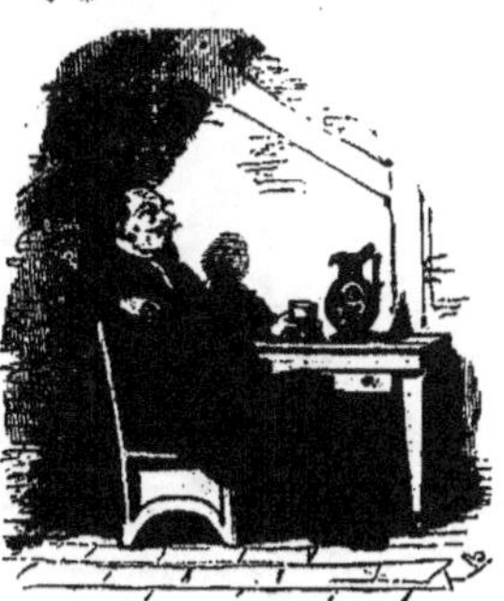

Dîner d'artiste.

PARIS A TABLE.

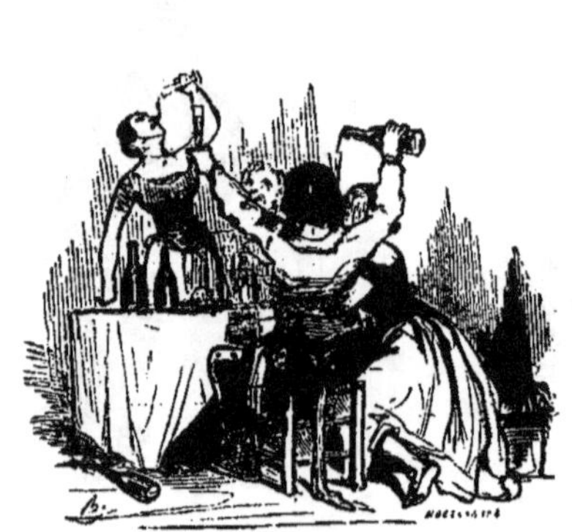

Dîner de carnaval.

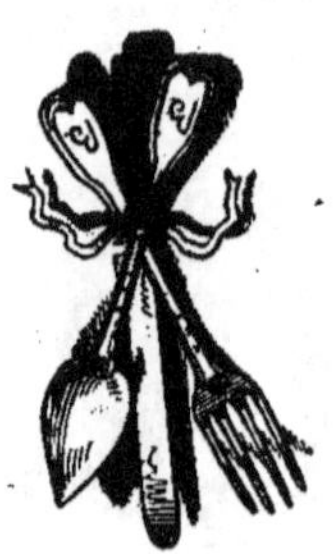

Trois grands outils.

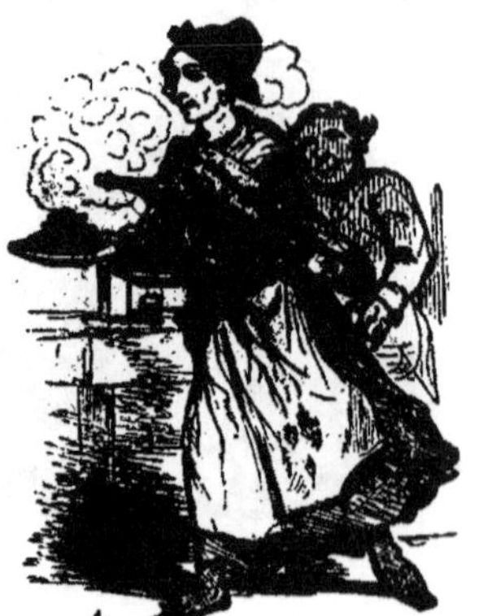

Dîner de gargote.

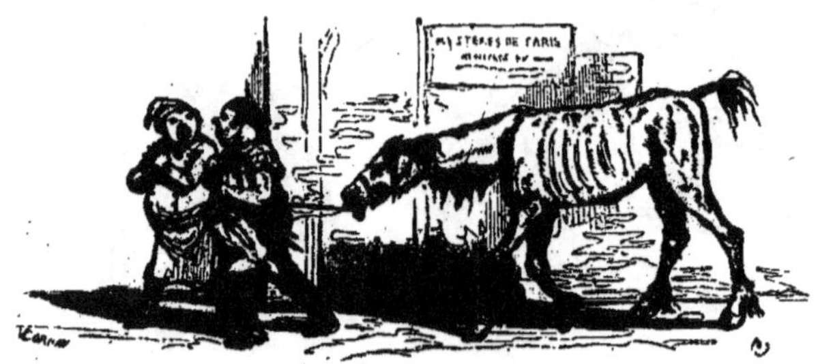

Progrès de la boucherie.

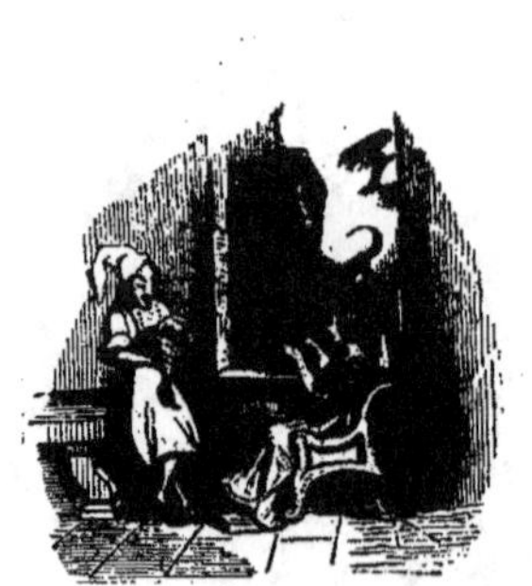

Énigme.

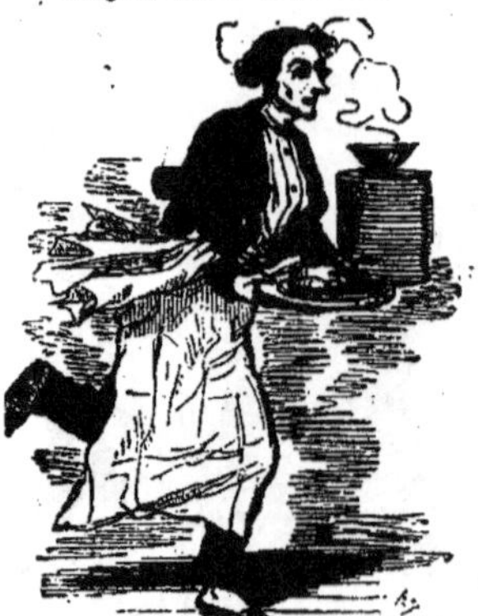

Voilà! voilà!

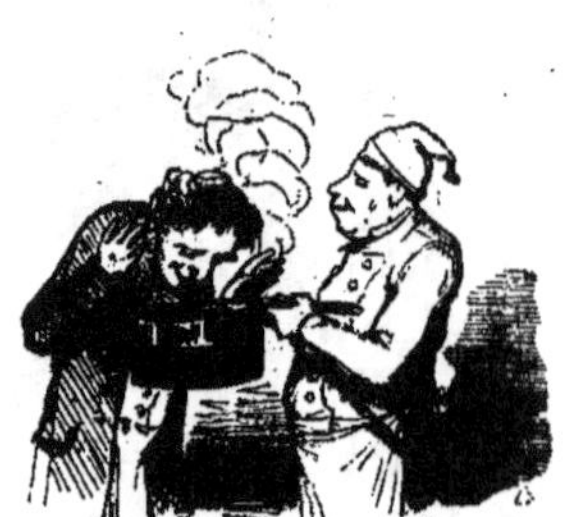

Promesse.

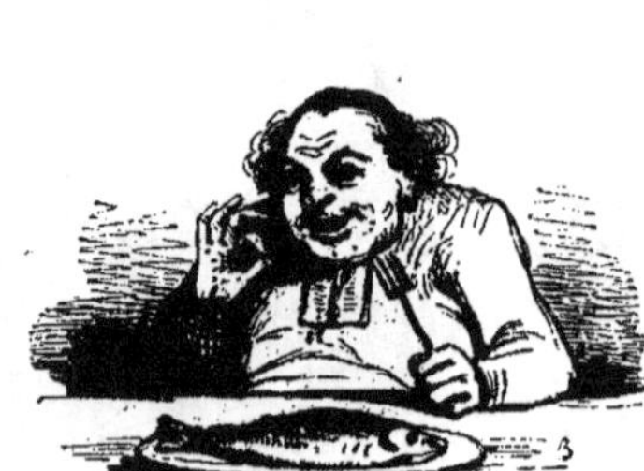

En carême.

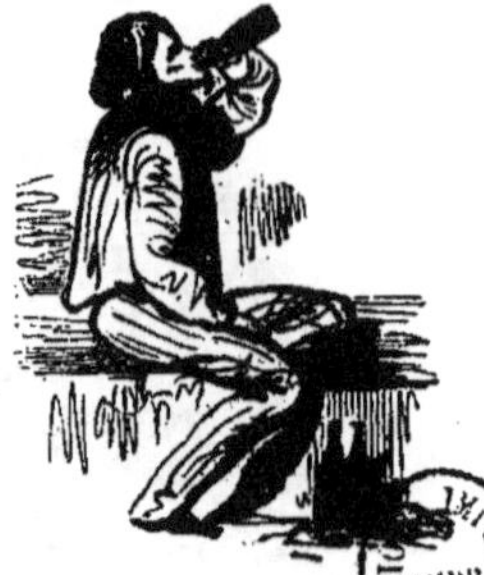

Consolation.

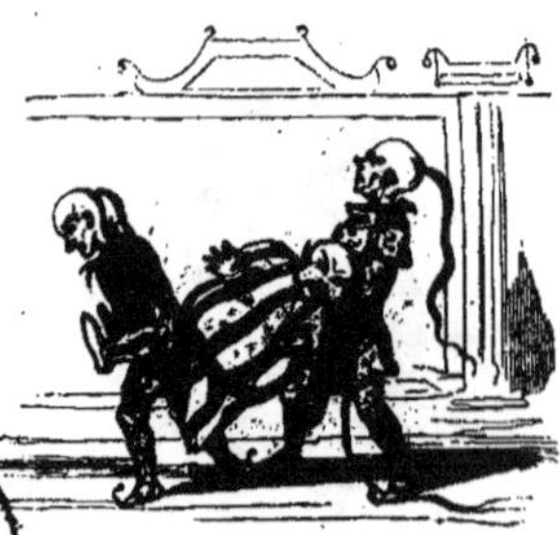

N i, ni, fini.

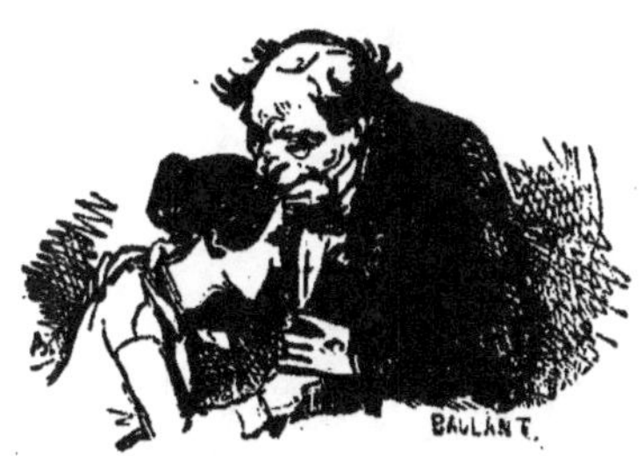

Élève et professeur.

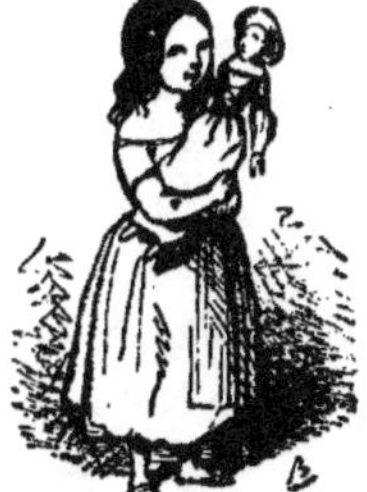

Félicité parfaite.

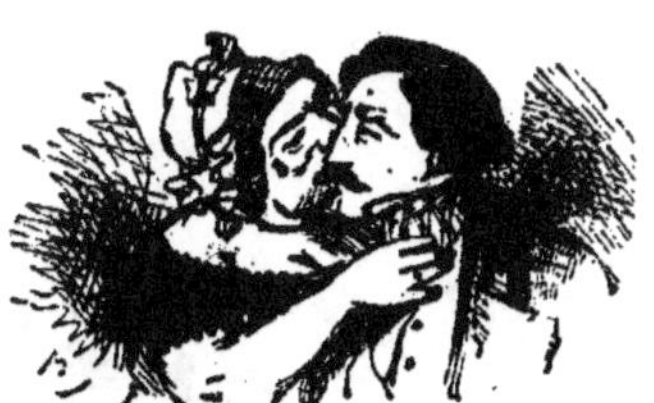

Tante et neveu.

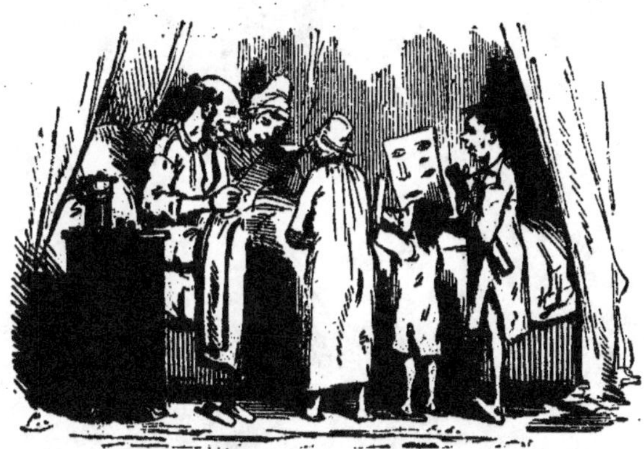

Charmants enfants, tendres parents.
(Airs très-connus.)

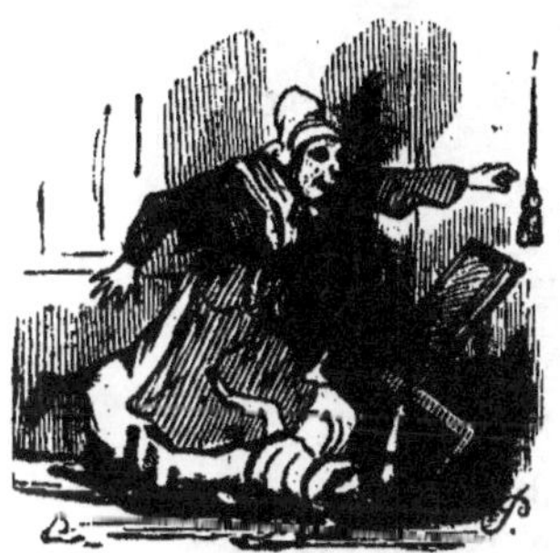

A toutes jambes.

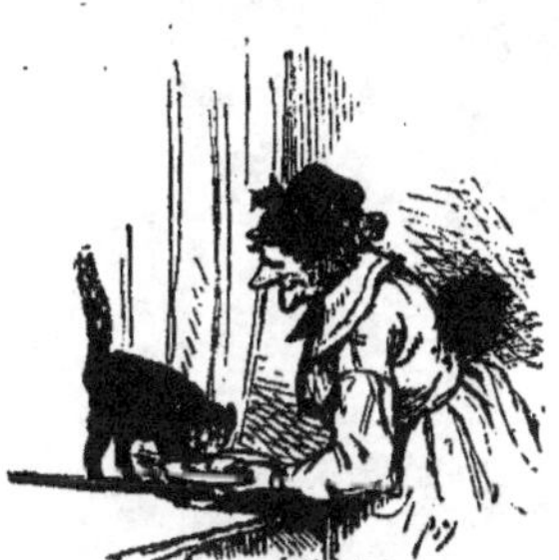

Il faut bien que Minet ait aussi ses étrennes.

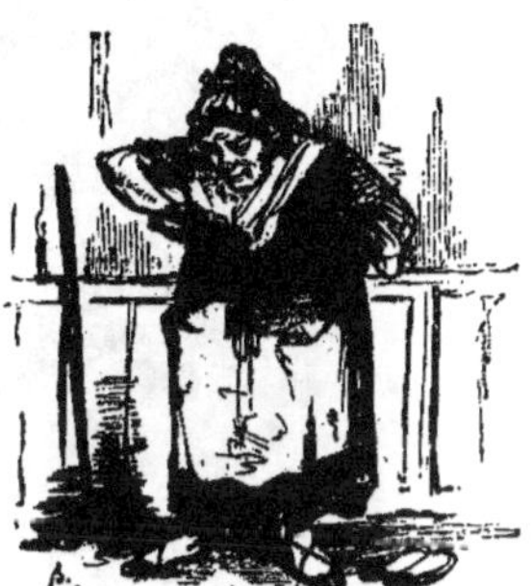

A tour de bras.

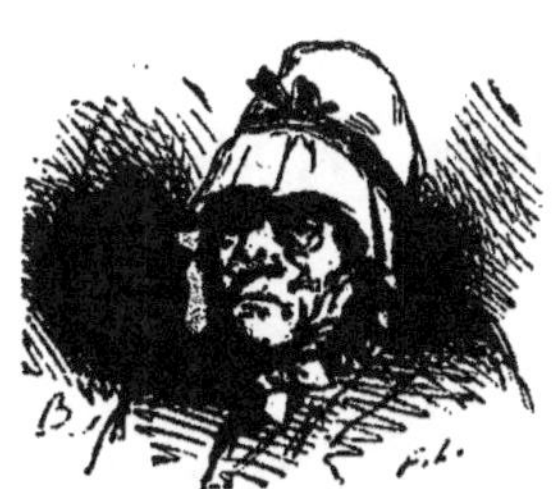

Mal étrennée.

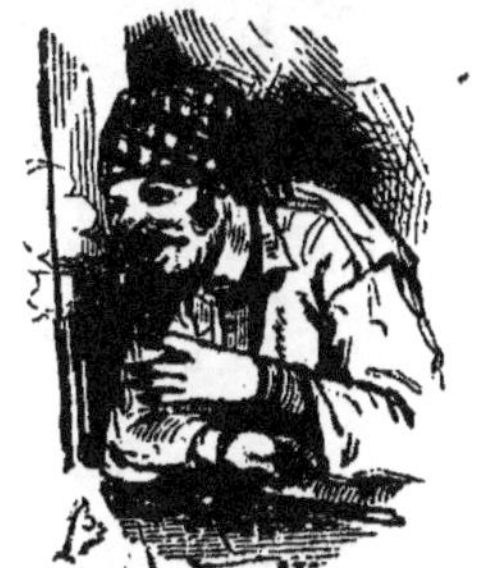

Assistant malgré lui à la 1re minute de l'année.

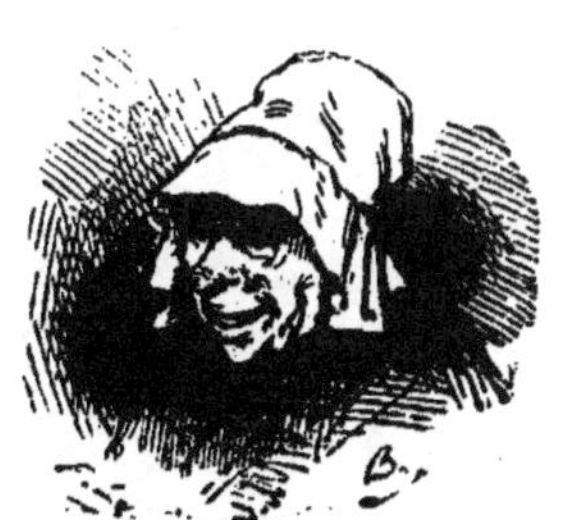

Bien étrennée.

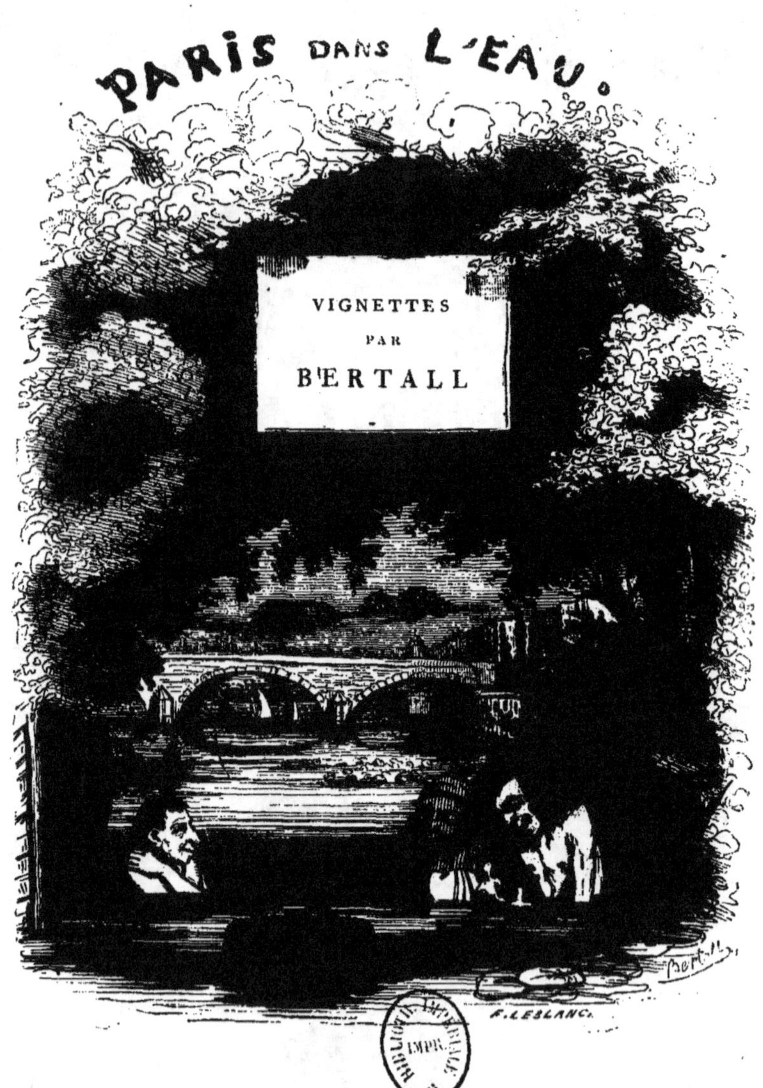

La Seine est une scène en merveilles féconde,

Unique, car il n'est qu'un seul Paris au monde.

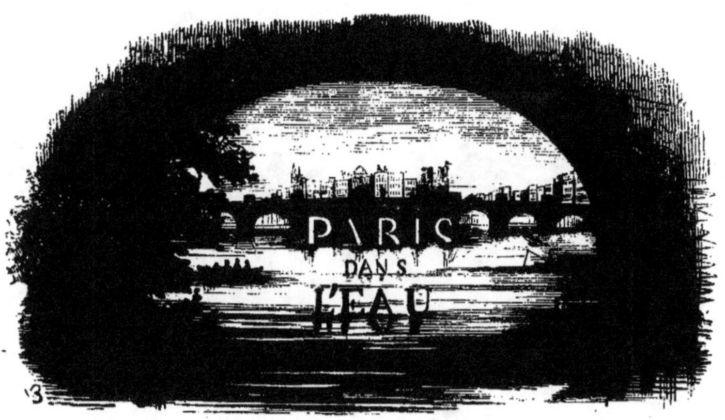

Vue du Pont-Neuf prise de la Seine.

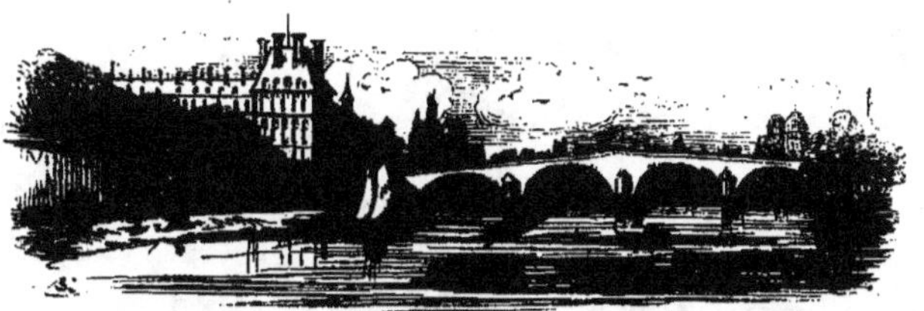

Vue de Bercy

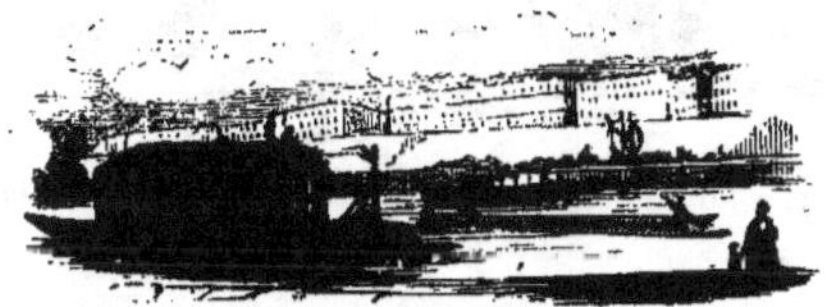

Les trains de bois.

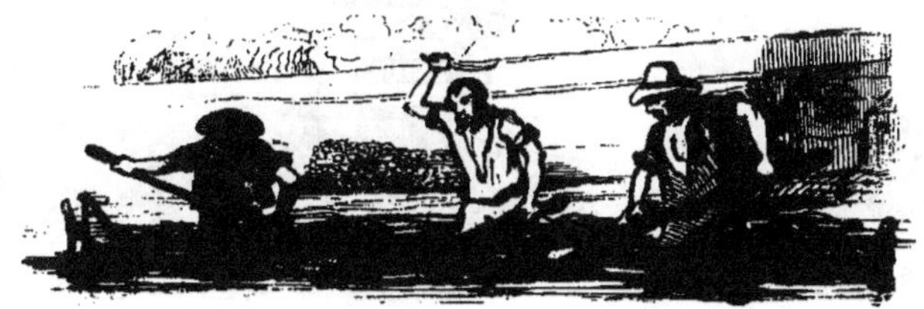

Le lavage des bûches.

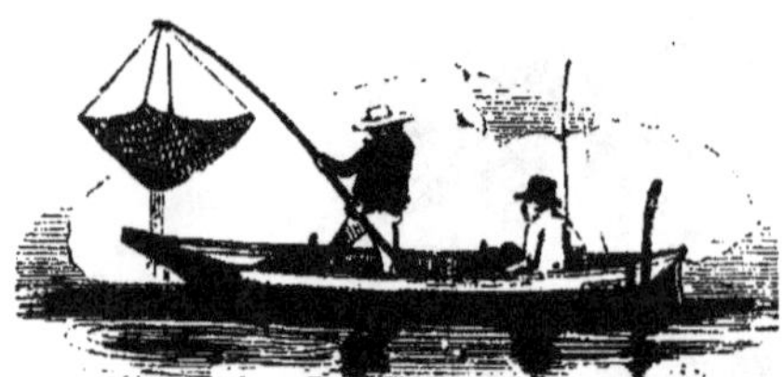

Les pêcheurs au filet.

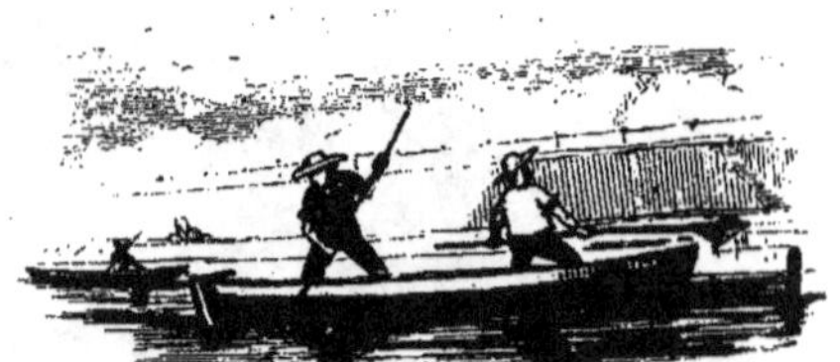

Les tireurs de sable.

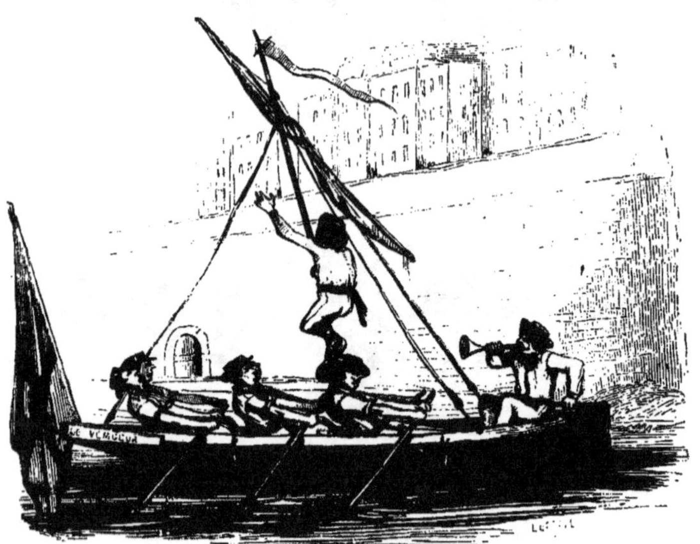

Départ pour un voyage de découverte autour d'Asnières.

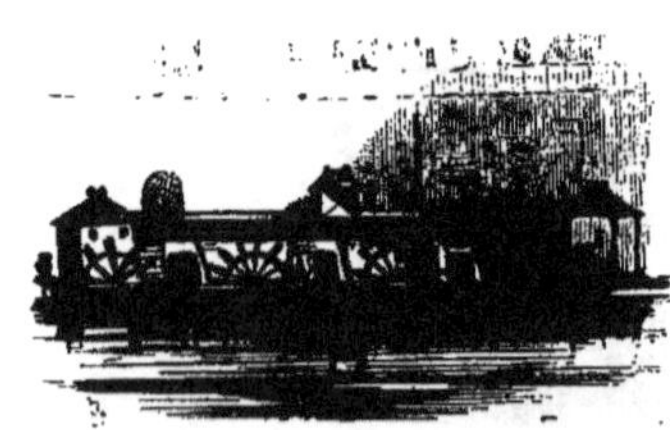

Moulin sur la Seine.

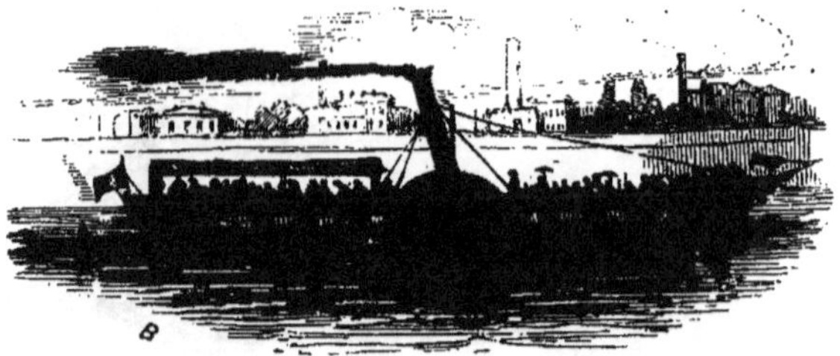

Le bateau à vapeur de Saint-Cloud.

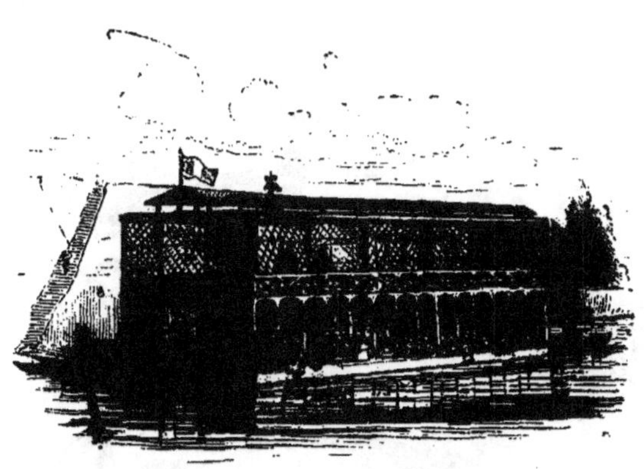

Bateau de blanchisseuses

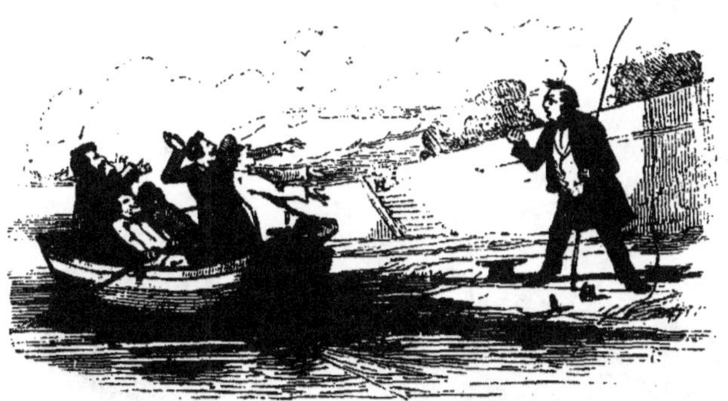

Les canotiers et le pêcheur à la ligne.

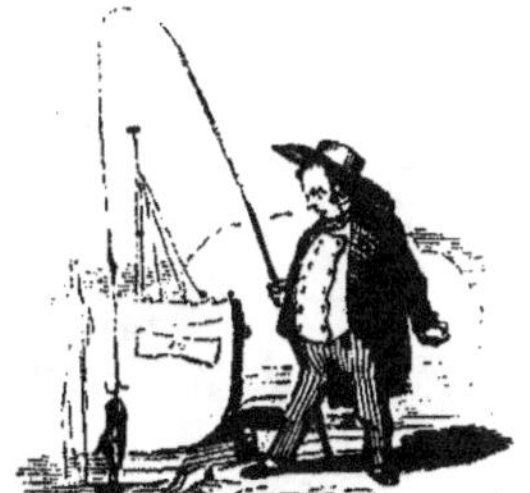

Quel poisson... d'avril!

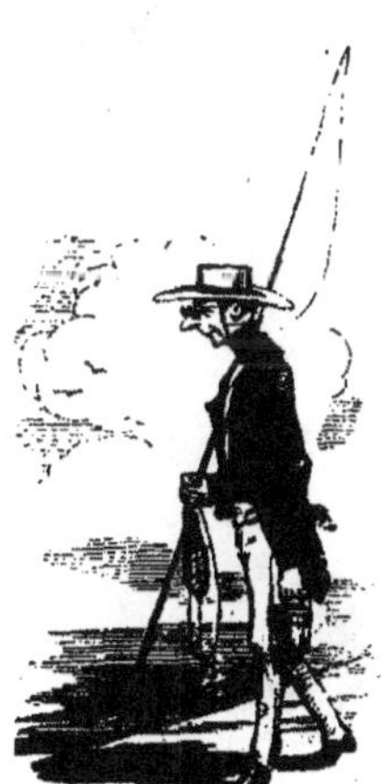

A la recherche d'une bonne place.

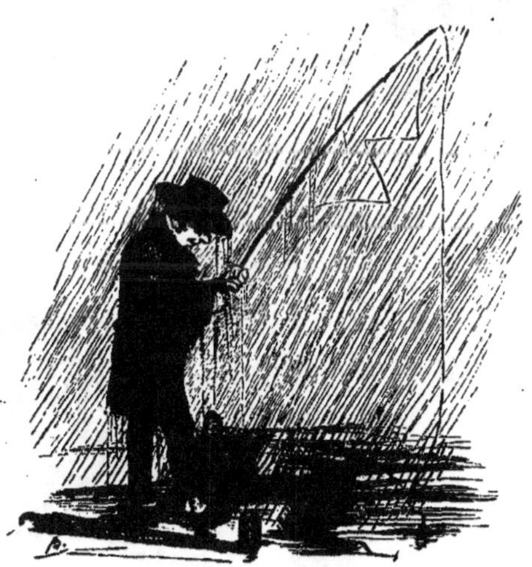

Magnifique exemple de stoïcisme.

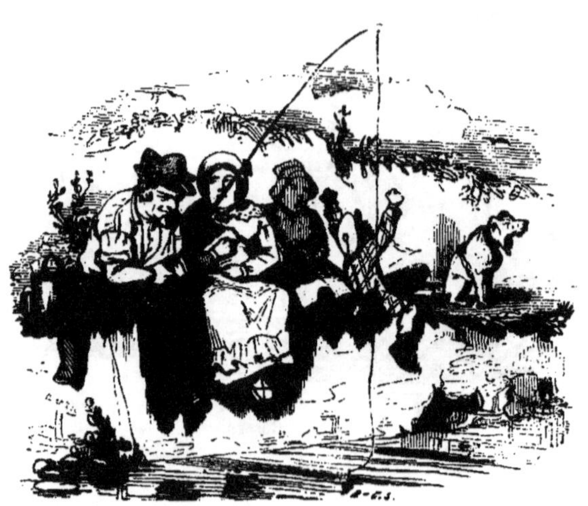

La pêche en famille, qui n'est pas la joie des enfants.

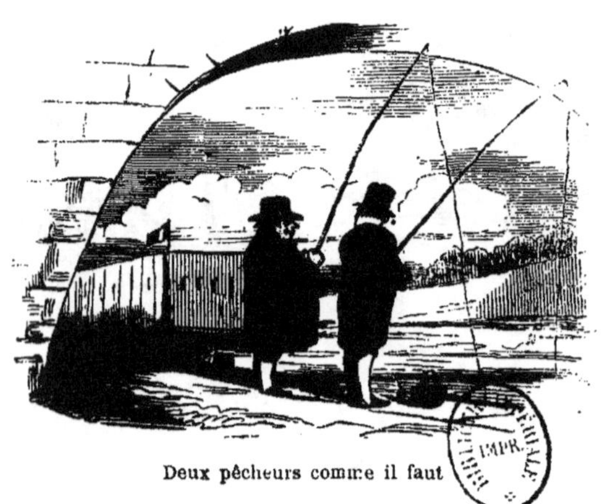

Deux pêcheurs comme il faut

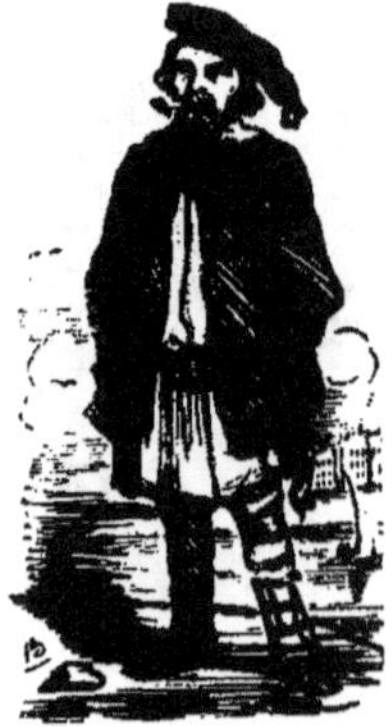

Un loup d'eau douce.

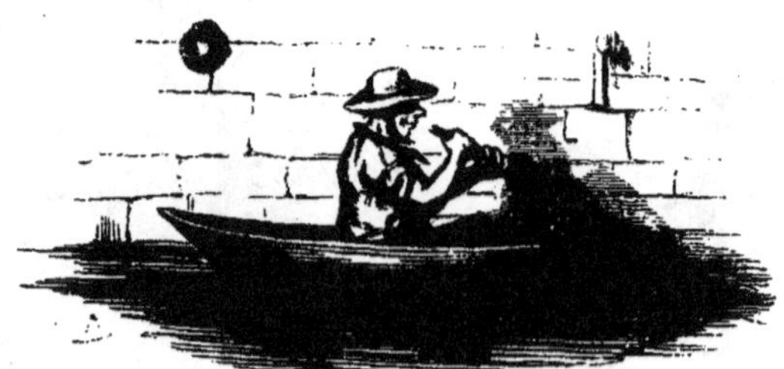

Pirogue parisienne.

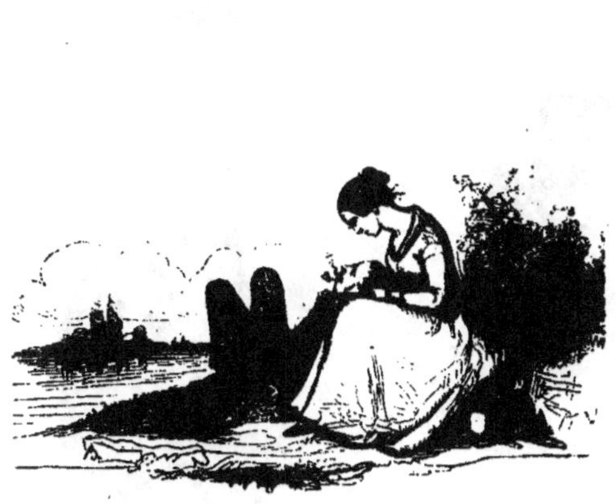

Séjour aux îles fortunées : intermède du canotage.

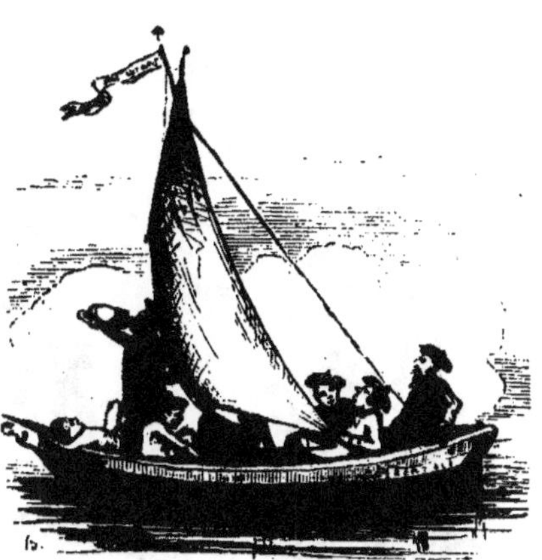

Attention à la manœuvre !

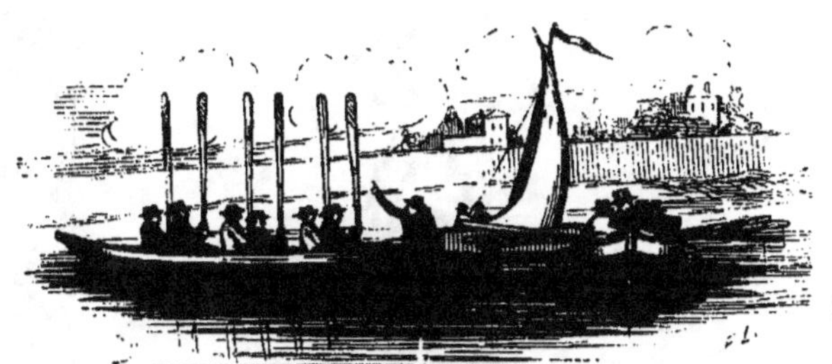

Ensemble ! haut les rames !

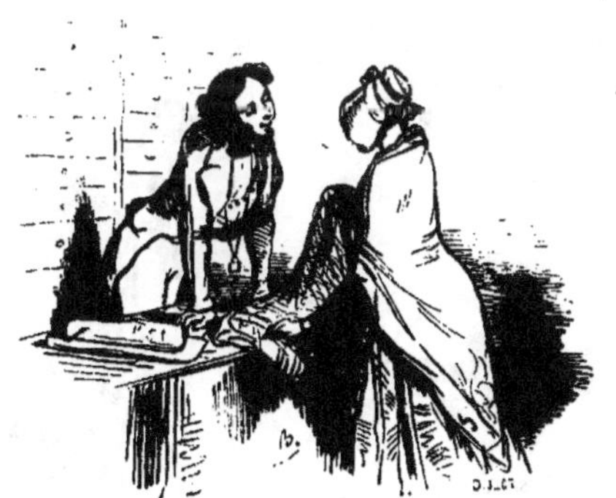

Un canotier les jours ouvrables.

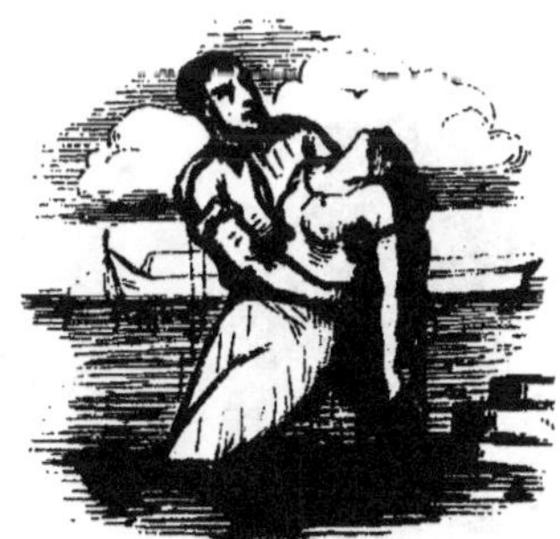

Une épave de la Seine.

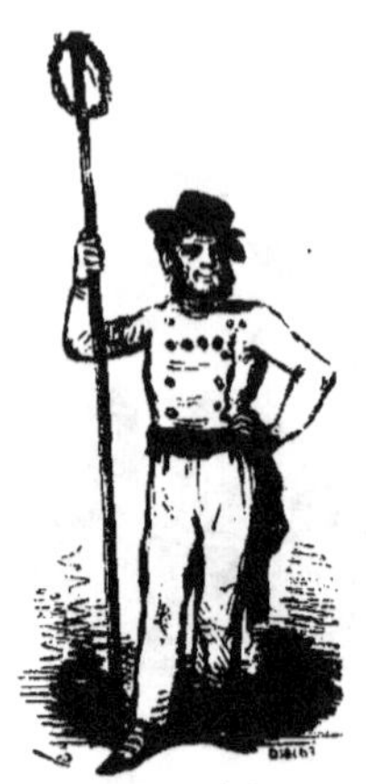

Un vainqueur à la joute

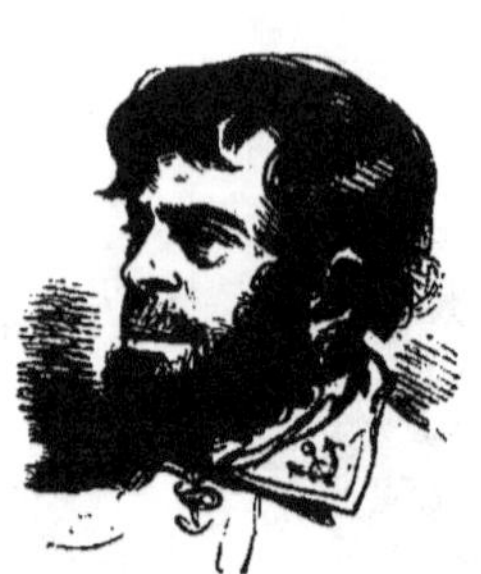

La tête du maître de nage.

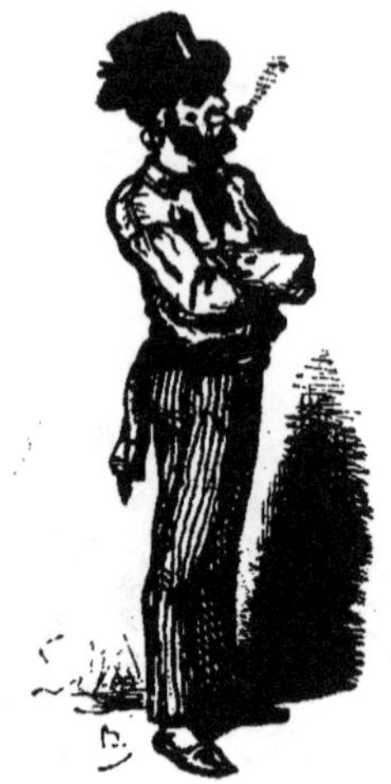

Le maître de nage en pied.

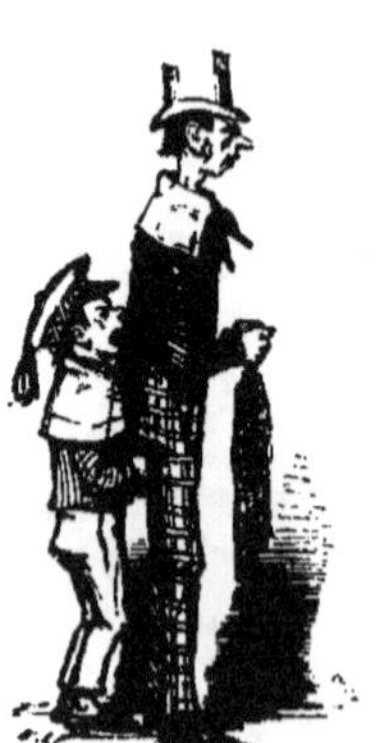

De bons clients.

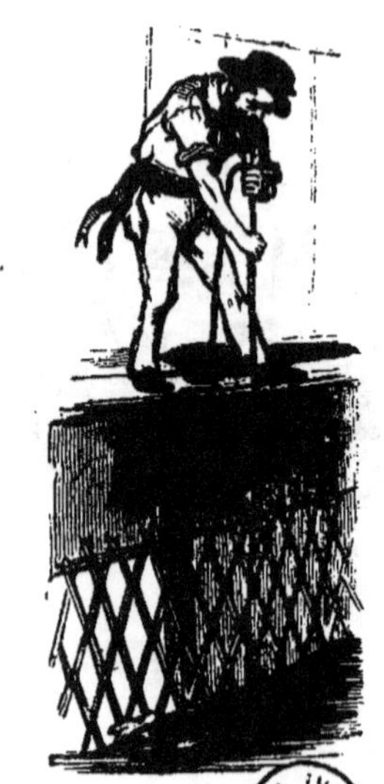

La double leçon.

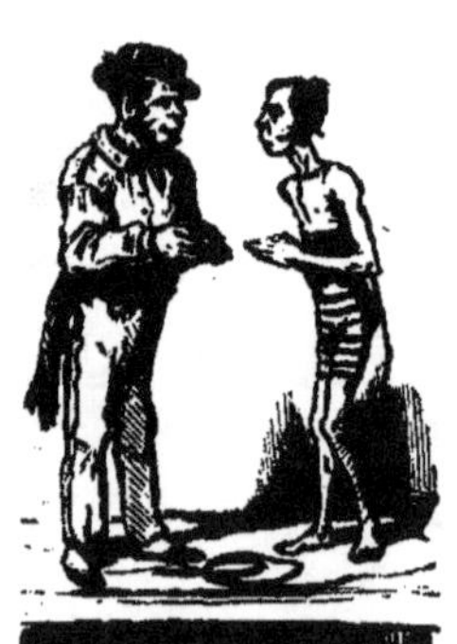

La théorie, c'est simple comme bonjour.

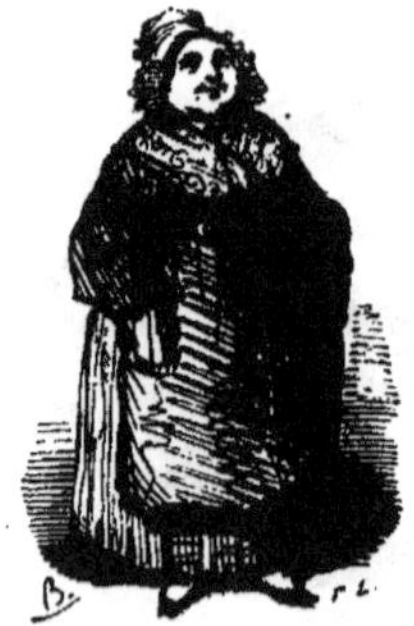

La dame du maître de nage, quand il est marié.

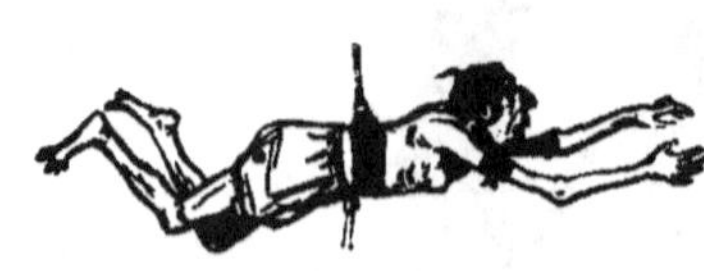

La leçon à sec.

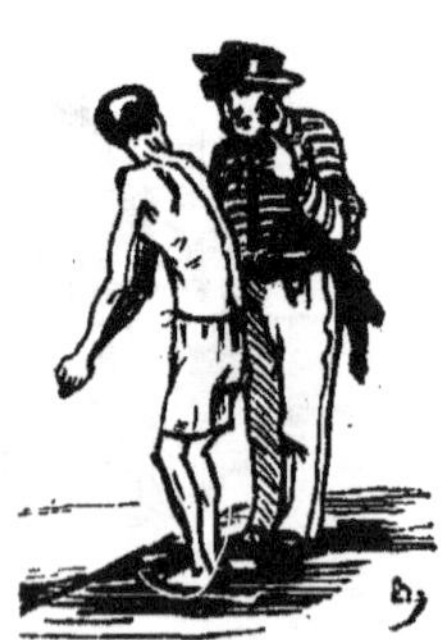

N'ayez pas peur, on ne se noie qu'une fois.

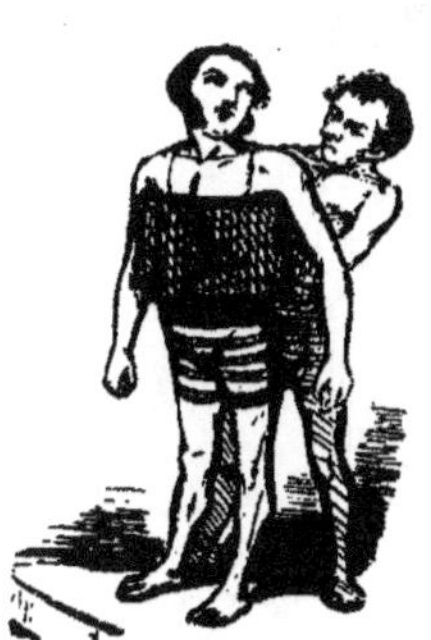

Le gilet de liége.

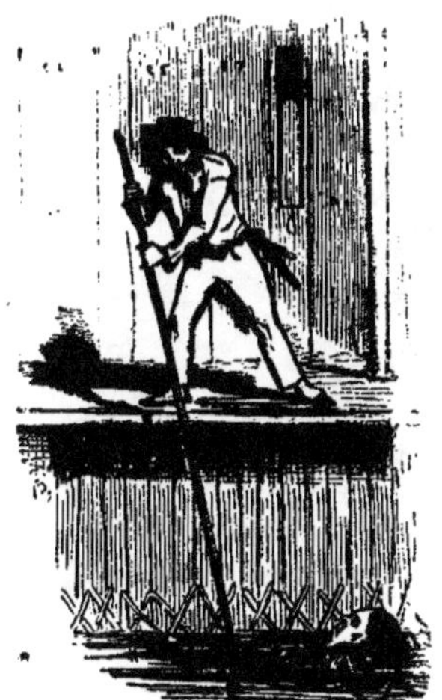

La leçon à la perche.

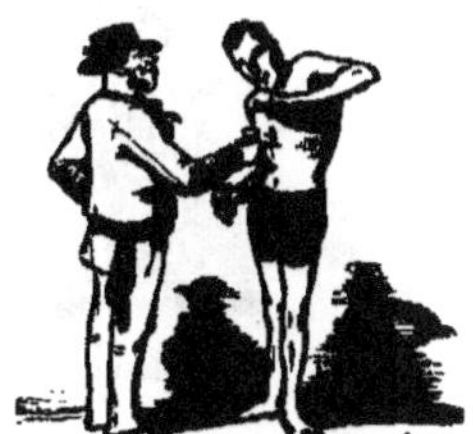

Après la leçon.

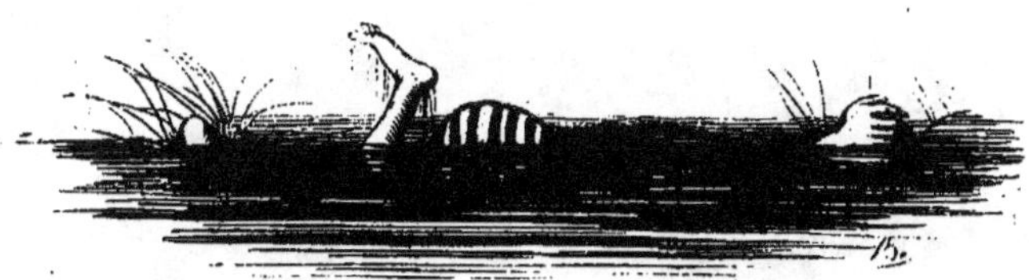

L'apprentissage spontané.

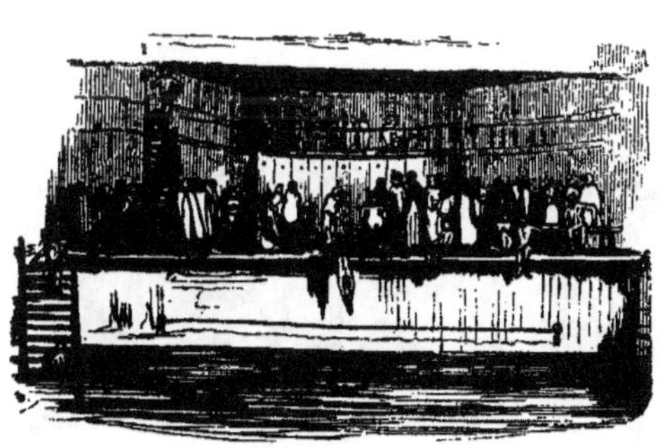

La rotonde des grands nageurs à l'École de natation.

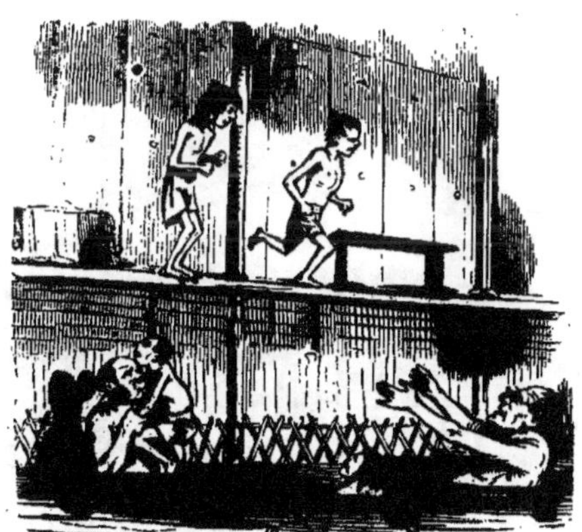

Le quartier des petits nageurs.

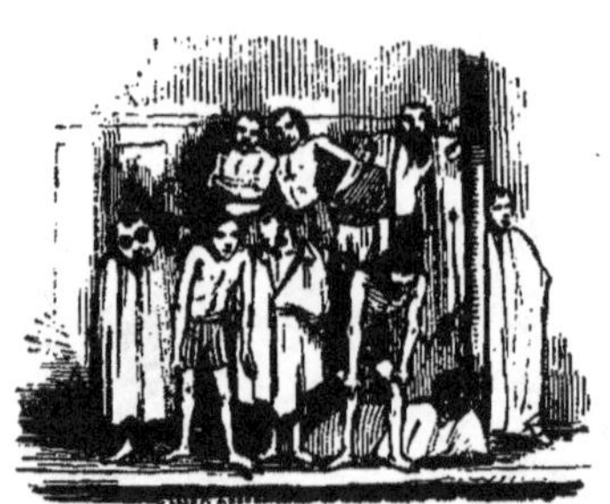

Contemplant une belle coupe.

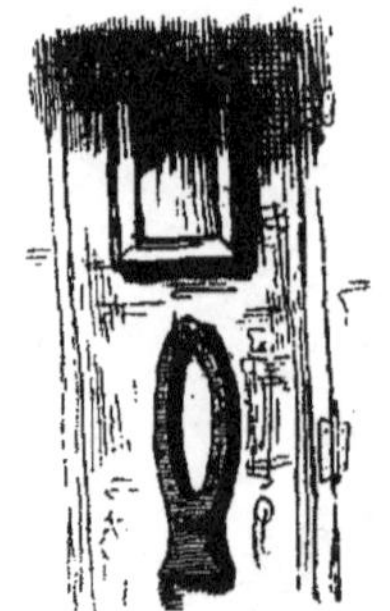

Ameublement des cabinets.

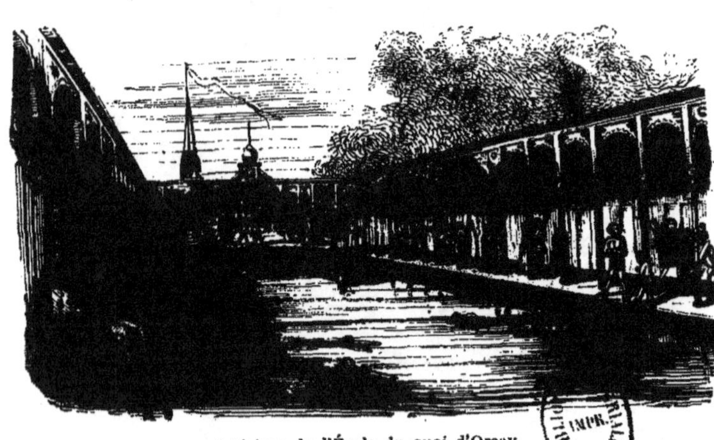

Intérieur de l'École du quai d'Orsay.

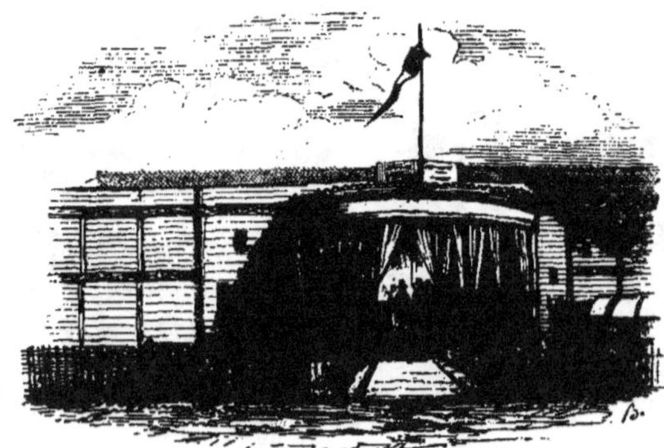

Entrée de l'École.

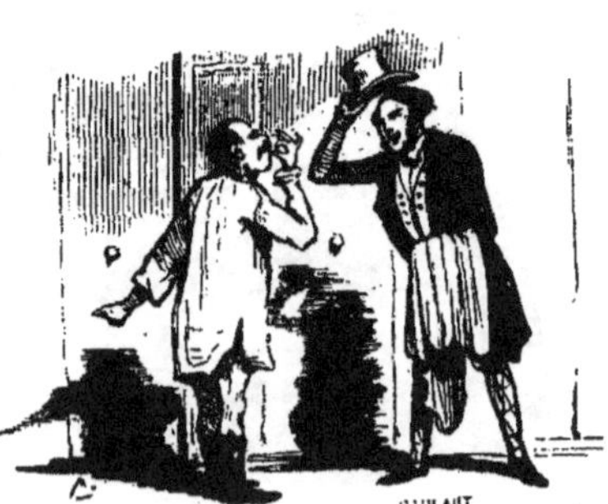

« L'eau est-elle bonne ? — Délicieuse. »

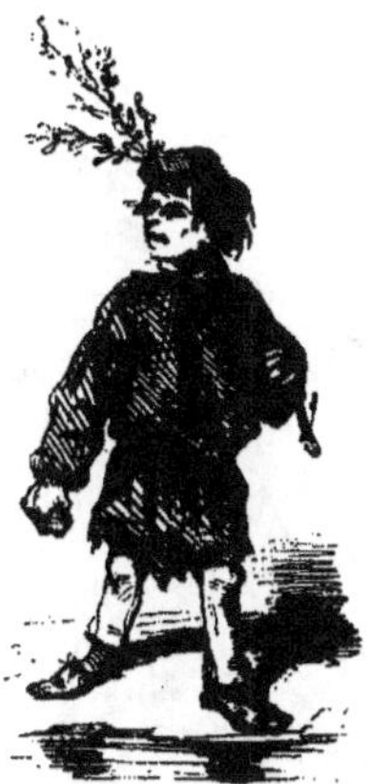

Un enfant des ports.

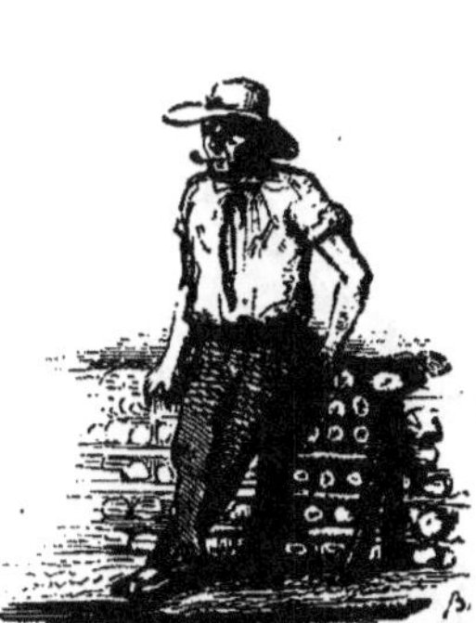

Un débardeur sérieux.

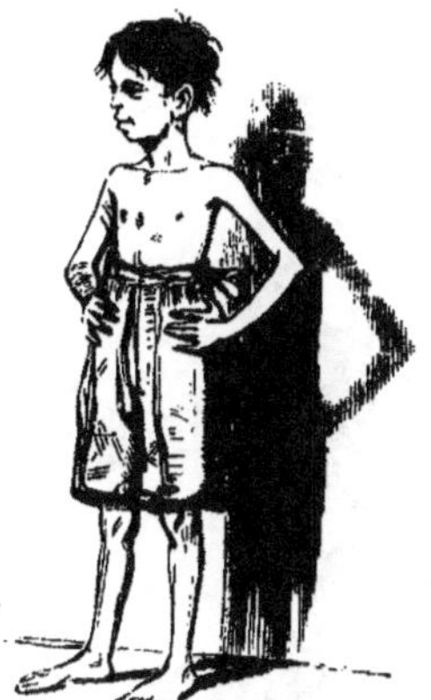

Un apprenti nageur.

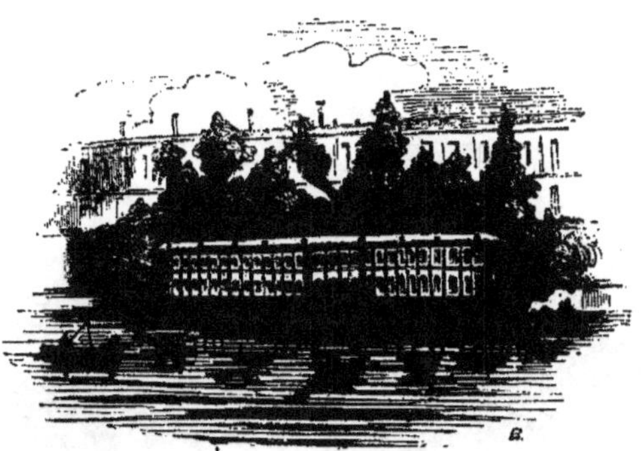

Les bains Vigier.

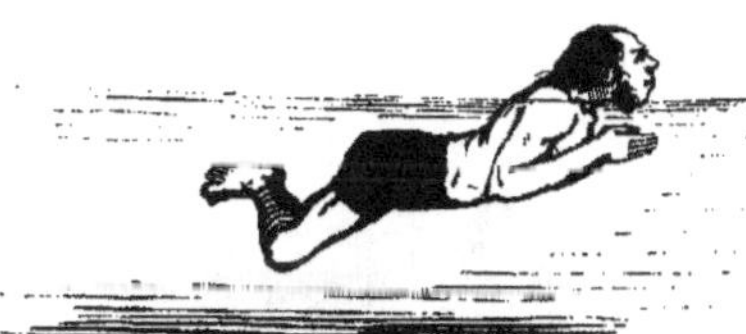

Nager, rien de plus facile,

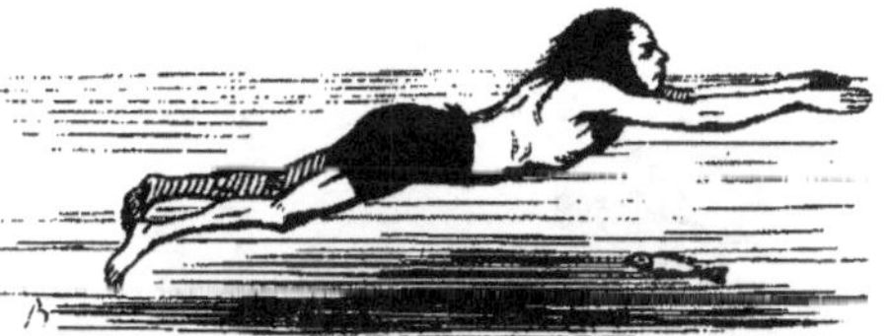

Quand on sait bien s'y prendre.

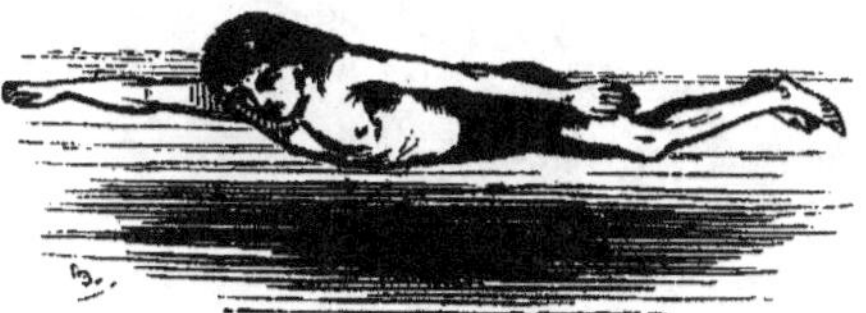

Brasse à la marinière.

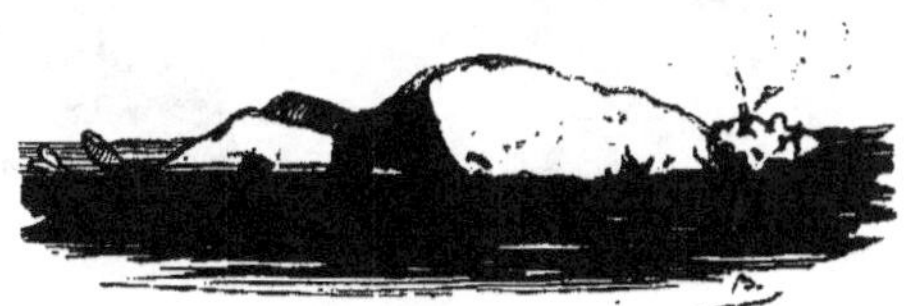

La planche.

PARIS DANS L'EAU.

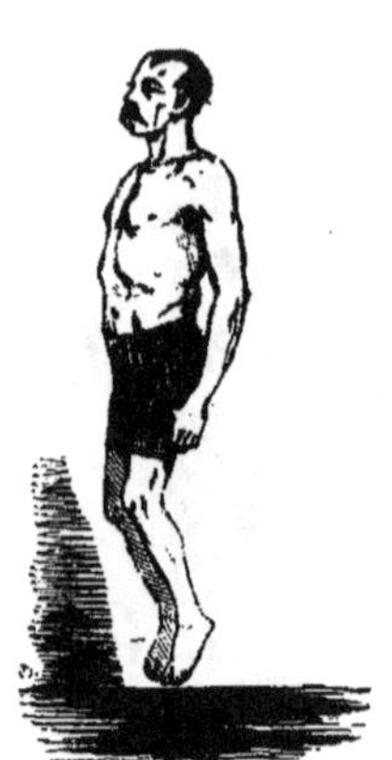

La descente en droit fil.

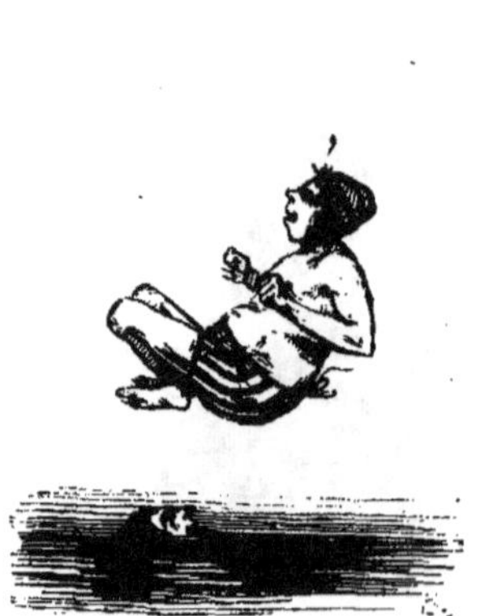

Le plat-dos.

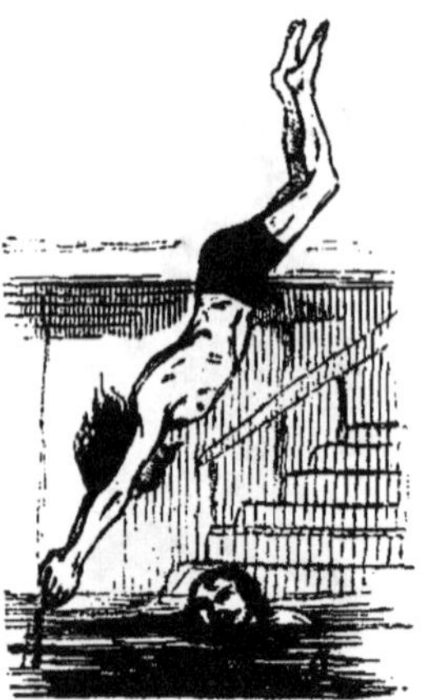

La tête en chandelle.

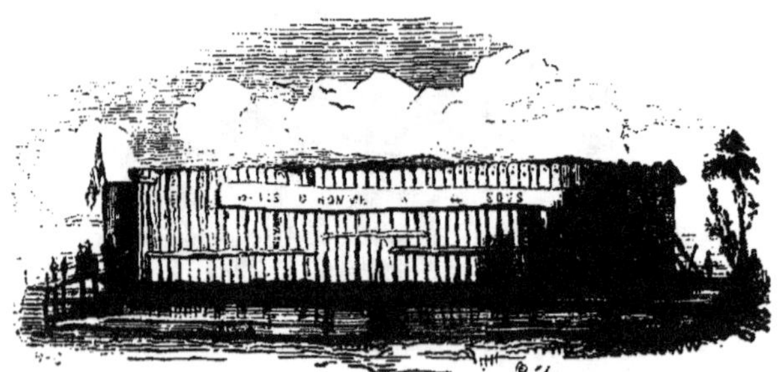

Vue extérieure des bains à *quat' sous.*

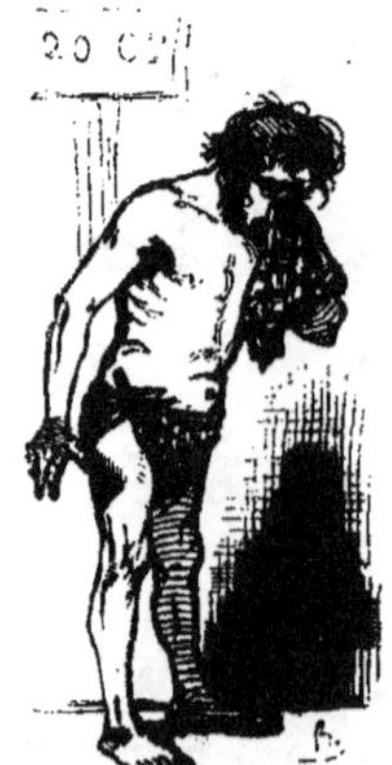

Baigneur blasé.

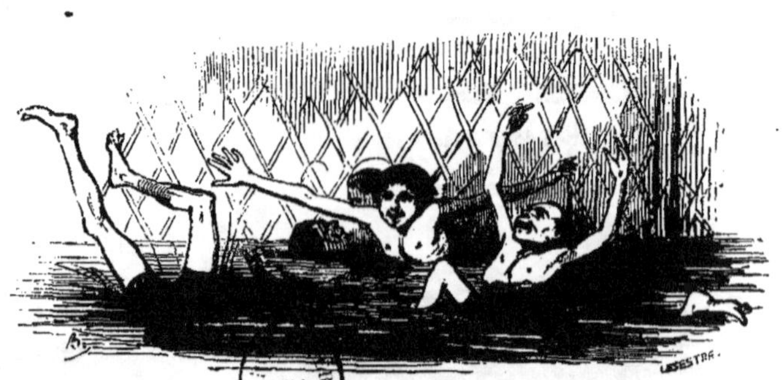

Baigneurs effervescents, montrant dans leurs ébats l'analogie de l'homme avec la grenouille.

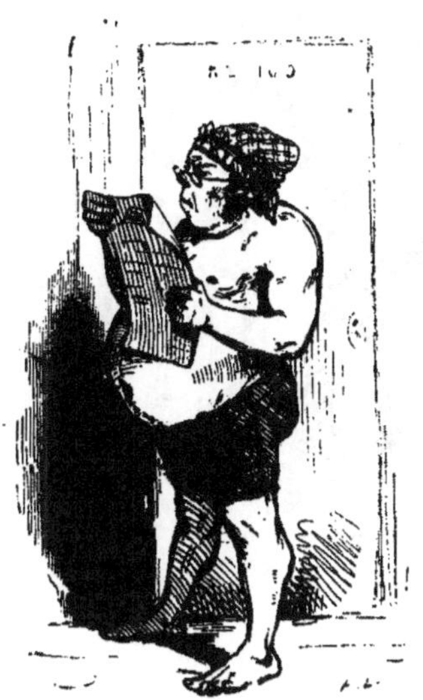

La lecture du journal.

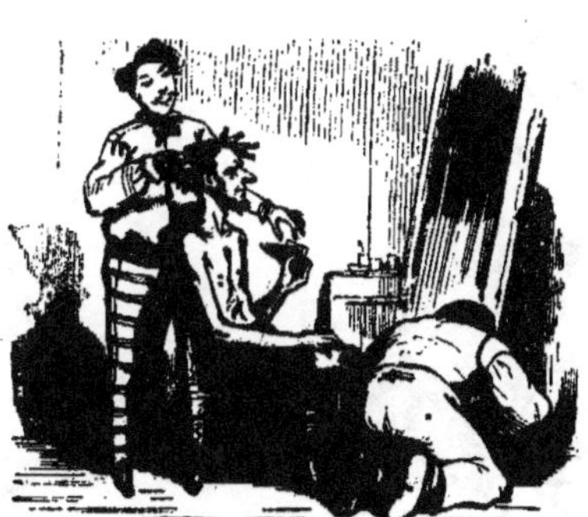

Soins de toilette divers
dont le besoin se fait généralement sentir
après le bain.

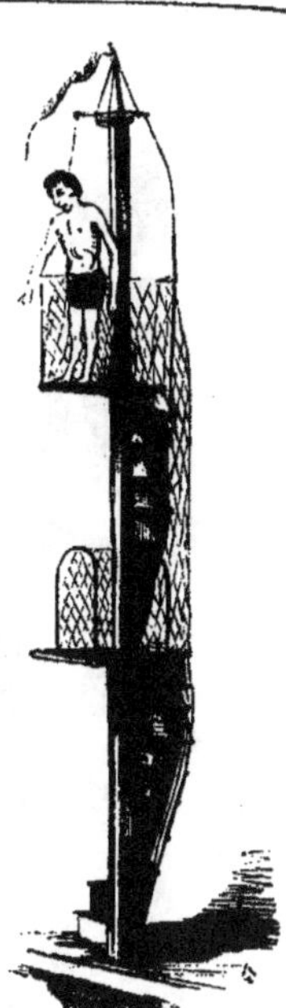

Le perchoir.

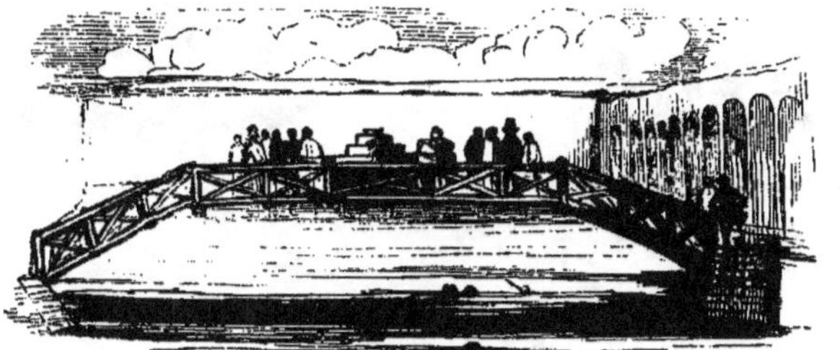

Le pont.

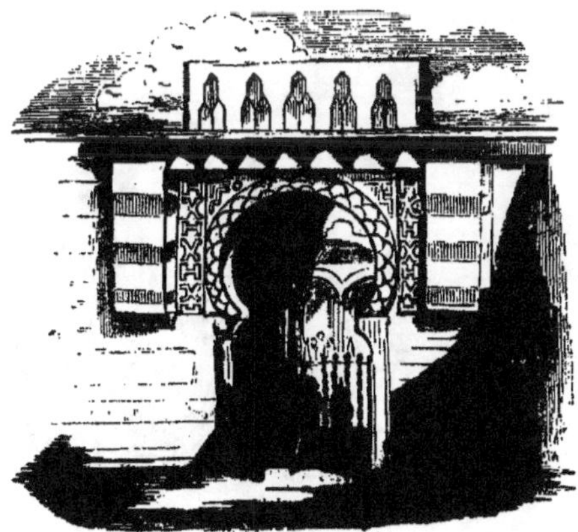

Entrée de l'école de natation de Chaillot.

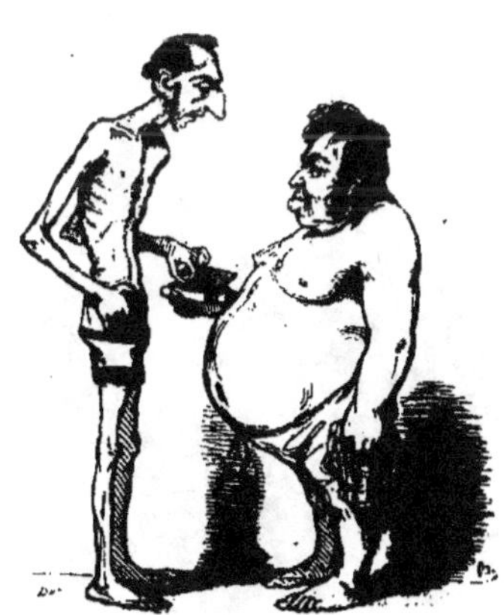

Variétés d'habitués.

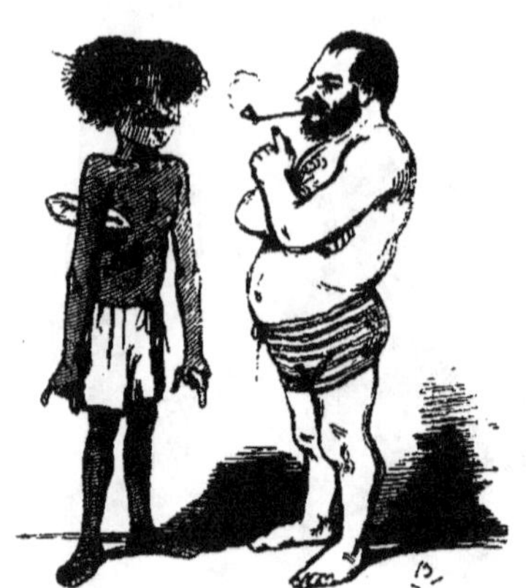

Baigneurs matineux.

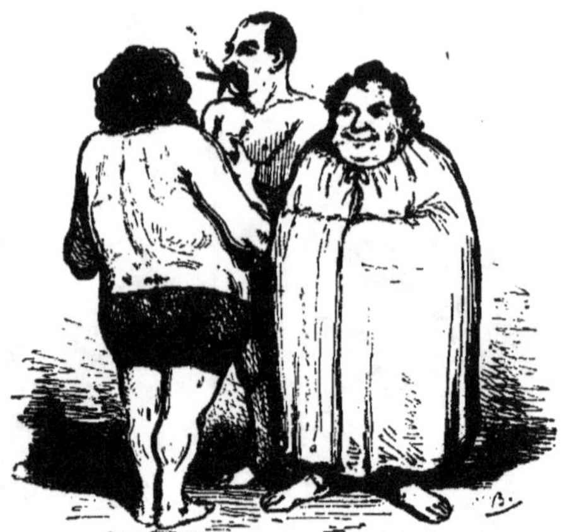

Baigneurs de midi.

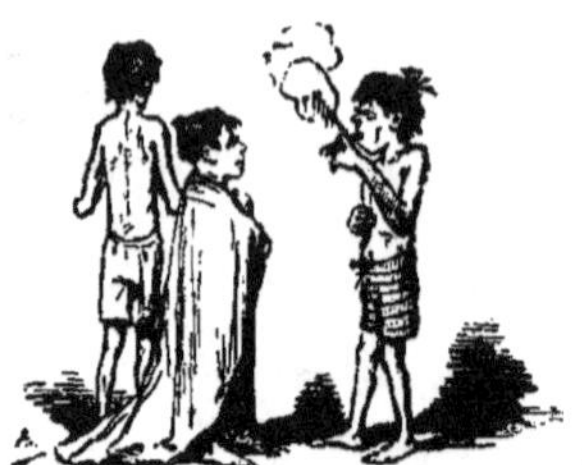

Baigneurs gamins.

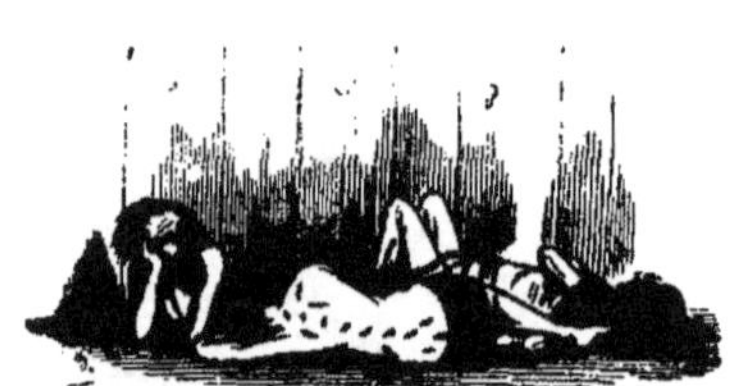

La sieste.

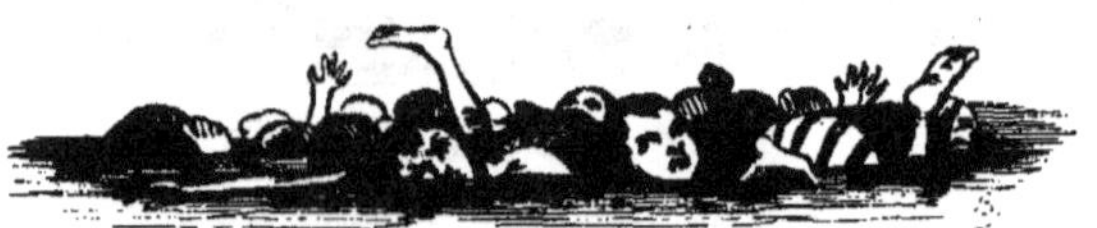

Pêle-mêle général.

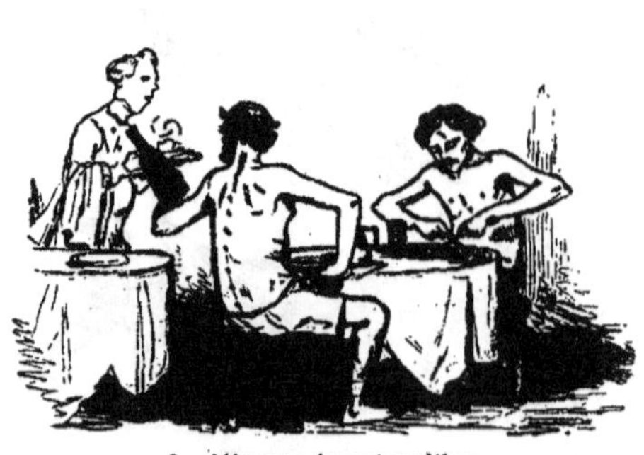

Le déjeuner *in naturalibus.*

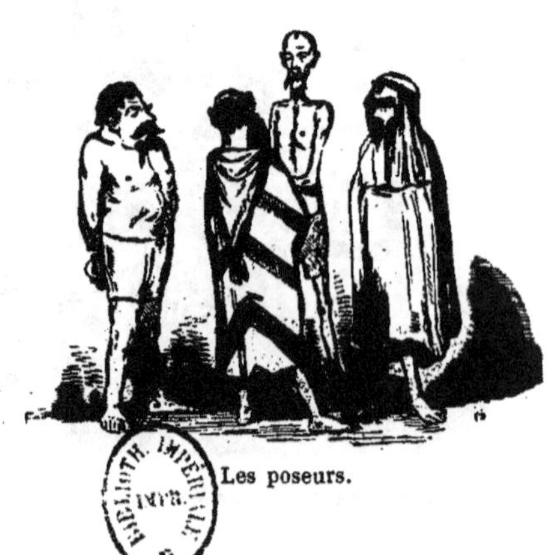

Les poseurs.

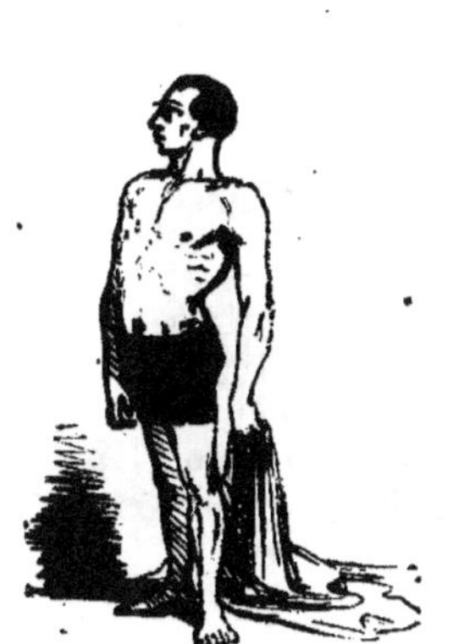

Il est bien fait, il le sait.

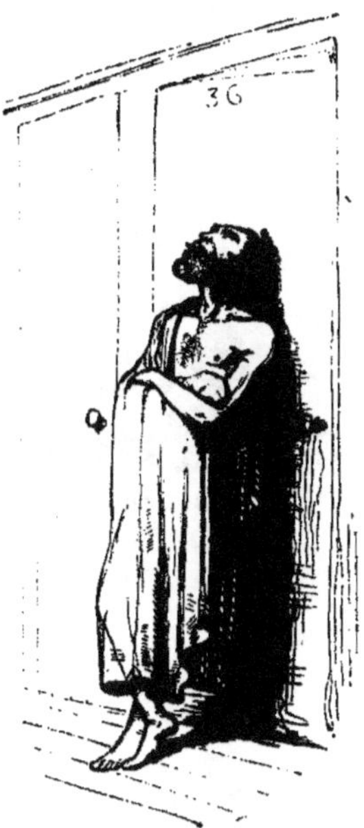

Souvenir de l'antiquité.

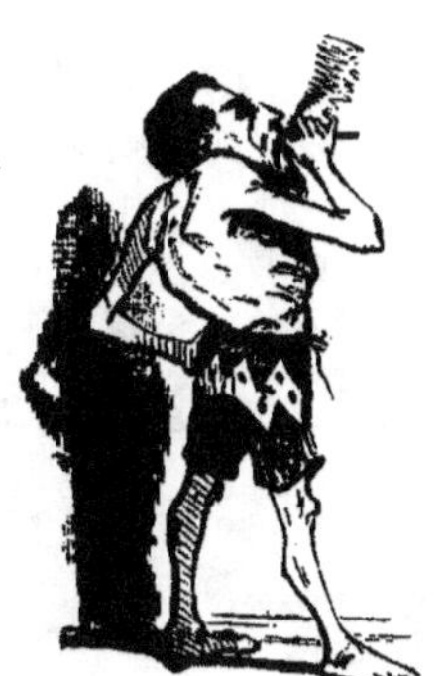

Il est bossu, il l'ignore.

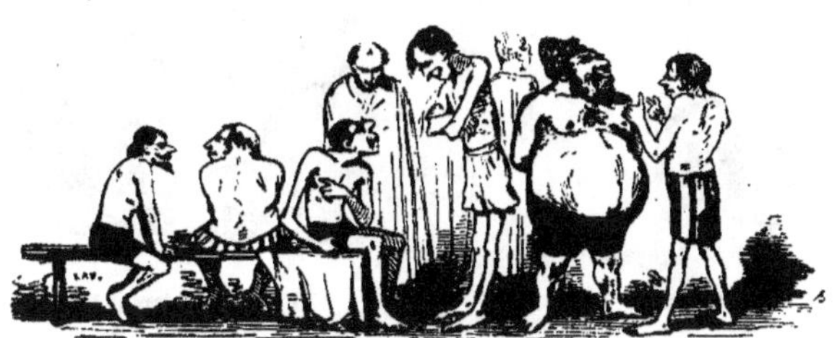

Où l'on peut voir que la beauté chez l'homme
n'est pas chose très-commune.

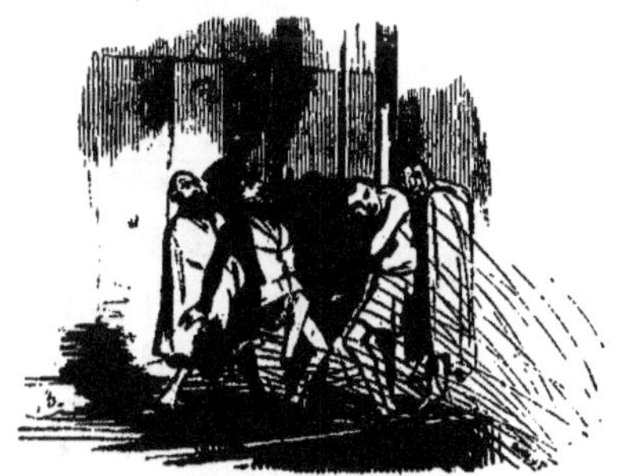

Un bel éclaboussage.

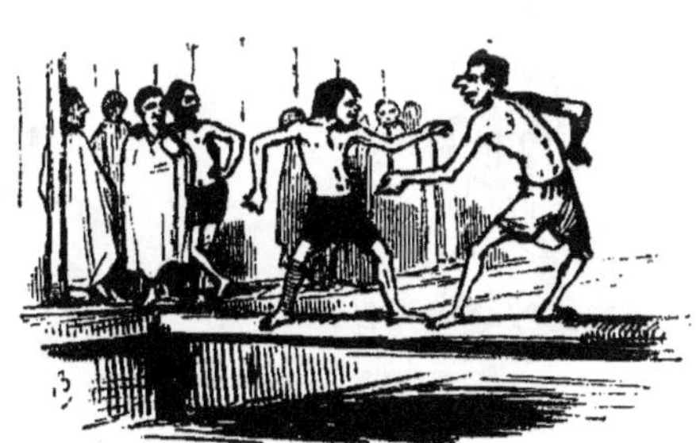

Le passage disputé.

PARIS DANS L'EAU.

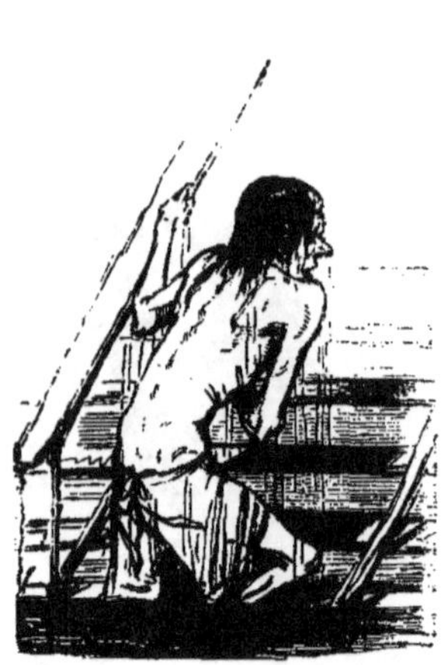

Un moment désagréable,

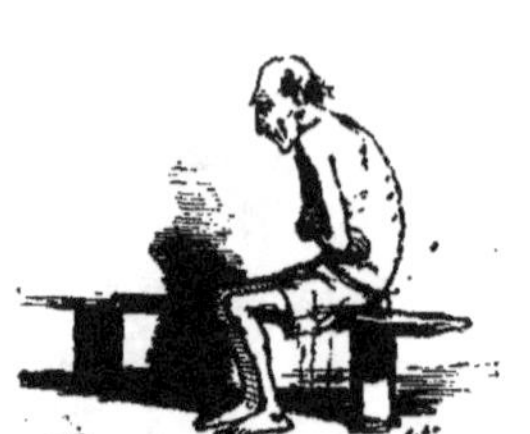

Qui est suivi d'un certain nombre d'autres.

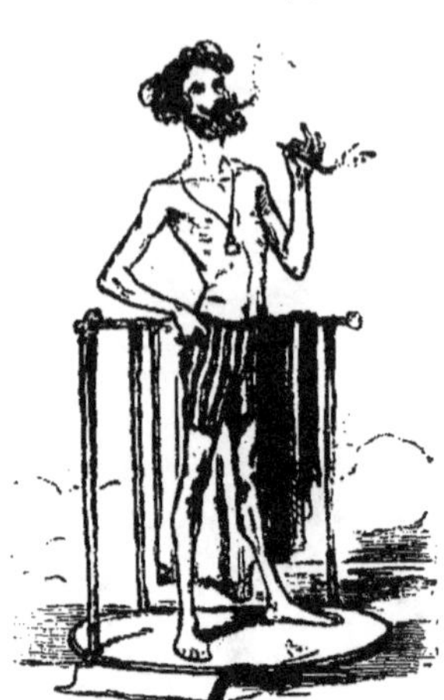

Parade en haut du perchoir.

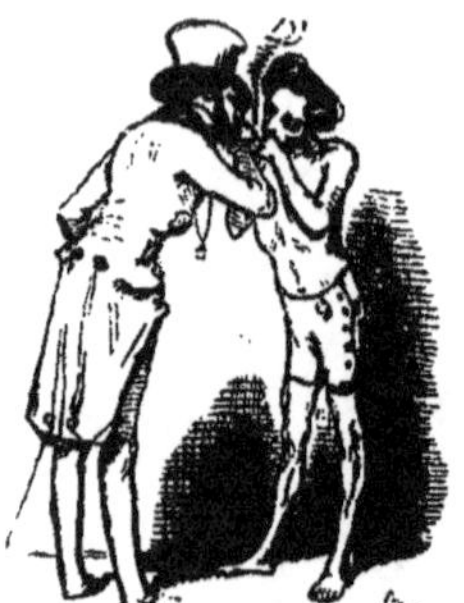

Du feu, s. v. p.

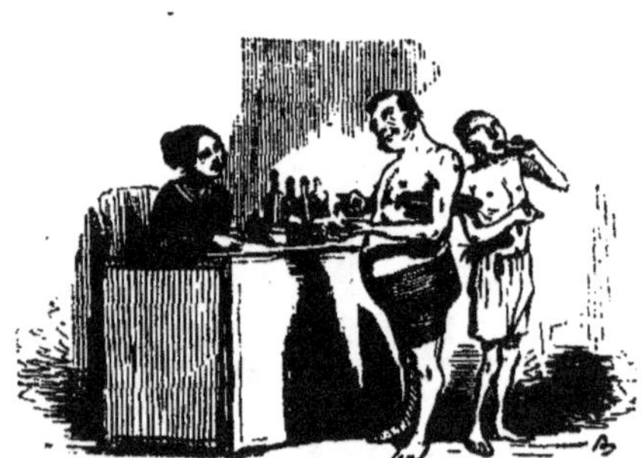

Visite à la dame du comptoir.

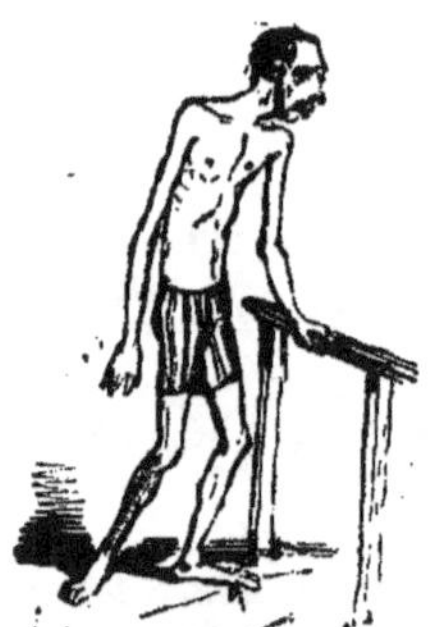

L'élégant comte de C***
en sauvage.

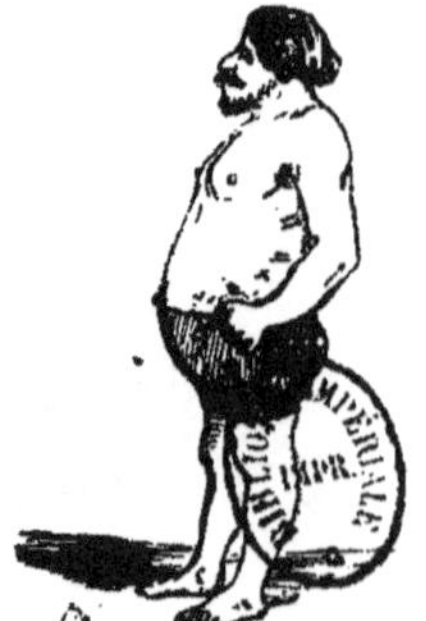

Le beau M*** privé
de son corset.

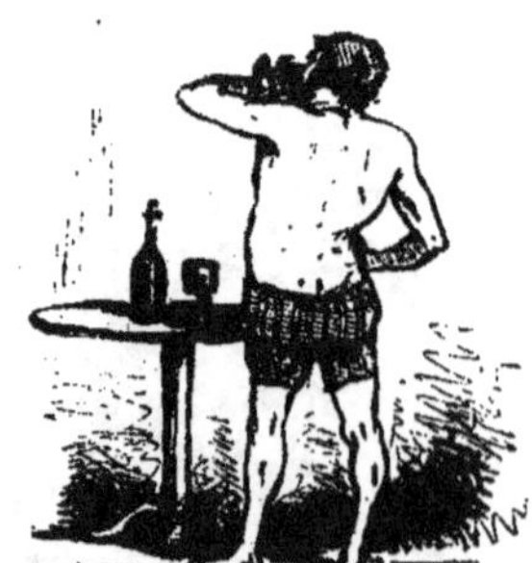

L'eau lui fait trouver le madère
meilleur.

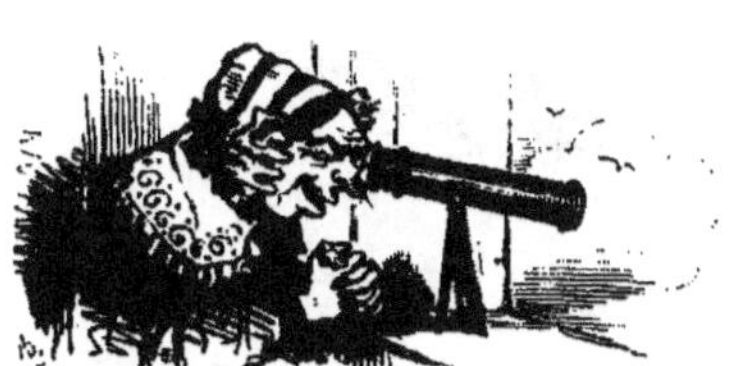

Les voilà donc, ces hommes!

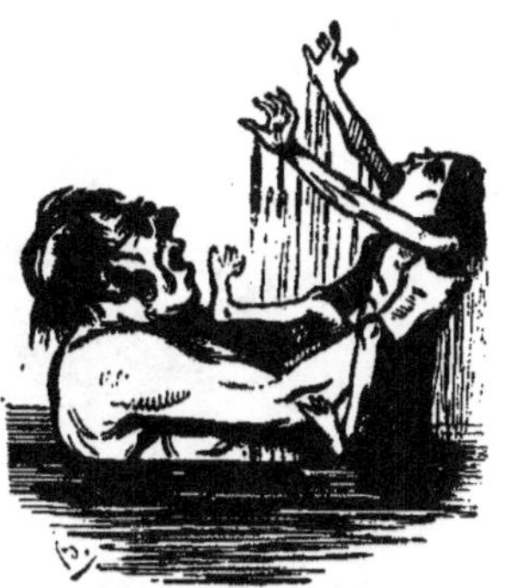

Objurgation paternelle.

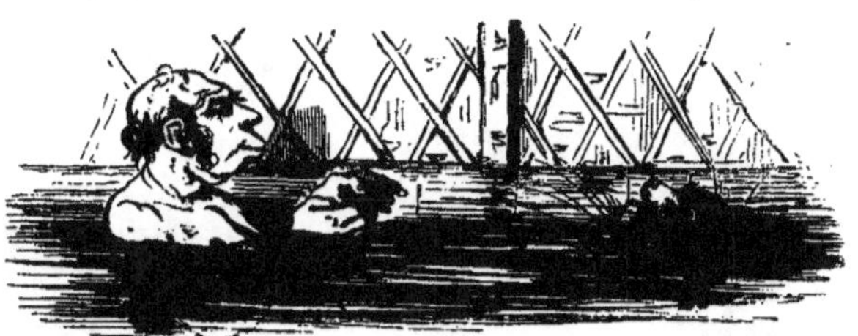

Un baigneur de contrebande.

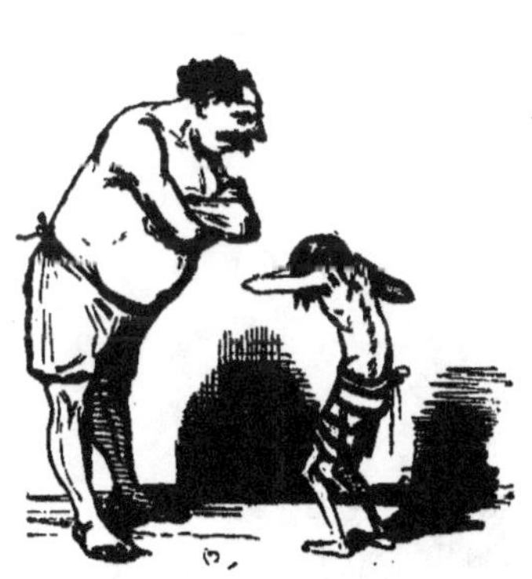

Un père à qui son fils n'a pas fait honneur.

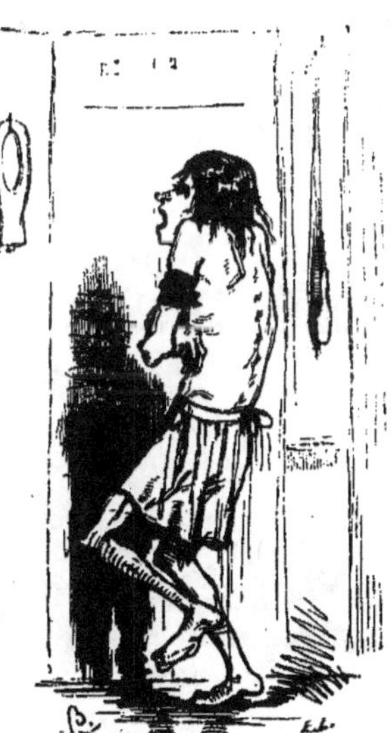

Allons donc! garçon...

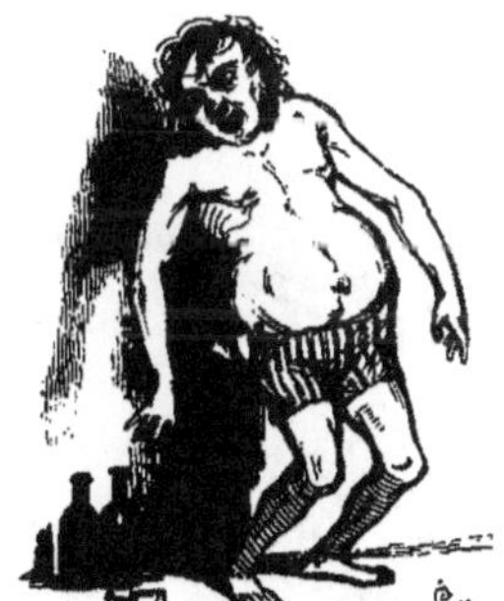

Effets de l'eau et du vin pris séparément.

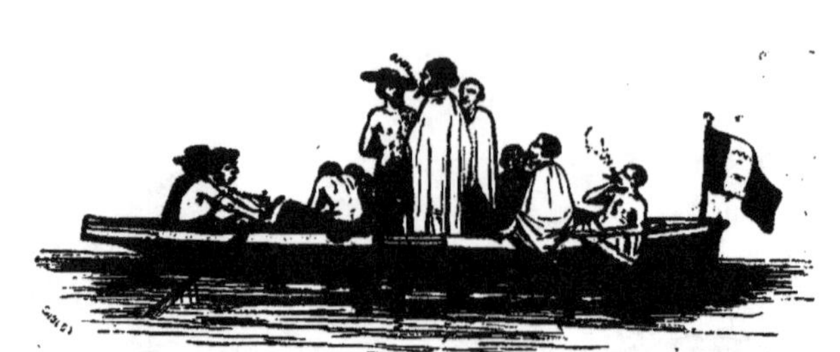

Le départ pour la pleine eau.

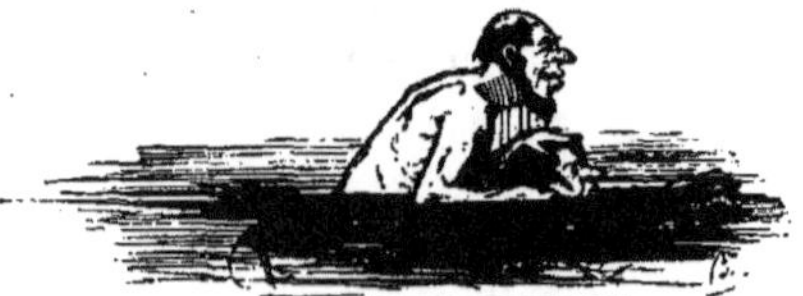

Sauvetage simulé.

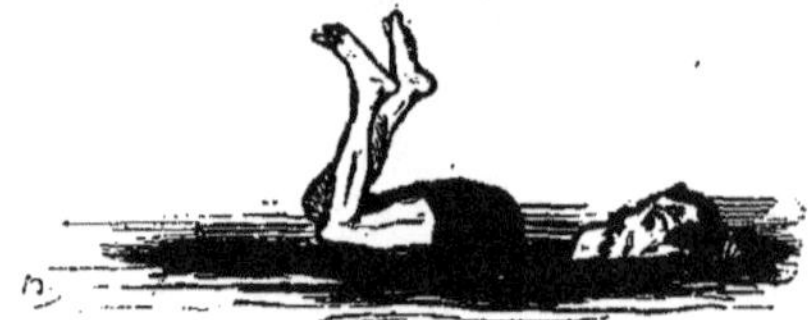

La passade.

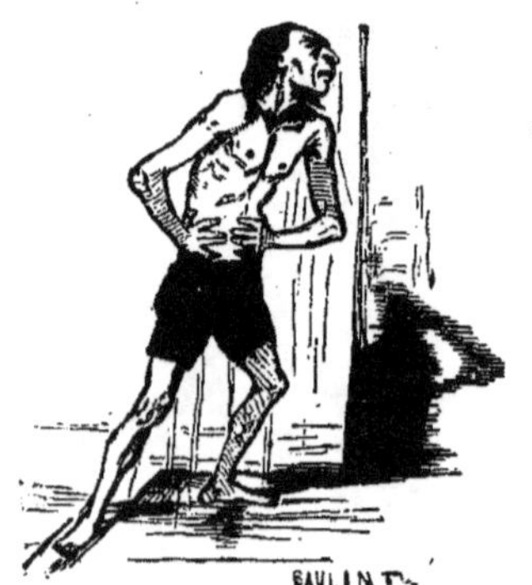

Après un plat ventre.

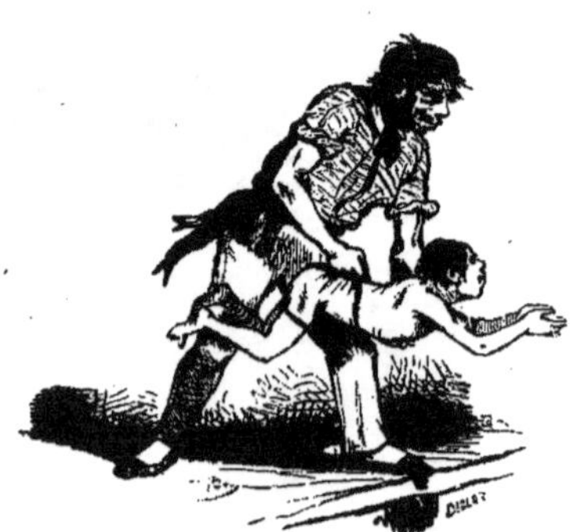

Une, deux, tire-toi de là.

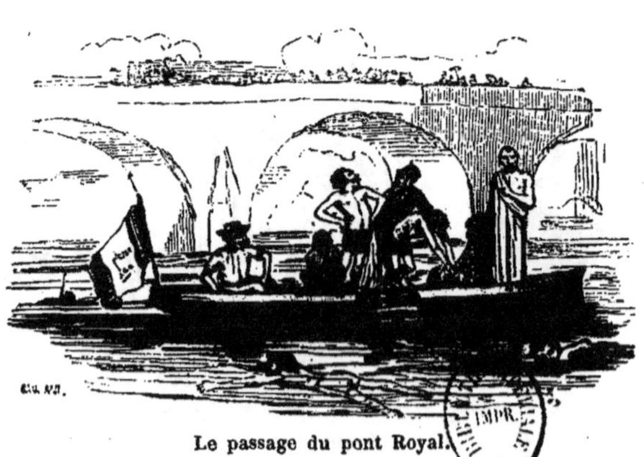

Le passage du pont Royal.

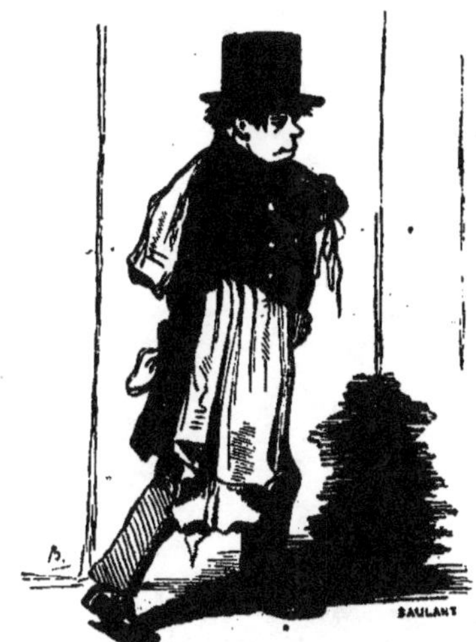

Un baigneur qui ne fait pas de frais.

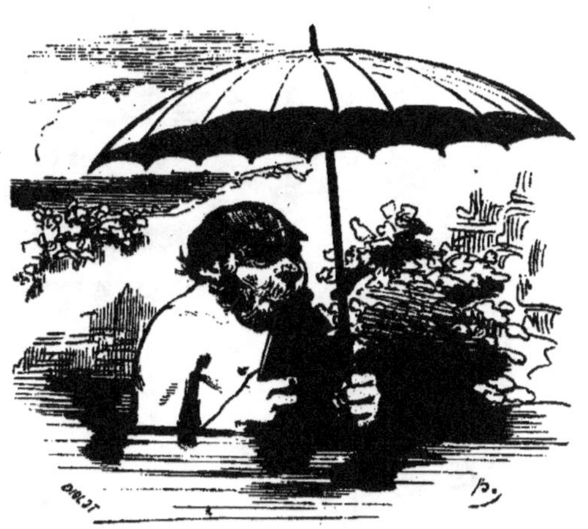

Un baigneur qui aime ses aises.

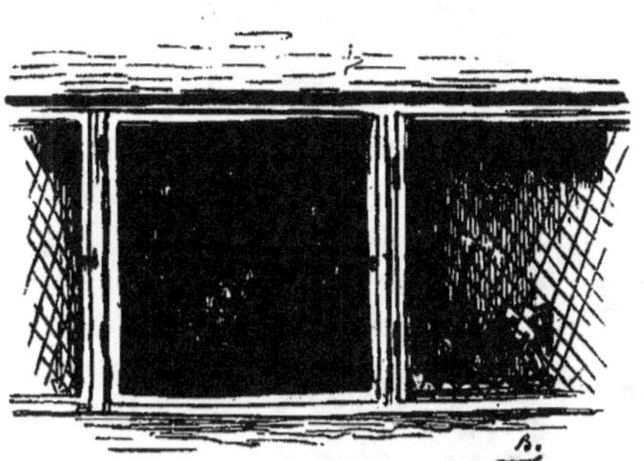

Le violon des chiens dans les établissements de bains.

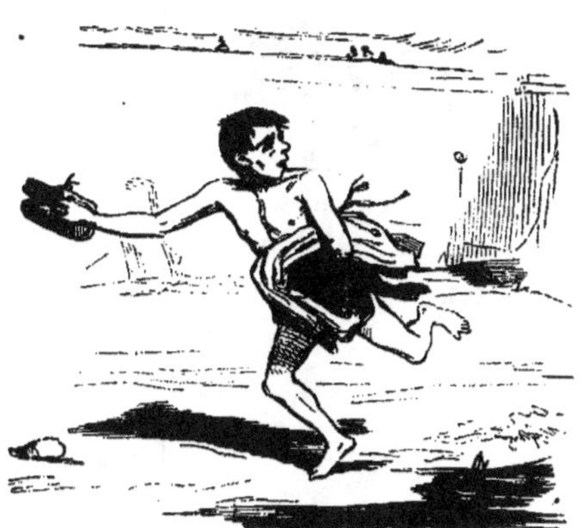

En fuite devant l'autorité.

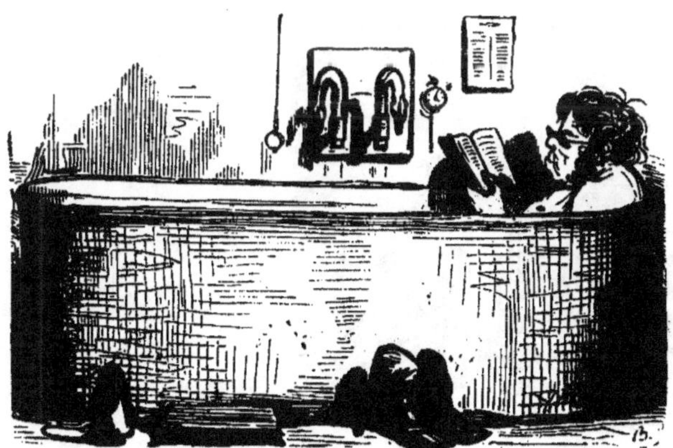

Baigneur à huis clos.

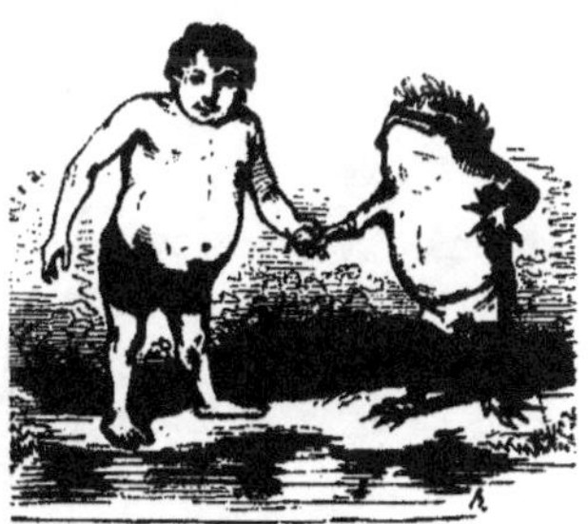

L'homme est-il une grenouille dégénérée, ou la grenouille un homme perfectionné?

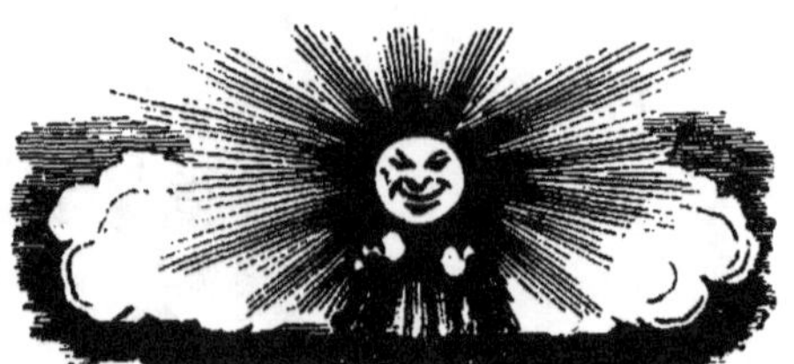

Le soleil va prendre aussi son bain.

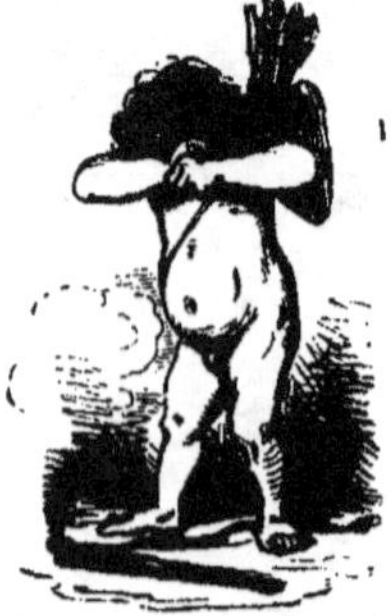

L'Amour n'entre pas.

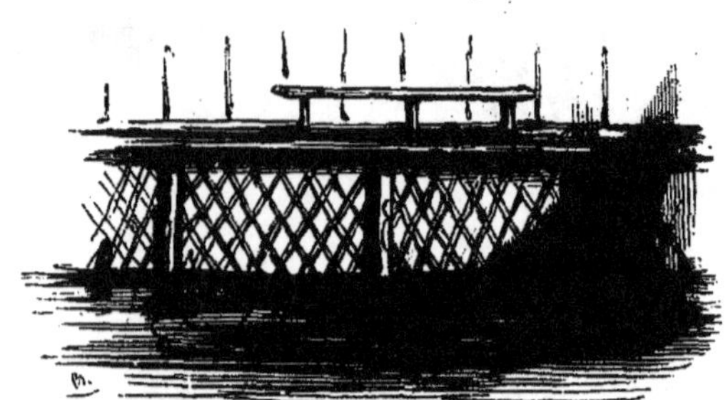

Intérieur d'un bain de femmes.

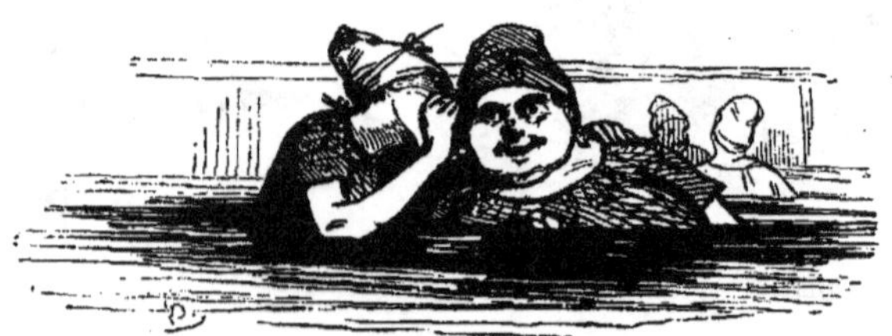

Là comme partout, ces dames causent.

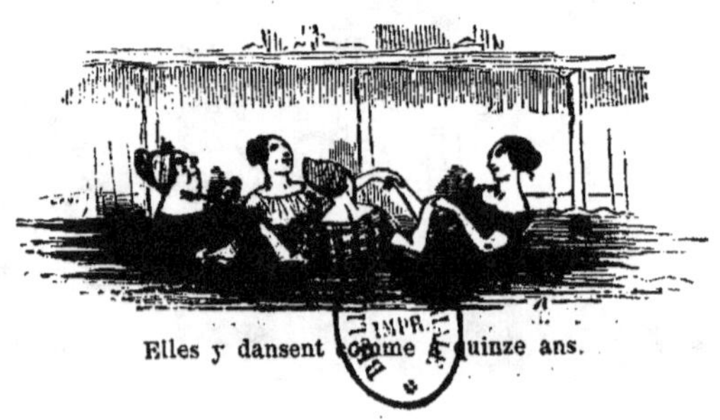

Elles y dansent comme à quinze ans.

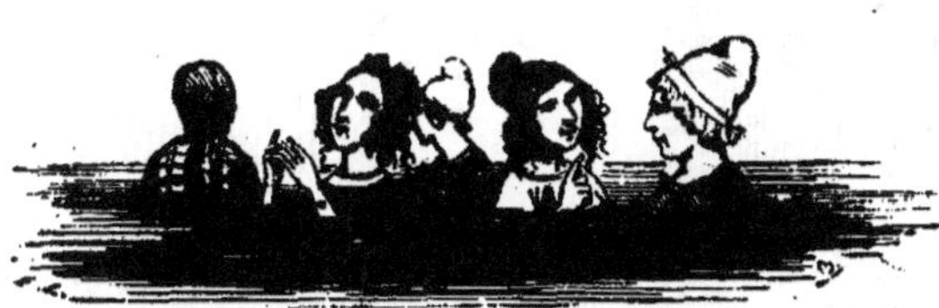

Elles font même de la coquetterie pour n'en pas perdre l'habitude,

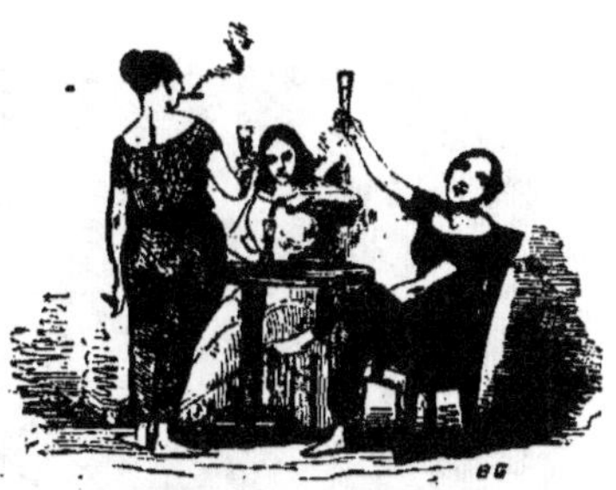

Et finissent parfois tout comme les hommes.

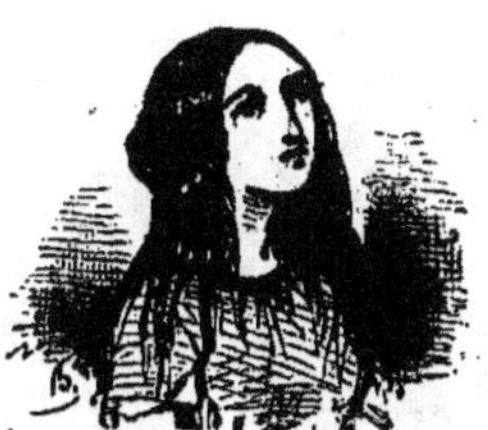

Une baigneuse comme on en voit peu.

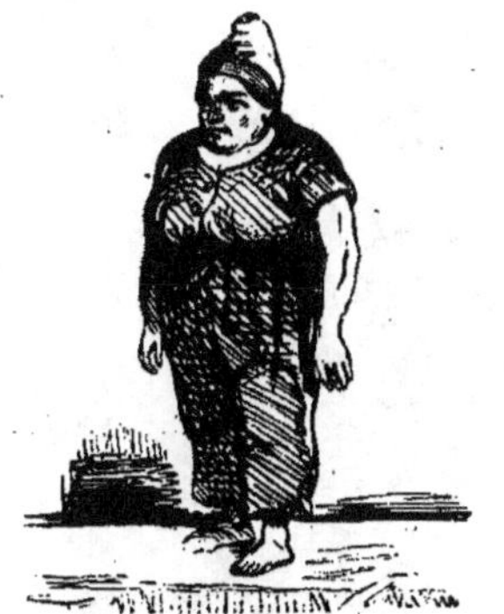

Type trop répandu.

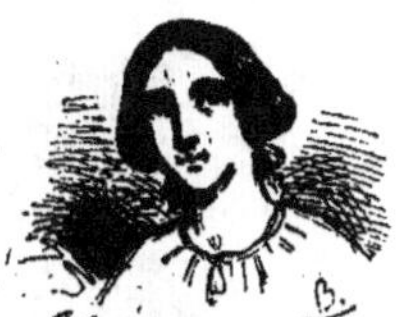

Une baigneuse comme on n'en voit pas beaucoup.

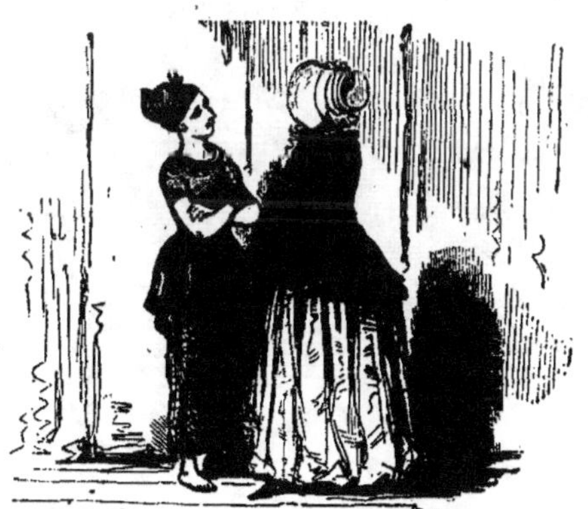

Il faut se dire adieu.

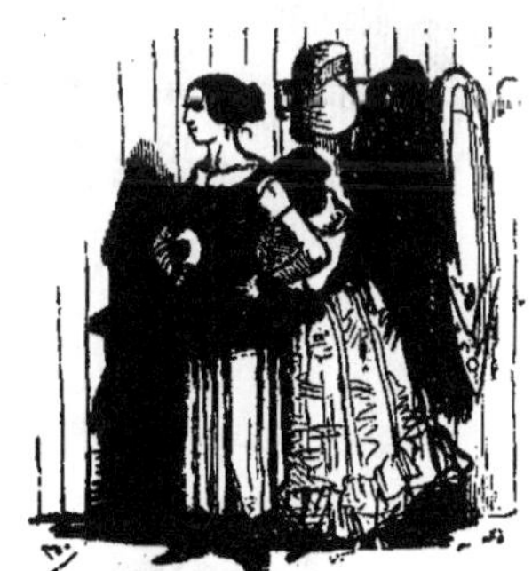

Toilette du départ.

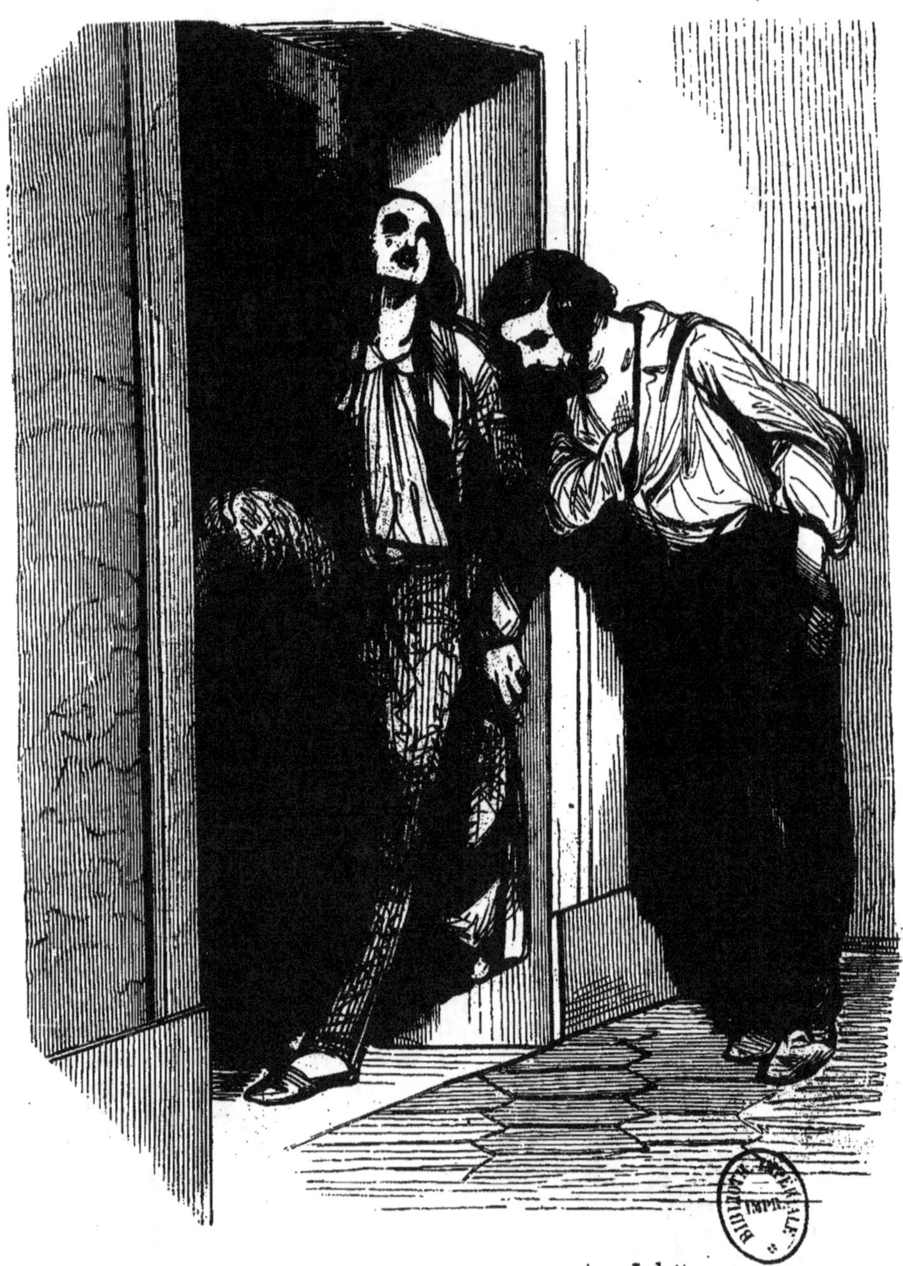

— Hier, nous avons été à Vincennes avec... tu sais... Lolotte.

— Comment ! toujours ?.. Ah çà ! mais, mon vieux Charles, t'as donc été condamné à la Lolotte à perpétuité ?

GAVARNI. LE DIABLE A PARIS.

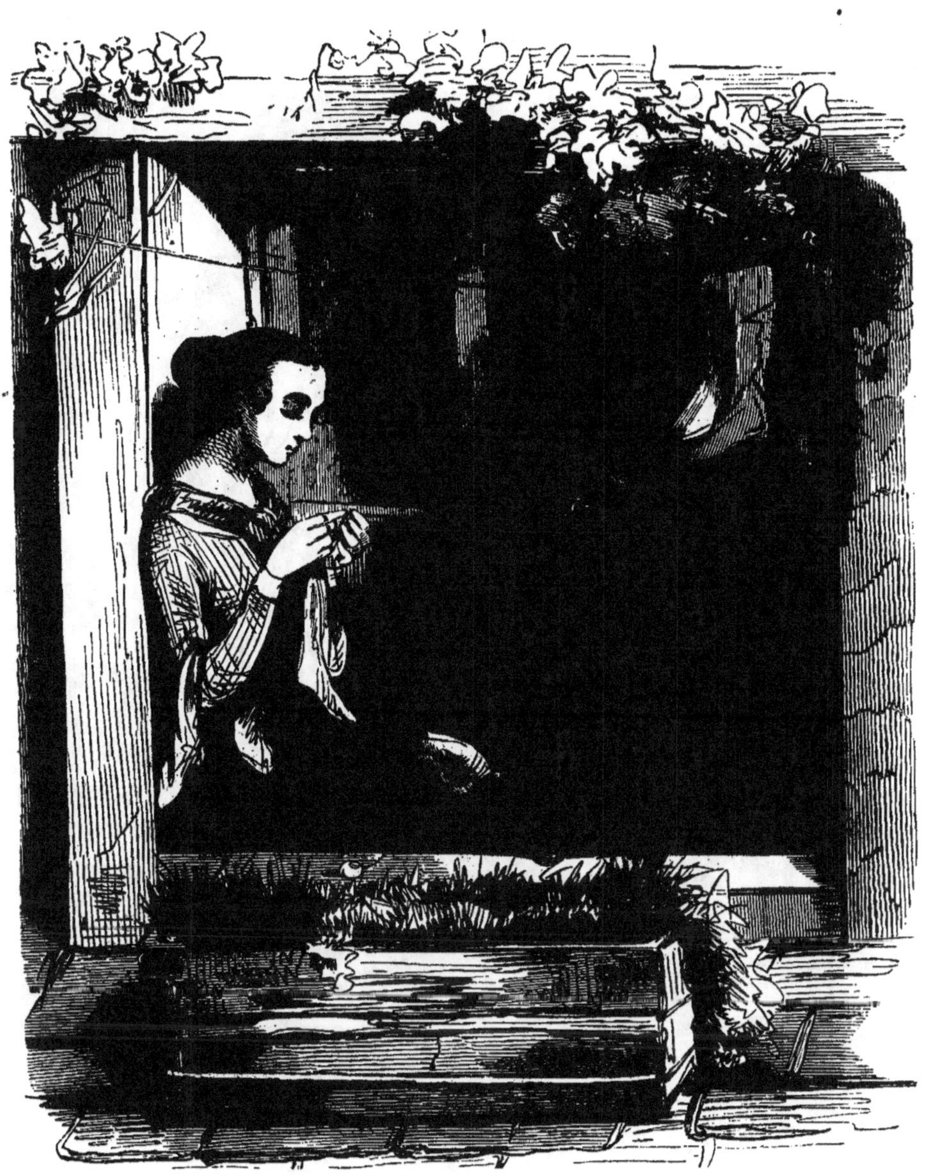

Il fait son droit

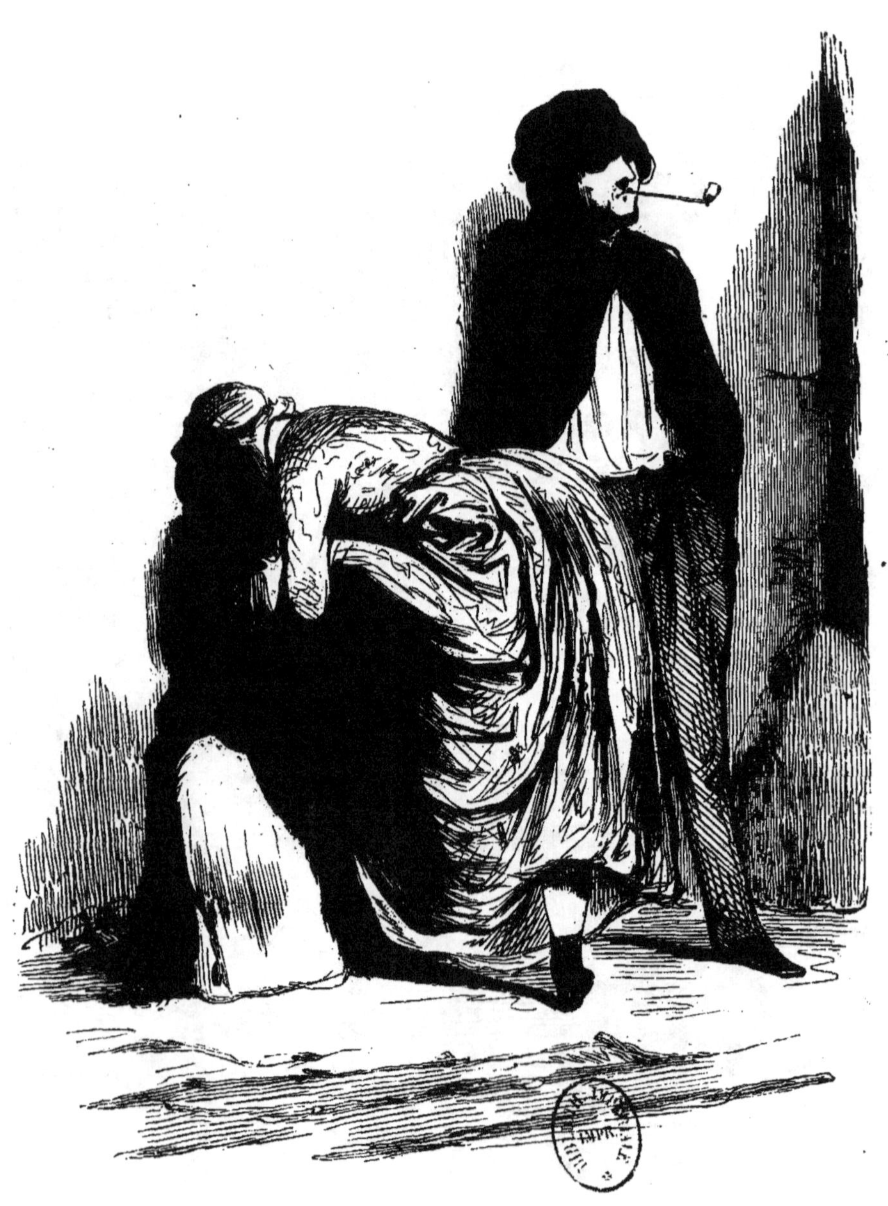

— Dis donc, Charles, Paul a donc connu Sophie ?

— Jamais ! c'est Sophie qui a connu Paul.

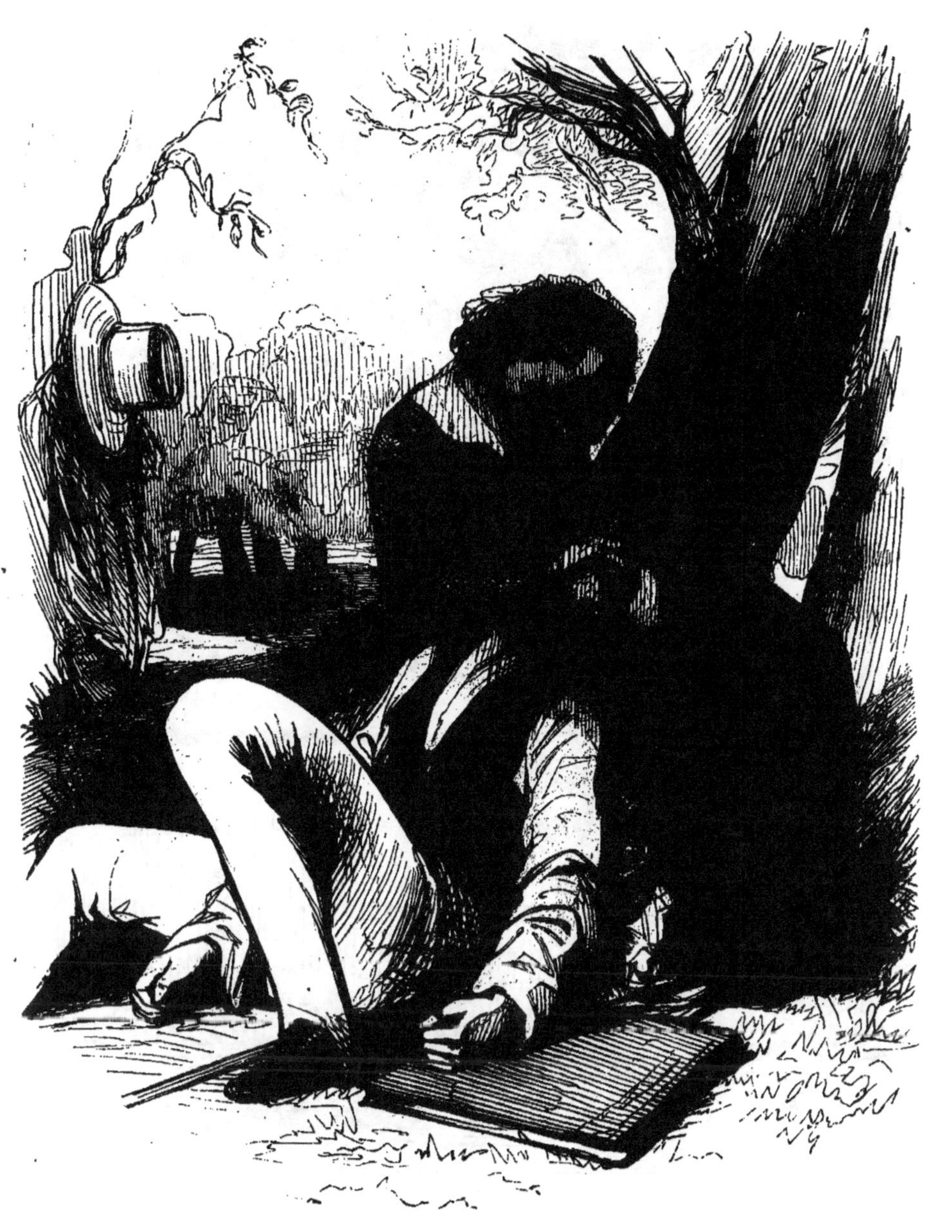

M. Charles rêve que sa maîtresse est infidèle.
Mlle Félicité rêve au moyen de l'être.

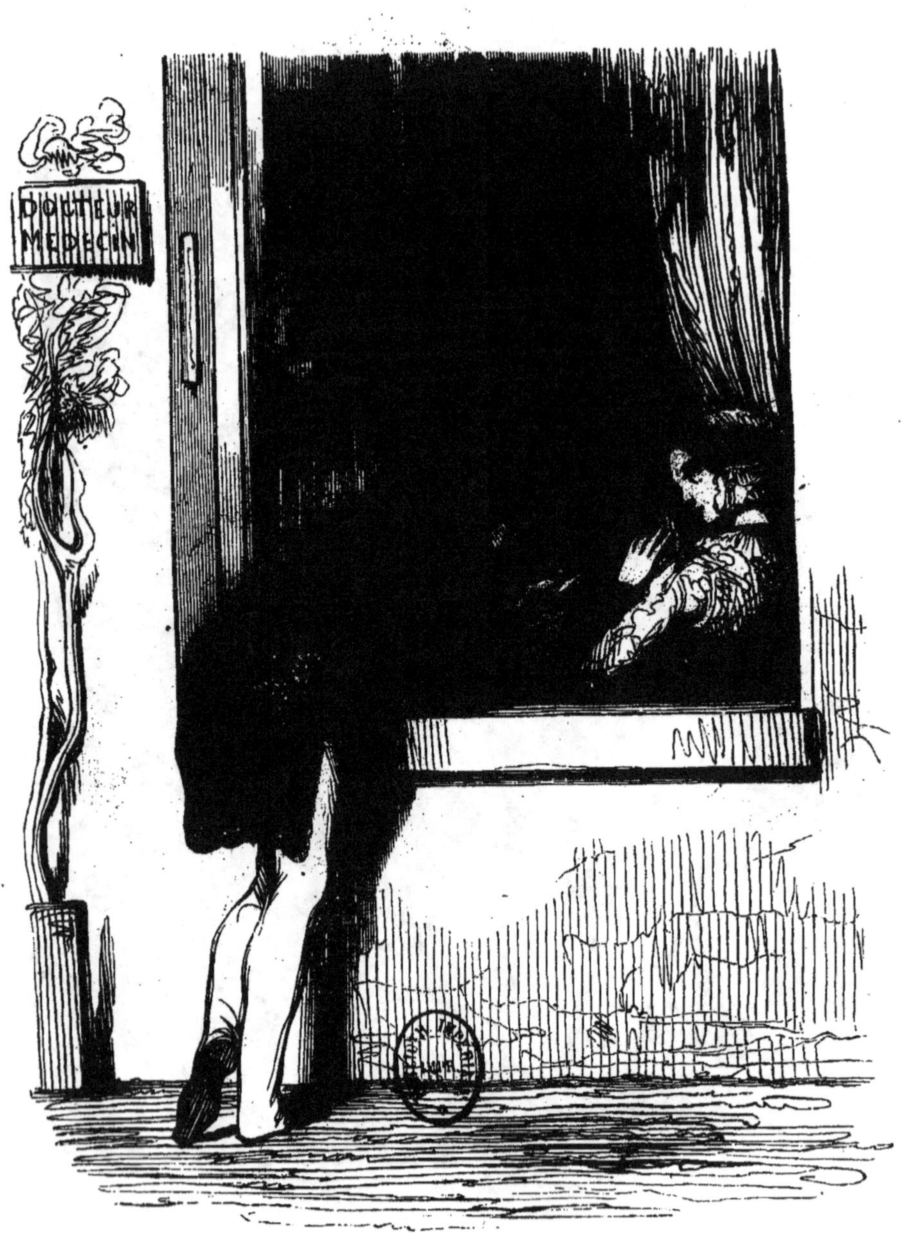

Il étudie la médecine!...

GAVARNI. LE DIABLE A PARIS.

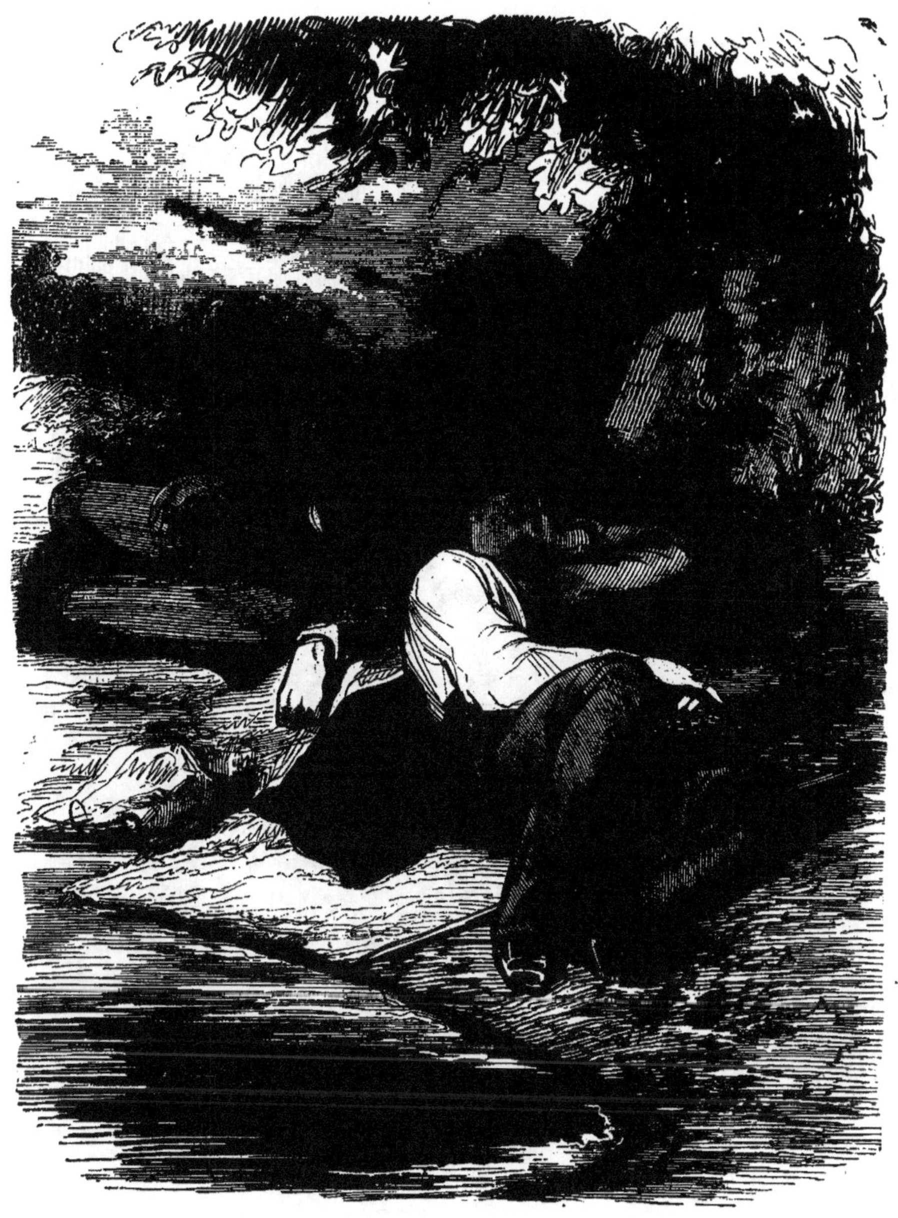

— Quelle différence y a-t-il entre les bergères et les petits écus?

— C'est qu'on peut faire danser l'argent sans les femmes, et qu'on ne les fait pas danser sans argent.

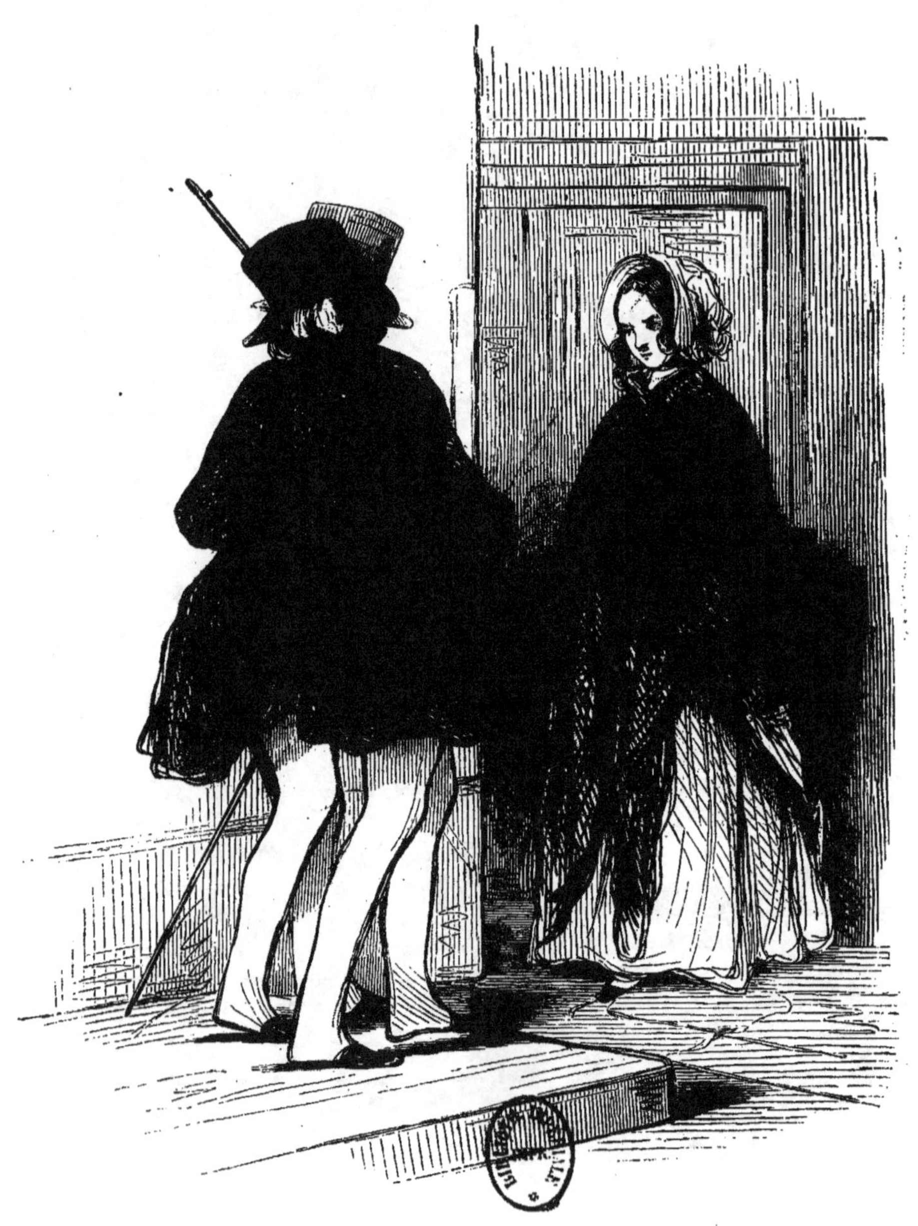

— V'là mon épouse ! attention : j'ai dîné hier avec toi !.. — Où?
— Chez... Guichardy. — Bon !

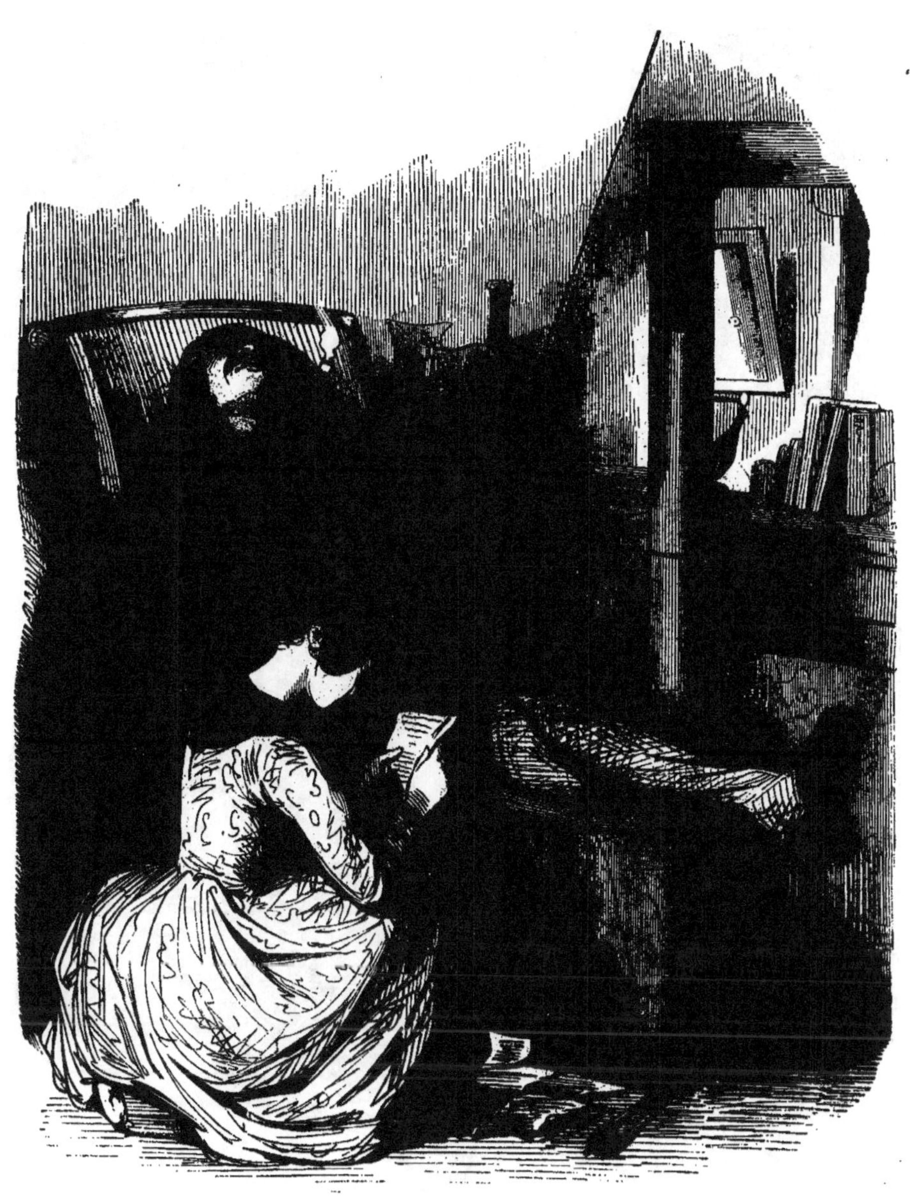

Les lettres de l'ancienne.

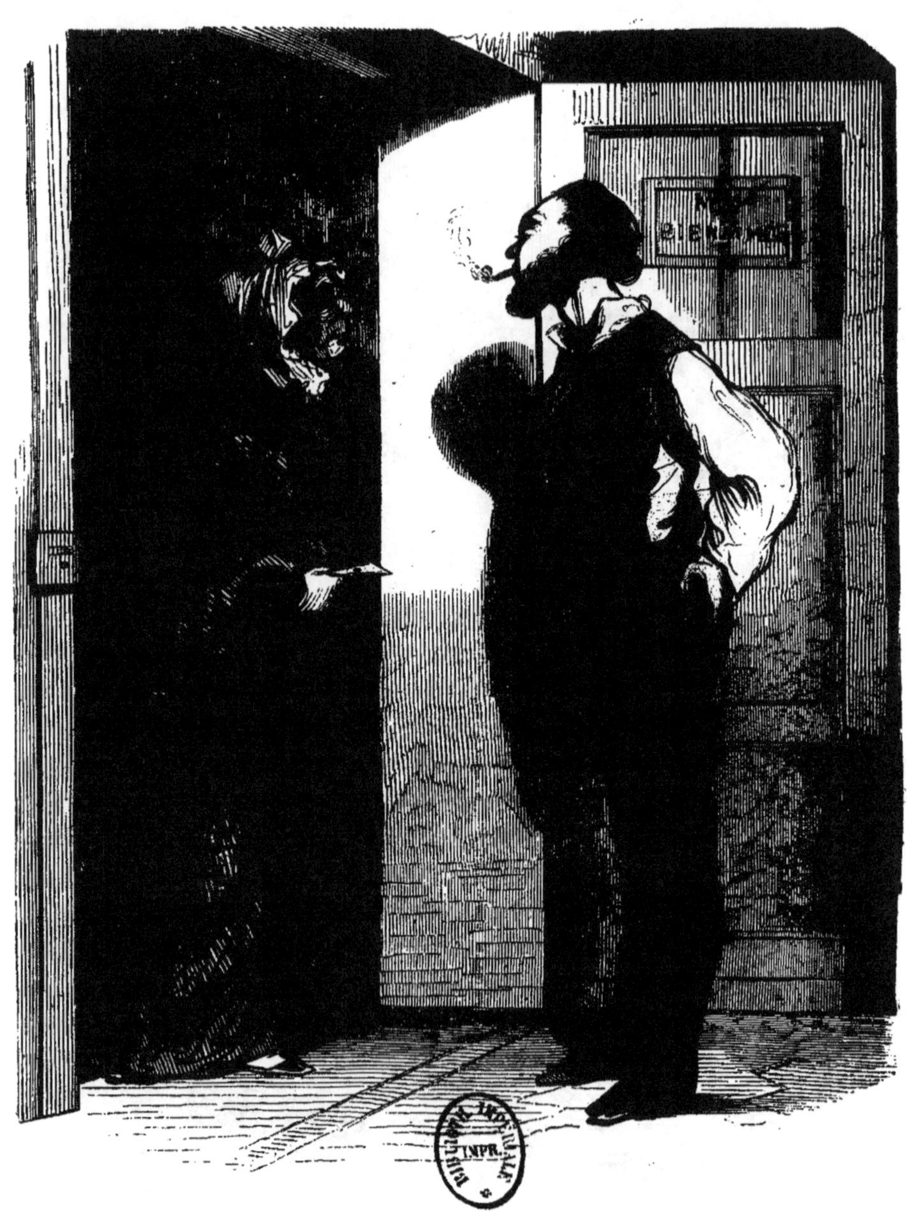

— Mademoiselle Bienaimée! — Elle n'y est pas... qu'est-ce que vous lui vouliez ? — Oh rien! je voulais lui parler... mais vous lui direz, s'il vous plaît, qu'on l'attend rue Neuve-Saint-Georges... elle saura bien ce que ça veut dire. — J'ai bien peur de le savoir aussi, moi, ce que ça veut dire!

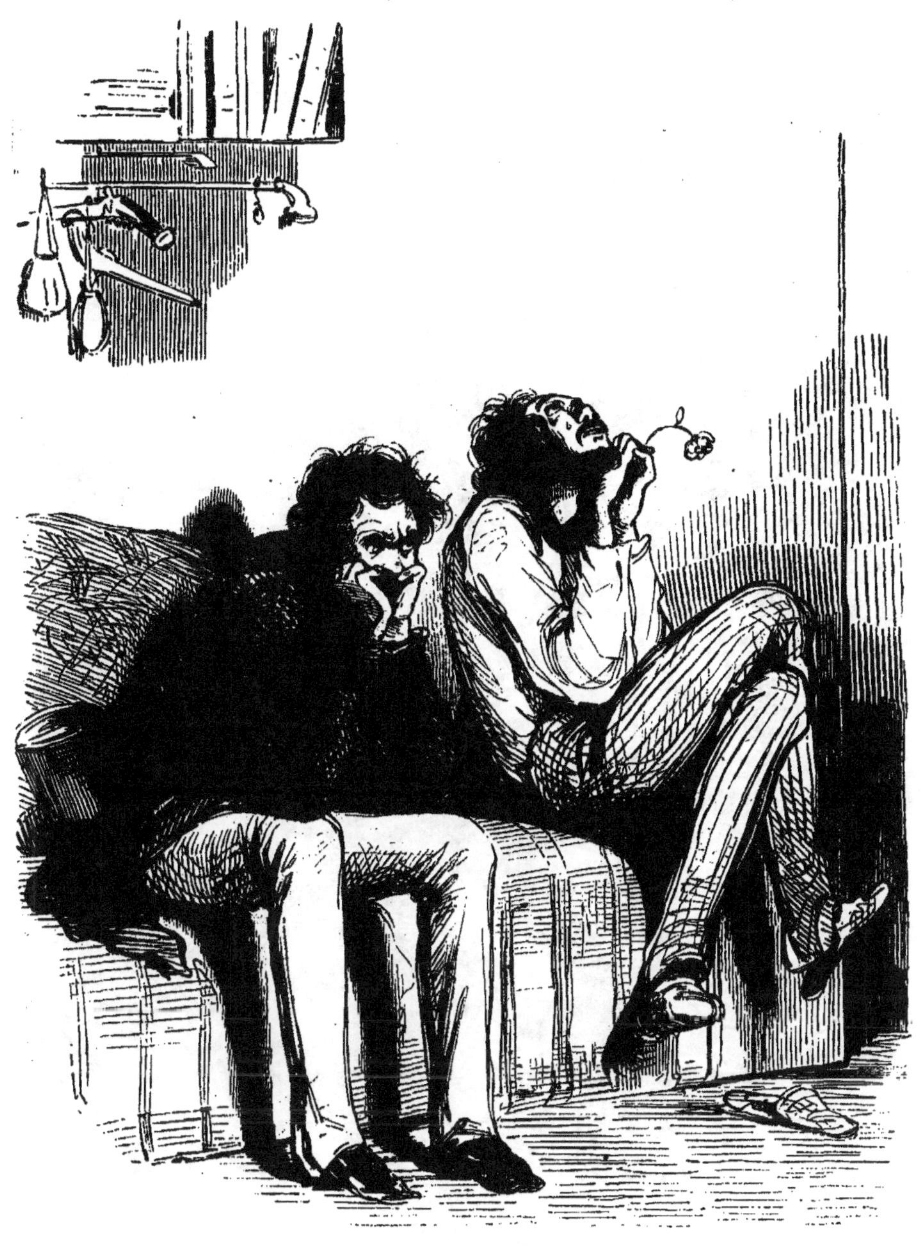

— O l'amour d'une femme ! ô ineffable chose ! douce au cœur et splendide à la pensée ! sainte poésie qui vous caresse en vous couvrant de majesté : manteau doublé d'hermine...

— Avec les queues.

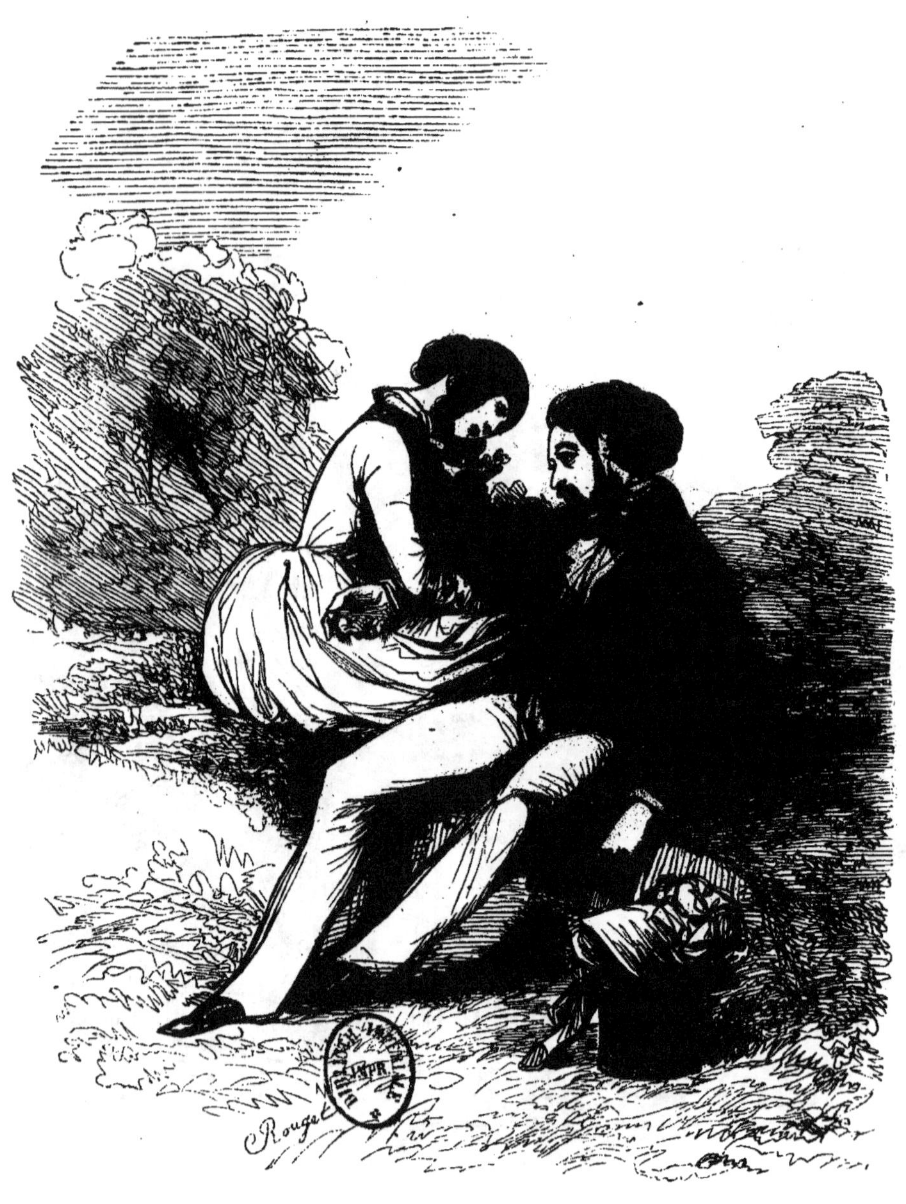

Essaye un peu de ne pas me mener à tous les jugements, quand tu seras procureur du roi, et tu verras!

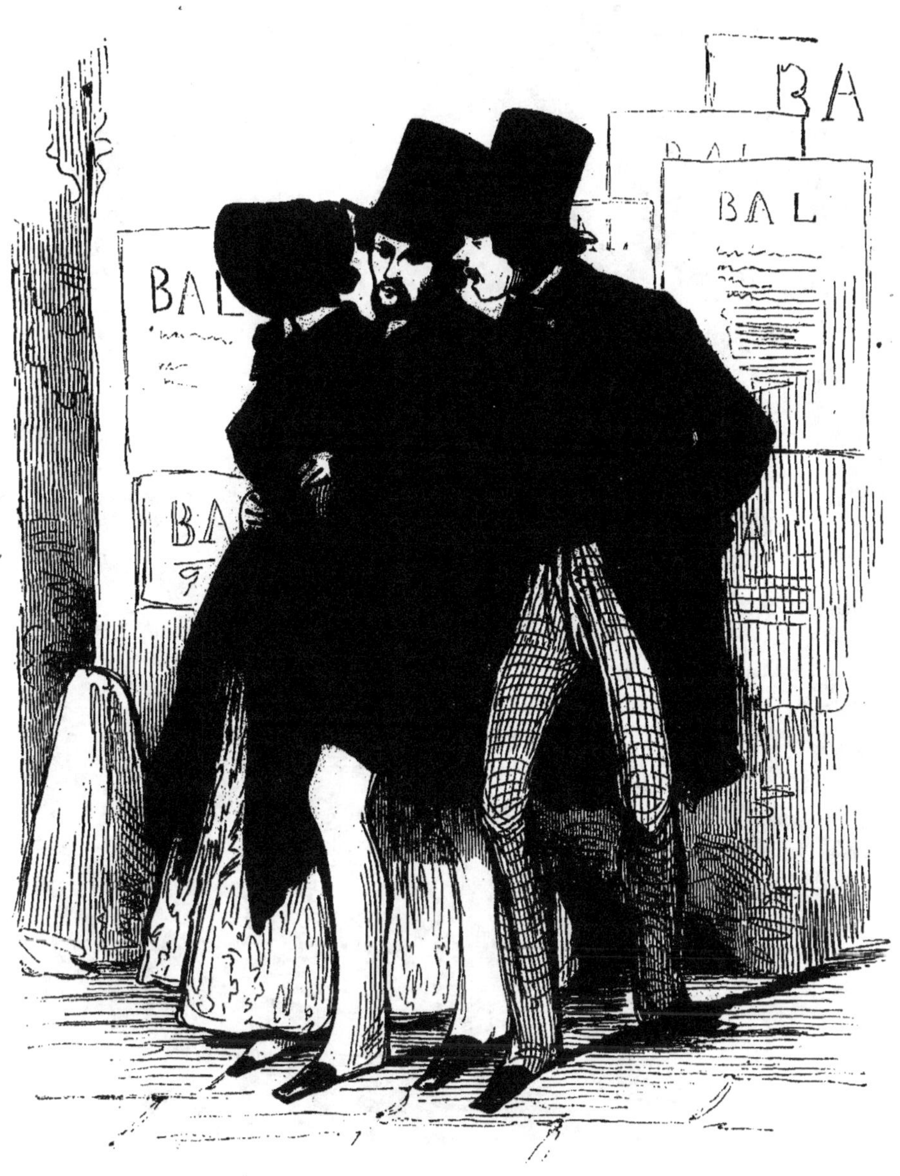

Bal à la Renaissance ce soir : lâche ton boulet !

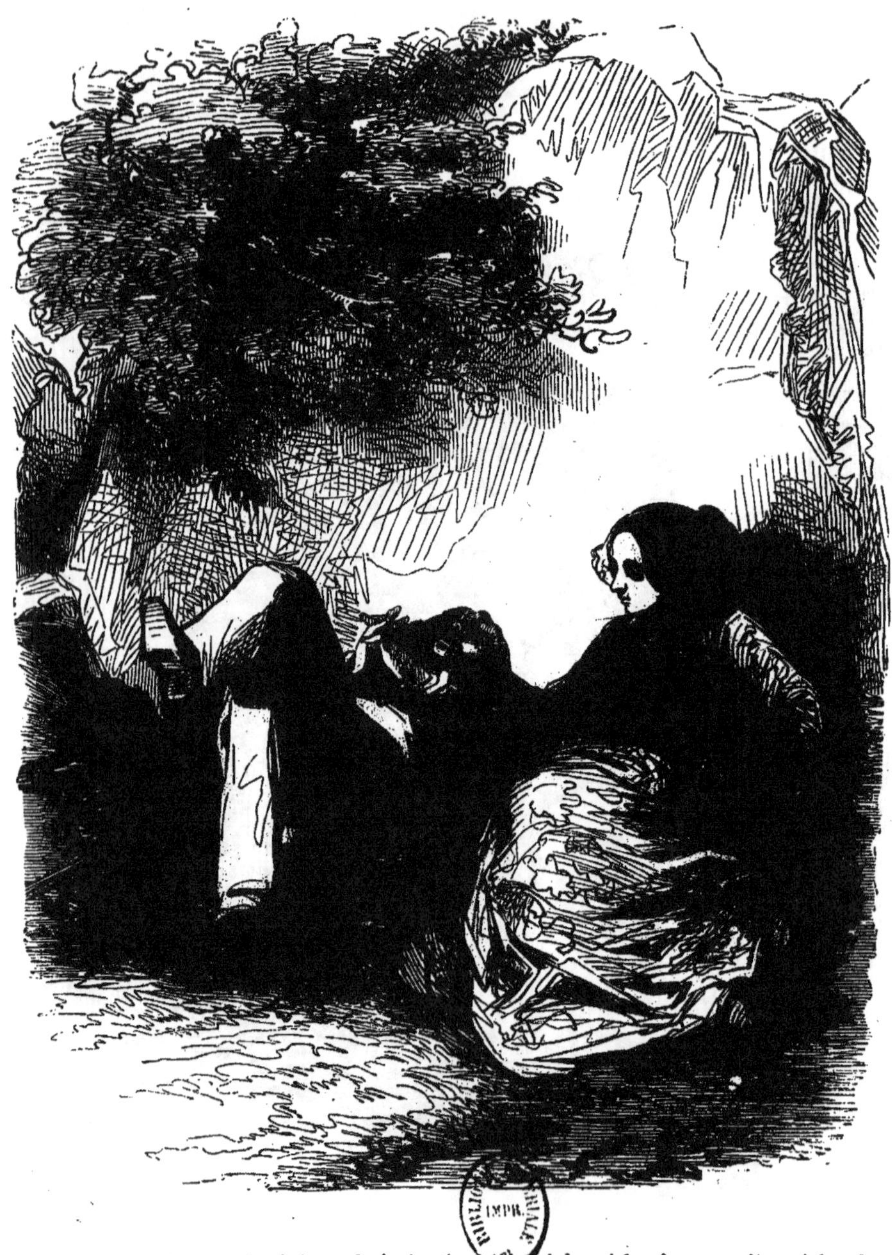

— Quand je serai ministre de la justice, j'empêcherai les femmes d'empêcher les étudiants d'étudier.

— Et on te dira zut.

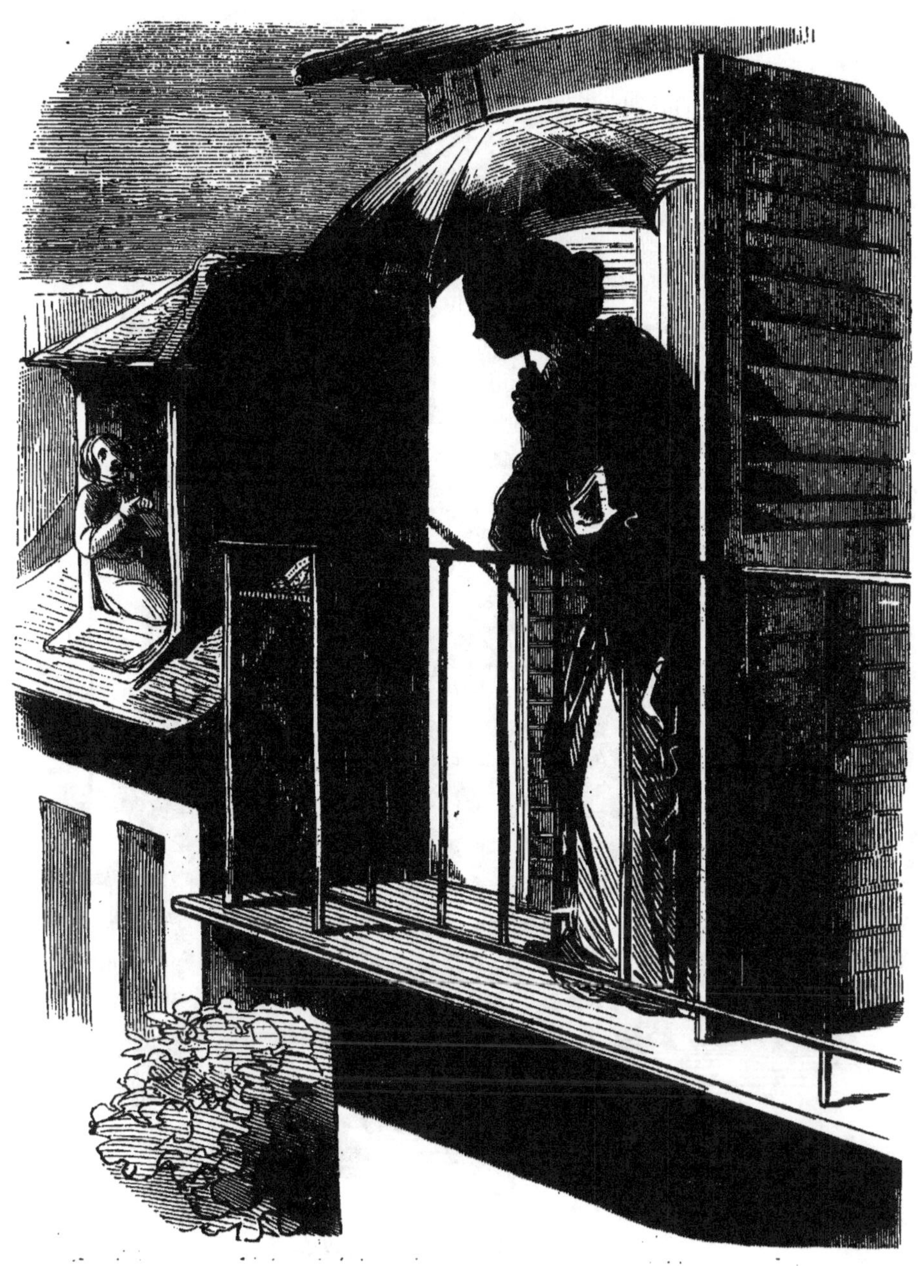

L'heure du berger.

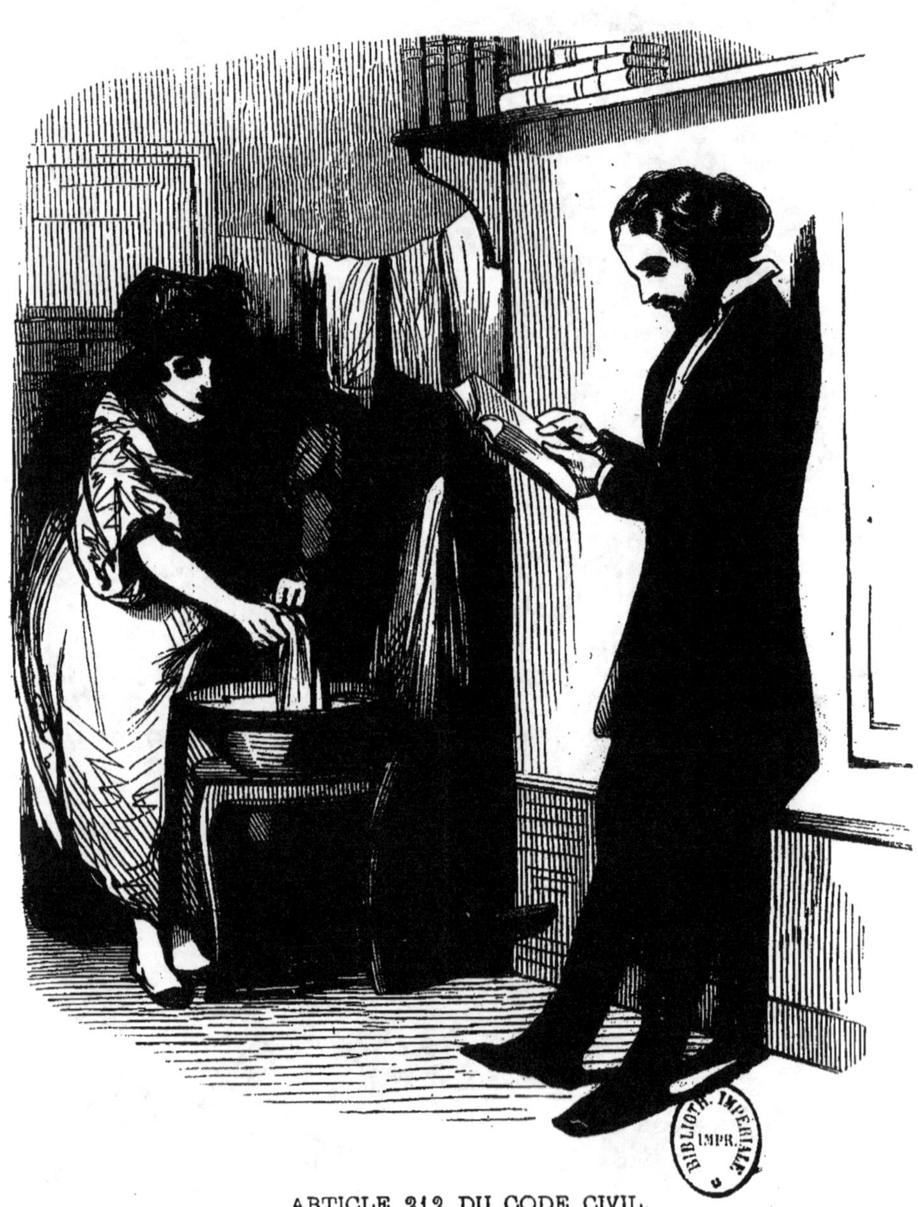

ARTICLE 212 DU CODE CIVIL.
« Les époux se doivent mutuellement fidélité, secours, assistance. »

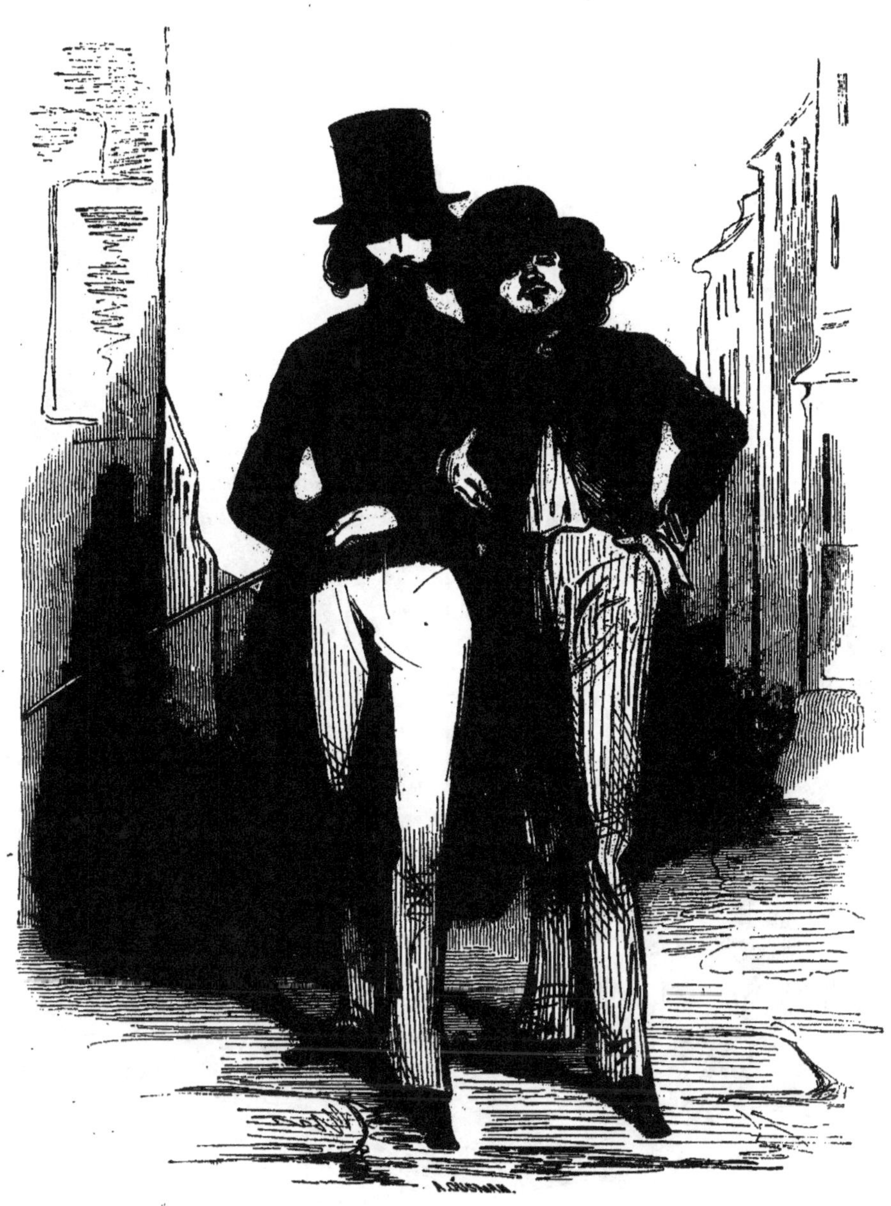

Eh! mon cher, ne te plains pas! tu seras médecin, je serai procureur du roi : quand tu seras obligé d'avoir du talent, je serai forcé d'avoir des mœurs. C'est ça qui sera dur!

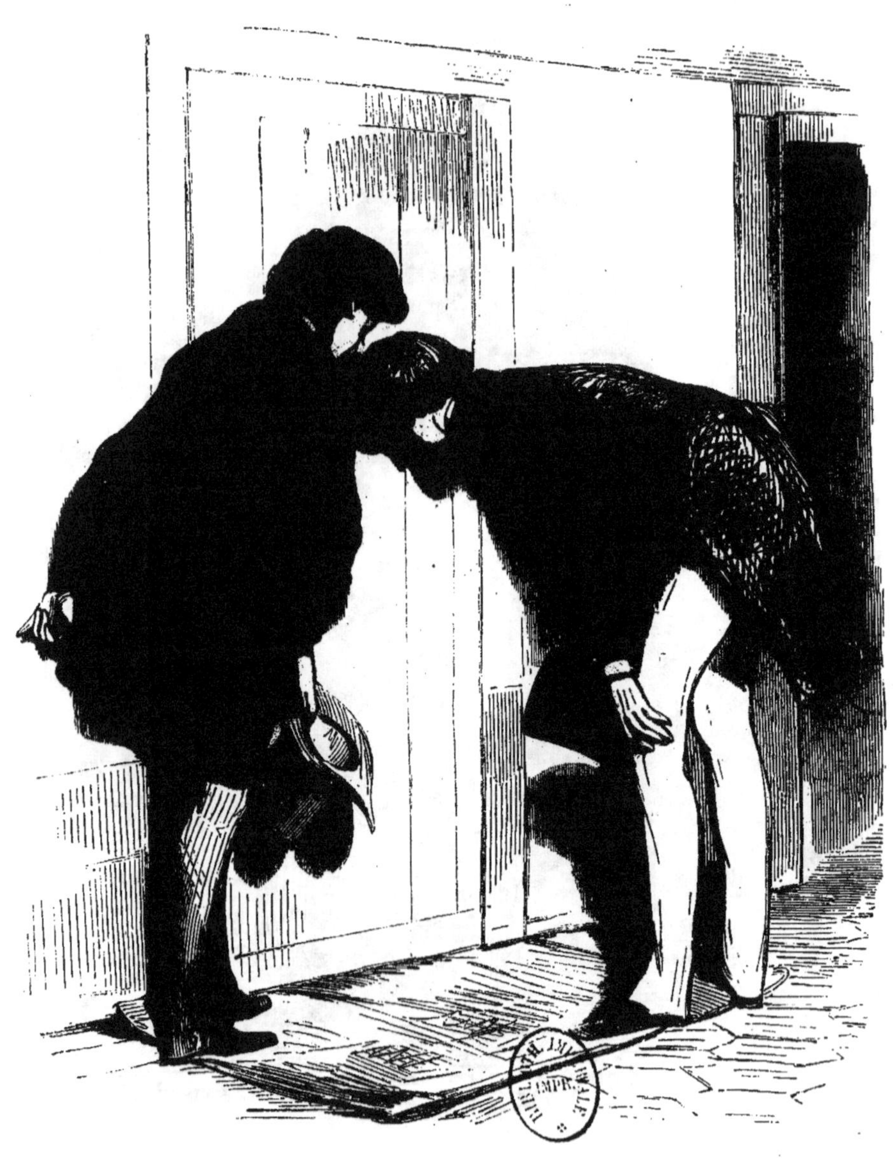

Angélique! Angélique! Elle n y est pas .. cependant, sapristi! je vois une paire de bottes

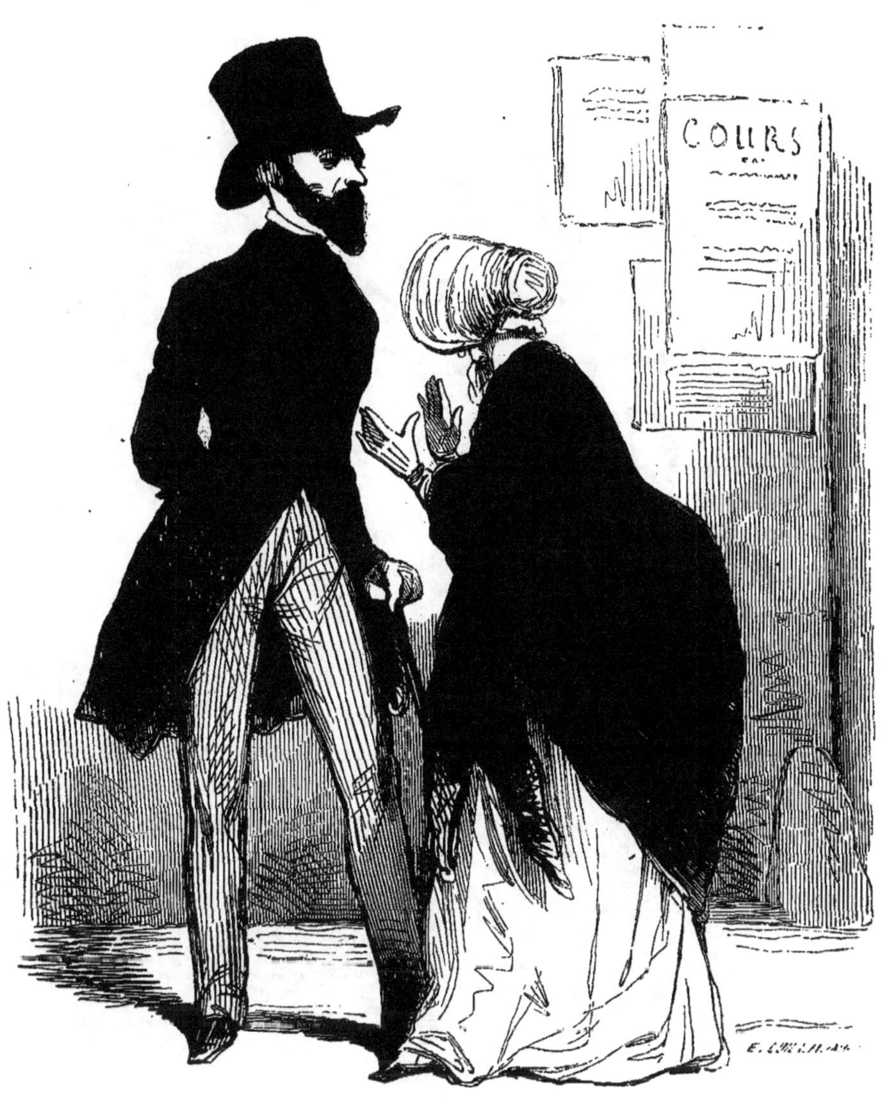

. Figurez-vous, mon petit mosieu Constantin, que mon scélérat connaissait cette infamie de Félicité-là depuis tout plein de temps!... Le soir il me disait : Nini, je vas à mon cours de Myologie comparée... j'avalais ça; je lui disais : Va!... jour de Dieu, Constantin, fallait-il être cornichonne!

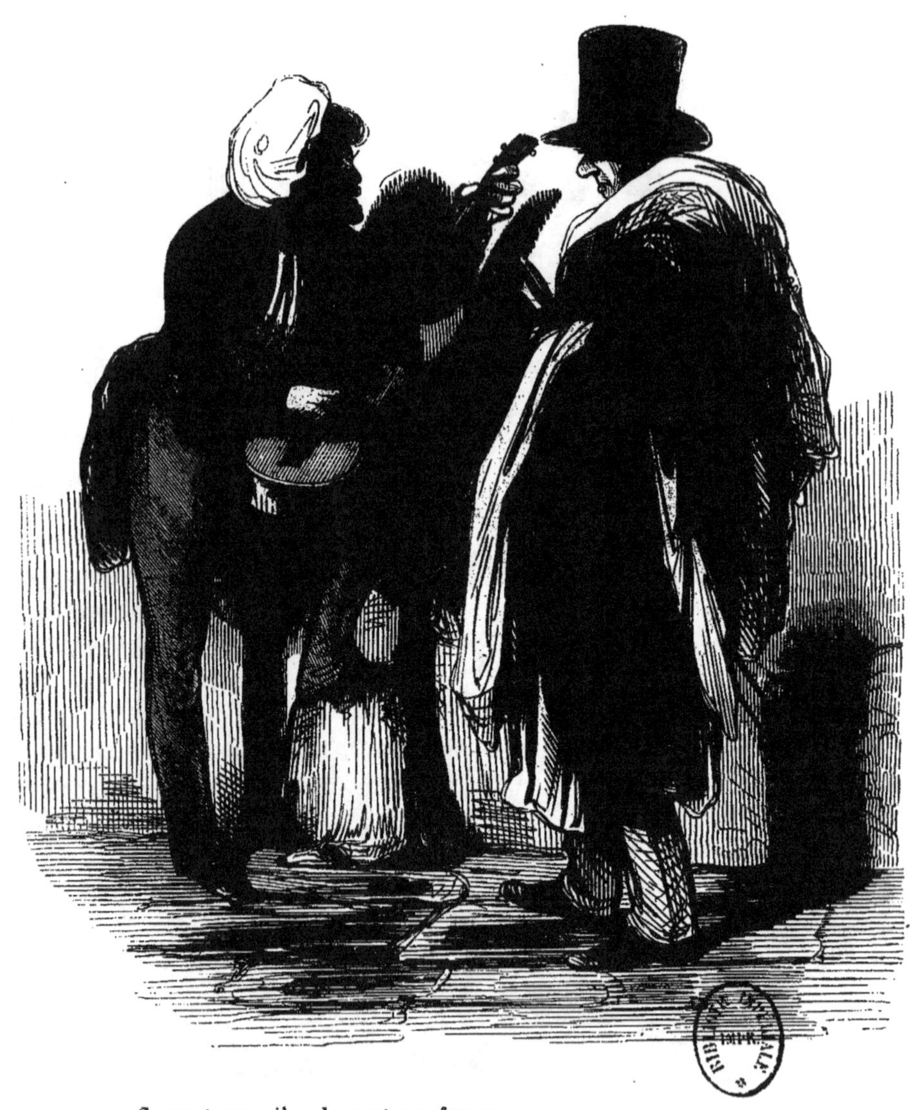

— Ça vaut une pièce de quatorze francs...

— ..... tra, la, la, la!

« Mes vœux sont ceux d'un simple bachelier! » Trois livres dix sous.

— Nous sommes loin d'être d'accord, bourgeois.

— Et votre quimbarde aussi, l'ancien!

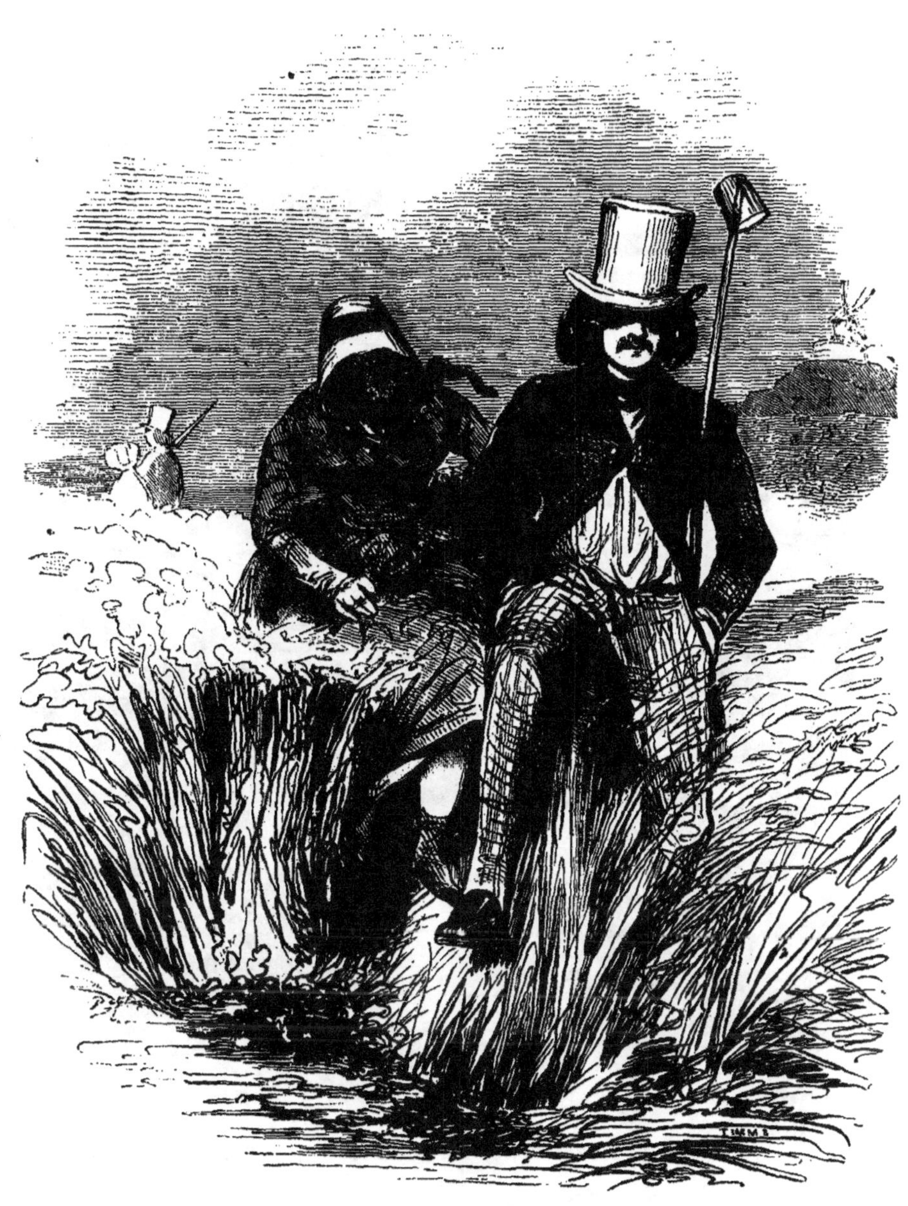

— Lambertier est donc avec Caroline?

— Faut croire! ou bien c'est que l'autre est à Rouen

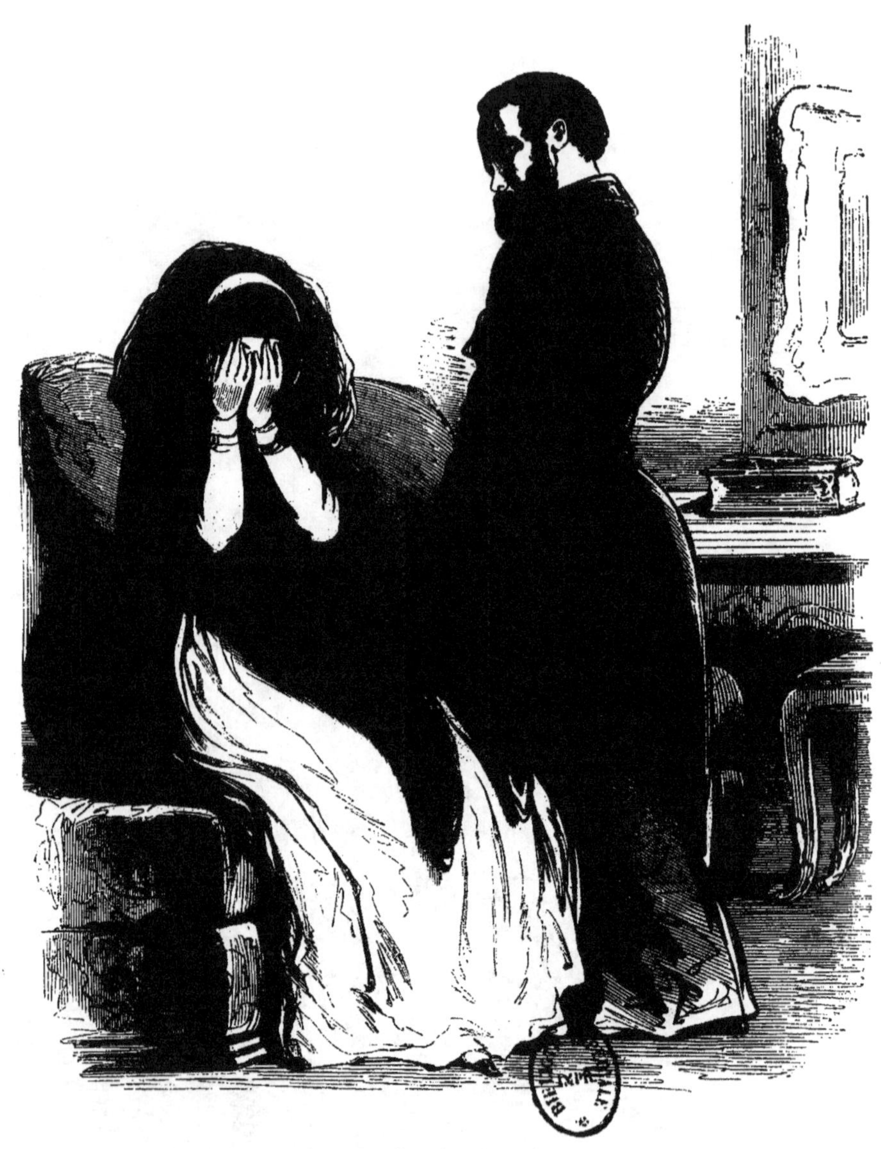

— Vois-tu, Julien! vois-tu, Julien! vois-tu! . je vais faire des bêtises!...

— Vous en avez le droit.

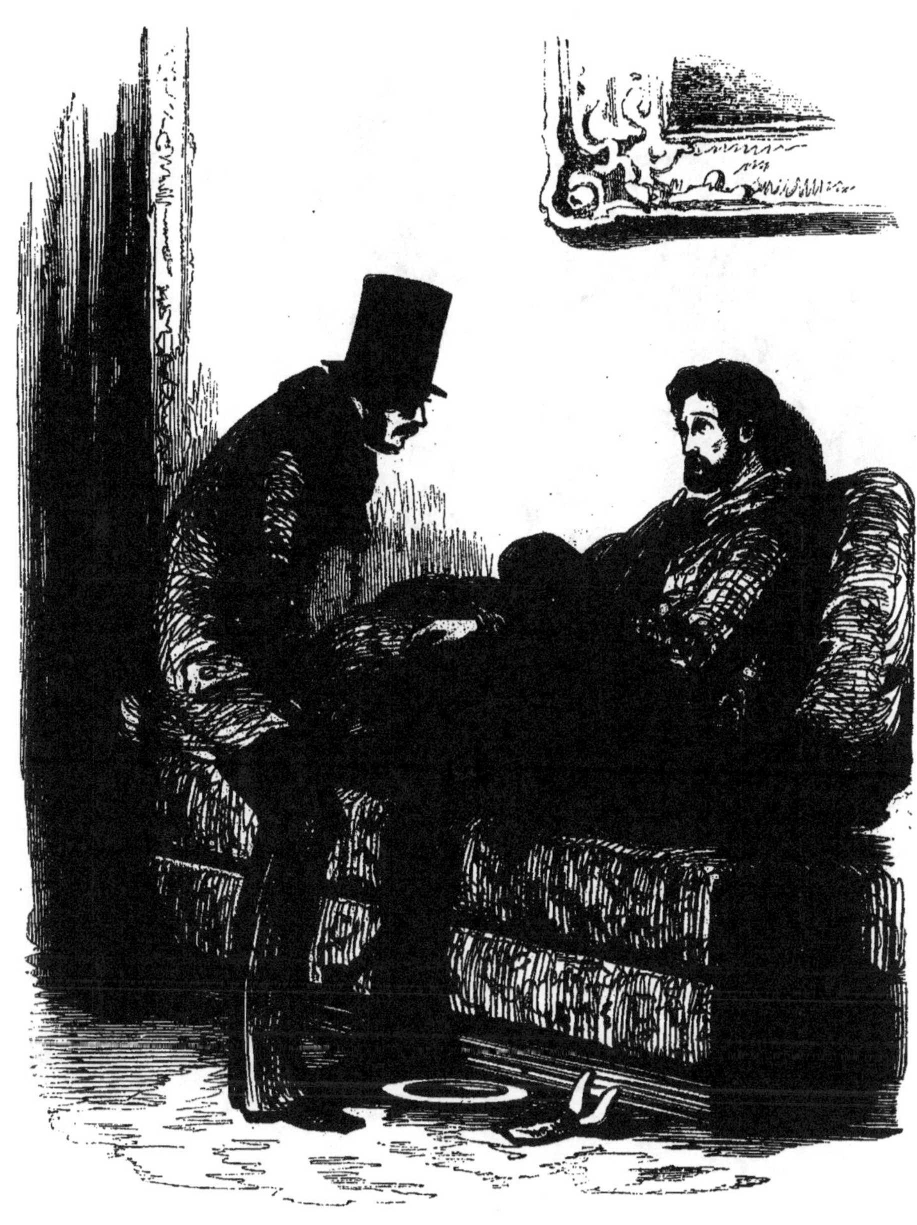

— On vient de rapporter Louis de Vincennes, avec deux côtes cassées !

— Pourquoi s'est-il battu ?

— Pour une bouffée de cigare.

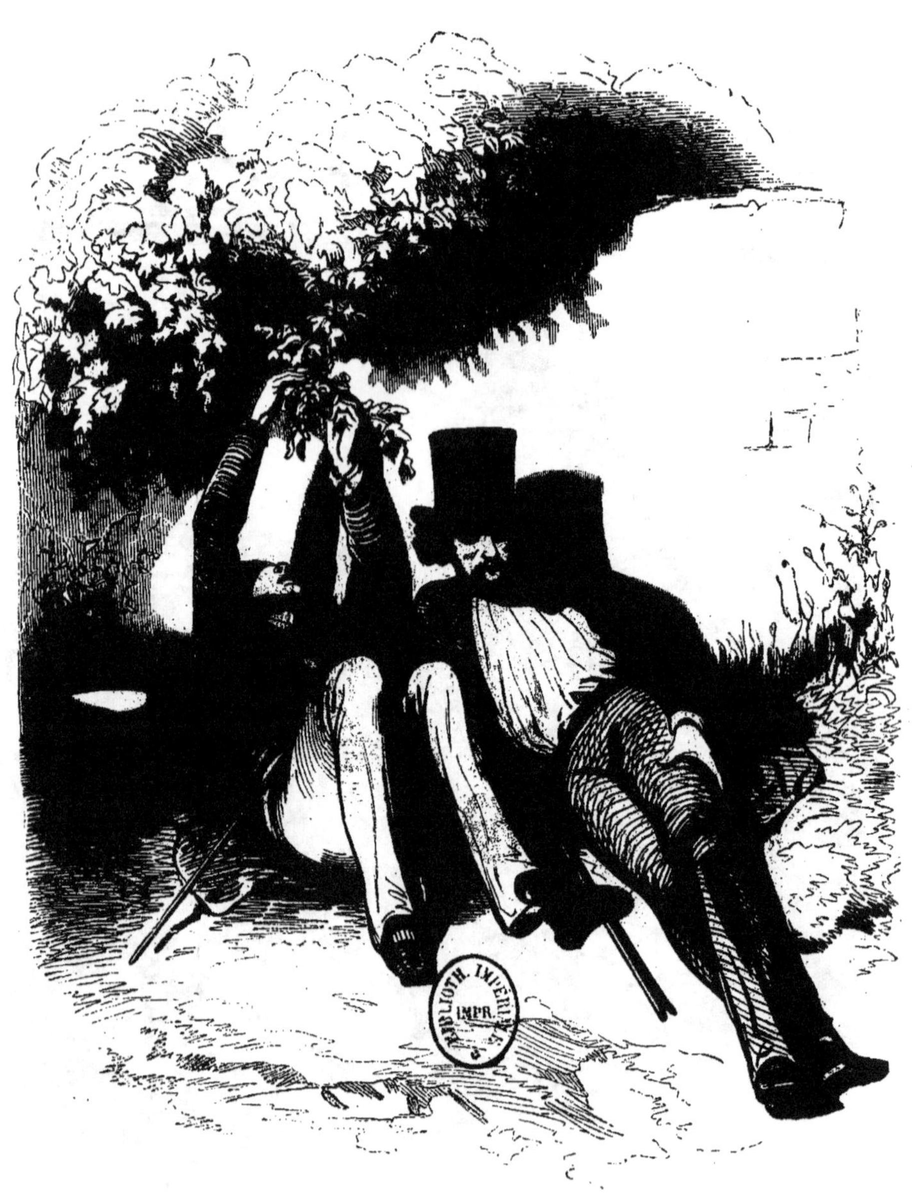

— C'est une femme que j'ai bien aimée !
— Farceur ! tu l'as gardée quinze jours.
— Mais je lui ai fait la cour deux ans !

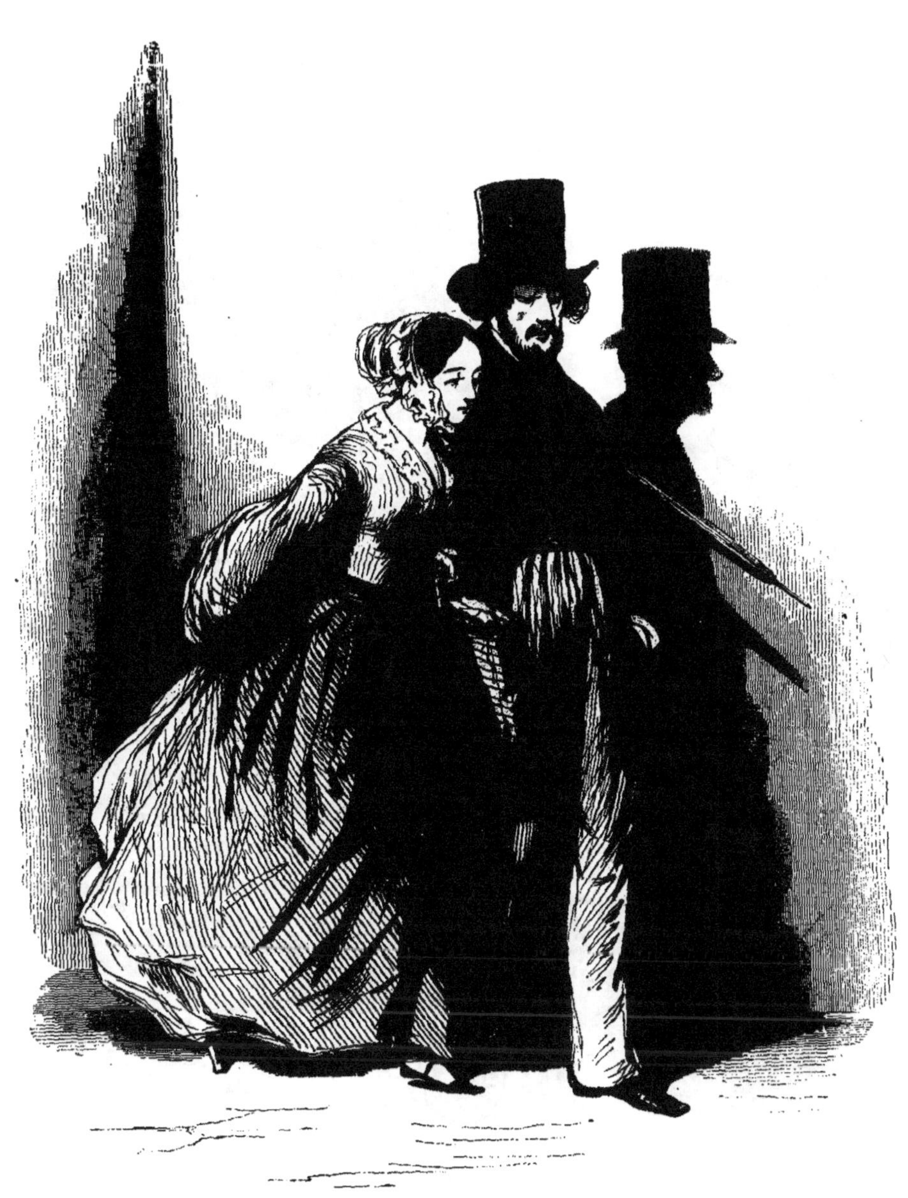

Eugène et sa petite.

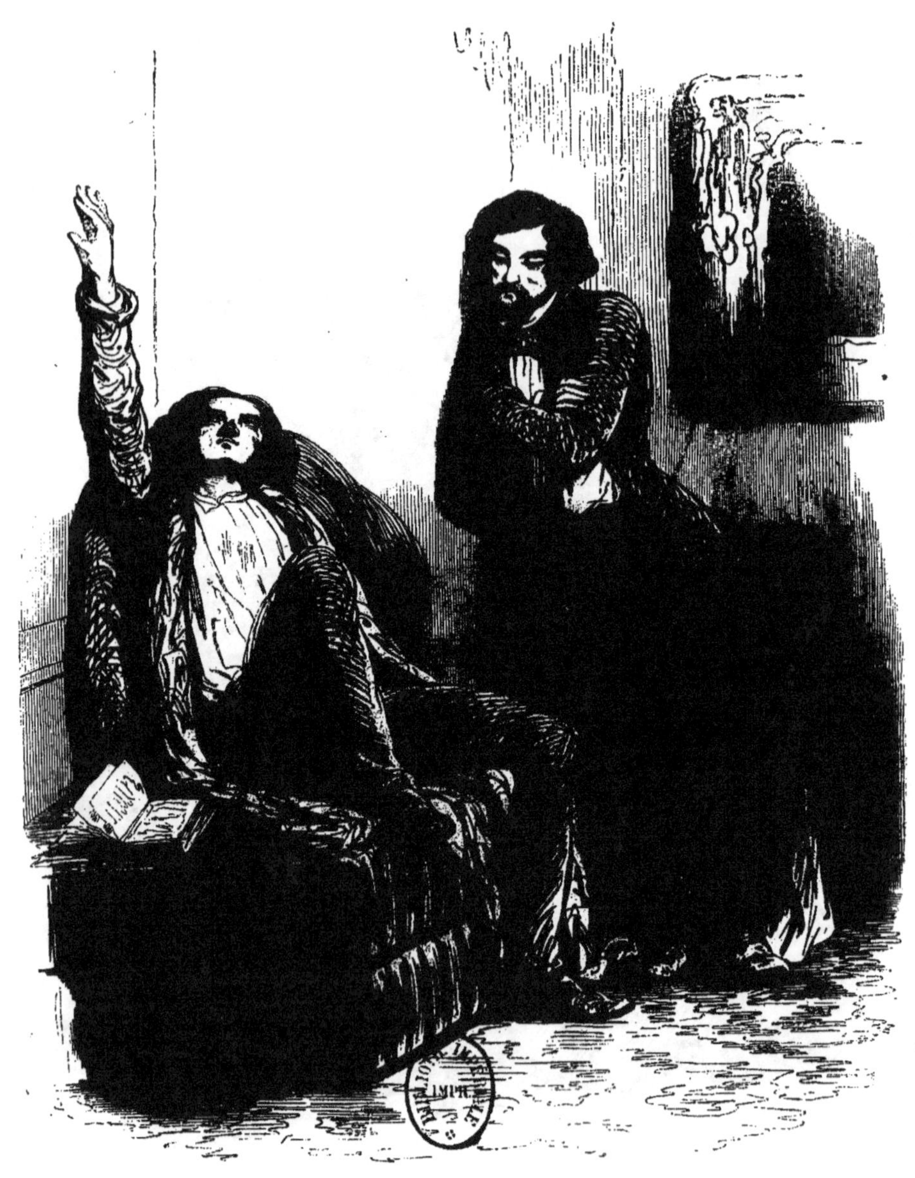

— Depuis que j'ai été forcé de tuer un homme pour lui avoir donné un soufflet, ah! j'ai les soufflets en horreur. Je ne voudrais pas, vois-tu, pour je ne sais quoi au monde...

— En recevoir un.

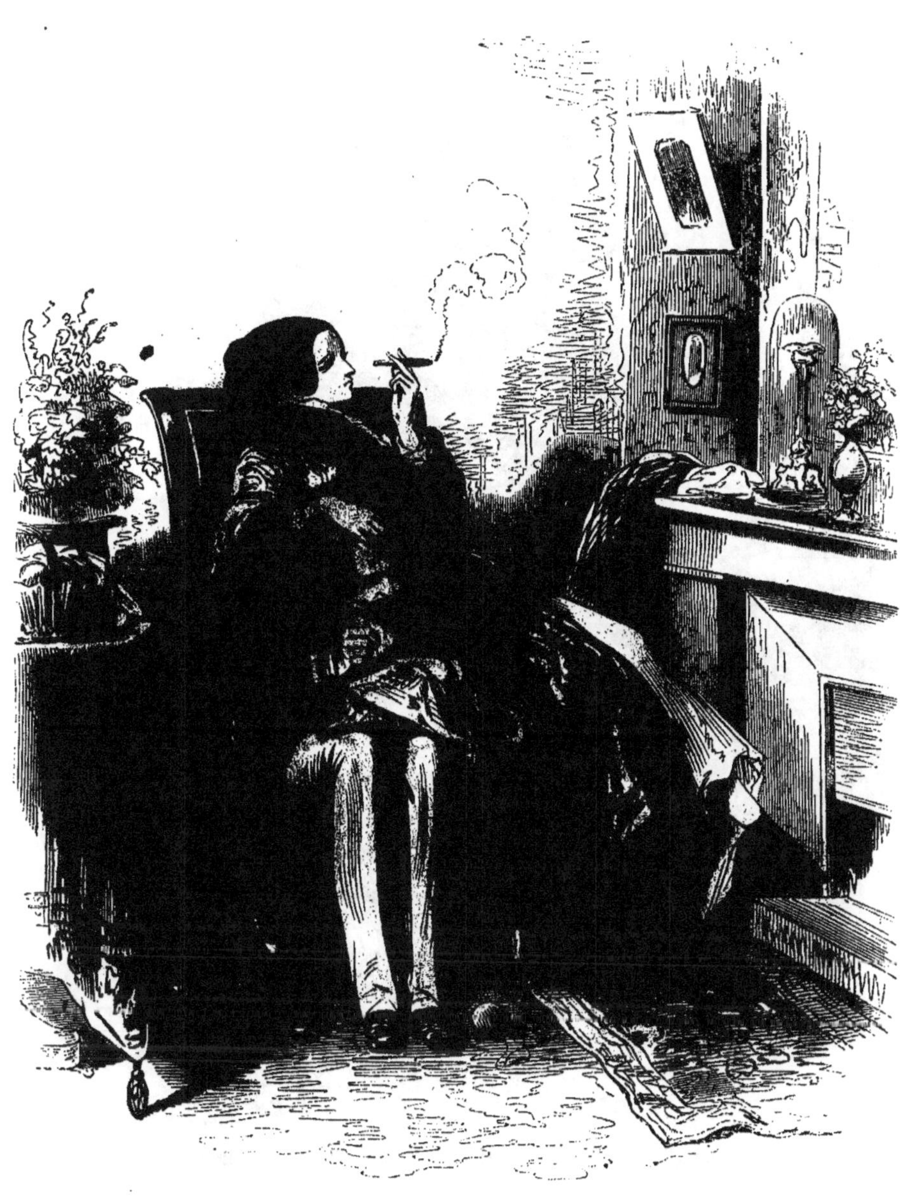

Quand on dit qu'on a une femme, ça veut dire qu'une femme vous a.

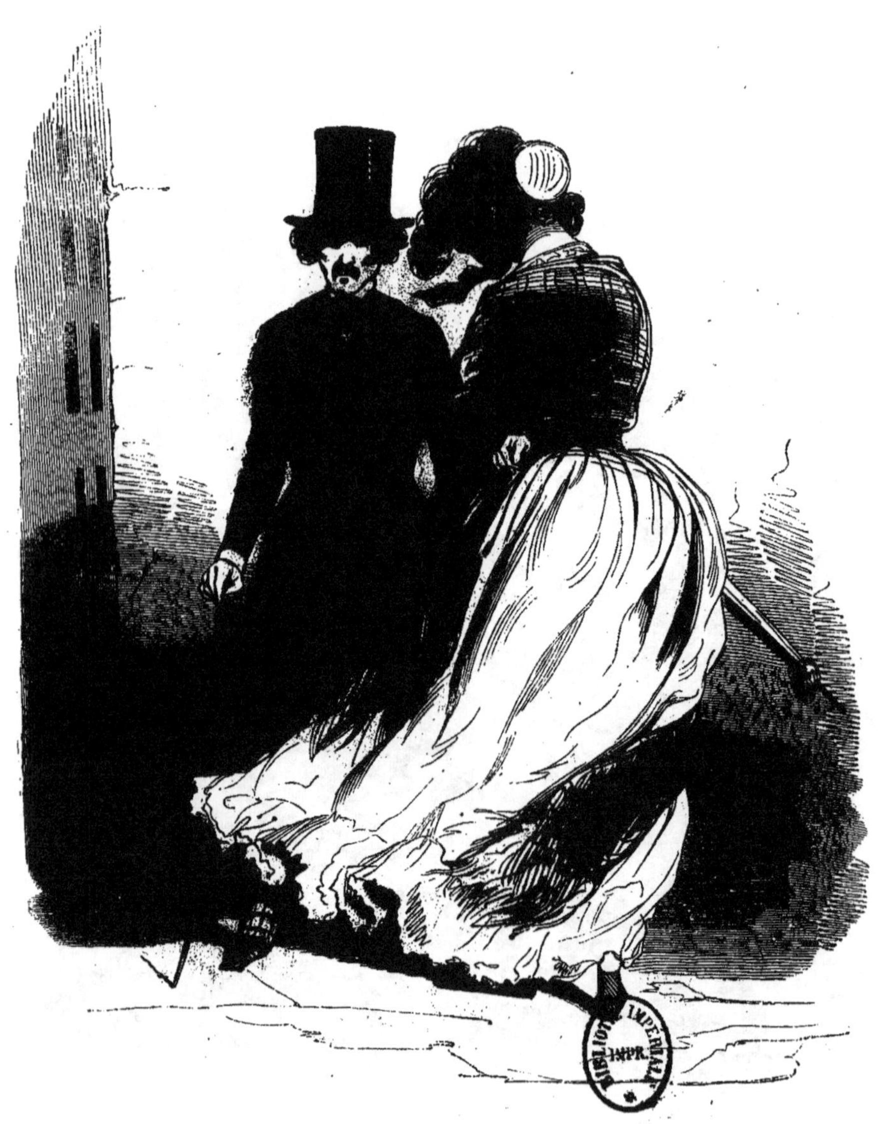

Quand je vous disais que votre Agathe faisait des yeux à mon chenapan de Benjamin!... et vous souffririez ça, Nestor?

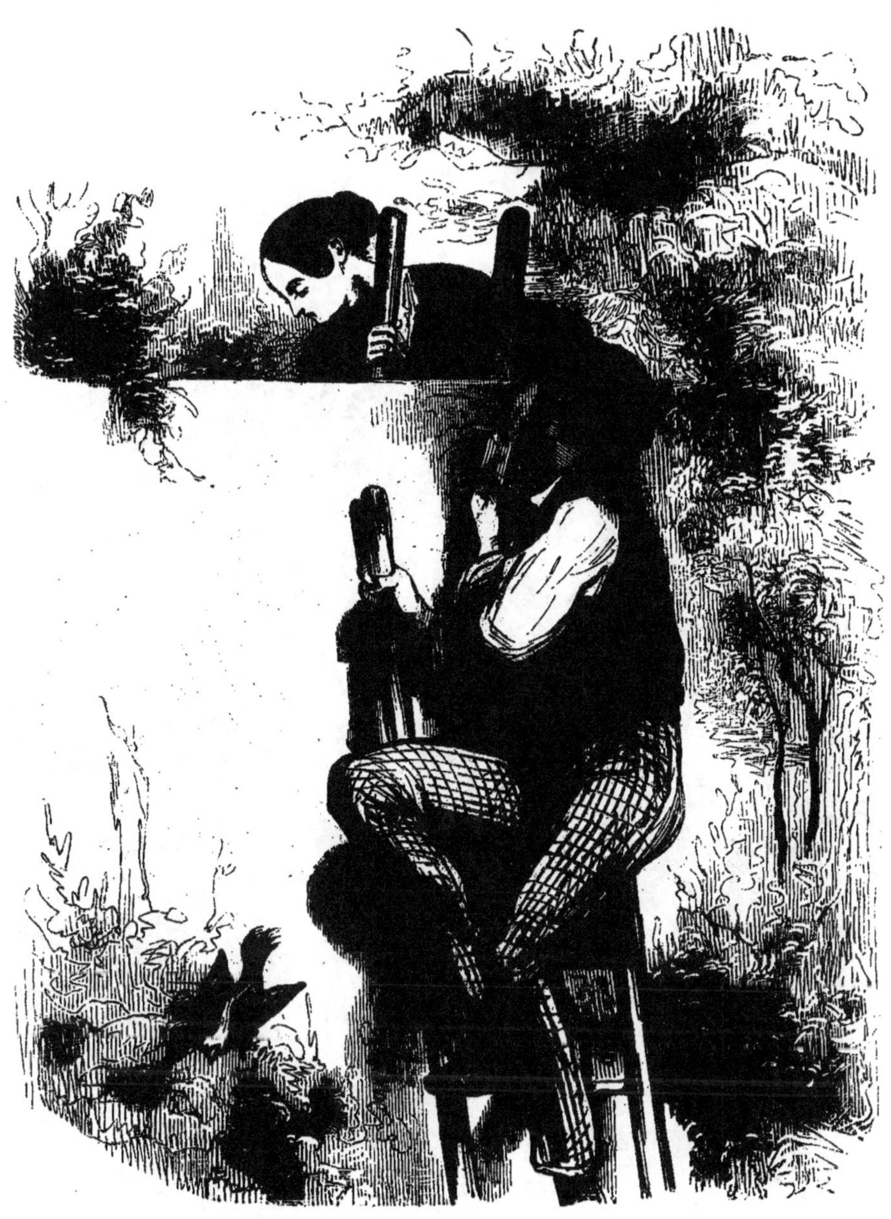

Faut que je voie après mon poulet..... Voyons, monsieur Charmé, ne fais pas de bêtises!.... et tiens l'échelle.

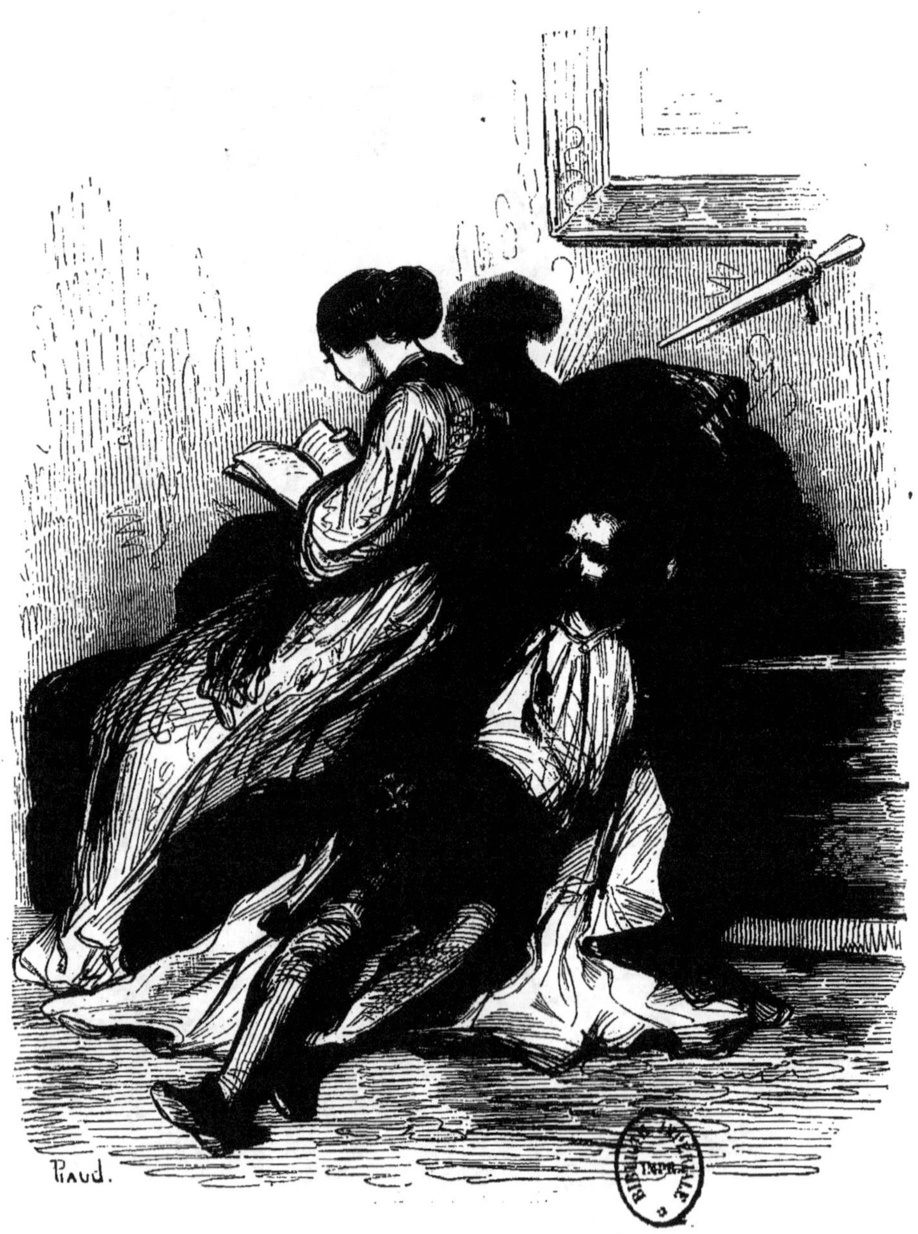

Un roman nouveau, un jeune amour, une vieille pipe.

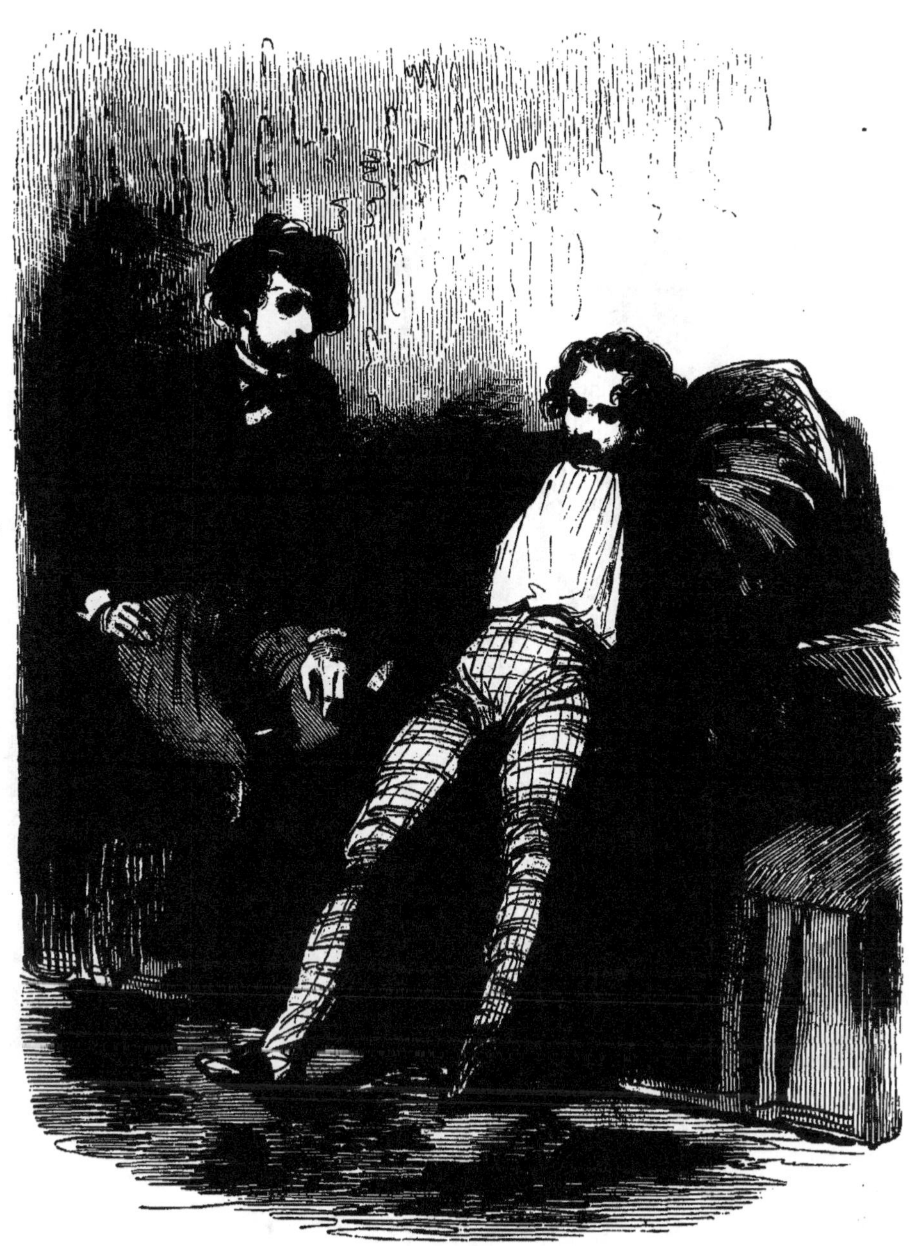

J'ai un service à te demander, mon bon Joseph... Il m'arrive quelque chose de bien bête : j'ai à l'heure qu'il est deux adorées sur les bras... Tu ne pourrais pas t'en arranger d'une?

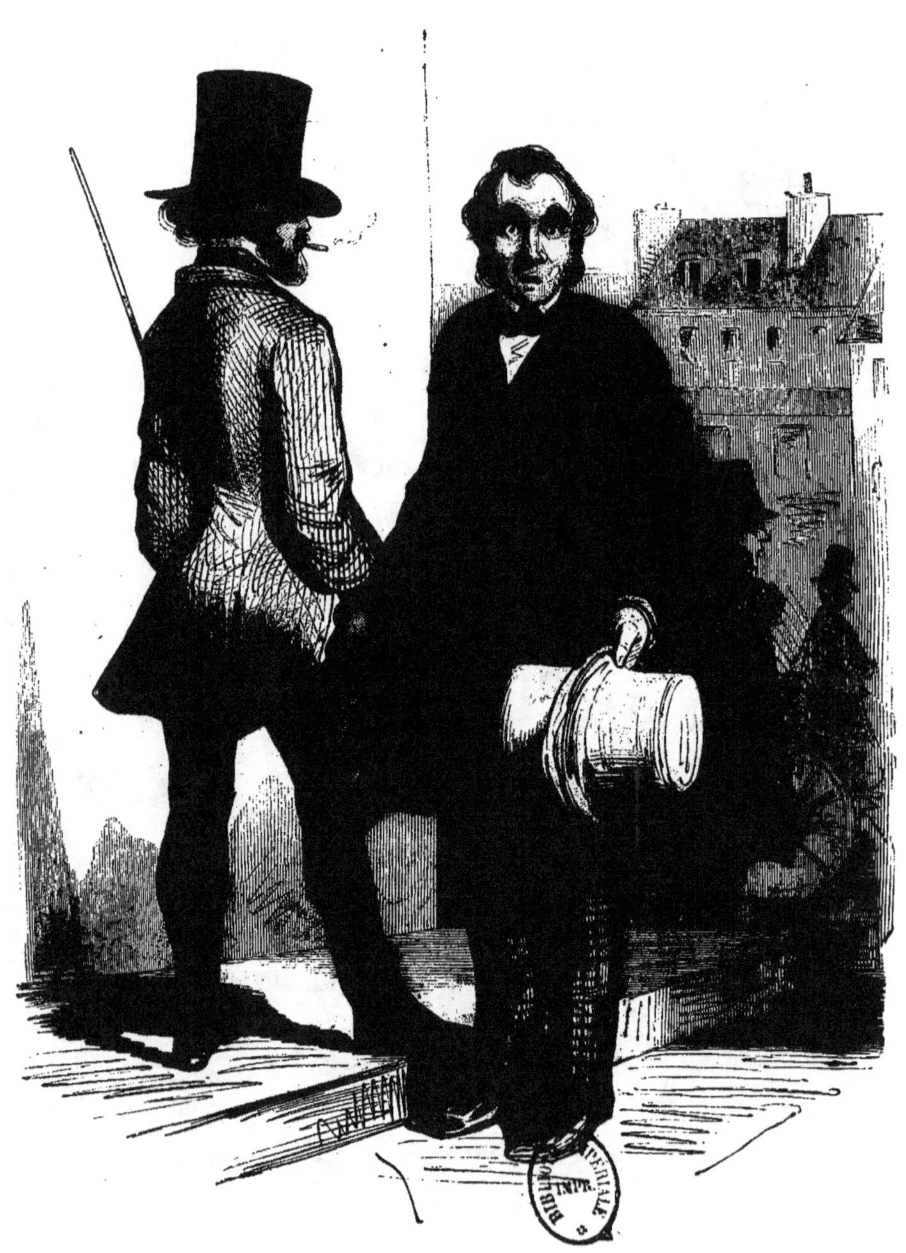

Il ne m'ôterait seulement pas mon chapeau!

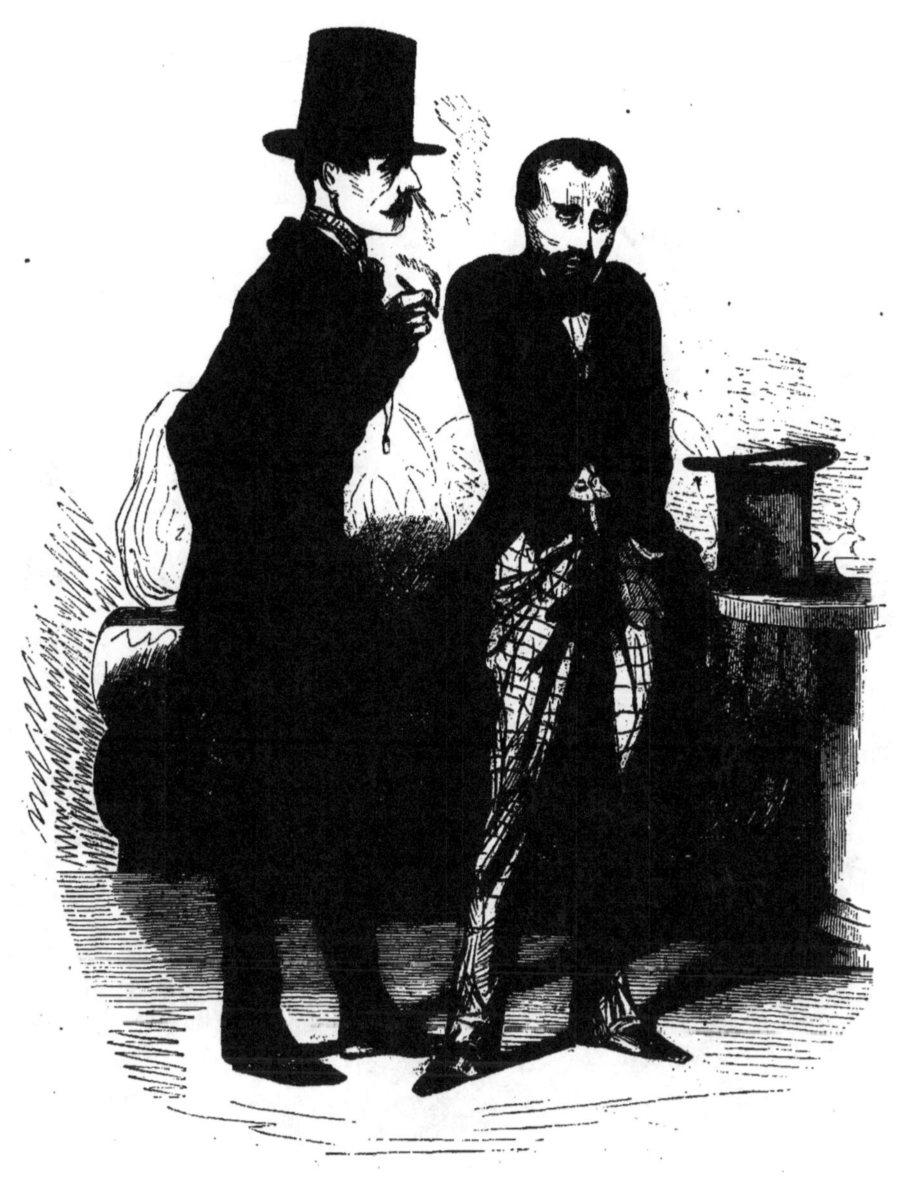

ORAISON FUNÈBRE.

— Ah ! c'est que c'était une riche nature de femme ! jolie, tout cœur, pleine d'esprit... et si bon garçon ! — Ça, c'est vrai !... Enfin !... il y en a d'autres.

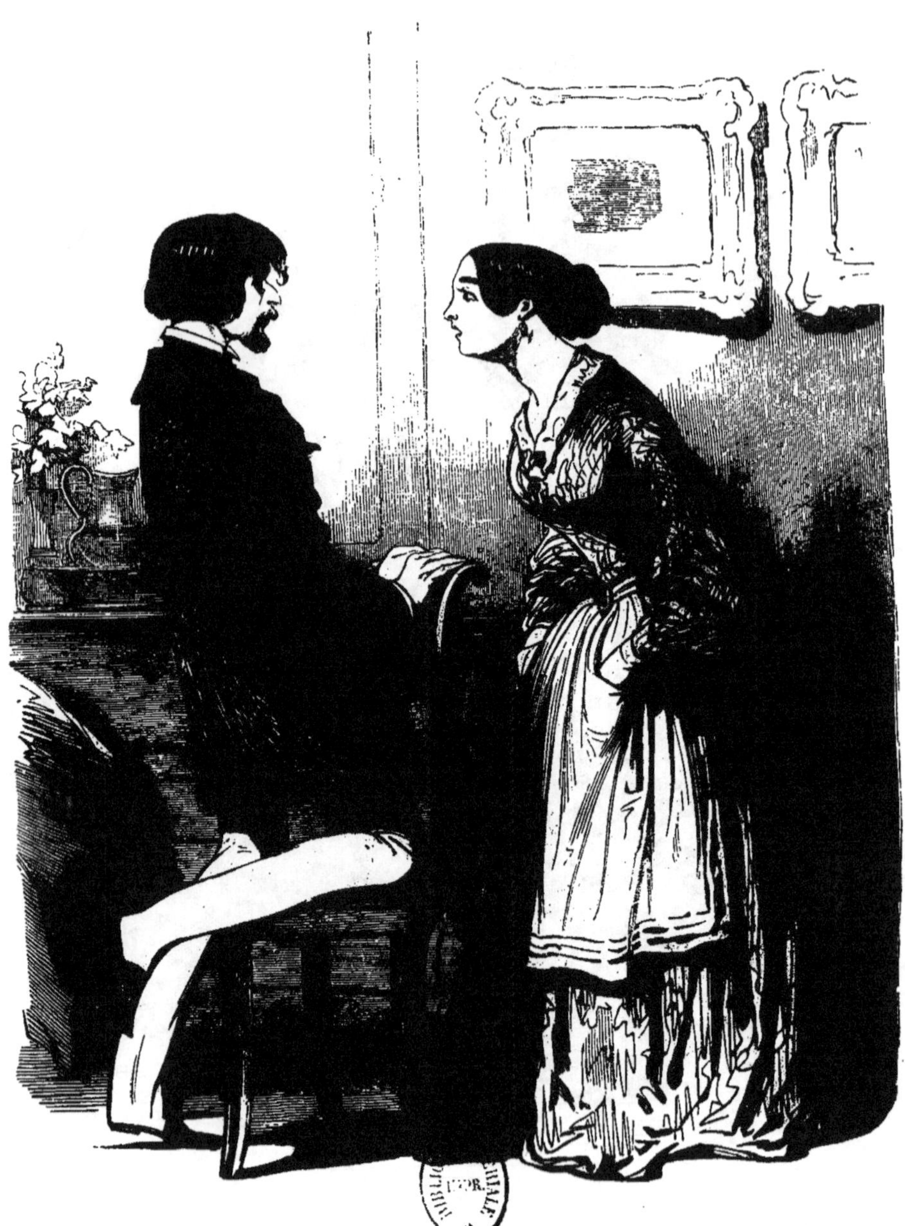

Eh! ben, après?... quand j'aurais connu mosieu Bélamy! c'est-il une raison pour qu'on parle mal sur moi?.. puisqu'il y aurait au moins trois semaines de ça, et que dimanche fera quinze jours que tu m'as parlé, imbécile!

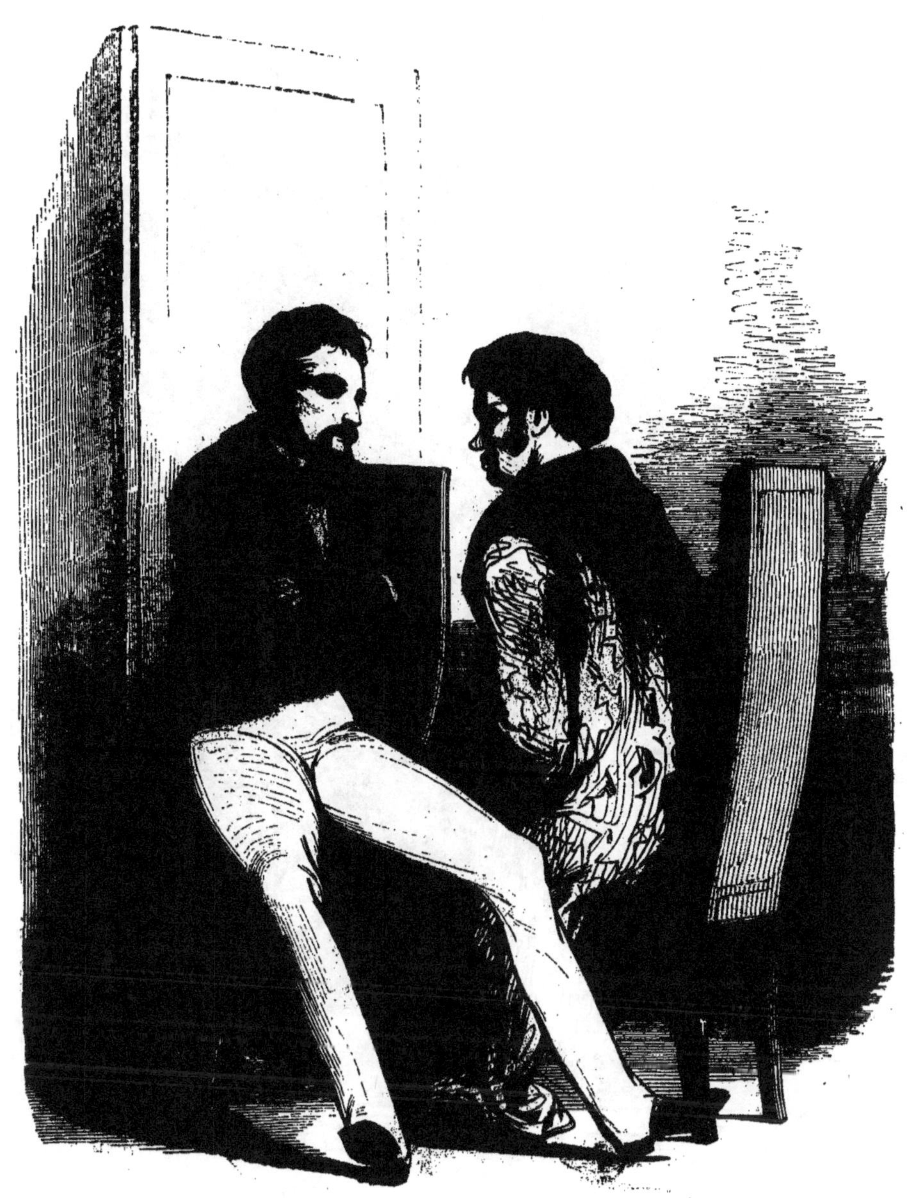

— Mais à ton âge, malheureux! je ne savais pas ce que c'était que des dettes...

— Mon oncle, c'est ce que je disais ce matin à mon neveu, en lui donnant quinze sous : ce polisson-là me ruine.

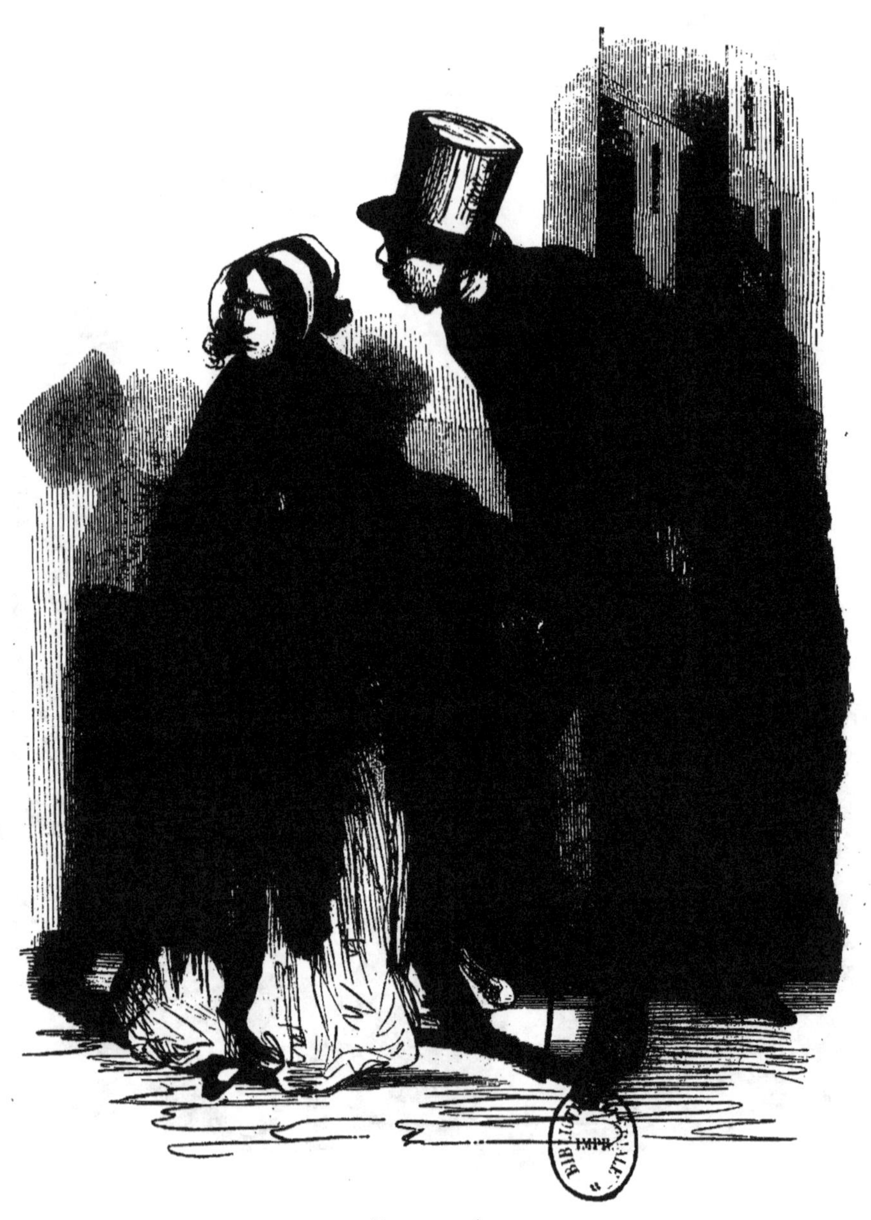

Temps perdu.

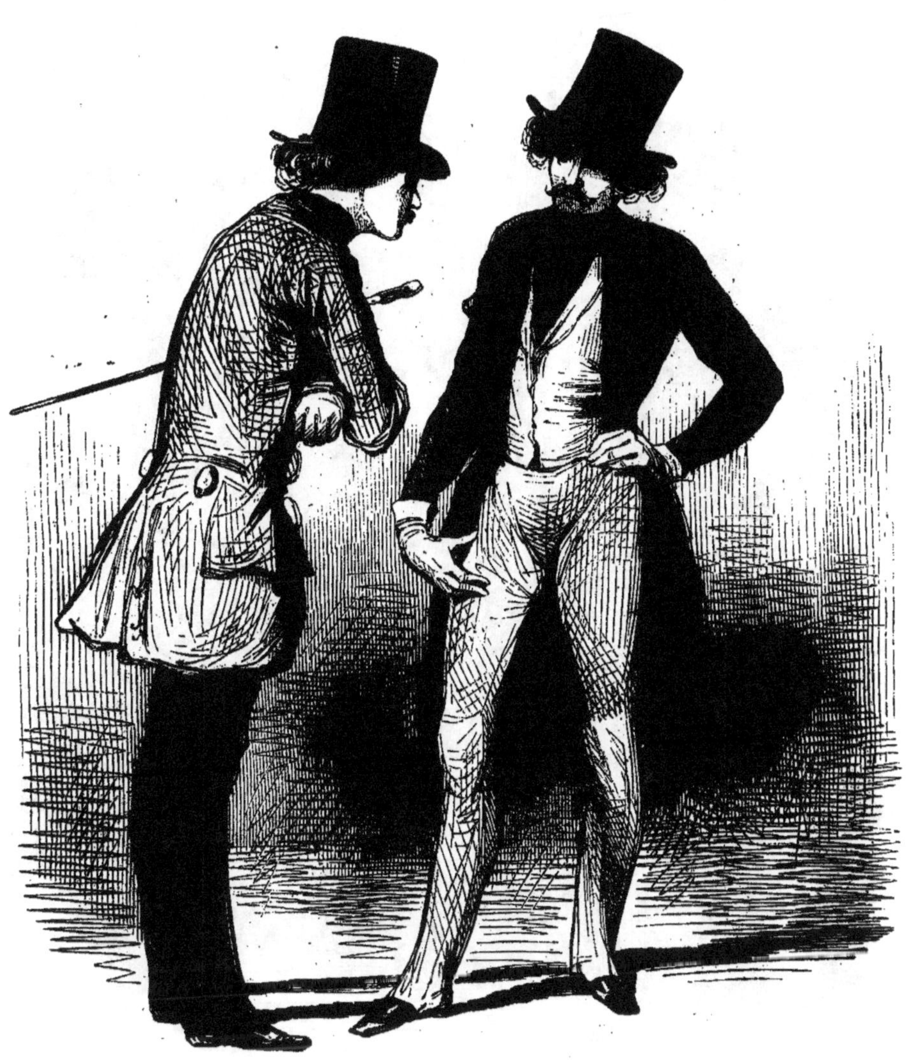

— Tu sais bien que Maurice et Charles avaient toujours des histoires ensemble pour la petite Zélie?... Eh bien!... — Eh bien! elle a partagé le différend par la moitié. — Juste! alors ils vont se battre.

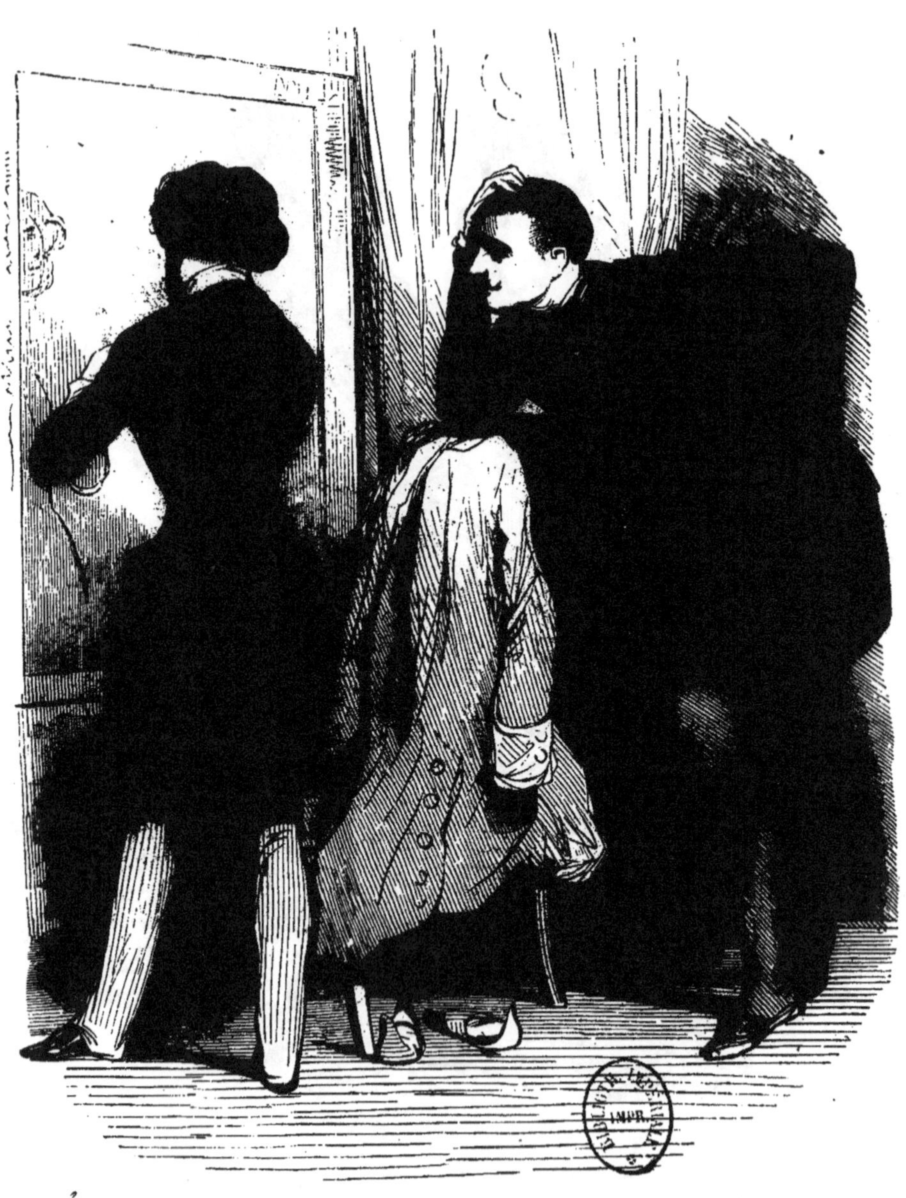

— Combien ça coûte-t-il, un habit comme ça? — Je ne sais pas. — Dieu veuille, mon cher, que tu ne le saches jamais.

GAVARNI.

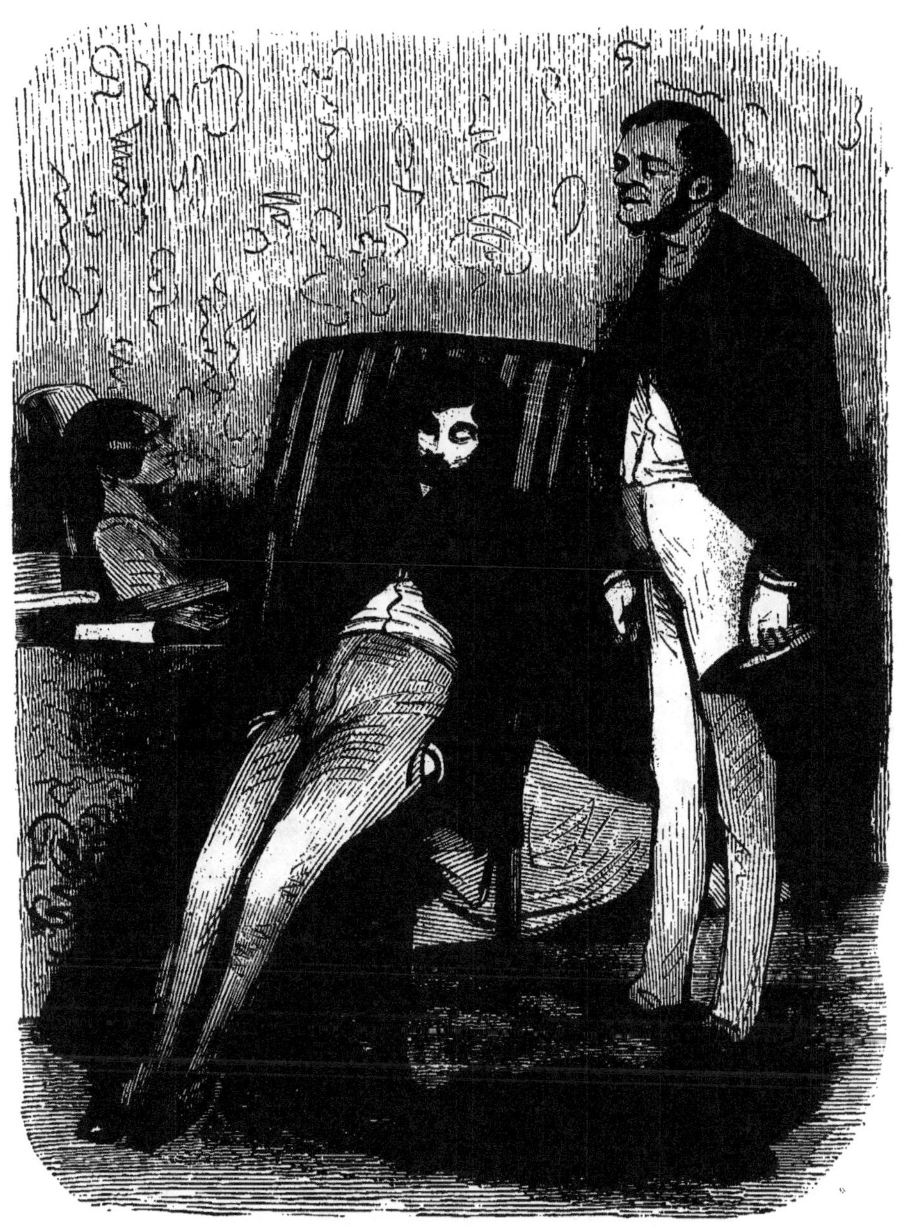

Comme ils se sont amusés... avec leur sot roman!... au lieu de venir avec moi à la Comédie-Française, ils auraient vu Georges Dandin, les nigauds!

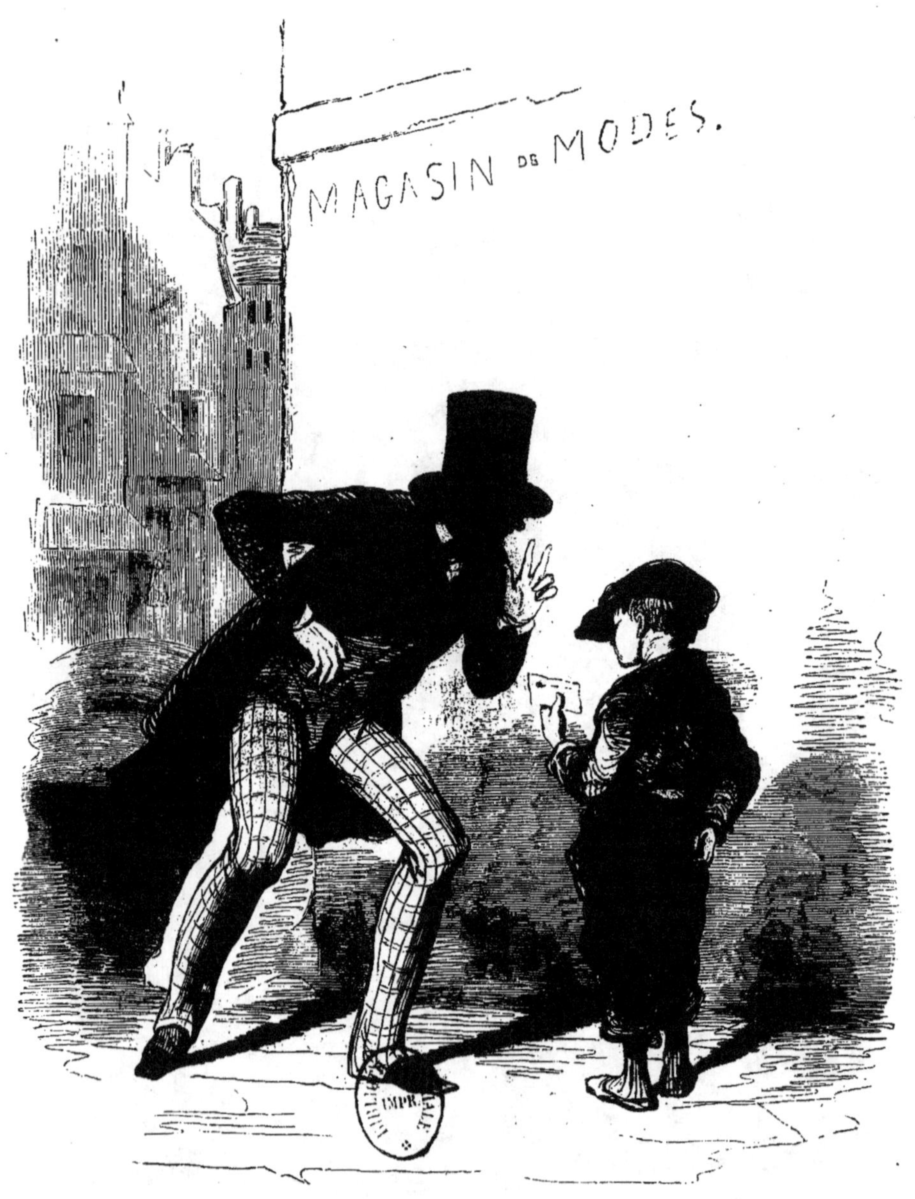

— Ne va pas te tromper! Si c'est un mosieu qui t'ouvre, tu diras ce que je t'ai dit, si c'est une dame, tu ne diras rien, tu donneras ça; si c'est une bonne aussi, ou une petite fille.

— Il n'y a toujours que le mosieu qui ne doit pas voir.

— C'est ça.

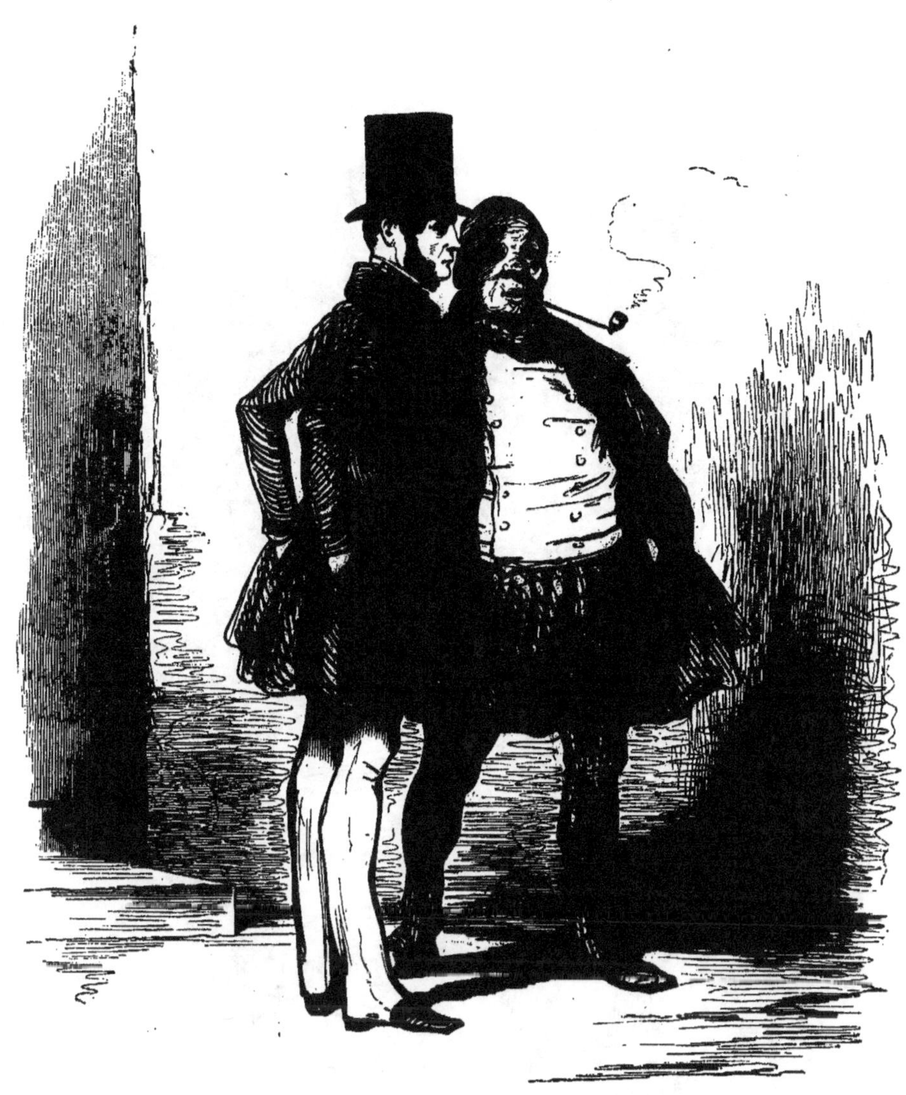

— Petit oncle, vois-tu, je voulais te dire... que...
— Connu ! tu repasseras : j'ai pas de monnaie.

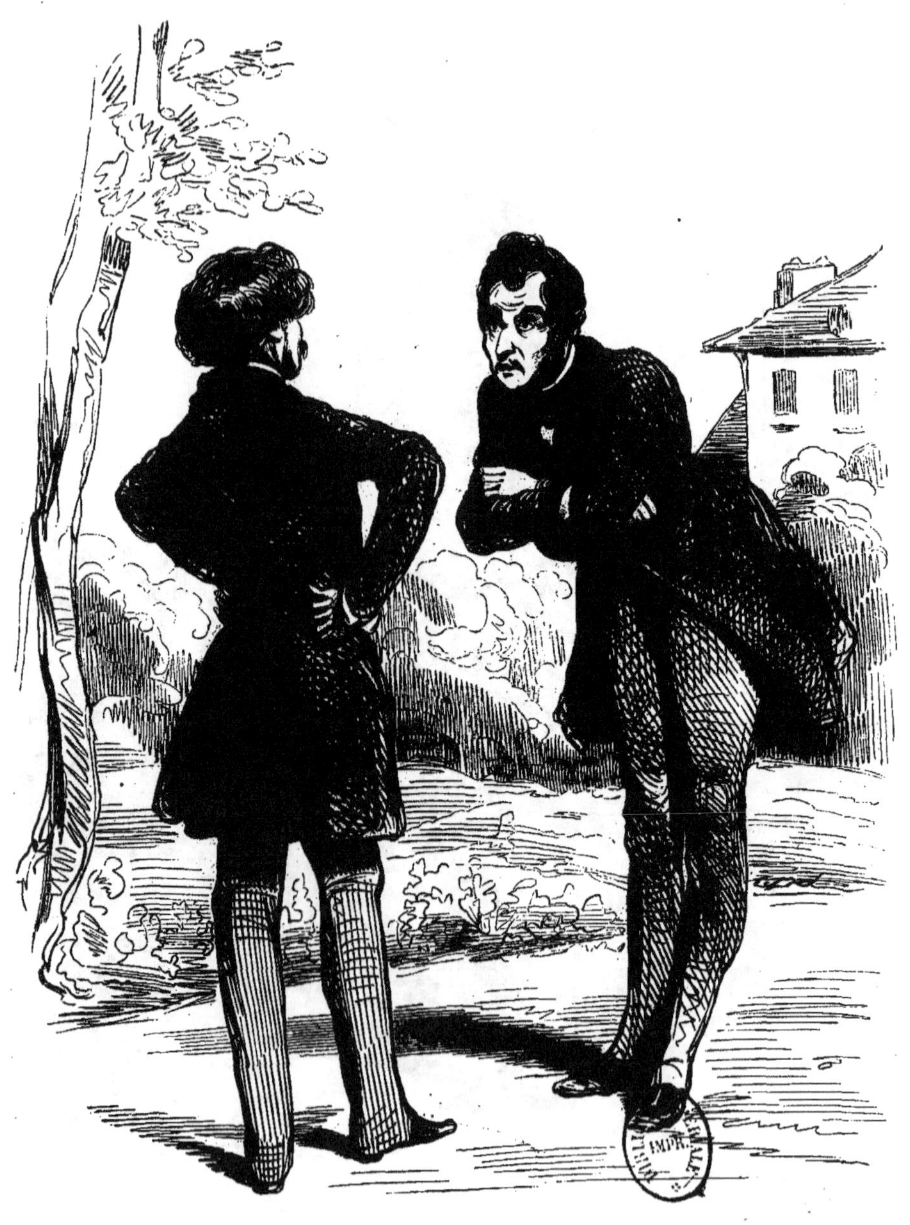

— Te voilà propre!... Mon cher, ton imbécile de groom s'est trompé de bouquet; ton billet pour la petite est chez la tante!

— Ah! chien!!! Au fait, qu'est-ce que ça me fait? Tiens! j'aime mieux la tante.

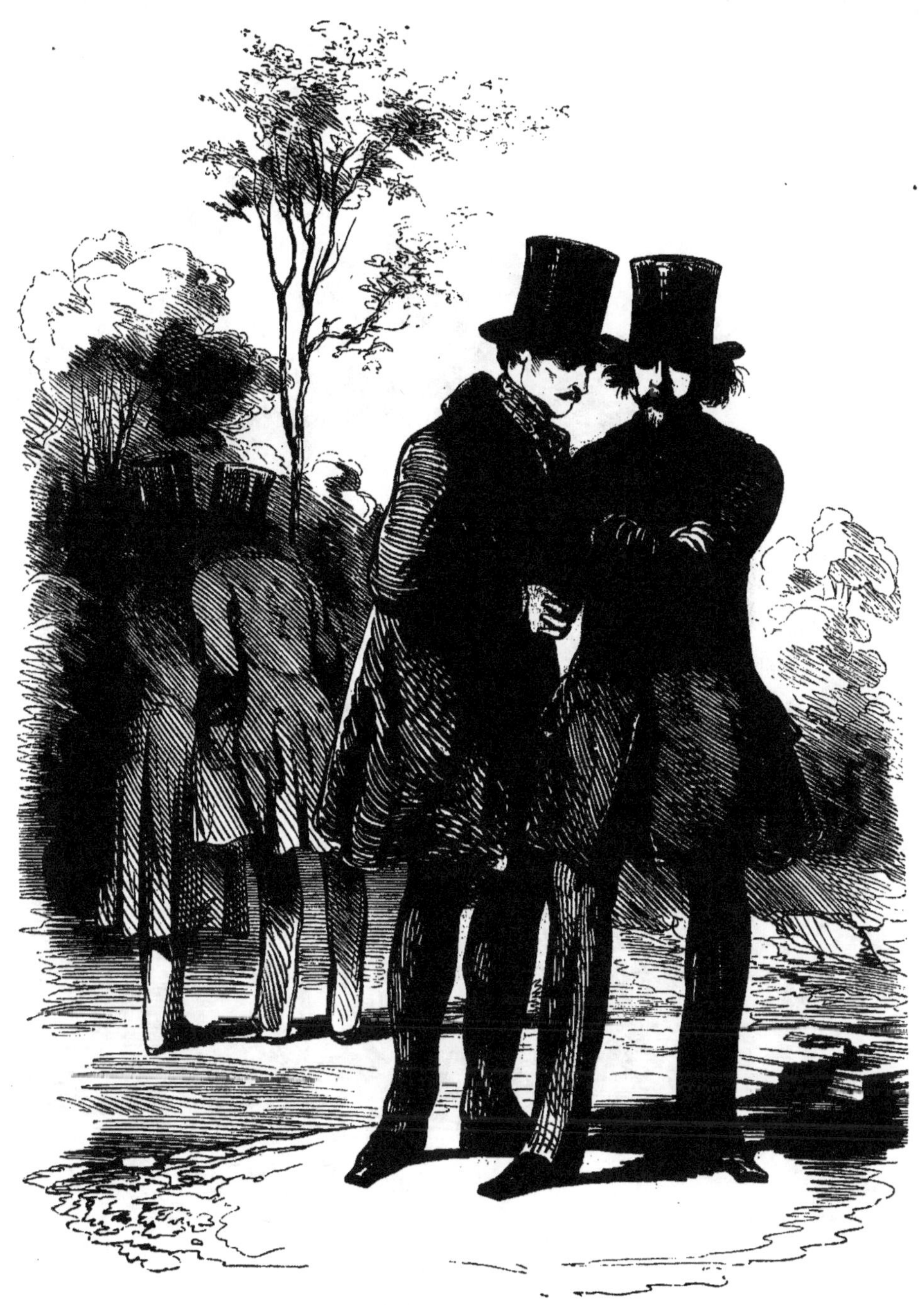

Tu pourrais te contenter d'un simple coup de pistolet à quinze pas ; c'est déjà bien gentil !... Entre nous, Florentine ne vaut pas davantage .. hein ?

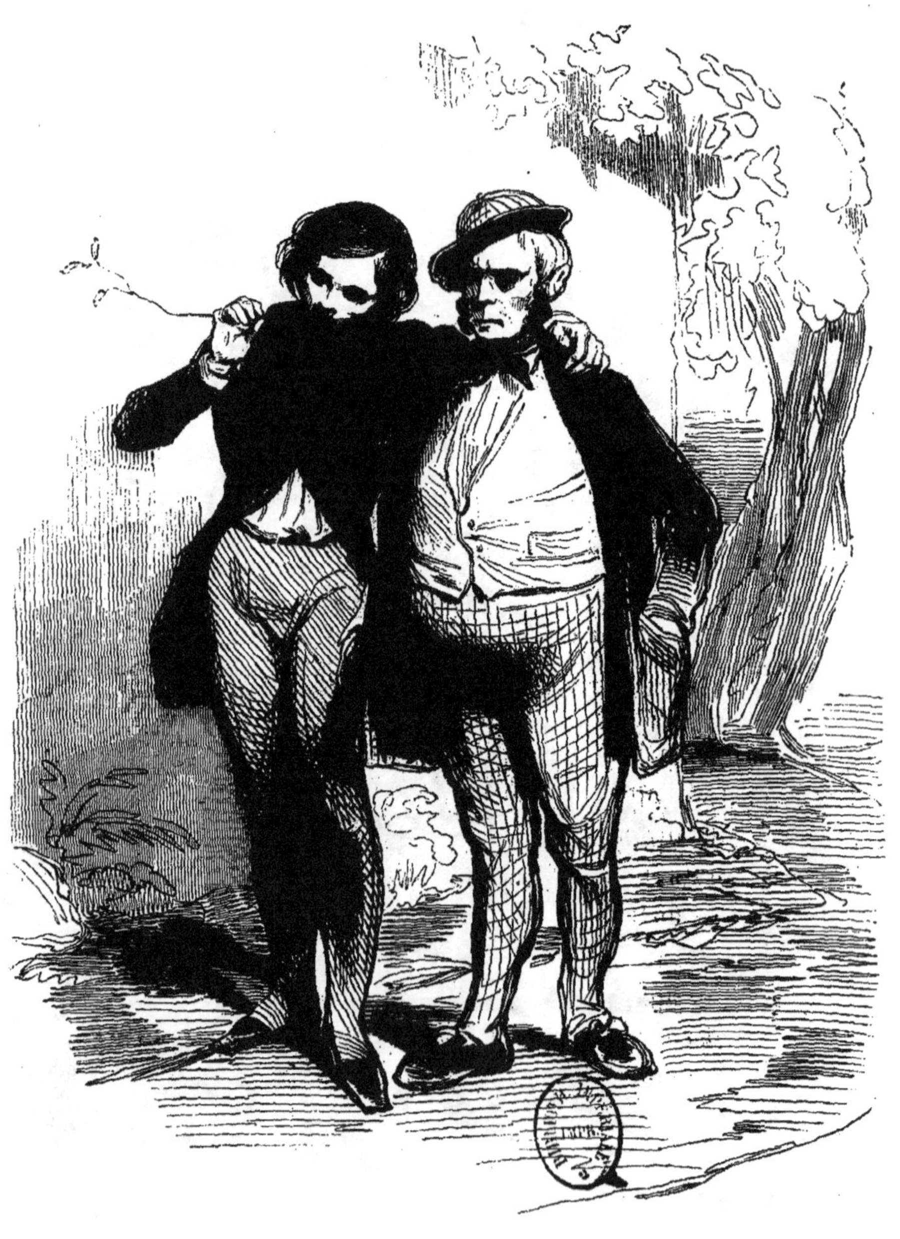

— Je ne vous ai pas retenu les cinquante francs que vous me devez depuis six mois, comment! — Ah! bien, parrain, ça passera pour les intérêts des cent écus que tu m'as donnés. — Comment cela? — Parce qu'il y a quinze jours que je te les demandais; parrain, faut être juste!

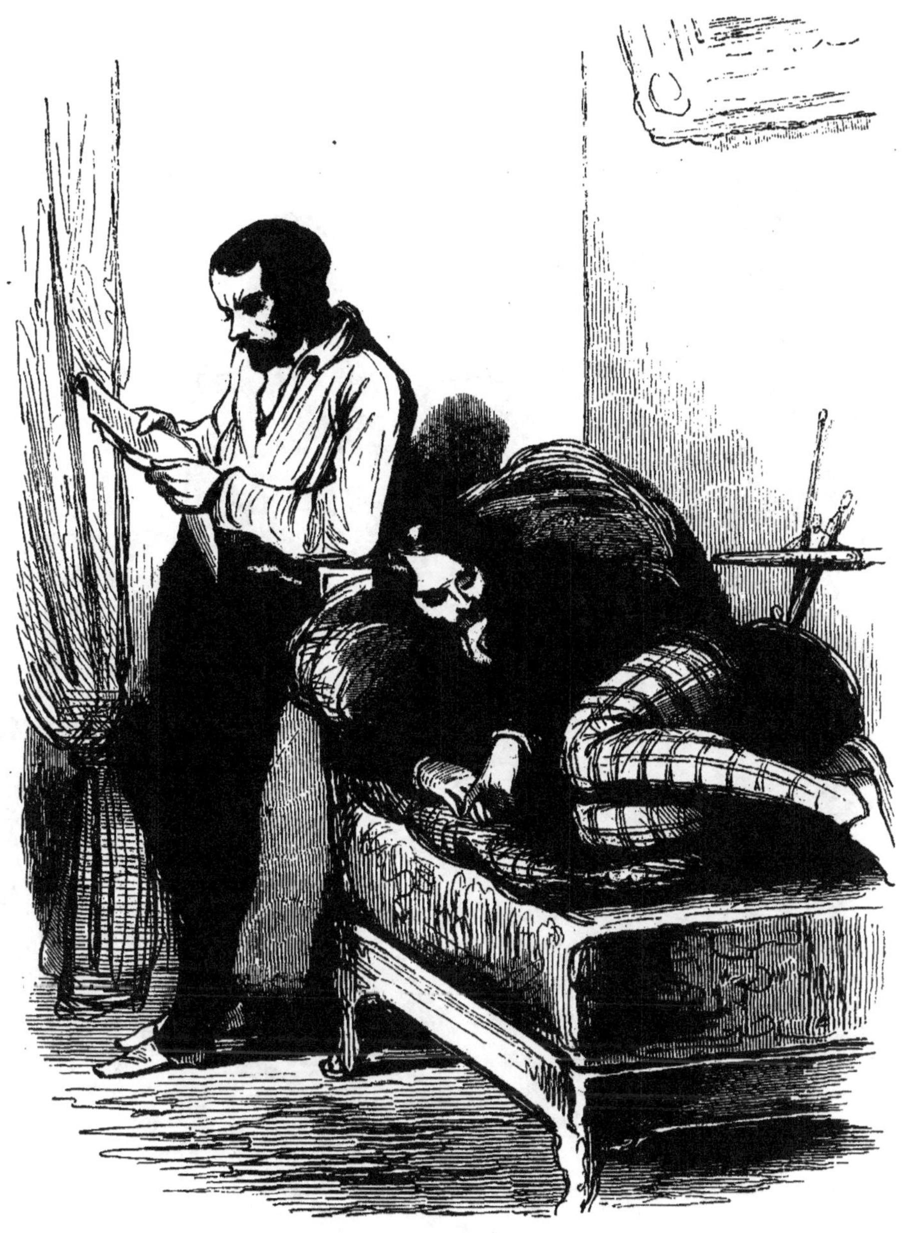

— « Le marquis de Chancelles est à Naples, » dis donc ! — Ah ! — Tiens ! Naples, c'est une idée, viens-tu à Naples ? — Je n'ai pas le sou cette année... faudrait vendre des rentes ou me défaire de Julia. — Défais-toi plutôt de Julia, bête !

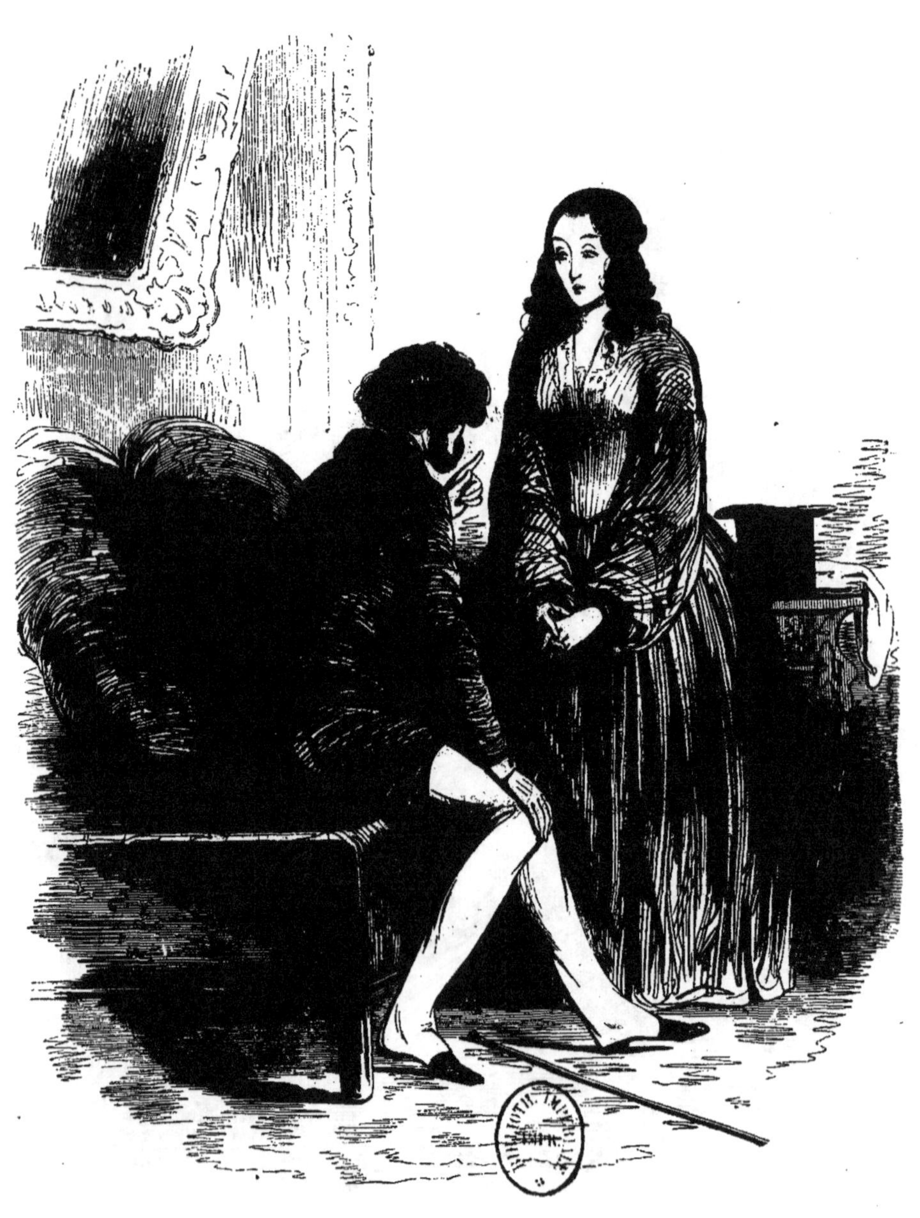

— Écoutez, Juliette! Bourdin m'a tout conté. — Hein? — Tout! — Quoi? — Tout! — Eh bien! voilà du propre!

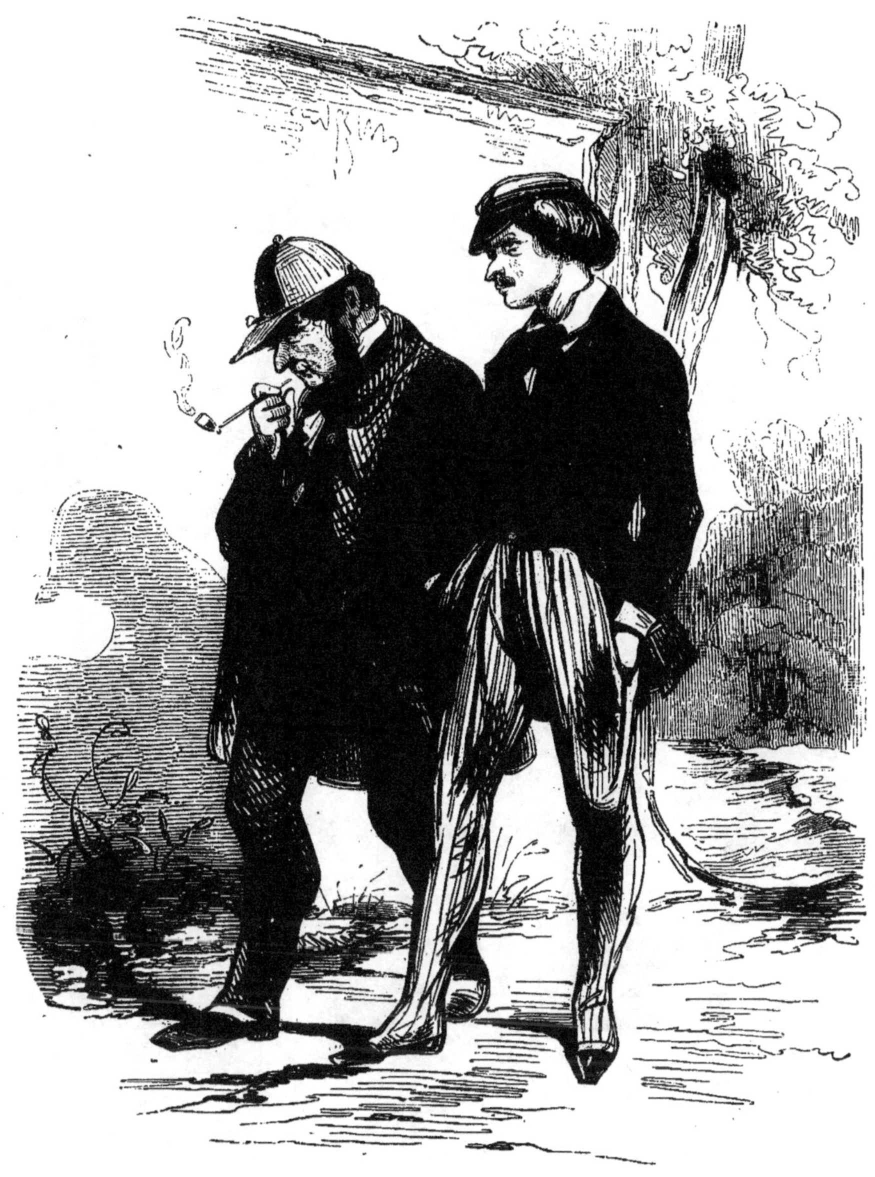

— Il faut te décider, voyons!!! Épouse Claire, avec le bois de Nangie, ou prends Clémence, tu auras les moulins!... Veux-tu le bois, ou veux-tu les moulins? — Ah! parrain, je voudrais... — Le bois et les moulins? — Parrain, je voudrais Félicie, qui n'a ni bois ni moulins. — Vous êtes un sot, filleul. — Je suis amoureux, parrain. — Vous êtes un sot, filleul

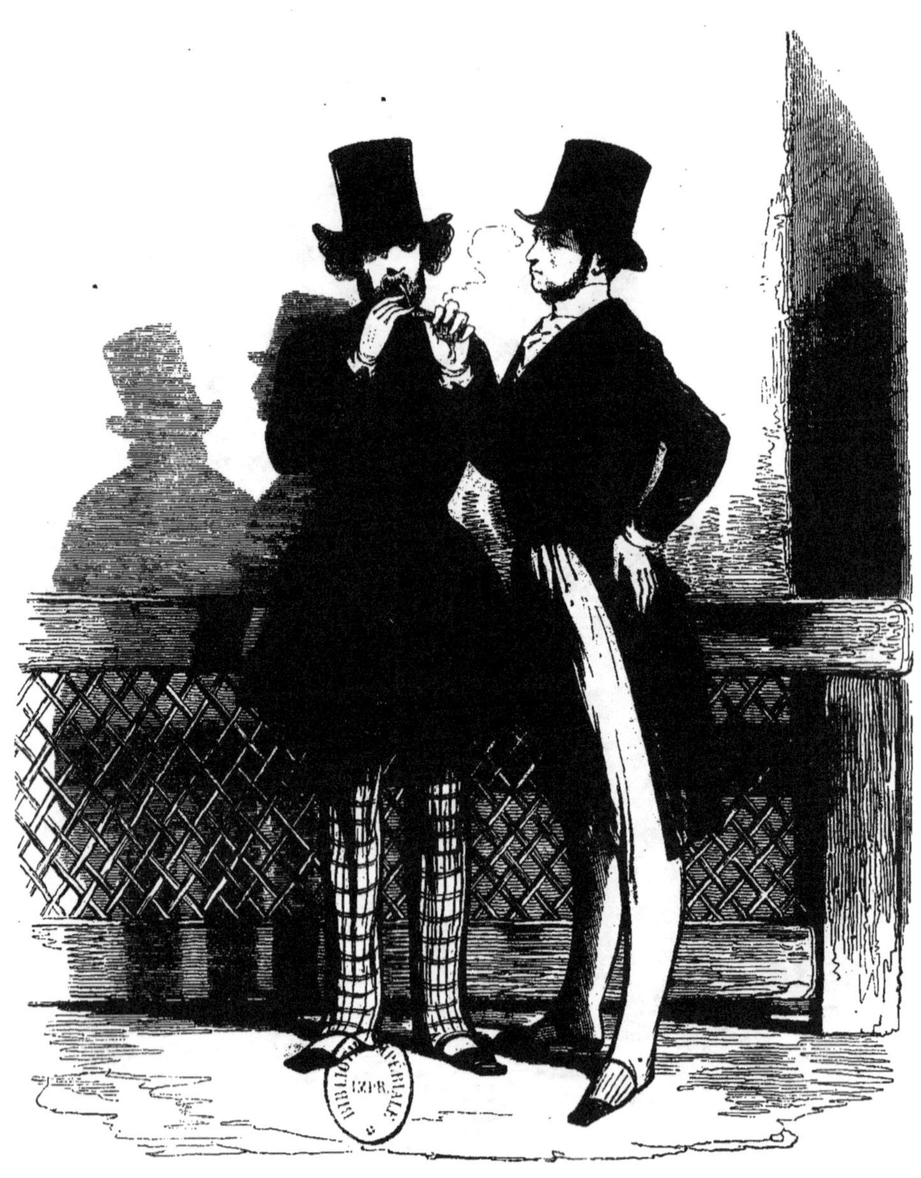

— Payes-tu cher à ton hôtel?

— Affreusement cher, je ne paye pas.

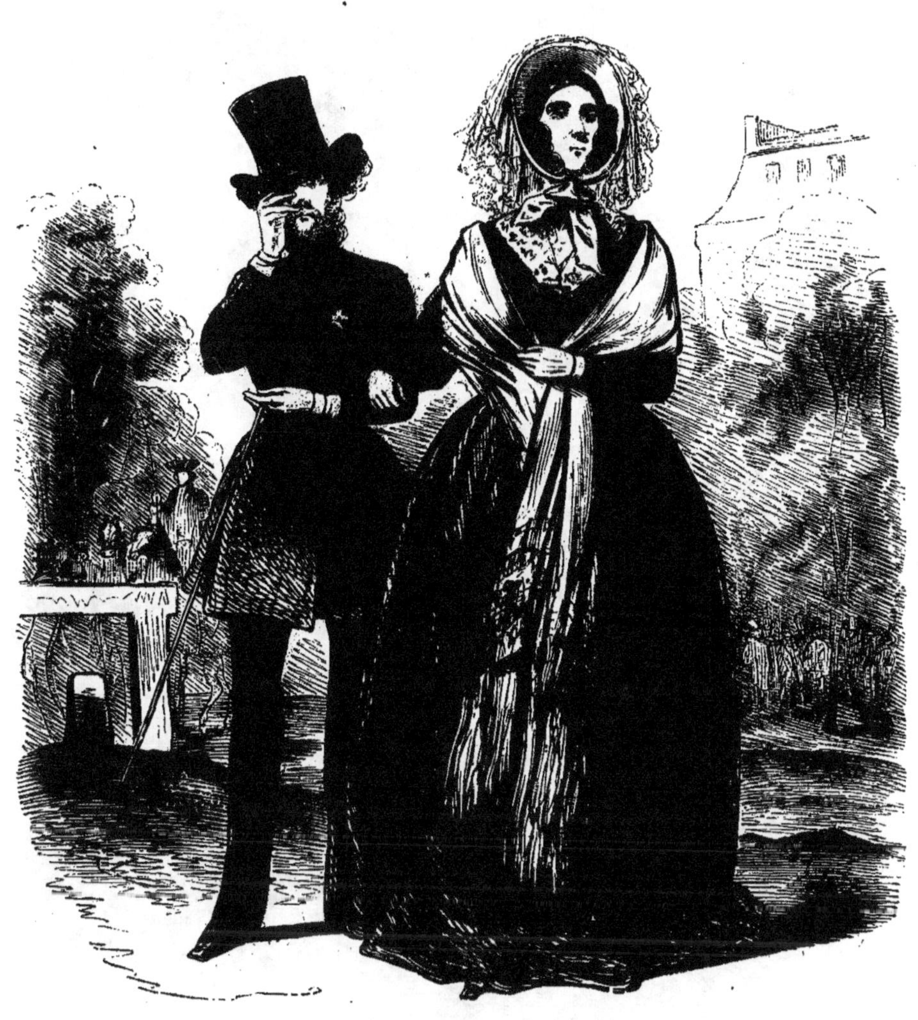

ON A SOUVENT BESOIN D'UN PLUS PETIT QUE SOI.

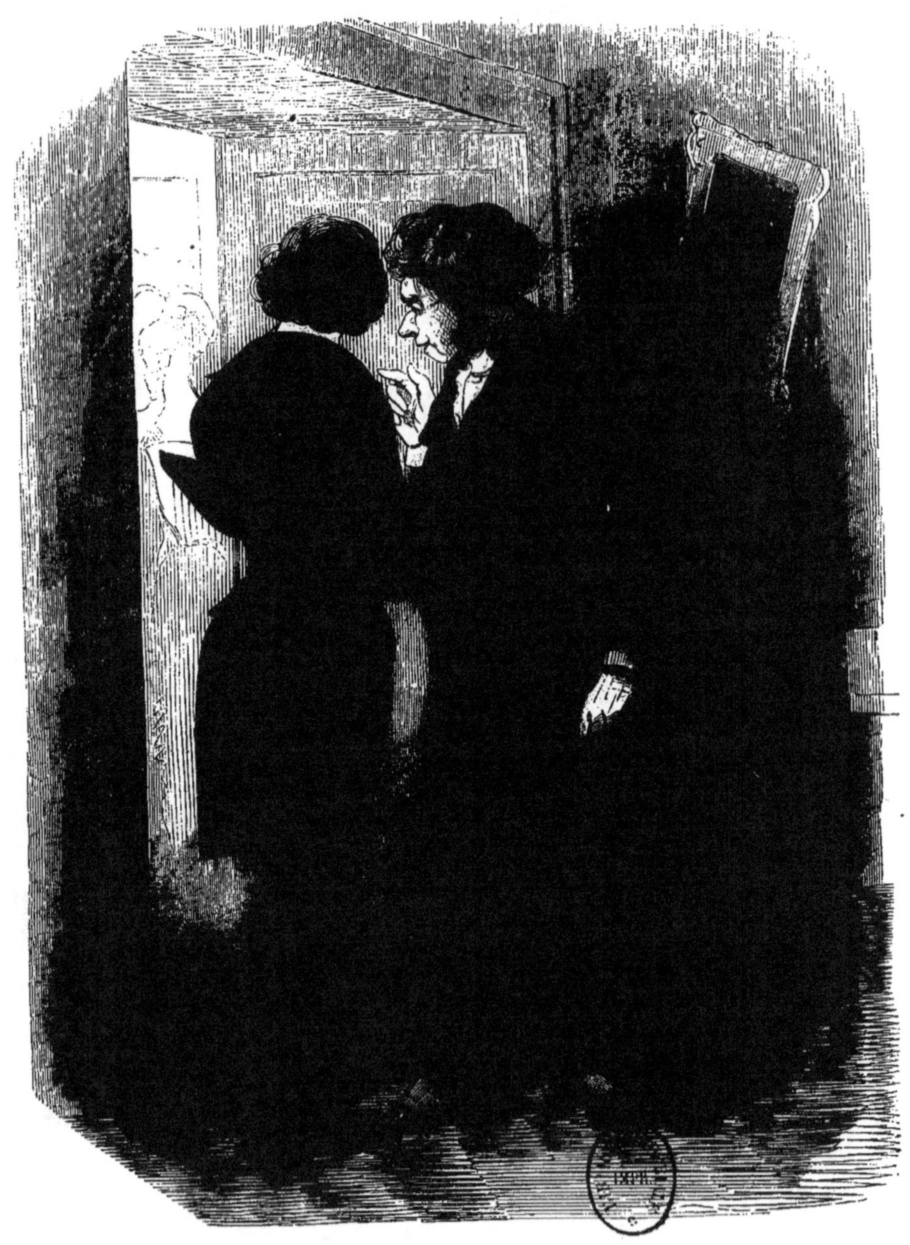

— Voyez-vous là, au second quadrille... des épis de diamants .. — Charmante personne! — Je veux vous présenter après la danse : vous serez enchanté de faire la connaissance de la baronne de Cocardeau. — Je le suis déjà, mosieu le baron, d'avoir fait la vôtre!

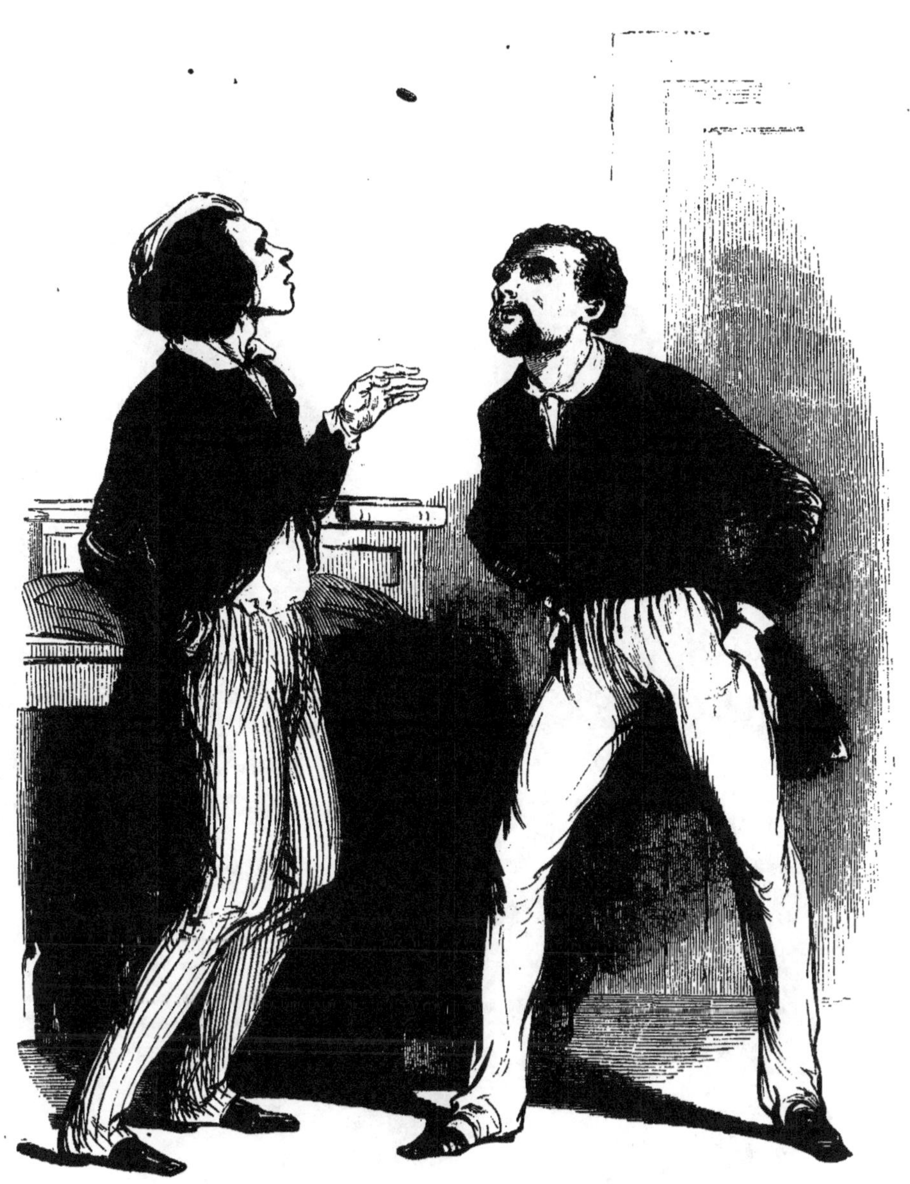

— Voyons! j'aime Clara, si c'est face; si c'est pile, j'aime Augustine.

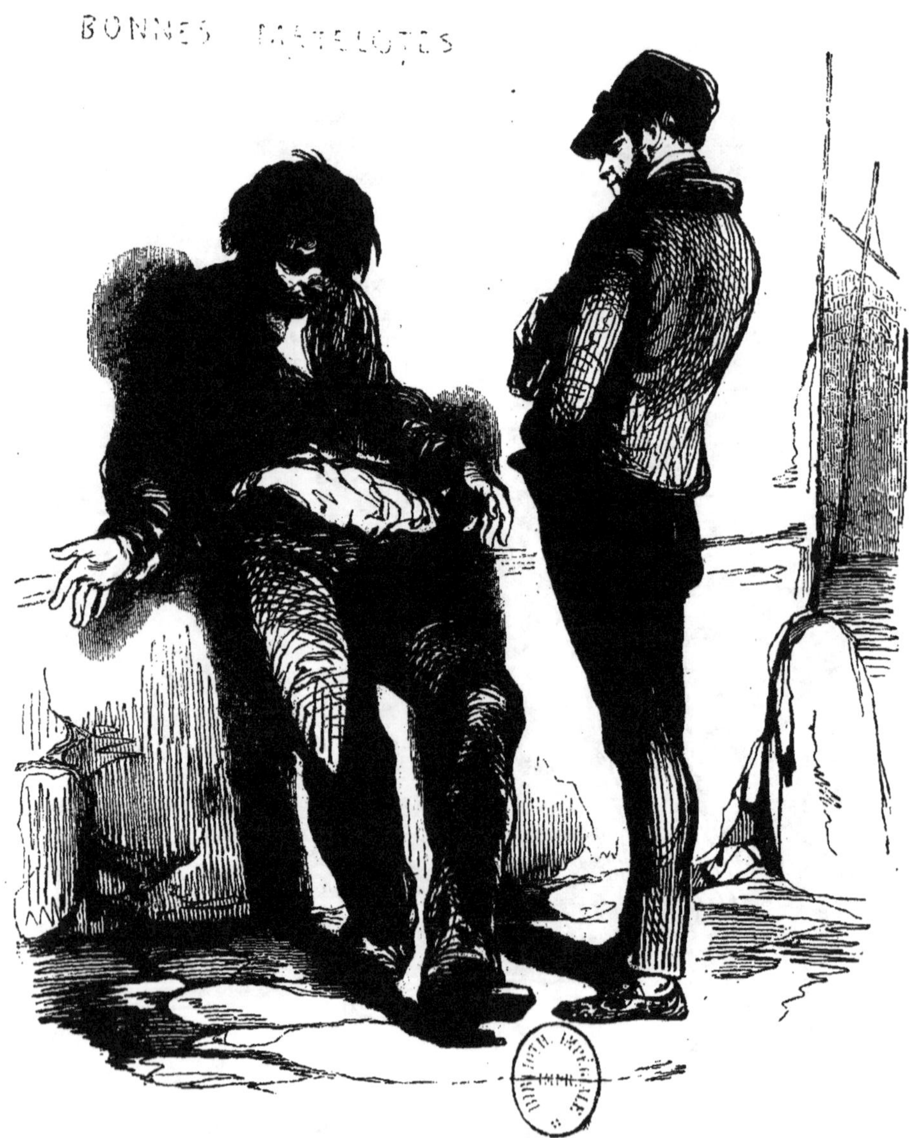

— Eh ben ! Landerneau, ça ne va donc pas mieux?

— Mon brave mosieu Co...o...lignon... je suis... encore bien faible.

GAVARNI.

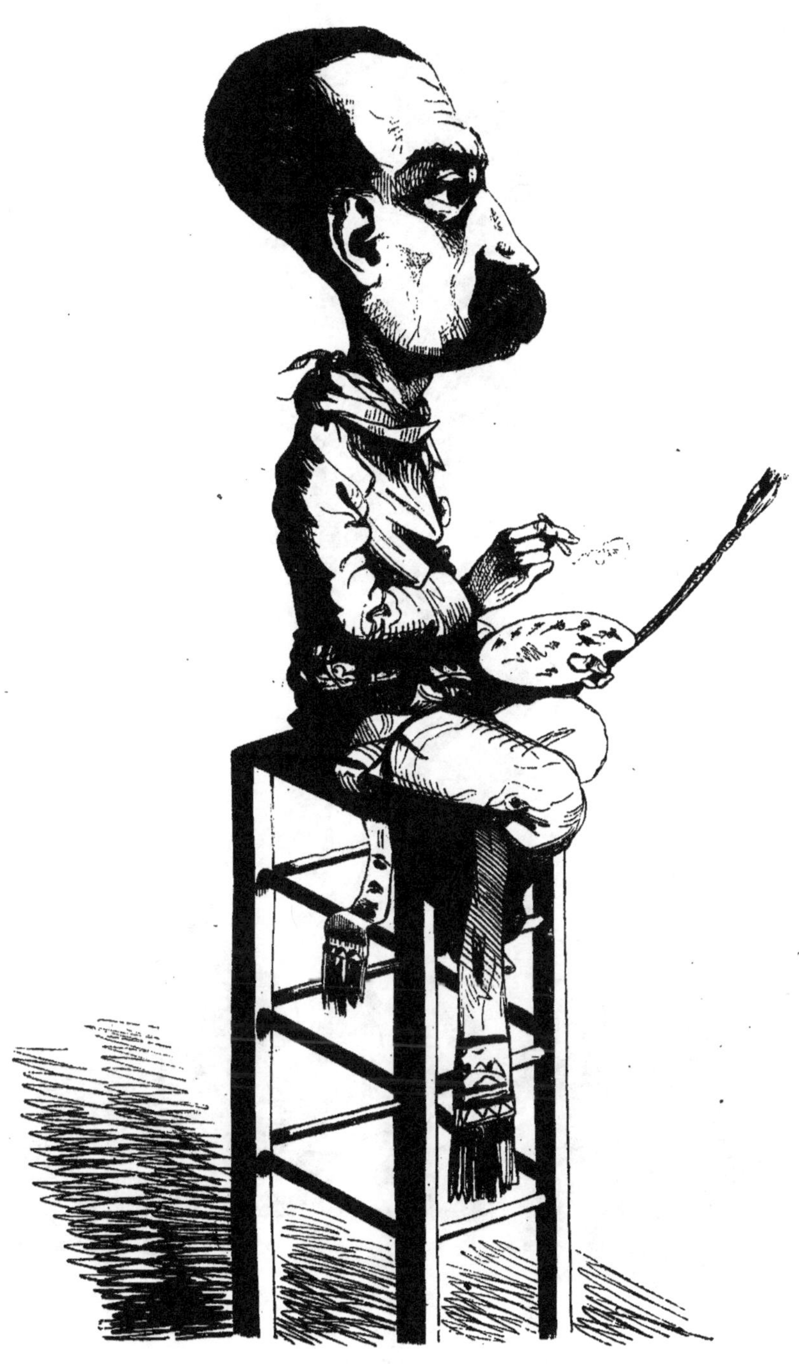

HORACE VERNET.

FABRITZIUS. LE DIABLE A PARIS.

PORTRAITS FLATTÉS. — 2.

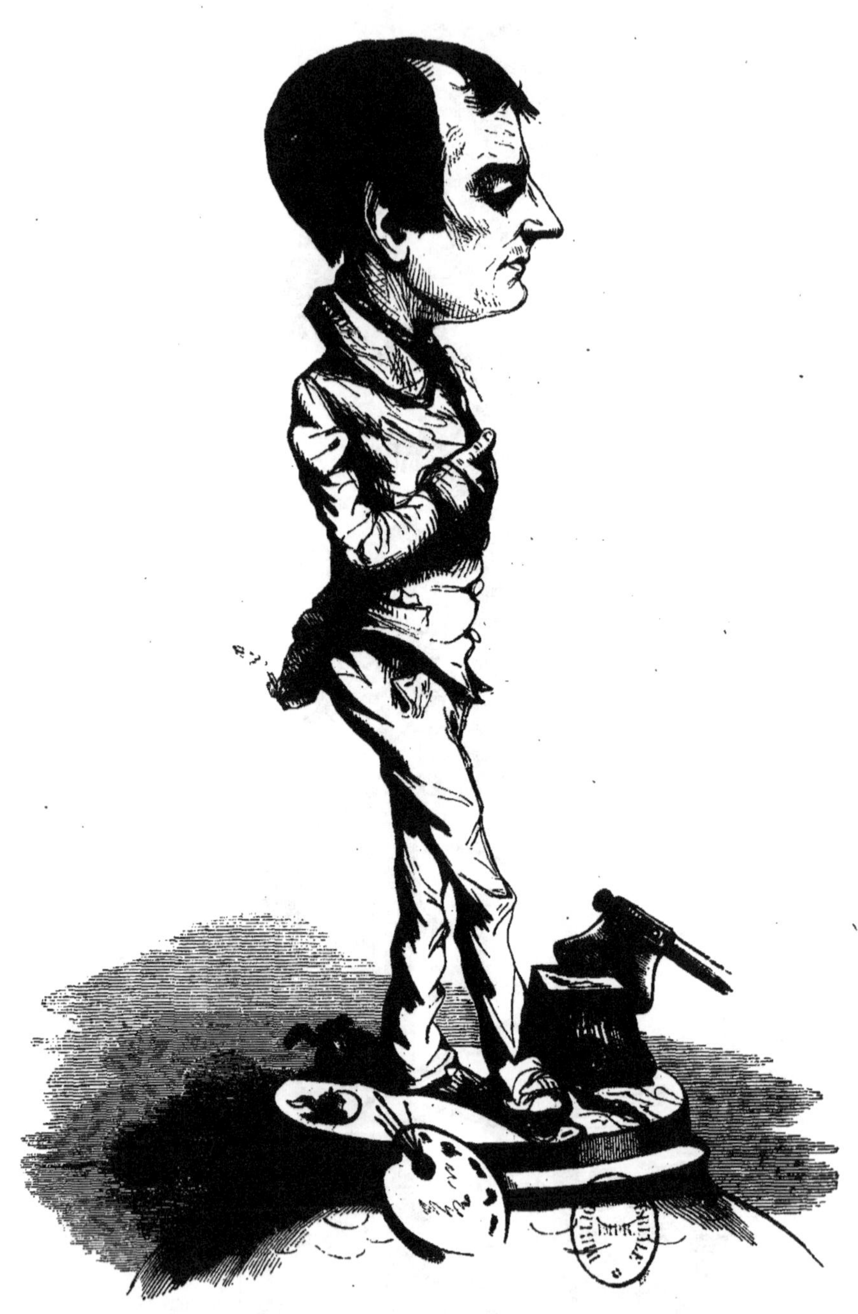

DELAROCHE.

FABRITZIUS.

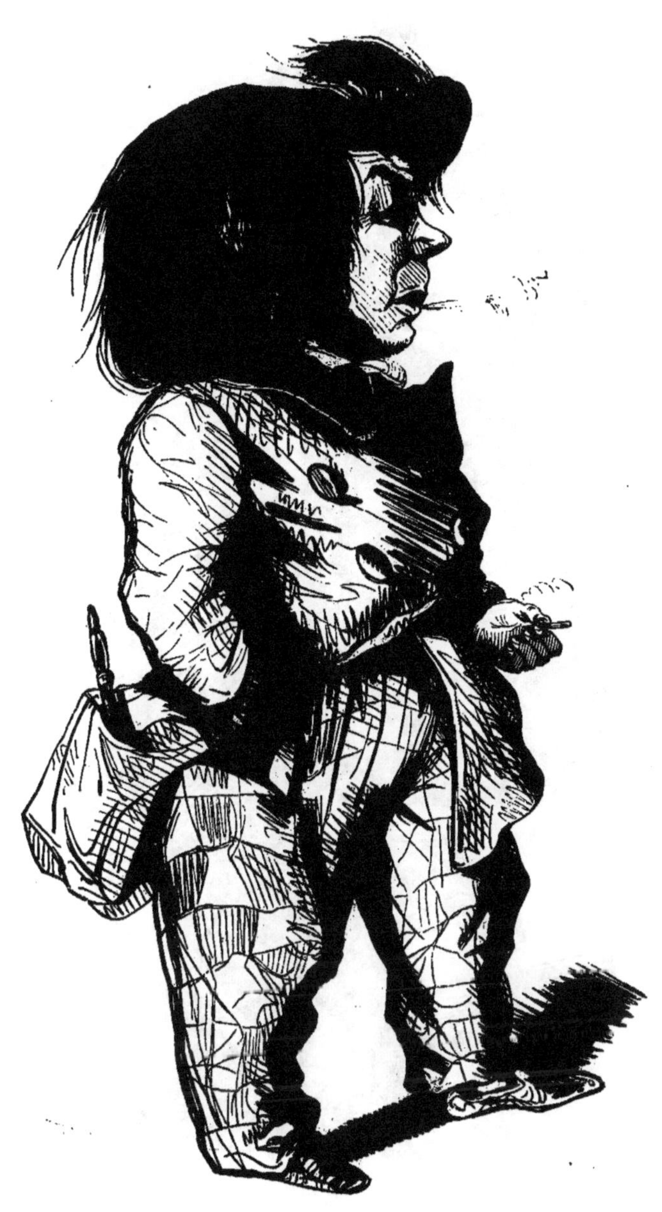

DAUMIER.

PORTRAITS FLATTÉS. — 4.

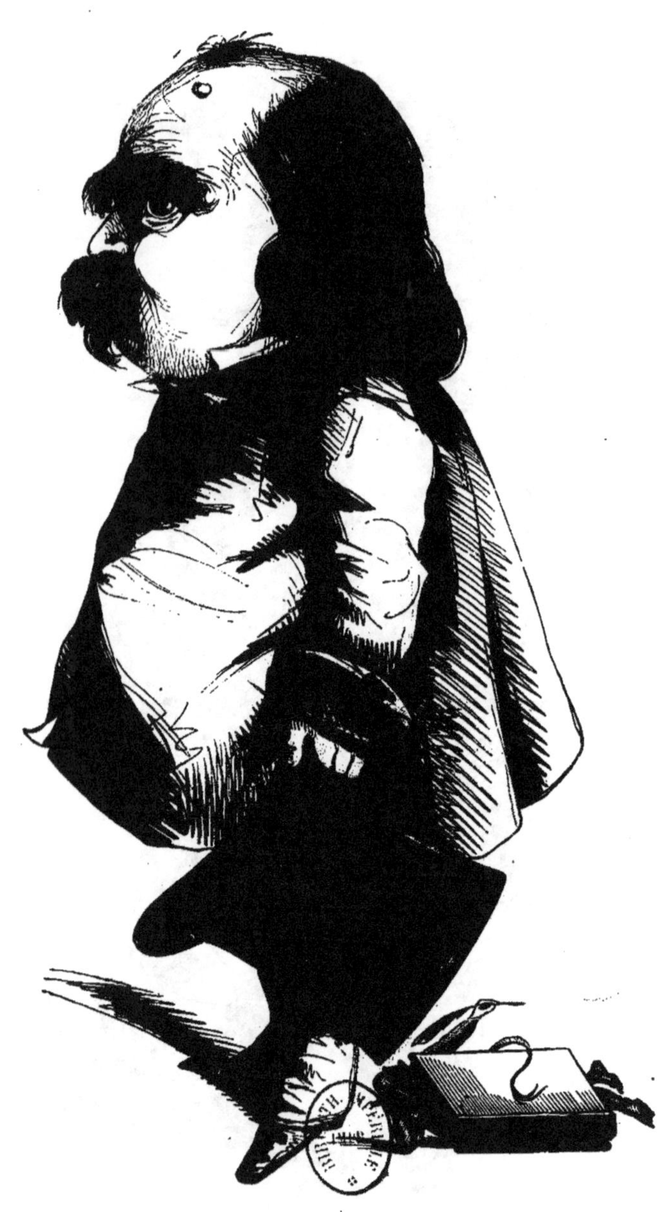

FRÉDÉRIC SOULIÉ.

FABRITZIUS.

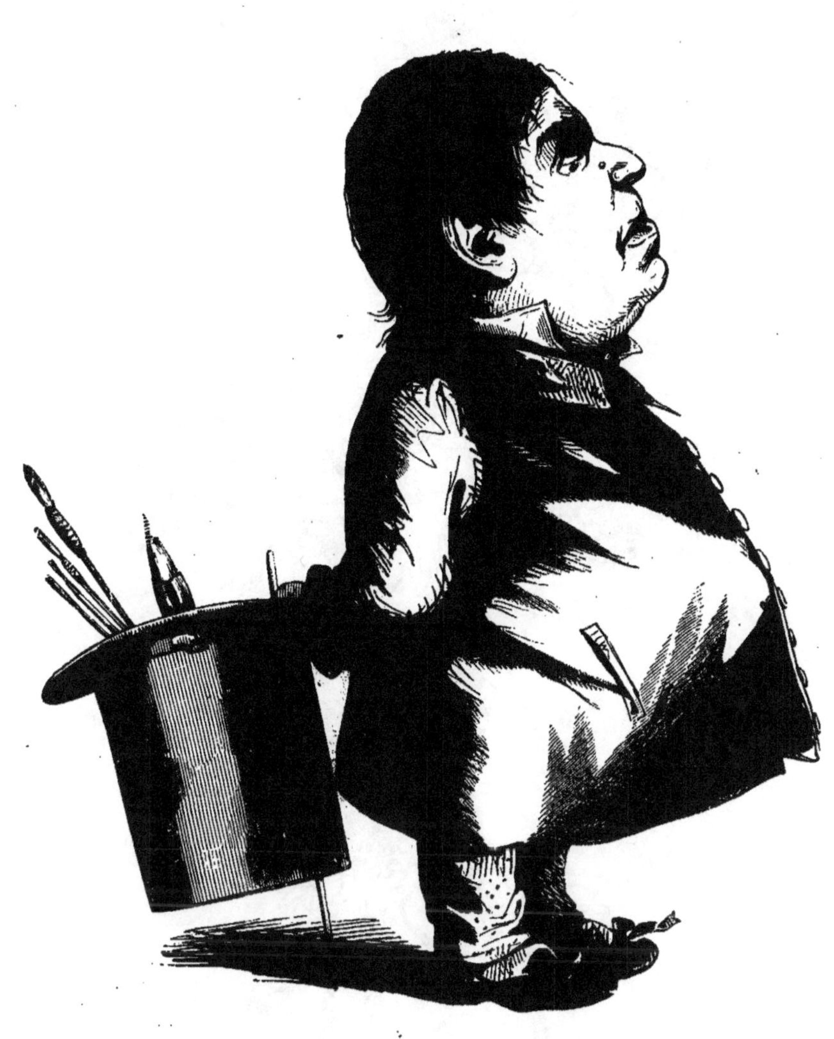

INGRES

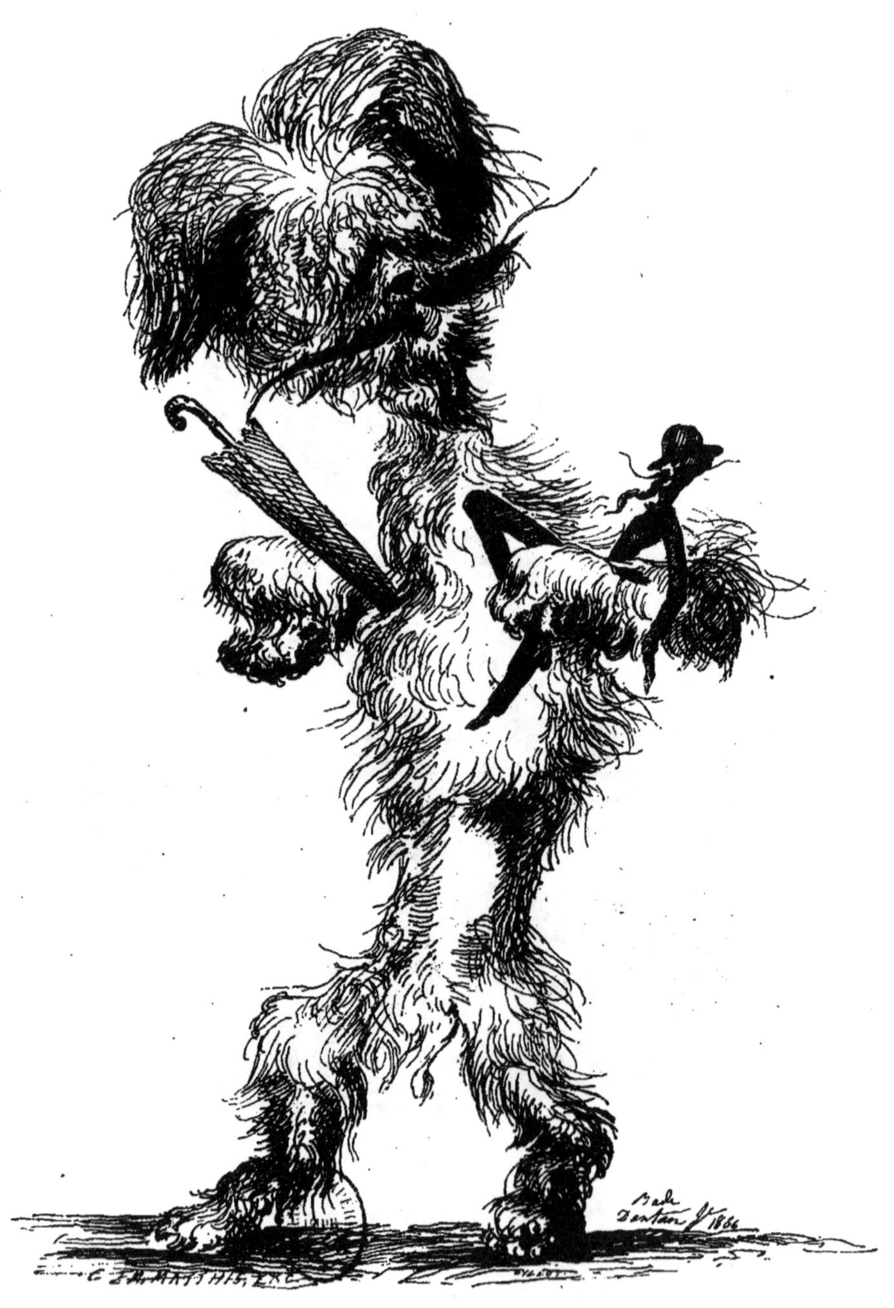

Portrait de Cham, par un ami.

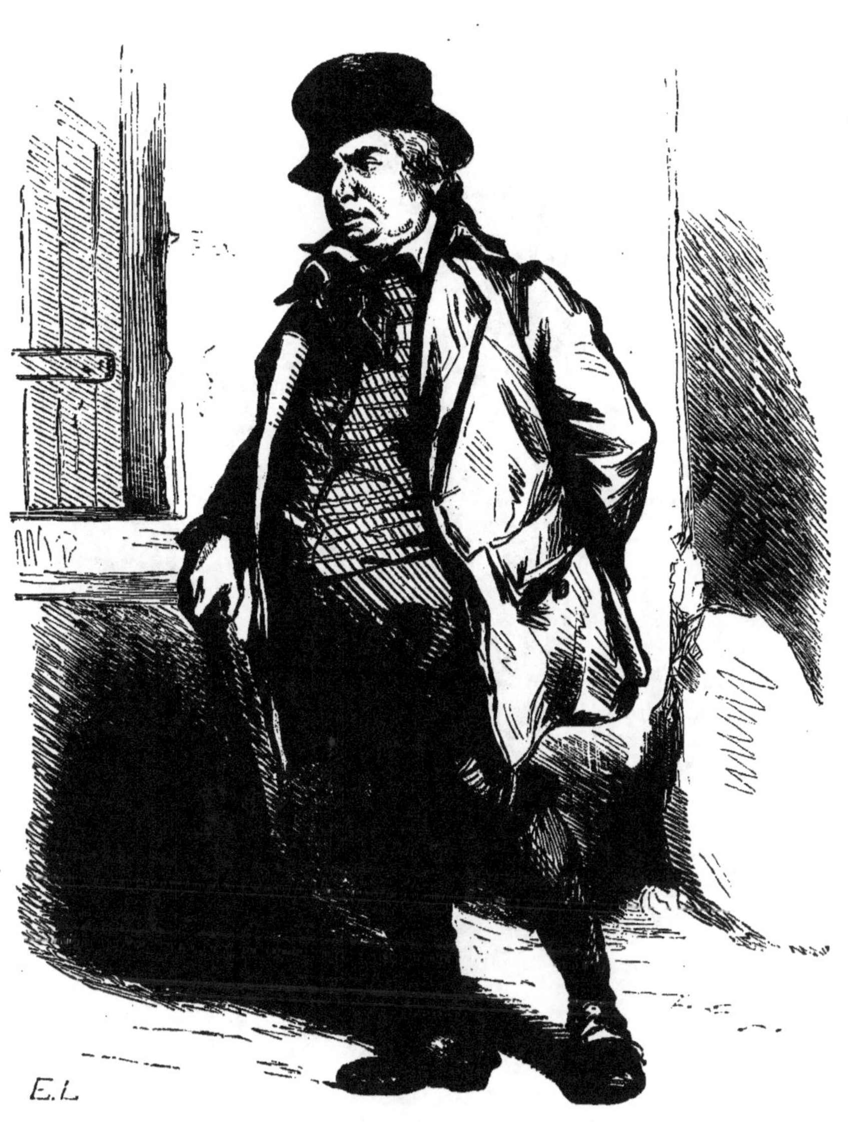

A la recherche de son fils dans le quartier latin.

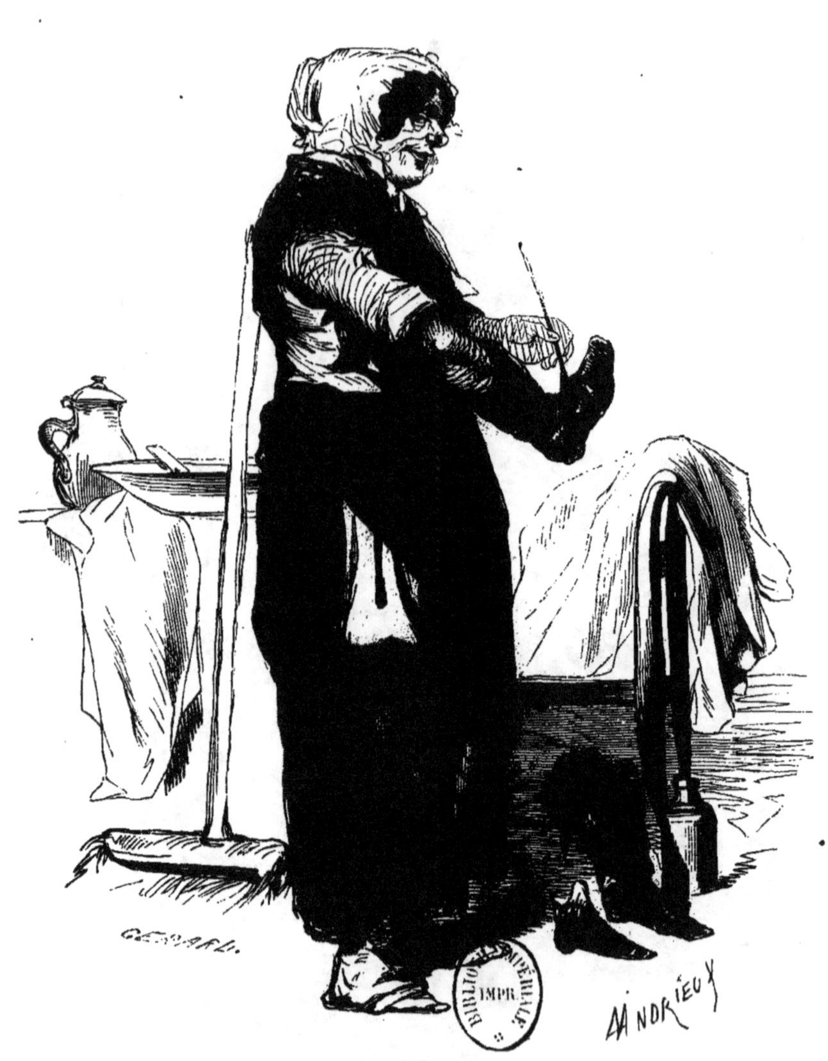

On a une fille qu'a des moyens.

TYPE CONTEMPORAIN.

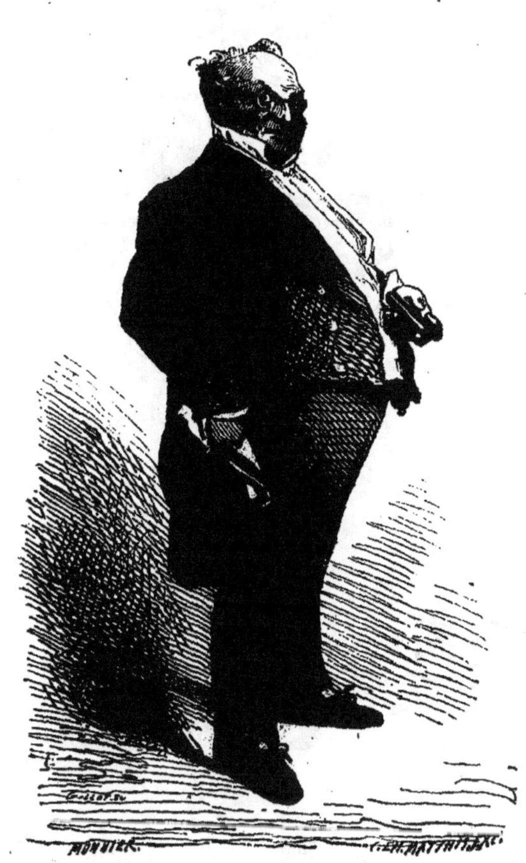

MOSSIEU PRUD'HOMME.

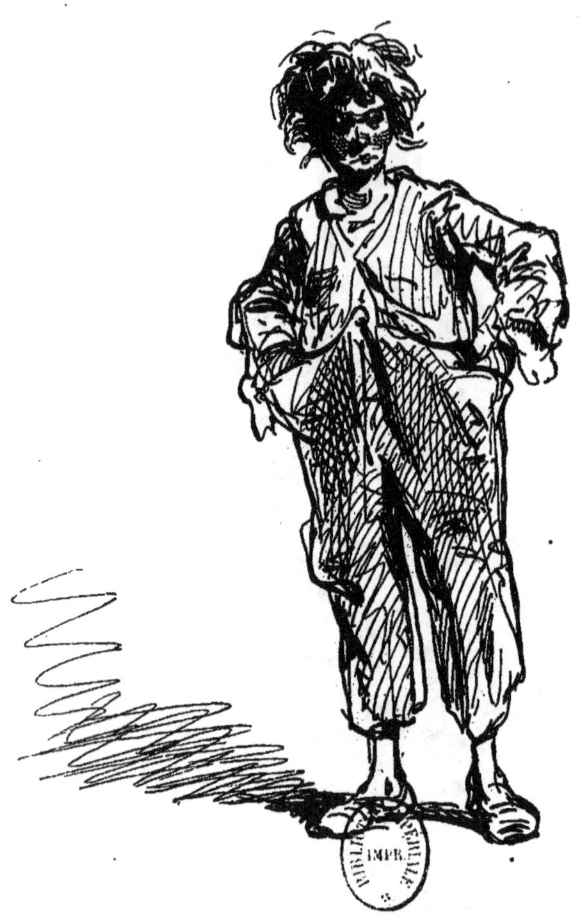

Elle m'a dit : Hé! Chenu, pourquoi donc que t'es si laid ? — J'y ai dit : J'en sais rien — Pourquoi donc que t'es mal peigné, que t'as pas le sou et que t'es bête ? — J'y ai dit : J'en sais rien. — Pourquoi donc que je t'aime tout de même ? — J'y ai dit : J'en sais rien ; et c'est vrai que j'en sais rien.

GAVARNI. INÉDIT.

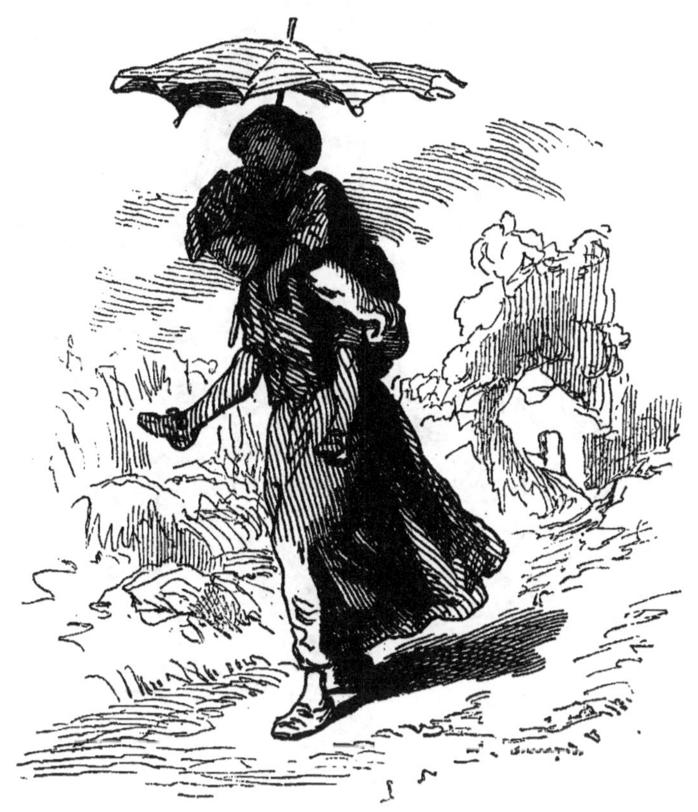

Vois-tu, petite sœur, si j'étais grand, c'est moi qui te porterais...

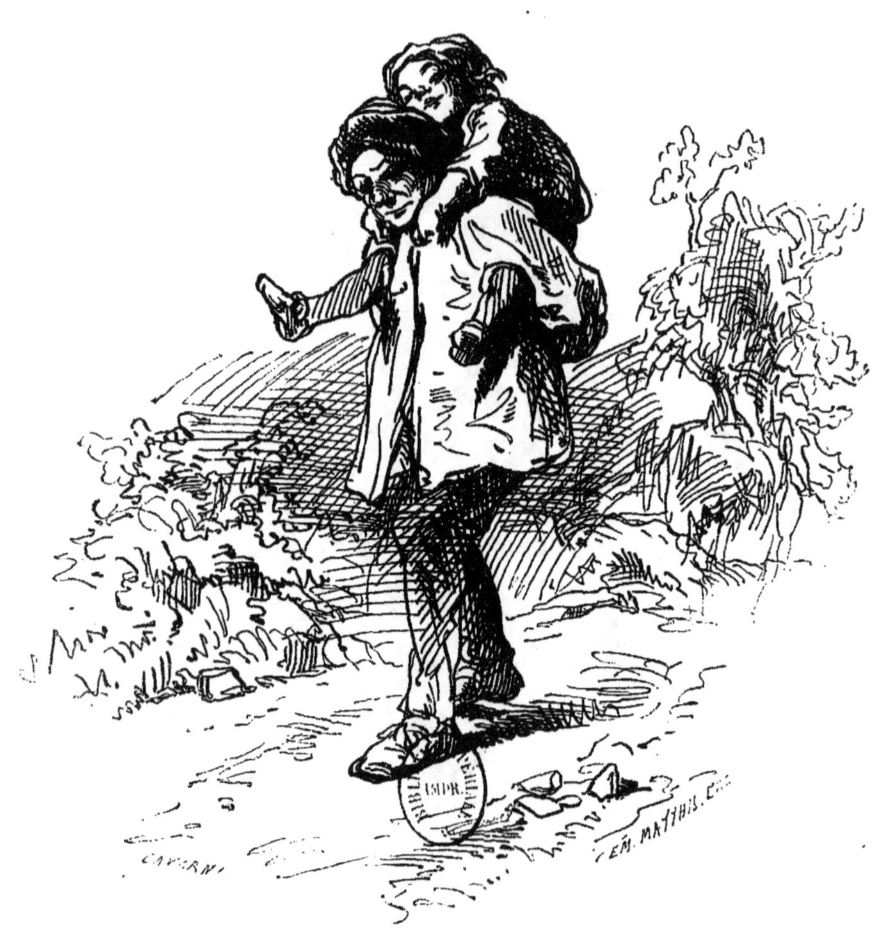

C'est bien plus doux qu'un cheval ce dada-là,
et ça ne fait pas d'écarts.

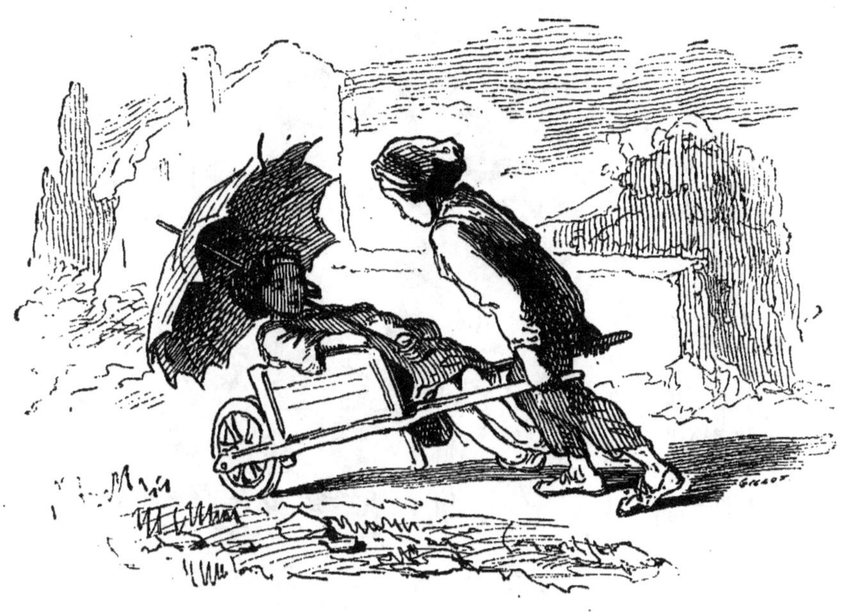

L'Équipage de la petite voisine.

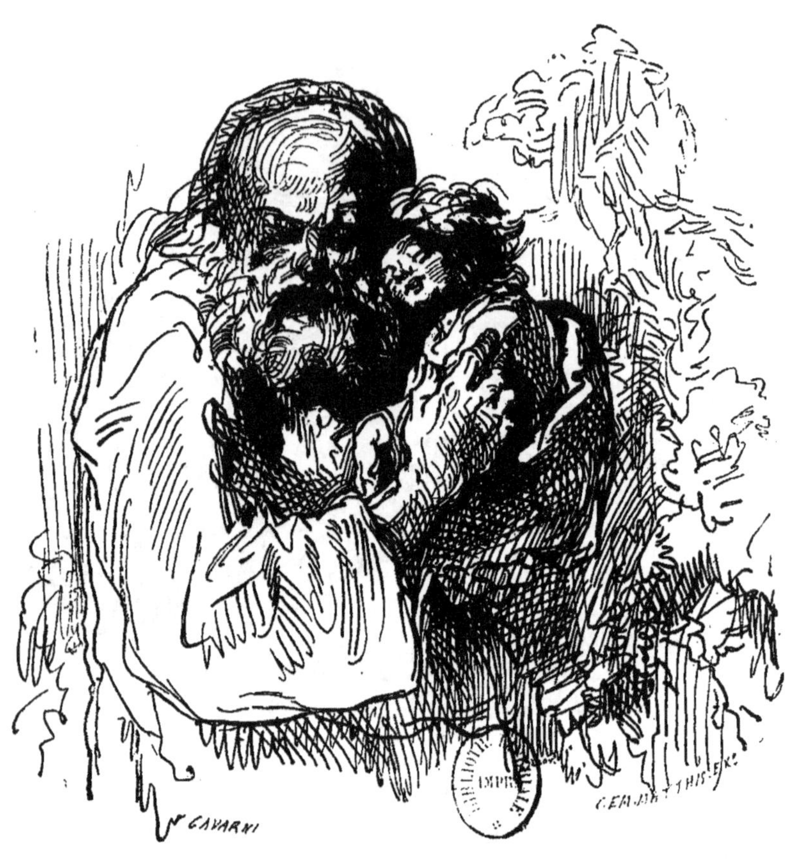

Un grand-père, c'est presque une nourrice.

GAVARNI. INÉDIT.

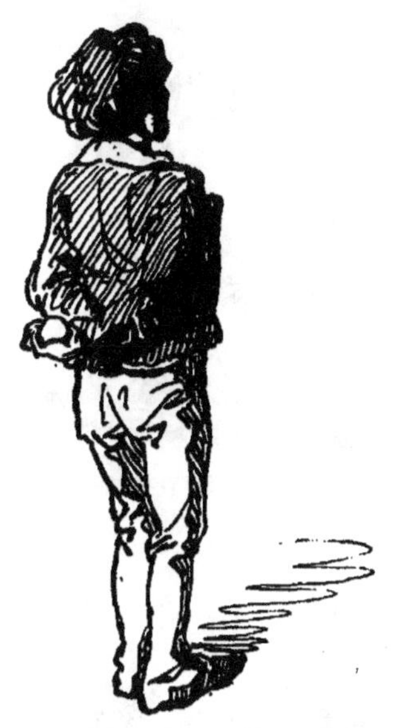

Il attend que les trois dames
viennent lui demander sa pomme.
S.... galopin, mouche-toi donc!

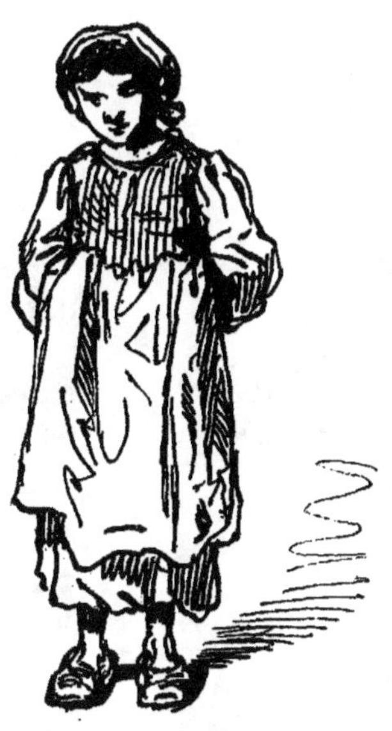

Articles de Paris. — Produits bruts.
Tacadi et coupe.

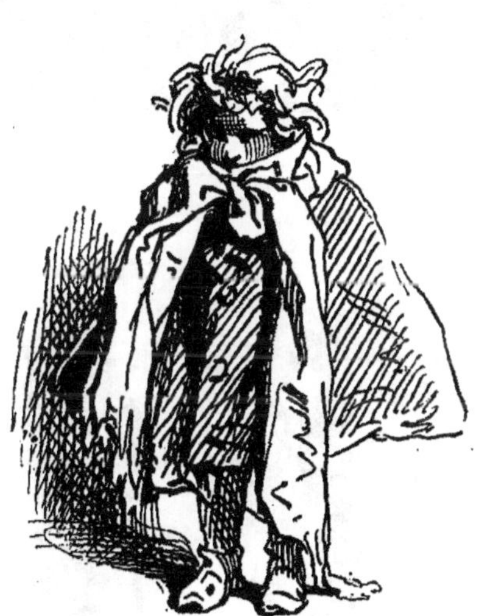

Est-ce le nez qu'est trop petit
ou le cache-nez qu'est trop grand?
Lui, trouve que c'est le nez qu'est trop petit,
et ça l'agace, c't'enfant.
Quand il sera homme, ça l'agacera
encore bien plus.

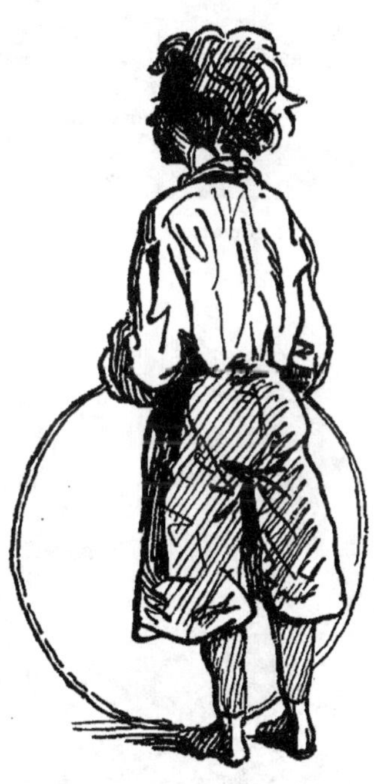

Ça sait pourtant que sa
maman se met du noir sous l'œil,
et ça y pense!

GAVARNI. INÉDIT.

ANCIENS TYPES PARISIENS.

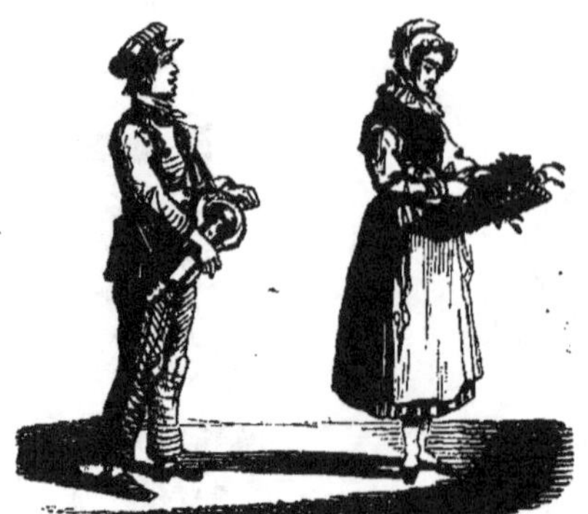

Le vielleux. — La bouquetière.

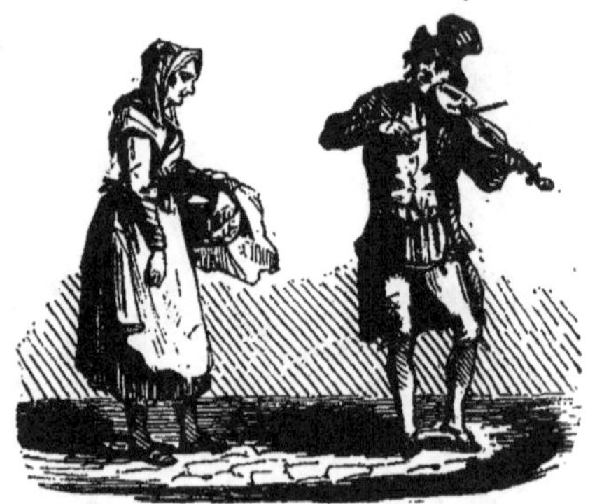

La marchande d'œufs. — Le violoneux.

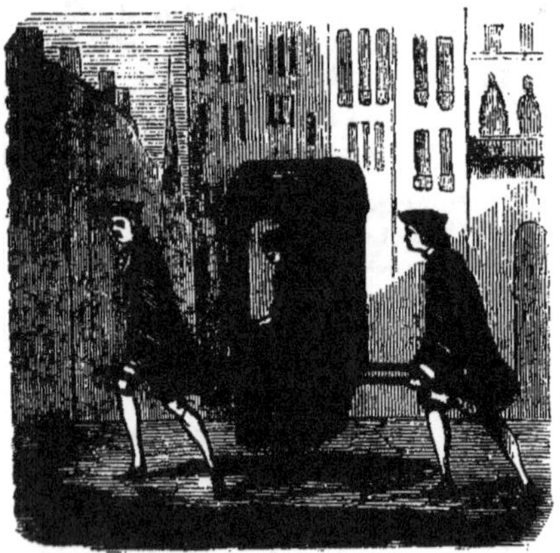

Les porteurs de chaise.

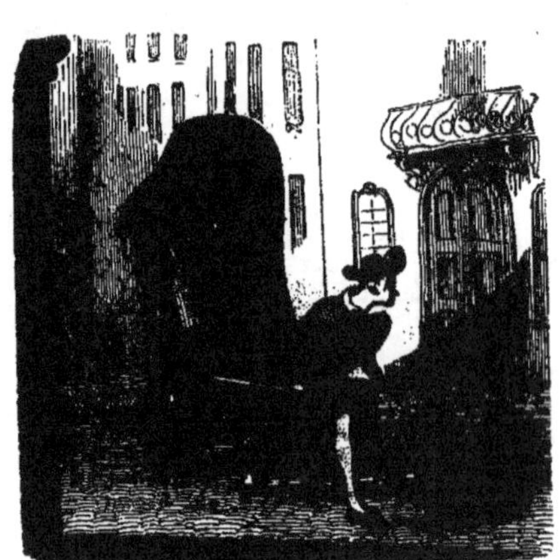

Le brouetteur.

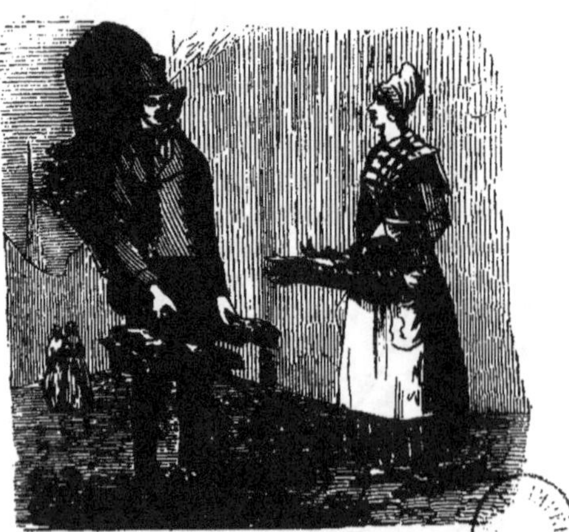

Marchand de légumes. — Marchande de poisson.

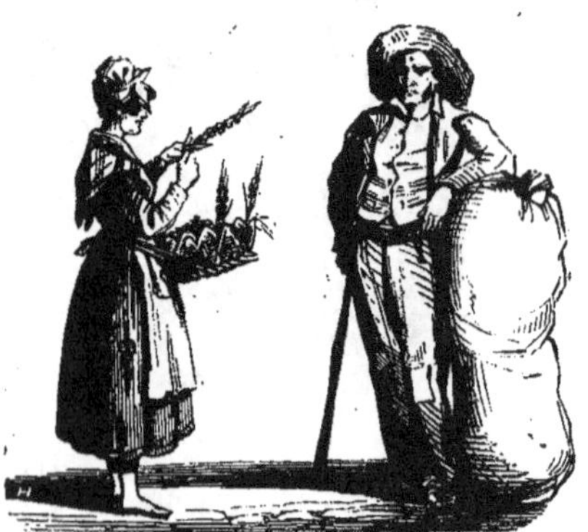

Marchande de cerises. — Fort de la Halle.

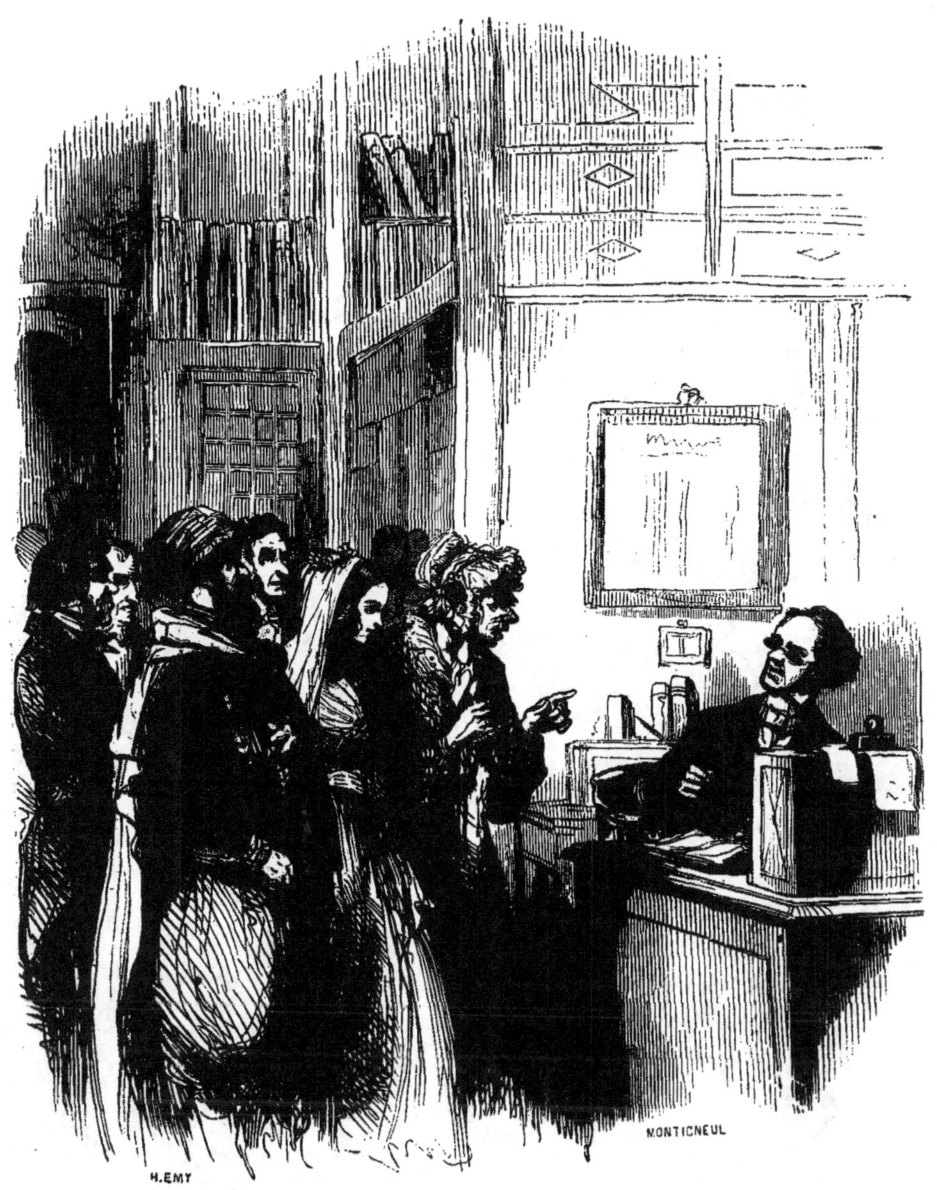

UN ARABE QU'ON CIVILISE.

« Monsieur, dans le cas d'aujord'hui, est-ce que vous ne pensez pas que ce soye le mari qui doive prendre le nom de sa femme? — Ce serait plus simple sans aucun doute. »

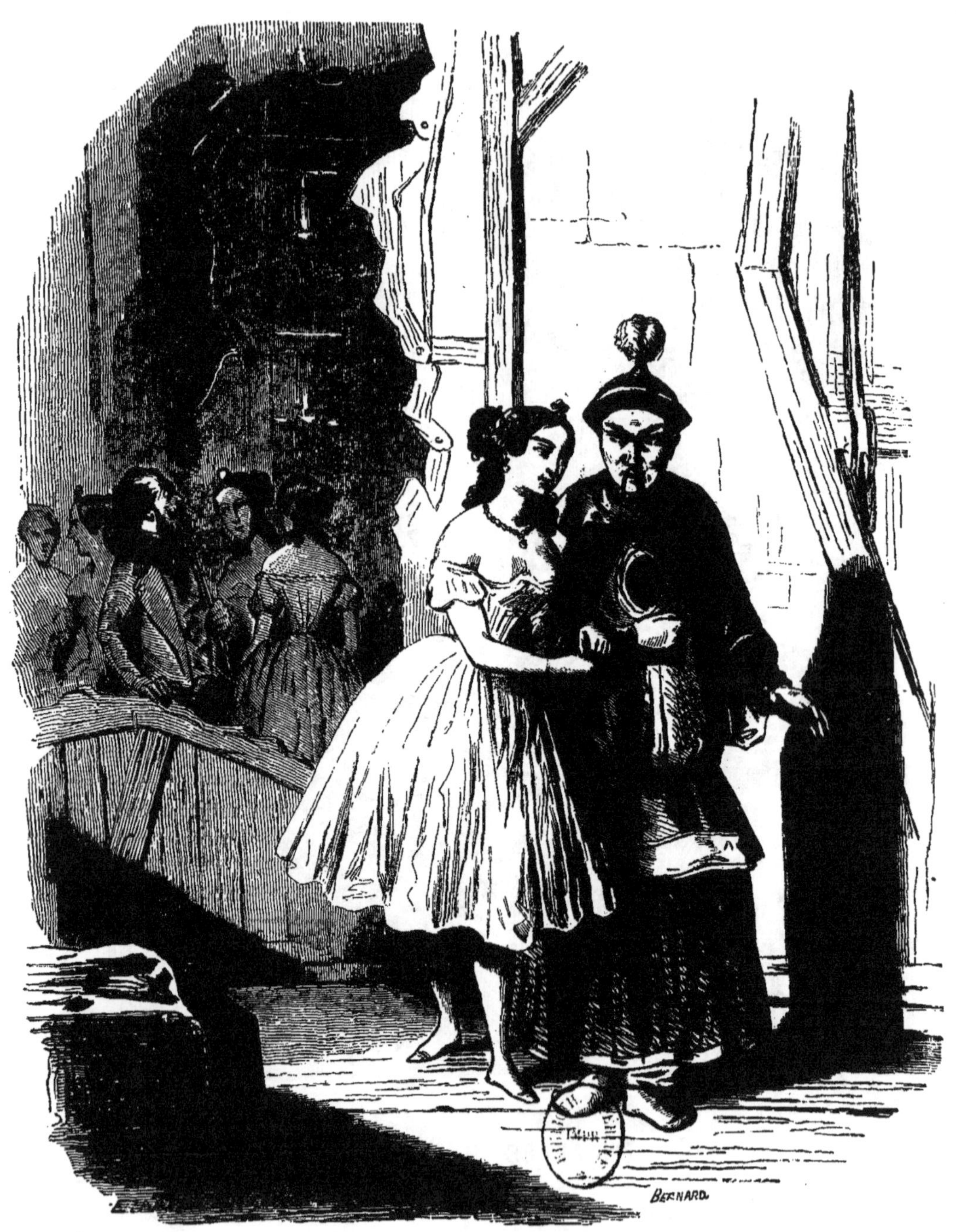

Un mariage dans les coulisses de l'Opéra.

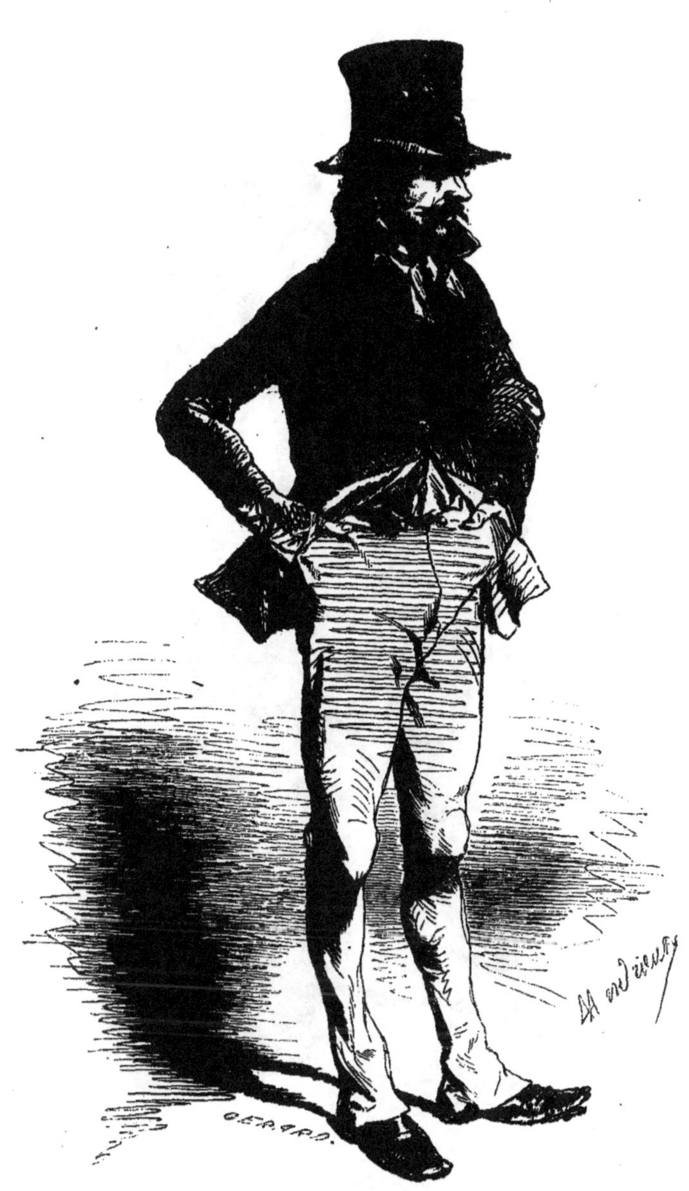

A eu cent représentations à l'Odéon.

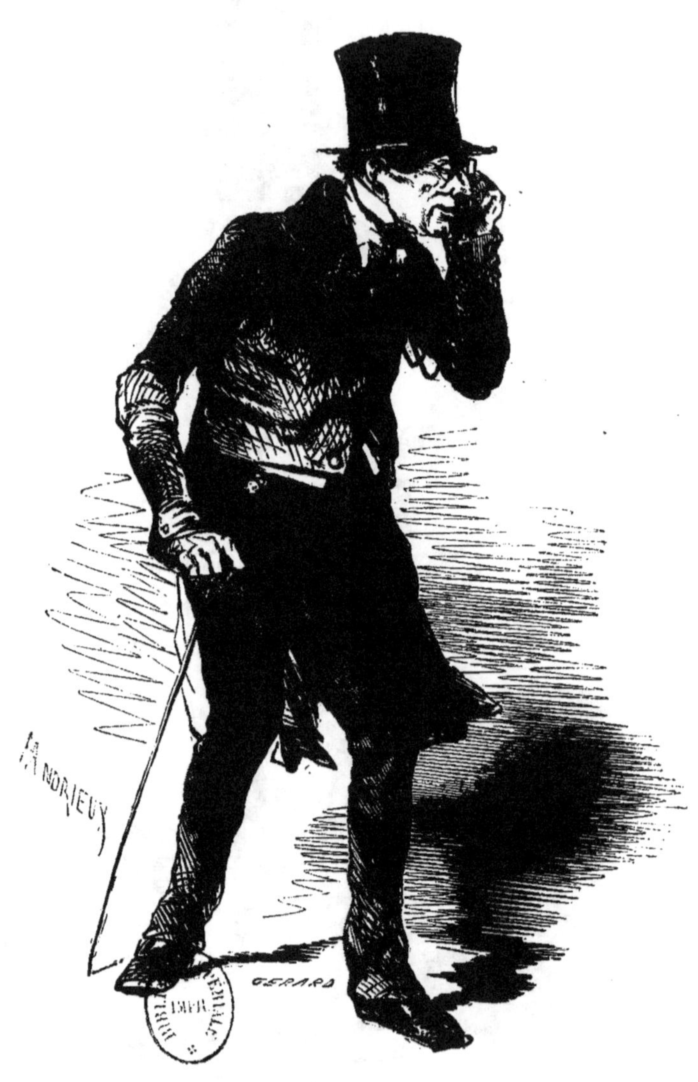

On a encore du succès.

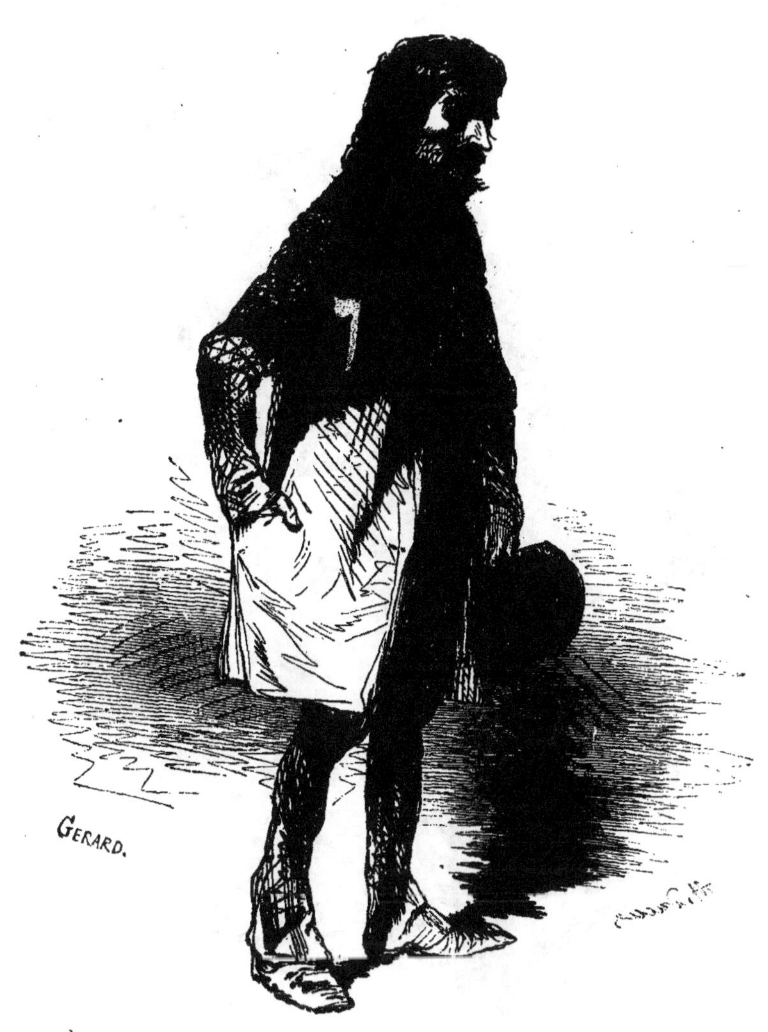

Poëte à l'usage des mirlitons.

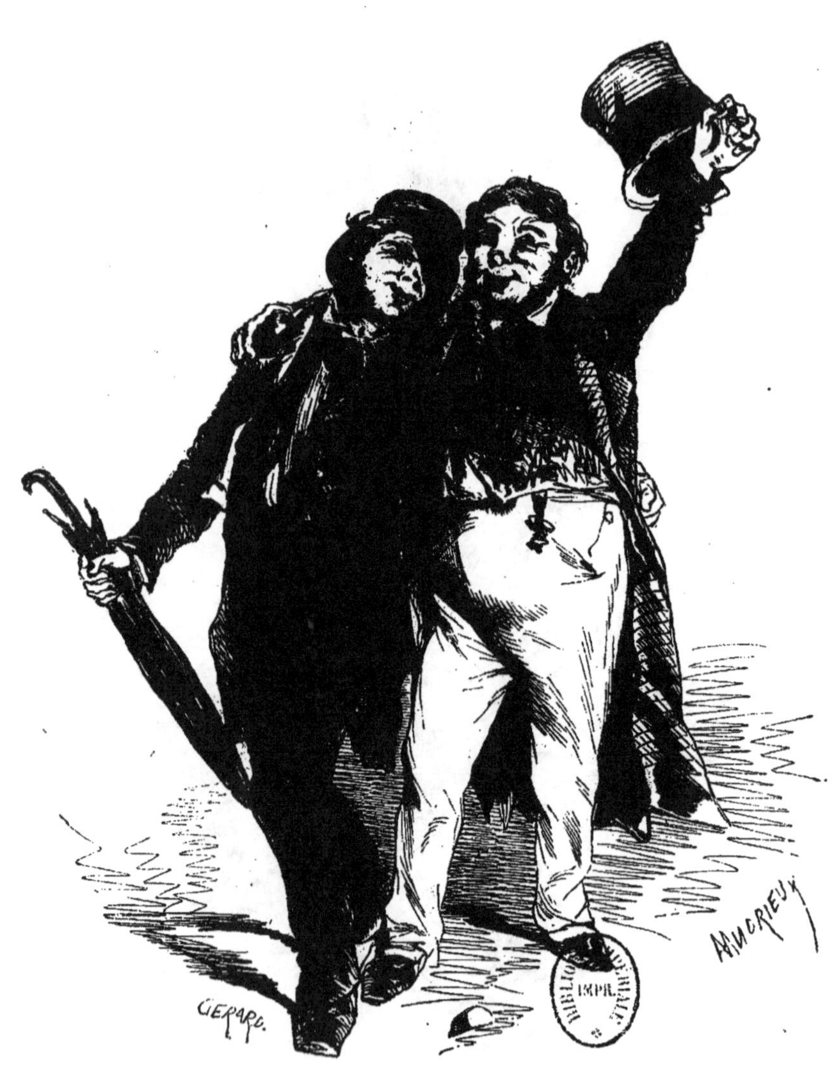

On vient d'accompagner c'te pauv' défunte.

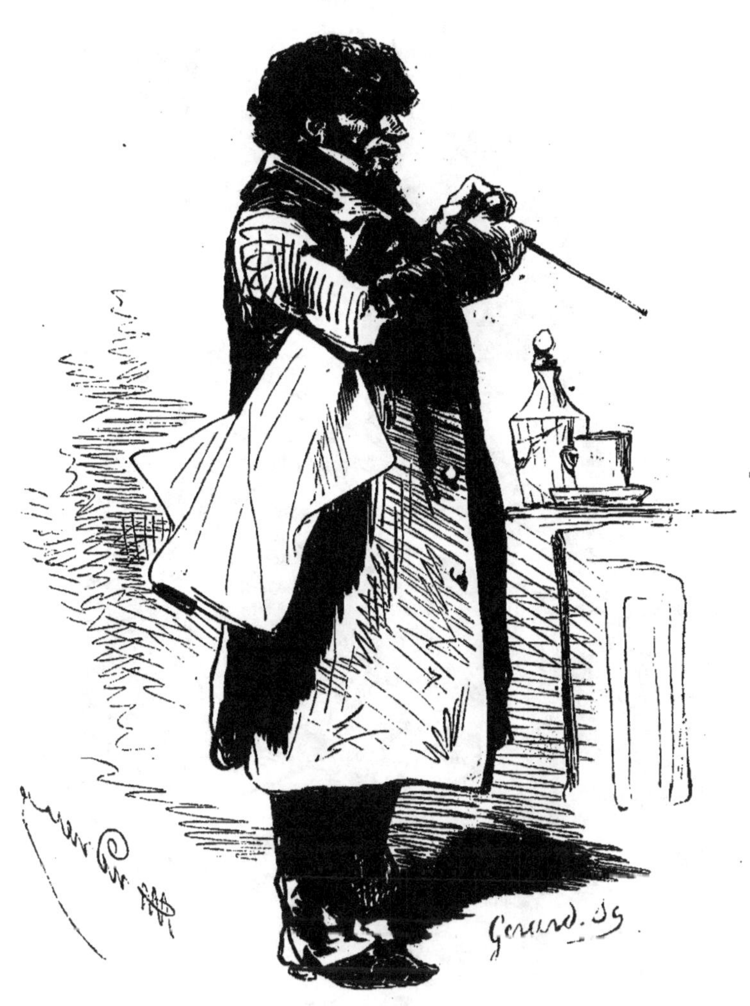

A toujours été pour l'indépendance de la Pologne.

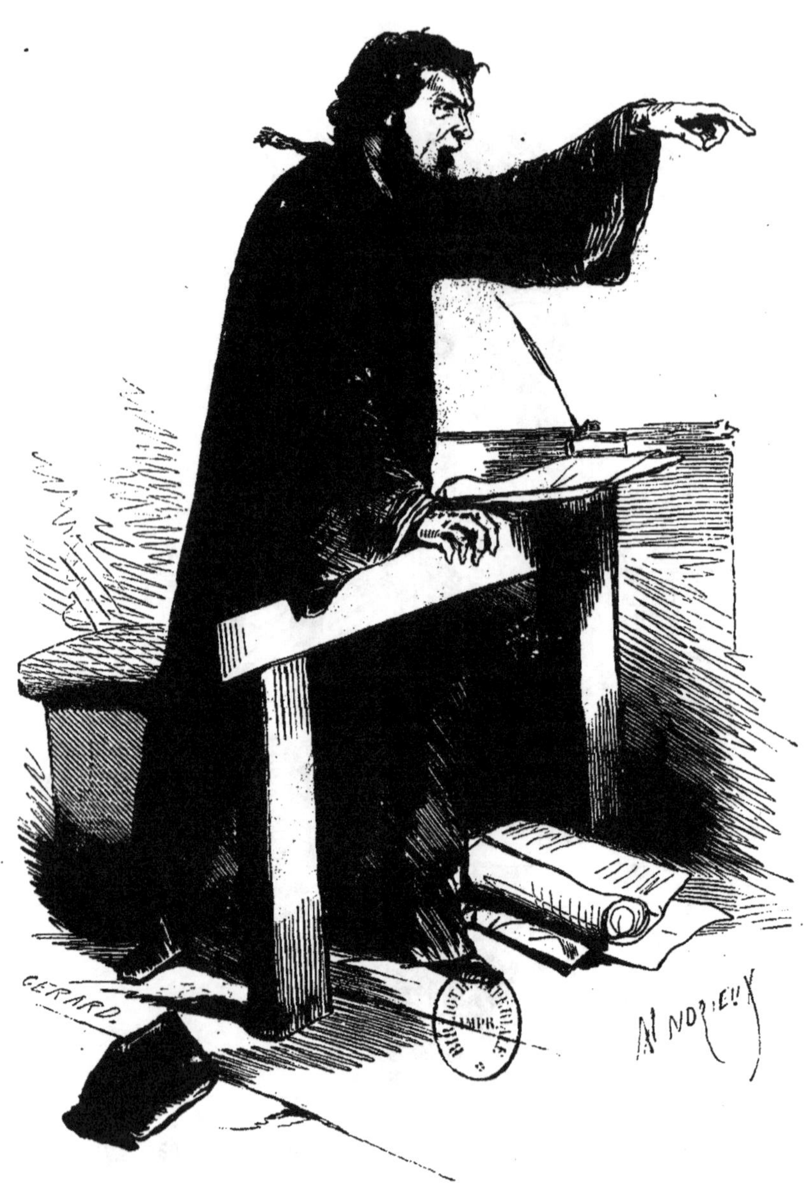

Un défenseur de la veuve et de l'orphelin.

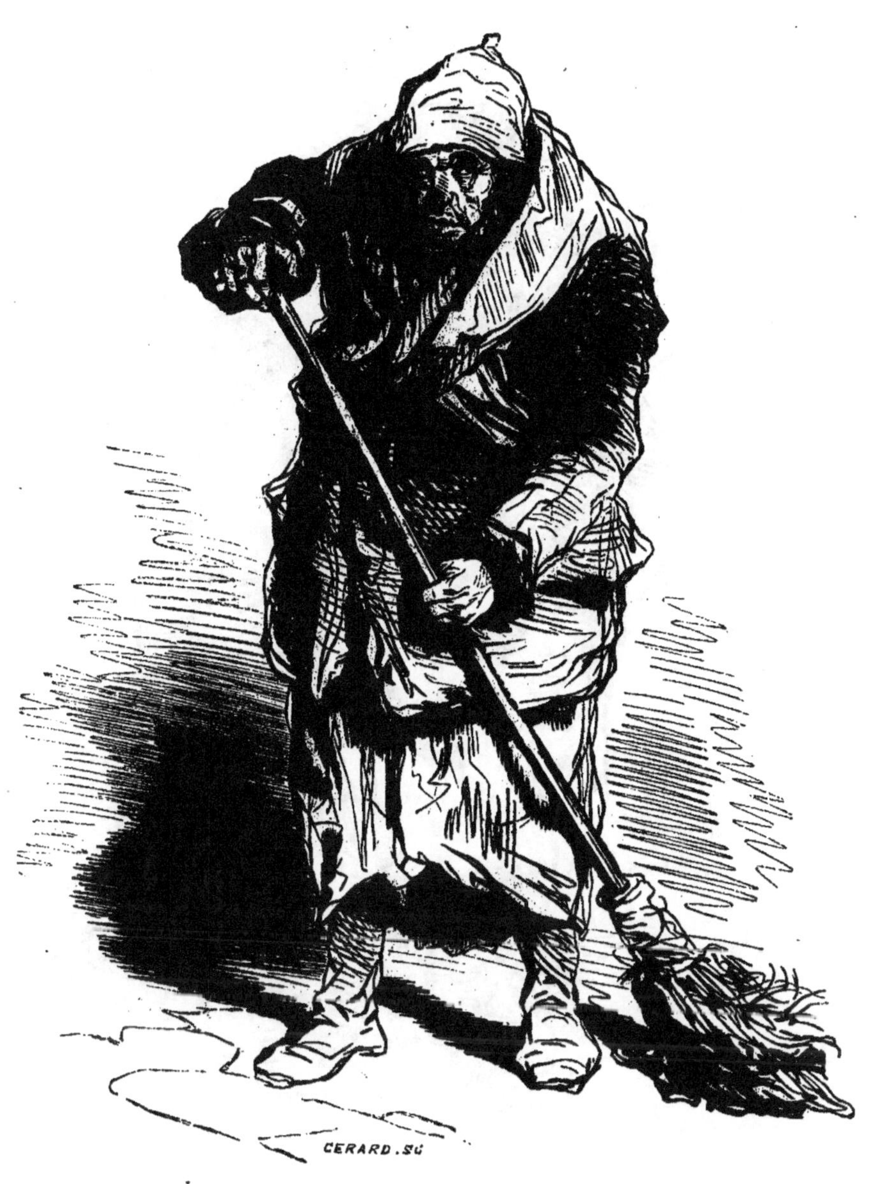

Flore. — A été lingère.

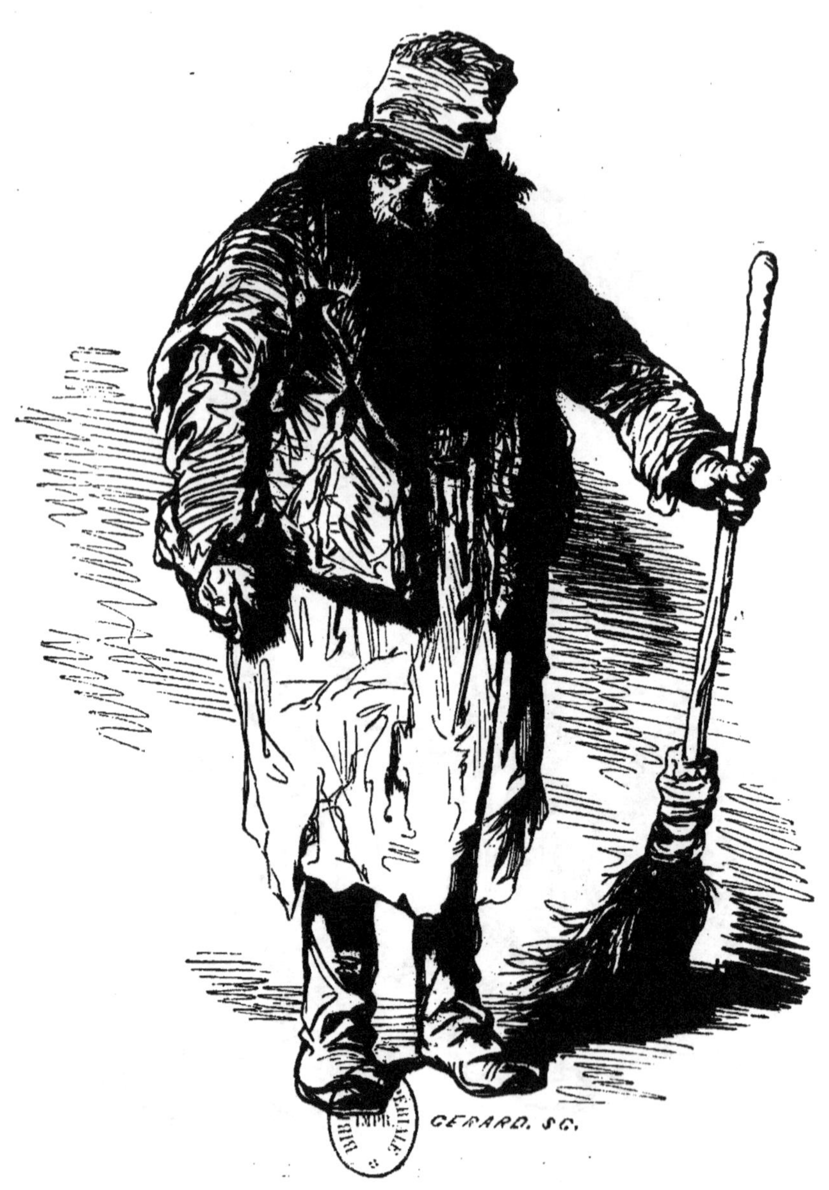

L'Amour. — L'homme à Flore.

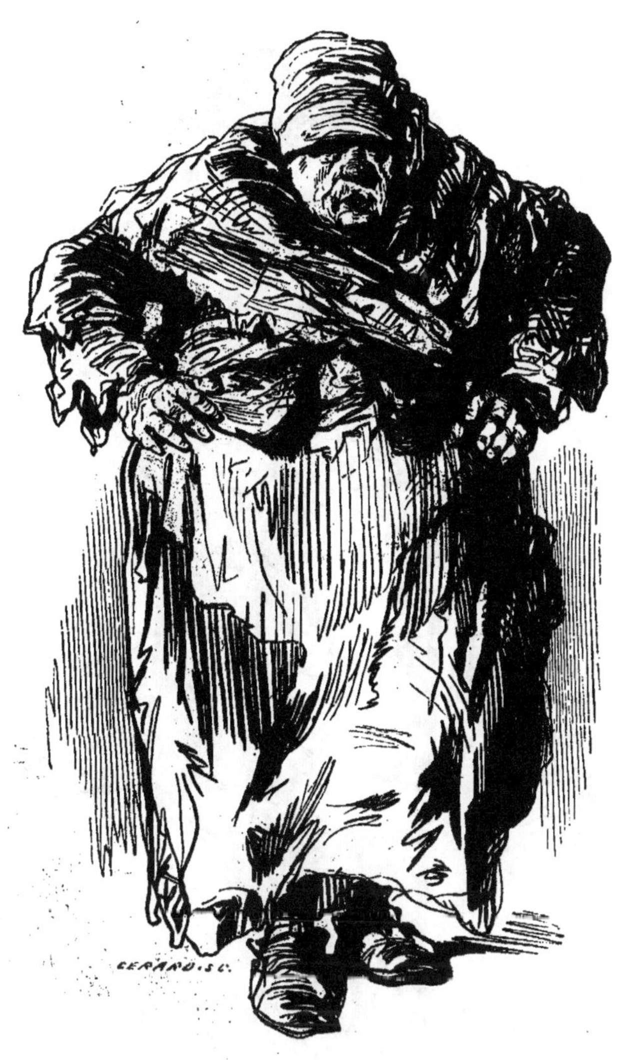

Diane. — A eu quatorze enfants.

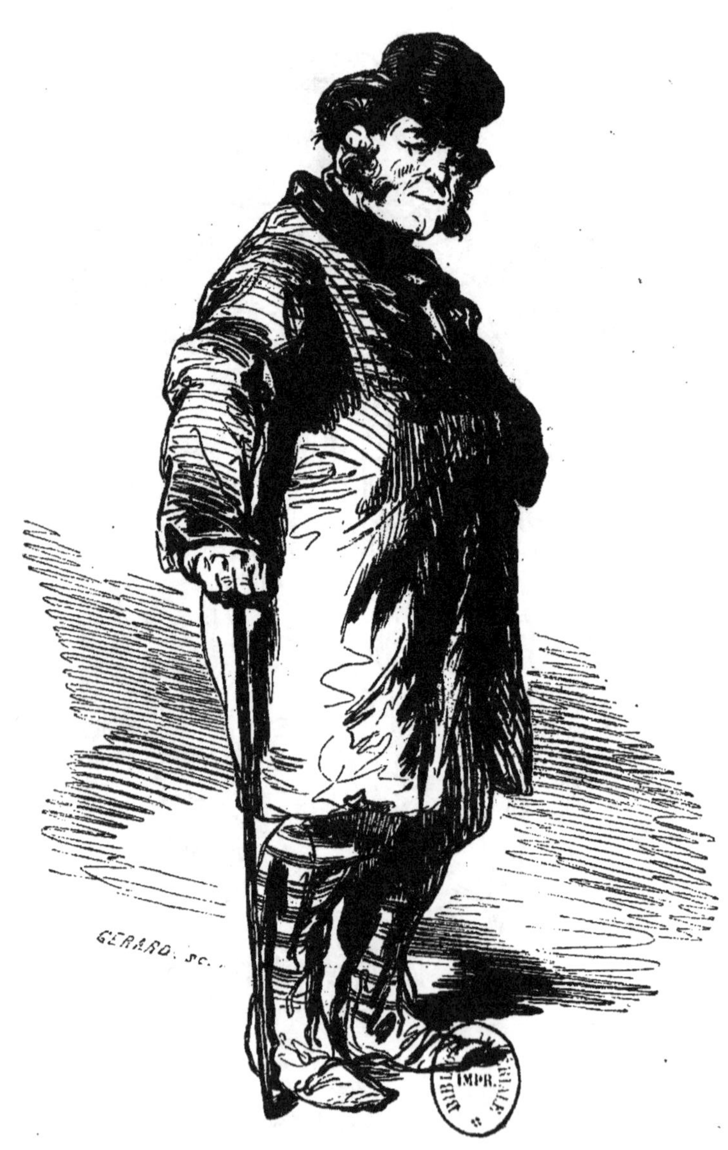

Mercure. — Pas grand'chose.

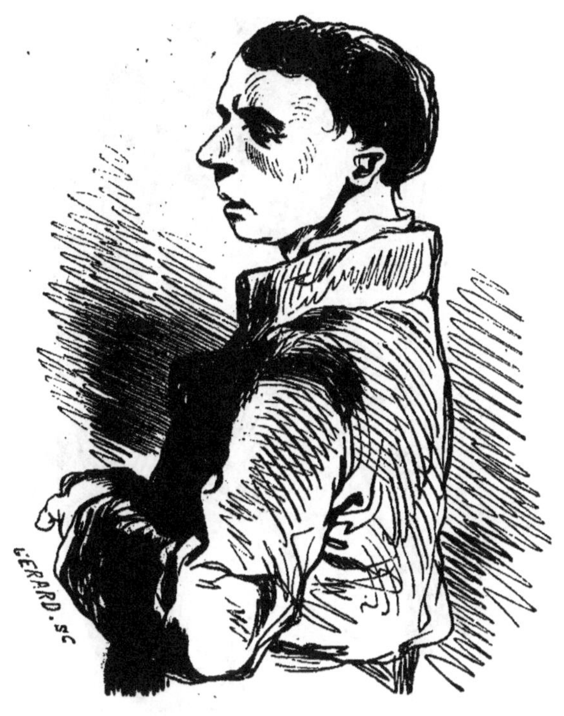

Le quatorzième enfant de Diane. — Va chez les frères

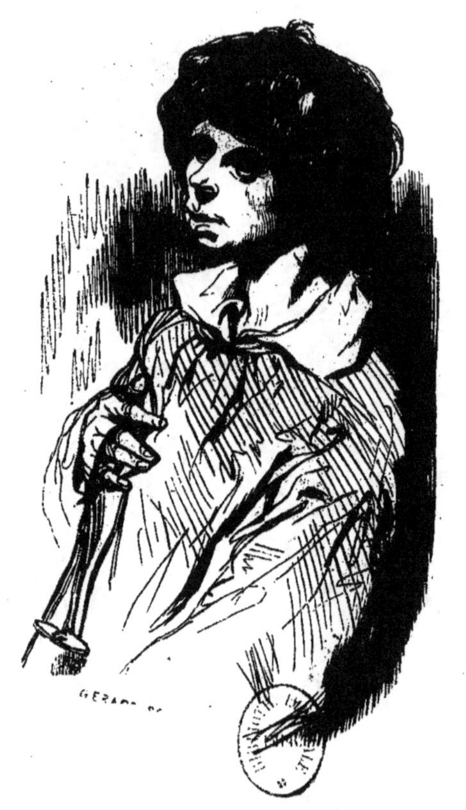

Le fils de Mercure. — Élève de son père.

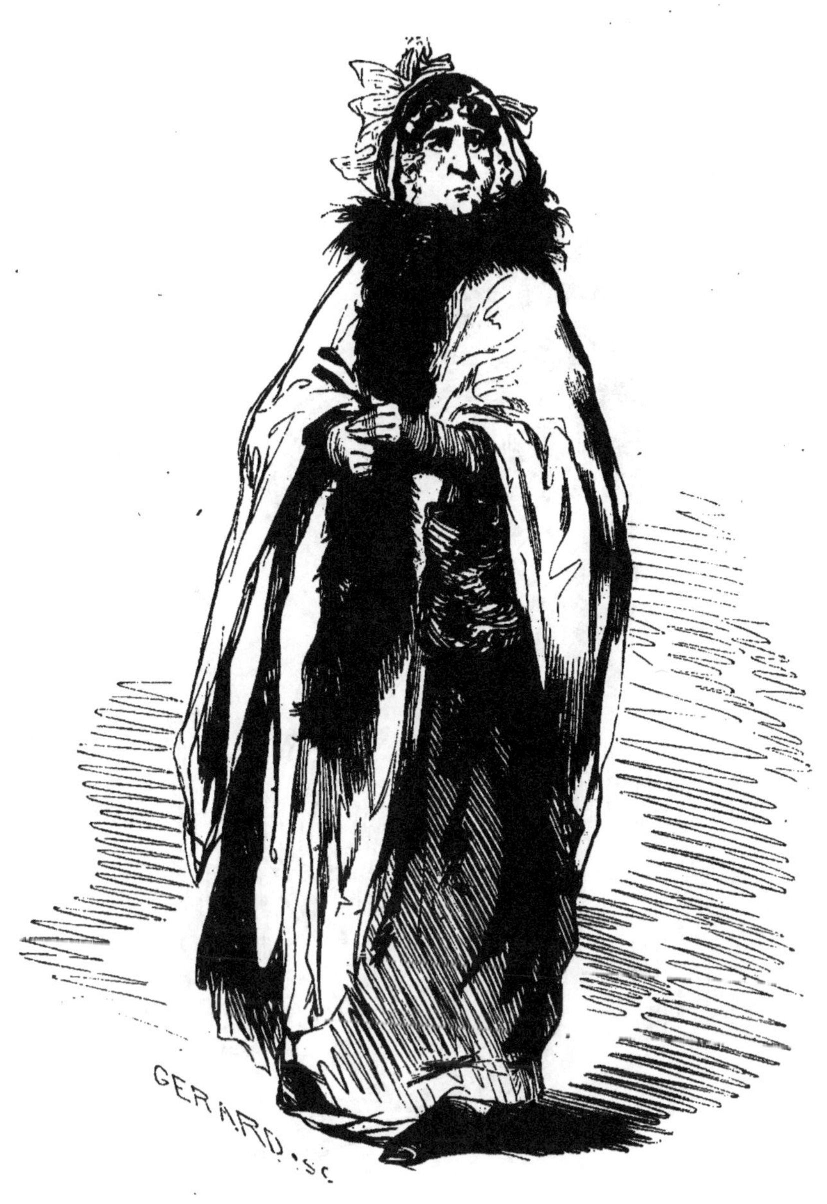

Première nymphe de Flore. — Épileuse.

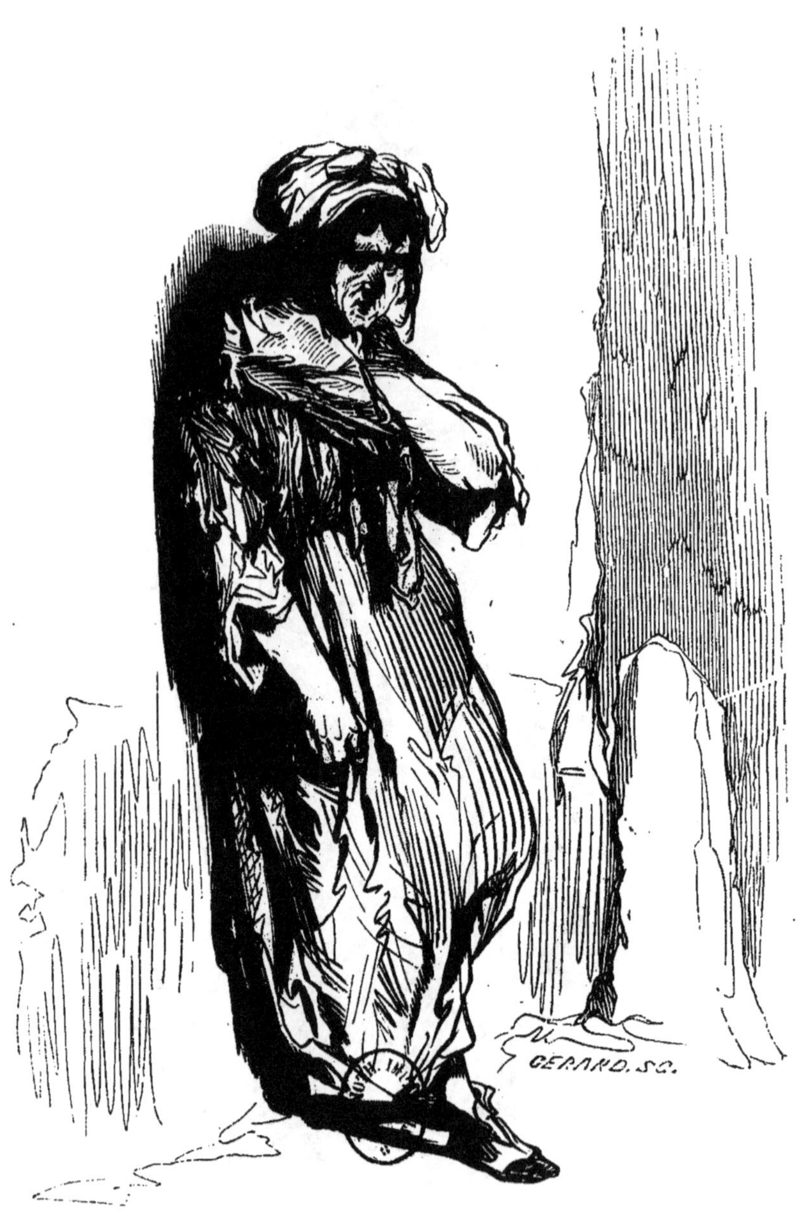

Deuxième nymphe de Flore. — Sans domicile.

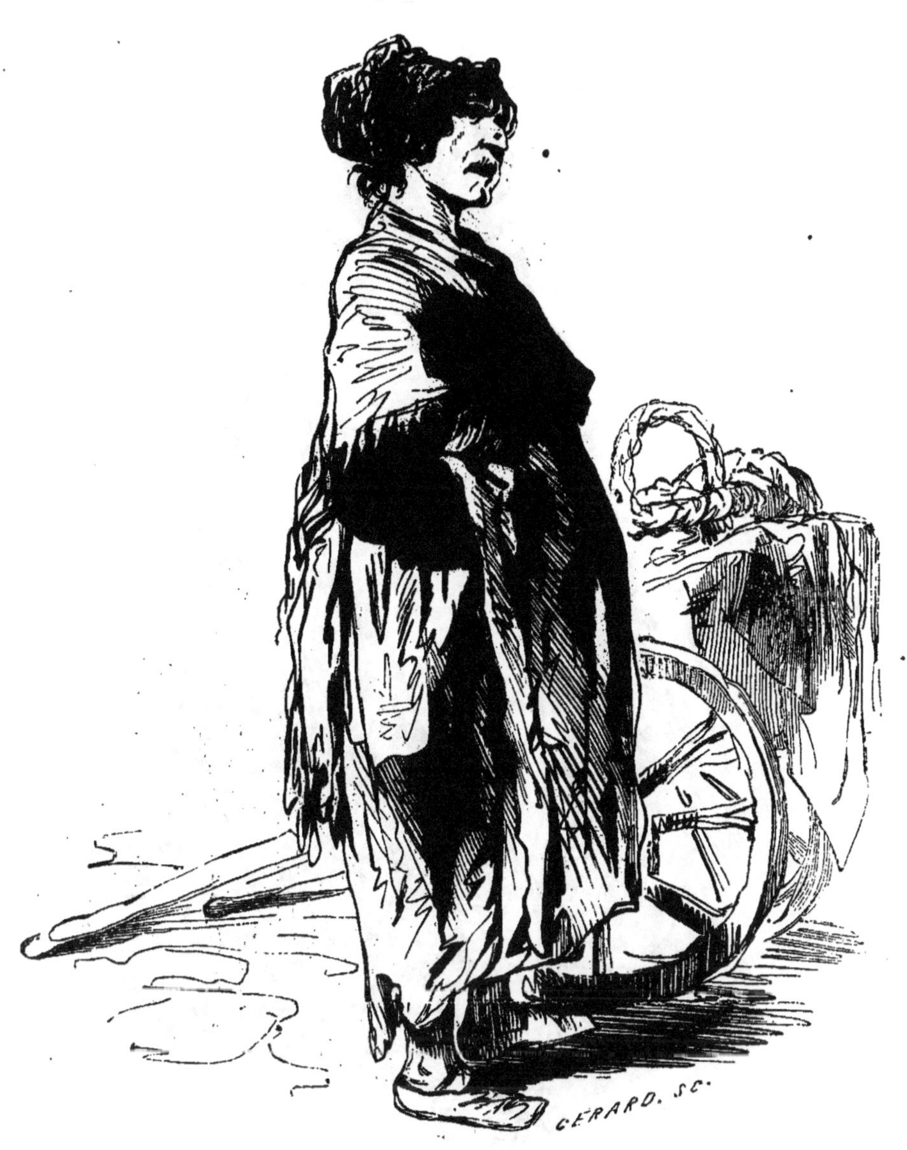

Troisième nymphe de Flore. — Ne hait pas le trois-six.

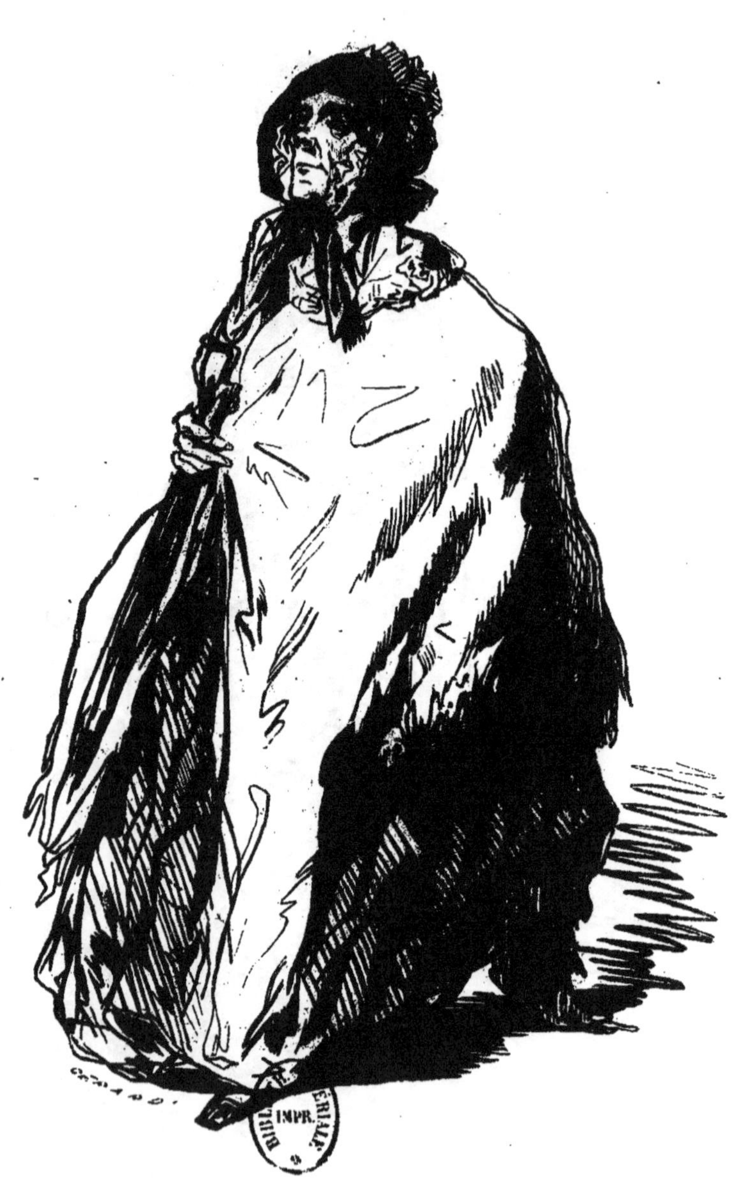

Quatrième nymphe de Flore. — Femme du troisième Zéphyr et sage-femme.

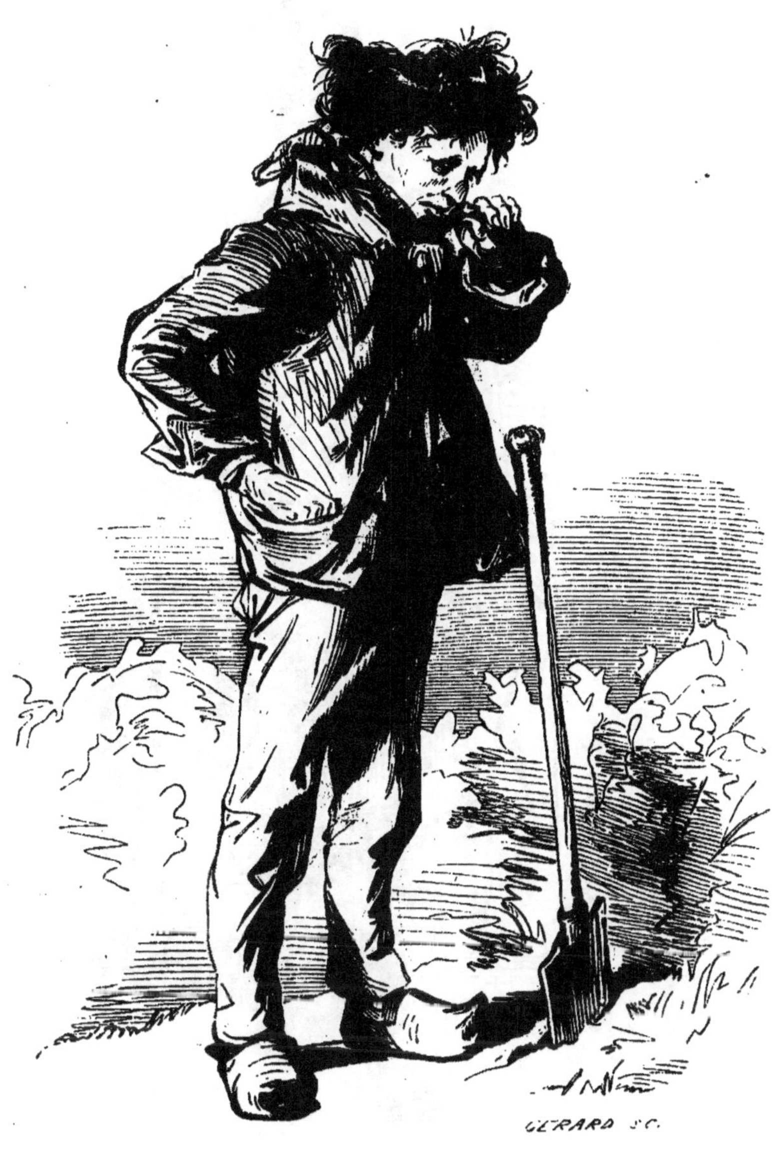

Premier petit Amour. — Petit propriétaire et souffleur.

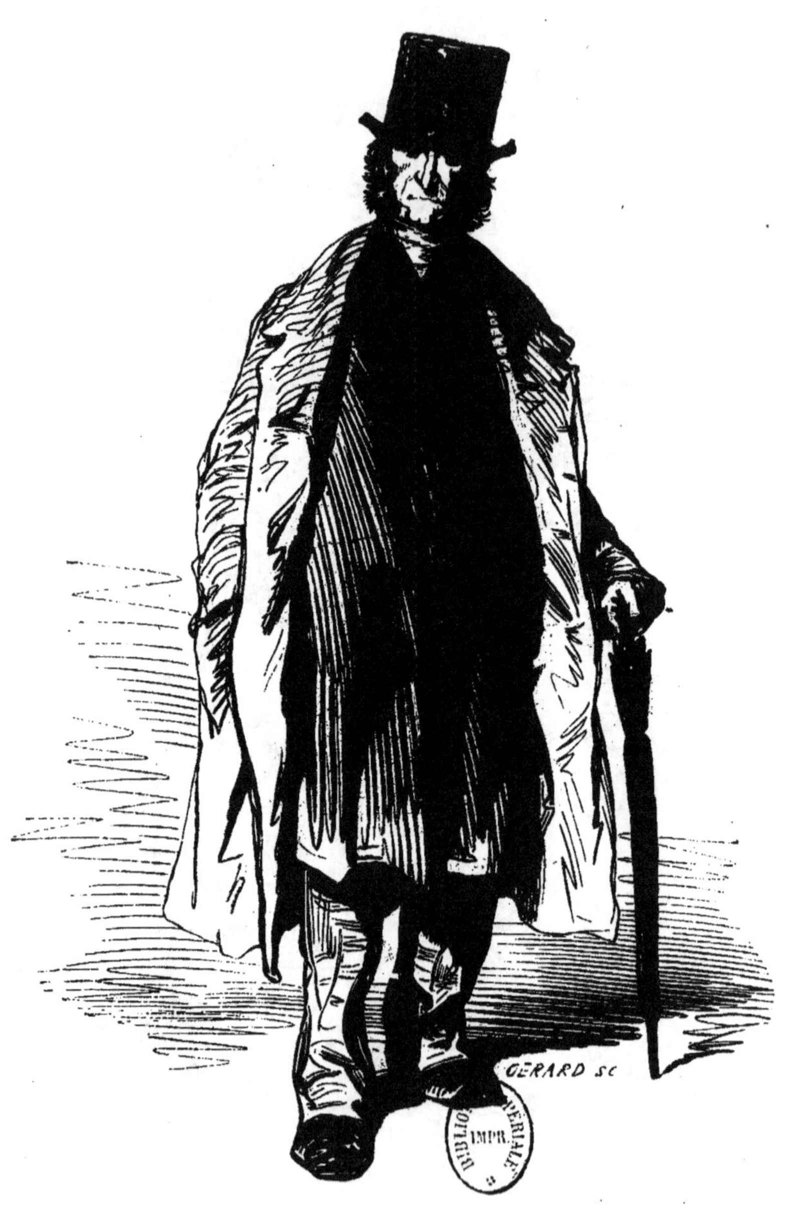

Deuxième petit Amour. — Fait valoir ses fonds.

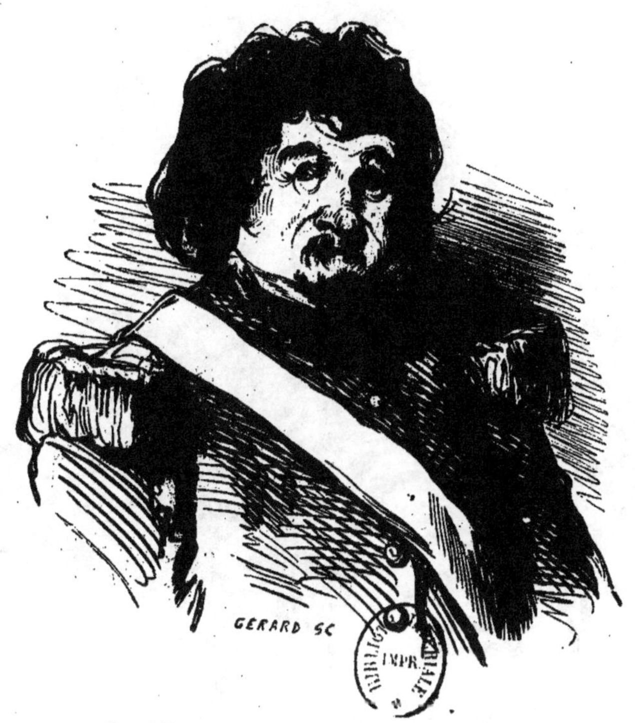

Quatrième petit Amour. — Dramaturge.

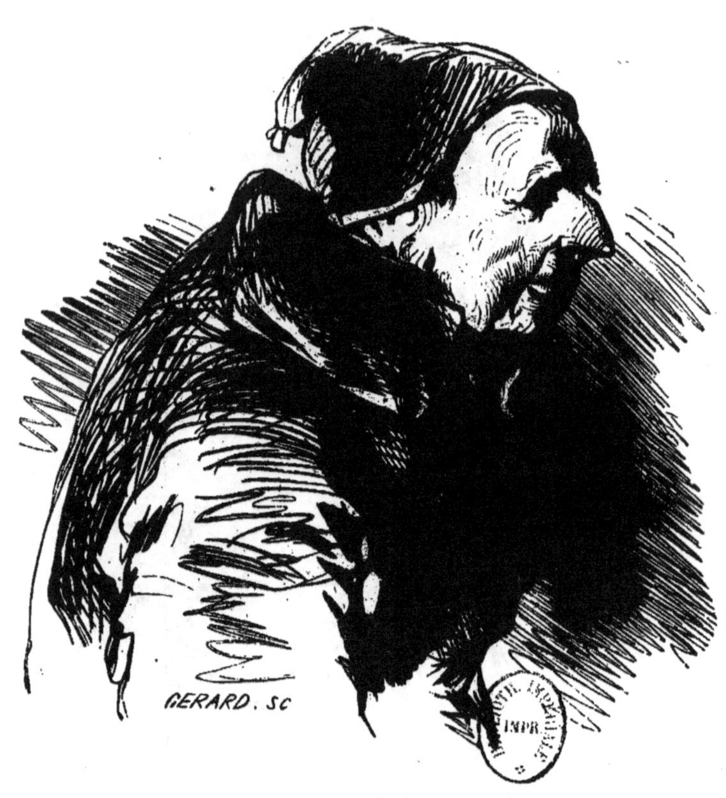

Eole. — Fort aux dominos.

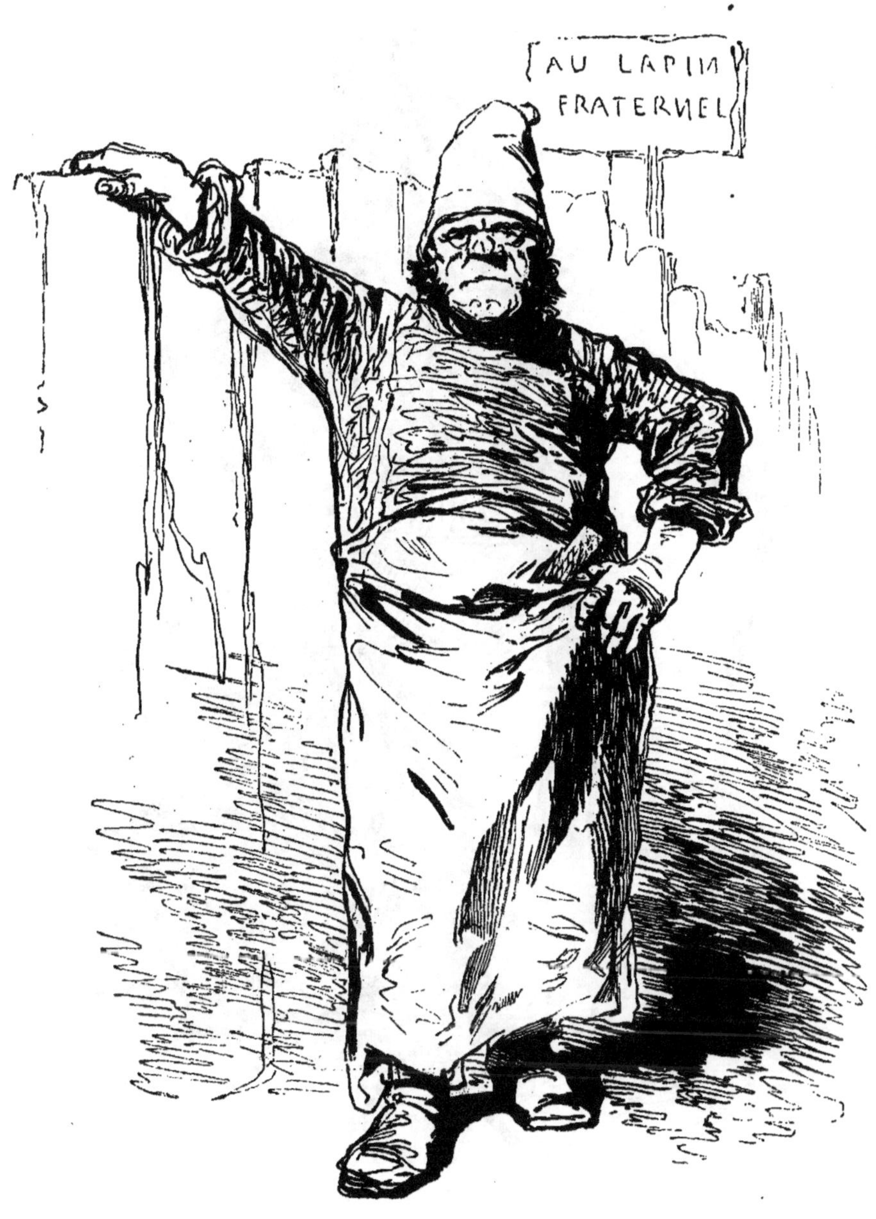

Troisième petit Amour. — Homme politique.

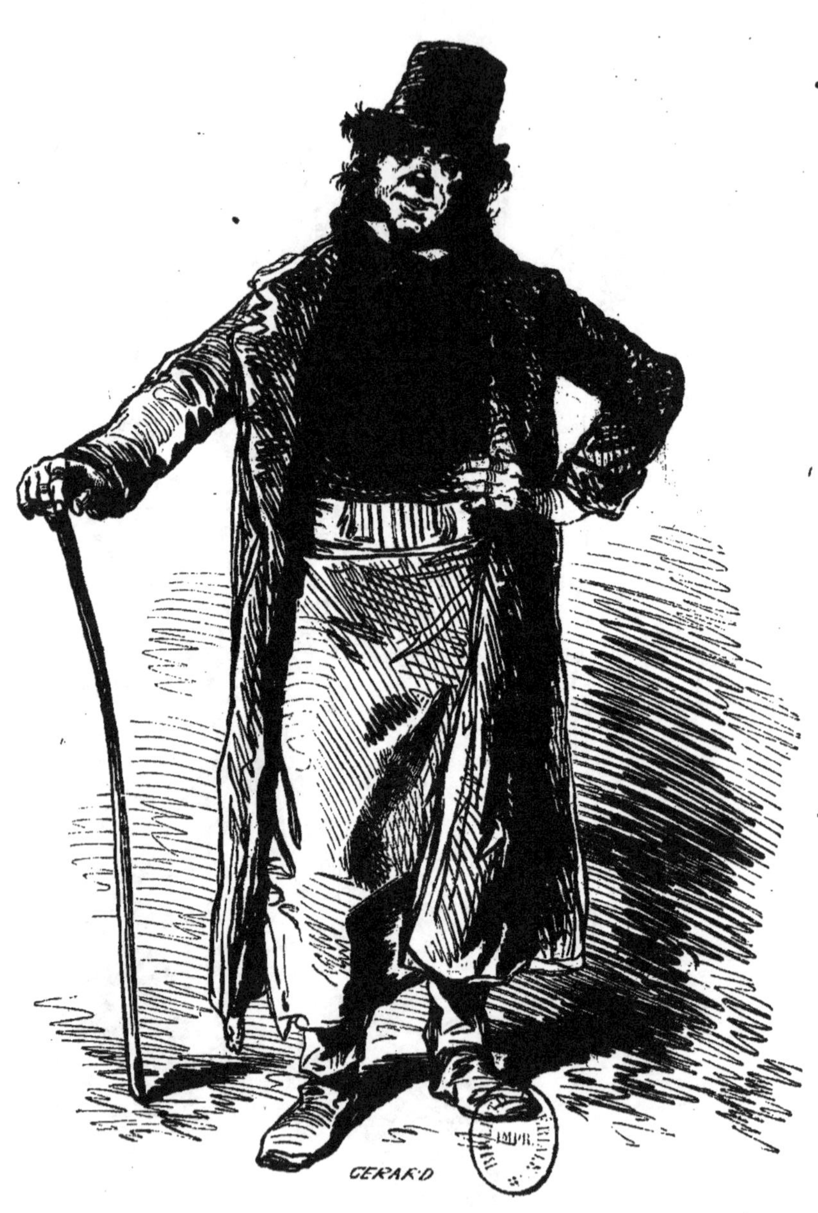

Premier Zéphyr. — Chanteur de romances.

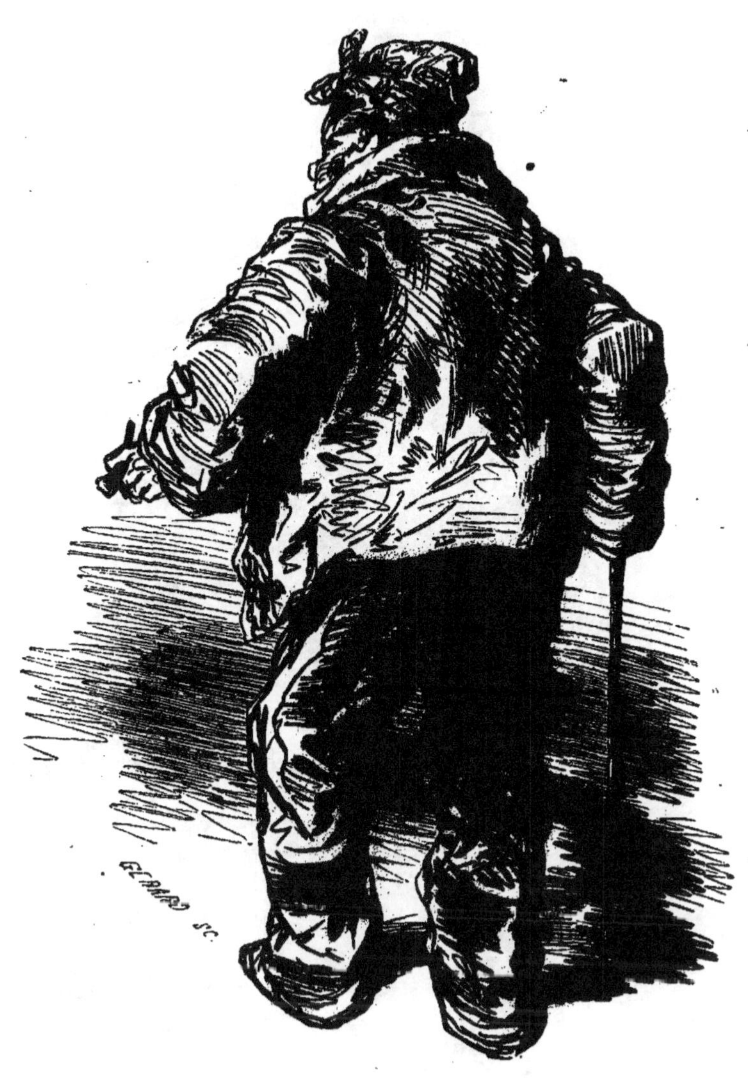

Deuxième Zéphyr. — A servi.

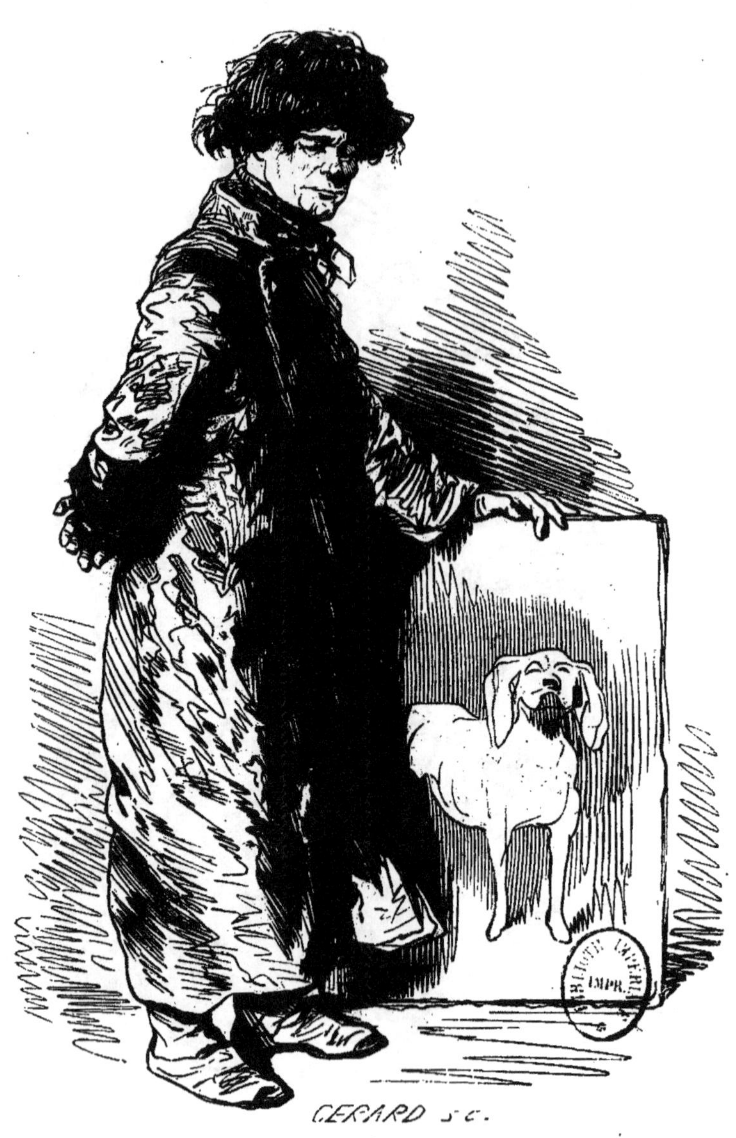

Troisième Zéphyr. — Hautbois et marchand d'occasion.

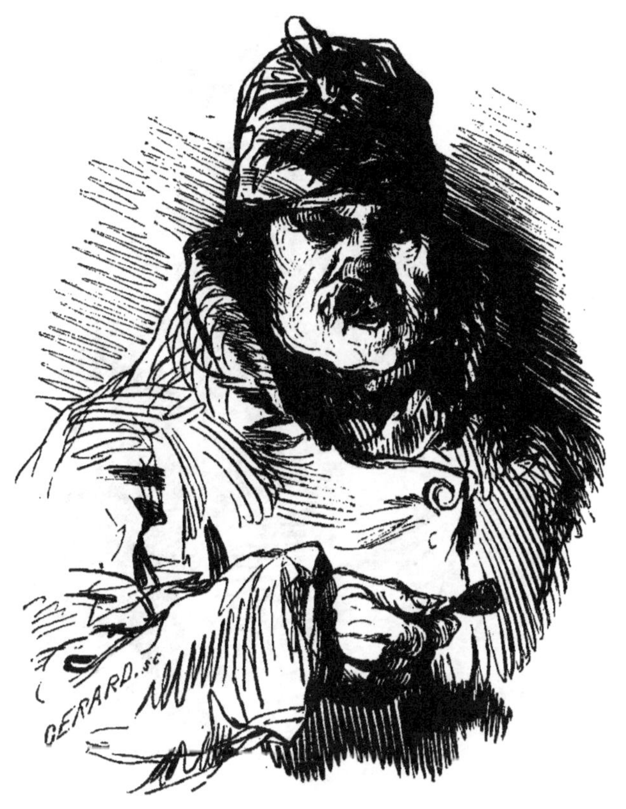

Portrait du deuxième Zéphyr.

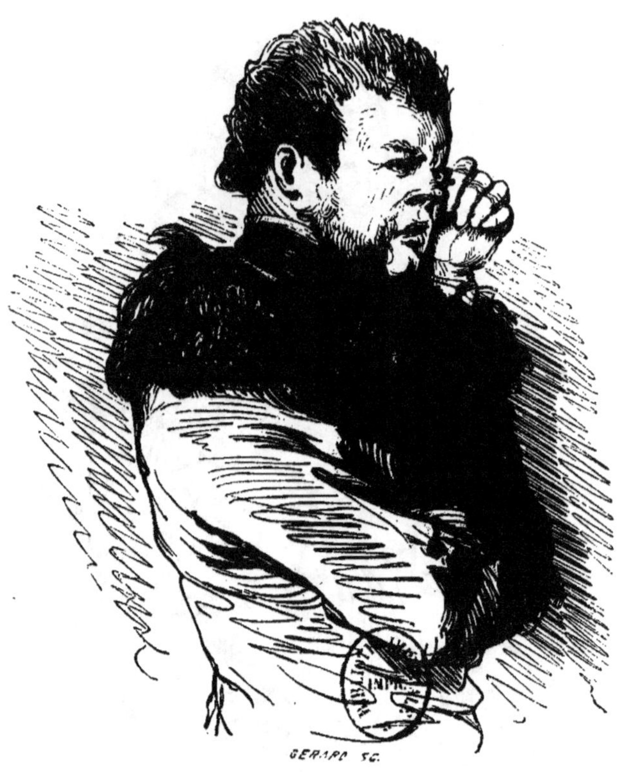

Le fils du deuxième Zéphyr. — Un jeune homme bien.

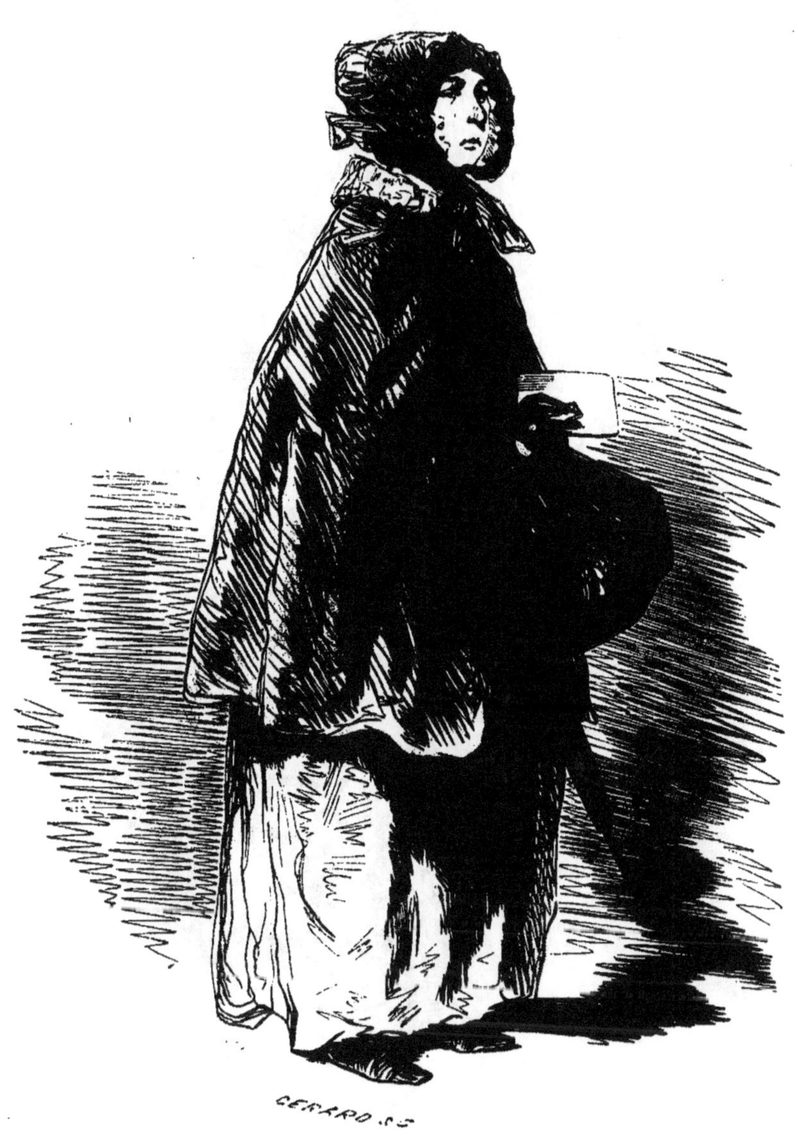

Première Nymphe de Diane — Corsetière et somnambule.

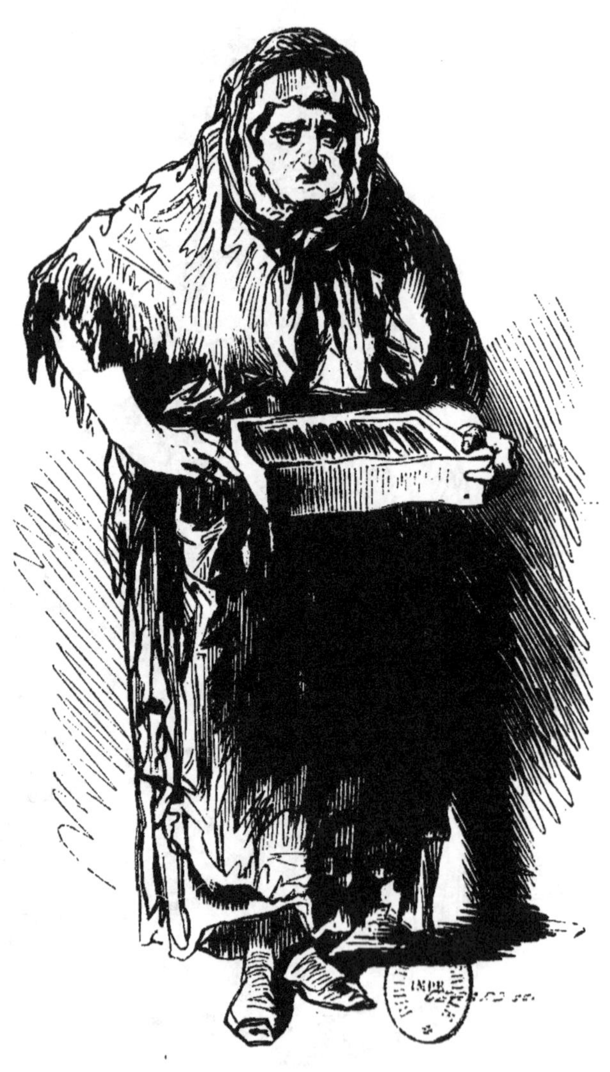

Deuxième Nymphe de Diane. — Ruinée à la bouillotte.

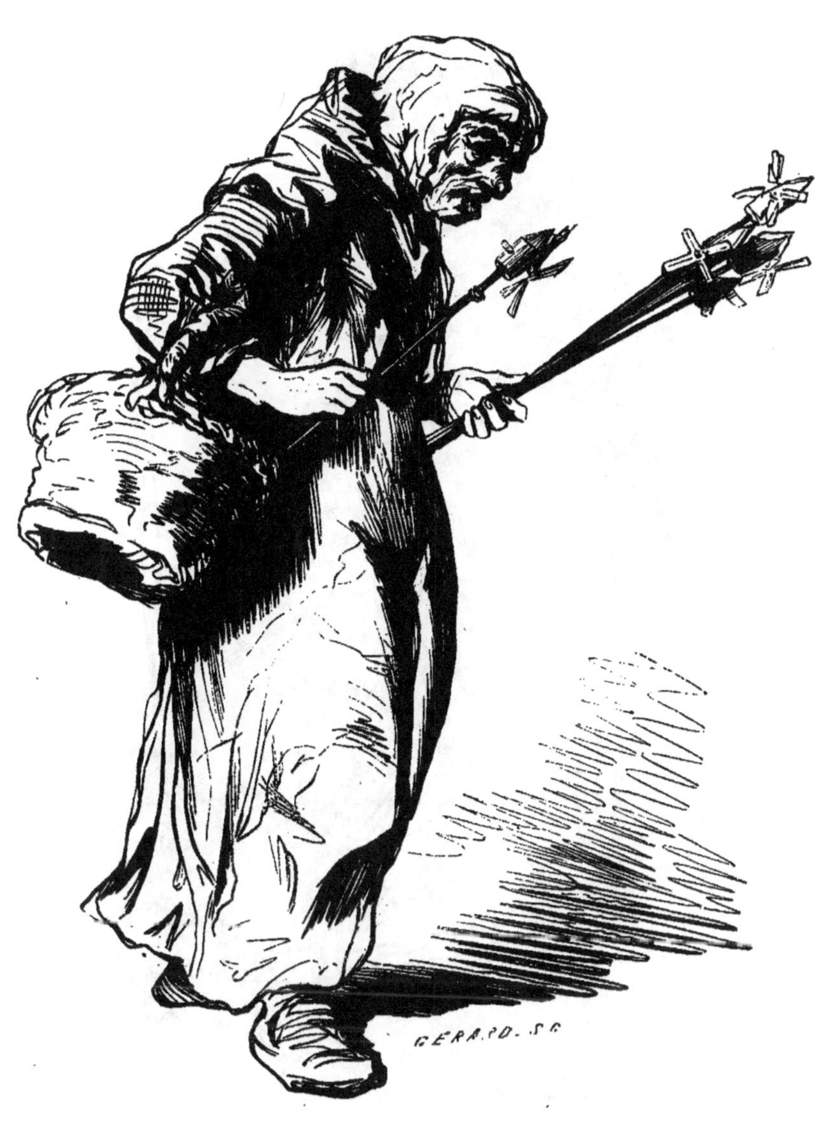

Troisième Nymphe de Diane. — A de l'argent placé.

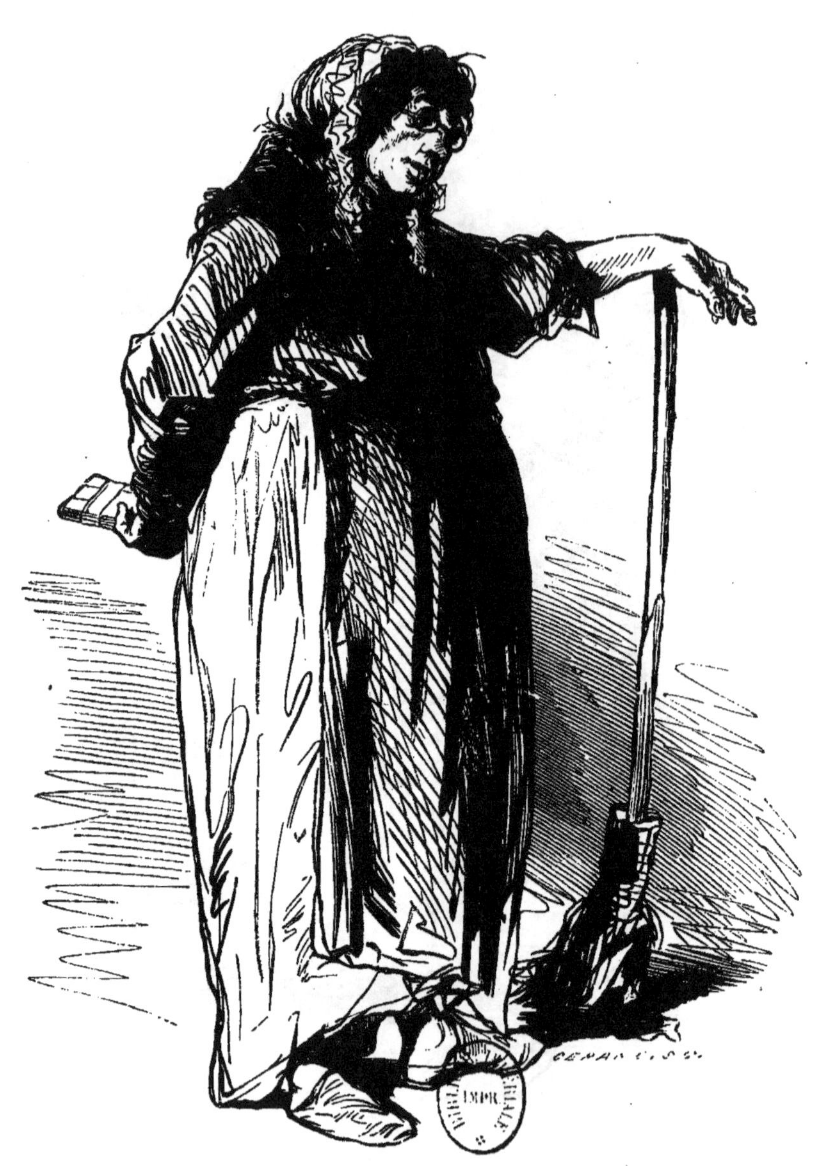

Quatrième Nymphe de Diane. — Adore l'anisette.

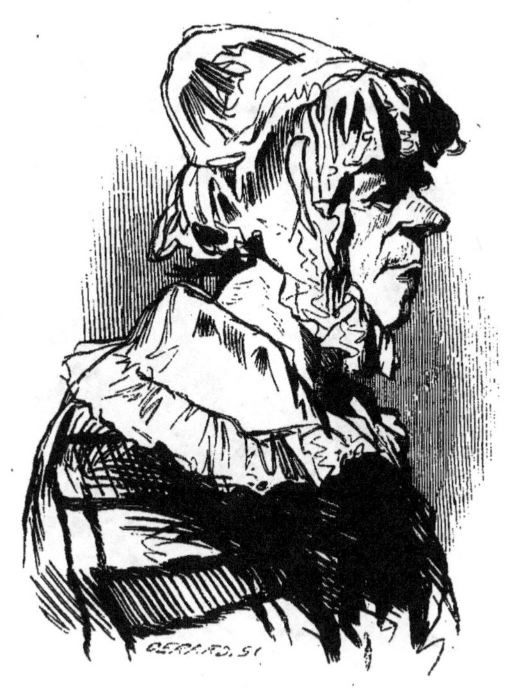

Écho. — Femme de ménage

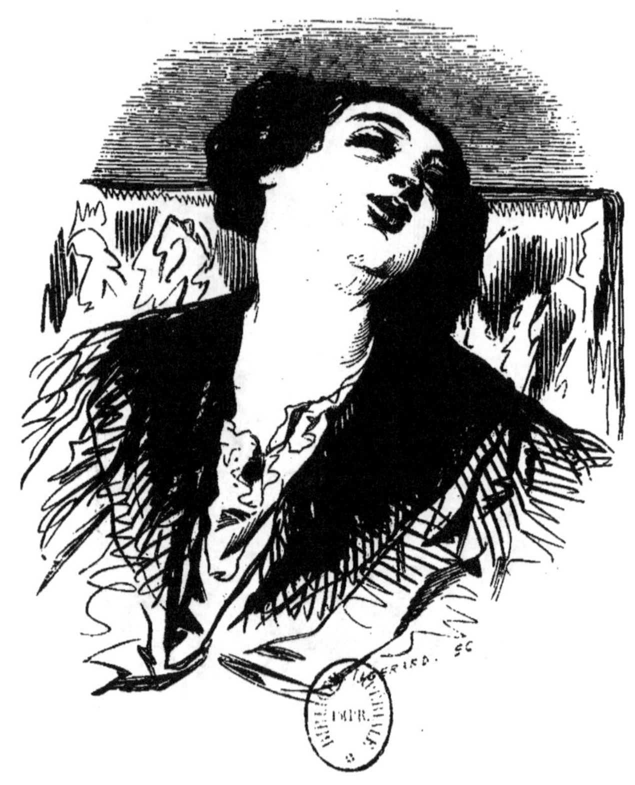

La fille d'Écho. — Rentière.

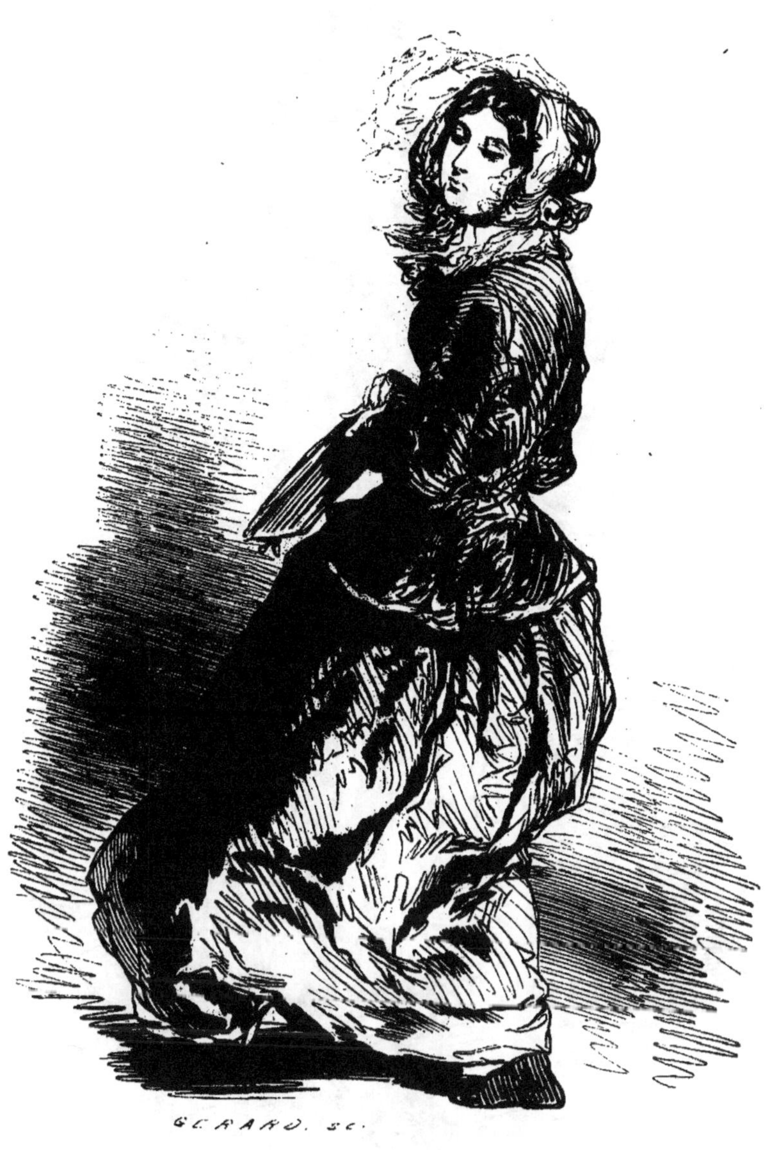

La nièce d'Écho. — Ne voit pas sa tante.

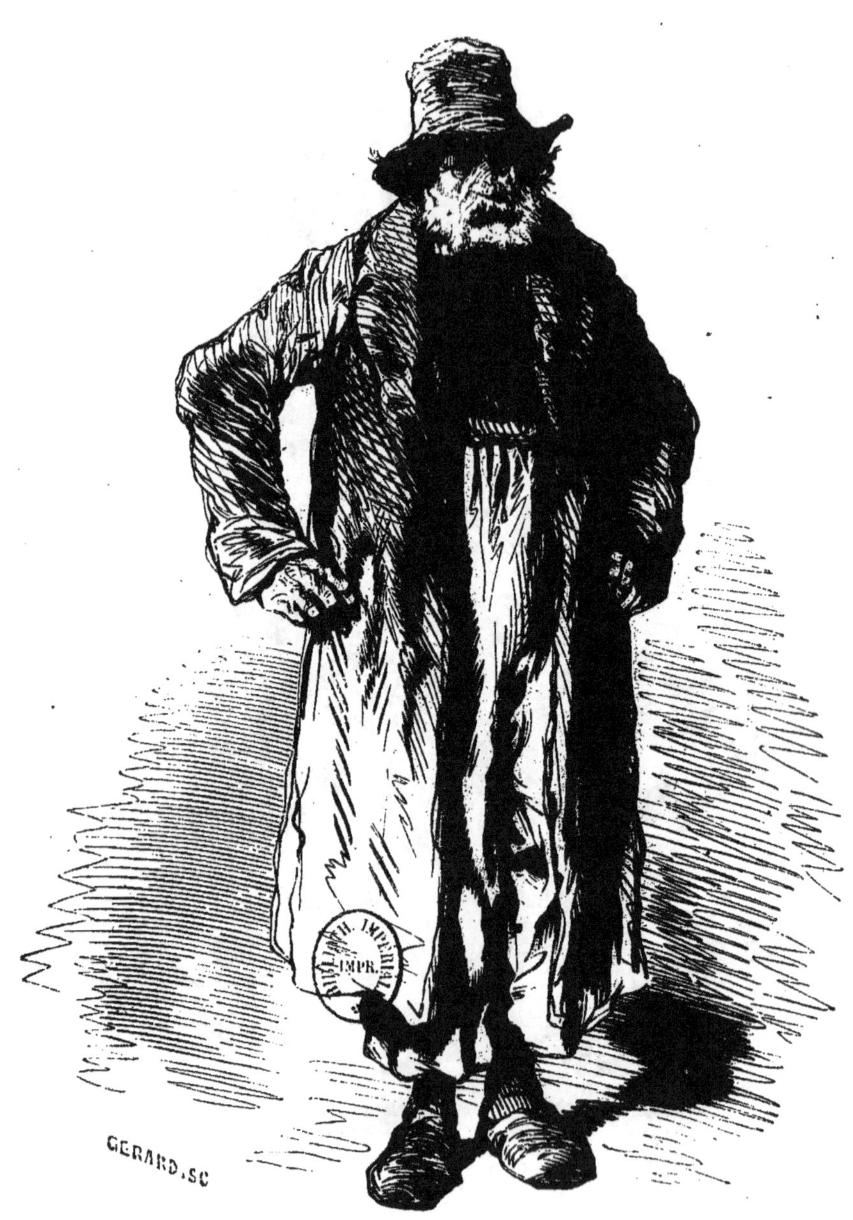

Un berger. — Pose l'ensemble et batteur d'or.

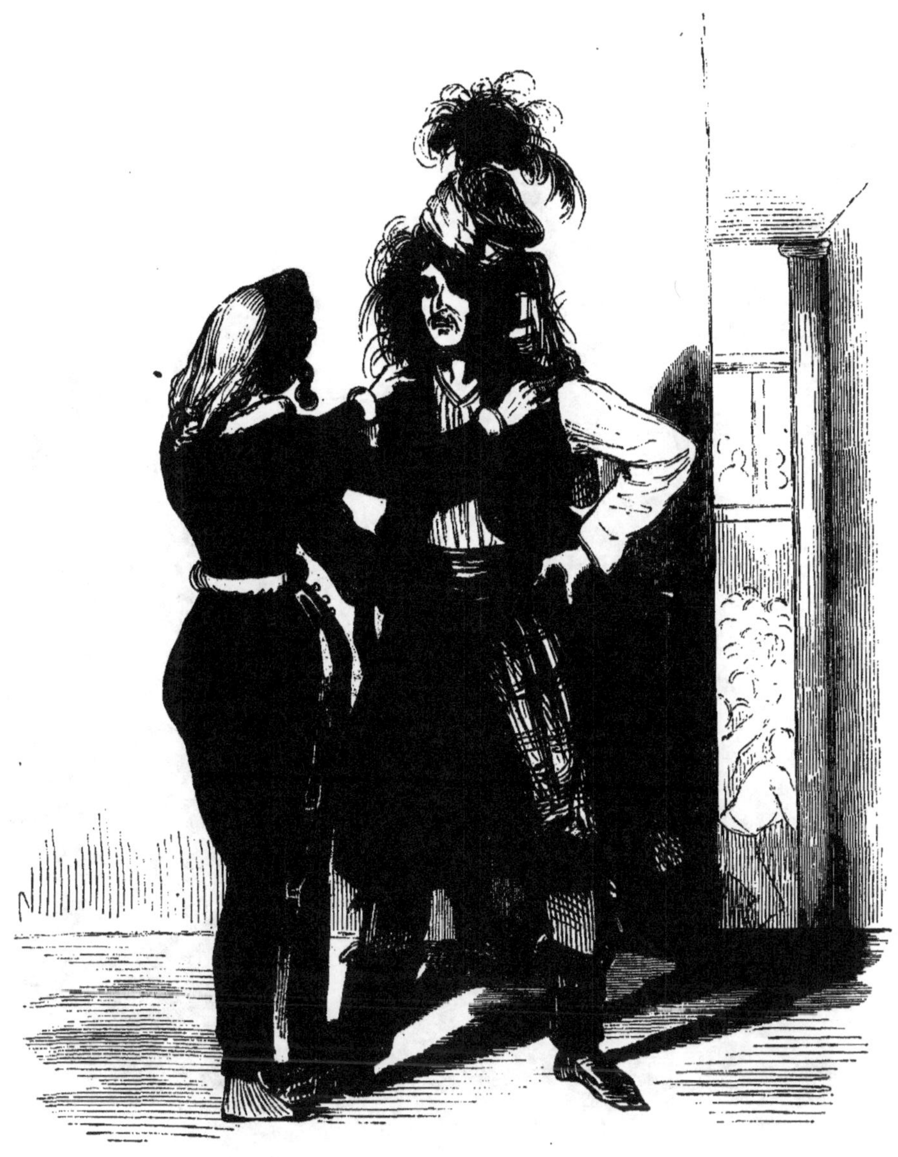

Voyez-vous, mon petit Larrims, j'ai de l'amitié pour vous, tout plein, tout plein ! mais.... non ! non, là, vrai !.... dix fois on sera légère, mais jamais avec les amis d'un homme qu'on aime...., ceux-là, c'est sacré.

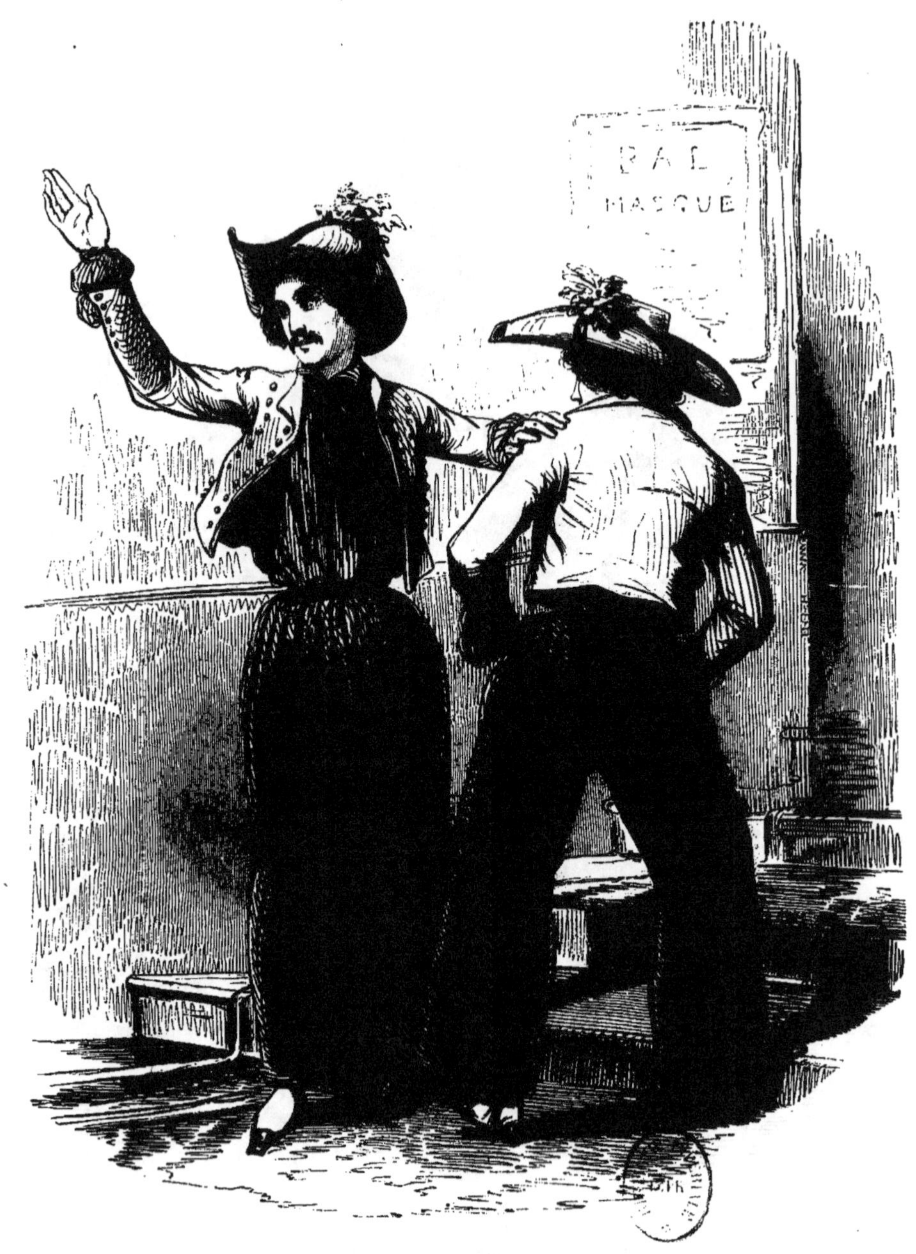

« L'intolérance est fille des faux dieux ! »

O municipaux de malheur ! la danse anacréontique est défendue....
C'est bon, taisez vos becs : on dansera le menuet.

GAVARNI. LE DIABLE A PARIS.

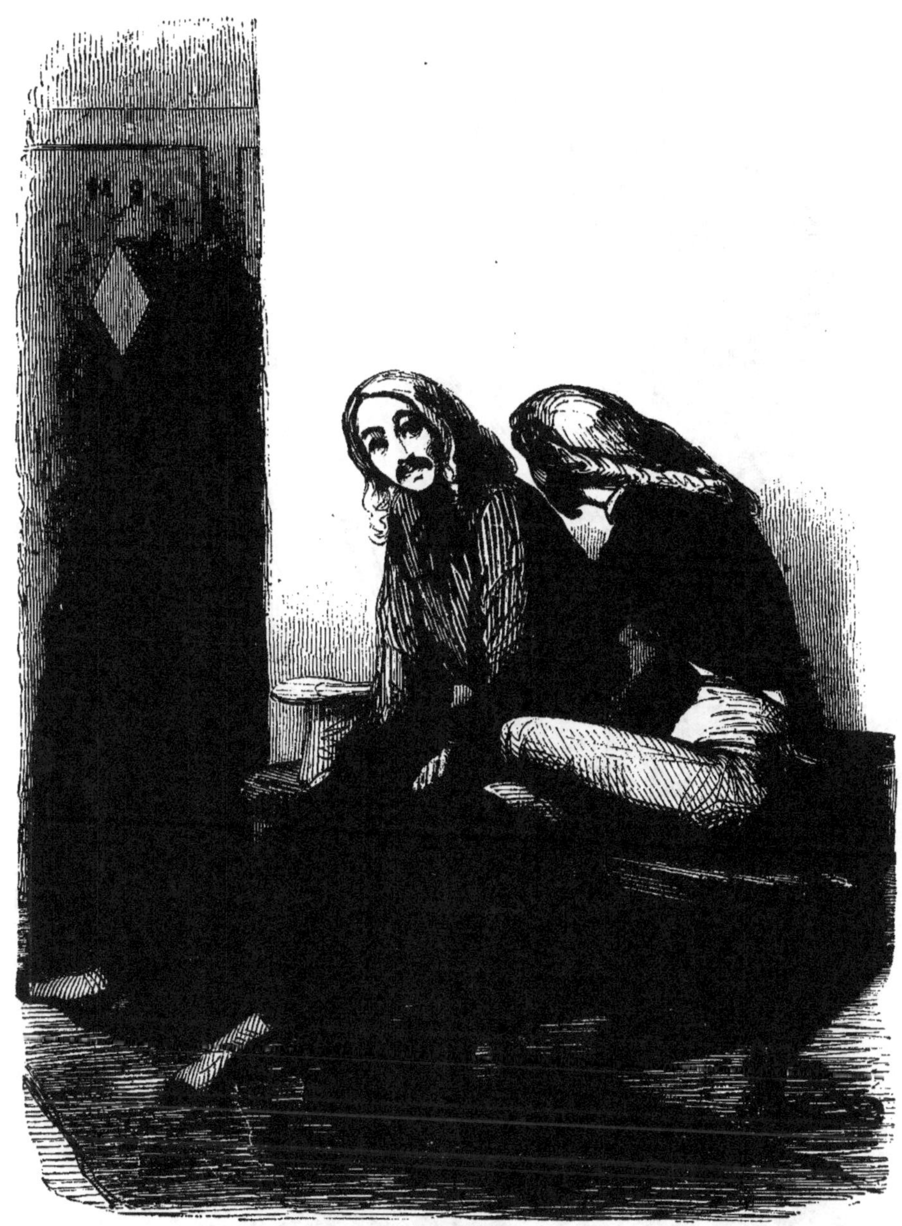

(Le Débardeur.) — Ne me parlez pas des femmes en carnaval pour s'amuser ! Heureusement, moi, la mienne est mariée : on me la tient.

(Le Postillon.) — Moi, la mienne est mariée aussi, mais avec moi... ça fait que je me la tiens moi-même....

(Un Domino qui passe.) — Je les tiens tous les deux... Ils vont me le payer.

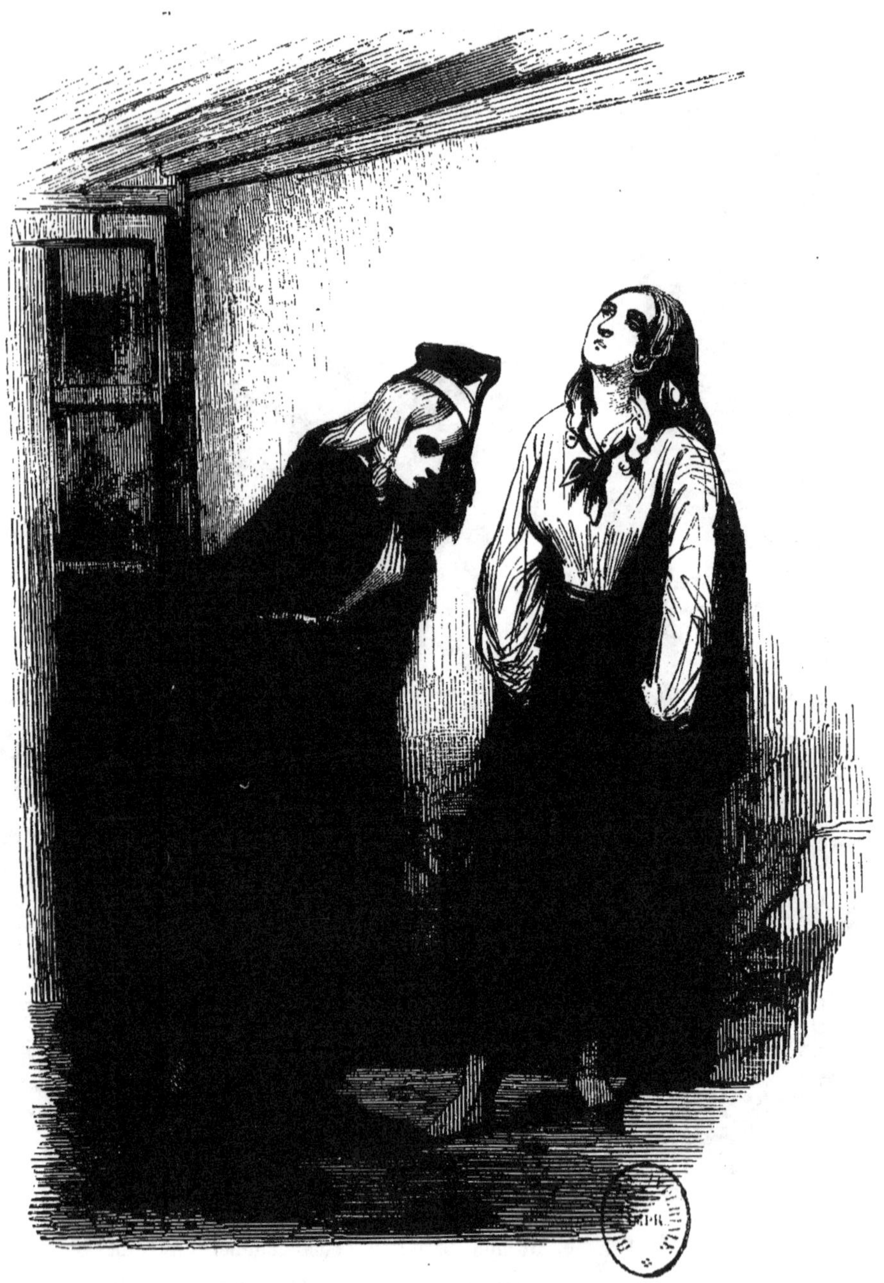

... Être fichues au violon comme des rien du tout ! deux femmes comme il faut !... Vingt-Dieu !

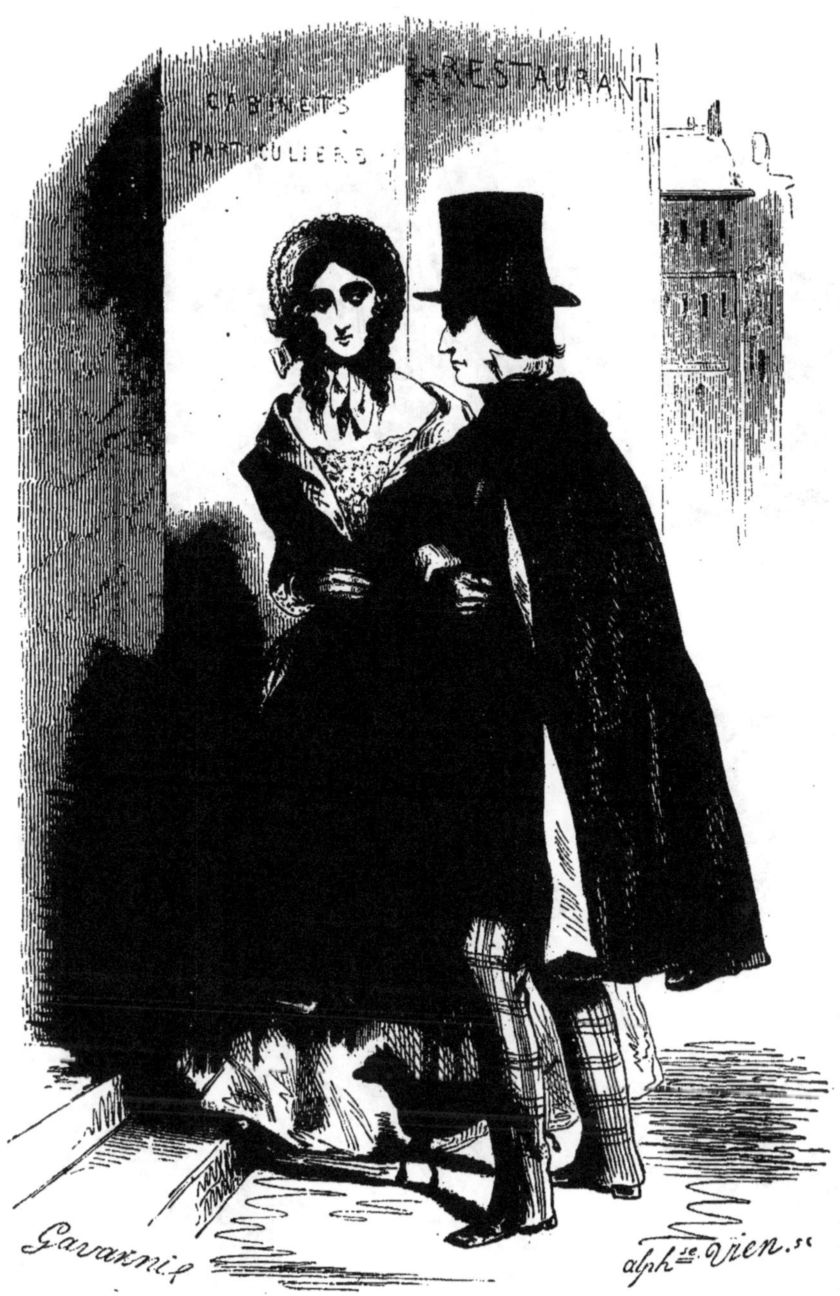

Milord et milady veulent dîner incognito.

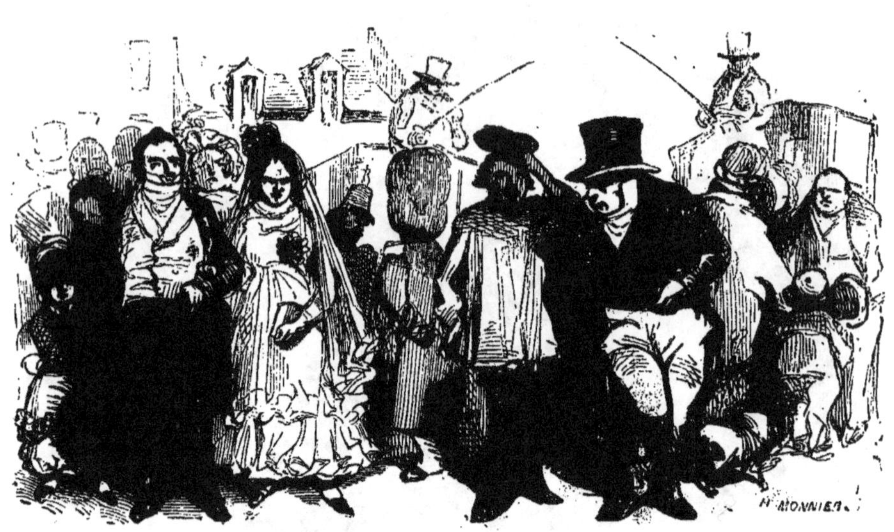

Deux mariés : spectacle toujours nouveau.

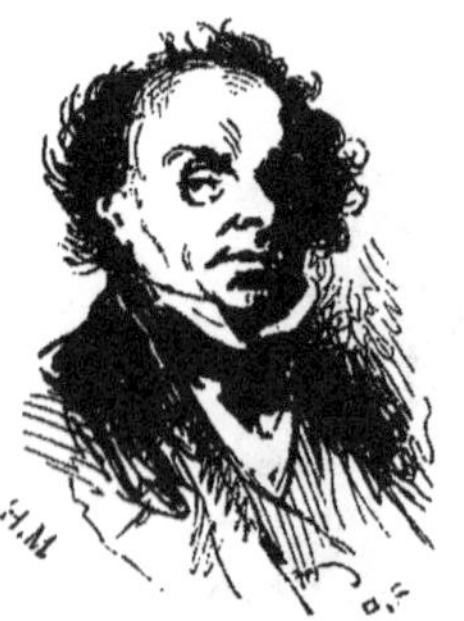

Un observateur.

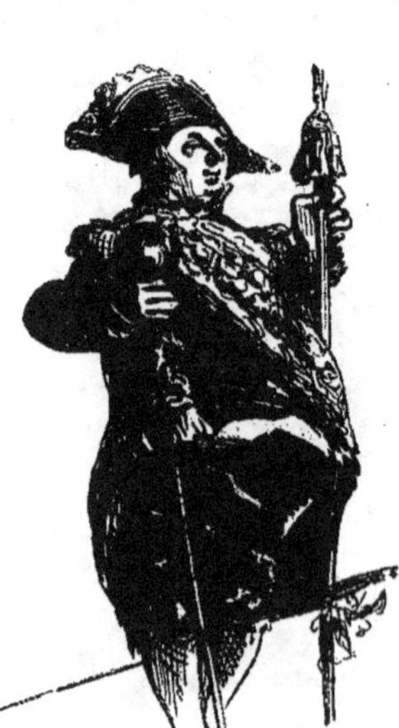

Monsieur le suisse
en grande tenue, et content.
Un petit garçon disait :
« Maman, est-ce que c'est le
polichinelle du bon Dieu,
monsieur le suisse ? »

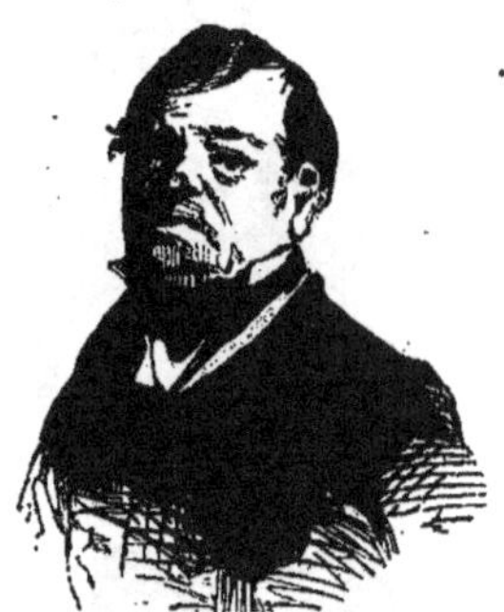

Un témoin.

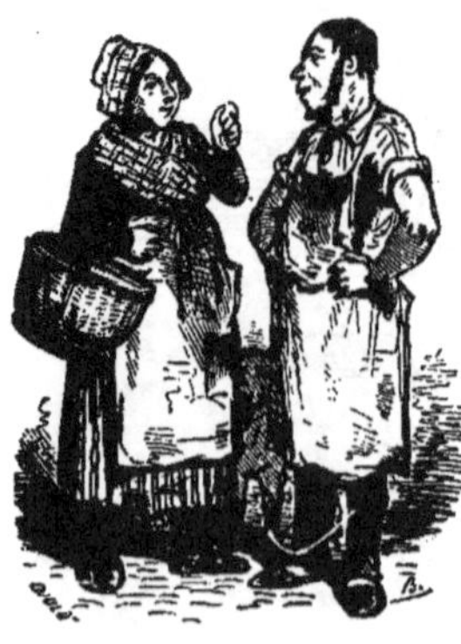

Ce que pense le public.

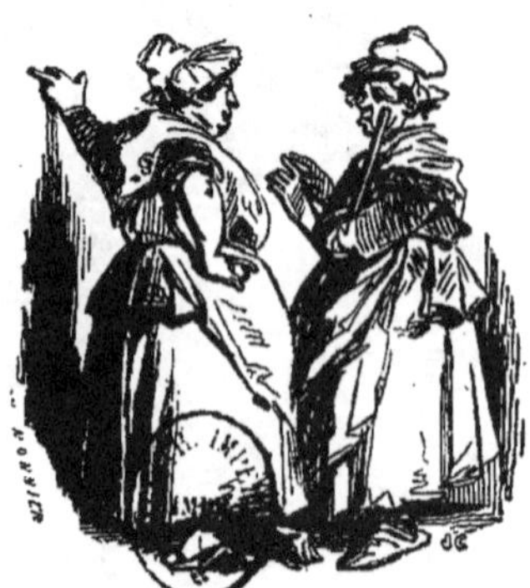

Renseignements intimes.

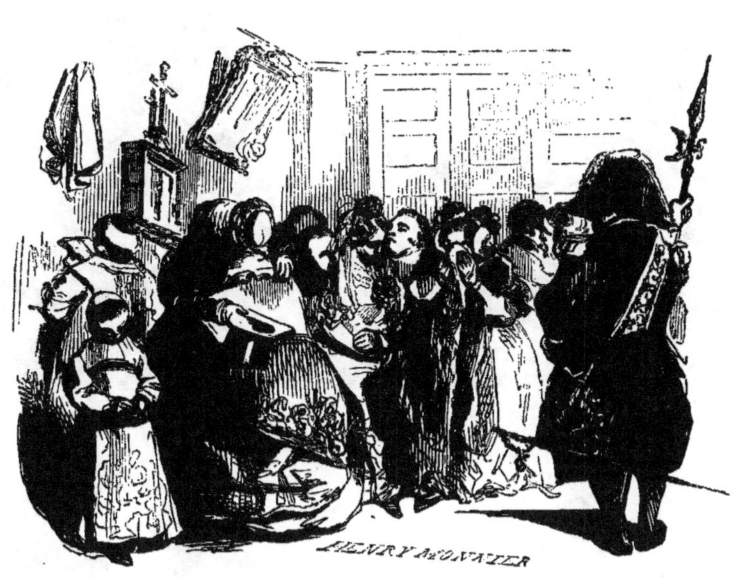

A la sacristie : intermède d'attendrissement général.

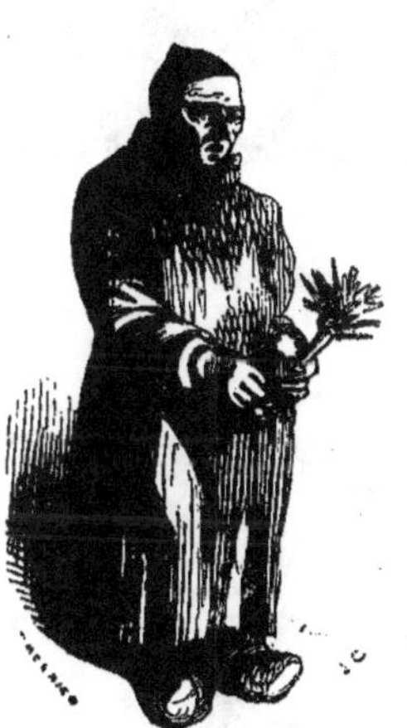

Le donneur d'eau bénite.
Exerçant depuis cinquante-trois ans,
il commence à être blasé
sur les joies et les douleurs
humaines.

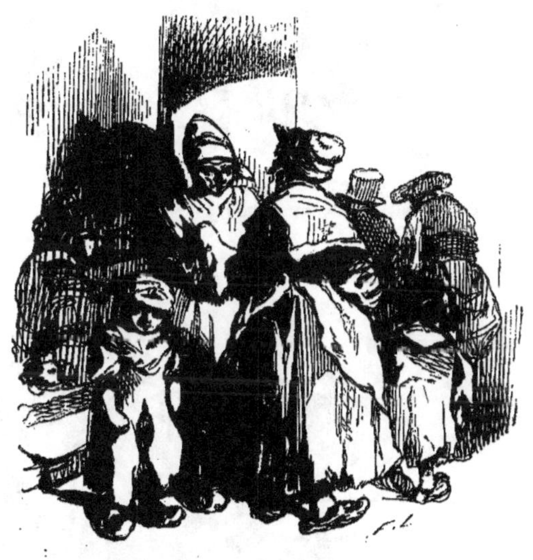

Les spectateurs de la porte.
En général, ils ne sont pas là uniquement pour
leur plaisir ni pour celui des fidèles.

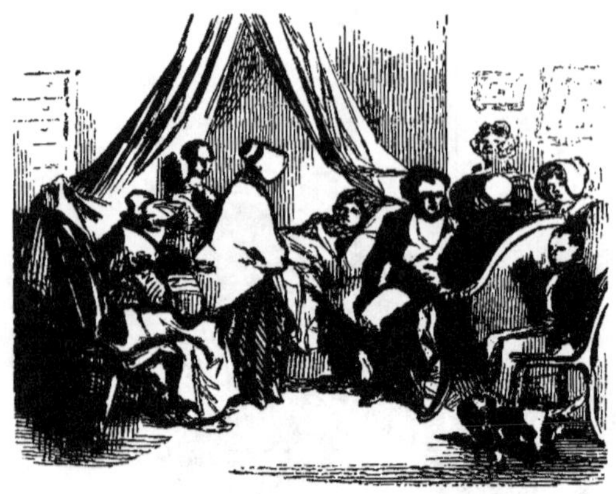

La France compte un citoyen de plus.

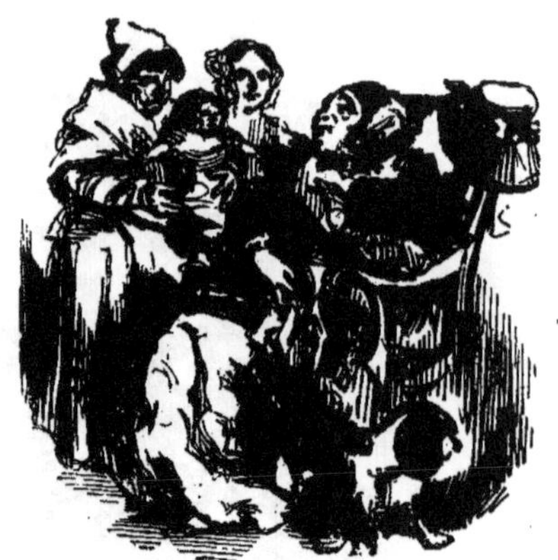

Présentation à la grand'mère.

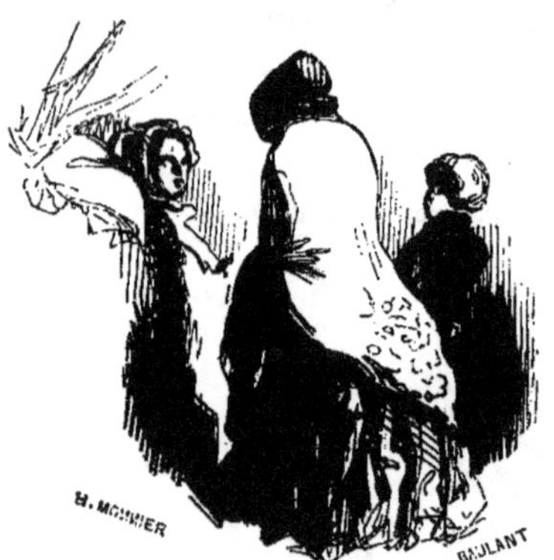

Visite à l'accouchée.
Comme elle a l'air intéressant !!

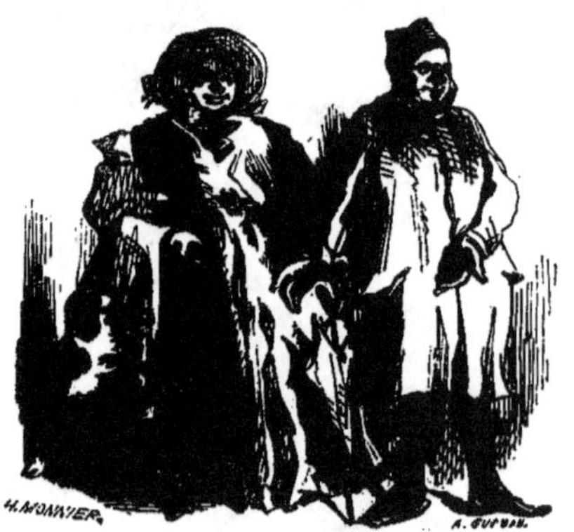

Parrain et marraine pour
la première fois.

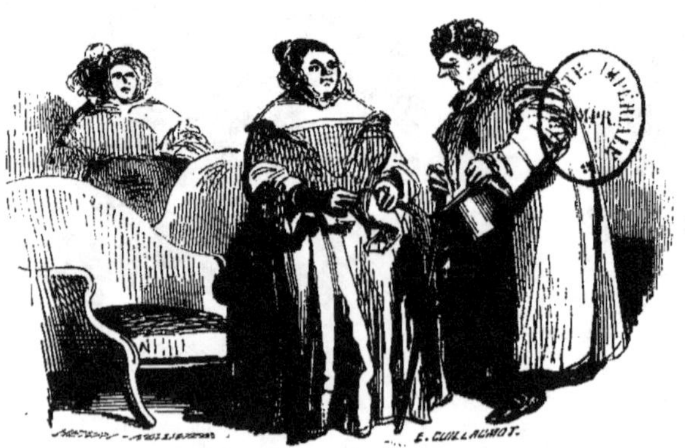

Grand-père et grand'mère pour la sixième fois.

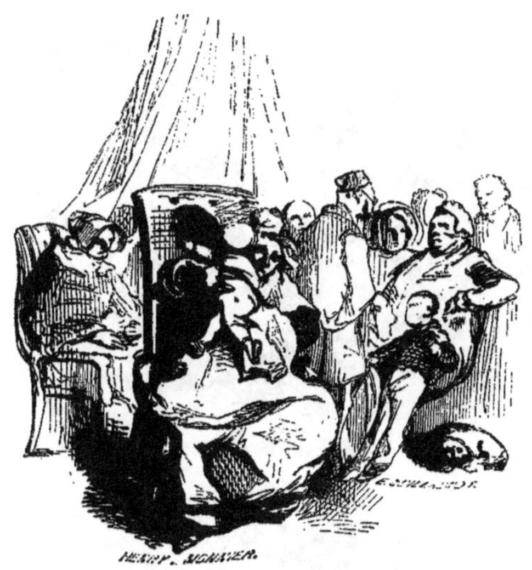

La toilette du catéchumène.

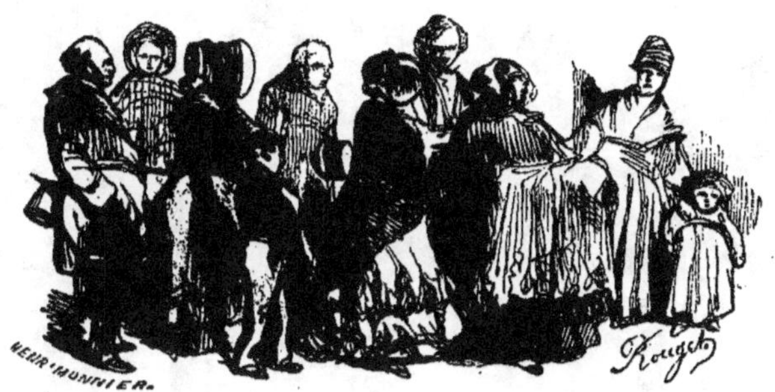

Cortége du baptême gloire de la sage-femme.

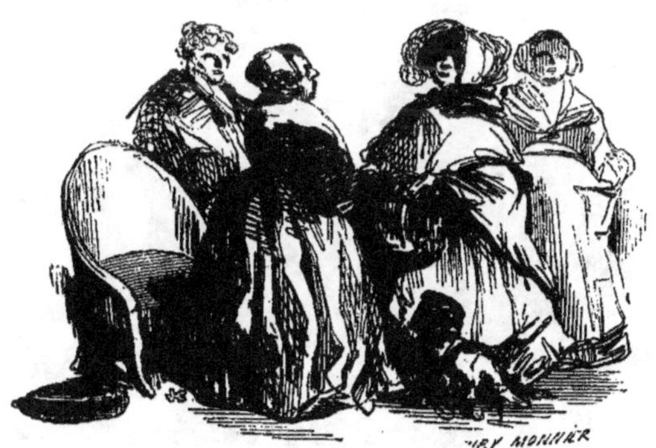

Visite de relevailles : la mère se porte bien,
et l'enfant est en nourrice.

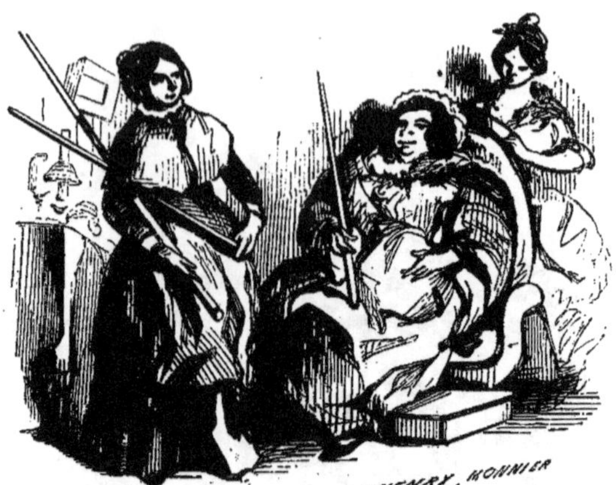

Le choix du cierge pour la première communion.

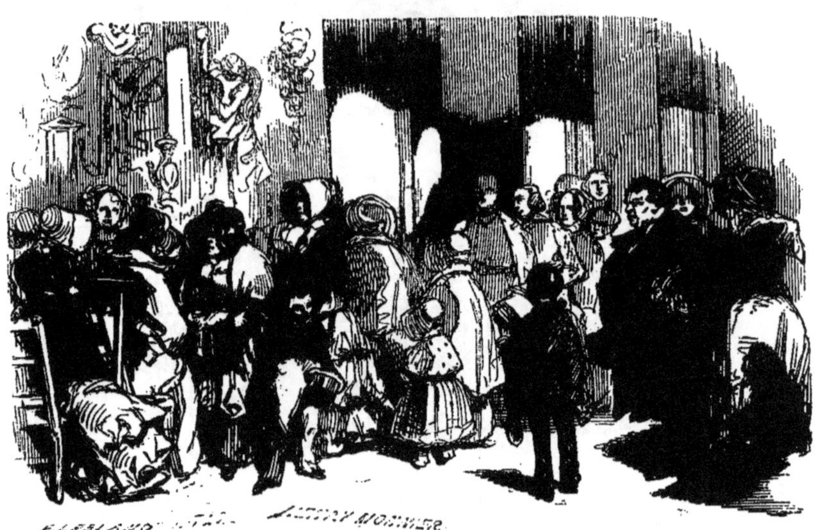

Une assistance recueillie.

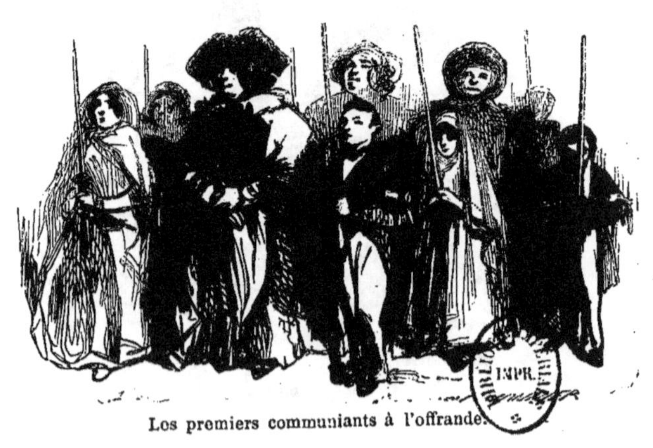

Les premiers communiants à l'offrande.

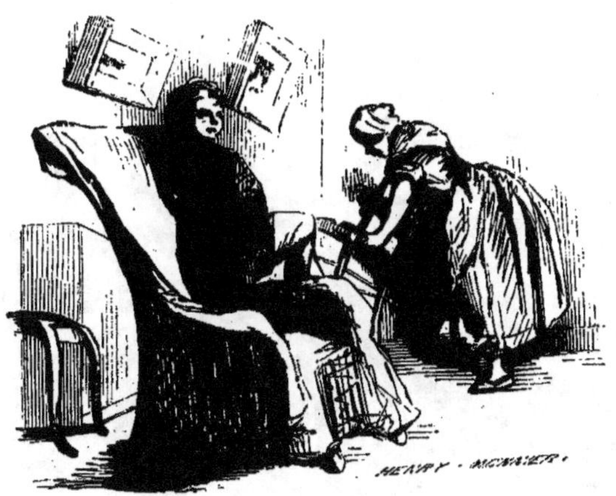

Un premier communiant, type sévère.

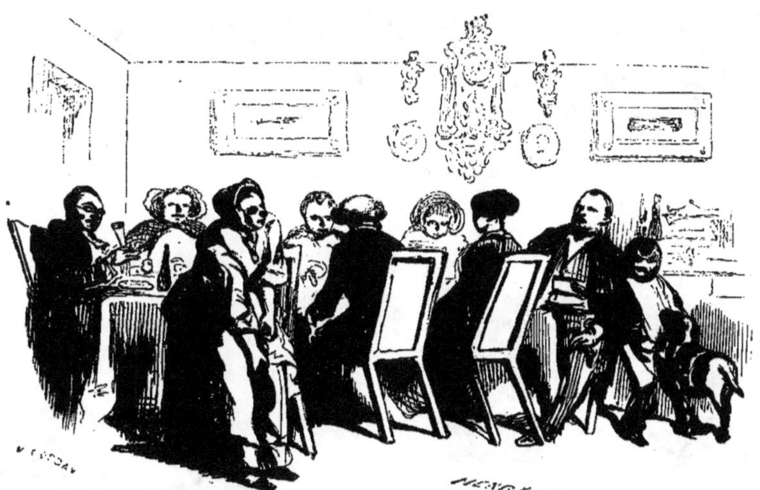

Dénoûment essentiel à toutes les cérémonies.

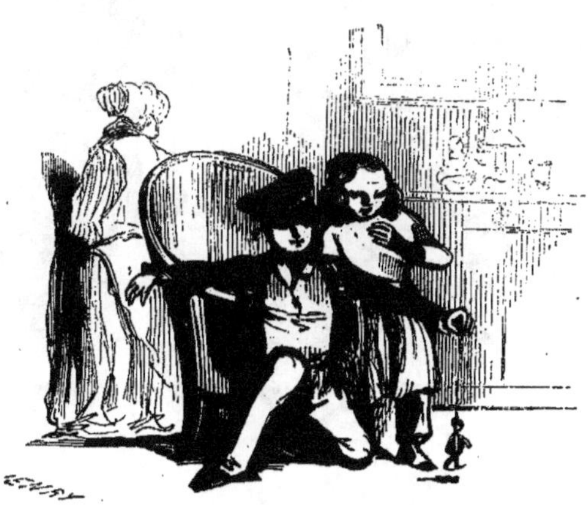

Un premier communiant, type léger.

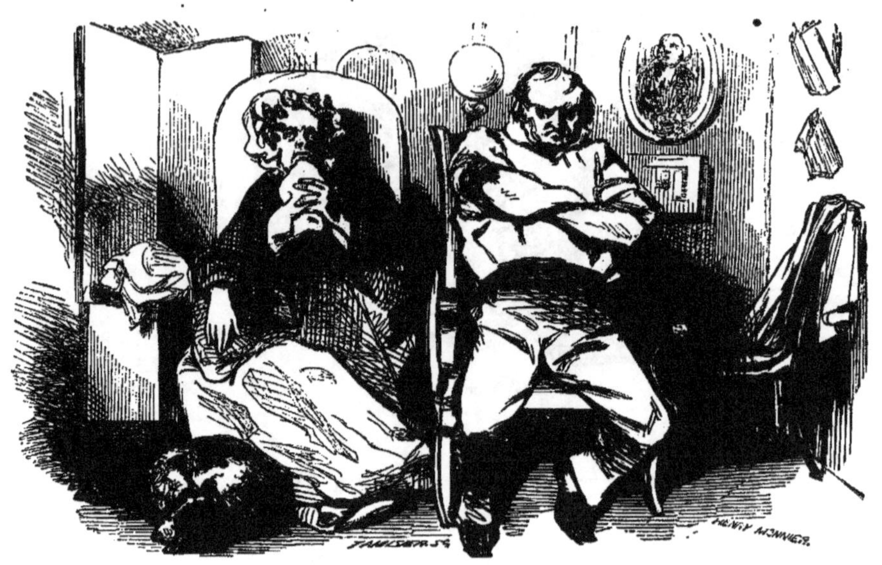

La pénitence, en partie double.

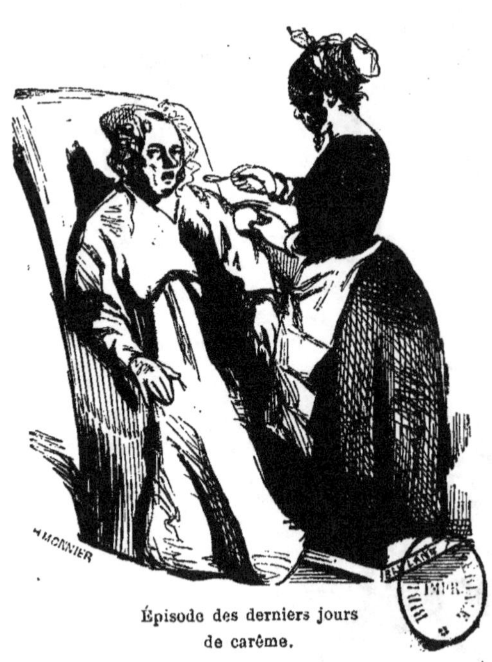

Épisode des derniers jours de carême.

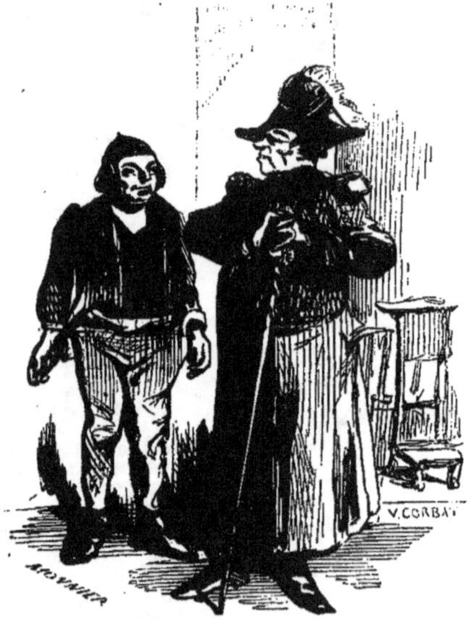

Suisse et bedeau en petite tenue, philosophant.

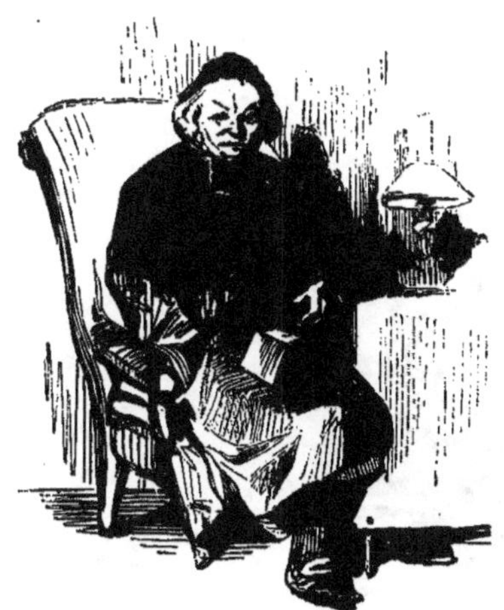

M. le vicaire des morts attendant ses clients.

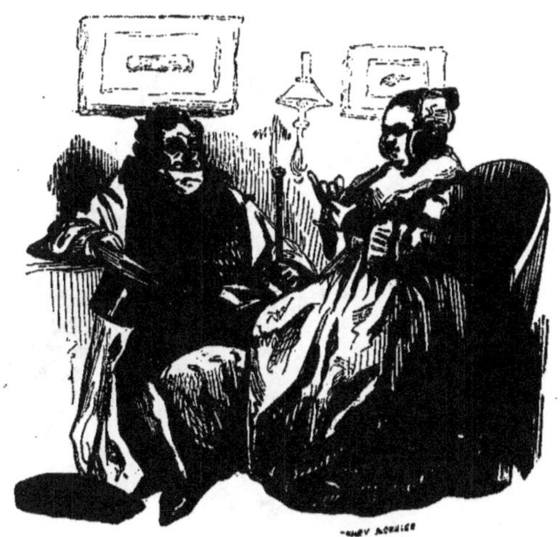

Le médecin à bout de son latin, et même de son français.

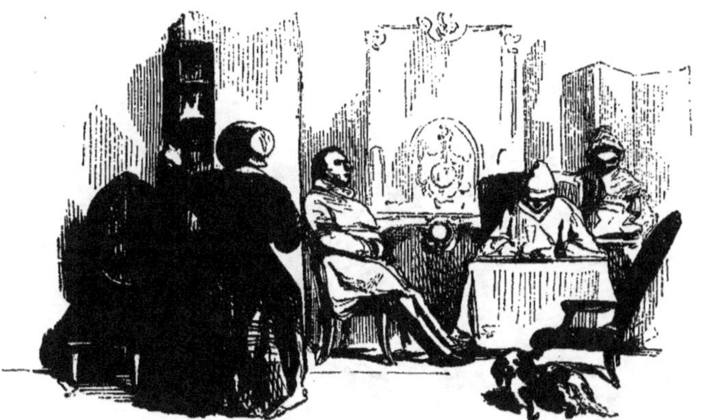

Il n'en a plus pour longtemps.

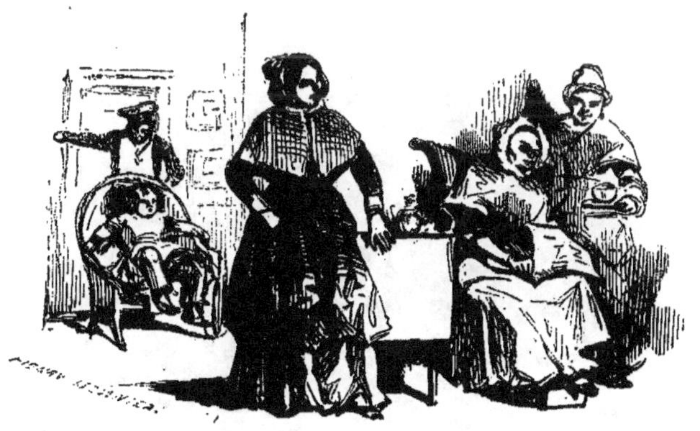

On est en train de l'administrer.

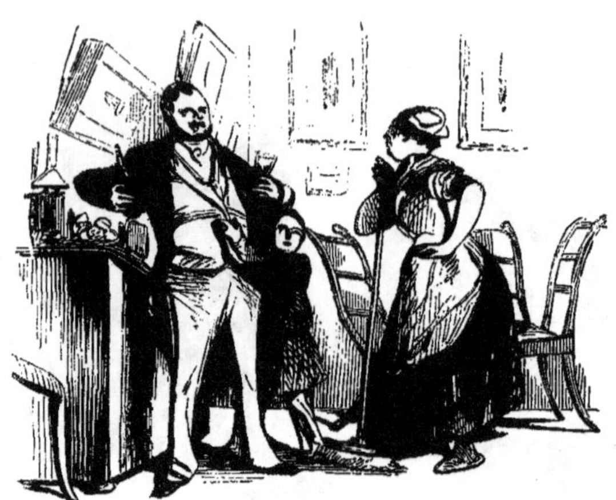

Un héritier goûtant le vin du défunt.

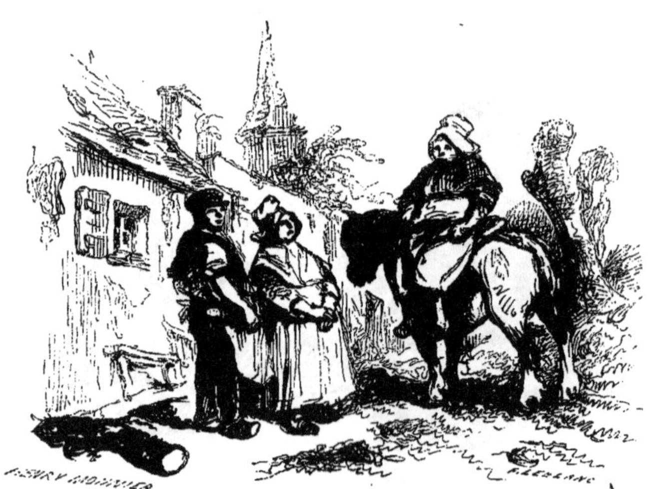

Oraison funèbre à la campagne.

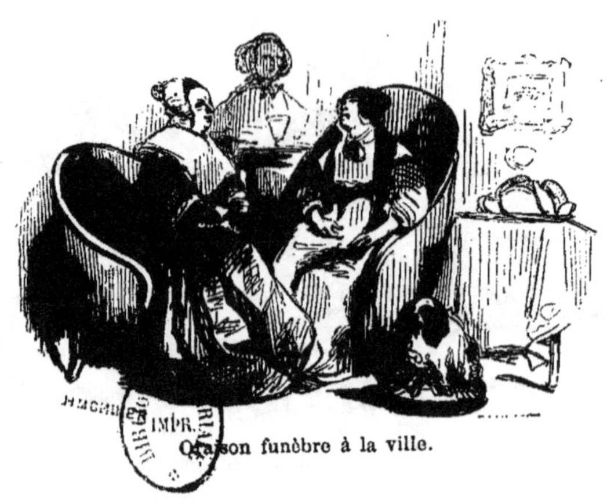

Oraison funèbre à la ville.

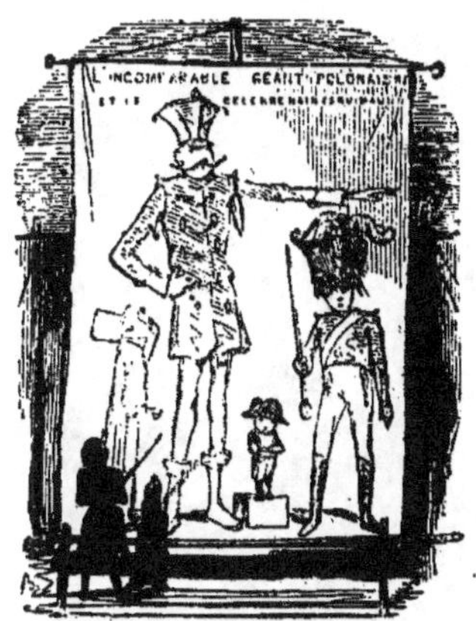

Il faut voir cela!

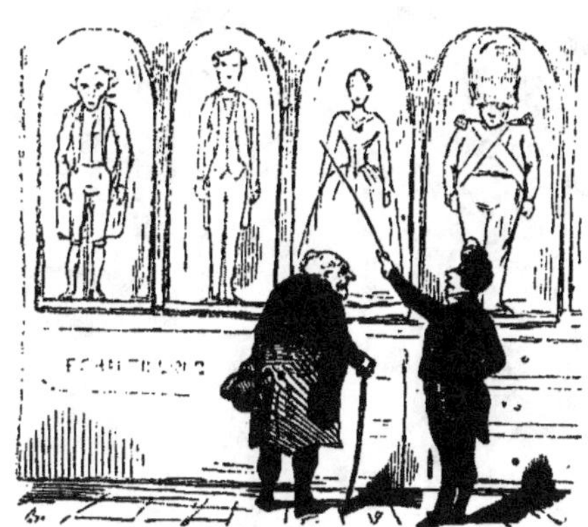

C'est la nature même.

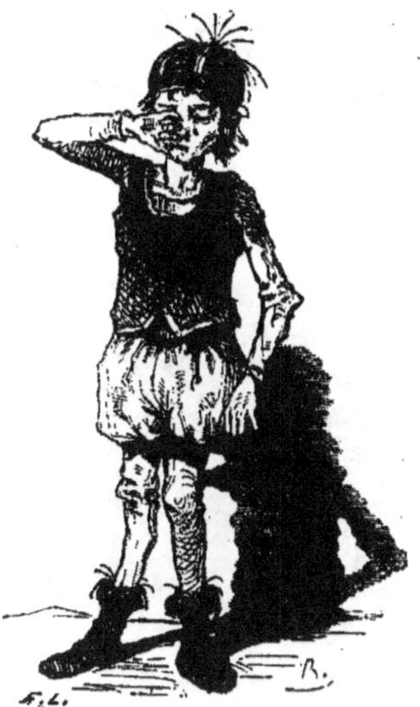

Une victime qui deviendra tyran.

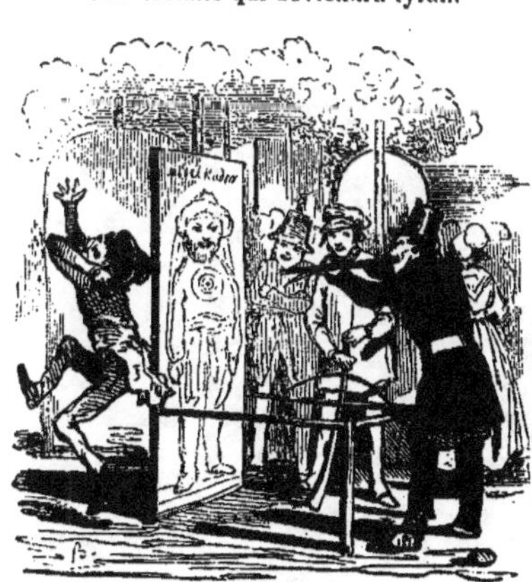

Épisode imprévu.

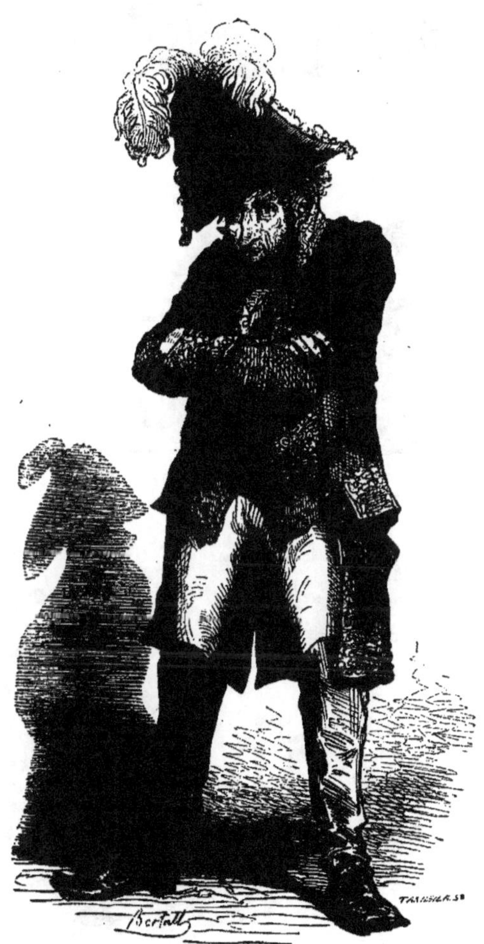

Un tyran qui a été victime.

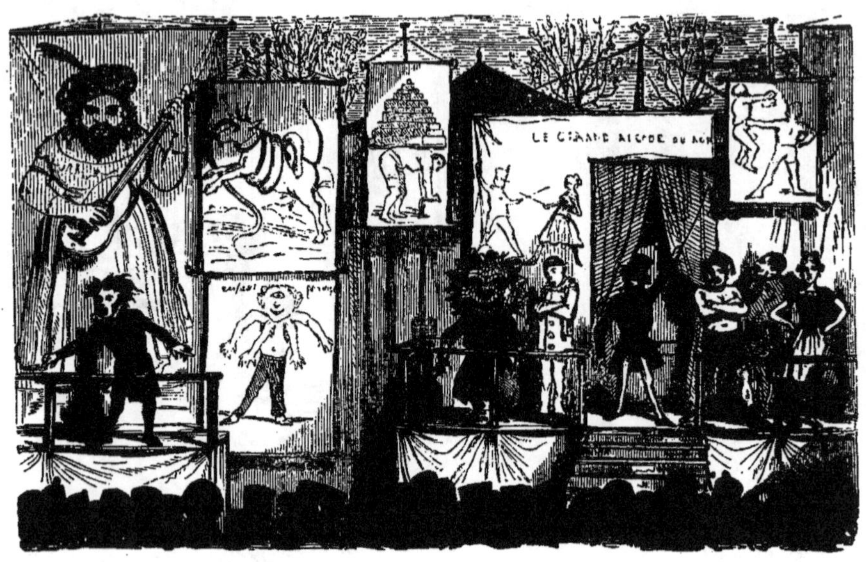

Les phénomènes incomparables.

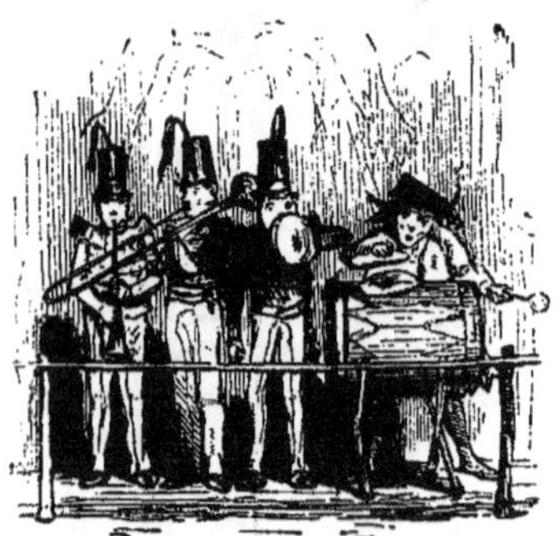

Ouverture en couac majeur.

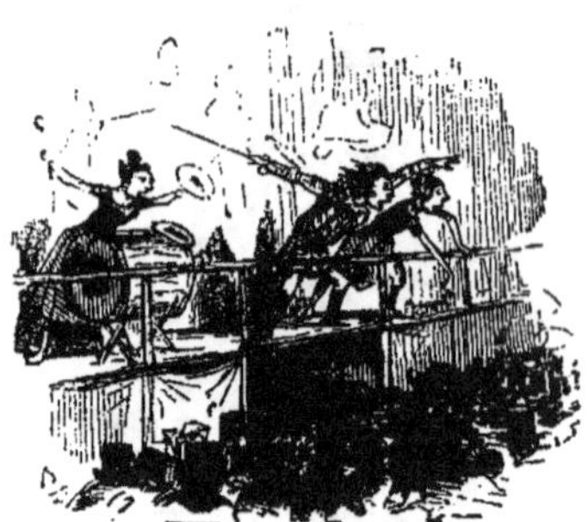

« Entrez, prenez vos places!!! »

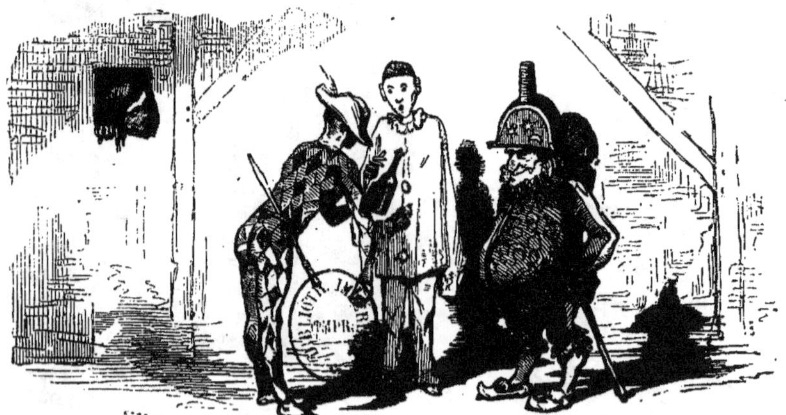

Des acteurs qui ne vieillissent pas.

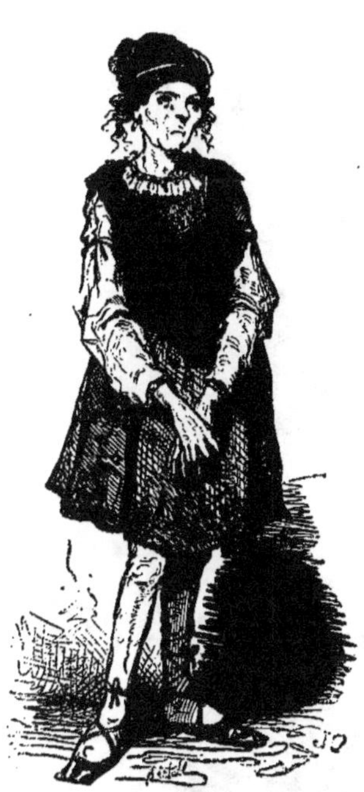

Une mère peu noble.

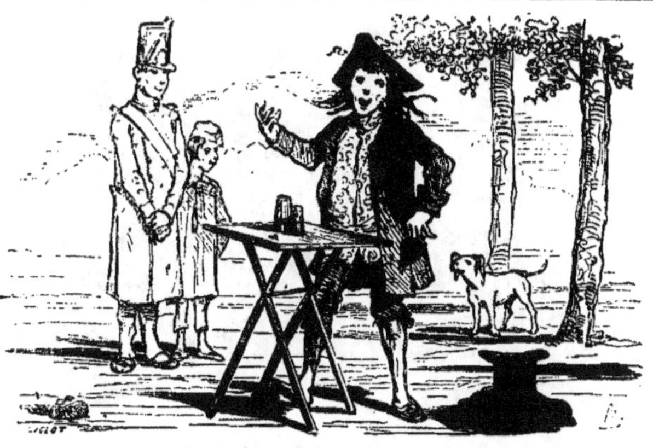

Un Robert Houdin de l'avenir.

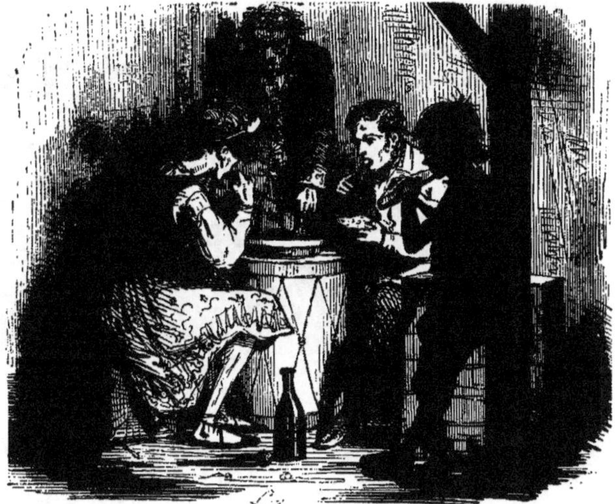

Au hasard de la caisse.

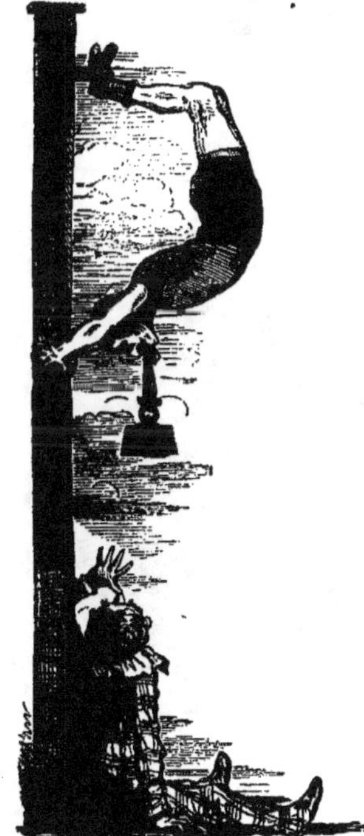

Un fort premier rôle.

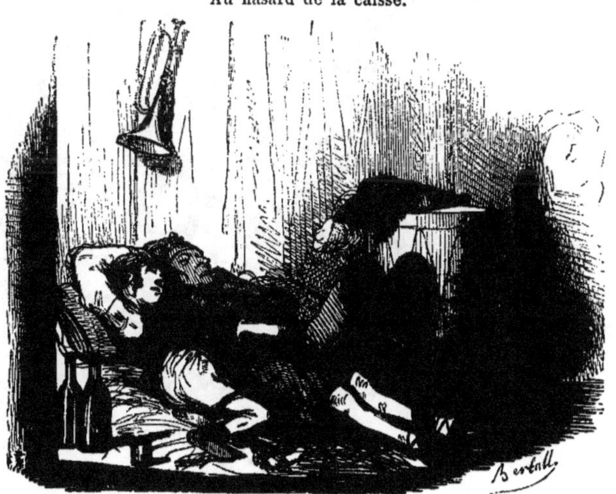

Repos bien gagné.

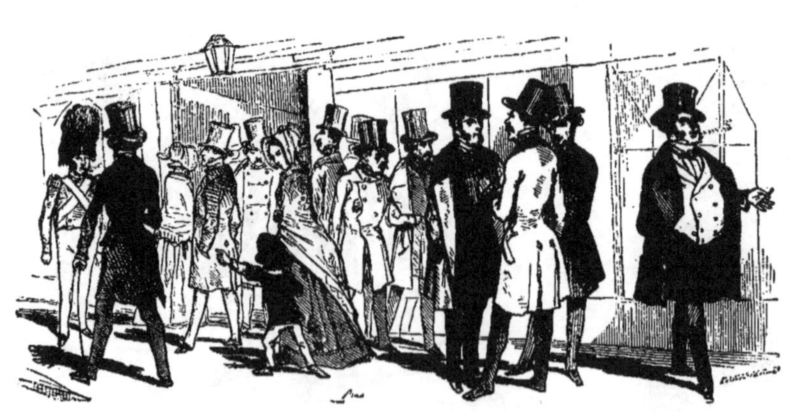

La promenade des entr'actes.

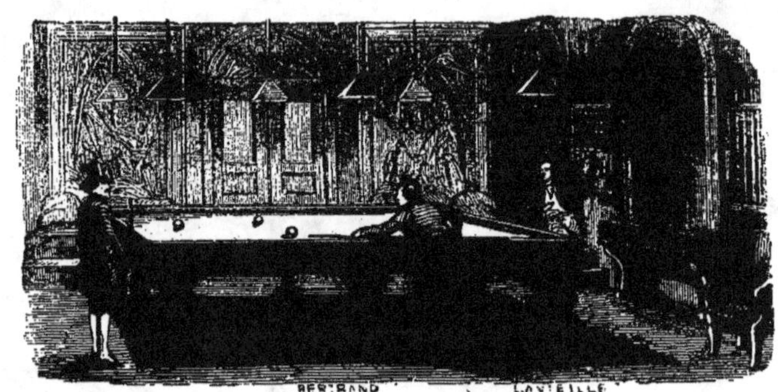

La partie de billard.

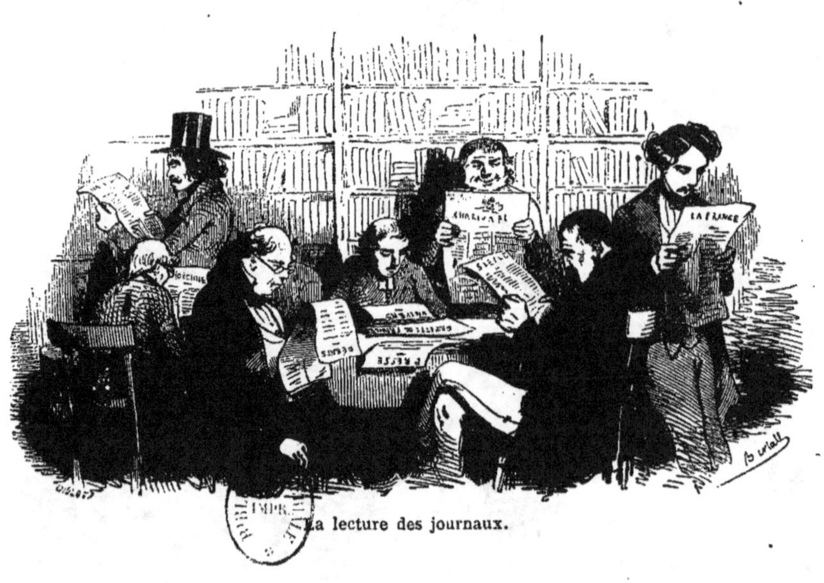

La lecture des journaux.

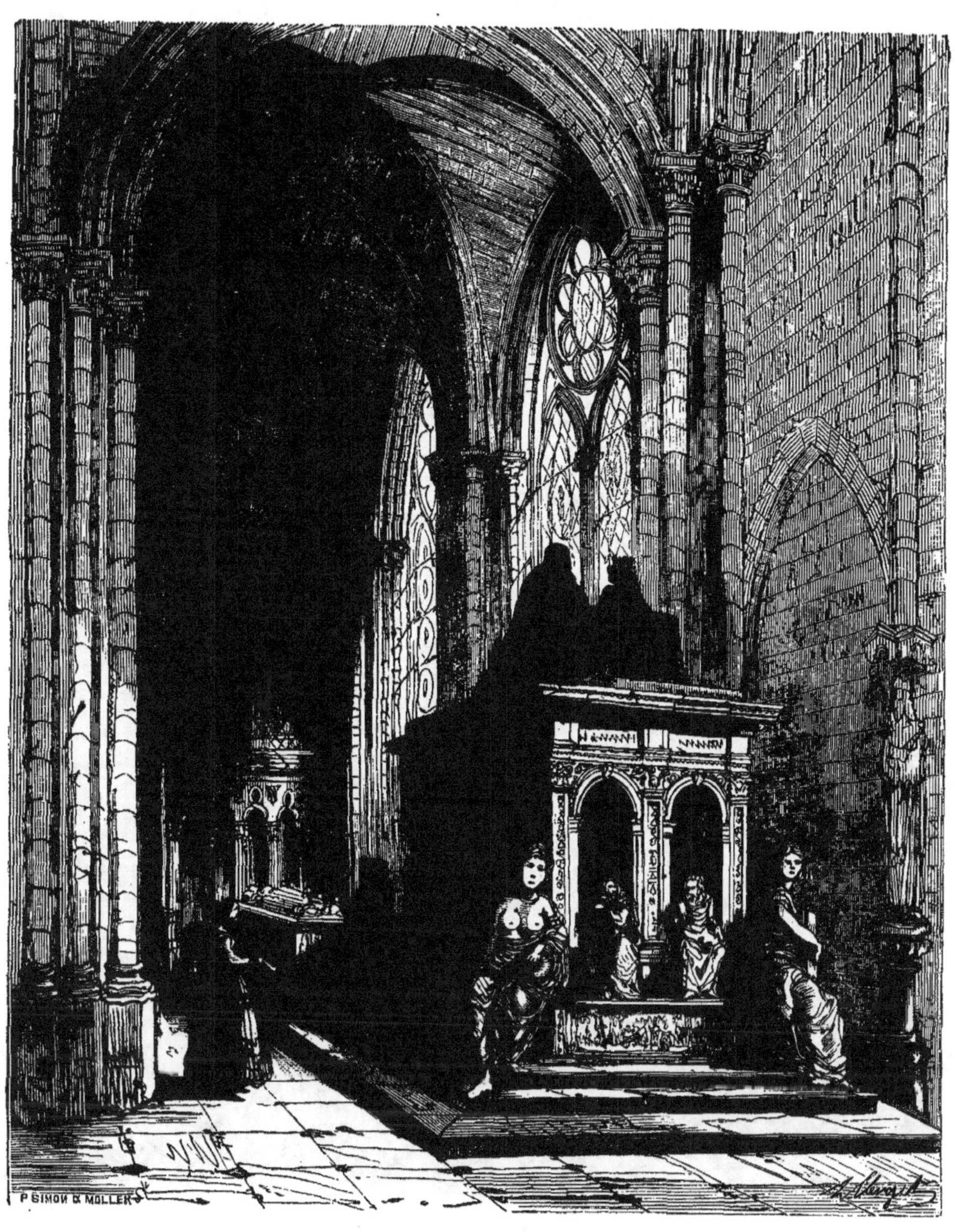

Intérieur de la basilique de Saint-Denis.

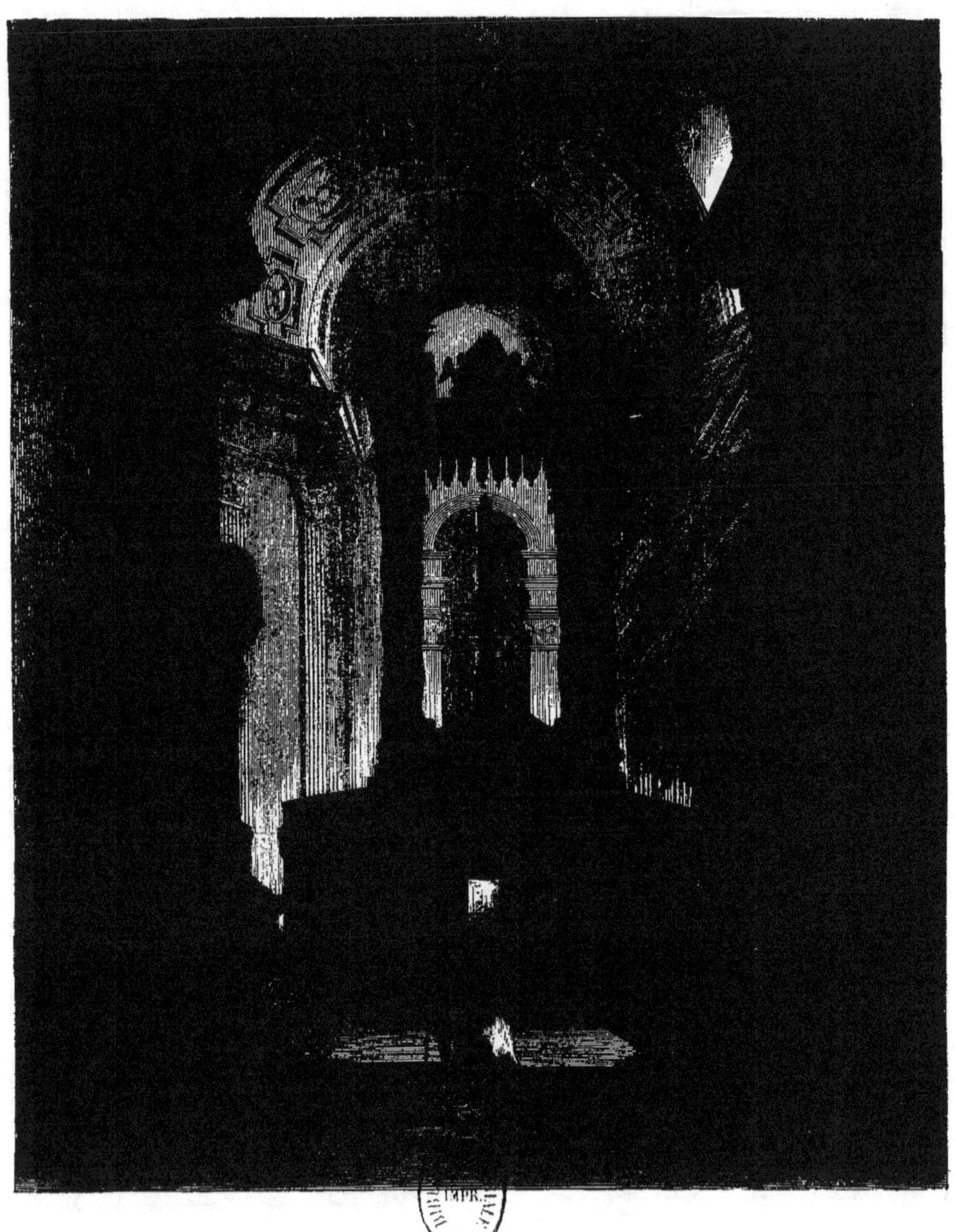

Tombeau de l'Empereur aux Invalides

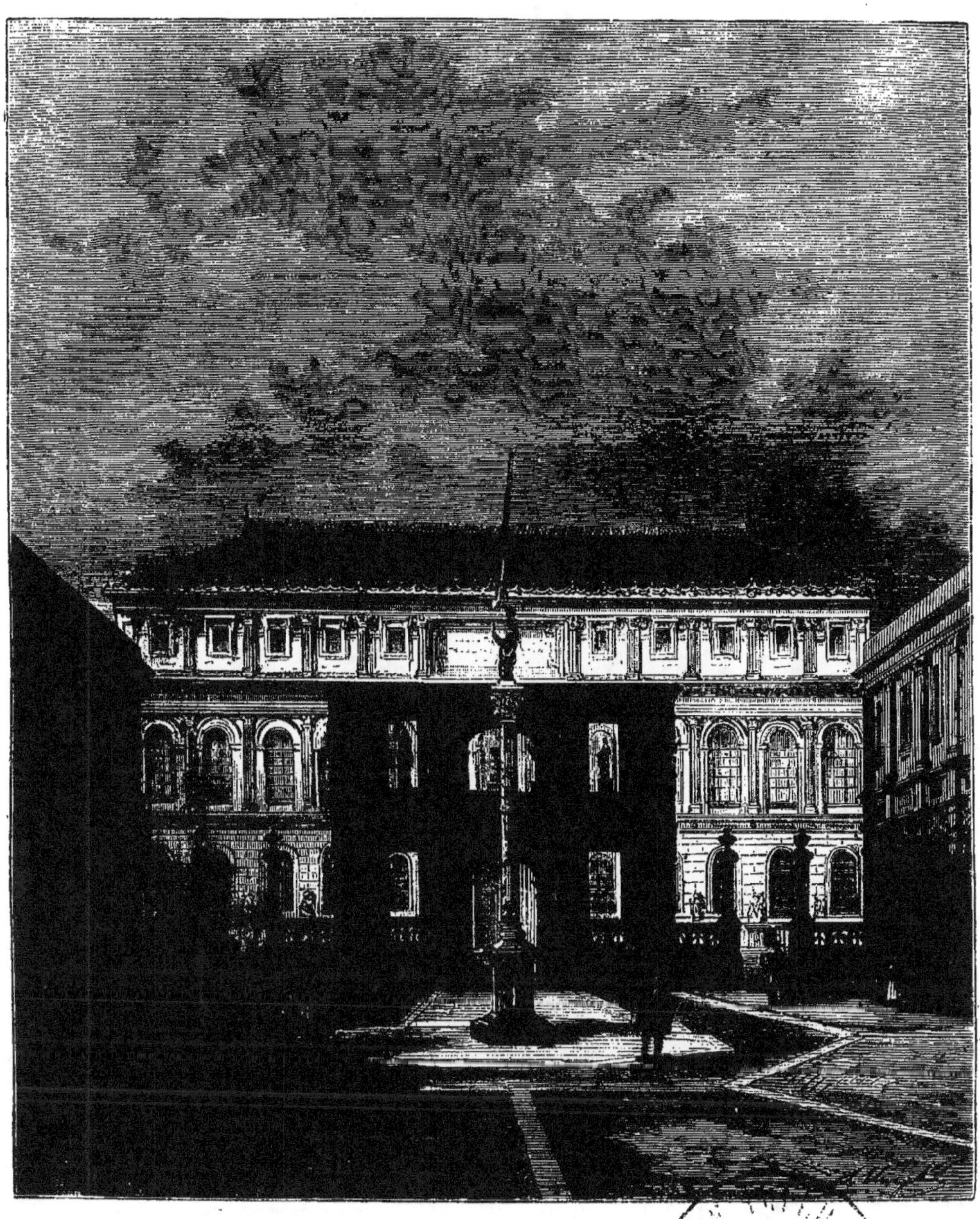

École des Beaux-Arts.

www.ingramcontent.com/pod-product-compliance
Lightning Source LLC
LaVergne TN
LVHW010533100826
845148LV00001B/178